빠작

고등
국어
고전 문학

차례

구성과 특징

1 독해 원리 학습하기
문학 작품 독해력을 기를 수 있는 독해 원리 익히기

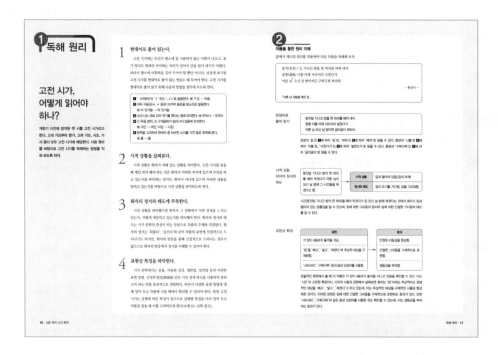

① 갈래별 독해 원리
고전 문학의 갈래별 독해 원리를 제시하였습니다. 엄선한 독해 원리를 학습함으로써 어떤 부분에 중점을 두고 읽어야 하는지, 각 갈래를 이해하고 감상하는 방법을 익힐 수 있습니다.

② 작품을 통한 원리 이해
예로 제시된 작품에 원리를 적용하는 과정을 통해서 독해 원리를 이해하고 독해 능력을 키울 수 있습니다.

2 작품 살펴보기
필수 작품과 기출 문제로 실전 감 잡기

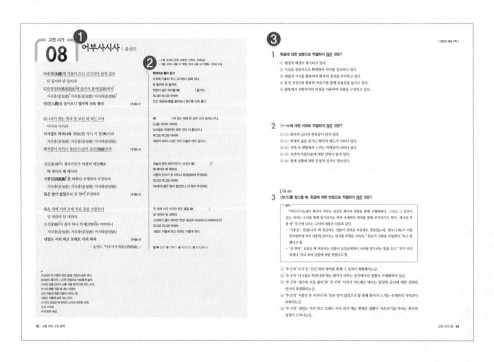

① 교과서 수록 · 기출 작품
교과서 수록 작품, 학평·모평·수능 기출 작품 등 반드시 알아야 할 필수 작품들을 학습할 수 있습니다.

② 현대어로 풀어 읽기
고전 시가를 현대어로 풀어 읽는 연습을 할 수 있습니다.

③ 기출 · 신출 문제
기출 문제를 바탕으로 한 실전 문제로 내신은 물론 수능까지 효과적으로 대비할 수 있습니다.
또한 문제와 연관된 문학 개념을 날개단에 정리하여 개념을 익히며 문학 실력을 다질 수 있습니다.

3 확장하기
작품 이해와 연계 작품으로 학습 확장하기

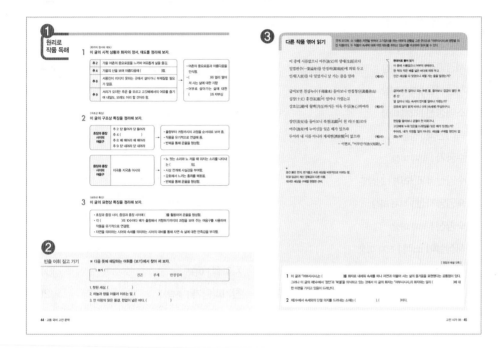

❶ 원리로 작품 독해
원리를 중심으로 한 독해 포인트를 따라 작품 분석을 진행하면서 문학 갈래별 독해 방법을 자연스럽게 익힐 수 있습니다.

❷ 빈출 어휘 짚고 가기
고전 문학에서 자주 나오는 어휘를 익힐 수 있습니다.

❸ 다른 작품 엮어 읽기
주제, 표현, 형식 등이 유사한 작품을 함께 읽어 보면서 다른 작품과의 비교 감상을 통한 확장 학습이 가능합니다.

■ 실전 독해

· 실전 독해를 5회 제공하여 추가 학습이 가능합니다.
· 최신 기출 지문과 문제로만 구성하여 실전 연습이 가능합니다.

■ 정답과 해설

· 고전 시가는 작품 본문을 싣고 해석을 달아 어려운 내용도 쉽게 이해할 수 있습니다.
· 상세한 정답 풀이와 오답 해설을 통해 문제 해결 과정을 익힐 수 있습니다.

작품 찾아보기

학습 계획 및 점검

※ 이 책은 하루에 1시간씩 공부할 때 25일 안에 학습을 끝낼 수 있게 하였습니다.
   다음 계획표를 참고해서 자신만의 학습 계획을 세워 보고, 점검해 보세요.

	학습한 날		학습 내용	나의 성취도		
1일	월	일	고전 시가 독해 원리, 알아 두기, 고전 시가 01	우수	보통	미흡
2일	월	일	고전 시가 02, 03	우수	보통	미흡
3일	월	일	고전 시가 04, 05	우수	보통	미흡
4일	월	일	고전 시가 06, 07	우수	보통	미흡
5일	월	일	고전 시가 08, 09	우수	보통	미흡
6일	월	일	고전 시가 10, 11	우수	보통	미흡
7일	월	일	고전 시가 12, 13	우수	보통	미흡
8일	월	일	고전 시가 14, 15	우수	보통	미흡
9일	월	일	고전 소설 독해 원리, 알아 두기, 고전 소설 01	우수	보통	미흡
10일	월	일	고전 소설 02, 03	우수	보통	미흡
11일	월	일	고전 소설 04, 05	우수	보통	미흡
12일	월	일	고전 소설 06, 07	우수	보통	미흡
13일	월	일	고전 소설 08, 09	우수	보통	미흡
14일	월	일	고전 소설 10, 11	우수	보통	미흡
15일	월	일	고전 소설 12, 13	우수	보통	미흡
16일	월	일	고전 소설 14, 15	우수	보통	미흡
17일	월	일	고전 수필 독해 원리, 고전 수필 · 극 01, 02	우수	보통	미흡
18일	월	일	고전 수필 독해 원리, 고전 수필 · 극 03, 04	우수	보통	미흡
19일	월	일	실전 1회, 2회, 3회	우수	보통	미흡
20일	월	일	실전 4회, 5회	우수	보통	미흡
21일	월	일	복습 – 고전 시가	우수	보통	미흡
22일	월	일	복습 – 고전 시가	우수	보통	미흡
23일	월	일	복습 – 고전 소설	우수	보통	미흡
24일	월	일	복습 – 고전 소설	우수	보통	미흡
25일	월	일	복습 – 고전 수필 · 극	우수	보통	미흡

I

고전 시가

8강 개념 및 정리

어떻게 출제되나?

- 고전 시가는 하나의 작품만 제시될 때도 있지만, 다른 고전 시가와 함께 제시되기도 한다. 때로는 '고전 시가+현대 시', '고전 시가+수필'로 제시되기도 한다. 고전 시가 중에서는 시조와 가사의 출제 빈도가 높으며 주요 작품은 반복되어 출제되기도 한다.

- 시적 상황과 화자의 정서, 태도를 파악하는 문제 및 표현상의 특징에 관한 문제가 주로 출제된다.

어떻게 공략해야 하나?

- 고전 시가는 현대어로 풀어 읽는 연습을 해 두어야 하며, 어휘력을 길러 두어야 한다.

- 필수 작품 위주로 시적 상황과 화자의 정서, 태도를 파악하며 지문을 읽는 연습을 한다.

- 작품 자체에 주목하여 지문을 있는 그대로 이해하도록 하고, 확장하여 해석하거나 주관적으로 해석하지 않도록 한다.

독해 원리

고전 시가, 어떻게 읽어야 하나?

개화기 이전에 창작된 옛 시를 고전 시가라고 한다. 고대 가요부터 향가, 고려 가요, 시조, 가사 등이 모두 고전 시가에 해당한다. 다음 원리를 바탕으로 고전 시가를 독해하는 방법을 익혀 보도록 하자.

1 현대어로 풀어 읽는다.

고전 시가에는 우리가 평소에 잘 사용하지 않는 어휘가 나오고, 표기 방식도 현대의 국어와는 차이가 있어서 글을 읽어 내기가 어렵다. 따라서 평소에 어휘력을 길러 두어야 할 뿐만 아니라, 낯설게 표기된 고전 시가를 현대어로 풀어 읽는 연습도 해 두어야 한다. 고전 시가를 현대어로 풀어 읽기 위해 다음의 방법을 염두에 두도록 한다.

> **1** '·(아래아)'는 'ㅏ' 또는 'ㅡ/ㅜ'로 발음한다. 예 무움 → 마음
> **2** 어두 자음군(ㅄ, ㅼ 등)은 마지막 음운을 된소리로 발음한다.
>   예 뻐 있거늘 → 떠 있거늘
> **3** 소리 나는 대로 이어 적기를 했다는 점에 유의한다. 예 무어시 → 무엇이
> **4** ① 두음 법칙, ② 구개음화가 일어나지 않음에 유의한다.
>   예 녀인 → 여인, 다딤 → 다짐
> **5** 문맥을 고려하여 현대어 중 비슷한 소리를 가진 말로 추측해 본다.
>   예 믈 → 물

2 시적 상황을 살펴본다.

시적 상황은 화자가 처해 있는 상황을 의미한다. 고전 시가를 읽을 때 제일 먼저 해야 하는 것은 화자가 어떠한 처지에 있으며 무엇을 하고 있는지를 파악하는 것이다. 화자가 어디에 있으며 어떠한 내용을 말하고 있는지를 바탕으로 시적 상황을 파악하도록 한다.

3 화자의 정서와 태도에 주목한다.

시적 상황을 파악했으면 화자가 그 상황에서 어떤 감정을 느끼고 있는지, 어떻게 대응하고 있는지를 파악해야 한다. 화자의 정서와 태도는 시가 문학의 중심이 되는 부분으로 작품의 주제와 직결된다. 화자의 정서는 '외롭다', '슬프다'와 같이 작품의 표면에 직접적으로 드러나기도 하지만, 화자의 반응을 통해 간접적으로 드러나는 경우가 많으므로 화자의 반응에서 정서를 이해할 수 있어야 한다.

4 표현상 특징을 파악한다.

시가 문학에서는 운율, 비유와 상징, 영탄법, 설의법 등의 다양한 표현 방법, 선경후정(先景後情) 같은 시상 전개 방식을 사용하여 말하고자 하는 바를 효과적으로 전달한다. 따라서 다양한 표현 방법에 대해 알아 두고 작품에 나올 때마다 확인할 수 있어야 한다. 또한 고전 시가는 갈래에 따른 특징이 있으므로 갈래별 특징을 미리 알아 두고 작품을 읽을 때 이를 고려하도록 한다(교재 12~13쪽 참고).

작품을 통한 원리 이해

앞에서 제시된 원리를 적용하여 다음 작품을 독해해 보자.

동지(冬至)ㅅ들 기나긴 밤을 한 허리를 버혀 내여
춘풍(春風) 니불 아레 서리서리 너헛다가
어론 님 오신 날 밤이여든 구뷔구뷔 펴리라

– 황진이 –

▼어론 님: 정분을 맺은 임.

현대어로 풀어 읽기

동짓달 기나긴 밤을 한 허리를 베어 내어
춘풍 이불 아래 서리서리 넣었다가
어론 님 오신 날 밤이면 굽이굽이 펴리라.

초장의 '들'은 **1**에 따라 '달'로, '버혀'는 **5**에 따라 '베어'로 읽을 수 있다. 중장의 '니불'은 **4**에 따라 '이불'로, '너헛다가'는 **3**에 따라 '넣었다가'로 읽을 수 있다. 종장의 '구뷔구뷔'는 **5**에 따라 '굽이굽이'로 읽을 수 있다.

시적 상황, 화자의 정서와 태도

동짓달 기나긴 밤의 한 허리를 떼어 두었다가 어론 님이 오신 날 밤에 그 시간들을 펴겠다고 함.

시적 상황	임과 떨어져 있음.(임의 부재)
정서와 태도	임이 오기를 기다림, 임을 그리워함.

시간(동짓달 기나긴 밤의 한 허리)을 떼어 두었다가 임 오신 날 밤에 펴겠다는 것에서 화자가 임과 떨어져 있는 상황임을 알 수 있으며, 임에 대한 그리움의 정서와 임에 대한 간절한 기다림의 태도를 알 수 있다.

표현상 특징

표현	효과
각 장이 4음보의 율격을 지님.	안정된 리듬감을 형성함.
'밤'을 '베고', '넣고', '펴겠다'며 추상적 대상을 구체화함.	간절한 그리움을 구체적으로 표현함.
'서리서리', '구뷔구뷔' 등의 음성 상징어를 사용함.	생동감을 부여함.

운율적인 측면에서 볼 때 이 작품은 각 장이 4음보의 율격을 지니고 있음을 확인할 수 있다. 이는 '시조'의 고유한 특징이다. 시어의 사용과 관련해서 살펴보면 화자는 '밤'이라는 추상적이고 관념적인 대상을 '베고', '넣고', '펴겠다'고 하고 있는데, 이는 추상적인 대상을 구체적인 사물로 형상화한 것이다. 이러한 표현은 임에 대한 간절한 그리움을 구체적으로 표현하는 효과가 있다. 또한 '서리서리', '구뷔구뷔'와 같은 음성 상징어를 사용한 것도 확인할 수 있는데, 이는 생동감을 부여하는 효과가 있다.

1 고대 가요

(1) 개념

고대 부족 국가 시대부터 삼국 시대 초기까지 불린 노래.

(2) 특징

- 초기에는 집단 노동요·의식요 위주로 창작되었고, 이후에 개인적 서정 가요가 창작되었음.
- 주로 배경 설화와 함께 전함.

(3) 대표 작품

작품	성격	내용
구지가	집단적·주술적	가락국의 노래. 새로운 우두머리의 강림을 기원함.
공무도하가 (백수 광부의 아내)	개인적·서정적	고조선의 노래. 물을 건너는 임에 대한 만류와 임을 잃은 애절한 슬픔을 표현함.
황조가 (유리왕)	개인적·서정적	고구려의 노래. 암수 정다운 꾀꼬리와 대비되는 외로운 심정을 표현함.
정읍사 (행상인의 아내)	개인적·서정적	백제의 노래. 행상 나간 남편을 염려하는 마음을 표현함.

2 향가

(1) 개념

신라 시대부터 고려 초기까지 향유된, 향찰(한자의 음과 뜻을 빌려 우리말을 표기)로 표기된 우리 고유의 시가.

(2) 특징

- 4구체: 향가의 초기 형태로「도솔가」를 제외하고는 주로 민요 계통의 노래임. 예 서동요, 풍요, 헌화가, 도솔가
- 8구체: 4구체에서 10구체로 발전하는 과정에서 생긴 과도기적 형태임. 예 모죽지랑가, 처용가
- 10구체: 향가의 완성 형태로 정교한 짜임을 지니고 있는, 고도로 정제된 노래임. 예 제망매가, 찬기파랑가

(3) 대표 작품

작품	내용
서동요 (서동)	서동이 선화 공주를 얻기 위해 아이들에게 부르게 한 노래로, 선화 공주가 몰래 서동을 만나러 간다는 내용임.
처용가 (처용)	아내를 범하는 역신을 쫓아내기 위한 노래임.
제망매가 (월명사)	죽은 누이를 추모함.
찬기파랑가 (충담사)	화랑 기파랑의 인품을 예찬함.

3 고려 가요

(1) 개념

고려 시대에 평민들이 부르던 민요적 시가.

(2) 특징

- 남녀 간의 사랑과 이별, 삶의 애환 등 평민들의 소박하고 진솔한 감정을 표현함.
- 3음보를 기본 음보로 하며, 연으로 구별되는 분연체(분절체) 형식으로 감흥과 리듬감을 일으키는 후렴구가 발달함.

(3) 대표 작품

작품	내용
가시리	떠나는 임에게 다시 돌아오라고 애원함.
동동	월별로 자연의 모습이나 세시 풍속에 따라 임을 그리워함.
만전춘별사	남녀의 애정을 솔직하고 대담하게 담아냄.
서경별곡	서경(평양)의 여인이 사랑하는 사람을 떠나보내며 이별의 정한을 읊음.
정석가	임에 대한 변함없는 사랑을 맹세함.
청산별곡	힘든 현실을 피해 이상향을 그리는 심정을 노래함.

4 경기체가

(1) 개념

고려 중기 이후부터 조선 초기까지 귀족과 사대부들이 즐기던 시가.

(2) 특징

- 귀족과 사대부들의 향락적인 생활 양식과 정서를 표현함.
- 대부분 3음보의 율격이며, '~경(景) 긔 엇더ᄒ니잇고' 또는 '경기하여'라는 후렴구가 붙음.

(3) 대표 작품

작품	내용
한림별곡 (한림제유)	최초의 경기체가로, 각 장마다 시부, 서적, 명필 등을 제재로 삼아 향락적·유흥적 생활 감정을 읊음.
죽계별곡 (안축)	작가의 고향인 풍기 땅의 죽계와 순흥의 아름다운 경치를 노래함.

5 한시

(1) 개념

한문으로 이루어진 정형시.

(2) 특징

- 삼국 시대에 한자가 보급되면서 한시가 창작되기 시작하였으며 조선 시대까지 창작되고 향유됨.
- 중국의 한시 작법에 따라 한문으로 지은 시라도 우리 민족의 사상과 감정을 표현하고 있으므로 우리 문학에 포함됨.

(3) 대표 작품

작품	시대	내용
제가야산독서당 (최치원)	신라	세상을 멀리하고 산중에 은둔하고 싶은 마음을 표현함.
송인 (정지상)	고려	대동강을 배경으로 임과 이별한 슬픔을 노래함.
고시 (정약용)	조선	부패한 조선 후기의 사회 현실을 비판함.

6 시조

(1) 개념

고려 시대 말부터 발달해 온 우리나라 고유의 정형시.

(2) 특징

- 고려 시대에 발생하여 조선 시대의 대표적인 서정 문학 갈래로 자리 잡게 되었으며 현대까지 이어지고 있음.
- 초장, 중장, 종장의 3장 6구 45자 내외를 기본으로 하고, 각 장은 4음보의 율격을 지님.
- 3장 6구 4음보의 기본 형태를 가진 평시조와 일정한 격식에서 벗어난 사설시조가 있음.

(3) 전개 양상

시대	특징
고려 후기	유교적 충의 사상, 즉 고려에 대한 우국충정의 마음을 노래한 시조가 주를 이룸. 예 백설이 잦아진 골에(이색), 이 몸이 주거 주거(정몽주)
조선 전기	• 유교적 이념과 규범, 안빈낙도 등 사대부의 정서를 표현한 시조가 주를 이룸. 예 눈 마자 휘어진 대를(원천석), 방 안에 혓는 촛불(이개), 십 년을 경영하여(송순) • 단시조를 중첩한 형태인 연시조가 등장함. 예 강호사시가(맹사성), 도산십이곡(이황), 고산구곡가(이이) • 사랑과 이별을 표현한 여성 작가의 시조도 창작되었음. 예 동짓달 기나긴 밤을(황진이)
조선 후기	• 작자층이 넓어지고 주제가 다양해짐. • 산문화와 서민 의식의 영향으로 사설시조가 생겨남. 예 어이 못 오던가, 두꺼비 파리를 물고

7 가사

(1) 개념

경기체가가 쇠퇴하면서 발생한 시가와 산문의 중간 형태의 문학.

(2) 특징

- 시조와 더불어 조선 시대의 대표적인 문학 양식으로, 형식은 운문 문학에 속하지만 내용은 개인의 정서를 표현하는 것뿐만 아니라 교훈적인 훈계나 여행의 여정과 감상 등 이야기 구조를 담기도 함.
- 3·4조 또는 4·4조의 4음보 연속체로 행수에는 제한이 없음. 마지막 행이 시조의 종장과 같은 형식인 것을 정격 가사, 그렇지 않은 것을 변격 가사라고 함.
- 조선 전기에는 자연 속에서 유유자적하는 삶과 임금에 대한 은총을 노래하는 작품이 주를 이루었고, 조선 후기로 가면서 사실적 내용으로 구체화·장편화되는 경향을 보임.

(3) 대표 작품

작품	내용
상춘곡 (정극인)	봄 경치의 아름다움과 자연에서 느끼는 삶의 흥취를 노래함.
면앙정가 (송순)	자연에서 느끼는 삶의 흥취와 임금의 은혜에 대한 감사를 노래함.
관동별곡 (정철)	금강산과 관동 팔경에 대한 감탄과 연군지정을 노래함.
속미인곡 (정철)	연군지정을 남녀의 애정에 빗대어 두 여인의 대화 형식으로 표현함.
규원가 (허난설헌)	규방 여인의 한스러운 삶과 정서를 표현함.
누항사 (박인로)	자신이 겪고 있는 궁핍한 현실의 어려움과 안빈낙도하고자 하는 마음 사이의 갈등을 표현함.
덴동어미 화전가	부녀자들의 화전놀이를 소재로, 한 여인의 기구한 삶을 구체적으로 담아냄.

8 민요

(1) 개념

민중 속에서 자연 발생하여 오랫동안 전해 오는 노래.

(2) 특징

- 3음보와 4음보의 연속체로 이루어지며 대개 후렴구가 붙어 있음.
- 노동, 의식, 놀이(유희) 등을 위해 부른 기능요가 많으며, 서민들의 생활 감정과 삶이 함축되어 있음.
  예 기능요: 논매기 노래(노동요), 타작 노래(노동요), 상여 노래(의식요), 강강술래(유희요) / 비기능요: 아리랑, 시집살이 노래, 잠 노래

공무도하가 | 황조가

(가) • 수록 교과서: 문학_금성, 미래엔, 창비, 천재(정)
(나) • 수록 교과서: 문학_미래엔

(가) 公無渡河　　○임아, 그 물을 건너지 마오.
　　　公竟渡河　　임은 끝내 그 물을 건너셨네.
　　　墮河而死　　물에 빠져 돌아가시니
　　　當奈公何　　○가신 임을 어찌할꼬.

　　　　　　　　　　　– 백수 광부의 아내, 「공무도하가(公無渡河歌)」 –

(나) 翩翩黃鳥　　펄펄 나는 저 ⓒ꾀꼬리
　　　雌雄相依　　암수 서로 정답구나.
　　　念我之獨　　ⓔ외로워라 이내˚몸은
　　　誰其與歸　　ⓜ뉘와 함께 돌아갈꼬.

　　　　　　　　　　　– 유리왕, 「황조가(黃鳥歌)」 –

▼
이내 '나의'를 강조하여 이르는 말.

배경 설화

고조선의 뱃사공 곽리자고가 배를 저어 가는데, 백수 광부가 머리를 풀고 술병을 든 채 물을 건너가려 하였다. 그의 아내가 뒤따르며 그를 만류하였으나, 결국 그는 물에 빠져 죽고 말았다. 이에 그의 아내는 공후를 뜯으면서 공무도하(公無渡河)의 노래를 지어 부른 후 남편을 따라 물에 빠져 죽었다. 곽리자고가 집으로 돌아와 아내인 여옥에게 이 이야기를 하며 그 노래를 들려주자, 여옥이 슬퍼하며 공후를 타면서 그 노래를 부르니 듣는 사람마다 눈물을 흘리며 슬퍼하였다.

배경 설화

고구려 제2대 유리왕 3년에 왕비 송씨가 세상을 떠나자, 왕은 화희(禾姬)와 치희(雉姬)를 계비로 맞아들인다. 두 여인은 평소 왕의 사랑을 두고 다투었는데, 왕이 사냥을 나간 사이 화희가 치희에게 "너는 한나라 집안의 천한 계집인데, 어찌 이리 무례한가?" 하면서 꾸짖으니 치희는 부끄럽고 분하여 자기 나라로 돌아가 버렸다. 왕은 이 사실을 알고 치희를 쫓아갔으나 치희는 노하여 돌아오지 않았다. 그후 왕이 나무 그늘에서 쉬던 중 마침 나뭇가지에 꾀꼬리들이 모여 놀고 있는 것을 보고 느끼는 바가 있어 노래를 지어 불렀다.

1 **(가), (나)에 대한 설명으로 적절하지 <u>않은</u> 것은?**

① (가), (나) 모두 특정한 대상을 청자로 설정하고 있다.

② (가), (나) 모두 화자의 탄식으로 시상이 마무리되고 있다.

③ (가)는 (나)와 달리 간곡한 어조로 대상에게 자신의 의사를 전달하고 있다.

④ (나)는 (가)와 달리 의태어를 사용하여 시적 대상의 모습을 표현하고 있다.

⑤ (나)는 (가)와 달리 선경후정(先景後情)의 전개 방식을 통해 화자의 정서를 드러내고 있다.

개념 **선경후정**

선경후정은 시에서 앞부분에 자연 경관이나 사물에 대한 묘사를 먼저 하고 뒷부분에 자기의 감정이나 정서를 그려 내는 구성 방식이다.

예 「황조가」는 앞부분에서 꾀꼬리의 모습을 묘사한 뒤 뒷부분에서 화자의 외로움의 정서를 표현하고 있으므로 선경후정의 구성이라고 할 수 있다.

2 **㉠~㉤에 대한 설명으로 적절한 것은?**

① ㉠: 화자가 원망하는 대상이다.

② ㉡: 절망적 상황에 대한 체념이 나타나고 있다.

③ ㉢: 임을 그리워하는 화자의 처지와 동일시된 대상이다.

④ ㉣: 임과 화자의 정서를 직접적으로 표현하였다.

⑤ ㉤: 현실의 어려움을 극복하려는 의지를 드러내고 있다.

3 **〈보기〉를 참고하여 (가)를 감상한 내용으로 적절하지 <u>않은</u> 것은?**

> **보기**
>
> 교사: 문학 작품에서 물은 다양한 상징적 의미로 사용됩니다. 물은 '생명력'과 '죽음'이라는 양면적인 의미가 있으며, '깊음, 충만함' 또는 '이별, 단절' 등의 의미도 있습니다. 이 작품에서의 '물'도 시적 상황과 화자의 정서에 따라 다양한 상징적 의미로 해석될 수 있습니다. 어떤 의미를 지니는지 발표해 봅시다.

① 1구의 '물'은 그것을 넘지 않기를 바라는 화자의 충만한 사랑이 담겨 있는 소재라 볼 수 있습니다.

② 2구의 '물'은 임과 화자를 만날 수 없게 하는 것이므로 이별을 의미한다고 볼 수 있습니다.

③ 3구의 '물'은 임을 죽게 만드는 대상이므로 화자가 막으려고 했던 임의 죽음을 의미한다고 할 수 있습니다.

④ 3구의 '물'은 화자가 원치 않는 상황을 가져왔으므로 화자의 슬픔을 유발하는 기능을 하고 있다고 할 수 있습니다.

⑤ 1, 2, 3구의 '물'은 시적 상황과 화자의 정서로 볼 때 모두 부정적인 상황을 조성하는 직접적인 원인입니다.

원리로 작품 독해

1 ⟨화자의 정서와 태도⟩
(가), (나)의 시적 상황과 화자의 정서, 태도를 정리해 보자.

(가)

1, 2구	물을 건너려는 임을 만류하지만, 임은 ( )을 건넘.	→	근심, 걱정, 불안함, 초조함
3, 4구	임이 물에 빠져 죽고, 화자가 탄식함.	→	절망감, 슬픔, ( )

(나)

1, 2구	꾀꼬리가 서로 정다움.		임과 이별한 ( )과 외로움
3, 4구	함께 돌아갈 이 없는 외로운 처지를 ( )함.		

2 ⟨시어의 의미⟩
(가)에서 '물'의 의미를 정리해 보자.

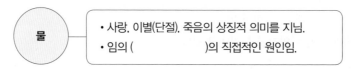

물
• 사랑, 이별(단절), 죽음의 상징적 의미를 지님.
• 임의 (   )의 직접적인 원인임.

3 ⟨표현상 특징⟩
(나)의 표현상 특징을 정리해 보자.

• 시의 앞부분에 자연 경관이나 사물에 대한 묘사를 먼저 하고, 뒷부분에 화자의 감정이나 정서를 드러내는 (   )의 구성 방식으로 시상을 전개함.
• (   )라는 자연물을 이용하여 화자의 감정을 드러냄.

빈출 어휘 짚고 가기

※ 제시된 초성과 뜻을 참고하여 빈칸에 들어갈 어휘를 써 보자.

1. ㅇㄴ : '나의'를 강조하여 이르는 말.
   예 청청 하늘엔 별도 많고 (   ) 가슴엔 수심도 많다.

들하 노피곰 도ᄃ샤
어긔야 머리곰 비취오시라
어긔야 어강됴리
아으 다롱디리
져재 녀러신고요
어긔야 즌 ᄃᆡ를 드ᄃᆡ욜셰라
어긔야 어강됴리
어느이다 노코시라
어긔야 내 가논 ᄃᆡ 졈그롤셰라
어긔야 어강됴리
아으 다롱디리

– 어느 행상인의 아내, 「정읍사(井邑詞)」 –

현대어로 풀어 읽기
달님이시여 높이높이 돋으시어
멀리멀리 비추소서.
저자(시장)에 가 계신가요?
진 데(위험한 곳)를 디딜까 두렵습니다.
어느 곳에나 (짐을) 놓으십시오.
내(임) 가는 그 길 저물까 두렵습니다.

배경 설화
정읍(당시에는 전주에 속해 있었음.) 사람이 행상을 떠나 오래도록 돌아오지 않으므로, 그의 아내가 산 위에 올라 남편이 간 곳을 바라보며 남편이 밤길을 오다가 해를 입지나 않을까 염려하는 마음으로 달에 의탁하여 이 노래를 불렀다. 세상이 전하기를, 오른 고개에 아내의 망부석이 있다고 한다.

▼
내 가논 ᄃᆡ '남편의 귀갓길', '내가 남편을 마중 가는 길', '나와 남편 앞에 놓인 앞으로의 인생 길' 등으로 해석할 수 있음.

[정답과 해설 2쪽]

1 이 글의 화자는 행상을 나간 남편을 기다리고 있고, 「공무도하가」, 「황조가」의 화자는 '임'과 이별한 상황이다. 따라서 세 글의 화자는 임의 (   )라는 공통된 상황에 처해 있다고 할 수 있다.

2 이 글에서 (   )은 높이 돋아 먼 곳까지 비출 수 있는 광명의 상징이자, 화자가 소망을 기원하는 대상이다.

02 제망매가 | 월명사

• 수록 교과서: 국어_동아, 미래엔, 비상(박안수), 비상(박영민), 신사고 / 문학_동아, 비상, 지학사, 창비, 천재(김), 해냄
• 기출: 2015-9월 고1 학평, 2008-6월 고3 모평

생사(生死) 길흔

㉠이에 이샤매 머믓그리고,

나는 가느다 말ㅅ도

몯다 니르고 가느닛고.

어느 ᄀᆞ슬 이른 ⓐᄇᆞᄅᆞ매

이에 뎌에 ᄠᅳ러딜▼ ⓑ닙ᄀᆞᆫ,

ᄒᆞᄃᆞᆫ 가지라▼ 나고

가논 곧 모드론뎌.

아야 ㉡미타찰(彌陀刹)아 맛보올 나

도(道) 닷가 기드리고다.

　　　　　　－ 월명사, 「제망매가(祭亡妹歌)」 / 김완진 해독 －

현대어로 풀어 읽기

생사 길은

여기 있음에 ❶(　　　　　).

나는 간다는 말도

못다 이르고 (어찌) 갑니까.

어느 ❷(　　　　　) 이른 바람에

여기저기 떨어질 잎처럼.

한 가지에 나고

가는 곳을 ❸(　　　　　).

아아, 미타찰에서 ❹(　　　　　) 나

도 닦아 기다리겠노라.

답 ❶ 머뭇거리고 ❷ 가을 ❸ 모르는구나 ❹ 만날

▼
ᄠᅳ러딜 떨어질.
ᄒᆞᄃᆞᆫ 가지 한 가지.
미타찰 아미타불이 있는 극락세계.

1 윗글에 대한 설명으로 적절하지 <u>않은</u> 것은?

① 자연 현상을 통해서 인생의 무상함을 표현하고 있다.

② 점층적 표현을 통해 주제를 효과적으로 드러내고 있다.

③ 향찰로 표기된 노래로 개인적 서정을 세련되게 표현하였다.

④ 시적 화자는 현실의 슬픔을 종교적으로 승화시키려 하고 있다.

⑤ 육친의 죽음을 통해 삶과 죽음에 대해 깊이 있게 성찰하고 있다.

(기출 변형

2 밑줄 친 ㉠, ㉡에 대한 설명으로 적절한 것은?

① ㉠과 ㉡은 화자가 몸을 담고 있는 공간이다.

② ㉠은 숭고함을, ㉡은 좌절감을 자아내는 공간이다.

③ ㉠과 ㉡은 화자에게 환상을 불러일으키는 공간이다.

④ ㉠은 화자의 반성을, ㉡은 화자의 지향을 함축하는 공간이다.

⑤ ㉠은 세속적인 유한성을, ㉡은 종교적인 영원성을 상징하는 공간이다.

(기출 · 2008-6월 고3 모평

3 윗글의 ⓐ, ⓑ와 〈보기〉의 밑줄 친 시어들을 비교하여 이해한 내용으로 적절하지 <u>않은</u> 것은?

┌─ 보기 ┐

A. 간밤에 부던 <u>바람</u> 만정 <u>도화(桃花)</u> 다 지겠다
　　아이는 비를 들어 쓸려고 하는구나
　　낙화인들 꽃이 아니랴 쓸어 무엇 하리오

B. <u>바람</u> 불어 쓰러진 <u>나무</u> 비 온다 싹이 나며
　　임 그려 든 병이 약 먹다 나을쏘냐
　　저 임아 널로 든 병이니 네 고칠까 하노라

① ⓐ와 달리 A의 '바람'은 화자의 시련을 상징하고 있다.

② ⓐ와 B의 '바람'은 어떤 결과를 가져오는 원인으로 작용하고 있다.

③ ⓑ와는 달리 A의 '도화'는 화자의 감회와 흥취를 부각하고 있다.

④ ⓑ와는 달리 B의 '나무'는 화자 자신을 비유하고 있다.

⑤ ⓑ, A의 '도화', B의 '나무'는 수동성을 함축하고 있다.

〈화자의 정서와 태도〉

1 이 글의 시적 상황과 화자의 정서, 태도를 정리해 보자.

1~4구	나는 간다 말도 못다 이르고 떠나감.	→	누이의 죽음에 대한 안타까움
5~8구	한 가지에 났지만 가는 곳을 알지 못함.	→	누이의 죽음에서 느끼는 인생의 ( )
9~10구	미타찰에서 만날 날을 도 닦아 기다림.	→	불교적 믿음을 통한 누이와의 ( ) 다짐

〈시적 공간의 의미〉

2 이 글에 나타난 공간의 의미를 정리해 보자.

공간 – '이'		공간 – '미타찰'
• 이승 • 화자가 존재하는 현실의 공간 • 누이와 이별하여 슬픔을 느끼는 공간	→ 슬픔을 종교적으로 승화	• 극락세계 • ( )가 존재하는 공간 • 누이와 재회할 수 있는 공간

〈시구의 의미〉

3 이 글의 주요 시구의 비유적 의미를 정리해 보자.

시구	비유적 의미
이른 ᄇ롬	누이가 젊은 나이에 ( ).
뜨러딜 닙	죽은 누이
ᄒᄃ 가지	같은 ( )

〈표현상 특징〉

4 이 글의 표현상 특징을 정리해 보자.

• 누이의 죽음을 자연물과 연관 지어 (   )으로 표현함.
• 낙구(9, 10구)의 첫머리에 (   )라는 감탄사가 나타남. → 시상을 집약함. 10구체 향가의 특징

빈출 어휘 짚고 가기

※ 제시된 초성을 참고하여 다음 뜻에 해당하는 어휘를 써 보자.

1. ㅁ ㅌ ㅊ : 아미타불이 있는 극락세계. (   )

관련 어휘 극락세계: 아미타불이 살고 있는 정토(淨土)로, 괴로움이 없으며 지극히 안락하고 자유로운 세상.
서방정토: 서쪽으로 십만 억의 국토를 지나면 있는 아미타불의 세계.

다른 작품 엮어 읽기

연계 포인트 이 작품은 신라 시대 화랑이었던 기파랑의 인품을 찬양한 향가이다. 「제망매가」와 함께 문학성이 뛰어난 10구체 향가로 평가받고 있는 작품으로, 「제망매가」와 마찬가지로 비유적인 표현을 사용하고 있음에 주목하여 읽어 볼 수 있다.

흐느끼며 바라보매

이슬 밝힌 달이

흰 구름 따라 떠간 언저리에

모래 가른 물가에

기랑(耆郎)의 모습이올시 수풀이여.

일오(逸烏)내 자갈 벌에서

낭(郎)이 지니시던

마음의 갓을 좇고 있노라.

아아, 잣나무 가지가 높아

눈이라도 덮지 못할 고깔이여.

          – 충담사, 「찬기파랑가(讚耆婆郎歌)」 / 김완진 해독 –

[정답과 해설 3쪽]

1 이 글의 화자와 「제망매가」의 화자는 둘 다 시적 대상을 볼 수 없게 된 것에 슬픔을 느끼고 있다. 이 글의 화자는 (   )을 볼 수 없게 된 것에 슬픔을 느끼며 그의 인품을 예찬하고, 「제망매가」의 화자는 (   )를 볼 수 없게 된 것에 슬픔을 느끼며 그 슬픔을 종교적으로 승화시키고 있다.

2 이 글에서 화자는 달, 물, (   ) 등의 자연물을 활용하여 기파랑의 고매한 인품과 높은 기상을 표현하였다.

03 서경별곡 | 작자 미상

• 수록 교과서: 문학_동아, 신사고, 천재(김), 천재(정), 해냄
• 기출: 2019-6월 고3 모평

서경(西京)이 아즐가 서경(西京)이 셔울히마르는

위 두어렁셩 두어렁셩 다링디리

닷곤딕 아즐가 닷곤딕 ㉠쇼셩경 고외마른▼

위 두어렁셩 두어렁셩 다링디리

여히므론 아즐가 여히므논 ㉡질삼뵈 ᄇ리시고

위 두어렁셩 두어렁셩 다링디리

괴시란딕▼ 아즐가 괴시란딕 우러곰▼ 좃니노이다

위 두어렁셩 두어렁셩 다링디리

[A]
구스리 아즐가 구스리 바회예 디신들

위 두어렁셩 두어렁셩 다링디리

긴힛쭌 아즐가 긴힛쭌 그츠리잇가 나ᄂᆞᆫ

위 두어렁셩 두어렁셩 다링디리

즈믄 히를 아즐가 즈믄 히를 외오곰 녀신들▼

위 두어렁셩 두어렁셩 다링디리

신(信)잇ᄃᆞᆫ 아즐가 신(信)잇ᄃᆞᆫ 그츠리잇가 나ᄂᆞᆫ

위 두어렁셩 두어렁셩 다링디리

㉢대동강(大同江) 아즐가 대동강 너븐디 몰라셔

위 두어렁셩 두어렁셩 다링디리

빈 내여 아즐가 빈 내여 노ᄒᆞ다 샤공아

위 두어렁셩 두어렁셩 다링디리

네 가시 아즐가 네 가시 럼난디 몰라셔▼

위 두어렁셩 두어렁셩 다링디리

녈▼ 빈예 아즐가 녈 빈예 연즌다 ㉣샤공아

위 두어렁셩 두어렁셩 다링디리

대동강 아즐가 대동강 건너편 ㉤고즐여

위 두어렁셩 두어렁셩 다링디리

빈 타들면 아즐가 빈 타들면 것고리이다 나ᄂᆞᆫ

위 두어렁셩 두어렁셩 다링디리

– 작자 미상, 「서경별곡(西京別曲)」 –

고외마른 사랑하지마는.　　**괴시란딕** 사랑하신다면.　　**우러곰** 울면서.
즈믄 천(千)　　**녀신들** 살아간들. 지낸들.
네 가시 럼난디 몰라셔 일반적으로는 '네 각시가 바람났는지 몰라서'로 해석하지만, '네가 시름이 많은지 몰라서'로 해석하는 경우도 있음.　　**녈** 가는.

현대어로 풀어 읽기

서경(평양)이 셔울이지만
(새로) 닦은 곳인 소성경(평양)을 사랑하지만
(임을) 여의기(이별하기)보다는 ❶(　　　　　) 버리고
사랑만 해 주신다면 울면서 (임을) 따라가겠습니다.

구슬이 ❷(　　　　　)에 떨어진들
❸(　　　　　)이야 끊어지겠습니까?
천 년을 외로이 살아간들
믿음이야 끊어지겠습니까?

대동강 ❹(　　　　　) 몰라서
배를 내어 놓았느냐, 사공아.
네 각시 바람났는지 몰라서
가는 배에 (임을) 태웠으냐, 사공아.
(임은) 대동강 건너편 ❺(　　　　　)을
배 타고 들어가면 꺾을 것입니다.

답 ❶ 길쌈 베　❷ 바위　❸ 끈　❹ 넓은지　❺ 꽃

1 윗글에 대한 설명으로 적절하지 <u>않은</u> 것은?

① 반복적인 후렴구를 이용하여 운율감을 형성하고 있다.
② 대구적 표현을 활용하여 임에 대한 사랑을 강조하였다.
③ 설의적 표현을 사용하여 화자의 의지를 강조하고 있다.
④ 구체적인 지명을 제시하여 공간적 배경으로 활용하였다.
⑤ 자연과 인간을 대비하여 임과의 영원한 사랑을 표현하였다.

> **개념 설의법**
>
> 설의법은 누구나 다 아는 사실을 일부러 의문문의 형식으로 제시하여 의미를 강조하는 표현 방법이다.
> 예 개를 여라믄이나 기르되 요 개같이 얄미우랴. → 의문문의 형식으로 개에 대한 얄미움을 강조함.

2 ㉠~㉤에 대한 설명으로 적절하지 <u>않은</u> 것은?

① ㉠: 화자가 살고 있는 지역을 의미한다.
② ㉡: 화자가 여성임을 알 수 있는 소재이다.
③ ㉢: 화자와 임을 단절시키는 공간이다.
④ ㉣: 임 대신에 비난을 받는 사람에 해당한다.
⑤ ㉤: 질투의 대상으로 사공의 아내를 의미한다.

기출 · 2019-6월 고3 모평

3 〈보기〉를 참고할 때, [A]와 〈보기〉의 [B]를 비교하여 이해한 내용으로 적절하지 <u>않은</u> 것은?

> **보기**
>
> 「서경별곡」의 제2연에서 여음구를 제외한 부분은 당시 유행하던 민요의 모티프를 수용한 것으로, 「정석가」에도 동일한 모티프가 나타난다. 고려 시대의 문인 이제현도 당시에 유행하던 민요를 다음과 같이 한시로 옮긴 적이 있다.
>
> | | | |
> |---|---|---|
> | [B] | 비록 구슬이 바위에 떨어져도 | 縱然巖石落珠璣 |
> | | 끈은 진실로 끊어질 때 없으리. | 縷縷固應無斷時 |
> | | 낭군과 천 년을 이별한다고 해도 | 與郎千載相離別 |
> | | 한 점 붉은 마음이야 어찌 바뀌리오? | 一點丹心何改移 |

① [A]와 [B]에서 '구슬'은 변할 수 있는 것을, '긴'이나 '끈'은 변하지 않는 것을 비유하는 소재로 활용하였군.
② [A]에서는 '신'을, [B]에서는 '붉은 마음'을 굳건한 '바위'로 형상화하였군.
③ [A]와 [B] 모두에서 변하지 않는 마음을 소중한 가치로 여기는 화자의 태도가 나타나는군.
④ [A]와 [B]를 보니 동일한 모티프가 서로 다른 형식의 작품으로 수용되었군.
⑤ [A]와 [B]를 보니 여음구의 사용 여부에 차이가 있군.

원리로 작품 독해

1 〈화자의 정서와 태도〉
이 글의 시적 상황과 화자의 정서, 태도를 정리해 보자.

1연	서경을 떠나, 길쌈하던 베를 버리고서라도 임과 이별하지 않고 임을 따르겠음.	→	( )인 이별의 거부
2연	바위에 떨어져도 끊어지지 않는 끈처럼, 천 년을 외로이 살아도 믿음이 끊어지지 않음.	→	임에 대한 영원한 사랑과 믿음의 다짐
3연	• 사공에게 네 아내가 바람난 줄 모르냐고 함. • 임이 대동강을 건너면 꽃을 꺾을 것임.	→	• 떠나는 임에 대한 우회적 ( ) • 임이 다른 여자를 만나게 될 것에 대한 불안감

2 〈시어의 의미〉
이 글에서 '대동강'의 의미를 정리해 보자.

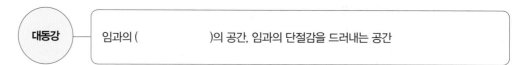

대동강 ── 임과의 (   )의 공간, 임과의 단절감을 드러내는 공간

3 〈표현상 특징〉
이 글의 표현상 특징을 정리해 보자.

- 여음과 (   )를 사용하여 음악적 효과를 줌.
- 임에 대한 변함없는 사랑을 '긴(끈)'으로, 임이 만나게 될 여인을 '곶(꽃)'으로 표현하는 등의 비유적인 표현을 사용함.
- 의문문의 형태를 통해 의미를 강조하는 (   )을 사용하여 임에 대한 마음을 표현함.

빈출 어휘 짚고 가기

※ 다음 어휘의 뜻을 〈보기〉에서 찾아 써 보자.

> **보기**
>
> 천(千)　　가다　　살다(지내다)　　사랑하다

1. <u>즈믄</u> 해
   → 즈믄: (   ).　관련 어휘 온: '백(百)'의 옛말.
2. <u>괴시란딕</u> 우러곰 좃니노이다
   → 괴다: (   ).
3. 즈믄 히를 <u>외오곰 녀신돌</u>
   → 녀다: (   ).
4. 님은 아니 오고 으스름 달빛에 <u>녈</u> 구름 날 속였구나.
   → 녀다: (   ).

연계 포인트 이 작품은 이별의 정한을 노래한 대표적인 고려 가요이다. 이 작품의 화자는 「서경별곡」의 화자와 같은 상황에 처해 있지만 서로 다른 대응 방식을 보이는데 그러한 차이에 주목하여 읽어 볼 수 있다.

가시리 가시리잇고 나ᄂᆞᆫ
ᄇᆞ리고 가시리잇고 나ᄂᆞᆫ
위 증즐가 대평셩ᄃᆡ(大平盛代)

날러는 엇디 살라 ᄒᆞ고
ᄇᆞ리고 가시리잇고 나ᄂᆞᆫ
위 증즐가 대평셩ᄃᆡ(大平盛代)

잡ᄉᆞ와 두어리마ᄂᆞᄂᆞᆫ
선ᄒᆞ면 아니 올셰라
위 증즐가 대평셩ᄃᆡ(大平盛代)

셜온 님 보내ᄋᆞᆸ노니 나ᄂᆞᆫ
가시ᄂᆞᆫ 듯 도셔 오쇼셔 나ᄂᆞᆫ
위 증즐가 대평셩ᄃᆡ(大平盛代)

— 작자 미상, 「가시리」 —

현대어로 풀어 읽기
가시겠습니까, 가시겠습니까?
(나를) 버리고 가시겠습니까?

나는 어찌 살라 하고
(나를) 버리고 가시렵니까?

(임을) 붙잡아 두고 싶지만
서운하면 아니 올까 두렵습니다.

서러운 임을 보내 드리니
가시자마자 돌아오소서.

[정답과 해설 5쪽]

1 '임과의 이별'이라는 시적 상황에 대해 「서경별곡」의 화자는 적극적으로 이별을 거부하는 반면, 이 글의 화자는 이별을 (   )하며 체념하는 소극적인 태도를 보이고 있다.

2 이 글에서 떠나는 임에 대한 화자의 현실적인 소망을 담고 있는 구절을 찾아 쓰시오. _____

04 청산별곡 | 작자 미상

• 수록 교과서: 국어_금성, 비상(박영민) / 문학_미래엔, 지학사, 창비
• 기출: 2014-9월 고1 학평, 2000 수능

살어리 살어리랏다 ⊙청산(靑山)애 살어리랏다.

멀위랑 ᄃ래랑 먹고 청산(靑山)애 살어리랏다.

얄리얄리 얄랑셩 얄라리 얄라

우러라 우러라 ⓒ새여 자고 니러 우러라 새여.

널라와 시름 한 나도 자고 니러 우니로라.

얄리얄리 얄라셩 얄라리 얄라

가던 새 가던 새 본다 ⓒ믈 아래 가던 새 본다.

잉 무든 장글란 가지고 믈 아래 가던 새 본다.

얄리얄리 얄라셩 얄라리 얄라

이링공 뎌링공 ᄒ야 나즈란 디내와손뎌,

오리도 가리도 업슨 바므란 ᄯ 엇디 호리라.

얄리얄리 얄라셩 얄라리 얄라

어듸라 더디던 ⓔ돌코 누리라 마치던 돌코.

믜리도 괴리도 업시 마자셔 우니노라.

얄리얄리 얄라셩 얄라리 얄라

살어리 살어리랏다 ⓜ바ᄅ래 살어리랏다.

ᄂᄆ자기 구조개랑 먹고 바ᄅ래 살어리랏다.

얄리얄리 얄라셩 얄라리 얄라

가다가 가다가 드로라 에졍지 가다가 드로라.

사ᄉ미 짒대예 올아셔 히금(奚琴)을 혀거를 드로라.

얄리얄리 얄라셩 얄라리 얄라

가다니 빈브른 도긔 설진 강수를 비조라.

조롱곳 누로기 미와 잡ᄉ와니 내 엇디 ᄒ리잇고.

얄리얄리 얄라셩 얄라리 얄라

— 작자 미상, 「청산별곡(靑山別曲)」 —

현대어로 풀어 읽기

살겠노라 살겠노라, 청산에 살겠노라.
머루랑 다래랑 먹고 청산에 살겠노라.

우는구나 우는구나 새여, 자고 일어나 우는구나 새여.
너보다 시름 많은 나도 자고 일어나 울며 지내는구나.

가던 새 가던 새 본다. 물 아래 가던 새 본다.
이끼 묻은 쟁기를 가지고 물 아래 가던 새 본다.

이럭저럭 하여 낮은 ❶(   ).
올 이도 갈 이도 없는 ❷(   )은 또 어찌할 것인가.

어디다 던지던 돌인가, 누구를 ❸(   ) 돌인가.
미워할 이도 ❹(   )도 없이 (돌에) 맞아서 울고 있노라.

살겠노라 살겠노라, 바다에 살겠노라.
나문재, 굴, 조개랑 먹고 바다에 살겠노라.

가다가 가다가 듣는구나. 외딴 부엌을 가다가 듣는구나.
사슴이 장대에 올라서 해금을 켜는 것을 듣는구나.

가더니(가다 보니) 배부른 독에 독한 술 빚는구나.
조롱박꽃 모양 누룩이 매워 (나를) 잡으니 내가 어찌하겠는가.

답 ❶ 지내 왔지만(지내 왔건만) ❷ 밤 ❸ 맞히던 ❹ 사랑할 이

▼
한 많은.
잉 무든 이끼 묻은.
장글란 쟁기를.
누 모자기 나문재(해초의 일종).
에졍지 외딴 부엌 또는 마당.
사스미 짒대예 올아셔 히금을 혀거를 드로라 '사슴이 장대에 올라 해금을 켜는 것을 듣노라'로 보
기도 하고(기적 같은 일이 일어나길 바라는 마음), '사슴으로 분장한 광대가 장대에 올라 해금을
켜는 것을 듣노라'로 보기도 함(현실의 괴로움을 잊기 위해 연희를 즐김).

1 윗글에 대한 설명으로 적절하지 않은 것은?

① 어구를 반복함으로써 의미를 강조하고 있다.

② 역설적 표현을 통해 화자의 태도를 강조하고 있다.

③ 특정 음운의 반복을 통해 경쾌한 리듬감을 형성하고 있다.

④ 시적 대상에 감정을 이입하여 화자의 정서를 드러내고 있다.

⑤ 후렴구를 통해 운율을 형성하고 구조적 통일성을 갖게 한다.

2 윗글의 마지막 부분에 나타난 화자의 문제 해결 방식으로 보아 화자가 생각하는 현실로 가장 적절한 것은?

① 갈등과 평화가 공존하는 세계

② 빈곤과 풍요가 양립하는 세계

③ 안주할 곳이 없는 고통의 세계

④ 현실과 이상향으로 양분된 세계

⑤ 적응할 시간이 필요한 새로운 세계

(기출 변형)

3 〈보기〉를 바탕으로 ㉠~㉢을 이해한 것으로 적절한 것은?

┌ 보기 ┌
　　　고시가 속에서 '자연'은 화자가 선망하며 지향하는 대상으로 표현된다. 또한 '자연'은 현실의
　　어려움을 극복할 수 없는 상황에서 선택하는 '현실 도피의 공간'으로 나타나기도 한다.

① ㉠: 화자가 머무는 현실의 공간으로 현실의 어려움을 드러낸다.

② ㉡: 화자가 지향하는 세계로 화자를 안내하는 역할을 한다.

③ ㉢: 화자가 선택하고자 하는 현실 도피의 공간이다.

④ ㉣: 변함없는 자연의 속성을 가진 것으로 화자가 선망하는 대상이다.

⑤ ㉤: 화자가 현실의 고통과 근심을 벗어나기 위해 지향하는 대상이다.

개념　감정 이입과 객관적 상관물

• 감정 이입: 화자의 감정을 다른 대상에 옮겨 넣어 마치 대상이 화자의 정서를 함께 느끼는 것처럼 표현하는 기법이다.
예 우러라 우러라 새여 자고 니러 우러라 새여. / 널라와 시름 한 나도 자고 니러 우니로라. → 새의 정서와 화자의 정서가 같으므로 감정 이입임.

• 객관적 상관물: 화자가 자신의 감정을 구체적인 사물을 통해 간접적으로 나타낼 때 사용되는 사물이다.
예 「황조가」의 '꾀꼬리' → 꾀꼬리가 화자의 상황과 대비되어 화자의 정서를 부각하므로 객관적 상관물에 해당함.

1 〈화자의 정서와 태도〉
이 글의 시적 상황과 화자의 정서, 태도를 정리해 보자.

1연	청산에 살고자 함.	→	( ), 현실 도피처를 찾고자 함.
2연	새와 함께 슬퍼함.	→	삶의 ( )를 느낌.
3연	물 아래 가는 새를 봄.	→	속세에 대한 미련이 있음.
4연	오고 갈 사람 없는 외로운 처지를 토로함.	→	절망적인 ( )을 느낌.
5연	돌에 맞아 옮.	→	삶의 운명에 체념함.
6연	바다에 살고자 함.	→	이상향, 현실 도피처를 찾고자 함.
7연	사슴이 장대에 올라 해금을 켜는 것을 들음.	→	기적을 바람.
8연	독한 술을 마심.	→	술을 통해 고뇌를 해소하고자 함.

2 〈시어의 의미〉
시어의 함축적 의미를 정리해 보자.

시어	함축적 의미
청산, 바ᄅ	이상향, 현실 ( ), 현실과 대조되는 공간
밤	( )과 절망의 시간
돌	인간의 힘으로는 어찌할 수 없는 운명

3 〈표현상 특징〉
이 작품의 표현상 특징을 정리해 보자.

- 울림소리인 'ㄹ, ㅇ' 음을 사용한 ( )를 통해 음악적 효과를 높임.
- 유사한 시구를 ( )함으로써 화자가 처한 상황과 화자의 정서를 강조함.
- 시적 대상인 '새'에 감정을 ( )하여 화자가 느끼는 비애감을 표현함.

빈출 어휘 짚고 가기
※ 다음 어휘의 뜻을 빈칸에 써 보자.

1. 노래 삼긴 사람 시름도 하도 할샤.
   → 하다: ( ).
2. 솔불 혀지 마라 어제 진 달 돌아온다.
   → 혀다: ( ).

다른 작품 엮어 읽기

연계 포인트 이 작품은 현존하는 우리 문학 작품 중 가장 오래된 월령체(月令體) 형식의 노래로, 각 달의 특성과 세시 풍속을 중심으로 송축과 찬양, 임에 대한 그리움과 원망 등을 노래한 고려 가요이다. 형태적인 면에서 고려 가요의 일반적인 특성이 잘 드러나는 작품으로「청산별곡」과 함께 읽어 볼 수 있다.

덕(德)으란 곰비예 받줍고 복(福)으란 림비예 받줍고

덕(德)이여 복(福)이라 호늘 나ᅀ라 오소이다

아으 동동(動動)다리   〈서사〉

정월(正月)ㅅ 나릿므른 아으 어져 녹져 ᄒ논ᄃᆡ

누릿 가온ᄃᆡ 나곤 몸하 ᄒ올로 녈셔

아으 동동(動動)다리   〈정월령〉

이월(二月)ㅅ 보로매 아으 노피 현 등(燈)ㅅ블 다호라

만인(萬人) 비취실 즈ᅀᅵ샷다

아으 동동(動動)다리   〈이월령〉

삼월(三月) 나며 개(開)ᄒᆞᆫ 아으 만춘(滿春) 들욋고지여

ᄂᆞ미 브롤 즈슬 디녀 나샷다

아으 동동(動動)다리   〈삼월령〉

— 작자 미상, 「동동(動動)」 —

현대어로 풀어 읽기

덕은 뒤에(뒷잔에, 신령님께) 바치옵고, 복은 앞에(앞 잔에, 임에게) 바치오니
덕이며 복이라 하는 것을 드리러 오십시오.

정월 냇물은 아아, 얼려 녹으려 하는데
세상 가운데 난 몸이여, 홀로 살아가는구나.

2월 보름에 아아, 높이 켠 등불 같구나.
만인을 비추실 모습이시도다.

3월 지나며 핀 아아, 늦봄의 진달래꽃이여.
남이 부러워할 모습을 지니고 나셨구나.

[정답과 해설 6쪽]

1 「청산별곡」과 이 글은 하나의 글이 몇 개의 연으로 이루어지는 시가의 한 형식인 (   ) 및 후렴구의 사용과 같은 고려 가요의 형식적 특징이 나타난다.

2 이 글의 이월령에서는 임을 높이 켠 (   )에 비유하여 임의 인품을 찬양하였고, 삼월령에서는 임을 꽃에 비유하여 임의 아름다움을 찬양하였다.

백설이 잦아진 골에 / 까마귀 눈비 맞아

(가) • 수록 교과서: 문학_창비   (나) • 기출: 2016-6월 고2 학평

(가) 백설(白雪)이 ᄌᆞ자진˅ 골에 ㉠구루미 머흐레라˅

　　　반가온 ㉡매화(梅花)ᄂᆞᆫ 어ᄂᆡ 곳에 픠엿ᄂᆞᆫ고

　　　석양(夕陽)에 홀로 셔 이셔 갈 곳 몰나 ᄒᆞ노라

　　　　　　　　　　　　　　　　　　　　　　　　　– 이색 –

▼
ᄌᆞ자진 잦아진. 녹아 없어진.
머흐레라 험하구나.

（나） ㉢가마귀 눈비 마ᄌ 희ᄂᆞᆫ 듯 검노ᄆᆡ라

　　　야광명월(夜光明月)이 ㉣밤인들 어두우랴

　　　님 향(向)ᄒᆞᆫ ㉤일편단심(一片丹心)이야 고칠 줄이 이시랴

　　　　　　　　　　　　　　　　　　　　　　　　　– 박팽년 –

▼
일편단심 한 조각의 붉은 마음이라는 뜻으로, 진심에서 우러나오는 변치 아니하는 마음을 이르는 말.

현대어로 풀어 읽기

백설이 잦아진 골에 구름이 험하구나.
반가운 매화는 어느 곳에 ❶(　　　　).
석양에 홀로 ❷(　　　　) 갈 곳 몰라 하노라.

까마귀 눈비 맞아 흰 듯(하면서) ❸(　　　　).
한밤중에도 밝게 빛나는 달이 밤인들 어둡겠는가?
임 향한 일편단심이야 변할 리가 있겠는가?

답 ❶ 피었는가 ❷ 서 있어(서서) ❸ 검구나

1 **(가), (나)의 표현 방식에 대한 설명으로 가장 적절한 것은?**

① (가)와 (나) 모두 색채어를 활용하여 대상의 속성을 선명하게 드러내고 있다.

② (가)는 (나)와 달리 어순을 도치하여 시구의 의미를 강조하고 있다.

③ (나)는 (가)와 달리 자연물을 활용하여 긍정적인 대상을 표현하고 있다.

④ (나)는 (가)와 달리 설의적인 표현을 통하여 화자의 가치관을 강조하고 있다.

⑤ (가)는 (나)와 달리 4음보를 규칙적으로 사용하여 안정된 리듬감을 형성하고 있다.

개념 **도치법**

도치법은 문장 성분의 정상적인 배열 순서를 바꾸어 놓는 표현 방법이다. 문장의 순서를 바꿔 변화를 줌으로써 그 내용을 강조하는 효과가 있다.
예 뭣버들 갈히 것거 보내노라 님의 손디 → '님의 손디'와 '보내노라'의 어순을 도치하여 '님의 손'에 보내고픈 마음을 강조함.

기출 변형

2 **〈보기〉를 참고하여 ㉠~㉤을 이해한 내용으로 적절하지 <u>않은</u> 것은?**

> 보기
>
> (가)는 조선을 건국하려는 신흥 세력이 점점 커지고 있는 상황에서 고려를 지킬 충신을 기다리는 심정을 드러내고 있다. (나)는 단종의 복위를 꾀하다가 옥에 갇힌 작가가 세조의 회유를 뿌리치며, 권력을 탐하는 이들의 위선적 태도를 비판하려는 의도를 드러내고 있다.

① ㉠은 고려 왕조의 몰락을 주도한 조선의 신흥 세력을 의미하는 것으로 볼 수 있다.

② ㉡은 고려의 몰락을 막고자 하는, 고려의 충성스런 신하로서 작가가 기다리는 대상이다.

③ ㉢은 권력을 탐하는 자들에게 고초를 겪는 작가 자신을 가리킨다고 볼 수 있다.

④ ㉣은 세조가 단종을 몰아내고 왕위에 오른 시대 상황을 암시한다고 볼 수 있다.

⑤ ㉤은 세조의 회유를 뿌리치고 단종에 대한 충의를 지키려는 작가의 굳은 마음을 드러낸다.

3 **〈보기〉와 (가)의 화자의 태도에 대한 설명으로 적절한 것은?**

> 보기
>
> 선인교(仙人橋) 내린 물 자하동(紫霞洞)에 흘러들어
> 반 천 년(半千年) 왕업(王業)이 물소리뿐이로다
> 아희야 고국(古國) 흥망(興亡)을 물어 무엇하리오   – 정도전 –
>
> 선인교 개성 자하동에 있는 다리 이름.
> 자하동 개성 송악산 기슭에 있는 고을 이름.

① (가)의 화자는 현실을 수용하고 있으며, 〈보기〉의 화자는 현실을 체념하고 있다.

② (가)의 화자는 과거를 그리워하고 있으며, 〈보기〉의 화자는 현재를 거부하고 있다.

③ (가)의 화자는 현실에 대해 고뇌하고 있으며, 〈보기〉의 화자는 현실을 부정하고 있다.

④ (가)의 화자는 미래를 긍정적으로 인식하고 있으며, 〈보기〉의 화자는 미래를 부정적으로 인식하고 있다.

⑤ (가)의 화자는 현재에 대한 불안감을 드러내고 있으며, 〈보기〉의 화자는 과거에 대한 무상감을 드러내고 있다.

원리로 작품 독해

1 〈화자의 정서와 태도〉
(가), (나)의 시적 상황과 화자의 정서, 태도를 정리해 보자.

(가)

초장	백설이 녹아 없어진 곳에 구름이 험함.	→	고려 말 혼란스러운 상황에 대해 걱정함.
중장	매화가 나타나지 않음.	→	( )가 없음을 한탄함.
종장	석양에 서서 갈 곳 몰라 함.	→	기울어져 가는 고려 왕조의 상황에서 고뇌와 회한을 느낌.

(나)

초장	흰 듯하면서 검은 까마귀	→	( )에 대해 비판함.
중장	밤에도 밝게 빛나는 달	→	변치 않는 ( )을 드러냄.
종장	자신의 일편단심은 변하지 않음.	→	임금을 향한 일편단심을 강조함.

2 〈시어의 관계〉
(가), (나)의 시어의 관계를 정리해 보자.

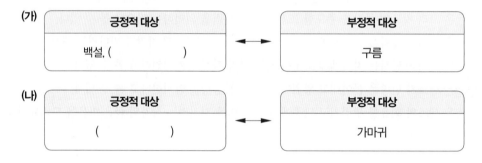

(가)

긍정적 대상		부정적 대상
백설, ( )	↔	구름

(나)

긍정적 대상		부정적 대상
( )	↔	가마귀

3 〈표현상 특징〉
(가), (나)의 표현상 특징을 정리해 보자.

- (가)는 백설, 구름, 매화 등의 자연물에, (나)는 까마귀, 야광명월 등의 자연물에 상징적 의미를 부여하여 시상을 전개함.
- (가)와 (나) 모두 긍정적 대상과 부정적 대상을 대비하여 화자의 정서와 태도를 드러냄.
- (나)에서는 (   )를 활용하여 대상의 속성을 선명하게 드러냄.

빈출 어휘 짚고 가기

※ 다음 어휘의 뜻을 빈칸에 써 보자.

1. 세사(世事)는 구름이라 <u>머흐도</u> 머흘시고.

→ 머흘다: (   ).

2. 임 향한 일편단심(一片丹心)이야 가실 줄이 있으랴.

→ 일편단심: 진심에서 우러나오는 (   )을 이르는 말.

다른 작품 엮어 읽기

연계 포인트 이 작품은 충신의 굳은 절개를 노래한 성삼문의 시조이다. 이 작품은 「백설이 잦아진 골에」, 「까마귀 눈비 맞아」와 유사한 주제 의식을 가지고 있으며, 특히 「까마귀 눈비 맞아」는 이 작품과 마찬가지로 세조의 왕위 찬탈을 배경으로 임금(단종)에 대한 절의를 드러내고 있으므로 함께 읽어 볼 수 있다.

수양산(首陽山) 브라보며 이제(夷薺)를 한(恨)ᄒ노라

주려 주글진들 채미(採薇)도 ᄒᄂᆫ 것가

아모리 푸새엣 거신들 긔 뉘 싸헤 낫ᄃᆞ니

－ 성삼문 －

현대어로 풀어 읽기

수양산 바라보며, 백이숙제를 한탄하노라.

굶주려 죽을지언정 고사리는 왜 뜯어 먹었는가?

아무리 푸새라 하더라도 그 누구의 땅에서 났는가?

▼
이제 백이와 숙제를 아울러 이르는 말. 백이와 숙제는 주나라 무왕이 은나라를 정벌하여 천하를
통일하자 이를 의롭지 못한 것으로 여겨, 수양산에 들어가 고사리를 뜯어 먹다가 굶어 죽었다는
고사가 전해짐.
채미 고사리를 뜯음.
푸새 산과 들에 저절로 나서 자라는 풀을 통틀어 이르는 말.

[정답과 해설 8쪽]

1 「까마귀 눈비 맞아」에서 (   )는 수양 대군(세조)에 동조한 신하(간신)를 비유한 것이고, 이 글에서 (   )은 백이
숙제가 은둔한 산과 수양 대군을 의미하는 중의적 표현이다.

2 이 글의 시구에 대한 감상으로 적절한 것은?

① '수양산 브라보며'는 화자가 자신이 경험했던 지난 과거를 회고하는 것이군.

② '이제를 한ᄒ노라'는 고사에 등장하는 인물보다 더 굳은 절의에 대한 의지를 표현한 거야.

③ '주려 주글진들'은 화자가 매우 빈곤한 상황에 처해 있음을 표현한 거야.

④ '채미도 ᄒᄂᆫ 것가'는 고사리를 뜯기 위해서 어떻게 해야 할지를 따져 보는 것이군.

⑤ '긔 뉘 싸헤 낫ᄃᆞ니'는 자신이 모시고 있는 임금에 대한 충성과 절개를 다짐하는 것이군.

강호사시가 | 맹사성

• 수록 교과서: 국어_금성
• 기출: 2016 수능A, 2015-11월 고1 학평, 2013-11월 고2 학평AB

강호(江湖)에 봄이 드니 미친 흥(興)이 절로 난다
탁료계변(濁醪溪邊)에 금린어(錦鱗魚)가 안주로다
이 몸이 한가(閑暇)하옴도 역군은(亦君恩)이샷다　　　　〈제1수〉

강호(江湖)에 여름이 드니 초당(草堂)에 일이 업다
유신(有信)한 강파(江波)는 보내나니 바람이로다
이 몸이 서늘하옴도 역군은(亦君恩)이샷다　　　　〈제2수〉

강호(江湖)에 가을이 드니 고기마다 살쪄 있다
소정(小艇)에 그물 실어 흘리 띄워 던져두고
이 몸이 소일(消日)하옴도 역군은(亦君恩)이샷다　　　　〈제3수〉

강호(江湖)에 겨울이 드니 눈 깊이 한 자가 넘네
삿갓 빗기 쓰고 누역으로 옷을 삼아
이 몸이 춥지 아니하옴도 역군은(亦君恩)이샷다　　　　〈제4수〉

― 맹사성, 「강호사시가(江湖四時歌)」 ―

현대어로 풀어 읽기

강호에 봄이 오니 미친 흥이 절로 난다.
막걸리를 마시며 노는 시냇가에 싱싱한 물고기가 안주로다.
이 몸이 한가하게 지내는 것도 역시 ❶(　　　　)이시다.

강호에 여름이 오니 초당에 일이 없다.
믿음 있는 강 물결은 보내는 것이 바람이다.
이 몸이 서늘하게 지내는 것도 역시 임금의 은혜이시다.

강호에 가을이 오니 물고기마다 살쪄 있다.
작은 배에 그물을 실어 (물에) ❷(　　　　) 띄워 던져두고
이 몸이 소일하며 지내는 것도 역시 임금의 은혜이시다.

강호에 겨울이 오니 눈 깊이가 한 자가 넘네.
삿갓을 ❸(　　　　) 쓰고 누역(도롱이)으로 옷을 삼아
이 몸이 춥지 않게 지내는 것도 역시 임금의 은혜이시다.

답 ❶ 임금의 은혜 ❷ 흐르도록(흐르게) ❸ 비스듬히

▼
탁료계변 막걸리를 마시며 노는 시냇가.
금린어 쏘가리. 싱싱한 물고기.
초당 억새나 짚 따위로 지붕을 인 조그마한 집채.
누역 도롱이. 짚으로 만든 비옷.

1 윗글에 대한 설명으로 적절하지 <u>않은</u> 것은?

① 강호 속에서 유유자적하는 삶의 자세를 표현하고 있다.

② 자연물에 인격을 부여하여 화자의 상황을 표현하고 있다.

③ 유사한 통사 구조의 반복을 통해 화자의 심정을 강조하고 있다.

④ 시간적 배경을 달리하여 화자의 생활을 구체적으로 표현하고 있다.

⑤ 과거를 회상하며 현재 자신의 처지에 대한 만족감을 드러내고 있다.

> **개념** **유사한 통사 구조의 반복**
>
> 통사 구조란 쉽게 말해 문장 구조로, 유사한 통사 구조를 반복한다는 것은 비슷한 문장 구조를 반복한다는 것이다.
>
> **예** 「강호사시가」는 '강호에 ~이 드니 ~ 다', '이 몸이 ~ 역군은 이샷다'의 문장 구조를 각 수의 초장과 종장에서 반복적으로 사용하고 있으므로 유사한 통사 구조를 반복하고 있다고 할 수 있다.

〔기출 · 2013-11월 고2 학평AB〕

2 〈보기〉를 참고하여, 윗글을 이해한 내용으로 적절하지 <u>않은</u> 것은?

> ┌ **보기** ┐
>
> 「강호사시가」는 유교적 이상이 현실화된 시기에 지어진 것으로, 여기에는 화자의 공적인 삶과 사적인 삶의 조화와 함께 개인의 평안한 삶을 가능하게 한 임금의 치적에 대한 감사가 나타나 있다.

① 각 수의 초장과 중장은 주로 화자의 사적인 삶의 모습을 그리고 있는 것이군.

② 각 수 종장의 '이 몸이 ~하옴도'는 사적인 삶의 모습을 압축하여 제시한 것이라 할 수 있군.

③ 각 수 종장의 '역군은(亦君恩)이샷다'는 신하라는 공적인 삶과 관련지어 한 말이라 할 수 있군.

④ 화자는 걱정이나 탈 없이 만족스럽게 살아가는 삶을 가능하게 한 임금의 은혜에 대해 감사해하고 있군.

⑤ 화자의 공적인 삶이 사적인 삶과 조화를 이루게 된 이유는 유교적 이상을 현실화하기 위한 화자의 노력 때문이군.

〔기출 · 2016 수능A〕

3 〈보기〉는 윗글의 글쓴이가 창작을 위해 세운 계획을 가상적으로 구성한 것이다. 〈제1수〉~〈제4수〉에 공통적으로 반영된 것만을 있는 대로 고른 것은?

> ┌ **보기** ┐
>
> ㄱ. 각 수 초장의 전반부에는 계절적 배경을 제시하며 시상의 단서를 드러내야겠군.
>
> ㄴ. 각 수 초장의 후반부에서는 내면적 감흥을 구체적 사물을 통해 표현해야겠군.
>
> ㄷ. 각 수 중장에서는 주변의 자연 풍광을 묘사하여 내가 즐기고 있는 삶의 모습을 제시해야겠군.
>
> ㄹ. 각 수 종장의 마지막 어절에는 동일한 시어를 배치하여 전체적 통일성을 확보해야겠군.

① ㄱ, ㄴ   ② ㄱ, ㄹ   ③ ㄴ, ㄷ

④ ㄱ, ㄷ, ㄹ   ⑤ ㄴ, ㄷ, ㄹ

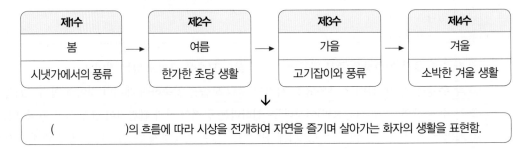

〈화자의 정서와 태도〉

1 이 글의 시적 상황과 화자의 정서, 태도를 정리해 보자.

제1수	봄: 시냇가에서 물고기를 안주 삼아 막걸리를 마심.
제2수	여름: 초당에서 한가롭게 지내며 신의 있는 강 파가 보내는 바람을 느낌.
제3수	가을: 그물을 물에 흐르게 띄워 던져둠.
제4수	겨울: 삿갓을 쓰고 누역으로 옷을 삼아 지냄.

→ • 자연 속에서 ( )를 느낌.
• 자연 속에서 한가롭고 편안하게 살아 감. → 유유자적
• 소박하게 살아가며 자신의 삶에 만족 함. → 안분지족

제1~4수	이것은 임금의 은혜임.

→ ( )에 감사함.

〈시상 전개 방식〉

2 이 글의 시상 전개 방식을 정리해 보자.

제1수		제2수		제3수		제4수
봄	→	여름	→	가을	→	겨울
시냇가에서의 풍류		한가한 초당 생활		고기잡이와 풍류		소박한 겨울 생활

↓

( )의 흐름에 따라 시상을 전개하여 자연을 즐기며 살아가는 화자의 생활을 표현함.

〈표현상 특징〉

3 이 글의 표현상 특징을 정리해 보자.

• 각 수에서 유사한 ( )를 반복하여 형식의 통일성을 갖추고 구조적 안정을 이룸.
• 각 수에서 '역군은이샷다'를 반복하여 임금의 은혜에 대해 감사하는 마음을 ( )함.
• 제2수에서는 자연물을 ( )하여 자연과 하나된 삶을 노래함.

빈출 어휘 짚고 가기   ※ 제시된 초성을 참고하여 다음 뜻에 해당하는 어휘를 써 보자.

1. ㄴㅇ : 도롱이. 짚으로 만든 비옷. ( )
2. ㅊㄷ : 억새나 짚 따위로 지붕을 인 조그마한 집채. ( )

다른 작품 엮어 읽기

연계 포인트 이 작품은 자연 속에서 풍류를 즐기며 살아가는 삶을 표현한 연시조이다. 「강호사시가」와 유사한 정서와 태도가 나타나는 작품으로, 자연 속 삶과 관련된 시어 및 화자의 태도에 주목하여 읽어 볼 수 있다.

산수간(山水間) 바위 아래 띠집을 짓노라 하니
그 모른 남들은 웃는다 한다마는
어리고 햐암의 뜻에는 내 분(分)인가 하노라 〈제1수〉

보리밥 풋나물을 알맞게 먹은 후에
바위 끝 물가에 슬카지 노니노라
그 남은 여남은 일이야 부럴 줄이 있으랴 〈제2수〉

누고셔 삼공(三公)도곤 낫다 하더니 만승(萬乘)이 이만하랴
이제 헤어든 소부 허유(巢父許由)가 약돗더라
아마도 임천한흥(林泉閑興)을 비길 곳이 없어라 〈제4수〉

강산이 좋다 한들 내 분(分)으로 누었느냐
임금 은혜를 이제 더욱 아노이다
아무리 갚고자 하여도 하올 일이 없어라 〈제6수〉

— 윤선도, 「만흥(漫興)」 —

현대어로 풀어 읽기

산수간 바위 아래 띠집을 지으려 하니
그것(나의 뜻)을 모르는 남들은 비웃는다지만
어리석고 시골에 사는 물정 모르는 사람의 뜻에는 (이것이) 내 분(분수)인가 하노라.

보리밥 풋나물을 알맞게 먹은 후에
바위 끝 물가에서 실컷 노니노라.
그 밖의 다른 일이야 부러워할 줄이 있겠는가?

누군가 삼정승보다 낫다 하더니 만승천자가 이만하겠는가?
이제 생각해 보니 소부 허유가 약았더라(영리하더라).
아마도 자연 속에서 느끼는 한가한 흥취를 비길 데가 없으리라.

강산이 좋다 한들 내 분수(능력)로 누워 있겠는가?
임금 은혜를 이제 더욱 알겠도다.
아무리 갚고자 하여도 할 수 있는 일이 없어라.

▼
햐암 시골에 사는 견문이 좁고 어리석은 사람.
삼공 삼정승.
만승 만승천자(萬乘天子). 만 개의 수레를 부리는 천자(황제).
소부 허유 고사 속 인물. 속세에 나서지 않고 자연을 벗 삼아 즐기며 살던 인물들.
임천한흥 자연 속에서 느끼는 한가한 흥취.

[정답과 해설 9쪽]

1 이 글의 화자와 「강호사시가」의 화자는 자연에서의 삶의 흥취를 노래하면서 그러한 삶을 살 수 있는 것이 (   ) 덕분이라고 여기고 있다.

2 이 글에서는 세속적인 삶과 자연 속 삶을 대비시켜 자연 (   )적인 태도를 부각하였다.

07 도산십이곡 | 이황

• 수록 교과서: 문학_천재(정)
• 기출: 2021-09 고2 학평, 2015-06 고3 모평 B, 2012-09 고3 모평, 2005 수능

이런들 엇더ᄒ며 져런들 엇더ᄒ료
초야우생(草野愚生)이 이러타 엇더ᄒ료
ᄒ믈며 천석고황(泉石膏肓)을 고쳐 므슴 ᄒ료   〈언지(言志) 1〉

연하(煙霞)로 집을 삼고 풍월(風月)로 벗을 사마
태평성대(太平聖代)에 병(病)으로 늘거 가네
이 즁에 ᄇ라는 일은 허믈이나 업고쟈   〈언지(言志) 2〉

고인(古人)도 날 못 보고 나도 고인(古人) 못 뵈
고인(古人)을 못 봐도 녀든 길 알픠 잇ᄂ
녀든 길 알픠 잇거든 아니 녀도 엇졀고   〈언학(言學) 3〉

당시(當時)에 녀든 길흘 몃 ᄒ를 ᄇ려두고
어듸 가 ᄃ니다가 이제야 도라온고
이제야 도라오나니 년 듸 ᄆ음 마로리   〈언학(言學) 4〉

우부(愚夫)도 알며 ᄒ거니 긔 아니 쉬온가
성인(聖人)도 못다 ᄒ시니 긔 아니 어려온가
쉽거나 어렵거나 즁에 늙ᄂ 줄을 몰래라   〈언학(言學) 6〉

　　　　　　　　　　　　　　　– 이황, 「도산십이곡(陶山十二曲)」 –

현대어로 풀어 읽기

이런들 어떠하며 저런들 어떠하랴?
시골에 묻혀 사는 어리석은 사람이 이렇게 산다고 어떠하랴?
하물며 자연을 즐기는 버릇을 고쳐 ❶(　　　　　)?

안개와 노을로 집을 삼고 바람과 달을 벗으로 삼아
어진 임금이 잘 다스려 태평한 세상에 병으로 늙어 가는구나.
이 중에 바라는 것은 허물 없이 살고자 하노라.

고인도 나를 보지 못하고 나도 고인을 뵈지 못하였네.
고인을 못 뵈었어도 (그 분들이) 가던 길은 ❷(　　　　　)에 있네.
가던 길이 앞에 있으니 아니 가고 어찌하겠는가?

그 당시에 가던 길을 몇 해를 버려두고
어디 가 다니다가 이제야 돌아왔는가?
이제야 돌아왔으니 ❸(　　　　　) 데에 마음을 두지 않으리라.

어리석은 사람들도 알며 할 수 있으니 그것이 쉽지 않은가?
성인도 완전히 할 수 없으니 그것이 어렵지 않은가?
쉽거나 어렵거나 그 중에 늙는 줄을 모르겠구나.

답 ❶ 무엇하랴 **❷** 앞 **❸** 다른

▼
초야우생 시골에 묻혀 사는 자신을 낮추어 이르는 말.
천석고황 자연의 아름다운 경치를 몹시 사랑하고 즐기는 성질이나 버릇.
연하 안개와 노을을 아울러 이르는 말.
고인 옛사람. 여기서는 공자, 맹자, 주자와 같은 성현을 이름.
우부 어리석은 남자.

기출 변형

1 윗글에 대한 설명으로 가장 적절한 것은?

① 자신의 삶을 성찰하는 모습이 나타나 있다.

② 역사적 인물에 대한 비판적 태도가 나타나 있다.

③ 자신의 곁에 없는 사람을 그리워하는 심정이 나타나 있다.

④ 다른 사람이 처한 문제 상황을 해결해 주려는 자세가 나타나 있다.

⑤ 주변 사물에 가졌던 부정적 인식이 긍정적으로 바뀌게 된 계기가 나타나 있다.

2 윗글의 표현상 특징으로 적절한 것을 모두 모은 것은?

보기

ㄱ. 대구적 표현을 사용하여 운율감을 형성하였다.

ㄴ. 설의적 표현을 사용하여 화자의 태도를 강조하였다.

ㄷ. 역설적 표현을 사용하여 주제를 효과적으로 드러내었다.

ㄹ. 비인격적 대상에 인격을 부여하여 친근감을 표현하였다.

ㅁ. 음성 상징어를 사용하여 대상을 생동감 있게 표현하였다.

① ㄱ, ㄴ, ㄹ   ② ㄱ, ㄴ, ㅁ   ③ ㄴ, ㄷ, ㄹ

④ ㄴ, ㄹ, ㅁ   ⑤ ㄷ, ㄹ, ㅁ

개념 **음성 상징어**

음성 상징어란 의성어와 의태어를 의미한다. 음성 상징어를 사용하면 화자의 상황이나 대상을 생동감 있게 표현할 수 있다.

예 미운 님 오면은 꼬리를 홰홰 치며 뛰락 내리 뛰락 반겨서 내닫고 고운 님이 오면은 뒷발을 버동버동 므르락 나으락 캉캉 짖어서 돌아가게 한다 → '홰홰', '버동버동(버둥버둥)', '캉캉' 등의 음성 상징어를 사용하여 얄미운 개의 행동을 생동감 있게 표현함.

기출 · 2021-9월 고2 학평

3 〈보기〉를 활용하여 윗글을 감상한 내용으로 적절하지 않은 것은?

보기

「도산십이곡」은 〈언지〉 여섯 수와 〈언학〉 여섯 수로 이루어진 연시조로서, 창작 의도를 밝힌 발문(跋文)이 함께 전해진다. 〈언지〉에는 자연 속에 살며 인간의 선한 본성을 회복하기를 바라는 뜻이, 〈언학〉에는 선한 본성 회복을 위해 학문에 힘쓰겠다는 의지가 나타나 있다. 또한 발문에는 이황이 이 작품을 우리말로 지어 제자들이 노래로 부르며 향유하게 하여, 지향할 만한 삶의 방식과 바람직한 가치를 마음에 새기게 하려는 교육적 의도를 가지고 있었음이 드러나 있다.

① 〈언지〉에 나타난 뜻을 참고할 때, '연하'와 '풍월'을 가까이하며 '허믈'이 없기를 바라는 것은 자연 속에 살며 선한 본성을 회복하기를 바라는 것으로 볼 수 있겠군.

② 〈언학〉에 나타난 의지를 참고할 때, 다른 것에 'ᄆᆞ음'을 두지 않으려는 것은 학문에 열중하겠다는 것으로 볼 수 있겠군.

③ 발문의 내용을 참고할 때, '천석고황'을 고치지 않으려는 것은 이황이 제자들에게 지향할 만한 삶의 방식이라고 말하고자 한 것으로 볼 수 있겠군.

④ 발문의 내용을 참고할 때, '고인'이 '녀던 길'을 가려는 것은 제자들이 마음에 새길 만큼 바람직한 가치라고 이황이 생각한 것으로 볼 수 있겠군.

⑤ 발문의 내용을 참고할 때, '우부'와 '성인'을 구분하는 것은 제자들에게 성인을 본받아야 함을 보여 주려는 이황의 교육적 의도가 반영된 것으로 볼 수 있겠군.

1 〈화자의 정서와 태도〉
이 글의 시적 상황과 화자의 정서, 태도를 정리해 보자.

언지 1	천석고황을 고치지 않을 것임.
언지 2	자연 속에서 허물 없이 살고자 함.
언학 3	고인이 가던 길을 따라 갈 것임.
언학 4	다른 마음을 먹지 않고 학문을 수양할 것임.
언학 6	학문을 하며 살면서 늙는 줄을 모름.

→ 자연을 즐기며 사는 삶에 대해 (　　　　　)을 느낌.

현재에 만족하며 학문 수양의 (　　　　　)를 다짐.

2 〈구성 방식〉
이 글의 구성 방식을 파악해 보자.

(　　　　)6수	(　　　　)6수
자연 속에서 사는 삶의 만족감을 표현함.	학문 수양의 의지를 표현함.

↓

총 12수의 연시조로, 사대부의 이상적인 성리학적 생활을 표현함.

3 〈표현상 특징〉
이 글의 표현상 특징을 정리해 보자.

시구		표현상 특징
이런들 엇더ᄒ며 져런들 엇더ᄒ료	→	유사한 구조의 시구를 (　　　　　)함.
고쳐 므슴 ᄒ료	→	당연한 내용을 (　　　　　)의 형식으로 표현함.
연하로 집을 삼고 풍월로 벗을 사마	→	부분으로 '자연'이라는 (　　　　　)를 표현함.
풍월로 벗을 사마	→	자연에 (　　　　　)을 부여해 인간처럼 표현함.

빈출 어휘 짚고 가기

※ 다음 뜻에 해당하는 어휘를 〈보기〉에서 찾아 써 보자.

보기

연하　　　천석고황　　　초야우생

1. 안개와 노을을 아울러 이르는 말. (　　　　　)
2. 시골에 묻혀 사는 자신을 낮추어 이르는 말. (　　　　　)
3. 자연의 아름다운 경치를 몹시 사랑하고 즐기는 성질이나 버릇. (　　　　　)

연계 포인트 이 작품은 고산(高山) 구곡의 아름다운 경치를 벗하며 학문에 정진하는 즐거움을 노래한 10수의 연시조이다. 화자의 태도와 화자가 추구하는 가치를 「도산십이곡」과 비교해 보며 읽어 볼 수 있다.

고산구곡담(高山九曲潭)을 사룸이 모로더니
주모복거(誅茅卜居)ᄒᆞ니 벗님ᄂᆡ 다 오신다
어즈버 무이(武夷)를 상상ᄒᆞ고 학주자(學朱子)를 ᄒᆞ리라 〈서곡〉

이곡(二曲)은 어드ᄆᆡ고 화암(花巖)에 춘만(春晚)커다
벽파(碧波)에 곳츨 ᄯᅴ워 야외(野外)로 보내노라
살룸이 승지(勝地)를 몰은이 알게 ᄒᆞᆫ들 엇더리 〈제2곡〉

구곡(九曲)은 어드ᄆᆡ고 문산(文山)에 세모(歲暮)커다
기암괴석(奇巖怪石)이 눈 속에 무쳐셰라
유인(遊人)은 오지 아니ᄒᆞ고 볼 것 업다 ᄒᆞ드라 〈제9곡〉

— 이이, 「고산구곡가(高山九曲歌)」 —

현대어로 풀어 읽기

고산구곡담을 사람들이 모르더니
풀을 베어 집을 짓고 사니 벗들이 찾아오는구나.
아, 무이산을 생각하며 주자를 배우리라.

이곡은 어디인가? 화암에 늦봄 경치로다.
푸른 물결에 꽃을 띄워 멀리 들판으로 보내노라.
사람들이 명승지를 모르니 알게 한들 어떠리.

구곡은 어디인가? 문산에 한 해가 저물도다.
기이한 바위와 돌들이 눈 속에 묻혀 있구나.
사람들은 (고산에) 와 보지도 않고 볼 것이 없다고 하더라.

▼
주모복거 풀을 베어 내고 집을 지어 살 곳을 정함.
무이 중국 북건성에 있는 산으로 주자가 학문을 했던 곳.

[정답과 해설 11쪽]

1 이 글과 「도산십이곡」의 화자는 자연 친화적 태도를 가지고 있으며 (   )의 의지를 가지고 있다는 공통점이 있다.

2 이 글에서 (   )을 띄워 사람들이 '승지'를 알게 한다는 것은 명승지를 알게 한다는 의미와 학문의 즐거움을 알게 한다는 중의적 의미가 있다.

어부사시사 | 윤선도

• 수록 교과서: 문학_미래엔, 지학사, 천재(김)
• 기출: 2020–9월 고1 학평, 2015–3월 고2 학평A, 2000 수능

㉠수국(水國)에 가을이 드니 고기마다 살져 있다

　달 들어라 달 들어라

㉡만경징파(萬頃澄波)에 슬카지 용여(容與)하자

　지국총(至匊悤) 지국총(至匊悤) 어사와(於思臥)

인간(人間)을 돌아보니 멀수록 더욱 좋다 　　　　　　〈추(秋) 2〉

㉢그러기 떳는 밧긔 못 보던 뫼 뵈는고야

　이어라 이어라

낙시질도 하려니와 취(取)한 거시 이 흥(興)이라

　지국총(至匊悤) 지국총(至匊悤) 어사와(於思臥)

㉣석양이 비치니 천산(千山)이 금수(錦繡)로다 　　　　〈추(秋) 4〉

건곤(乾坤)이 제각각인가 **이것이 어드메오**

　배 매어라 배 매어라

서풍진(西風塵) 못 미치니 부채하야 무엇하리

　지국총(至匊悤) 지국총(至匊悤) 어사와(於思臥)

들은 말이 없었으니 귀 씻어 무엇하리 　　　　　　〈추(秋) 8〉

㉤옷 위에 서리 오대 추운 줄을 모랄로다

　달 내려라 달 내려라

조선(釣船)이 좁다 하나 부세(浮世)와 어떠하니

　지국총(至匊悤) 지국총(至匊悤) 어사와(於思臥)

내일도 이리 하고 모레도 이리 하자 　　　　　　　〈추(秋) 9〉

　　　　　　　　　　　　　　　– 윤선도, 「어부사시사(漁父四時詞)」 –

현대어로 풀어 읽기

수국에 가을이 오니 고기마다 살져 있다.

닻 들어라 닻 들어라.

한없이 넓은 바다를 ❶(　　　　　) 즐기자.

찌그덩 찌그덩 어여차

인간 세상(속세)을 돌아보니 멀수록 더욱 좋다.

❷(　　　　　) 떠 있는 밖에 못 보던 산이 보이는구나.

(노를) 저어라 저어라.

낚시질도 하겠지만 취한 것이 이 흥이구나.

찌그덩 찌그덩 어여차

석양이 비치니 모든 산이 수놓은 비단 같구나.

하늘과 땅이 제각각인가, 이곳이 ❸(　　　　　)?

배 매어라 배 매어라.

서풍의 먼지가 못 미치니 부채질하여 무엇하리.

찌그덩 찌그덩 어여차

(속세의) 들은 말이 없었으니 귀 씻어 무엇하리.

옷 위에 서리 오지만 추운 줄을 ❹(　　　　　).

닻 내려라 닻 내려라.

고깃배가 좁다 하지만 헛된 세상과 (비교하니) 어떠하더냐?

찌그덩 찌그덩 어여차

내일도 이렇게 하고 모레도 이렇게 하자.

답 ❶ 실컷 ❷ 기러기 ❸ 어디인가 ❹ 모르겠구나

▼
만경징파 만 이랑의 맑은 물결. 한없이 넓은 바다.
용여하자 즐기자. 느긋한 마음으로 여유롭게 놀자.
지국총 닻을 감거나 노를 저을 때 찌그덩 하는 소리.
어사와 배를 저을 때 내는 의성어.
건곤 하늘과 땅을 아울러 이르는 말.
서풍진 서풍에 날려 오는 먼지.
귀 씻어 요임금 때 허유의 고사와 관련된 표현.
조선 고깃배.
부세 헛된 세상.

1 윗글에 대한 설명으로 적절하지 <u>않은</u> 것은?

① 계절적 배경이 제시되고 있다.
② 시상을 점층적으로 확대하여 의미를 강조하고 있다.
③ 대립적 시어를 활용하여 화자의 정서를 부각하고 있다.
④ 음성 상징어를 활용한 여음구를 통해 운율감을 높이고 있다.
⑤ 출항에서 귀항까지의 과정을 이용하여 작품을 구성하고 있다.

2 ㉠~㉤에 대한 이해로 적절하지 <u>않은</u> 것은?

① ㉠: 화자의 심리적 충족감이 담겨 있다.
② ㉡: 현재의 삶을 즐기는 화자의 태도가 나타나 있다.
③ ㉢: 자연 속 생활에서 느끼는 비애감이 나타나 있다.
④ ㉣: 자연의 아름다움에 대한 감탄이 담겨 있다.
⑤ ㉤: 현재 상황에 대한 긍정적 인식이 엿보인다.

기출 변형

3 〈보기〉를 참고할 때, 윗글에 대한 반응으로 적절하지 <u>않은</u> 것은?

> ┌ 보기 ┌
>
> 「어부사시사」에서 화자가 머무는 공간은 화자의 경험을 통해 구체화된다. 그리고 그 공간이
> 갖는 의미는 고사를 통해 암시되기도 하며 속세와의 대비를 통해 부각되기도 한다. 제시된 작
> 품 중 '추 8'에 나오는 고사의 내용은 다음과 같다.
> – '서풍진': 진(晉)나라 때 원규라는 인물이 권력을 마음대로 휘둘렀는데, 왕도(王導)가 이를
>   못마땅하게 여겨 서풍에 날아오는 먼지를 부채로 가리며, "원규가 사람을 더럽힌다."라고 말
>   했다고 함.
> – '귀 씻어': 요임금 때 허유라는 인물이 요임금에게서 나라를 맡으라는 말을 듣고 "귀가 더러
>   워졌다."라고 하며 강물에 귀를 씻었다고 함.

① '추 2'의 '수국'은 '인간'과의 대비를 통해 그 성격이 명확해지는군.
② '추 4'의 '낚시질도 하려니와'에는 화자가 머무는 공간에서의 경험이 구체화되어 있군.
③ '추 2'의 '멀수록 더욱 좋다'와 '추 8'의 '이것이 어드메오'에서는 동일한 공간에 대한 상반된
   인식이 표면화되는군.
④ '추 8'의 '서풍진 못 미치니'와 '들은 말이 없었으니'를 통해 화자가 느끼는 속세와의 거리감이
   표현되는군.
⑤ '추 9'의 '내일도 이리 하고 모레도 이리 하자'에는 현재의 생활이 지속되기를 바라는 화자의
   심정이 드러나는군.

〈화자의 정서와 태도〉

1 이 글의 시적 상황과 화자의 정서, 태도를 정리해 보자.

추2	가을 어촌의 풍요로움을 느끼며 여유롭게 삶을 즐김.
추4	가을의 산을 보며 아름다움에 (　　　　　)함.
추8	서풍진이 미치지 못하는 곳에서 살아가니 부채질할 필요가 없음.
추9	서리가 오지만 추운 줄 모르고 고깃배에서의 여유를 즐기며 내일도, 모레도 이리 할 것이라 함.

→

- 어촌의 풍요로움과 아름다움을 인식함.
- (　　　　　)와 멀리 떨어져 사는 삶에 대한 지향
- 어부로 살아가는 삶에 대한 (　　　　　)과 자부심

〈구조상 특징〉

2 이 글의 구조상 특징을 정리해 보자.

초장과 중장 사이의 여음구	추 2: 닫 들어라 닫 들어라 추 4: (　　　　　) 추 8: 배 매어라 배 매어라 추 9: 닫 내려라 닫 내려라

→
- 출항부터 귀항까지의 과정을 순서대로 보여 줌.
- 작품을 유기적으로 연결해 줌.
- 반복을 통해 운율을 형성함.

중장과 종장 사이의 여음구	지국총 지국총 어사와

→
- 노 젓는 소리와 노 저을 때 외치는 소리를 나타내는 (　　　　　)임.
- 시상 전개에 사실감을 부여함.
- 강호에서 느끼는 흥취를 북돋움.
- 반복을 통해 운율을 형성함.

〈표현상 특징〉

3 이 글의 표현상 특징을 정리해 보자.

- 초장과 중장 사이, 중장과 종장 사이에 (　　　　　)를 활용하여 운율을 형성함.
- 각 (　　　　　)의 10수마다 배가 출항해서 귀항하기까지의 과정을 보여 주는 여음구를 사용하여 작품을 유기적으로 연결함.
- 자연을 의미하는 시어와 속세를 의미하는 시어의 대비를 통해 자연 속 삶에 대한 만족감을 부각함.

빈출 어휘 짚고 가기

※ 다음 뜻에 해당하는 어휘를 〈보기〉에서 찾아 써 보자.

> 보기
>
> 건곤　　　부세　　　만경징파

1. 헛된 세상. (　　　　　)
2. 하늘과 땅을 아울러 이르는 말. (　　　　　)
3. 만 이랑의 맑은 물결. 한없이 넓은 바다. (　　　　　)

다른 작품 엮어 읽기

연계 포인트 이 작품은 자연을 벗하며 고기잡이를 하는 어부의 생활을 그린 연시조로 「어부사시사」에 영향을 미친 작품이다. 두 작품이 속세에 대해 어떤 태도를 취하고 있는지를 비교하며 읽어 볼 수 있다.

이 중에 시름없으니 어부(漁父)의 생애(生涯)로다
일엽편주(一葉扁舟)를 만경파(萬頃波)에 띄워 두고
인세(人世)를 다 잊었거니 날 가는 줄을 알랴   〈제1수〉

굽어보면 천심녹수(千尋綠水) 돌아보니 만첩청산(萬疊靑山)
십장(十丈) 홍진(紅塵)이 얼마나 가렸는고
강호(江湖)에 월백(月白)하거든 더욱 무심(無心)하여라   〈제2수〉

장안(長安)을 돌아보니 북궐(北闕)이 천 리(千里)로다
어주(漁舟)에 누어신들 잊은 때가 있으랴
두어라 내 시름 아니라 제세현(濟世賢)이 없으랴   〈제5수〉

— 이현보, 「어부단가(漁父短歌)」 —

현대어로 풀어 읽기

이 중에 시름없으니 어부의 생애로다.
한 척의 작은 배를 넓은 바다에 띄워 두고
인간 세상을 다 잊었으니 세월 가는 줄을 알겠는가?

굽어보면 천 길이나 되는 푸른 물, 돌아보니 겹겹이 쌓인 푸른 산
열 길이나 되는 속세의 먼지를 얼마나 가렸는가?
강호에 달이 밝게 비치니 더욱 (속세에) 무심하구나.

한양을 돌아보니 궁궐이 천 리로구나.
고깃배에 누워 있은들 (나랏일을) 잊은 때가 있겠는가?
두어라, 내가 걱정할 일이 아니다. 세상을 구제할 현인이 없겠는가?

▼
홍진 붉은 먼지. 번거롭고 속된 세상을 비유적으로 이르는 말.
북궐 임금이 계신 경복궁의 다른 이름.
제세현 세상을 구제할 현명한 선비.

[정답과 해설 12쪽]

1 이 글과 「어부사시사」는 (   )를 화자로 내세워 속세를 떠나 자연과 더불어 사는 삶의 즐거움을 표현했다는 공통점이 있다. 그러나 이 글의 제5수에서 '장안'과 '북궐'을 의식하고 있는 것에서 이 글의 화자는 「어부사시사」의 화자와는 달리 (   )에 대한 미련을 가지고 있음이 드러난다.

2 제2수에서 속세와의 단절 의지를 드러내는 소재는 (   ), (   )이다.

(가) • 기출: 2017–6월 고1 학평, 2014–9월 고2 학평AB
(나) • 수록 교과서: 국어_동아, 비상(박안수) / 문학_동아, 창비 • 기출: 2017–6월 고1 학평, 2015–9월 고3 모평A

(가) 쑴에 단니는 길히 자최곳 날쟉시면
　　님의 집 창(窓) 밧기 석로(石路)라도 달흐리라
　　쑴길히 **자최** 업스니 그를 슬허ᄒ노라

　　　　　　　　　　　　　　　　　　　　　　– 이명한 –

(나) **님**이 오마 하거늘 **저녁밥**을 일찍 지어 먹고
　　중문 나서 대문 나가 지방 위에 치달아 앉아 이수(以手)로 가액
　　(加額)하고▼ 오는가 가는가 **건넌 산** 바라보니 **거머흿들**▼ 서 있거늘
　　저야 님이로다. 버선 벗어 품에 품고 신 벗어 손에 쥐고 곰븨님븨▼
　　님븨곰븨 천방지방▼ 지방천방 진 데 마른 데 가리지 말고 **워렁충창**▼
　　건너가서 정(情)엣말 하려 하고 곁눈을 흘깃 보니 상년(上年) 칠월
　　사흗날 갉아 벗긴 주추리 **삼대**▼ 살뜰이도 날 속였구나
　　모쳐라 **밤**일세망정 행여 낮이런들 남 웃길 뻔 하괘라

　　　　　　　　　　　　　　　　　　　　　　– 작자 미상 –

현대어로 풀어 읽기

꿈에 다니는 길이 ❶(　　　　　　)가 남는다면
임의 집 창 밖에 석로(돌길)라도 닳으리라.
꿈길에 자취 없으니 그를 슬퍼하노라.

임이 오마 하거늘 저녁밥을 일찍 지어 먹고
중문을 나와서 대문으로 나가 문지방 위에 ❷(　　　　　　)
앉아 손을 이마에 얹고 (임이) 오는가 가는가 건너편 산을
바라보니 검은빛과 흰빛이 뒤섞인 것이 서 있기에 저것이
임이로다. 버선 벗어 품에 품고 신 벗어 손에 쥐고 엎치락뒤
치락 허둥지둥 진 곳 마른 곳 가리지 않고 우당탕퉁탕 건너
가서, ❸(　　　　　　) 하려 하고 곁눈으로 흘깃 보니 지난
해 7월 3일날 껍질 벗긴 삼의 줄기 살뜰하게도 나를 속였구나.
마침 밤이기에 망정이지 행여 낮이었다면 남을 웃길 뻔하였
구나.

답 ❶ 자취 ❷ 달려가 ❸ 정 있는 말(정다운 말)

▼
이수로 가액하고 손을 이마에 얹고.
거머흿들 검은빛과 흰빛이 뒤섞인 모양.
곰븨님븨 엎치락뒤치락 급히 구는 모양.
천방지방 급하게 허둥대는 모양.
워렁충창 급히 달리는 발소리. 우당탕퉁탕.
주추리 삼대 밭머리에 모아 세워 둔 삼의 줄기.

기출 변형

1 (가), (나)의 공통점에 대한 설명으로 가장 적절한 것은?

① 청각적 심상을 활용하여 애상적 분위기를 조성하고 있다.

② 과장된 표현을 통해 시적 상황에 대한 화자의 정서를 드러내고 있다.

③ 시적 대상에 화자의 감정을 이입하여 정서를 간접적으로 드러내고 있다.

④ 자조적 어조를 통해 과거의 행동에 대한 화자의 자책감을 드러내고 있다.

⑤ 역설적 표현을 통해 부정적인 상황에 대한 화자의 극복 의지를 나타내고 있다.

2 (가)를 감상한 내용으로 적절하지 않은 것은?

① 화자의 정서를 직접적으로 표현하고 있군.

② 가정적 상황을 제시하여 시상을 전개하고 있군.

③ '님의 집 창'은 화자와 '님'과의 만남을 돕는 기능을 한다고 볼 수 있군.

④ '석로라도 달흐리라'에서 '님'에 대한 화자의 간절한 그리움이 드러나는군.

⑤ '자최'가 없다는 것은 화자의 마음이 '님'에게 전달되지 못하는 안타까운 상황을 표현하는 것이로군.

기출 · 2015-9월 고3 모평A

3 〈보기〉를 참고할 때, (나)에 대한 이해로 가장 적절한 것은?

> 보기
>
>   사설시조에서의 해학성은 독자가 화자와 거리를 두되 관용의 시선을 보내는 데서 발생한다. 화자의 착각, 실수, 급한 행동과 그로 인한 낭패가 웃음을 유발하지만 독자는 그런 행동을 할 수밖에 없는 화자의 행동 이면에 있는 절실함, 진지함, 진솔함, 애틋함, 간절함을 느끼면서 화자와 공감하는 마음을 갖게 되는 것이다.

① 화자가 '저녁밥'을 짓다가 '님'이 온다는 소식을 듣고 혼잣말하는 모습에서 독자는 웃음 지으면서도 그 속에 담긴 진솔함을 공감한다.

② 화자가 '님'이라 여긴 '거머횟들'한 것을 향해 '워렁충창' 건너가는 모습에서 독자는 웃음 지으면서도 그 속에 담긴 절실함을 공감한다.

③ 화자가 집 안 마당에서 서성대며 '건넌 산'을 느긋하게 바라보는 모습에서 독자는 웃음 지으면서도 그 속에 담긴 애틋함을 공감한다.

④ 화자가 처음 보는 '삼대'를 '님'으로 착각하여 '님'을 원망하는 모습에서 독자는 웃음 지으면서도 그 속에 담긴 간절함을 수용한다.

⑤ 화자가 '님'이 오지 못하게 된 이유를 '밤' 탓으로 돌리는 모습에서 독자는 웃음 지으면서도 그 속에 담긴 진지함을 수용한다.

개념 › 해학

해학은 인물의 과장된 행동이나 대화 등을 통해 웃음을 유발하는 것을 말한다. 웃음을 유발한다는 점에서는 풍자와 공통점이 있으나, 해학의 웃음이 대상에 대해 공감하고 연민하는 웃음이라면 풍자의 웃음은 대상을 공격하고 비판함으로써 나타나는 웃음이다. 사설시조, 판소리, 가면극에서 해학적 표현이 많이 나타난다. 예 판소리 「흥보가」에서는 흥보가 매품을 파는 모습을 해학적으로 표현하여 흥보에 대해 연민하는 웃음을 자아낸다.

〈화자의 정서와 태도〉

1 (가), (나)의 시적 상황과 화자의 정서, 태도를 정리해 보자.

(가)

초장	꿈의 길이 자취가 남는 것을 가정함.	→	임을 만나고 싶은 마음
중장	(　　　　　　)가 닳을 만큼 다닐 것임.	→	임에 대한 간절한 그리움
종장	꿈길은 자취가 없음.	→	그리운 마음을 전할 수 없는 (　　　　)

(나)

초장	임이 온다는 소식에 저녁밥을 일찍 지어 먹음.	→	임을 기다리는 초조한 마음
중장	거머흿들 서 있는 것이 임인가 하여 허둥대며 갔지만 (　　　　) 였음.	→	임을 조금이라도 빨리 보고 싶은 마음, 임에 대한 간절한 그리움
종장	낮이었으면 남을 웃길 뻔하였음.	→	경솔한 행동에 대해 겸연쩍어 하며 웃음으로 넘기는 (　　　　　　) 삶의 태도

〈표현상 특징〉

2 (가), (나)의 표현상 특징을 정리해 보자.

- (가)는 꿈속의 길에 자취가 남는다는 불가능한 상황을 (　　　　　　)하여 시상을 전개함.
- (가)는 석로가 닳았을 것이라는 (　　　　　　)된 표현을 통해 임에 대한 간절한 그리움의 정서를 부각함.
- (나)는 애타게 임을 기다리다가 착각하는 화자의 모습을 해학적으로 표현함.
- (나)는 '곰븨님븨', '천방지방', '워렁충창' 등의 (　　　　　　)를 활용하여 화자의 행동을 생동감 있게 표현함.

빈출 어휘 짚고 가기

※ 다음 어휘에 맞는 뜻을 찾아 바르게 연결해 보자.

1. 거머흿들 •　　　　　• ㉠ 급히 달리는 발소리.

2. 워렁충창 •　　　　　• ㉡ 급하게 허둥대는 모양.

3. 천방지방 •　　　　　• ㉢ 검은빛과 흰빛이 섞인 모양.

이화우(梨花雨) 훗쌔릴 제 울며 잡고 이별(離別)호 님

추풍낙엽(秋風落葉)에 저도 날 싱각ᄂ는가

천 리(千里)에 외로온 쑴만 오락가락 ᄒ노매

– 계랑 –

현대어로 풀어 읽기

배꽃이 비 내리듯 흩날릴 때 울며 잡고 이별한 임.

추풍낙엽에 임도 나를 생각하는가?

천 리에 외로운 꿈만 오락가락하는구나.

[정답과 해설 14쪽]

1 이 글과 「꿈에 다니는 길이」에서 공통적으로 사용된 시어인 (   )에는 임에 대한 간절한 그리움이 투영되어 있다.

2 이 글에 대한 이해로 적절하지 <u>않은</u> 것은?

① '이화우'는 임과 이별한 계절적 배경을 드러내고 있다.

② '추풍낙엽'은 화자와 임이 재회할 것을 암시한다.

③ '저도 날 싱각ᄂ는가'에는 임도 자신을 생각해 주기를 바라는 화자의 마음이 나타난다.

④ '천 리'는 임과 멀어져 있는 화자의 상황을 표현하는 것이다.

⑤ '외로온 쑴'에는 화자의 정서가 직접적으로 표출되어 있다.

어이 못 오던가 | 시집살이 노래

(가) · 수록 교과서: 문학_미래엔 · 기출: 2016–6월 고3 모평B, 2014–3월 고1 학평
(나) · 기출: 2019–6월 고2 학평, 2014–6월 고3 모평A

(가) 어이 못 오던다 무슨 일로 못 오던다

　　너 오는 길 위에 **무쇠로 성(城)을 쌓고** 성 안에 **담 쌓고** 담 안에

란 **집**을 짓고 집 안에란 **뒤주** 놓고 뒤주 안에 **궤**를 놓고 궤 안에 너

를 결박ᄒ여 놓고 **쌍비목 외걸새**에 용거북 ᄌ물쇠로 수기수기 줌갓

더냐 네 어이 그리 아니 오던다

　　혼 둘이 셜흔 눌이여니 날 보라 올 하루 업스랴

　　　　　　　　　　　　　　　　　　　　　　　　　　– 작자 미상 –

▼
뒤주 쌀을 넣어 두는 세간.　　　　　궤 물건을 넣도록 나무로 네모나게 만든 그릇.
쌍비목 쌍으로 된 문고리를 거는 쇠.

현대어로 풀어 읽기

어이 못 오던가, 무슨 일로 못 오던가?

너 오는 길에 무쇠로 성을 쌓고, 성 안에 담 쌓고, 담 안에
집을 짓고, 집 안에 뒤주 놓고, 뒤주 안에 궤를 놓고, 궤 안
에 너를 결박하여 놓고, 쌍배목 외걸쇠에 용거북 자물쇠로
❶(　　　　　　) 잠가 두었더냐? 네 어찌 그리 아니 오던가?
한 달이 ❷(　　　　　)인데 날 ❸(　　　　) 올 하루
가 없겠는가?

답 ❶ 깊이깊이　❷ 서른 날　❸ 보러

(나) **형님 온다 형님 온다 분고개로 형님 온다**

　　형님 마중 누가 갈까 형님 동생 내가 가지

　　형님 형님 **사촌 형님 시집살이 어떱뎁까**

　　이애 이애 그 말 마라 **시집살이 개집살이**

　　앞밭에는 당추 심고 뒷밭에는 **고추 심어**

　　㉠고추 당추 맵다 해도 시집살이 더 맵더라

　　둥글둥글 수박 식기(食器) 밥 담기도 어렵더라

　　도리도리 **도리소반(小盤) 수저** 놓기 더 어렵더라

　　㉡오 리(五里) 물을 길어다가 십 리(十里) 방아 찧어다가

　　아홉 솥에 불을 때고 열두 방에 자리 걷고

　　외나무다리 어렵대야 시아버니같이 어려우랴

　　나뭇잎이 푸르대야 시어머니보다 더 푸르랴

　　㉢시아버니 호랑새요 시어머니 꾸중새요

　　동세 하나 할림새요 시누 하나 뾰족새요

　　시아지비 뾰중새요 남편 하나 미련새요

　　자식 하난 우는 새요 나 하나만 썩는 샐세

　　귀먹어서 삼 년이요 눈 어두워 삼 년이요

　　말 못해서 삼 년이요 석 삼 년을 살고 나니

　　㉣배꽃 같던 요내 얼굴 호박꽃이 다 되었네

　　삼단 같던 요내 머리 비사리춤이 다 되었네

　　백옥 같던 요내 손길 오리발이 다 되었네

열새 무명 반물치마▼ 눈물 씻기 다 젖었네
두 폭 붙이 행주치마 콧물 받기 다 젖었네
울었던가 말았던가 베갯머리 소(沼)▼ 이뤘네
ⓜ그것도 소(沼)이라고 거위 한 쌍 오리 한 쌍
쌍쌍이 떼 들어오네

－ 작자 미상, 「시집살이 노래」－

▼
도리소반 둥글게 생긴 작은 밥상.　　　비사리춤 싸리나무의 껍질.
반물치마 짙은 남색 치마.　　　소 작은 연못.

1 (가), (나)를 이해한 내용으로 적절하지 <u>않은</u> 것은?

① (가)에서는 '무쇠로 성을 쌓고 성 안에 담 쌓고' 등에서 구절들이 연쇄적으로 이어진 것을 알 수 있다.

② (나)의 '시집살이 개집살이'에서 언어유희를 이용하여 화자의 상황을 해학적으로 표현한 것을 알 수 있다.

③ (가)의 '집', '뒤주', '궤' 등과 (나)의 '고추', '도리소반', '수저' 등을 보면 생활에 밀접한 사물을 이용하여 시적 상황을 표현한 것을 알 수 있다.

④ (가)의 '네 어이 그리 아니 오던다'와 (나)의 '사촌 형님 시집살이 어떱뎁까'를 보면 작중 인물들이 대화를 하는 대화체 형식을 활용한 것을 알 수 있다.

⑤ (가)의 '어이 못 오던다 무슨 일로 못 오던다'와 (나)의 '형님 온다 형님 온다 분고개로 형님 온다'를 보면 단어와 구절을 반복하여 리듬감을 형성하고 있음을 알 수 있다.

개념 ▶ 연쇄법과 열거법

・ 연쇄법: 앞 구절의 끝 어구를 다음 구절의 앞에서 이어받아 시적 상황을 강조하는 수사법이다.
예 바람 불면 비가 오고 비가 오면 낙엽 지고 낙엽 지면 추워지고 추워지면 그가 올까.

・ 열거법: 내용적으로 연결되거나 비슷한 어구를 여러 개 늘어놓아 전체의 내용을 표현하는 수사법이다.
예 그녀는 나에게 산이요, 강이요, 바다요, 하늘이다.

기출・2019-6월 고2 학평

2 〈보기〉를 바탕으로 (나)를 감상한 내용으로 적절하지 <u>않은</u> 것은?

┌ 보기 ┐
　「시집살이 노래」는 고통스러운 시집살이를 하는 아녀자들의 생활을 진솔하게 표현한 민요이다. 이 작품 속 여인은 대하기 어려운 시집 식구와 과중한 가사 노동으로 인해 힘든 삶을 살고 있다. 이러한 삶 속에서 여인은 자신의 처지를 한탄하기도 하고, 체념하는 태도를 보이기도 한다.

① ㉠에서 '고추', '당추'와 비교하여 시집살이의 고통을 표현하고 있군.

② ㉡에서 '오 리'와 '십 리'를 활용하여 감당해야 할 노동이 과중함을 강조하고 있군.

③ ㉢에서 '호랑새'와 '꾸중새'를 활용하여 시아버지와 시어머니를 대하기 힘든 존재로 표현하고 있군.

④ ㉣에서 '배꽃'과 '호박꽃'을 대비하여 초라하게 변한 자신의 모습을 한탄하고 있군.

⑤ ㉤에서 '거위'와 '오리'에 빗대어 현실에 대응하지 못하고 체념하는 자신을 드러내고 있군.

원리로 작품 독해

〈화자의 정서와 태도〉

1 (가), (나)의 시적 상황과 화자의 정서, 태도를 정리해 보자.

(가)

초장	임이 오지 못하는 이유를 알 수 없음.	→	임이 오지 않는 상황에 대한 답답함과 오지 않는 임에 대한 ( ), 탄식 → 임에 대한 그리움
중장	임이 오지 못하는 이유를 가정함.		
종장	한 달 중에 하루도 자신을 찾아오지 않는 임을 이해하기 어려움.		

(나)

사촌 동생	형님을 마중 나가 시집살이에 대해 물어 봄.	→	시집살이에 대한 호기심
형님	• 시집살이를 '개집살이'로 표현함. • 시아버지를 '호랑새', 시어머니를 '꾸중새', 남편을 '미련새' 등으로 비유함. • '배꽃' 같던 자신의 얼굴이 '호박꽃'이 다 되었다고 표현함.	→	• 시집살이의 ( ) • 자신의 처지에 대한 한탄
	울음으로 베갯머리가 소를 이루자 그것도 소라고 거위 한 쌍과 오리 한 쌍이 들어옴.	→	해학적인 ( )

〈표현상 특징〉

2 (가), (나)의 표현상 특징을 정리해 보자.

- (가)는 임이 오지 않는 상황과 임에 대한 원망을, (나)는 시집살이의 괴로움을 (   )으로 표현함.
- (가)는 상황이 계속 이어지는 (   )과 다양한 상황을 나열하는 열거법을 사용하여 임이 오지 못하는 이유를 추측함.
- (나)는 두 화자의 물음과 대답으로 이루어진 (   ) 형식으로 내용을 전개함.
- (나)는 시집 식구와 자신을 새에 (   )하거나 '시집살이 개집살이'와 같은 (   )를 사용하여 고된 시집살이를 표현함.

빈출 어휘 짚고 가기

※ 다음 뜻에 해당하는 어휘를 〈보기〉에서 찾아 써 보자.

> **보기**
>
> 궤   소   뒤주   도리소반

1. 작은 연못. (   )
2. 쌀을 넣어 두는 세간. (   )
3. 둥글게 생긴 작은 밥상. (   )
4. 물건을 넣도록 나무로 네모나게 만든 그릇. (   )

나모도 바히돌도 업슨 뫼헤 매게 또친 가토리 안과

대천(大川) 바다 한가온대 일천 석 시른 비에 노도 일코 닷도 일코
농총도 근코 돗대도 것고 치도 싸지고 브람 부러 물결치고 안개 뒤
섯계 즈자진 날에 갈 길은 천리만리 나믄듸 사면이 거머 어득 천지
(天地) 적막(寂寞) 가치노을 썻는듸 수적(水賊) 만난 도사공(都沙
工)의 안과

엇그제 님 여흰 내 안히야 엇다가 て을ᄒ리오

— 작자 미상 —

현대어로 풀어 읽기

나무도 바윗돌도 없는 산에서 매에게 쫓기는 까투리의 마음과
넓은 바다 한가운데 일천 석 실은 배에 노도 잃고 닻도 잃고
용총(돛줄)도 끊어지고 돛대도 꺾어지고 키도 빠지고 바람 불
어 물결치고 안개가 뒤섞여 자욱한 날에 갈 길은 천리만리
남았는데 사방이 검고 어둑하여 천지는 적막하고 까치놀이
떴는데 해적을 만난 도사공의 마음과
엊그제 임과 이별한 내 마음이야 어디다 비교하리오.

▼
농총 용총. 배의 돛을 올리거나 내리는 데 쓰는 줄.
가치노을 까치놀. 석양을 받은 먼 바다의 수평선에서 번득거리는 노을.

[정답과 해설 15쪽]

1 이 글의 중장과 「어이 못 오던가」의 중장에는 구체적 상황이나 대상을 나열하는 기법인 (   )이 사용되었다.

2 이 글에서 임을 여읜 '나'와 비교되고 있는 대상은 (   )와 (   )이다.

두꺼비 파리를 물고 | 고시 8

(가) • 수록 교과서: 국어_비상(박영민) • 기출: 2013-6월 고1 학평, 2011-6월 고3 모평
(나) • 기출: 2019-6월 고2 학평

(가) 두터비 파리를 물고 두엄 우희 치다라 안자

　　것넌 산 바라보니 백송골(白松鶻)이 떠 잇거늘 가슴이 금즉하여

　　풀덕 뛰여 내닷다가 두엄 아래 잣바지거고

　　모쳐라 날낸 낼싁만졍 에헐질 번하괘라

　　　　　　　　　　　　　　　　　　　　　　　　– 작자 미상 –

▼
백송골 흰 송골매.
모쳐라 마침.
에헐 어혈. 타박상 등으로 피부에 피가 맺힌 것.

현대어로 풀어 읽기

두꺼비 파리를 물고 두엄 ❶(　　　　　　) 뛰어 올라가 앉아
건너편 산을 바라보니 백송골이 떠 있거늘 가슴이 끔찍하여
펄쩍 뛰어 내닫다가 두엄 아래 ❷(　　　　　　).
마침 날랜 나였기에 망정이지 어혈 들 뻔했구나.

답 ❶ 위에 ❷ 자빠졌구나

(나) 鷰子初來時　　제비 한 마리 처음 날아와

　　喃喃語不休　　지지배배 그 소리 그치지 않네

　　語意雖未明　　말하는 뜻 분명히 알 수 없지만

　　似訴無家愁　　집 없는 서러움을 호소하는 듯

　　榆槐老多穴　　느릅나무 홰나무 묵어 구멍 많은데

　　何不此淹留　　어찌하여 그곳에 깃들지 않니

　　燕子復喃喃　　제비 다시 지저귀며

　　似與人語酬　　사람에게 말하는 듯

　　榆穴鸛來啄　　느릅나무 구멍은 황새가 쪼고

　　槐穴蛇來搜　　홰나무 구멍은 뱀이 와서 뒤진다오

　　　　　　　　　　　　　　　– 정약용, 「고시(古詩) 8」 –

1 (가), (나)의 공통점으로 적절한 것은?

① 대상을 의인화하여 이상적 세계를 묘사하고 있다.

② 대상을 희화화하여 독자의 웃음을 유발하고 있다.

③ 우의적 표현을 활용하여 시대 현실을 비판하고 있다.

④ 대화체 형식을 활용하여 독자에게 교훈을 전달하고 있다.

⑤ 해학적 표현을 통해 당대 서민의 삶을 긍정적으로 표현하였다.

개념 **우의적 표현**

우의적 표현은 다른 대상에 빗대어 간접적으로 어떤 뜻을 나타내거나 풍자하는 표현 방식이다. '우회적'이라는 말은 어떤 일이나 말 따위를 곧바로 하지 않고 간접적으로 돌려서 한다는 의미인데, 우의적 표현은 다른 대상에 빗대어 간접적으로 뜻을 나타내므로 우회적 표현이기도 하다. 예 「두꺼비 파리를 물고」에서는 지배층의 횡포와 허세를 직접 말하지 않고 두꺼비에 빗대어 돌려서 표현하는 우의적 표현을 활용하였다.

기출 · 2011-6월 고3 모평

2 밑줄 친 대상 간의 관계가 (가)의 '두터비', '파리', '백송골' 간의 관계와 가장 가까운 것은?

① <u>닭</u>은 때를 알리고 <u>개</u>는 도적을 살피고

소 말은 큰 구실 맡겨 다 기름 직하거니와

저 <u>매</u>는 꿩 잡아 절로 바치든가 나는 몰라 하노매라.

② <u>까마귀</u> 검다 하고 <u>백로</u>야 웃지 마라

겉이 검은들 속조차 검을쏘냐

아마도 겉 희고 속 검은 것은 <u>너</u>뿐인가 하노라.

③ <u>나비</u>야 청산 가자 <u>범나비</u> 너도 가자

가다가 저물거든 꽃에 들어 자고 가자

꽃에서 푸대접하거든 잎에서나 자고 가자.

④ 벽오동 심은 뜻은 <u>봉황</u> 올까 하였더니

봉황은 아니 오고 <u>오작</u>만 날아든다

<u>동자</u>야 오작 날려라 봉황 오게 하리라.

⑤ 장공에 떴는 <u>솔개</u> 눈 살핌은 무슨 일인가

썩은 <u>쥐</u>를 보고 빙빙 돌고 가지 않는구나

만일에 <u>봉황</u>을 만나면 웃음거리 될까 하노라.

기출 · 2019-6월 고2 학평

3 ⓐ~ⓔ 중 (나)를 이해한 내용으로 적절하지 <u>않은</u> 것은?

보기

오늘 수업 시간에 정약용의 「고시」가 조선 후기 지배층의 횡포와 피지배층의 고난을 드러낸 작품임을 배웠어. 이 작품에서 ⓐ'황새'와 '뱀'은 백성들을 괴롭히는 지배 세력을 상징하고, ⓑ'제비'는 지배 세력으로부터 착취당하는 백성들을 상징해. ⓒ피지배층의 고난은 삶의 터전마저 빼앗기는 절박한 상황으로 그려지고 있어. ⓓ그런 상황에서도 백성들은 현실에 굴하지 않는 꿋꿋한 모습을 보여. 이 작품을 통해 ⓔ작가는 당대의 부정적 현실을 우회적으로 고발하고 있어.

① ⓐ   ② ⓑ   ③ ⓒ   ④ ⓓ   ⑤ ⓔ

〈화자의 정서와 태도〉

1 (가), (나)의 시적 상황과 화자의 정서, 태도를 정리해 보자.

(가)

초장	파리를 물고 있는 두꺼비
중장	(　　　　　　) 때문에 두엄 아래로 자빠지는 두꺼비
종장	두꺼비의 자화자찬

→

- 파리에게 강하고 백송골에게 약한 두꺼비에 대한 희화화 → (　　　　　)에게 강하고 강자에게 약한 지배층에 대한 풍자
- 자화자찬을 하는 두꺼비에 대한 희화화 → 허세를 부리는 지배층에 대한 풍자

(나)

1, 2구	그치지 않는 제비 울음소리
3, 4구	집 없는 설움을 호소하는 듯한 제비
5, 6구	제비가 나무 구멍에 살지 않는 이유에 대한 화자의 물음
7, 8구	대답하는 듯한 제비
9, 10구	(　　　　　)와 뱀의 횡포를 고발하는 제비

→

- 어려운 처지에 놓인 제비에 대한 화자의 관심 → (　　　　　)의 삶에 대한 관심
- 황새와 뱀의 횡포에 대한 비판 → 백성들을 수탈하는 (　　　　　)의 횡포에 대한 비판

〈시어의 의미와 관계〉

2 (가)의 시어에 담긴 의미와 관계를 정리해 보자.

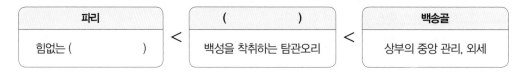

파리	(　　　　　)	백송골
힘없는 (　　　)	백성을 착취하는 탐관오리	상부의 중앙 관리, 외세

(파리) < (　　　) < (백송골)

〈시어의 의미〉

3 (나)의 주요 시어의 의미를 정리해 보자.

시어	의미
제비	억압당하는 (　　　　)
느릅나무, 홰나무	백성들이 살아가는 삶의 (　　　　　)
황새, (　　　　　)	백성들을 수탈하는 관리(지배층)

〈표현상 특징〉

4 (가), (나)의 표현상 특징을 정리해 보자.

- (가)와 (나)는 현실을 다른 대상에 빗대어 우의적으로 비판함.
- (가)는 '두꺼비'를 희화화하여 해학적으로 표현함으로써 부패한 지배층의 모습을 익살스럽게 풍자함.
- (나)는 화자와 '제비'의 (　　　　)과 (　　　　　)으로 시상을 전개함.

棉布新治雪樣鮮	새로 짜낸 무명이 눈결같이 고왔는데
黃頭來博吏房錢	이방 줄 돈이라고 황두가 뺏어 가네
漏田督稅如星火	누전 세금 독촉이 성화같이 급하구나
三月中旬道發船	삼월 중순 세곡선(稅穀船)이 서울로 떠난다고

- 정약용, 「탐진촌요(耽津樂府)」 -

▼
이방, 황두 지방 관리.
누전 토지 대장의 기록에서 빠진 토지.
세곡선 세금으로 바친 곡식을 실어 나르는 배.

[정답과 해설 17쪽]

1 이 글에서 「고시 8」의 '황새', '뱀'과 같은 의미를 지니는 소재는 (　　　　　)과 (　　　　　)이다.

2 이 글에 대한 설명으로 적절한 것은?
① 비극적 상황을 해학적으로 표현하였다.
② 공간의 이동을 바탕으로 시상을 전개하였다.
③ 사실적 묘사로 부정적 현실을 비판하고 있다.
④ 자연물에 의탁하여 화자의 정서를 표현하였다.
⑤ 상징적 사물을 이용하여 대상을 비판하고 있다.

상춘곡 | 정극인

• 수록 교과서: 국어_천재(박), 해냄 / 문학_천재(김)
• 기출: 2020-9월 고3 모평, 2017-11월 고2 학평, 2013-9월 고2 학평A

(가) 홍진(紅塵)에 뭇친 분네 이내 생애 엇더흔고

넷사룸 풍류룰 미츌가 못 미츌가

천지간 남자 몸이 날만 흔 이 하건마는

산림에 뭇쳐 이셔 지락(至樂)을 무룰 것가

수간모옥(數間茅屋)을 벽계수(碧溪水) 앒픠 두고

송죽 울울리예 풍월주인 되여셔라

(나) 엇그제 겨을 지나 새봄이 도라오니

[A]
┌ 도화행화(桃花杏花)눈 석양리(夕陽裏)예 퓌여 잇고
└ 녹양방초(綠楊芳草)눈 세우(細雨) 중에 프르도다

칼로 물아 낸가 붓으로 그려 낸가

㉠조화신공(造化神功)이 물물마다 헌스룹다

수풀에 우는 새는 춘기(春氣)룰 뭇내 계워 소릭마다 교태로다

(다) 물아일체(物我一體)어니 흥이이 다룰소냐

시비예 거러 보고 정자애 안자 보니

소요음영ᄒ야 산일(山日)이 적적흔딕

한중진미(閒中眞味)룰 알 니 업시 호재로다

(라) ㉡이바 니웃드라 산수 구경 가쟈스라

[B]
┌ 답청(踏靑)으란 오늘 ᄒ고 욕기(浴沂)란 내일 ᄒ새
└ 아춤에 채산(採山)ᄒ고 나조히 조수(釣水)ᄒ새

현대어로 풀어 읽기

속세에 묻힌 사람들아 나의 생활이 어떠한가?
옛사람 풍류를 (내가) 미칠까 못 미칠까?
세상의 남자 몸이 나만 한 사람이 많지만
(그들은) 자연에 묻혀 사는 지극한 즐거움을 ❶(   )?
몇 칸짜리 초가집을 맑은 시냇물 앞에 (지어) 두고,
소나무 대나무 우거진 속에 풍월주인이 되었구나!

엊그제 겨울 지나 새봄이 돌아오니,
복숭아꽃과 살구꽃은 석양 속에 피어 있고,
푸른 버들과 향기로운 풀은 가랑비 속에 푸르구나.
칼로 재단해 내었는가? 붓으로 그려 내었는가?
조물주의 신비한 솜씨가 사물마다 야단스럽구나.
수풀에 우는 새는 봄기운을 이기지 못하여 소리마다 교태로구나.

물아일체이니 흥겨움이야 ❷(   )?
사립문에 걸어 보고 정자에 앉아 보니.
천천히 거닐며 나직이 시를 읊으며 산속의 하루가 적적한데.
한가로운 가운데 참된 즐거움을 아는 이 없이 혼자로구나.

이봐 ❸(   )아, 산수 구경 가자꾸나.
산책은 오늘 하고 시냇물에서 목욕하는 것은 내일 하세.
아침에 산나물 캐고 저녁에 낚시하세.

▼
수간모옥 몇 칸 안 되는 작은 초가.
벽계수 맑은 시냇물.
울울리(鬱鬱裏) 빽빽하게 우거진 속.
도화행화 복숭아꽃과 살구꽃.
녹양방초 푸른 버드나무와 향기로운 풀.
소요음영(逍遙吟詠) 자유로이 천천히 걸으며 시를 읊조림.
한중진미 한가로운 가운데 느끼는 참된 즐거움.
답청 봄에 파랗게 난 풀을 밟으며 산책함. 또는 그런 산책. 중국에서, 청명절에 교외를 거닐며 자연을 즐기던 일.
욕기 기수(沂水)에서 목욕한다는 뜻으로, 명리를 잊고 유유자적함을 이르는 말.
나조 저녁.

(마)
[C]
　　─ ᄀᆞᆺ 괴여 닉은 술을 갈건(葛巾)으로 밧타 노코
　　─ 곳나모 가지 것거 수 노코 먹으리라
[D]
　　─ 화풍(和風)이 건ᄃᆺ 부러 녹수(綠水)를 건너오니
　　─ 청향(淸香)은 잔에 지고 낙홍(落紅)은 옷새 진다
　　준중(樽中)이 뷔엿거든 날ᄃᆞ려 알외여라
　　소동 아히ᄃᆞ려 주가에 술을 믈어
　　얼운은 막대 집고 아히ᄂᆞᆫ 술을 메고
　　미음완보(微吟緩步)ᄒᆞ야 시냇ᄀᆞ의 호자 안자
　　ⓒ명사(明沙) 조흔 믈에 잔 시어 부어 들고
　　청류(淸流)를 굽어보니 ᄯᅥ오ᄂᆞ니 도화(桃花)ㅣ로다
　　ⓓ무릉이 갓갑도다 져 ᄆᆡ이 귄 거인고

(바)　송간 세로(松間細路)에 두견화(杜鵑花)를 부치 들고
　　봉두(峰頭)에 급피 올나 구름 소긔 안자 보니
　　천촌만락(千村萬落)이 곳곳이 버러 잇ᄂᆡ
[E]
　　─ 연하일휘(煙霞日輝)ᄂᆞᆫ 금수(錦繡)를 재펏ᄂᆞᆫ 듯
　　─ 엇그제 검은 들이 봄빗도 유여(有餘)ᄒᆞ샤

(사)　ⓔ공명(功名)도 날 ᄭᅴ우고 부귀(富貴)도 날 ᄭᅴ우니
　　청풍명월(淸風明月) 외(外)예 엇던 벗이 잇ᄉᆞ올고
　　단표누항(簞瓢陋巷)에 훗튼 혜음 아니 ᄒᆞᄂᆡ
　　아모타 백년행락(百年行樂)이 이만ᄒᆞᆫᄃᆞᆯ 엇지ᄒᆞ리
　　　　　　　　　　　　　　　－ 정극인, 「상춘곡(賞春曲)」－

막 발효하여 익은 술을 갈건으로 걸러 놓고,
꽃나무 가지 꺾어 (술잔) ❹(　　　　　) 먹으리라.
화창한 바람이 문득 불어 푸른 시냇물을 건너오니,
맑은 향기는 잔에 지고 붉은 꽃잎은 옷에 진다.
술동이가 비었으면 나에게 알려어라.
심부름하는 아이에게 술집에 술이 있는가 물어
어른은 지팡이 짚고 아이는 술을 메고,
나직이 시를 읊조리며 천천히 걸어 시냇가에 혼자 앉아,
고운 모래가 비치는 맑은 물에 잔 씻어 (술을) 부어 들고,
맑은 시냇물을 굽어보니 떠오는 것이 복숭아꽃이로다.
무릉도원이 가깝구나. 저 들이 바로 그곳인가?

소나무 사이 좁은 길로 진달래꽃을 잡아 들고,
산봉우리에 급히 올라 구름 속에 앉아 보니,
수많은 촌락들이 곳곳에 펼쳐져 있네.
안개와 노을과 빛나는 햇살은 수놓은 비단을 펼쳐 놓은 듯.
엊그제까지 검은 들이 이제 봄빛이 ❺(　　　　　).

공명도 나를 ❻(　　　　　) 부귀도 나를 꺼리니
맑은 바람 밝은 달 외에 어떤 벗이 있으리오.
가난한 생활 속에 ❼(　　　　　) 아니 하네.
아무튼 평생 즐거움을 누림이 이만하면 족하지 않은가?

답 ❶ 모르는 것인가 ❷ 다르겠는가 ❸ 이웃들 ❹ 수를 세며
❺ 넘치는구나 ❻ 꺼리고 ❼ 헛된 생각

▾
갈건 갈포로 만든 두건. '갈포'는 칡 섬유로 짠 베.
준중 술항아리 속.
미음완보 나직이 시를 읊조리며 천천히 걸음.
무릉(武陵) 무릉도원. 이상향.
연하일휘 안개와 노을과 빛나는 햇살이라는 뜻으로, 아름다운 자연 경치를 비유적으로 이르는 말.
단표누항 누항에서 먹는 한 그릇의 밥과 한 바가지의 물이라는 뜻으로, 선비의 청빈한 생활을 이르는 말.
백년행락 한평생 즐겁게 지냄.

기출 · 2013-9월 고2 학평A

1 윗글에 대한 설명으로 적절하지 <u>않은</u> 것은?

① 관념적인 주제에서 벗어나 생활과 밀착된 주제를 다룬다.

② 자연에서 사는 삶을 노래하여 강호 가사에 영향을 끼쳤다.

③ 연속된 4음보의 율격으로 안정된 리듬감을 형성한다.

④ 양반 사대부에 의해 창작되어 한자어의 사용이 많다.

⑤ 마지막 행의 형식이 시조의 종장 형식과 유사하다.

2 〈보기〉를 참고하여 윗글을 이해한 내용으로 적절한 것은?

> **보기**
>
> 「상춘곡」은 화자의 공간 이동에 따라 시상이 전개되고 있다. 화자는 수간모옥에서 정자, 시냇가를 거쳐 봉두에 이른다. 이러한 공간의 변화는 화자의 내면과 밀접한 관련이 있다.

① 속세에서 자연으로 이동하면서 힘든 현실에서 도피하려는 모습이 나타난다.

② 속세에서 자연으로 이동하며 두 공간에서 갈등하는 화자의 내면이 드러난다.

③ 낮은 곳에서 높은 곳으로 이동하며 세속적 가치를 추구하는 자세가 나타난다.

④ 자연의 공간에서 인공의 공간으로 이동하며 인간과 자연의 조화를 추구하고 있다.

⑤ 좁은 공간에서 넓은 공간으로 이동하며 탈속을 지향하는 화자의 내면이 드러난다.

기출 변형

3 윗글에 대한 감상으로 적절하지 <u>않은</u> 것은?

① 자신의 삶을 옛사람과 비교하며 스스로를 풍월주인이라 여기는 데에서 화자의 자부심이 드러나는군.

② 붓으로 그린 듯한 숲속에서 봄의 흥을 노래하는 새를 바라보는 데에서 새에 대한 화자의 부러움이 드러나는군.

③ 시냇가에서 술잔을 들고 시냇물을 굽어보는 데에서 풍류를 즐기는 화자의 태도가 드러나는군.

④ 오직 청풍명월만이 자신의 친구라고 하는 데에서 자연과 하나가 되는 화자의 일체감이 드러나는군.

⑤ 단표누항에 헛된 생각을 하지 않는다는 것에서 화자가 지향하는 삶의 태도가 드러나는군.

기출 변형

4 ㉠~㉤에 대한 이해로 적절한 것은?

① ㉠: 절대적 존재를 통해 자연과 대조되는 인간 삶의 무상함을 표현하고 있다.

② ㉡: 명령형 어미를 활용하여 탈속적 삶에 동참할 것을 촉구하고 있다.

③ ㉢: 공감각적 심상을 사용하여 자연과 동화된 기쁨을 표현하고 있다.

④ ㉣: 관용적인 연상을 통해 이상향에 대한 갈망을 표현하고 있다.

⑤ ㉤: 주체와 객체를 바꾸어 표현함으로써 자신의 가치관을 나타내고 있다.

기출 · 2013-9월 고2 학평A

5 〈보기〉를 바탕으로 윗글을 감상한 내용으로 적절하지 <u>않은</u> 것은?

> **보기**
>
> 가사 문학은 조선 전기 사대부들이 지녔던 삶의 양식이나 그들의 사유 체계를 잘 담고 있다. 「상춘곡」에는 '절제와 균형'이라는 유교적 세계관에 입각한 조선조 사대부들의 사고가 중요한 요소로 작용하고 있다.

① [A]: '석양'과 '세우'의 하강 이미지 속에 피어나는 '꽃'과 파랗게 돋는 '풀'의 상승 이미지는 조화를 이루고 있군.

② [B]: '오늘'과 '내일'로, '아츰'과 '나조'로 봄놀이를 적절히 조절하여 안배하는 모습이 인상적이군.

③ [C]: 술을 과하게 마시지 않으려고 '곳나모 가지'로 술잔을 세는 모습에서 사대부의 절제된 풍류가 느껴지는군.

④ [D]: 술과 더불어 '청향'과 '낙홍'에 취해 고조되는 감정을 '진다'는 표현을 통해 다스리는군.

⑤ [E]: '검은 들'이 '봄빗'으로 넘치는 것은 인간과 자연이 조화로운 합일을 이루어 감을 의미하는군.

플러스 자료실

「상춘곡」의 핵심 시어

• 풍월주인: 바람과 달의 주인, 즉 자연을 즐기는 사람을 뜻한다. 자연의 주인인 풍월주인으로서, '넷 사롬'의 풍류에 미치는 자신의 삶에 대한 화자의 자부심이 드러나는 시어이다.

• 물아일체: 자연과 내가 하나가 됨을 표현하는 것으로, 화자의 자연 친화적 태도가 드러나는 시어이다.

• 단표누항: 소박하고 청빈한 생활을 뜻하는 것으로, 가난한 처지지만 자연을 즐기며 안빈낙도하려는 화자의 태도가 드러나는 시어이다.

원리로 작품 독해

1 〈화자의 정서와 태도〉
이 글의 시적 상황과 화자의 정서, 태도를 정리해 보자.

서사	자연에 묻혀 살아감.
본사	봄의 아름다운 정취를 느낌.
	봄의 흥취를 느낌.
	( ) 구경을 이웃에게 권유함.
	술과 함께 봄의 풍류를 즐김.
	산봉우리에서 봄 경치를 봄.
결사	청풍명월을 벗삼아 단표누항에 헛된 생각을 하지 않는 현재에 만족함.

→
• 자연과 하나가 되는 (   )적 태도
• 아름다운 자연에서 풍류를 즐기는 태도
• 안빈낙도하는 삶에 대한 만족감

2 〈시상 전개 방식〉
이 글의 시상 전개 방식의 특징을 정리해 보자.

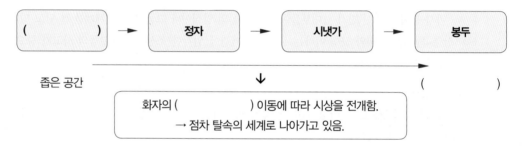

(   ) → 정자 → 시냇가 → 봉두

좁은 공간 ──────────────→ (   )

화자의 (   ) 이동에 따라 시상을 전개함.
→ 점차 탈속의 세계로 나아가고 있음.

3 〈표현상 특징〉
이 글의 표현상 특징을 정리해 보자.

• 화자가 느끼는 봄의 흥취를 '새'에게 (   )하여 표현함.
• 공명과 부귀에 욕심 없는 화자의 가치관을 효과적으로 표현하기 위해 (   )와 (   )를 전도하여 표현함.

빈출 어휘 짚고 가기

※ 다음 뜻에 해당하는 어휘를 〈보기〉에서 찾아 써 보자.

> **보기**
>
> 단표누항   수간모옥   연하일휘

1. 몇 칸 안 되는 작은 초가. (   )

2. 안개와 노을과 빛나는 햇살이라는 뜻으로, 아름다운 자연 경치를 비유적으로 이르는 말.
(   )

3. 누항에서 먹는 한 그릇의 밥과 한 바가지의 물이라는 뜻으로, 선비의 청빈한 생활을 이르는 말.
(   )

다른 작품 엮어 읽기

연계 포인트 이 작품은 '면앙정'이라는 정자에서 사계절의 자연을 즐기는 풍류를 노래한 가사이다. 「상춘곡」과 화자의 상황, 태도가 유사하므로 비교하며 읽어 볼 수 있다.

된서리 빠진 후의 산 빛이 금수(錦繡)로다.

황운(黃雲)은 또 어찌 만경(萬頃)▼의 펼쳐져 있는가.

어적(漁笛)도 흥에 겨워 달을 따라 부는구나.

초목(草木) 다 진 후의 강산(江山)이 묻혔거늘

조물(造物)이 야단스러워 빙설(氷雪)로 꾸며 내니

경궁요대(瓊宮瑤臺)▼와 옥해은산(玉海銀山)▼이 안저(眼底)▼의 펼쳐져 있구나.

인간(人間)을 떠나와도 내 몸이 겨를 업다.

이것도 보려 하고 저것도 들으려 하고

바람도 쐬려 하고 달도 맞으려 하고

밤은 언제 줍고 고기는 언제 낚고

사립문은 뉘 닫으며 떨어진 꽃은 뉘 쓸려뇨.

아침이 낫브거니▼ 저녁이라 싫겠느냐.

오늘이 부족(不足)하니 내일(來日)이라 유여(有餘)하랴. [중략]

강산풍월(江山風月) 거느리고 내 백 년을 다 누리면

악양루상의 이태백(李太白)이 살아온다 한들

호탕정회(浩蕩情懷)▼야 이에서 더할소냐.

이 몸이 이렁 굼도 역군은(亦君恩)이샷다.

— 송순, 「면앙정가(俛仰亭歌)」 —

현대어로 풀어 읽기

된서리 걷힌 후에 산 빛이 수놓은 비단 같구나.

누런 구름은 또 어찌 넓은 들판에 펼쳐져 있는가?

어부의 피리도 흥에 겨워 달을 따라 부는구나.

초목이 다 진 후에 강산이 (눈에) 묻혔거늘

조물주가 야단스러워 얼음과 눈으로 꾸며 내니

경궁요대와 옥해은산(아름다운 설경)이 눈 아래 펼쳐져 있구나.

인간 세상을 떠나와도 내 몸이 겨를(여유) 없다.

이것도 보려 하고, 저것도 들으려 하고,

바람도 쐬려 하고, 달도 맞으려 하고,

밤은 언제 줍고 고기는 언제 낚고,

사립문은 누가 닫으며 떨어진 꽃은 누가 쓸겠는가?

아침에도 (자연을 즐기는 시간이) 부족하니 저녁이라고 싫겠느냐?

오늘이 부족하니 내일이라고 여유가 있겠는가? [중략]

강산풍월을 거느리고 내가 백 년을 다 누리면

악양루 위의 이태백이 살아온다고 한들

호탕정회가 이보다 더하겠는가?

이 몸이 이렇게 지내는 것도 또한 임금의 은혜이시구나.

▼

만경 아주 많은 이랑. 지면이나 수면이 아주 넓음을 이르는 말.

경궁요대 옥으로 장식한 궁전과 누대라는 뜻으로, 호화로운 궁전을 이르는 말.

옥해은산 옥으로 된 바다와 은으로 된 산.

안저 눈 아래.

낫브거니 부족하니.

호탕정회 넓고 끝없는 정과 회포.

[정답과 해설 19쪽]

1 「상춘곡」과 이 글은 자연 속에서 풍류를 즐기며 소박하게 살아가는 삶에 대한 (   )을 표현하였다.

2 이 글은 (   )의 변화에 따라 내용이 전개되고 있으며, 비유를 통해 면앙정의 아름다운 풍경을 표현하고 있다.

• 교과서: 국어_동아, 비상(박안수), 지학사 / 문학_동아, 비상, 신사고, 창비, 천재(정)
• 기출: 2019-9월 고2 학평, 2018-11월 고2 학평, 2006 수능

(가) 데 가는 뎌 각시 본 듯도 흔뎌이고
 뎐샹(天上) 빅옥경(白玉京)을 엇디ᄒ야 니별(離別)ᄒ고
 ᄒ 다 뎌 져믄 날의 눌을 보라 가시ᄂᆞᆫ고

(나) 어와 네여이고 이내 스셜 드러 보오
 ㉠내 얼굴 이 거동이 **님** 괴얌 즉ᄒ가마ᄂᆞᆫ
 엇딘디 날 보시고 네로다 녀기실식
 ㉡나도 님을 미더 군ᄠᅳᆯ디 전혀 업서
 이리야 교ᄐᆡ야 어ᄌᆞ러이 ᄒ돗던디
 ㉢반기시ᄂᆞᆫ 눗비치 녜와 엇디 다ᄅᆞ신고
 누어 싱각ᄒ고 니러 안자 혜여ᄒ니
 ㉣내 몸의 지은 죄 뫼ᄀᆞ티 빠혀시니
 하ᄂᆞᆯ히라 원망ᄒ며 사ᄅᆞᆷ이라 허믈ᄒ랴
 ㉤셜워 플뎌 혜니 조믈(造物)의 타시로다

(다) 글란 싱각 마오

(라) 미친 일이 이셔이다
 님을 뫼셔 이셔 님의 일을 내 알거니
 믈 ᄀᆞᆫ 얼굴이 편ᄒᆞᆯ 적 몃 날일고
 [A] ┌ **츈한고열(春寒苦熱)**은 엇디ᄒ야 디내시며
   └ **츄일동뎐(秋日冬天)**은 뉘라셔 뫼셧ᄂᆞᆫ고
 죽조반(粥早飯) 죠셕(朝夕) 뫼 녜와 ᄀᆞ티 셰시ᄂᆞᆫ가
 기나긴 밤의 ᄌᆞ믐은 엇디 자시ᄂᆞᆫ고

(마) 님다히 쇼식(消息)을 아므려나 아쟈 ᄒ니
 오ᄂᆞᆯ도 거의로다 ᄂᆡ일이나 사ᄅᆞᆷ 올가
 내 ᄆᆞ음 둘 ᄃᆡ 업다 어드러로 가쟛 말고

현대어로 풀어 읽기

저기 가는 저 각시 본 듯도 하구나.
천상의 백옥경(궁궐)을 어찌하여 이별하고
해 다 저문 날에 누구를 보러 가시는가?

아, 너로구나. 내 ❶(   ) 들어 보오.
내 얼굴과 이 거동이 임이 사랑함 직한가마는
어쩐지 나를 보시고 너로구나 여기시기에
나도 임을 믿어 ❷(   )이 전혀 없어
아양이야 교태야 어지럽게 하였던지
반기시는 낯빛이 옛날과 어찌 다르신가?
누워 생각하고 일어나 앉아 헤아려 보니
내 몸의 지은 죄가 산같이 쌓였으니
하늘이라 원망하며 사람이라 탓하겠는가.
서러워 풀어 헤아려 보니(생각하니) 조물주의 ❸(   ).

그렇게는 생각 마오.

(마음에) ❹(   ) 일이 있습니다.
임을 (예전에) 모시고 있어 임의 일을 내 알거니
물 같은 얼굴(연약한 몸)이 편하실 적 몇 날인가?
봄추위와 여름 더위는 어떻게 지내시며,
가을날과 겨울날은 누가 모셨는가?
아침 죽과 아침밥, 저녁밥은 옛날과 같이 잡수시는가?
기나긴 밤에 잠은 어찌 주무시는가?

임 쪽(임 계신 곳) 소식을 어떻게든지 알고자 하니
오늘도 거의로구나(지나갔구나). 내일이나 (임 소식 전할) 사람 올까?
내 마음 둘 데 없다. 어디로 가자는 말인가?

▼
뎐샹 빅옥경 옥황상제가 있다고 하는 곳.   이리야 아양이야. 재롱이야.
츈한고열 봄추위와 여름 더위.   츄일동뎐 가을과 겨울의 날.
죽조반 아침밥을 먹기 전에 먹는 죽. 자릿조반.   뫼 '밥'의 궁중말.
셰시ᄂᆞᆫ가 잡수시는가.   아므려나 어떻게든지.

[B] ┌ 잡거니 밀거니 놉픈 뫼히 올라가니
   └ 구룸은ㅋ니와 안개는 므스 일고
     산천(山川)이 어둡거니 일월(日月)을 엇디 보며
     지척(咫尺)을 모르거든 천 리(千里)를 브라보랴
     출하리 믈ㄱ의 가 빅 길히나 보랴 ㅎ니
     ⓐ브람이야 믈결이야 어둥졍 된뎌이고
[C] ┌ 샤공은 어듸 가고 븬 빅만 걸렷는고
   │ 강텬(江天)의 혼자 셔셔 디는 히를 구버보니
   └ 님다히 쇼식(消息)이 더옥 아득흔뎌이고

(나무를) 잡거니 밀거니 높은 산에 올라가니
구름은 물론이거니와 안개는 무슨 일인가?
산천이 어두우니 해와 달을 어찌 보며
지척(가까운 거리)을 모르는데 천 리를 바라볼 수 있으랴?
차라리 물가에 가서 뱃길이나 보려 하니
바람과 물결로 ❺(　　　　) 되었구나.
사공은 어디 가고 빈 배만 걸렸는가?
강가에 혼자 서서 지는 해를 굽어보니
임 계신 곳 소식이 더욱 아득하구나.

(바)
[D] ┌ 모쳠(茅簷)▾ 찬 자리의 밤듕만 도라오니
   └ 반벽청등(半壁靑燈)▾은 눌 위ㅎ야 불갓는고
     오르며 느리며 헤쓰며 바자니니▾
     져근덧 녁진(力盡)ㅎ야 풋줌을 잠간 드니
     정성(精誠)이 지극ㅎ야 쑴의 님을 보니
     옥(玉) ㄱ튼 얼구리 반(半)이 나마 늘거셰라
     므 음의 머근 말솜 슬ㅋ장 솗쟈▾ ㅎ니
     눈믈이 바라 나니 말솜인들 어이ㅎ며
     정(情)을 못다 ㅎ야 목이조차 몌여ㅎ니
[E] 오뎐된▾ 계셩(鷄聲)의 줌은 엇디 쎄돗던고

초가집 찬 잠자리에 밤중에 돌아오니
벽 가운데 걸려 있는 등불은 누구를 위하여 밝았는가?
(산을) 오르며 내리며 헤매며 방황하니
잠깐 동안에 힘이 다하여 풋잠을 잠깐 드니
정성이 지극하여 ❻(　　　　)에 임을 보니,
옥 같던 (임의) 얼굴이 반 넘게 늙었구나.
마음에 먹은 말씀 ❼(　　　　) 사뢰려고 하니
눈물이 계속 나니 말씀인들 어찌하며,
정을 못다 풀어 목마저 메니,
방정맞은 닭소리에 잠은 어찌 깨었던가?

(사) 어와 허亽(虛事)로다 이 님이 어듸 간고
     결의 니러 안자 창(窓)을 열고 브라보니
     어엿븐▾ 그림재 날 조찰 쑌이로다
     출하리 싀여디여▾ ⓑ낙월(落月)이나 되야이셔
     님 겨신 창(窓) 안히 번드시 비최리라

아, 헛된 일이로구나. 이 임이 어디 갔는가?
꿈결에 일어나 앉아 창을 열고 바라보니
가엾은 그림자가 나를 따를 뿐이로다.
차라리 죽어서 지는 달이나 되어
임 계신 창 안에 ❽(　　　　) 비치리라.

(아) ㉠각시님 둘이야ㅋ니와 구즌비나 되쇼셔

　　　　　　　　– 정철, 「속미인곡(續美人曲)」 –

각시님, 달은커녕 ❾(　　　　)나 되십시오.

답 ❶ 사설(이야기) ❷ 군뜻(딴생각) ❸ 탓이로다 ❹ 맺힌
❺ 어수선하게 ❻ 꿈 ❼ 실컷 ❽ 환하게 ❾ 궂은비

▾
모쳠 떠로 지붕을 이은 초가집.
반벽청등 벽 가운데 걸려 있는 등불.
바자니니 방황하니. 부질없이 왔다갔다 하니.
솗쟈 사뢰려고.
오뎐된 방정맞은.
어엿븐 가엾은.
싀여디여 죽어서.

1 윗글에 대한 설명으로 적절하지 <u>않은</u> 것은?

① 3(4)·4조를 바탕으로 4음보가 반복되고 있다.

② 우리말의 아름다움을 살려 효과적으로 표현하였다.

③ 인물들을 등장시켜 대화 형식으로 내용을 전개하였다.

④ 시적 상황에 따라 화자의 정서가 희로애락의 변화를 드러내고 있다.

⑤ 여성 화자의 목소리로 임을 그리워하는 마음을 진솔하게 드러내고 있다.

기출 · 2006 수능

2 윗글을 상소문이라고 가정할 때, ㉠~㉤ 중에서 〈보기〉의 밑줄 친 부분이 가장 잘 드러나 있는 것은?

> **보기**
>
> 상소문은 여러 경우에 쓰는데, 그중에는 개인의 억울함을 하소연하는 것도 있다. 이 경우 사건의 전말을 밝혀 자신의 잘못이 아님을 해명하거나 <u>겸손하게 자신의 허물을 탓하기도 한다.</u> 이렇게 함으로써 임금의 신뢰가 회복되기를 기대하였다.

① ㉠   ② ㉡   ③ ㉢   ④ ㉣   ⑤ ㉤

기출 변형

3 ⓐ와 ⓑ에 대한 이해로 가장 적절한 것은?

① ⓐ, ⓑ는 모두 하강의 이미지를 느끼게 한다.

② ⓐ, ⓑ는 모두 경외심을 느끼게 하는 대상이다.

③ ⓐ, ⓑ는 모두 자연의 아름다움을 인식하게 한다.

④ ⓐ는 화자를 가로막는, ⓑ는 화자의 소망이 담긴 대상이다.

⑤ ⓐ는 상황에 대한 만족감을, ⓑ는 상황에 대한 안타까움을 준다.

기출 변형

4 [A]~[E]에 대한 설명으로 적절하지 <u>않은</u> 것은?

① [A]: 대구적 표현으로 시적 대상에 대한 화자의 정서를 드러낸다.

② [B]: 자연물을 활용하여 화자가 처한 부정적 상황을 암시한다.

③ [C]: 객관적 상관물을 통해 화자의 쓸쓸하고 외로운 처지를 강조한다.

④ [D]: 화자의 처지와 대조되는 소재를 통해 화자의 인식 변화를 부각한다.

⑤ [E]: 청각적 심상을 통해 화자가 꿈에서 깨게 된 원인을 드러낸다.

5 ㉮에 대한 설명으로 적절하지 <u>않은</u> 것은?

① '각시님'은 임과 이별한, 이 글의 중심 화자를 가리킨다.

② '둘'은 멀리서 임을 보기만 하는 소극적인 존재를 표현하고 있다.

③ '둘'과 '구즌비'는 각기 다른 인물을 비유적으로 표현한 대상이다.

④ ㉮의 화자는 '둘'보다 '구즌비'를 긍정적인 대상으로 생각하고 있다.

⑤ '구즌비'는 그리움을 임에게 직접 전하려는 마음이 표현된 대상이다.

6 〈보기〉를 참고하여 윗글을 감상한 내용으로 적절하지 <u>않은</u> 것은?

> **보기**
>
> 「속미인곡」은 조선 선조 때 문인 정철이 지은 가사로, '충신연주지사(忠臣戀主之詞)'의 대표 작이다. 작가는 임금에게서 멀어진 자신의 처지를 천상에서 내려온 선녀에 비유하여 표현하고 있다.

① 관직에서 물러난 작가의 처지를 '텬샹 빅옥경'에서 내려온 선녀로 표현함으로써 애절함을 더하고 있어.

② '님'은 당시의 임금이었던 선조를 의미한다고 볼 수 있어.

③ '엇딘디 날 보시고 네로다 녀기실시'에서 작가가 받았던 임금의 은총을 엿볼 수 있어.

④ 화자의 모습을 '믈 ᄀᆞᆫ 얼굴'이라고 표현함으로써 자신의 처량한 신세를 비유적으로 드러내고 있어.

⑤ '츈한고열', '츄일동텬'을 통해 사시사철 임금을 걱정하는 충신의 모습을 표현하고 있어.

개념 충신연주지사

임금을 향한 신하의 충성과 절개를 담아 부른 노래를 '연군가(戀君歌)' 또는 '충신연주지사'라고 한다. 고려 시대 정서는 「정과정」에서 여성 화자를 내세워 임금을 향한 충절을 노래하였는데, 이러한 기법은 이후 연군가 계열의 작품에 큰 영향을 주어, 정철의 「사미인곡」 등으로 이어졌다.

플러스 자료실

「속미인곡」에서의 두 화자

「속미인곡」은 두 여성 화자(편의상 '갑녀'와 '을녀'로 지칭)가 대화하는 형식으로 시상이 전개된다. 을녀는 작가의 처지를 대변하는 중심 화자로서, 갑녀의 질문에 응하여 신세 한탄을 하며 작품의 정서적 분위기를 주도하고 주제를 구현하는 중추적 역할을 한다. 갑녀는 보조적 위치에 있는 화자로, 을녀의 하소연을 유도하고 작품의 전개와 종결을 위한 기능적 역할을 한다. 두 화자의 대화를 통해 인물이 입체적으로 표현되며 작품 전체에 생동감이 부여되어 주제를 효과적으로 구현한다.

1 〈화자의 정서와 태도〉
이 글의 시적 상황과 화자의 정서, 태도를 정리해 보자.

		시적 상황	화자의 정서와 태도
서사	갑녀	백옥경을 떠난 이유를 물음.	
	을녀	자신과 조물주의 탓으로 이별했다고 말함.	임과의 이별에 대한 (　　　　　　)과 한탄
본사	갑녀	그렇게 생각하지 말라고 함.	을녀에 대한 위로
	을녀	• 임의 안부를 염려함. • 임의 소식을 알고자 하나 알지 못함. • 독수공방의 애달픔과 꿈속에서의 임과의 만남을 말함.	• 임에 대한 염려 • 임의 소식을 들을 수 없는 (　　　　　) • 임을 만나지 못하는 슬픔과 임에 대한 간절한 (　　　　)
결사	을녀	낙월이라도 되어 임 계신 창 안을 비추겠다고 함.	임에 대한 일편단심
	갑녀	달이 아닌 궂은비가 되라고 함.	을녀에 대한 위로

2 〈화자의 특성〉
이 글 속 두 화자의 특성을 정리해 보자.

갑녀	• 보조적 위치에 있는 화자 • 을녀의 하소연을 유도함. • 작품의 (　　　　　　)와 종결을 위한 기능적인 역할을 함.
을녀	• 작가의 처지를 대변하는 (　　　　　) 화자 • 갑녀의 질문에 응하여 신세 한탄을 하며 작품의 정서적 분위기를 주도함. • 작품의 주제를 구현하는 중추적인 역할을 함.

3 〈소재의 의미〉
이 글의 주요 소재의 의미를 정리해 보자.

소재	의미
구롬, 안개, 브람, 믈결	임과 화자 사이를 가로막는 장애물
오뎐된 계성	꿈속에서의 임과의 만남을 (　　　　　　)하는 대상
(　　　　　)	멀리서 임을 바라보다가 사라지는 존재로, 죽어서라도 임과 함께하고 싶은 화자의 마음을 상징하는 자연물. 임에 대한 소극적인 사랑을 드러냄.
구즌비	임에게 직접 다가갈 수 있는 존재로, 임을 그리워하는 을녀의 눈물을 함축함. 임에 대한 적극적인 사랑을 드러냄.

빈출 어휘 짚고 가기　　　※ 다음 밑줄 친 어휘의 뜻을 써 보자.

1. 잡거니 밀거니 놉픈 <u>뫼히</u> 올라가니 (　　　　　　　)
2. 쥭조반(粥早飯) 죠셕(朝夕) <u>뫼</u> 녜와 ㄱㅌ티 셰시는가 (　　　　　　　)

연계 포인트 이 작품은 화자를 여인으로 설정하여 임금에 대한 충성심을 노래한 가사이다. 「속미인곡」의 전편에 해당하는 작품으로 「속미인곡」과 화자의 정서, 태도가 유사하므로 비교하며 읽어 볼 수 있다.

동풍이 건듯 불어 적설을 헤쳐 내니

창밖에 심은 매화 두세 가지 피었어라

가뜩 냉담한데 암향(暗香)▼은 무슨 일고

황혼의 달이 좇아 베개 맡에 비치니

흐느끼는 듯 반기는 듯 임이신가 아니신가

저 매화 꺾어 내어 임 계신 데 보내고져

임이 너를 보고 어떻다 여기실꼬

꽃 지고 새잎 나니 녹음(綠陰)이 깔렸는데

나위(羅幃)▼ 적막하고 수막(繡幕)이 비어 있다

부용(芙蓉)을 걷어 놓고 공작(孔雀)을 둘러 두니

가뜩 시름 많은데 날은 어찌 길던고

원앙금(鴛鴦錦) 베어 놓고 오색선 풀어 내어

금자에 겨누어서 임의 옷 지어 내니

수품(手品)은 물론이고 제도(制度)도 갖출시고

산호수 지게 위에 백옥함에 담아 두고

임에게 보내려고 임 계신 데 바라보니

산인가 구름인가 험하기도 험하구나

천리만리 길에 뉘라서 찾아갈꼬

가거든 열어 두고 나인가 반기실까

― 정철, 「사미인곡(思美人曲)」 ―

현대어로 풀어 읽기

동풍(봄바람)이 문득 불어 쌓인 눈을 헤쳐 내니
창밖에 심은 매화 두세 가지 피었구나.
가뜩이나 쌀쌀하고 적막한데 그윽한 향기는 무슨 일인가?
황혼에 달이 쫓아와 베갯머리에 비치니
흐느끼는 듯 반기는 듯 임이신가 아니신가?
저 매화를 꺾어 내어 임 계신 곳에 보내고 싶구나.
임이 너를 보고 어떻게 여기실까?
꽃 지고 새잎 나니 녹음이 깔렸는데
비단 휘장 안은 쓸쓸하고 수놓은 장막은 비어 있다.
부용(연꽃을 수놓은 휘장)을 걷어 놓고 공작(공작이 그려진 병풍)을 둘러 두니
가뜩이나 시름 많은데 날은 어찌 그리도 길던가?
원앙이 그려진 비단을 베어 놓고 오색선(오색실)을 풀어 내어
금으로 만든 자로 재어서 임의 옷 지어 내니
솜씨는 물론이고 격식도 갖추었구나.
산호로 만든 지게 위에 백옥함에 담아 두고
임에게 보내려고 임 계신 데 바라보니
산인가 구름인가 험하기도 험하구나.
천리만리 길을 누가 찾아갈까?
가거든 (백옥함을) 열어 두고 나인가(나라고 여기시고) 반기실까?

▼
암향 그윽이 풍기는 향기. 매화 향기를 이름.
나위 얇은 비단으로 만든 장막.
수막 수놓은 장막.

[정답과 해설 21쪽]

1 이 글과 「속미인곡」은 사랑하는 임을 그리워하는 여인의 목소리를 통해서 신하가 (   )을 그리워하는 마음을 나타낸 작품이다.

2 이 글에서 (   )는 지조의 상징으로 임금에 대한 충정을 형상화한 대상이며, (   )은 임금에 대한 지극한 정성과 사랑을 형상화한 대상이다.

• 수록 교과서: 문학_금성, 해냄
• 기출: 2022-9월 고3 모평, 2016-9월 고2 학평, 2015-6월 고2 학평A

(가) 엊그제 젊었더니 벌써 어찌 다 늙거니

　　소년 행락(少年行樂) 생각하니 말해도 속절없다

　　늙어서야 서러운 말 하자 하니 목이 멘다

　　부생모육(父生母育) 고생하여 이내 몸 길러 낼 제

　　공후 배필(公侯配匹)은 못 바라도 군자 호구(君子好逑) 원하더니

　　삼생(三生)의 원업(怨業)이요 월하(月下)의 연분(緣分)으로

　　장안(長安) 유협(遊俠) 경박자(輕薄子)를 ㉠꿈같이 만나 있어

　　당시에 마음 쓰기 살얼음 디디는 듯

　　삼오이팔(三五二八) 겨우 지나 천연여질(天然麗質) 절로이니

　　이 얼굴 이 태도로 백년 기약(百年期約) 하였더니

　　연광(年光)이 훌쩍 지나 조물(造物)이 시샘하여

　　봄바람 가을 물이 베올에 북 지나듯

　　설빈화안(雪鬂花顔) 어디 가고 면목가증(面目可憎) 되었구나

　　내 얼굴 내 보거니 어느 임이 날 사랑할까

　　스스로 참괴(慚愧)하니 누구를 원망하랴

(나) 삼삼오오(三三五五) 야유원(冶遊園)에 새 사람이 나단 말가

　　꽃 피고 날 저물 제 정처(定處) 없이 나가 있어

　　ⓐ백마 금편(白馬金鞭)으로 어디어디 머무는고

　　원근(遠近)을 모르거니 소식(消息)이야 더욱 알랴

　　인연(因緣)을 긏쳐신들 생각이야 업슬쏘냐

　　얼굴을 못 보거든 그립기나 마르려믄

　　열두 때 김도 길샤 서른 날 지리(支離)하다

　　ⓑ옥창(玉窓)에 심은 매화(梅花) 몇 번이나 피여 진고

　　겨울밤 차고 찬 제 자최눈 섞어 치고

　　여름날 길고 길 제 궂은비는 무슨 일고

현대어로 풀어 읽기

엊그제 젊었더니 벌써 어찌 다 늙었는가?

어릴 적 즐겁게 지내던 일을 생각하니 말해도 소용없다.

늙어서야 서러운 말을 하자니 목이 멘다.

부모님이 낳으시고 기르시며 고생하여 나의 몸 길러 낼 때

높은 벼슬아치의 배필은 바라지 않아도, 군자의 좋은 배필
이 되기를 바랐더니

전생에 지은 원망스러운 업보요, 월하의 연분으로

장안의 호탕하면서도 경박한 사람을 꿈같이 만나서

당시에 마음 쓰기를 마치 살얼음 디디는 듯하였네.

열다섯, 열여섯 살을 겨우 지나 타고난 아름다운 모습이

❶(　　　　　　) 나타나니

이 얼굴과 이 태도로 백 년을 살 약속을 하였더니

세월이 훌쩍 지나고, 조물주가 시샘하여

봄바람과 가을 물이 베의 올에 북이 지나가듯 지나가

아름다운 얼굴은 어디 가고 보기 싫은 모습이 되었구나.

내 얼굴을 내가 보니 어느 임이 나를 사랑할까?

스스로 부끄러워하니 누구를 원망하랴?

삼삼오오 다니는 술집에 새 사람이 나타났다는 말인가?

꽃 피고 날 저물 때 정처 없이 나가 있어

화려한 차림을 하고 어디에서 머무는가?

가까이 있는지 멀리 있는지 모르는데 (임의) 소식이야 더욱
알겠느냐?

인연을 ❷(　　　　　　) 생각이야 없겠느냐?

(임의) 얼굴을 못 보거든 그립기나 말지.

하루가 길기도 길구나, ❸(　　　　　　)이 지루하구나.

규방 앞에 심은 매화는 몇 번이나 피고 졌는가?

겨울밤 차고 찬 때는 자최눈(진눈깨비) 섞어 내리고

여름날 길고 긴 때 궂은비는 무슨 일인가?

▼

소년 행락 어린 시절에 즐겁게 지내던 일.　　　공후 배필 높은 벼슬아치의 아내.

군자 호구 군자의 좋은 아내.

월하 부부의 인연을 맺어 준다는 전설상의 노인.　　장안 유협 장안에서 이름난 호탕한 풍류객.

천연여질 타고난 아름다운 모습.　　　　　　　설빈화안 고운 머릿결과 아름다운 얼굴.

면목가증 얼굴 생김생김이 남에게 미움을 살 만한 데가 있음.

백마 금편 훌륭한 말과 값비싼 채찍. 호화로운 차림.

삼춘 화류(三春花柳) 호시절(好時節)에 경물(景物)이 시름없다
ⓒ가을 달 방에 들고 실솔(蟋蟀)이 상(床)에 울 제
긴 한숨 지는 눈물 속절없이 헴만 많다
아마도 모진 목숨 죽기도 어려울사

봄날 꽃이 피고 버들잎이 돋아나는 좋은 시절에 아름다운
경치를 보아도 아무 생각이 없다.
가을 달빛이 방 안을 비추고 귀뚜라미가 침상에서 울 때
긴 한숨 떨어지는 눈물 속절없이 ❹(   )만 많다.
아마도 모진 목숨 죽기도 어렵구나.

(다) 돌이켜 풀쳐 헤니 이리 하여 어이 하리
청등(靑燈)을 돌려놓고 녹기금(綠綺琴) 빗기 안아
벽련화(碧蓮花) 한 곡조를 시름 조차 섞어 타니
소상 야우(瀟湘夜雨)의 댓소리 섯도는 듯
화표(華表) 천 년(千年)의 별학(別鶴)이 우니는 듯
옥수(玉手)의 타는 수단(手段) 옛 소리 있다마는
부용장(芙蓉帳) 적막(寂寞)하니 뉘 귀에 들리소니
ⓓ간장(肝腸)이 구곡(九曲) 되어 굽이굽이 끊겼어라

돌이켜 풀어 생각하니 이렇게 살아서 어찌할까?
등불을 돌려놓고 푸른 거문고를 비스듬히 안아
벽련화 한 곡조를 시름에 섞어 타니
소상강 밤비에 댓잎 소리가 ❺(   ) 듯
망주석에 천 년 만에 찾아온 이별한 학이 우는 듯
아름다운 손으로 타는 솜씨 옛 소리 그대로 있다마는
연꽃 무늬의 휘장이 드리워진 방이 적막하니, 누구 귀에
들릴 것인가?
간장이 아홉 굽이가 되어 굽이굽이 끊겨졌구나.

(라) 차라리 잠을 들어 ⓛ꿈에나 보려 하니
바람에 지는 잎과 풀 속에 우는 즘생
무슨 일 원수로서 잠조차 깨우는가
천상(天上)의 견우직녀(牽牛織女) 은하수(銀河水) 막혔어도
ⓔ칠월칠석(七月七夕) 일년일도(一年一度) 실기(失期)치 아니거든
우리 님 가신 후는 무슨 약수(弱水) 가렸기에
오거나 가거나 소식(消息)조차 그쳤는가
난간(欄干)에 비겨 서서 님 가신 데 바라보니
초로(草露)는 맺혀 있고 모운(暮雲)이 지나갈 제
죽림(竹林) 푸른 곳에 새소리 더욱 설다
세상의 서룬 사람 수없다 하려니와
박명(薄命)한 홍안(紅顔)이야 나 같은 이 또 있을까
아마도 이 님의 탓으로 살 동 말 동 하여라

차라리 잠을 들어 꿈에나 (임을) 보려고 하니
바람에 지는 잎과 풀 속에 우는 벌레
무슨 일로 원수 되어 잠마저 깨우는가?
하늘의 견우직녀 은하수가 막혔어도
칠월칠석 일 년에 한 번 때를 놓치지 않고 만나는데
우리 임 가신 후는 무슨 약수가 가렸기에
오거나 가거나 소식마저 그쳤는가?
난간에 기대어 서서 임 가신 데 바라보니
풀 이슬은 맺혀 있고 저녁 구름이 지나갈 때
대숲 푸른 곳에 새소리가 더욱 ❻(   ).
세상에 서러운 사람 수없이 많다 하겠지만
운명이 기구한 여자야 나 같은 이가 또 있을까?
아마도 이 임의 탓으로 살 듯 말 듯 하구나.

　　　　　　　　　　　　　　　　　- 허난설헌, 「규원가(閨怨歌)」 -

답 ❶ 저절로 **❷** 끊은들 **❸** 한 달 **❹** 생각
❺ 섞어 도는(함께 나는) **❻** 서럽다

실솔 귀뚜라미.　　　　　　　　　　소상 야우 중국 소상강에 내리는 밤비.
화표 망주석. 무덤 앞의 양쪽에 세우는 한 쌍의 돌기둥.
부용장 연꽃 무늬가 있는 휘장.
약수 전설에 등장하는 강. 부력이 약해서 기러기의 깃털도 가라앉는다고 함.
초로 풀잎에 맺힌 이슬.　　　　　　모운 날이 저물 무렵의 구름.
박명 복이 없고 팔자가 사나움.
홍안 붉은 얼굴이라는 뜻으로, 젊어서 혈색이 좋은 얼굴을 이르는 말.

1 윗글에 대한 설명으로 적절하지 <u>않은</u> 것은?

① 물음의 형식을 통해 시적 상황을 부각하고 있다.

② 여성을 화자로 하여 외로움의 정서를 드러내고 있다.

③ 다양한 한자어를 사용하여 시적 상황을 압축하여 표현하고 있다.

④ 과거에서 현재로의 시간의 흐름에 따른 화자의 변화를 서술하고 있다.

⑤ 구체적인 청자를 설정하여 화자가 청자에게 사연을 하소연하듯이 서술하고 있다.

기출 · 2022-9월 고3 모평

2 ㉠, ㉡에 대한 이해로 가장 적절한 것은?

① ㉠은 흐릿한 기억 때문에 혼란스러운 화자의 심정을 나타낸다.

② ㉡은 현실에서는 화자가 문제를 해결할 수 없어서 선택한 방법이다.

③ ㉠은 임과의 만남에 대한 기대에서, ㉡은 임과의 이별에 대한 망각에서 비롯된다.

④ ㉠은 이미 일어난 일에 대해 회상하고, ㉡은 곧 일어날 일에 대해 단정하고 있다.

⑤ ㉠은 인연의 우연성에 대한, ㉡은 재회의 필연성에 대한 화자의 우려를 드러내고 있다.

기출 · 2015-6월 고2 학평A

3 ⓐ~ⓔ에 대한 이해로 적절하지 <u>않은</u> 것은?

① ⓐ: 임의 화려한 모습을 언급하며 거처를 알 수 없는 임에 대한 심정을 드러내고 있다.

② ⓑ: 자연의 변화를 활용하여 임과 헤어져 있는 시간이 길었음을 드러내고 있다.

③ ⓒ: 계절감이 드러나는 소재를 통해 자신의 외로운 처지를 부각하고 있다.

④ ⓓ: 과장된 표현을 사용하여 임을 기다리다 시름과 한이 쌓였음을 강조하고 있다.

⑤ ⓔ: 설화적 인물과 자신의 처지를 동일시하여 임과의 재회가 어렵다는 것을 보여 주고 있다.

4 〈보기〉를 참고하여 윗글을 감상한 내용으로 적절하지 **않은** 것은?

> ┌ 보기 ┐
>
> 규방 가사는 조선 시대 부녀자들이 지은 가사를 말한다. 대외적으로 활발히 활동했던 남성들과 달리 여성들은 규방(안방)이라는 한정된 공간에서 일상적인 우리말을 진솔하게 사용하여 삶의 정한을 절실하게 노래하였다.

① '장안 유협 경박자'는 대외적으로 활발히 활동했던 일반적인 남성들을 표현한 것이군.

② '봄바람 가을 물이 베올에 북 지나듯'은 여성의 일상생활과 관련된 어휘를 활용한 것이군.

③ '아마도 모진 목숨 죽기도 어려울사'는 화자의 삶에 맺힌 정한을 표현한 것이겠군.

④ '부용장 적막하니'에서 '부용장'은 화자가 거처하는 안방을 의미하는 것으로 외로운 삶의 공간이라고 할 수 있겠군.

⑤ '아마도 이 님의 탓으로 살 동 말 동 하여라'는 순우리말을 사용하여 화자의 정서를 진솔하게 표현한 것이군.

<개념> 규방(내방) 가사

규방 가사는 조선 시대 여성 작가들에 의해 창작되었으며, 여성의 섬세한 감성과 풍부한 문학성을 살린 가사이다. 주로 양반 부녀자들이 자신들의 생활과 그 속에서 느끼는 희로애락을 가사의 형식으로 표현하였고, 이러한 여성들의 시가 문학을 통해 순우리말도 발전하게 되었다.

기출 · 2015-6월 고2 학평A

5 (라)와 〈보기〉를 비교하여 감상한 내용으로 적절하지 **않은** 것은?

> ┌ 보기 ┐
>
> 꿈에나 님을 보려 턱 받치고 기댔으니
> 앙금(鴦衾)도 차도 찰샤 이 밤은 언제 샐고
> 하루도 열두 때 한 달도 서른 날
> 잠시라도 생각 말아 이 시름 잊자 하니
> 마음에 맺혀 있어 뼛속까지 사무치니
> 편작(扁鵲)이 열이 온들 이 병을 어찌하리
> 어와 내 병이야 이 님의 탓이로다
> 차라리 죽어서 범나비 되리라
> 꽃나무 가지마다 간 데 족족 앉았다가
> 향 묻은 날개로 님의 옷에 옮으리라
> 님이야 나인 줄 모르셔도 내 님 좇으려 하노라
>
>   – 정철, 「사미인곡」 –
>
> 앙금 원앙을 수놓은 이불.
> 편작 중국 춘추 시대의 명의(名醫).

① (라)와 〈보기〉 모두 화자는 꿈을 통해서라도 임과 만나기를 바라고 있다.

② (라)와 〈보기〉 모두 화자는 자신의 처지에 대해 임을 탓하는 태도를 보이고 있다.

③ (라)와 〈보기〉 모두 청각적 심상을 통해 임과 이별한 화자의 정서를 드러내고 있다.

④ 〈보기〉의 화자는 (라)의 화자보다 임과 함께하고자 하는 적극적 의지를 보이고 있다.

⑤ 〈보기〉의 화자와 달리 (라)의 화자는 자연물에 감정을 이입하여 자신의 심정을 표현하고 있다.

1 〈화자의 정서와 태도〉
이 글의 시적 상황과 화자의 정서, 태도를 정리해 보자.

기	• '장안 유협 경박자'를 만나 마음 쓰기가 살얼음 디디는 듯하였음. • 과거의 아름다운 모습은 사라지고 보기 싫은 모습이 되었음. • 스스로의 모습이 부끄러우니 누구를 원망할 수 없음.	→	흐르는 세월과 자신의 신세에 대한 ( )
승	• 화려한 차림을 하고 나간 임은 소식조차 없음. • 임을 기다리는 동안 규방 앞에 심은 매화가 몇 번이나 피고 졌음. • 귀뚜라미가 울 때 긴 한숨에 눈물 흘림.	→	• 밖으로 도는 임에 대한 ( ) • 오랫동안 오지 않는 임에 대한 기다림 • 임이 없이 살아가는 처지에서 느끼는 외로움과 슬픔
전	거문고로 벽련화 한 곡조를 시름에 섞어서 탐.	→	외로움과 한을 스스로 달래 보려 함.
결	• 꿈에서라도 임을 보려 하였으나 바람에 지는 잎과 풀 속에 우는 벌레 때문에 잠이 깸. • 박명한 홍안이 나 같은 이 또 없을 것임. • 임의 탓으로 살 동 말 동 함.	→	• 임에 대한 간절한 ( ) • 자신의 운명에 대한 한탄 • 임에 대한 원망

2 〈소재의 역할〉
이 글의 주요 소재의 역할을 정리해 보자.

소재	역할
실솔, 새	화자와 서글픈 심정이 일치하는 ( )의 대상
자최눈, 궂은비	화자의 ( )을 심화함.
녹기금	화자의 서글프고 외로운 심정을 부각함.

3 〈표현상 특징〉
이 글의 표현상 특징을 정리해 보자.

> • '실솔', '새' 등의 자연물에 화자의 감정을 이입하고 '자최눈', '궂은비' 등의 (   )을 활용하여 화자의 정서를 드러냄.
> • 설화 속 인물인 견우직녀와 화자 자신의 상황을 비교하여 자신의 처지와 정서를 부각함.

빈출 어휘 짚고 가기

※ 제시된 초성을 참고하여 다음 뜻에 해당하는 어휘를 써 보자.

1. ㅂㅁ: 복이 없고 팔자가 사나움. (   )
2. ㅇㅎ: 부부의 인연을 맺어 준다는 전설상의 노인. (   )
3. ㅎㅇ: 붉은 얼굴이라는 뜻으로, 젊어서 혈색이 좋은 얼굴을 이르는 말. (   )
4. ㅁㅁㄱㅈ: 얼굴 생김생김이 남에게 미움을 살 만한 데가 있음. (   )

다른 작품 엮어 읽기

연계 포인트 이 작품은 조선 후기에 여성들이 주로 창작하고 향유한 규방 가사이다. 같은 규방 가사이지만 정서와 분위기 등에서 「규원가」와 다른 면을 보이므로 두 작품을 비교하며 읽어 볼 수 있다.

섬섬옥수 열 손가락을 수실로 감아 내니,

종이 위로 붉은 꽃물 미미하게 스미는 듯

미인의 옅은 뺨에 붉은 안개 끼이는 듯

단단히 묶은 모양 비단에 옥글씨로 쓴 편지를 왕모(王母)에게 부치는 듯.

봄잠을 늦게 깨어 차례로 풀어 놓고,

거울을 대하여 눈썹을 그리려니

난데없이 붉은 꽃이 가지에 붙어 있는 듯

손으로 잡으려 하니 어지럽게 흩어지고

입으로 불려 하니 안개가 섞여 가리는구나.

친구를 서로 불러 즐겁게 자랑하고,

꽃 앞에 나아가서 두 빛을 비교하니

쪽잎에서 나온 푸른 물이 쪽빛보다 푸르단 말, 이 아니 옳겠는가?

은근히 풀을 매고 돌아와 누웠더니

녹의홍상 한 여인이 표연히 앞에 와서

웃는 듯 찡그리는 듯 사례(謝禮)하는 듯 하직하는 듯.

어렴풋이 잠을 깨어 곰곰이 생각하니, / 아마도 꽃귀신이 내게 와 하직한 듯.

창문을 급히 열고 꽃수풀을 살펴보니 / 땅 위에 붉은 꽃이 가득히 수놓았다.

암암이 슬퍼하고 낱낱이 주워 담아 꽃에게 말 붙이기를

그대는 한스러워 마소 해마다 꽃빛은 의구하니

하물며 그대 자취 내 손에 머물렀지

동산의 도리화는 잠깐의 봄을 자랑 마소.

이십 번 꽃바람에 적막히 떨어진들 뉘라서 슬퍼할까.

규중에 남은 인연 그대 한몸 뿐이로세.

봉선화(鳳仙花) 이 이름을 누가 지었는가, 이리하여 지었구나.

－ 작자 미상, 「봉선화가(鳳仙花歌)」 －

▼
왕모(王母) 신선이 산다는 곤륜산의 선녀인 서왕모.
암암(黯黯)이 속이 상하여 시무룩하게.

[정답과 해설 24쪽]

1 「규원가」는 화자가 임을 기다리는 상황에서의 정한을 애상적으로 표현한 데 비하여 이 글은 화자가 (　　　　　　)을 들이는 상황을 소재로 하여 아름다운 정서를 밝은 분위기로 노래하고 있다.

2 이 글에서는 (　　　　　　　) 표현을 반복하여 봉선화 물이 손톱에 드는 모습을 형상화하고, 봉선화를 (　　　　　)하여 말을 건네며 봉선화에 대한 정감을 드러냈다.

• 수록 교과서: 문학_미래엔, 비상
• 기출: 2018–6월 고1 학평, 2013–9월 고3 모평, 2009–6월 고3 모평

(가) 어리고 우활(迂闊)하기는 이내 위에 더한 이 없다

길흉화복을 하날에 부쳐 두고

누항(陋巷) 깁푼 곳의 초막을 지어 두고

풍조우석(風朝雨夕)에 썩은 집이 섭이 되어

세 홉 밥 닷 홉 죽에 연기도 하도 할샤

설 데운 숭늉에 빈 배 속일 뿐이로다

㉠생애 이러하다 장부(丈夫) 뜻을 옮기겠는가

안빈일념(安貧一念)을 적을망정 품고 이셔

수의(隨宜)로 살려 하니 날로조차 저어(齟齬)하다

(나) 소 한 번 주마 하고 엄섬이 하는 말씀

친절하다 여긴 집에

㉡달 없는 황혼에 허위허위 달려가서

굳게 닫은 문밖에 어득히 혼자 서서

큰 기침 에헴이를 오래토록 하온 후에

어와 긔 뉘신고 염치없는 내옵노라

(다) 초경도 거윈데 그 어찌 와 계신고

해마다 이러하기 구차한 줄 알건마는

소 없는 궁가(窮家)에 혜염 많아 왔노라

공짜로나 값이나 줌 직도 하지마는

다만 어제 밤에 건넛집 저 사람이

목 붉은 수꿩을 구슬 같은 기름에 구워 내고

갓 익은 삼해주(三亥酒)를 취하도록 권하거든

이러한 은혜를 어이 아니 갚을런고

내일로 주마 하고 큰 언약하였거든

실약(失約)이 미편(未便)하니 말하기가 어려왜라

사실이 그러하면 설마 어이할고

헌 모자 숙여 쓰고 축 없는 짚신에 설피설피 물러 오니

풍채(風采) 적은 형용(形容)에 개 짖을 뿐이로다

현대어로 풀어 읽기

❶( ) 세상 물정에 어둡기로는 내 위에 더한 사람이 없다.

길흉화복을 하늘에 맡겨 두고

누추한 깊은 곳에 초가를 지어 두고,

바람 부는 아침과 비 오는 저녁에 썩은 짚이 섶(땔감)이 되어

세 홉 밥에 다섯 홉 죽을 만드는 데 연기가 ❷( ) 많구나.

덜 데운 숭늉으로 빈 배를 속일 뿐이로다.

생활이 이렇다고 대장부의 뜻을 바꿀 것인가?

가난해도 마음을 편히 갖겠다는 생각을 적을망정 품고 있어

옳은 일을 따라 살려 하니 날이 갈수록 어긋난다.

소 한 번 빌려 주마 하고 엉성히 하는 말

친절하다고 여긴 집에

달 없는 황혼에 허우적허우적 달려가서

굳게 닫은 문밖에 우두커니 혼자 서서

큰 기침 에헴 소리를 오래도록 한 후에

"어, 거기 누구신가?" (묻기에) "염치없는 저올시다."

"초경도 거의 지났는데 그 어찌 와 계신가?"

"해마다 이러기가 구차한 줄 알지마는

소 없는 가난한 집에서 걱정이 많아 왔소이다."

"공짜로나 값을 치거나 해서 빌려 줄 만도 하지마는

다만 어젯밤에 건넛집 저 사람이

목이 붉은 수꿩을 구슬 같은 기름에 구워 내고

갓 익은 삼해주를 취하도록 권하였는데

이러한 은혜를 어찌 아니 갚는가?

내일 소를 빌려 주마 하고 큰 ❸( )을 하였으니

약속을 어기기가 편하지 못하니 말씀하기가 어렵구료."

사실이 그렇다면 설마 어찌할까?

헌 모자를 숙여 쓰고 축 없는 짚신에 설피설피(맥없이) 물러 나오니

풍채 작은 내 모습에 개가 짖을 뿐이로다.

▼
우활하기는 사리에 어둡고 세상 물정을 잘 모르기는.   누항 누추한 곳.
풍조우석 바람 부는 아침과 비 오는 저녁.   안빈일념 가난 속에서도 마음을 편히 갖겠다는 생각.
수의 옳은 일을 따름.   실약이 미편하니 약속을 어기기가 어려우니.

(라) 누추한 집에 들어간들 잠이 와서 누웠으랴

　　북창(北窓)에 기대 앉아 새벽을 기다리니

　　무정한 오디새는 이내 한을 돕는구나

　　ⓒ종조 추장(終朝惆愴)하여 먼 들을 바라보니

　　즐기는 농가(農歌)도 흥 없이 들리는구나

　　세정(世情) 모르는 한숨은 그칠 줄을 모르는구나

　　ⓒ아까운 저 쟁기는 벗보님도 좋을시고▼

　　가시 엉킨 묵은 밭도 쉽사리 갈련마는

　　빈집 벽 가운데에 쓸데없이 걸렸구나

　　춘경(春耕)도 거의로다 후리쳐 던져두자

누추한 집에 들어간들 잠이 와서 누웠겠느냐.
북쪽 창문에 기대어 앉아 새벽을 기다리니
무정한 오디새는 나의 한을 돕는구나.
아침이 끝나도록 슬퍼하며 먼 들을 바라보니
즐기는 농부들의 노래도 흥 없이 들리는구나.
세상 물정을 모르는 한숨은 그칠 줄 모르는구나.
아까운 저 쟁기는 쟁기의 날도 좋구나.
가시 엉킨 묵은 밭도 쉽게 갈 수 있으련만
빈집 벽 가운데에 쓸데없이 걸렸구나.
춘경도 거의 다 지났다. ❹(　　　　) 던져두자.

(마) 　강호　 한 꿈을 꾼 지도 오래러니

　　입과 배가 누가 되어 어즈버 잊었도다

　　저 물을 바라보니 푸른 대도 하도 할샤

　　ⓔ훌륭한 군자들아 낚대 하나 빌려스라

　　갈대꽃 깊은 곳에 명월청풍 벗이 되어

　　임자 없는 풍월강산에 절로절로 늙으리라

　　무심한 백구(白鷗)야 오라 하며 말라 하랴

　　다툴 이 없을 건 다만 이건가 여기노라

자연과 더불어 살겠다는 꿈을 꾼 지도 오래더니,
먹고사는 것이 누가 되어, 아아 잊었도다.
저 물을 바라보니 푸른 대나무가 많기도 많구나.
훌륭한 군자들아, 낚싯대 하나 빌려 다오.
갈대꽃 깊은 곳에 밝은 달과 맑은 바람의 벗이 되어,
임자 없는 풍월강산(자연)에서 절로절로 늙으리라.
무심한 갈매기야 (나더러) 오라고 하며 말라고 하겠느냐?
다툴 이 없는 것은 다만 이것인가 여기노라.

(바) 무상한 이 몸에 무슨 지취(志趣) 있으련만

　　두세 이랑 밭 논을 다 묵혀 던져두고

　　있으면 죽이요 없으면 굶을망정

　　남의 집 남의 것은 전혀 부러워 말겠노라

　　내 빈천 싫게 여겨 손을 저어 물러가며

　　남의 부귀 부럽게 여겨 손을 친다고 나아오랴

　　인간 어느 일이 명(命) 밖에 생겼으리

　　빈이무원(貧而無怨)을 어렵다 하건마는 ◁　[A]

　　내 생애 이러하되 **설운 뜻은 없노매라**

　　　　　　　　　　　　　　　　－ 박인로, 「누항사(陋巷詞)」 －

보잘것없는 이 몸이 무슨 뜻과 흥취가 있겠느냐만
두세 이랑 밭과 논을 다 묵혀 던져두고,
있으면 죽이요, 없으면 굶을망정,
남의 집 남의 것은 전혀 부러워 않겠노라.
내 빈천 싫게 여겨 손을 젓는다고 물러가며
남의 부귀 부럽게 여겨 손을 친다고 나아오겠느냐?
인간 세상 어느 일이 운명 밖에 생겼겠느냐?
가난하지만 원망하지 않음이 어렵다고 하지만
내 생활이 이러하되 ❺(　　　　) 뜻은 없노라.

답 ❶ 어리석고 ❷ 많기도 ❸ 약속 ❹ 팽개쳐 ❺ 서러운

▼
종조 추장 아침이 끝날 때까지 슬퍼함.
벗보님도 좋을시고 쟁기 날이 잘 관리된 상태라는 의미로 추정됨.
빈이무원 가난해도 원망하지 않음.

1 윗글에 대한 설명으로 적절하지 <u>않은</u> 것은?

① 규칙적인 4음보를 사용하여 운율감을 형성하고 있다.

② 화자가 직접 체험한 사실을 바탕으로 내용을 전개하고 있다.

③ 대화체 형식을 활용하여 화자의 상황을 구체적으로 제시하고 있다.

④ 시대적 상황으로 지배층이 변화하는 모습을 풍자적으로 표현하고 있다.

⑤ 농촌의 일상생활과 관련된 어휘를 사용하여 사실적으로 표현하고 있다.

기출 · 2018-6월 고1 학평

2 〈보기〉를 참고하여 ㉠~㉤을 이해한 것으로 적절하지 <u>않은</u> 것은?

> **보기**
>
> 「누항사」는 전란을 겪은 사대부가 누항에서 스스로 노동하며 가난하게 살면서도 이상적인 삶을 추구하려고 노력하는 모습을 그리고 있다. 화자가 처한 상황과 심리의 변화는 다음과 같은 흐름을 나타낸다.

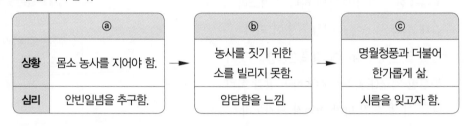

	ⓐ		ⓑ		ⓒ
상황	몸소 농사를 지어야 함.	→	농사를 짓기 위한 소를 빌리지 못함.	→	명월청풍과 더불어 한가롭게 삶.
심리	안빈일념을 추구함.		암담함을 느낌.		시름을 잊고자 함.

① ㉠에는 ⓐ의 심리에서 드러나는 가치를 이루고자 하는 화자의 의지가 드러나고 있다.

② ㉡에는 ⓐ의 상황을 해결하고자 하는 화자의 다급한 심정이 제시되어 있다.

③ ㉢에는 ⓑ의 심리가 화자의 처량한 모습을 통해 드러나고 있다.

④ ㉣에는 ⓒ의 심리가 화자의 눈에 비친 대상에 투영되어 있다.

⑤ ㉤에는 ⓒ의 상황을 실천하기 위한 화자의 의도가 드러나고 있다.

3 윗글의 화자에게 〔강호〕가 의미하는 바로 적절하지 <u>않은</u> 것은?

① 곤궁한 삶으로 인해 잊고 지냈던 공간이다.

② '명월청풍'과 벗이 되어 살아갈 수 있는 공간이다.

③ 주어진 운명을 받아들이면서 자족하려는 공간이다.

④ '빈이무원'과 같은 삶에 대한 지향이 담겨 있는 공간이다.

⑤ 현실의 문제를 해결할 방안을 모색하기 위해 찾는 공간이다.

기출 변형

4 〈보기〉를 참고하여 윗글을 감상한 내용으로 적절하지 <u>않은</u> 것은?

보기

　　사대부들이 궁극적으로 지향했던 삶은 세상에 나아가 태평성대를 구현하는 데 힘을 보태는 것이었으며, 이것을 자신들의 직분이라고 생각했다. 박인로도 이와 같은 삶을 지향했으며 사대부의 직분을 실천하기 위해 노력했지만, 그럴 만한 지위를 얻지 못했다. 그렇다고 세속적인 삶의 방식을 추종하며 살 수도 없었기에 세상에서 점점 소외될 수밖에 없었다. 이런 상황에서 갈등하다가 그가 선택하게 된 또 하나의 가치가 '안빈낙도(安貧樂道)'이다. 즉 안빈낙도는 자신의 뜻을 펼칠 수 없었던 상황에서 사대부로서의 고결한 내면을 지키기 위해 선택한 삶의 양식이었던 것이다.

① '누항 깁푼 곳'은 사대부의 직분을 추구했던 화자가 현재 살고 있는 삶의 공간이야.

② '수의'로 화자가 살려는 것은 자신이 선택한 가치인 안빈낙도를 추구하는 것이로군.

③ '세정'을 모른다는 것은 화자가 사대부의 직분을 제대로 알지 못했음을 보여 주는군.

④ '입과 배가 누가 되어'는 화자가 선비로서의 고결한 삶을 살 수 없었던 이유로 볼 수 있어.

⑤ '설운 뜻은 없노매라'고 한 것은 화자가 비록 세상에서 소외되었지만 그것을 한탄하지는 않겠다는 태도가 드러난 것이라 볼 수 있어.

기출 · 2013-9월 고3 모평

5 [A] 부분에 〈보기〉의 내용이 들어 있는 이본(異本)이 있다. 〈보기〉가 추가됨으로써 나타나는 효과로 가장 적절한 것은?

보기

　　가난타 이제 죽으며 부유하다 백 년 살랴

　　원헌(原憲)이는 몇 날 살고 석숭(石崇)이는 몇 해 살았나

　　원헌 춘추 시대에 청빈(淸貧)하게 산 학자.
　　석숭 진(晉)나라 때의 큰 부자.

① 여러 인물을 등장시켜 대화 상황으로 전환하고 있다.

② 새로운 공간을 더하여 사건의 선후 관계를 짐작하게 한다.

③ 이질적인 이야기를 삽입하여 새로운 갈등을 유발하고 있다.

④ 구체적인 단서를 제공하여 인물 간의 심리적 거리를 드러내고 있다.

⑤ 역사 속 인물을 끌어와 화자의 삶에 대해 독자의 공감을 이끌어 내고 있다.

1 〈화자의 정서와 태도〉
이 글의 시적 상황과 화자의 정서, 태도를 정리해 보자.

서사	• 누항 깊은 곳에서 초막을 짓고 살아감. • (　　　　　)을 적을망정 품고 있음.	→ 가난한 삶 속에서도 이상적 삶을 추구함.
본사	소를 빌리러 갔다가 빌리지 못하고 맥없이 물러 나옴.	→ 초라한 자신의 모습에 대한 서글픔을 느낌.
	아침까지 울적해하며 한숨을 쉬고, (　　　　　)을 포기함.	→ 현실의 암담함과 좌절감을 느낌.
	명월청풍과 더불어 한가롭게 살며, 자연을 벗 삼아 절로 늙기를 소망함.	→ 현실의 시름을 잊고 (　　　　　)과 함께하고자 함.
결사	• 남의 집 남의 것은 전혀 부러워하지 않겠음. • 빈이무원을 어렵다 하지만 서러운 뜻은 없음.	→ 빈이무원, 안빈낙도의 삶을 추구함.

2 〈사회상의 이해〉
화자의 상황에 반영된 당대 사회상을 정리해 보자.

화자의 상황		사회상
전쟁이 끝나고 고향에 돌아왔으나 소도 없이 가난하게 생활함.	→	(　　　　　)적으로 어렵게 살아가는 양반 사대부도 있었음.
소를 빌려서 농사를 지으려 하지만 소 주인에게 거절당함.		직접 농사를 지어 생활해야 하는 등 양반 사대부의 위상이 달라짐.

3 〈표현상 특징〉
이 글의 표현상 특징을 정리해 보자.

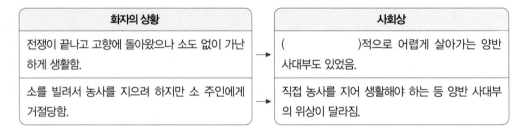

- 화자와 소 주인의 (　　　　　)를 통해 화자가 처한 현실을 생생하고 구체적으로 묘사함.
- '오디새'라는 자연물을 활용하여 화자의 정서를 부각함.

빈출 어휘 짚고 가기

※ 다음 뜻에 해당하는 어휘를 〈보기〉에서 찾아 써 보자.

> **보기**
>
> 누항　　　빈이무원　　　안빈일념

1. 누추한 곳. (　　　　　)
2. 가난해도 원망하지 않음. (　　　　　)
3. 가난 속에서도 마음을 편히 갖겠다는 생각. (　　　　　)

춘일(春日)이 지지(遲遲)하여 뻐꾸기가 보채거늘

동린(東隣)에 쟁기 얻고 서사(西舍)에 호미 얻고

집 안에 들어가 씨앗을 마련하니

올벼 씨 한 말은 반 넘게 쥐 먹었고

기장 피 조 팥은 서너 되 부쳤거늘

한아(寒餓)한 식구 이리하여 어이 살리 [중략]

베틀 북도 쓸데없어 빈 벽에 남겨 두고

솥 시루 버려두니 붉은빛이 다 되었다

세시 삭망 명절 제사는 무엇으로 해 올리며

원근 친척 내빈왕객(來賓往客)은 어이하여 접대할꼬

이 얼굴 지녀 있어 어려운 일 하고 많다

이 원수 궁귀(窮鬼)를 어이하여 여의려뇨

술에 후량을 갖추고 이름 불러 전송하여

길한 날 좋은 때에 사방으로 가라 하니

웅얼웅얼 불평하며 원노(怨怒)하여 이른 말이

어려서나 늙어서나 희로우락(喜怒憂樂)을 너와 함께하여

죽거나 살거나 여읠 줄이 없었거늘

어디 가 뉘 말 듣고 가라 하여 이르느뇨

우는 듯 꾸짖는 듯 온가지로 협박커늘

돌이켜 생각하니 네 말도 다 옳도다

무정한 세상은 다 나를 버리거늘

네 혼자 유신하여▼ 나를 아니 버리거든

위협으로 회피하며 잔꾀로 여읠려냐

하늘 삼긴 이내 궁(窮)을 설마한들 어이하리

빈천도 내 분(分)이니 서러워해 무엇하리

— 정훈, 「탄궁가(嘆窮歌)」 —

현대어로 풀어 읽기

봄날이 더디 흘러 뻐꾸기가 보채거늘

동쪽 이웃집에서 쟁기 얻고 서쪽 집에서 호미 얻고

집 안에 들어가 씨앗을 마련하니

올벼 씨 한 말은 반 넘게 쥐가 먹었고

기장, 피, 조, 팥은 서너 되 심었거늘

춥고 배고픈 식구들이 이리하여 어떻게 살겠는가. [중략]

베틀 북도 쓸데없어 빈 벽에 남겨 두고

솥 시루 버려두니 붉은빛이 다 되었다.

세시 삭망 명절 제사는 무엇으로 해 올리며

멀고 가까운 친척과 오고 가는 손님은 어떻게 접대할까.

이 얼굴 이러하여 어려운 일이 많고 많다.

이 원수 같은 가난 귀신을 어떻게 떠나보낼까.

술에 마른 음식을 갖추고 이름을 불러 보내며

길한 날 좋은 때에 사방으로 가라 하니

웅얼웅얼 불평하며 화를 내며 이른 말이

어려서나 늙어서나 기쁨과 성냄, 슬픔과 즐거움을 너와 함께 하여

죽거나 살거나 떠날 줄이 없었거늘

어디 가서 누구의 말을 듣고 가라 하며 말하느냐?

우는 듯 꾸짖는 듯 온갖 말로 협박하는데

돌이켜 생각해 보니 네 말도 다 옳다.

무정한 세상은 다 나를 버렸거늘

네 혼자 신의가 있어 나를 아니 버렸는데

(너를) 위협으로 회피하며 잔꾀로 떠나보내겠느냐.

하늘이 만든 나의 가난을 설마한들 어떻게 하겠는가.

가난하고 천함도 내 분이니 서러워한들 무엇하겠는가.

▼
유신(有信)하다 신의가 있다.

[정답과 해설 26쪽]

1 이 글과 「누항사」는 (　　　　　　　)한 삶을 살아가는 화자의 삶을 사실적으로 묘사하고 있다.

2 이 글에서 '가난'을 (　　　　　　　)하여 그와의 대화 상황을 제시한 부분에서는 인식의 변화를 바탕으로 자신의 삶을 수용하고자 하는 화자의 태도가 드러나고 있다.

II

고전 소설

어떻게 출제되나?

• 고전 소설은 대부분 하나의 작품이 단독으로 제시되며, 이미 출제되었던 작품이라도 수록 부분을 달리 하여 다시 출제되기도 한다.

• 인물 및 사건 전개 과정을 이해하였는지를 묻는 문제, 서술상 특징을 묻는 문제, 상황과 인물의 심리에 적합한 한자 성어를 묻는 문제가 주로 출제된다.

어떻게 공략해야 하나?

• 필수 작품 위주로 인물의 특징과 인물 간의 관계를 파악하며 지문을 읽는 연습을 한다.

• 고전 소설의 유형에 대한 이해를 바탕으로 작품의 구조를 파악할 수 있도록 한다.

• 작품을 읽으면서 접하게 되는 어휘 및 문제를 풀면서 접하는 한자 성어의 의미는 그때그때 확인해 둔다.

독해 원리

고전 소설, 어떻게 읽어야 하나?

개화기 이전에 창작된 소설을 고전 소설이라 한다. 고전 소설은 서사 문학이라는 점에서는 현대 소설과 같지만, 고전 소설만의 고유한 특성이 있으므로 이를 고려하여 읽어야 한다. 다음 원리를 바탕으로 고전 소설을 독해하는 방법을 익혀 보도록 하자.

1 인물에 주목하며 읽는다.

고전 소설은 주로 주인공의 생애를 일대기 형식으로 보여 준다. 따라서 주인공을 중심으로 읽되, 주변 인물과의 관계에 주목한다. 또한 고전 소설에서는 인물의 선악 구분이 분명한 경우가 많다는 점을 고려하여 선과 악을 구분하면서 읽고 도움을 주는 관계에 대해서도 파악하도록 한다. 이때 주의해야 할 점은 고전 소설에서는 인물을 지칭하는 표현이 다양하다는 것이다. 한 장면에서 동일한 인물에 대해 이름, 호, 직책 등을 섞어 지칭하기 때문에 누구를 가리키는 것인지 구분하며 읽도록 한다. 자칫하면 단 두 명만 나오는 장면을 대여섯 명이 등장하는 것으로 착각할 수 있다.

2 소설의 유형을 고려하여 서사 구조를 파악한다.

고전 소설은 내용에 따라 몇 개의 유형으로 나눌 수 있다(교재 88~89쪽 참고). 따라서 소설의 유형별 특징을 알아 두면 작품의 흐름을 파악하는 데 도움이 된다. 예를 들어 영웅 소설은 '영웅의 일대기'에 따라 서사가 전개되므로 그것을 중심으로 작품의 구조를 파악하고, 적강 모티프를 바탕으로 한 애정 소설은 천상계와 지상계의 이원적 구조에 주목하여 읽을 수 있다. 또한 몽자류 소설이나 몽유록계 소설은 환몽 구조에 따라 내용을 정리할 수 있다.

3 소재의 기능을 파악한다.

소재의 기능은 고전 소설에서 자주 출제되는 문제 유형 중 하나이다. 따라서 사건 전개나 인물의 운명에 영향을 미치는 소재에 주목하며 읽는 것이 좋다. 이때 소재에는 특정 사물뿐만 아니라 삽입 시나 꿈 이야기, 고사의 인용 등도 포함되므로 삽입 시나 꿈, 고사 등이 제시될 때에는 각각의 역할이나 사용 의도 등을 파악하도록 한다.

4 서술상 특징을 파악한다.

고전 소설의 서술 방법이나 표현상 특징과 관련해서는 문제를 풀 때 빈번하게 나오는 선지들에 주목할 필요가 있다. 고전 소설의 서술 방법은 대체로 일정한 유형을 따르므로 자주 출제되는 선지의 특징이 있다. '편집자적 논평(서술자의 개입)', '전기적 요소' 등과 같이 자주 출제되는 서술상의 특징을 미리 학습해 두고 작품을 읽을 때 이를 확인하며 읽어야 한다.

작품을 통한 원리 이해

앞에서 제시된 원리를 적용하여 다음 작품을 독해해 보자.

조선(朝鮮) 세종대왕(世宗大王) 때, 경상도 안동 땅에 한 선비가 있었는데, 성은 백(白)이었고 이름은 상군(尚君)이었다. 부인 정씨(鄭氏)와 이십 년을 동거하였으나 슬하에 자녀가 없어서 늘 슬퍼하였다. 명산대찰에 정성을 다하여 기도한 후, 그 덕택으로 기이한 꿈을 꾼 후 아들을 낳았는데 아이가 점점 자람에 따라 용모가 준수하고 성품이 온유하며 문필이 자못 유려(流麗)하였다. 그의 부모 백상군 부부는 외아들을 천금인 양 애지중지하였고 이름을 선군(仙君)이라 지었다. 부부는 아들에게 알맞은 배필을 얻어서 슬하에 두고 재미를 보려고 널리 구혼을 하였으나 한 곳도 마땅한 곳이 없어서 항상 근심으로 지냈다.

이때 숙영 낭자도 천상에서 선군과 희롱한 죄로 옥연동에 귀양 와 있었는데, 선군이 인간 세상에 태어난 까닭에 자기와 천생연분(天生緣分)인 줄 모르고 다른 가문에 구혼하는 것을 알게 되었는지라. 낭자가 생각하기를,

'우리 두 사람은 인간 세상에 귀양 와서 백년가약을 맺기로 되어 있는데, 이제 낭군이 다른 가문에 구혼하면 우리의 천생연분은 속절없이 되리라.' / 하며 슬퍼했다.

선군의 나이가 열여섯 살 되던 어떤 봄날, 선군이 서당에서 글을 읽다가 저도 모르게 몸이 노곤하여 책상에 기대어 졸다가 깜빡 잠이 들었다. 문득 녹의홍상으로 단장한 낭자가 방문을 열고 들어와서 두 번 절하고 옆에 앉더니,

"낭군은 저를 몰라보시겠습니까? 제가 여기에 온 것은 다름이 아니오라 우리 둘이 천생연분이 있기로 이렇게 찾아 왔습니다." / 하였다. 이에 선군은,

"나는 진세(塵世)의 속객(俗客)이요, 낭자는 천상의 선녀인데 어찌 우리 사이에 연분이 있다 하오?" 하고 의아하여 물었다. 그러자 낭자는,

"낭군은 본디 하늘에서 비를 내리게 하는 선관(仙官)이셨는데, 요지연에서 저와 서로 희롱한 죄로 상제께서 인간 세상에 귀양을 보냈으며, 이 세상에서 우리의 인연을 이루라 했나이다. 그런데 낭군께서는 어찌 이것을 모르시고 다른 가문에 구혼하려 하시나이까? 낭군은 저를 위해 삼 년만 기다려주시옵소서."

선군이 깨어나 보니 남가일몽(南柯一夢)이라. 그러나 꿈속에서 본 낭자의 얼굴은 하늘을 날던 기러기가 부끄러워 땅에 떨어질 만큼 아름다웠으며, 조각달을 수놓은 듯한 자태는 천상의 밝은 달이 구름 속에서 막 솟아나는 듯했다. 선군이 꿈에서 깨어난 뒤에도 붉은 입술에 하얀 이를 살짝 드러내고 말하던 낭자의 목소리가 귀에 쟁쟁하고, 옥 같은 낭자의 얼굴이 눈에 삼삼했다.

선군이 꿈에 본 낭자를 잊지 못해 병드니, 부모가 이상하게 여겨 물었다.

"네 병세를 보니 아무래도 이상하도다. 무엇 때문인지 숨기지 말고, 네 속마음을 사실대로 말해 보거라."

"며칠 전 꿈에 옥 같은 낭자가 나타나서 말하기를 '저는 월궁 선녀인데, 그대와 천생연분이 있나이다. 다른 곳에 구혼하지 말고 저를 삼 년만 기다려 주소서.'하고 갔나이다. 그 낭자를 생각하니, 하루가 삼 년처럼 느껴지나이다. 그런데 어떻게 삼 년을 기다릴 수 있겠나이까? 이로 인해 저도 모르게 병이 골수까지 깊이 들었나이다."

[중략 부분의 줄거리] 상사병을 앓던 선군은 삼 년을 기다려야 숙영 낭자와 결혼할 수 있다는 금기를 깨고, 숙영 낭자와 결혼하여 남매를 두고 행복하게 지낸다. 그런데 선군이 부모의 명으로 과거를 보기 위해 상경하였을 때, 숙영 낭자는 다른 남자와 몰래 만난다는 매월의 모함으로 자결하고 백상군은 임 소저를 선군의 새 부인으로 맞이하기로 결정한다. 한편 선군은 장원

동일한 인물을 같은 형태로 표시하면서 읽는 것도 인물을 구분하는 하나의 방법이다.

급제한 후 숙영 낭자가 보고 싶어 바삐 집으로 향한다.

    이에 (상공)이 기쁜 얼굴로 한림에게 이르기를,

    "너는 얼굴이 두목지처럼 우아하고 풍채도 뛰어난데, 이제 한림학사라는 벼슬까지 하게 되었도다. 너 같은 대장부가 어찌 한 부인만 둔 채 세월을 보낼 수 있겠느냐? 내가 너를 위해 널리 어진 낭자를 구했는데, 이 고을 임 진사 댁 낭자가 천하의 미인이라고 하더구나. 그래서 얼마 전에 임 진사에게 청혼하여 임 소저를 네 배필로 삼고, 바로 오늘 혼례를 올리기로 정했노라. 네 뜻은 어떠하냐?"

하며 백방으로 선군을 달랬다. 그러나 선군이 대답하기를,

    "내려오다가 꿈을 꾸었는데, 낭자가 온몸에 피를 흘리고 나타나 가슴을 만지면서 말도 제대로 못 하더이다. 아무래도 낭자에게 무슨 연고가 있는 듯한데, 무슨 일이 있었나이까? 또한 저는 낭자와 맺은 언약이 소중하오니, 이 문제는 집에 내려가 낭자의 말을 들은 후에 결정하겠나이다."

하고 길을 재촉하여 임 진사 댁 앞을 그냥 지나가려 하는지라. 상공이 한림을 붙들고 달래어 말했다.

    "이것은 양반의 자식이 할 행실이 아니로다. 혼인은 인간의 대사라. 부모가 구혼하고 육례를 갖추어 혼인하여 부모를 영화롭게 하는 것이 자식 된 도리이거늘, 너는 어찌 이토록 고집을 부리느냐? 또한 네가 이대로 가는 것은 임 소저의 평생 대사를 그르치는 것이니, 이는 군자의 도리가 아니로다."

한림이 아무런 대답도 하지 않은 채 말을 재촉하니, 하인이 한림에게 여쭈었다.

    "대감님의 말씀도 말씀이려니와, 만약 한림께서 그냥 가시면 임 진사 댁의 낭패도 매우 심할 것이옵니다. 그러니 한림께서는 깊이 생각하옵소서."

    그러나 한림은 그 하인을 꾸짖어 물리치고 백마를 몰아 달려갔다. 상공이 어쩔 수 없이 말을 타고 뒤따라오더니, 집 앞에 이르러 선군을 붙들고 눈물을 흘리며 말했다.

    "네가 과거를 보기 위해 서울로 떠난 뒤에 낭자의 방에서 외간 남자의 소리가 나더구나. 내가 그것을 이상하게 생각하여 낭자에게 물으니, 낭자가 네가 왔다는 말은 하지 않고 매월과 함께 이야기를 나누었다 하더라. 그러나 내가 분명히 남자의 목소리를 들었는지라. 수상히 여겨 부모로서 약간 경계하는 말을 했더니, 낭자가 여차여차하여 죽었구나. 이런 망극하고 답답한 일이 어디 있겠느냐?"

이 말을 듣고 선군이 대경실색하여 울면서 말하기를,

    "진실로 낭자가 죽었나이까? 어찌 아버님께서 제게 이러실 수 있나이까? 저를 속이고 임 소저에게 장가들라고 말씀하신 것이 옳으십니까?"

하며 미친 듯이 중문으로 달려 들어가니, 동별당에서 나는 구슬픈 울음소리가 문밖까지 들렸다.

– 작자 미상, 「숙영낭자전(淑英娘子傳)」 –

등장인물

백상군	백선군	숙영 낭자	매월
한 선비, 상공	낭군, 선관, 한림	월궁 선녀, 한 부인	×
• 백선군의 아버지 • 숙영 낭자가 죽자 백선군에게 임 소저와 혼인할 것을 요구함.	• 숙영 낭자와 천상의 인연을 지상에서 지속함. • 임 소저와 결혼하라는 아버지의 제안을 거절함.	• 선군의 꿈에 나타나 천상의 인연을 알려 주고, 선군과 결혼함. • 매월의 모함으로 자결함.	숙영 낭자가 다른 남자와 몰래 만난다는 모함을 해서 낭자로 하여금 자결하게 함.

백상군 ↔ 백선군: 갈등 관계
백선군 ↔ 숙영 낭자: 부부 관계
숙영 낭자 ↔ 매월: 적대 관계

이 작품의 중심인물인 백선군과 숙영 낭자는 천상의 인연을 지상에서도 이어 나가면서 결혼을 한다. 그러나 매월의 모함으로 인한 숙영 낭자의 자결로 두 사람의 사랑은 시련을 맞이하게 된다. 여기서 매월은 주인공을 모함하여 죽음에 이르게 하는 인물로 악인이며, 숙영 낭자와는 적대 관계의 인물이라 할 수 있다. 한편 백선군은 아버지인 백상군과 재혼 문제로 갈등하는데, 두 사람은 입장의 차이로 갈등을 하는 관계일 뿐 적대 관계라고 볼 수는 없다.

서사 구조

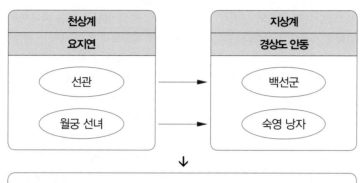

이 작품에서는 애정 소설에서 주로 나타나는 적강 모티프가 나타나고 있음을 확인할 수 있다. 백선군과 숙영 낭자가 천상에서 각각 선관과 월궁 선녀였음이 드러나 있기 때문이다. 두 사람이 천상에서 서로를 희롱한 죄로 쫓겨났다는 것은 두 사람이 지상에서도 인연을 맺어 갈 것임을 암시하는 것이면서, 두 사람의 인연이 필연적임을 의미한다.

소재의 기능

'꿈'의 기능
- 백선군과 숙영 낭자가 천상계 인물임을 드러냄.
- 두 주인공의 지상계에서의 인연을 맺어 줌.
- 금기(삼 년간 기다려야 함.) 제시 → 금기의 위반으로 인한 불행 암시

이 작품의 주요 소재는 백선군이 열여섯 살에 꾼 꿈이다. 이 꿈은 백선군과 숙영 낭자의 천상에서의 인연을 보여 주면서, 두 사람이 부부의 연을 맺을 수 있도록 하는 기능을 한다. 그러나 꿈에서 삼 년을 기다려 연을 맺어야 한다는 금기 사항이 제시됨으로써 이러한 금기를 어긴 두 사람이 맞게 될 불행 또한 암시하고 있다.

서술상 특징

서술상 특징
- 시간의 흐름에 따라 사건이 전개됨.
- 구체적인 시간과 공간을 제시해 사실성을 부여함.
- 서술자가 요약적 서술로 인물의 내력을 드러냄.
- 비유적 표현을 사용하여 인물에 대한 인상을 묘사함.

이 작품에서는 백선군의 출생, 열여섯 살이 되었을 때의 일, 백선군과 숙영 낭자의 결혼, 숙영 낭자의 죽음 등이 차례대로 제시되고 있으므로 시간의 흐름에 따라 사건이 전개되고 있음을 확인할 수 있다. 또한 조선 세종 때라는 구체적인 시간과 경상도 안동과 옥연동이라는 구체적인 공간이 제시되어 있는데 이러한 구체적인 배경의 설정은 작품에 사실성을 부여하는 효과가 있다. 그리고 첫 번째 문단에서 백선군의 출생에서 성장까지의 내력을 서술자가 요약하여 제시하고 있음을 확인할 수 있으며, 백선군의 꿈에 나타난 낭자의 모습을 '조각달을 수놓은 듯한 자태', '옥 같은 낭자' 등과 같이 비유적으로 표현하고 있다.

1 가전(假傳)

(1) 개념

동물이나 사물을 의인화하여 그 가계와 생애, 행적에 대한 평가를 기록한 글.

(2) 특징

- 명칭: '가전'은 '가짜 전(傳)'이라는 뜻으로, 본래 인물의 행적을 기록하는 글의 형식인 '전'을 의인화한 사물에 사용했다는 의미로 만들어진 말임.
- 형식: '인물의 가계 – 인물의 행적 – 행적에 대한 논평'으로 구성되며, 인물의 일대기를 시간 순서대로 구성함.
- 내용: '의인화된 사물의 역사'와, 이를 통한 '인간사에 대한 교훈과 풍자'라는 이중적인 내용 구조를 지님.

(3) 대표 작품

작품	제재	주제
국순전(임춘)	술	술을 탐닉하는 임금과 간사한 벼슬아치에 대한 풍자
국선생전(이규보)	술	군자의 올바른 처신에 대한 교훈
공방전(임춘)	돈	재물을 탐하는 태도 경계
저생전(이첨)	종이	바람직한 선비의 자세
죽부인전(이곡)	대나무	현숙하고 절개 있는 여성상 찬양

2 애정 소설

(1) 개념

남녀 간의 사랑을 주된 내용으로 하는 소설.

(2) 특징

- 유형: 남녀 간의 만남은 우연적인 만남일 수도 있고, 필연적인 만남일 수도 있음. 필연적인 만남의 경우 천상계의 인물이었던 남녀 주인공이 죄를 짓고 지상계에 환생한 후, 천상계의 인연을 이어 간다는 내용의 적강 모티프를 따름.
- 결말: 행복한 결말을 선호하는 우리 고전 문학의 특징상 남녀가 사랑의 결실을 맺는 결말이 주를 이루나 가끔 주인공들의 죽음으로 끝을 맺는 비극적 결말도 있음.
- 인물형: 수동적인 여성성을 강조하는 봉건적인 사회 분위기와 달리 적극적이고 능동적으로 사랑을 쟁취하려는 여성 주인공이 등장하는 경우도 있음.

(3) 대표 작품

「이생규장전(김시습)」, 「운영전」, 「숙향전」, 「숙영낭자전」, 「옥단춘전」, 「채봉감별곡」, 「춘향전」 등

3 가정 소설

(1) 개념

봉건적인 가족 제도로 인해 가정 내에서 발생하는 인물 간의 갈등을 다룬 소설.

(2) 특징

- 배경: 주로 양반 가정을 배경으로 하며, 일부다처제의 봉건적 혼인 제도로 인해 발생하는 문제를 다룸.
- 내용: 본처와 그 자식을 우선시하는 '적통주의'에 따르기 때문에 대부분 첩(계모)이 악인으로 등장함. 때문에 고전 소설을 비판하던 조선 사대부 사이에서도 좋은 평가를 받기도 함.
- 주제: 선인과 악인이 뚜렷하게 구분되며, 대체적으로 권선징악, 사필귀정의 주제를 드러냄.
- 유형: 처첩 간의 갈등을 다룬 작품과 계모와 전처 소생 간의 갈등을 다룬 작품이 주를 이루며, 가끔 형제간의 갈등을 다룬 작품도 있음.

(3) 대표 작품

- 처첩 간의 갈등: 「사씨남정기(김만중)」, 「월영낭자전」 등
- 계모와 전처 소생 간의 갈등: 「장화홍련전」, 「황월선전」, 「정을선전」 등
- 형제간의 갈등: 「창선감의록(조성기)」, 「적성의전」, 「흥부전」 등

4 몽유록계 소설(몽유 소설)

(1) 개념

주인공이 잠이 들어 꿈속에서 경험한 일들을 기록한 소설.

(2) 특징

- 명칭: '몽유(夢遊)'는 '꿈속에서 노닌다'라는 뜻으로, 꿈속에서 일어난 일을 기록한 글임.
- 구조: '현실 – (입몽) – 꿈 – (각몽) – 현실'의 순서로 내용이 전개되는 환몽 구조로 구성됨. 현실의 이야기가 '외화', 꿈속의 이야기가 '내화'의 성격을 띠기 때문에 일종의 액자 소설로도 볼 수 있음.
- 내용: 주인공은 대체로 꿈속에서 만난 비현실적 인물과 토론을 하거나, 잔치에 함께 참여하여 대화를 나눔.
- 주제: 직접적으로 비판하기 어려운 사회 현실을 우회적으로 비판하기 위해 '꿈'을 이용하는 경우가 많아, 대체로 현실 비판적인 성격이 강함.

(3) 대표 작품

「용궁부연록(김시습)」, 「남염부주지(김시습)」, 「원생몽유록(임제)」 등

5 몽자류 소설

(1) 개념
주인공이 꿈속에서 현실과 전혀 다른 인물로 태어나 겪은 경험을 통해 얻은 깨달음을 기록한 소설.

(2) 특징
- 명칭: 소설의 제목에 '몽(夢)' 자가 들어가는 소설을 말함.
- 구조: 몽유록계 소설과 마찬가지로 환몽 구조에 따라 내용이 구성됨. 다만 몽유록계 소설은 꿈 밖의 세계가 현실 세계인데 반해, 몽자류 소설은 꿈 밖의 세계가 비현실적인 이상 세계이고 꿈속의 세계가 현실 세계임.
- 내용: 천상계의 주인공이 죄를 짓고 벌로 꿈속에서 지상계의 인물로 환생한 후 여러 경험을 통해 깨달음을 얻는다는 내용임.
- 주제: 현실의 부귀영화가 덧없는 것이라는 일장춘몽(一場春夢)을 주제로 함.

(3) 대표 작품
「구운몽(김만중)」, 「옥루몽(남영로)」, 「옥린몽(이정작)」 등

6 영웅 · 군담 소설

(1) 개념
영웅적인 능력을 갖춘 주인공이 전쟁에서 큰 활약을 하고 나라를 위기에서 구한다는 내용의 소설.

(2) 특징
- 명칭: 영웅적 능력을 지닌 주인공의 일대기를 다룬 소설인 '영웅 소설'과 전쟁을 배경으로 주인공의 활약상을 그린 소설인 '군담 소설'이 합쳐져 만들어진 유형임.
- 구조: 영웅의 일대기를 그린 소설로, 다음과 같은 보편적인 구성을 따르는 경우가 많음.

> 고귀한 신분을 가진 주인공의 기이한 출생 → 유년기의 비범한 능력 → 부모와의 이별 등 어린 시절의 고난(개인적 고난) → 조력자의 도움으로 고난 극복 → 성장 후의 고난(국가적 고난) → 개인의 능력으로 고난 극복 → 성공

- 유형: '창작 영웅 군담 소설'은 허구의 인물이 주인공으로 등장해 시련을 극복하고 가공의 전쟁에서 큰 공을 세운다는 내용이며, '역사 영웅 군담 소설'은 임진왜란이나 병자호란 등 실제 전쟁을 배경으로 역사적 인물과 허구적 인물이 함께 등장하여 나라를 위기에서 구한다는 내용임.
- 창작 동기: '역사 영웅 군담 소설'은 전쟁에서 승리한 내용을 통해 민족적 자긍심을 고취하기 위한 의도로 창작됨.

(3) 대표 작품
- 창작 영웅 군담 소설: 「유충렬전」, 「소대성전」, 「홍계월전」 등
- 역사 영웅 군담 소설: 「임경업전」, 「임진록」, 「박씨전」 등

7 풍자 소설

(1) 개념
우회적인 방법으로 당대 사회에 대한 비판이나 특정 계층에 대한 비판을 담은 소설. 우화 소설도 내용상 풍자 소설에 해당함.

(2) 특징
- 내용: 인간 사회의 그릇된 가치관이나 봉건 사회의 모순, 양반 계층의 허위 등을 고발함.
- 표현: 해학적인 내용을 통해 비판을 우회적으로 드러내는 경우가 많음.

(3) 대표 작품
「배비장전」, 「이춘풍전」, 「양반전(박지원)」, 「허생전(박지원)」 등

8 판소리계 소설

(1) 개념
민중들 사이에 구전되던 판소리 사설이 문자로 정착되며 만들어진 소설.

(2) 특징
- 형성: 지역별로 전해지던 여러 근원 설화가 판소리 사설로 만들어진 후에 다시 소설로 정착된 것임.
- 표현: 판소리 사설의 흔적이 남아 있는 표현이 사용됨.
① 운문체와 산문체가 혼용됨.
② 양반의 언어인 한문체와 평민의 언어인 비속어가 함께 사용됨.
③ 생생한 의성어와 의태어가 많이 사용되고, 창자의 목소리의 영향을 받아 편집자적 논평이 많음.

(3) 대표 작품
「춘향전」, 「흥부전」, 「심청전」, 「토끼전」 등

※ 몽유록계 소설과 몽자류 소설의 비교

	몽유록계 소설	몽자류 소설
공통점	'꿈'을 제재로 하며, 환몽 구조에 따름.	
차이점	꿈 밖의 인물과 꿈속의 인물이 일치함.	꿈 밖의 인물이 꿈속에서 다른 인물로 태어남.
	꿈 밖의 세계가 현실 세계임.	꿈 밖의 세계가 비현실적인 이상 세계임.
	꿈속의 내용은 인물의 경험의 일부임.	꿈속의 내용은 인물의 일생임.
	현실 비판적인 주제 의식을 지님.	인생무상에 대한 깨달음의 주제 의식을 지님.

01

국순전 | 임춘

• 수록 교과서: 문학_금성
• 기출: 2014-9월 고3 모평B

【작품 구조】

 도입 국순의 가계
– 후직을 도와 백성을 먹인 90대 조상 모(牟)
– 원구에 제시한 공으로 벼슬을 받고 국(麴)씨의 성을 받은 조상
– 출세했다가 나라가 어지러워지자 벼슬을 버린 아버지 주(酎)

 전개 국순의 행적
– 그릇과 도량이 크고 넓은 국순의 성품
– 임금의 부름을 받아 벼슬을 받고 출세를 함.
– 국순으로 인해 여러 가지 폐단이 발생함.
– 임금에게 버림을 받고 은퇴한 후 쓸쓸한 죽음을 맞음.

 논평 사신의 평가
– 백성에게 공이 있는 조상의 기풍으로 높은 벼슬자리까지 오름.
– 여러 가지 폐단으로 천하의 웃음거리가 됨.

▼
국순 술을 의인화한 이름. 국(麴)은 '누룩'을, 순(醇)은 '진한 술'을 의미함.
도량(度量) 사물을 너그럽게 용납하여 처리할 수 있는 넓은 마음과 깊은 생각.
자못 생각보다 매우.
감식안(鑑識眼) 어떤 사물의 가치나 진위 따위를 구별하여 알아내는 눈.
청주종사 배꼽 밑까지 시원하게 넘어가는 좋은 술. '높은 벼슬'을 뜻함.
평원독우 명치 위에 머물러 숨이 막히는 좋지 않은 술. '낮은 벼슬'을 뜻함.

[A] 국순(麴醇)의 자(字)는 자후(子厚)이다. 그 조상은 농서(隴西) 출신이다. 90대(代) 선조였던 모(牟)가 후직(后稷)을 도와 백성들을 먹여 공이 있었다. 『시경』에 '내게 밀과 보리를 주다.'라고 한 것이 그것이다. 모(牟)가 처음에는 숨어 벼슬하지 않고 말하기를, "나는 반드시 밭을 갈아 먹으리라." 하며 밭이랑에서 살았다. 임금이 그의 자손이 있다는 말을 듣고 수레를 보내 부르며 각 고을에 명하여 후한 예물을 보내라 하고, 신하를 시켜 친히 그 집에 찾아가도록 해 결국 절구와 절굿공이 사이에서 귀천 없는 교분을 맺고, 자신을 덮어 감추고 세상과 더불어 화합하게 되었다.

[중략]

[B] 순은 그릇과 도량이 크고 깊었다. ㉠출렁대고 넘실거림이 만경창파(萬頃蒼波) 같으며, 맑게 하려 해도 더는 맑아질 수 없고 뒤흔든대도 흐려지지 않았다. 그런 풍류 취향이 한 시대를 풍미하여 자못 사람의 기운을 일으켜 주었다.

일찍이 섭법사(葉法師)에게 나아가 온종일 담론하였는데, 자리에 있던 모든 이들이 탄복하여 쓰러지자, 드디어 이름이 알려지게 되었다. 호를 '국(麴) 처사'라 하매 공경 대부로부터 머슴에 이르기까지 그 향기로운 이름을 접하는 이마다 모두 그를 흠모하였으며, 성대한 모임이 있을 때마다 순이 오지 아니하면 모두 슬퍼하여 말하기를,

"국 처사가 없으면 즐겁지 않다."

했다. 그가 당시 세상에서 사랑받음이 이와 같았다.

산도(山濤)라는 이는 감식안이 있었는데, 일찍이 순을 보고는 감탄하여 말했다.

㉡"어떤 늙은 할미가 이토록 잘난 기린아를 낳았을꼬? 하지만 천하의 백성들을 그르치는 자도 필경 이 아이일 것이다."

[C] 관부(官府)에서 순을 불러 청주종사(青州從事)를 삼았으나, 마땅한 벼슬자리가 아니라 하여 다시 평원독우(平原督郵)를 시켰다. 얼마 후 탄식하기를,

㉢'내가 이 얼마 되지 않는 녹봉을 받고, 이 따위 시골 아이들에게 허리를 굽힐 수 없다. 내 마땅히 술잔과 술상 사이에 곧추 서서 담론하리라.'

그 무렵 관상을 잘 보는 이가 있어 말했다.

"그대의 얼굴엔 불그레한 기운이 감돌고 있소. 뒤에 반드시 귀하게 되어 높은 벼슬을 얻게 될 것이니, 마땅히 좋은 자리를 기다렸다가 벼슬에 나아가시오."

진 후주(陳後主) 때에 임금이 그의 그릇을 남다르게 여겨 장차 크게 쓸 뜻이 있다 하여 광록대부 예빈경의 자리로 옮겨 주었고, 공(公)의 작위에 오르게 하였다. 그리고 무릇 군신의 회의에는 임금이 꼭 순으로 참여케 하니, 그 나아가고 물러남과 그 수작이 거슬림이 없이 뜻에 들어맞았다.

㉣순이 권세를 얻게 되자, 어진 이와 사귀고 손님을 대접하며, 종묘에 제사를 받드는 등의 일을 앞장서서 맡아 주관하였다. 임금이 밤에 잔치를 열 때도 오직 그와 궁인만이 곁에서 모실 수 있었을 뿐, 아무리 임금과 가까운 신하여도 참여할 수 없었다.

이후로 임금은 곤드레만드레 취하여 정사를 폐하게 되었다. 그러나 순은 ⓐ입을 굳게 다문 채 그 앞에서 간언할 줄 몰랐다. 그리하여 예법을 지키는 선비들은 그를 마치 원수처럼 미워하게 되었다. 그러나 임금은 매양 그를 감싸고돌았다.

순은 또 돈을 거둬들여 재산 모으기를 좋아하므로, 사람들이 그를 천하게 여겼다. 임금이 묻기를,

"경은 무슨 버릇이 있소?"

하니, 순이 대답하기를,

"신(臣)은 돈을 좋아하는 습성이 있나이다."

했다. 임금이 크게 웃고 그에게 더 많은 관심을 기울이게 되었다.

한번은 조정에 들어가 임금 앞에 마주 대하고 아뢰었는데, 순이 본디 입에서 나는 냄새가 있었고, 이에 임금이 싫어하며 말했다.

"경이 나이 들고 기운도 없어 나의 부림을 못 견디는구료!"

그러자 순은 마침내 관을 벗고 물러나면서 아뢰었다.

ⓜ"신(臣)이 높은 벼슬을 받고 남에게 물려주지 아니하면 망신이 될까 두렵습니다. 부디 집으로 돌아갈 수 있도록 해 주신다면 그것으로 만족하겠습니다."

왕의 명으로 좌우의 부축을 받아 집에 돌아온 순은 갑자기 병이 나 하룻밤 사이에 죽고 말았다.

[D]
자식은 없고 먼 친척 가운데 아우뻘 되는 청(淸)이, 훗날 당나라에 출사(出仕)하여 벼슬이 내공봉에 이르렀으며, 그 자손이 다시 중국에서 번성하였다.

[E]
사신(史臣)은 이렇게 말했다.

"국 씨의 조상이 백성에게 공로가 있고, 청백한 기상을 자손에게 물려주었다. 울창주(鬱鬯酒)는 주나라에서 칭송이 하늘에 닿을 듯했으니, 가히 그 조상의 기풍이 있다 하겠다. 순이 가난한 집안에서 자라나 높은 벼슬에 오르는 영광을 얻게 되어 술 단지와 술상 사이에 서서 담론하게 되었다. 그러나 옳고 그름을 변론하지 못하고, 왕실이 어지러워져도 붙들지 못하여 마침내 천하의 웃음거리가 되었으니, 산도(山濤)의 말을 족히 믿을 만하다."

– 임춘, 「국순전(麴醇傳)」 –

배경지식 확장

가전과 역사적 사실

가전은 의인화한 사물을 주인공으로 한 허구적인 이야기이지만, 역사적 사실이 반영되어 있다. 「국순전」도 실제로 존재했던 인물에 관한 역사적 사실을 기반으로 전개된다.

• 국순의 90대 선조인 모(牟, 보리)의 이야기에 등장하는 '후직'은 '신농'과 함께 '중국 농업의 신'으로 불리는 인물로, 요순 시대에 농업을 주관하는 관리가 되어 백성들에게 농사 짓는 법을 가르친 인물이다.

• '후주'는 진나라의 마지막 임금이다. 술과 여자를 좋아해 매일 궁인들을 거느리고 연희를 열고 즐기기만 할 뿐 국사는 등한시했다. 심지어 수나라의 대군이 내려올 때도 술을 마시고 있었으며, 포로로 압송될 때에도 술을 그치지 않았다고 전해진다. 술로 인생과 나라를 망친 대표적인 인물이라 할 만하다.

▼
간언(諫言) 웃어른이나 임금에게 옳지 못하거나 잘못된 일을 고치도록 하는 말.
출사 벼슬에 나아감.
청백(淸白) 재물에 대한 욕심이 없이 곧고 깨끗함.

기출 · 2014-9월 고3 모평B

1 윗글에 대한 설명으로 가장 적절한 것은?

① 서술자가 자신의 체험을 직접 서술하고 있다.
② 인물 간의 대화를 통해 시 · 공간적 배경이 드러나고 있다.
③ 예화를 열거하는 방식으로 인물의 성격을 나타내고 있다.
④ 과거와 현재를 교차시켜 사건을 유기적으로 구성하고 있다.
⑤ 권위 있는 인물의 중재를 통해 인물 간의 갈등이 해소되고 있다.

기출 · 2014-9월 고3 모평B

2 ㉠~㉤에 대한 이해로 적절하지 않은 것은?

① ㉠은 국순의 성품을 바다에 비유한 것으로, 넓고 깊은 국순의 마음을 의미한다.
② ㉡은 국순의 장래를 예언한 것으로, 국순이 세상에 부정적 영향을 끼칠 것임을 경고한다.
③ ㉢은 불만족스러운 처지와 이를 넘어서려는 심경을 표현한 것으로, 국순의 자존심을 나타낸다.
④ ㉣은 국순이 높은 자리에 있으면서 맡았던 소임을 기술한 것으로, 친교 모임이나 공식적 행사에서 능력을 인정받은 국순의 면모를 부각한다.
⑤ ㉤은 퇴임하면서 국순이 한 말로, 선조의 뜻을 받들어 자신의 순수했던 성품을 되찾고자 스스로 물러난 국순의 의지를 드러낸다.

기출 · 2014-9월 고3 모평B

3 〈보기〉를 참고하여 [A]~[E]를 감상한 내용으로 적절하지 않은 것은?

> **보기**
>
> 가전(假傳)은 사물을 의인화하여 그 일생을 전(傳)의 형식으로 서술한 글로서 인물의 가계와 성품, 생애, 공과(功過) 등을 '가계-행적-논평'이라는 틀 속에 담아내었다. 내용상으로는 인간 세태를 풍자하고 세상을 경계(警戒)하려는 성격이 강해 교훈성을 지닌다.
>
>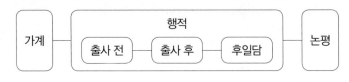

① [A]는 가문 내력을 소개하는 가계에 해당하는 부분으로서 주인공이 유서 깊은 가문 출신임을 알려 주고 있군.
② [B]와 [C]는 주인공의 행적을 구분하여 [B]에서는 주로 주인공의 과오를, [C]에서는 주로 훌륭한 업적을 기술하고 있군.
③ [C]에서 형상화된 주인공의 행적으로부터 작가가 전하고자 하는 교훈을 [E]에서 요약적으로 제시하고 있군.
④ [D]는 후대의 가문 내력을 기술하여 국순 가문이 세상에 널리 퍼져 나갔음을 보여 주고 있군.
⑤ [E]는 사신(史臣)이 논평하는 객관적 형식을 활용하여 인간 세태에 대한 작가 자신의 견해를 나타내고 있군.

개념 예화의 열거

'예화'란 '실례를 들어 하는 이야기'를 의미하며, '열거'는 '여러 가지 예나 사실을 낱낱이 죽 늘어놓음.'을 의미한다. 따라서 '예화의 열거'는 '실제의 예를 들 수 있는 여러 가지 사건이나 상황들을 나열하는 것'을 의미한다고 볼 수 있다. 서사 문학에서 내용을 전달할 때 하나의 사건에 주목하면서 그 사건에 대해 집중적으로 기술하는 방식도 있지만, 길이가 짧은 여러 가지 사건을 나열하면서 내용을 기술하는 방식도 있다. 이처럼 예화를 나열하면 인물이나 상황에 대한 풍부한 정보를 전달함으로써 인물의 심리나 성격을 더욱 효과적으로 전달할 수 있다. 유사한 의미로 '에피소드의 나열'이라는 표현을 쓸 수도 있다.

4 윗글과 〈보기〉를 비교한 내용으로 적절하지 <u>않은</u> 것은?

> ┌ 보기 ┌
>
> 「국선생전」은 이규보가 지은 가전으로 술을 의인화한 '국성'이라는 인물을 통해 인간 세상을
> 풍자한 작품이다. 「국선생전」의 마지막 부분은 다음과 같다.
>
> 사신(史臣)은 말했다.
> 국 씨는 원래 대대로 내려오면서 농가 사람들이었다. 성이 유독 넉넉한 덕이 있고 맑은 재주
> 가 있어서 당시 임금의 심복이 되어 국가의 정사에까지 참여하고, 임금의 마음을 깨우쳐 주어,
> 태평스러운 푸짐한 공을 이루었으니 장한 일이다. 그러나 임금의 사랑이 극도에 달하자 마침내
> 국가의 기강을 어지럽히고 화가 그 아들에게까지 미쳤다. 하지만 이런 일은 실상 그에게는 유
> 감이 될 것이 없다 하겠다. 그는 만절(晚節)이 넉넉한 것을 알고 자기 스스로 물러나 마침내 천
> 수를 다하였다. 『주역』에 '기미를 보아서 일을 해 나간다.'라고 한 말이 있는데 성이야말로 여기
> 에 가깝다 하겠다.

① 윗글과 〈보기〉는 모두 중심인물과 '임금'의 관계에 초점을 맞추고 있다.

② 윗글과 〈보기〉는 모두 '사신'의 말을 인용하면서 인물에 대해 직접적으로 평가하고 있다.

③ 윗글과 〈보기〉는 모두 '술'의 근원을 곡물로 보면서 '술'이 인간에게 미치는 영향을 이야기하고 있다.

④ 윗글과 달리 〈보기〉는 옛글을 인용하여 내용을 뒷받침하고 있다.

⑤ 윗글과 달리 〈보기〉는 중심인물이 스스로 물러나는 모습을 통해 인물의 부정적 속성을 드러내고 있다.

(기출 · 2014-9월 고3 모평B

5 ⓐ를 나타낸 말로 가장 적절한 것은?

① 함구무언(緘口無言) ② 중언부언(重言復言)

③ 중구난방(衆口難防) ④ 이실직고(以實直告)

⑤ 어불성설(語不成說)

**플러스
자료실**

가전(假傳)

'전(傳)'은 한 인물의 일생을 시간의 순서에 따라 서술하는 서사 양식이다. 대부분의 신화와 위인 전기 등이 이에 해당하는데, 사마천의 『사기』 열전을 계기로 대중화되었다. '전'의 서술 방식에는 일정한 형식이 있다. 앞부분에서는 인물의 선조에 대한 소개와 출생의 내력 등을 서술하고 인물의 성장 과정을 담는다. 그리고 본문에서는 인물이 남긴 업적이나 잘못 등을 열거하고 그 원인과 결과 등을 분석한다. 마지막에는 그 인물에 대한 작가의 견해와 평가를 밝히며 교훈을 제시하였다. '전'의 대상은 대체로 역사적으로 이름을 남긴 위인이었지만, 때에 따라서는 악행을 저지른 사람을 주인공으로 하여 '타산지석(他山之石)'의 교훈을 주기도 하였다. 이러한 '전'에 이야기적 요소를 추가한 것이 고려 시대에 발생한 '가전(假傳)'이다. '가전(또는 가전체)'은 대상을 인간이 아닌 의인화한 동물이나 식물 또는 무생물로 하면서 그것을 통해 인간 세상의 한 면을 이야기하는 서사 양식인데, 글의 구조나 서술 방식은 전통적인 '전(傳)'의 양식에서 크게 벗어나지 않는다.

원리로 작품 독해

〈인물의 특성과 관계〉

1 국순의 가계를 중심으로 인물의 특성과 관계를 정리해 보자.

인물	인물의 상징	국순과의 관계	특징
모(牟)	( )	90대 조상	• 백성들을 먹여 살림. • 벼슬을 하지 않고 밭이랑에서 삶.
모의 자손	초기의 술	조상	• 임금과 귀천 없는 교분을 맺음. • 자신을 감추고 세상과 더불어 화합함.
순(醇)	진한 술	본인	• 세상에 널리 알려지고 벼슬을 얻음. • ( )의 총애를 받아 권세를 얻었으나 초라하게 죽음.
청(淸)	맑은 술	( )	• 당나라에 출사하여 벼슬이 내공봉에 이름. • 후세에 자손이 번성함.

〈사신의 역할〉

2 국순에 대한 사신의 평가를 정리해 보고, 사신의 역할을 파악해 보자.

긍정적 평가	부정적 평가
• 조상이 백성에게 공로가 있음. • 조상에게서 ( )한 기상을 물려받음. • 가난한 집안에서 자라나 높은 벼슬에 오름.	• 옳고 그름을 변론하지 못함. • ( )이 어지러워져도 붙들지 못함. • 천하의 웃음거리가 됨.

↓

사신의 역할	• 인물의 행적에 대해 종합적으로 평가함. • ( )의 목소리를 대변하면서 인물에 대한 평가가 객관적인 것처럼 보이게 함.

〈주제〉

3 인물의 행적을 중심으로 주제를 정리해 보자.

임금	• 곤드레만드레 취하여 정사를 폐함. • 늘 국순과 어울리며 그를 감싸고돎.	→	( )을 탐닉하는 임금에 대한 풍자
국순	• 정사를 폐하는 임금에게 간언하지 않음. • 임금의 비위를 맞추며 재산을 모음.	→	간사한 벼슬아치에 대한 풍자

빈출 어휘 짚고 가기

※ 다음 뜻에 해당하는 어휘를 〈보기〉에서 찾아 써 보자.

보기
간언   도량   청백   출사

1. 벼슬에 나아감. ( )
2. 재물에 대한 욕심이 없이 곧고 깨끗함. ( )
3. 사물을 너그럽게 용납하여 처리할 수 있는 넓은 마음과 깊은 생각. ( )
4. 웃어른이나 임금에게 옳지 못하거나 잘못된 일을 고치도록 하는 말. ( )

천성이 본디 깨끗하고 조촐하니 무인(武人)을 좋아하지 않는 대신, 글 하는 선비와 즐겨 노닐었다. 중산(中山)의 모학사(毛學士)가 각별히 맺어진 벗이었으니, 아무 때고 허물없이 가까웠던지라 아무리 그 얼굴에 다 점을 찍어 더럽혀도 씻어 닦는 법이 없었다. 학문을 하여 천지·음양의 이치와 성현(聖賢), 성명(性命)의 근원에 통달하였으며, 제자백가의 글과 이단(異端)·적멸(寂滅)의 교의(敎義)에 이르기까지 기록해 적지 않음이 없었으니, 찾아내어 분명히 살펴볼 수 있다.

한(漢)나라가 선비들에게 책문(策問)▼을 실시하자, 이에 방정과(方正科)에 응시하여 바야흐로 논변을 펴 올렸다.

"예로부터 책의 이루어짐은 대개 대쪽을 엮고 겸하여 흰 비단을 사용하기도 했지만 둘 다 불편합니다. 신이 비록 대단치는 않사오나 성심으로 대신할까 바라오니, 만일 그 같은 보람이 나타나지 않으면 제게 먹칠하여 주옵소서."

화제(和帝)가 시험토록 하였는데 과연 기억력이 뛰어나서 백에 하나도 놓침이 없었으매 죽간(竹簡)으로 된 책은 쓰지 않아도 좋게 되었다. 이에 그를 치하하여 저국공(楮國公)에 백주자사(白州刺史)의 벼슬을 수여하고 만자군(萬字軍)을 다스리게 하니, 바야흐로 그 봉읍(封邑)으로 성씨를 삼았다.

[중략]

당(唐)나라가 일어나 홍문관(弘文館)을 설치함에, 저생이 본관(本官) 겸 학사(學士)의 자격으로 저수량(褚遂良), 구양순(歐陽詢) 들과 앞 시대의 일들을 강론하고 정사를 신중히 헤아리고 정하여 이른바 정관(貞觀)의 다스림▼에 이르게 하였다.

송(宋)나라가 흥성하면서 염락(濂洛)의 모든 선비들이 똑같이 문명의 다스림을 천명하였다. 사마온공(司馬溫公)은 바야흐로 『자치통감(資治通鑑)』을 엮을 때 저생을 해박하고 고상한 군자라 하면서 매번 더불어 자문하였다.

마침 왕형공(王荊公)이 권세를 부리는 차에 『춘추(春秋)』의 가르침을 달갑게 여기지 않아 그 책을 일러 망가져 문드러진 정치 문서라 하니, 저생이 옳지 않다고 하자 마침내 쫓겨나 쓰이지 못하였다.

원(元)나라 초기에 이르러는 본래의 사업에 힘쓰지 아니하고, 오로지 장사만을 몸에 익혔다. 몸에 돈 꾸러미를 차고 찻집과 술집 등을 드나들면서 푼[分]과 리(厘)를 셈해 따지게 되니, 사람들 간에는 비루하게 여기기도 하였다.

원(元)이 망하고 명(明) 황실에 벼슬하면서 그제야 황제의 총애와 신임을 입게 되었다.

자손이 아주 많았으니, 어떤 부류는 사씨(史氏)로 대를 이었고, 또 어떤 부류는 시인 집안으로 문벌을 이루었으며, 혹은 선(禪)에 관한 기록을 산더미처럼 쌓아 놓기도 하였다. 등용이 되어 관직에 있던 자는 돈과 곡식의 수효를 맡고, 군무(軍務)에 종사하던 자는 군사의 전공을 기록했다. 그 직업 따라 하는 일에 비록 귀천이 있기는 했지만, 누구도 직책에 소홀하다는 비난은 듣지 않았다. 대부(大夫)가 된 뒤로는 모두가 다 흰 띠를 둘렀다고 한다.

— 이첨, 「저생전(楮生傳)」 —

▼
책문 징지에 관한 계책을 물어서 답하게 하던 과거(科擧) 과목.
정관의 다스림 정관은 당태종의 연호. 명군(明君)이던 당태종의 치세(治世)가 태평성세를 이루었으므로 그 연호를 따서 '정관지치(貞觀之治)'라 일컬음.

[정답과 해설 28쪽]

1 이 글은 ( )한 사물을 통해 인간 세상에 교훈을 주는 가전체 문학이라는 점에서 「국순전」과 공통점이 있으나, 「국순전」과 달리 마지막 부분에 ( )이 인물에 대해 논평하는 내용이 생략되었다.

2 이 글에서 작가는 학문에 힘쓰지 않고 장사를 중시했던 ( )나라에 대한 부정적인 태도를 우회적으로 드러내고 있다.

이생규장전 | 김시습

• 수록 교과서: 문학_동아, 금성, 미래엔, 비상, 지학사
• 기출: 2017-9월 고3 모평, 2016-6월 고1 학평

[작품 구조]

발단 송도에 사는 이생은 어느 날 담 너머로 본 최 여인과 사랑하는 사이가 됨.

전개 이생과 최 여인은 이생 부모의 반대로 헤어지나 딸의 간절한 마음을 알게 된 최 여인 부모의 노력으로 혼인을 하게 됨.

위기 홍건적의 난이 일어나 이생은 목숨을 보전했으나, 최 여인은 정조를 지키려다가 죽임을 당함.

절정 죽은 최 여인이 현신하여 이생과 재회하고 두 사람은 두서너 해 동안 행복하게 삶.

결말 저승 세계의 법령에 따라 최 여인이 떠나고 최 여인의 장사를 지낸 후 이생도 병을 얻어 세상을 떠남.

[앞부분의 줄거리] 이생은 우연히 본 최 여인을 사모하게 되고 시를 주고받으며 서로 사랑하는 사이가 된다. 이 사실을 알게 된 이생의 부모는 크게 노해 이생을 고향으로 쫓아 보내고, 최 여인은 이생과 만나지 못해 상사병에 걸린다. 이에 최 여인의 부모는 이생 부모를 설득해 이생과 최 여인을 혼인시킨다. 그 후 홍건적의 난이 일어나 이생은 간신히 도망하여 목숨을 보전하였으나, 최 여인은 정조를 지키려다가 홍건적의 손에 죽는다.

한편 이생은 황폐한 들에 숨어서 목숨을 보전하다가 도적의 무리가 떠났다는 소식을 듣고 부모님이 살던 옛집을 찾아갔다. 그러나 집은 이미 전쟁에 타 버리고 없었다. 다시 처가에 가 보니 행랑채는 쓸쓸하고 집 안에는 쥐들이 우글거리고 새들만 지저귈 뿐이었다. 이생은 슬픔을 이기지 못해 작은 누각에 올라가서 눈물을 거두고 길게 한숨을 쉬며 날이 저물도록 앉아서 지난날의 즐겁던 일을 생각해 보니 완연히 한바탕 꿈만 같았다.

밤중이 거의 되자 희미한 달빛이 들보▼를 비춰 주는데 복도에서 발자국 소리가 들려왔다. 그 소리는 먼 데서 차차 가까이 다가왔다. 살펴보니 사랑하는 최 여인이 거기 있었다. 이생은 그녀가 이미 이승에 없는 사람임을 알고 있었으나 너무나 사랑하는 마음에 반가움이 앞서 의심도 하지 않고 말했다.

"부인은 어디로 피란하여 목숨을 보전하였소?"

여인은 이생의 손을 잡고 한바탕 통곡하더니 곧 사정을 이야기했다.

[중략]

이윽고 이야기가 집안의 재산에 미치자 여인은 말했다.

"조금도 잃지 않고 어떤 산골짜기에 묻어 두었습니다."

"우리 두 집 부모님의 해골은 어디에 있소?"

"하는 수 없이 어떤 곳에 모셔 두었습니다."

서로 쌓였던 이야기가 끝나고 자리에 드니 지극한 정이 옛날과 같았다.

이튿날 여인은 이생과 함께 옛날 개령동을 찾아갔다. 거기에는 금은 몇 덩어리와 재물 약간이 있었다. 그들은 두 집 부모님의 유골을 거두고 금은과 재물을 팔아서 각각 오관산 기슭에 합장하고는 나무를 세우고 제사를 드려 모든 예절을 다 마쳤다.

그 후 이생은 벼슬을 구하지 않고 아내와 함께 살게 되니 피란 갔던 노복들도 또한 찾아들었다. 이생은 이로부터 인간의 모든 일을 잊어버리고서 친척과 귀한 손의 길흉사▼ 방문에도 문을 닫고 나가지 않았으며 늘 아내와 함께 시를 지어 주고받으며 즐거이 세월을 보냈다.

어느덧 두서너 해가 지난 어떤 날 저녁에 여인은 이생에게 말했다.

"세 번이나 가약을 맺었습니다마는 세상일이 뜻대로 되지 않았으므로 즐거움도 다하기 전에 슬픈 이별이 갑자기 닥쳐왔습니다."

하고는 마침내 목메어 울었다. 이생은 깜짝 놀라면서 물었다.

"무슨 까닭으로 그런 말씀을 하시오?"

여인은 대답했다.

▼
들보 칸과 칸 사이의 두 기둥을 건너지르는 나무.
합장(合葬) 여러 사람의 시체를 한 무덤에 묻음. 또는 그런 장사. 흔히 남편과 아내를 한 무덤에 묻는 경우를 이름.
길흉사(吉凶事) 경사스러운 일과 흉한 일을 아울러 이르는 말.

"저승길은 피할 수가 없습니다. 저와 낭군의 연분이 끊어지지 않았고 또 전생에 아무런 죄악도 없었으므로 옥황상제께서 이 몸을 빌려 주어 잠시 낭군을 뵈어 시름을 풀게 했던 것입니다. 오랫동안 인간 세상에 머물러 있으면서 산 사람을 유혹할 수는 없습니다."

하더니 시비에게 명하여 술을 올리게 하고는 옥루춘곡에 맞추어 시를 지어 부르면서 이생에게 술을 권했다.

[A]
도적 떼 밀려와서 처참한 싸움터에 / 몰죽음 당하니 원앙도 짝 잃었네
여기저기 흩어진 해골 그 누가 묻어 주리 / 피투성이 그 유혼은 하소연도 할 곳 없네 //
슬프다 이내 몸은 무산선녀 될 수 없고 / 깨진 거울 갈라지니 마음만 쓰라리네
이로부터 작별하면 둘이 모두 아득하네 / 저승과 이승 사이 소식조차 막히리라

시 한 구절씩 부를 때마다 눈물에 목이 막혀 거의 곡조를 이루지 못했다. 이생도 또한 슬픔을 걷잡지 못했다.

"나도 차라리 부인과 함께 황천으로 갔으면 하오. 어찌 무료히 홀로 여생을 보내겠소. 지난번에 난리를 겪고 난 후에 친척과 노복들이 각각 서로 흩어지고, 돌아가신 부모님의 유골이 들판에 버려져 있을 때, 부인이 아니었더라면 누가 능히 장사를 지내 주었겠소. 옛사람의 말씀에 부모님이 살아 계실 때는 예절로써 섬기고 돌아가신 후에도 예절로써 장사지내야 한다 했는데 이런 일을 모두 부인이 실천했소. 그것은 부인의 천성이 효성이 지극하고 인정이 두터운 때문이니 감격해 마지않았으며, 스스로 부끄러움을 이기지 못하였소. 부인은 이승에서 함께 오래 살다가 백년 후에 같이 세상을 떠나는 것이 어떻겠소?"

여인은 대답했다.

"낭군의 수명은 아직 남아 있으나, 저는 이미 저승의 명부에 이름이 실려 있으니 오래 머물러 있을 수가 없습니다. 만약 군이 인간 세상을 그리워해서 미련을 가진다면, 명부의 법에 위반됩니다. 그렇게 되면 죄가 저에게만 미칠 것이 아니라 낭군님에게까지 그 허물이 미칠 것입니다. 다만 저의 유골이 아직 그곳에 흩어져 있으니, 만약 은혜를 베풀어 주시겠다면 유골을 거두어 비바람 맞지 않게 해 주십시오."

두 사람은 서로 바라보며 눈물을 흘렸다. 잠시 후에 여인은 말했다.

"낭군님, 부디 안녕히 계십시오."

말을 마치자 점점 사라져서 마침내 종적을 감추었다. 이생은 아내가 말한 대로 그녀의 유골을 거두어 부모의 무덤 곁에 장사를 지내 주었다.

㉠그 후 이생은 아내를 지극히 생각한 나머지 병이 나서 두서너 달 만에 그도 또한 세상을 떠났다.

이 사실을 들은 사람들은 모두 슬퍼하고 탄식하면서, 그들의 절개를 사모하지 않는 이가 없었다고 한다.

— 김시습, 「이생규장전(李生窺牆傳)」 —

배경지식 확장

무산선녀(무산신녀)

요희는 중국의 전설적인 인물인 염제의 딸 중 한 명으로, 무산에 살았다. 전국 시대 때 중국의 초회왕은 무산에 놀러왔다가 잠시 잠이 들어 꿈을 꾸게 되는데, 꿈속에서 무산의 신녀 요희를 만나 사랑을 하게 된다. 헤어질 시간이 되자 아쉬워하는 초회왕에게 무산신녀는 "저는 아침에는 산봉우리에 구름이 되어 걸려 있다가 저녁이면 산기슭에 비가 되어 내리는데, 그게 바로 저입니다."라고 말하곤 홀연히 사라져 버린다. 꿈에서 깨어난 초회왕은 무산신녀와의 이별을 안타까워하며 무산의 남쪽에 조운관(朝雲觀)을 지었다. 이 이야기에서 남녀 간의 사랑을 의미하는 '운우지정(雲雨之情)'이라는 말이 비롯되었다.

▼
유혼(遊魂) 죽은 사람의 넋이 육체를 벗어나 떠다님. 또는 그런 영혼.
무산선녀(巫山仙女) 중국 전설에서, 얼굴이 매우 예쁘고 아름답다는 선녀. 초회왕과의 사랑 이야기가 전해짐.
황천(黃泉) 저승.
명부(名簿) 어떤 일에 관련된 사람의 이름, 주소, 직업 따위를 적어 놓은 장부.

기출 · 2016-6월 고1 학평

1 윗글에 대한 설명으로 적절한 것은?

① 삽입된 시를 통해 인물의 심리를 드러내고 있다.

② 배경 묘사를 통해 인물 간 갈등 상황을 암시하고 있다.

③ 잦은 장면 전환을 통해 긴박한 분위기를 조성하고 있다.

④ 서술자의 직접 개입을 통해 반전된 상황을 제시하고 있다.

⑤ 과거와 현재의 교차를 통해 사건의 입체감을 부여하고 있다.

기출 · 2016-6월 고1 학평

2 윗글의 등장인물에 대한 설명으로 가장 적절한 것은?

① 최 여인은 이생의 집에서 이생을 기다리고 있었다.

② 이생은 최 여인과의 이별을 차분히 준비하고 있었다.

③ 이생은 양가 부모님과의 재회를 간절히 바라고 있다.

④ 최 여인은 전쟁 중에 자신을 버린 이생을 오해하고 있다.

⑤ 이생은 부모의 유골을 모셔 둔 최 여인에게 고마워하고 있다.

3 [A]에 대한 설명으로 적절하지 <u>않은</u> 것은?

① 과거의 사건을 압축하여 제시하고 있다.

② 미래에 발생할 부정적 상황을 암시하고 있다.

③ 말하는 이의 정서를 직접적으로 표현하고 있다.

④ 고사를 인용하여 인물의 처지를 효과적으로 드러내고 있다.

⑤ 자연과 인간을 대비하면서 인간사의 무상함을 표현하고 있다.

기출 · 2016-6월 고1 학평

4 ㉠의 상황을 나타내는 말로 가장 적절한 것은?

① 두문불출(杜門不出)　　　　② 역지사지(易地思之)

③ 일편단심(一片丹心)　　　　④ 적반하장(賊反荷杖)

⑤ 환골탈태(換骨奪胎)

기출 · 2016-6월 고1 학평

5 윗글에 나타난 주요 사건을 〈보기〉와 같이 정리할 때, (가)~(다)에 대한 설명으로 적절하지 <u>않</u>은 것은?

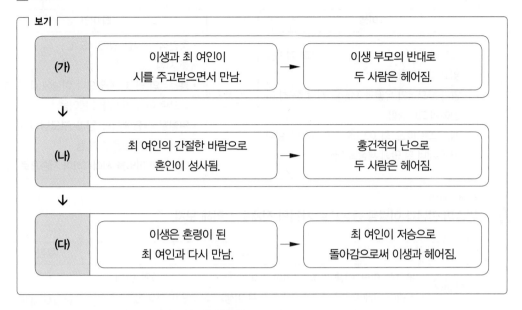

보기

(가)	이생과 최 여인이 시를 주고받으면서 만남.	→	이생 부모의 반대로 두 사람은 헤어짐.
(나)	최 여인의 간절한 바람으로 혼인이 성사됨.	→	홍건적의 난으로 두 사람은 헤어짐.
(다)	이생은 혼령이 된 최 여인과 다시 만남.	→	최 여인이 저승으로 돌아감으로써 이생과 헤어짐.

① (다)의 만남은 생사를 초월하여 주인공들의 사랑이 이어진다.

② (다)의 헤어짐은 현실에서의 재회를 전제로 주인공들의 사랑이 연기된다.

③ (다)의 만남에서는 (가)의 만남과 달리 제3자의 도움으로 주인공들의 사랑이 이루어진다.

④ (다)의 헤어짐에서는 (나)의 헤어짐과 달리 운명적 요인으로 주인공들의 사랑이 좌절된다.

⑤ (가)~(다)는 주인공들이 사랑을 이루기 위해 자신들을 둘러싼 세계와 끊임없이 갈등하는 과정이다.

플러스 자료실

금오신화

김시습이 지은 우리나라 최초의 한문 소설집인 『금오신화』에는 「만복사저포기」, 「이생규장전」, 「취유부벽정기」, 「남염부주지」, 「용궁부연록」의 5편의 이야기가 전해진다. 이 이야기들 사이에는 다음과 같은 공통점이 있다. 첫째, 우리나라 사람들이 조선을 배경으로 활동한다는 점이다. 이는 주로 중국을 배경으로 한 일반적인 고전 소설들과 차별성을 갖는 특징으로, 한국인의 풍속이나 감정 등을 효과적으로 전달할 수 있는 배경이 된다. 둘째, 비현실적인 소재와 배경이 등장하는 전기 소설(傳奇小說)이라는 점이다. 이러한 전기성은 소설에서 주인공이 현실의 문제를 해결하는 중요한 계기가 된다. 마지막으로 주인공이 현실을 등진다는 결말의 내용이다. 이는 대체적으로 행복한 결말을 선호했던 우리나라 고전 소설의 흐름과 다른 결말로, 작품에 비극적인 성격을 부여한다.

〈인물의 특성과 관계〉

1 이 글에 등장하는 인물의 특성과 관계를 정리해 보자.

이생		최 여인
• 도적의 무리에 ( )과 가족을 잃고 그리워함. • 양가 부모님의 유골과 재물을 지켜 준 최 여인에게 고마워함. • 저승으로 떠난 최 여인을 그리워하며 살다가 두서너 달 만에 세상을 떠남.	부부	• 홍건적의 위협 앞에서도 ( )를 지킴. • 홍건적의 난 때 죽었으나 이생에 대한 그리움으로 이승으로 다시 돌아옴. • 위험한 상황에서도 양가 부모님의 유골을 모셔 두고 재물을 숨겨 둠. • 이생과의 이별을 서러워하며 저승으로 떠남.

〈사건의 전개〉

2 인물의 만남과 이별을 중심으로 사건의 전개를 정리해 보자.

	만남	이별	특징
첫 번째	우연히 만난 이생과 최 여인이 사랑을 하게 됨.	이생 ( )의 반대로 이생과 최 여인이 헤어짐.	현실적 사건 전개
두 번째	최 여인 부모의 도움으로 두 사람이 결혼하게 됨.	( )의 난으로 최 여인이 죽게 됨.	
세 번째	죽은 최 여인과 이생이 이승에서 다시 만남.	최 여인이 저승으로 돌아가고 얼마 후 이생도 따라 죽음.	( ) 사건 전개

↓

'만남'과 '이별'이 반복되면서 사건이 전개됨.

〈서술상 특징〉

3 이 글의 서술상 특징과 효과를 정리해 보자.

서술상 특징		효과
'홍건적의 난'이라는 역사적 사건이 등장함.	→	소설 내용에 현실감을 부여함.
( )를 삽입함.	→	인물의 심리를 효과적으로 드러냄.
'죽은 자의 현신'이라는 전기적 내용을 다룸.	→	사랑에 대한 인물의 강한 의지를 보여 줌.
'두 주인공의 죽음'으로 소설을 끝맺음.	→	( )을 드러내면서 여운을 줌.

빈출 어휘 짚고 가기

※ 다음 뜻에 해당하는 어휘를 〈보기〉에서 찾아 써 보자.

┌─ 보기 ┐

명부   유혼   합장

1. 여러 사람의 시체를 한 무덤에 묻음. 또는 그런 장사. (   )
2. 죽은 사람의 넋이 육체를 벗어나 떠다님. 또는 그런 영혼. (   )
3. 어떤 일에 관련된 사람의 이름, 주소, 직업 따위를 적어 놓은 장부. (   )

다른 작품 엮어 읽기

연계 포인트 이 작품은 선비 유영이 꿈에서 들은 운영과 김 진사의 이야기를 전달해 주는 몽유록 형식의 소설이다. 사랑하는 남녀가 비극적인 결말을 맺는다는 점에서 「이생규장전」과 함께 읽어 볼 수 있다.

[앞부분의 줄거리] 선비 유영이 꿈에서, 죽은 운영과 김 진사를 만나 그들의 이야기를 듣는다. 안평 대군은 궁녀 열 명을 뽑아 가르치면서 궁 밖과의 인연을 금했으나, 궁녀 운영은 김 진사와 사랑에 빠졌다. 김 진사의 노비인 특의 꾀에 따라 둘은 도망가려고 운영의 의복과 재물을 빼냈다.

특이 십여 일 만에 일어나 말했습니다.

"제가 혼자 산속에서 지키고 있는데 많은 도적들이 갑자기 들이닥쳤습니다. 박살 날 것 같아 죽을힘을 다해 달아나 겨우 목숨을 보존하게 되었습니다. 이 보물이 아니었다면 제가 어찌 이런 위험에 처했겠습니까? 운명이 이리도 험한데 어찌 빨리 죽지 않는고!"

말을 마친 특은 발로 땅을 차고 주먹으로 가슴을 치며 통곡했습니다. 진사는 부모님이 알까 두려워 따뜻한 말로 위로하여 보냈다가, 뒤늦게야 특의 소행을 알고 노비 십여 명을 거느리고 가서 불시에 특의 집을 포위하고 수색을 했습니다. 그러나 금비녀 한 쌍과 거울 하나만을 찾아낼 수 있었습니다. 이 물건을 장물로 삼아 관가에 고발하여 나머지 물건들도 찾고 싶었으나, 일이 누설될까 두려워 고발하지 못했습니다. 진사는 그 재물이 없으면 불공을 드릴 수 없었기에 특을 죽이고 싶었으나, 힘으로 제압할 수 없어 애써 침묵하였습니다.

특은 자기 죄를 알고, 궁궐 담장 아래에 사는 맹인에게 가서 물었습니다.

"내가 며칠 전 새벽에 이 궁궐 담장 밖을 지나가는데, 웬 놈이 궁궐 안에서 서쪽 담을 넘어 나왔소. 도적인 줄 알고 소리를 지르며 쫓아가자, 그놈은 가졌던 물건을 버리고 달아났소. 나는 그 물건을 집에 보관하고 있으면서 임자가 찾아가기를 기다렸소. 그런데 우리 주인은 본래 염치가 없어서 내가 물건을 얻었다는 소문을 듣고 몸소 내 집에 와서 그 물건들을 찾았소. 내가 다른 보물은 없고 단지 비녀와 거울 두 가지만 있다고 대답하자, 주인은 몸소 수색을 해서 과연 그 두 물건을 찾아내었소. 주인은 그것도 부족해서 바야흐로 나를 죽이려고 하오. 그래서 내가 달아나려고 하는데, 달아나면 길(吉)하겠소?"

맹인이 말했습니다. / "길하다."

그때 맹인의 이웃이 옆에 있다가 그 이야기를 다 듣더니 특에게 말했습니다.

"너의 주인은 어떤 사람인데, 이처럼 노비에게 포악하게 구느냐?"

특이 말했습니다.

"우리 주인은 나이는 어리나 문장에 능해서 조만간 틀림없이 급제할 사람입니다. 그런데 이처럼 탐욕스러우니, 훗날 벼슬길에 올라 조정에 섰을 때 마음 씀씀이가 어떠할지 알 수 있을 것입니다."

이런 말들이 전파되어 궁중으로 들어가 대군에게 알려지게 되었습니다.

– 작자 미상, 「운영전(雲英傳)」 –

[정답과 해설 30쪽]

1 이 글은 남녀 간의 (   )인 사랑을 다룬다는 점에서 「이생규장전」과 유사하나, 꿈을 제재로 이야기가 전개되는 (   ) 형식의 소설이라는 점에서 차이가 있다.

2 이 글에서 특은 운영의 재물을 가로챈 죄로 벌을 받을 것이 두려워 (   )를 모해하고 있다.

숙향전 | 작자 미상

• 기출: 2018-3월 고2 학평, 2015 수능B

【작품 구조】

발단 송나라의 김전은 자신이 구해 준 거북의 도움으로 죽음의 위기에서 벗어난 후, 딸 숙향(천상계에서 월궁 선녀였음.)을 얻음.

전개 어릴 때 부모와 헤어지고 장 승상의 양녀가 된 숙향은 악인의 모함으로 죽을 위기에 처했으나 거북의 도움으로 목숨을 건짐.

위기 또다시 위기에서 화덕진군과 마고할미의 도움을 받은 숙향은 이랑(천상계에서 신선 태을이었음.)과 인연을 맺음.

절정 이랑의 아버지인 이 상서가 김전을 시켜 숙향을 죽이려 하나 김전은 숙향이 자신의 딸임을 알게 됨.

결말 이 상서와 오해를 푼 숙향은 과거에 급제한 이랑과 혼인을 하고, 두 사람은 신선이 준 약을 먹고 하늘로 올라감.

노옹이 졸다가 말하기를,

"네 두 손으로 내 발바닥을 문지르라."

하여 생이 종일토록 노의 발바닥을 부비더니 노옹이 깨어나 말하기를,

"그대를 위하여 사방으로 찾아다녔으나 보지 못하고 후토부인께 물으니 마고할미 데려다가 낙양 동촌에 가 산다 하기로 거기 가 보니 과연 숙향이 누상에서 수를 놓고 있거늘 보고 온 일을 표하기 위해 불덩이를 내리쳐 수놓은 봉의 날개 끝을 태우고 왔노라. 너는 그 할미를 찾아보고 숙향의 종적을 묻되 그 수의 불탄 데를 이르라." / 하였다. 이랑이 말하기를,

"제가 처음에 가 찾으니 여차여차 이르기로 **표진강가에까지 갔다가 이리 왔는데** 낙양 동촌에 데리고 있으면서 이렇게 속일 수가 있습니까?" / 하니 노옹이 웃으며 말하기를,

"마고선녀는 범인(凡人)이 아니라 그대 정성을 시험함이니 다시 가 애걸하면 숙향을 보려니와 만일 그대 부모가 숙향을 만난 것을 알면 숙향이 큰 화를 당하리라."

하고 이미 간 데 없었다. 그리하여 이랑은 집으로 돌아왔다.

선시(先時)에 할미 이랑을 속여 보내고 안으로 들어와 낭자더러 말하기를,

"아까 그 소년을 보셨습니까? 이는 천상 태을이요, 인간 이선입니다." / 하니 낭자가 물었다.

"태을인 줄 어찌 아셨습니까?" / 할미가 말하기를,

"그 소년의 말을 들으니 '대성사 부처를 따라 요지(瑤池)에 가 반도(蟠桃)를 받고 조적의 수(繡) 족자를 샀노라.' 하니 태을임이 분명합니다." / 하니 낭자가 말하였다.

"세상일이란 예측하기 어려운 것이니 옥지환(玉指環)의 진주를 가진 사람을 살펴 주십시오."

할미가 말하기를

"그 말이 옳습니다." / 하였다.

하루는 낭자가 누상에서 수를 놓더니 **문득 난데없는 불똥**이 떨어져 수 놓은 봉의 날개 끝이 탔는지라 낭자가 놀라 할미에게 보이니 할미가 말하기를,

"이는 화덕진군의 조화니 자연 알 일이 있을 것입니다." / 하였다.

이때 이랑이 목욕재계하고 황금(黃金) 일정(一正)을 가지고 할미 집을 찾아가니 할미가 맞이하여 말하기를,

"저번에 취한 술이 엊그제야 깨어 해정(解酲)하려고 하던 차에 오늘 공자를 만나니 다행한 일입니다." / 하니 이랑이 말했다.

"할미 집의 술을 많이 먹고 술값을 갚지 못하였기로 금전 일정을 가져와 정을 표하노라."

할미가 말하기를,

"주시는 것은 받거니와 제 집이 비록 가난하나 술독 위에 주성(酒星)이 비치고 밑에는 주천(酒泉)이 있습니다. 가득찬 술동이의 임자는 따로 있는 법이라, 어찌 값을 의논하겠습니까? 다른 말씀은 마시고 무슨 일로 수천 리를 왕래하셨습니까?"

▼
범인 평범한 사람.
선시 이전의 어느 날.
반도 삼천 년마다 한 번씩 열매가 열린다는 선경에 있는 복숭아.
족자 그림이나 글씨 따위를 벽에 걸거나 말아 둘 수 있도록 양 끝에 가름대를 대고 표구한 물건.
옥지환 옥으로 만든 가락지.

하니 이랑이 탄식하며 말했다.

"할미의 말을 곧이듣고 숙향을 찾으러 갔노라." / 할미가 말하기를,

"낭군은 참으로 신의 있는 선비입니다. 그런 병인(病人)을 위하여 그렇게 수고하니 숙향이 알면 자 못 감사할 것입니다." / 하니 이랑이 말하였다.

"헛수고를 누가 알겠는가?" / 할미가 거짓으로 놀라는 척하며 말했다.

"숙향이 이미 죽었습니까?" / 이랑이 말하기를,

"노전에 가 노옹의 말을 들으니 낙양 동촌 술 파는 할미 집에 있다고 하니 할미 집이 아니면 어디에 있겠는가? 사람을 속임이 너무 짓궂도다." / 하니 할미 정색하여 말하기를,

"낭군의 말씀이 매우 허탄합니다. 화덕진군은 남천문 밖에 있고 마고선녀는 천태산에 있어 인간에 내려올 일이 없거늘 숙향을 데려갔다는 말이 더욱 황당합니다."

하였다. 이랑이 말하기를,

"화덕진군이 말하기를, '숙향이 수놓는데 불똥을 나리쳐 봉의 날개를 태웠으니 후일 징간(徵看)하 라.' 하였으니 그 노옹이 어찌 나를 속이겠는가?" / 라고, 물으니 할미가 말했다.

"진실로 그러하다면 낭군의 정성이 지극합니다." / 이랑이 말하기를,

"방장(方丈), 봉래(蓬萊)를 다 돌아서도 못 찾으면 이선이 또한 죽으리로다."

하고 술도 아니 먹고 일어나거늘 할미 웃으며 말하기를,

"숙녀(淑女)를 취하여 동락(同樂)할 것이지 구태여 그런 병든 걸인을 괴로이 찾습니까?"

하니 이랑이 말하기를,

"어진 배필이 없음이 아니라 **이미 전생 일을 알고서야 어찌 숙향을 생각지 않겠느냐? 내 찾지 못하 면 맹세코 세상에 머물지 아니하리라.**" / 하였다. 할미가 또 말하기를,

"제가 아무쪼록 찾아 기별할 것이니 과히 염려하지 마십시오." / 하니 이랑이 말하기를,

"나의 목숨이 할미에게 달렸으니 가련하게 여김을 바라노라."

하고 할미를 이별하고 집에 돌아와 밤낮으로 고대하더니 삼일 후에 할미가 나귀를 타고 오거늘 기쁘 게 맞이하여 서당(書堂)에 앉히고 물었다.

"할미는 어찌 오늘에야 찾아왔는가?" / 할미가 말했다.

"낭군을 위하여 숙 낭자를 찾으러 다니니 숙향이란 이름이 세 곳에 있으되 하나는 태후 여감의 딸 이요, 하나는 시랑 황전의 딸이요, 하나는 부모 없이 빌어먹는 아이였습니다. 세 곳에 기별한 즉 둘 은 응답하나 걸인은 허락하지 아니하고 말하기를, '내 배필은 진주 가져간 사람이니 **진주를 보아야 허락하리라.**' 하더이다."

이랑이 대희하여 말하기를,

"필시 요지에 갔을 적에 반도를 주던 선녀로다. 수고스럽지만 이 진주를 갔다가 보이라."

하고 술과 안주를 내어 관대하니 할미 응락하고 돌아가 낭자더러 이생의 말을 이르고 진주 내어 주 거늘 낭자가 보고 '맞습니다.' 하니 할미는 웃고, 즉시 이랑에게 가 말했다.

— 작자 미상, 「숙향전(淑香傳)」 —

배경지식 확장

숙향의 위기와 극복

숙향은 여러 번의 죽을 위기를 맞지만 조력자들의 도움으로 위 기를 벗어난다.

• 숙향은 어릴 때 도적의 난으 로 부모와 헤어짐 → 사슴이 숙향을 업어다가 장 승상 집 앞에 데려다 놓음.

• 장 승상 집의 양녀가 된 숙향 은 사향의 모함을 받아 장 승 상 집에서 쫓겨난 후 강에 빠 져 죽으려 함. → 아버지 김전 과 인연이 있던 거북(선녀)의 도움을 받음.

• 숙향은 길을 떠돌다 갈대밭에 서 불을 만나 죽을 뻔함. → 갑자기 나타난 한 노인(화덕 진군)의 도움을 받음.

• 이 상서의 명령을 받은 김전 이 자신의 딸인 줄 모르고 숙 향을 죽이려 함. → 마고할미 의 도움을 받음.

• 숙향은 마고할미가 죽은 후 낙심하여 자결하려 함. → 마 고할미가 남긴 삽사리의 도움 으로 이랑과의 인연을 이어 나가 결혼하게 됨.

정색(正色) 얼굴에 엄정한 빛을 나타냄. 또는 그런 얼굴빛.
징간 구하여 살핌.
대희(大喜) 크게 기뻐함.
관대(款待) 친절히 대하거나 정 성껏 대접함. 또는 그런 대접.

1 윗글에 대한 설명으로 가장 적절한 것은?

① 서사의 진행 과정에 비현실적 요소가 개입되어 있다.

② 등장인물의 심리를 내적 독백의 형식으로 나타내고 있다.

③ 구체적인 외양 묘사를 통해 인물의 성격을 암시하고 있다.

④ 요약적 서술을 통해 시대적 배경을 구체적으로 제시하고 있다.

⑤ 언어유희를 사용하여 인물의 상황을 해학적으로 드러내고 있다.

개념 언어유희

언어유희는 흔히 말장난이라고
도 하는데, 말이나 글을 이용하
여 장난을 하거나 놀이를 하는
것을 말한다. 일종의 '놀이'이기
때문에 웃음을 유발할 수 있어서
대상을 조롱하거나 긴장된 상황
을 완화시키기 위해 사용한다.
예 네 서방인지 남방인지 걸인
하나가 내려왔다. → 남편을 의
미하는 '서방'과 서쪽을 의미하
는 '서방'의 같은 발음을 활용한
언어유희임.

2 윗글을 통해 추측할 수 있는 내용이 <u>아닌</u> 것은?

① 이랑과 숙향은 과거에 요지에서 만난 적이 있다.

② 이랑은 숙향과 자신이 전생의 인연이 있다고 생각하고 있다.

③ 화덕진군과 마고할미는 서로가 평범한 인물이 아님을 알고 있다.

④ 숙향은 이랑이 자신이 반도를 준 인물인지를 확인하고 싶어 한다.

⑤ 마고할미는 이랑이 천상계 인물인 숙향에게 어울리지 않는다고 생각한다.

3 〈보기〉를 참고하여 윗글의 내용을 이해한 것으로 적절하지 <u>않은</u> 것은?

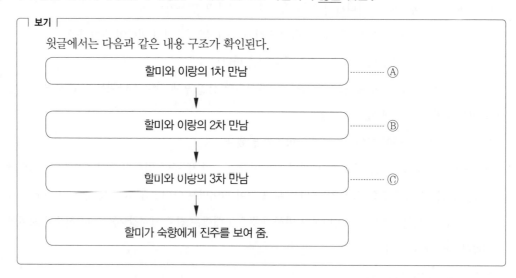

> **보기**
>
> 윗글에서는 다음과 같은 내용 구조가 확인된다.
>
> 할미와 이랑의 1차 만남 ········· ⓐ
> ↓
> 할미와 이랑의 2차 만남 ········· ⓑ
> ↓
> 할미와 이랑의 3차 만남 ········· ⓒ
> ↓
> 할미가 숙향에게 진주를 보여 줌.

① ⓐ에서 할미는 자신과 숙향의 관계를 이랑에게 숨겨 이랑과 숙향의 만남을 지연시킨다.

② ⓐ와 ⓑ 사이에 이랑은 화덕진군으로부터 마고선녀인 할미가 자신을 속이고 있다는 말을 듣는다.

③ ⓑ에서 할미는 숙향을 두고 '병든 걸인'이라 칭하여 숙향에 대한 이랑의 마음을 시험하고 있다.

④ ⓒ에서 할미는 이랑에게 자신과 숙향의 관계를 밝히고 만남을 주선하기로 약속하고 있다.

⑤ ⓐ에서 ⓒ로 진행되면서 숙향과의 만남에 대한 이랑의 기대감이 높아지고 있다.

기출 · 2018–3월 고2 학평

4 〈보기〉를 참고하여 윗글을 감상한 내용으로 적절하지 <u>않은</u> 것은?

┌ 보기 ┐
「숙향전」은 이미 천상계에서 정해진 남녀 주인공의 인연이 지상계에서 실현되는 과정을 보여
준다. 이 과정이 순탄치는 않지만 두 주인공은 의지적인 태도로 고난에 대처해 가고, 결국은 징
표에 근거하여 서로가 인연임을 확인하게 된다.

① 이랑이 숙향을 찾아 '표진강가에까지 갔다가 이리 왔'다는 것은, 이랑과 숙향의 결연 과정이
순탄치 않음을 드러내는 것으로 볼 수 있군.
② 숙향이 '문득 난데없는 불똥'을 보고 놀란 것은, 이랑과 자신에게 뜻밖의 시련이 닥칠 것임을
예상하였기 때문으로 볼 수 있군.
③ 이랑이 '이미 전생 일을 알고서야 어찌 숙향을 생각지 않겠느냐?'라고 하는 데서, 이들의 인연
이 이미 천상계에서 정해진 것임을 알 수 있군.
④ 이랑이 '내 찾지 못하면 맹세코 세상에 머물지 아니하'겠다고 말한 것은, 숙향과의 인연을 이
어 나가려는 의지적 태도가 반영된 것으로 볼 수 있군.
⑤ 숙향이 '진주를 보아야 허락하'겠다고 말한 것은, 징표를 통해 이랑이 자신의 인연인지를 확인
하려는 것으로 볼 수 있군.

기출 · 2018–3월 고2 학평

5 윗글을 읽은 독자가 〈보기〉와 같이 반응하였다고 할 때, ㉠에 들어갈 말로 가장 적절한 것은?

┌ 보기 ┐
"이어지는 장면에서 이랑과 숙향의 만남이 이루어진다면 이랑은 _____㉠_____ 하겠군."

① 감개무량(感慨無量)　　　　　　② 면종복배(面從腹背)
③ 의기소침(意氣銷沈)　　　　　　④ 전전긍긍(戰戰兢兢)
⑤ 절치부심(切齒腐心)

**플러스
자료실**

「숙향전」의 영웅 서사

「숙향전」은 '고귀한 신분의 주인공이 기이한 출생을 함. → 어린 시절에 버림을 받은 주인공이 조력자
의 도움으로 위기에서 벗어남. → 성장 과정에서 악인의 흉계로 위기에 처함. → 조력자의 도움으로
위기에서 벗어남. → 문제를 해결하고 행복한 결말을 맺음.'이라는 영웅적 일대기에 따라 전개된다.
그러나 고난을 극복하는 과정에서 영웅적 능력으로 문제를 주체적으로 해결하는 영웅들과 달리, 숙
향은 개인의 능력이 아닌 조력자들의 도움에 의존하면서 문제를 해결하는 수동적인 인물이라는 점에
서 한계점을 지닌다.

〈인물의 특성과 관계〉

1 이 글에 등장하는 인물의 특성과 관계를 정리해 보자.

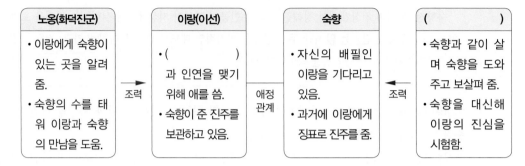

노옹(화덕진군)	이랑(이선)	숙향	( )
• 이랑에게 숙향이 있는 곳을 알려 줌. • 숙향의 수를 태워 이랑과 숙향의 만남을 도움.	• ( )과 인연을 맺기 위해 애를 씀. • 숙향이 준 진주를 보관하고 있음.	• 자신의 배필인 이랑을 기다리고 있음. • 과거에 이랑에게 징표로 진주를 줌.	• 숙향과 같이 살며 숙향을 도와주고 보살펴 줌. • 숙향을 대신해 이랑의 진심을 시험함.

조력 → / 애정 관계 / ← 조력

〈서사적 공간 구성〉

2 이 글에서 공간의 변화에 따른 신분의 변화를 정리해 보자.

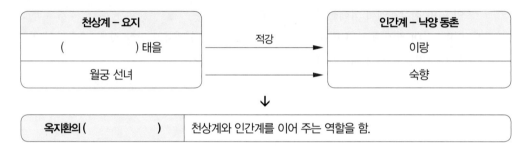

천상계 – 요지	인간계 – 낙양 동촌
( ) 태을	이랑
월궁 선녀	숙향

적강 →

↓

옥지환의 ( )	천상계와 인간계를 이어 주는 역할을 함.

〈서사 구조〉

3 영웅 서사의 구조에 맞춰 숙향의 일생을 정리해 보자.

영웅 서사의 구조	숙향의 일생
( ) 혈통과 출생	• 숙향은 천상계의 월궁 선녀였음. • 부모가 거북을 살려 주고 그 보은으로 숙향을 얻음.
고난과 시련	• 도적의 난으로 부모와 이별함. • 사향의 음모로 양부모인 장 승상 댁에서 쫓겨남. • 길을 떠돌다 큰 불을 만나 죽을 뻔함. • 이랑의 아버지인 이 상서가 숙향의 아버지인 김전을 시켜 숙향을 죽이려 함. • 마고할미가 죽고 난 후 낙심하여 죽으려 함.
고난의 극복	마고할미, 화덕진군과 같은 ( ) 인물과 여러 동물들의 도움으로 고난을 극복함.
성공	이랑과 결혼하여 행복한 삶을 살고 다시 천상계로 돌아감.

빈출 어휘 짚고 가기

※ 제시된 초성을 참고하여 다음 뜻에 해당하는 어휘를 써 보자.

1. ㄷㅎ: 크게 기뻐함. (   )
2. ㅅㅅ: 이전의 어느 날. (   )
3. ㅈㅅ: 얼굴에 엄정한 빛을 나타냄. 또는 그런 얼굴빛. (   )
4. ㄱㄷ: 친절히 대하거나 정성껏 대접함. 또는 그런 대접. (   )

다른 작품 엮어 읽기

연계 포인트 이 작품은 조선 후기를 배경으로 주인공 채봉과 장필성이 어떤 역경에도 굴하지 않고 진실한 사랑을 이룬다는 내용의 소설이다. 남녀 간의 사랑을 다룬 애정 소설이라는 점에서 「숙향전」과 함께 읽어 볼 수 있다.

[앞부분의 줄거리] 평양 김 진사의 딸 채봉은 단풍 구경을 나섰다가 전 선천 부사의 아들 장필성을 만나 호감을 갖게 되고 필성과 혼인을 약속한다. 김 진사는 벼슬을 할 생각에 허 판서에게 채봉을 첩으로 보내기로 약속한다. 가산을 정리하여 서울로 가던 중 김 진사 일행은 도적을 만나고, 혼란 중에 채봉은 도망하여 평양으로 돌아온다. 허 판서는 재물도 가져오지 않고 딸도 데려오지 않은 김 진사를 집 안에 있는 옥에 가두고, 채봉은 아버지를 구할 돈을 마련하기 위해 '송이'라는 이름의 기생이 된다. 한편 평양 감사 이보국은 송이가 서화에 능하다는 것을 알고, 기생 어미에게 송이의 몸값을 주고 송이를 데려간다.

　그 후 송이는 감사가 있는 별당 건넌방에서 혼자 거처하며 감사의 명령에 따라 여러 가지 일을 돕는다. 기생을 면함은 다행이나, 밤낮으로 잊지 못하는 것은 부모의 소식과 장필성이다. 이 감사가 보는 앞에서는 감히 그 기색을 드러내지 못하나 혼자 있을 때에는 탄식이 그치지 않는다.

　장필성은 송이의 소문을 듣고 참으로 다행이라 여기나, 송이가 있는 별당은 사람 출입을 일절 금하니, 다시 만날 길이 없어 초조하다. 그렇게 지내다가 드디어 한 계책을 생각해 낸다.

　'나도 감사 옆에서 공사를 보는 관속이 되면 채봉을 만나기가 쉬우리라.'

하고 여러 방면으로 주선을 하던 중, 마침 감사가 문필 있는 이방을 구한다는 말을 듣고 그 방면으로 힘을 써 이방이 된다. 그렇게 감사를 뵈오니,

　"가히 훌륭한 인재로다. 필성아, 이방이라 하는 것은 윗사람을 모시고 아랫사람을 대하는 책임이 중대하니, 아무쪼록 정성을 다하여 백성들이 불편 없도록 잘 거행하거라."

　장필성은 공손하게 감사의 명을 받들고 이후로는 공사 문서를 가지고 매일 관가에 드나든다. 그러나 송이의 소식을 알고자 하여도 별당이 깊고 깊어, 가까이 있어도 천 리와 같다.

　한편 송이는 감사가 공사에 쓸 것을 주면 쓰라는 것은 쓰고 빼라는 것은 빼면서 별당에 머물고 있었다. 하루는 채봉이 문서 한 장을 보는데 장필성의 글씨가 분명하다.

　'이상하다. 글씨가 서방님 필체와 같으니, 혹시 관가에 드나드시는 일이 있나?'

하고 속으로 생각하다가 감사에게 묻는다.

　"요사이 공사 문서 들어온 것을 보면 전과 글씨가 다른데, 이방이 바뀌었습니까?"

　"장필성이란 사람을 새로 들였다. 네가 보기에도 글씨를 잘 썼느냐?"

　이 말을 듣고 송이가 뛸 듯이 기뻐서,

　'어떻게 하면 한번 만나 볼까? 만나지 못하면 편지라도 띄울까? 사람을 시키자니, 만일 대감이 아시면 무슨 죄를 내리실지 몰라…….' / 하고 기회를 기다리나 때가 쉽게 오지 않는다.

– 작자 미상, 「채봉감별곡(彩鳳感別曲)」 –

[정답과 해설 32쪽]

1 이 글은 남녀 간의 사랑을 주된 내용으로 하는 소설이라는 점에서 「숙향전」과 공통점이 있지만, 전기적인 요소가 많은 「숙향전」과 달리
　（　　　　　　）인 내용을 담고 있다는 특징이 있다.

2 이 글에서 채봉(송이)이 아버지를 구할 돈을 마련하기 위해 기생이 되고 부모의 소식을 기다리는 모습에서 （　　　　　　）이 드러나
　며, 장필성과의 사랑을 포기하지 않고 이방이 된 장필성과 만날 기회를 기다리는 모습에서 사랑에 （　　　　　　）인 태도가 드러난다.

사씨남정기 | 김만중

• 수록 교과서: 국어_비상(박영민), 천재(박) / 문학_신사고
• 기출: 2018 수능, 2008 수능, 2000 수능

왕비가 웃으며 말했다.

"부인이 이곳에 오긴 오겠지만 아직 때가 멀었소. 남해 도인이 그대와 인연이 있으니 잠깐 의탁하게 될 것이오. 이 또한 하늘의 뜻이니라."

사 씨가 여쭈었다.

"남해라면 바다 끝으로 알고 있사옵니다. 첩에게는 탈 것이 없고 돈도 없는데 어찌 갈 수 있겠나이까?"

왕비가 말했다.

"조만간 길을 인도하는 자가 있을 것이니 조금도 염려 마라."

이윽고 좌우에 앉아 있는 부인들을 하나하나 소개했다. 위국 부인 장강, 한나라의 반첩여 등이 있었다. 사 씨가 다소곳이 일어나 머리를 조아리고 말했다.

"뜻밖에도 모든 부인님의 얼굴을 오늘 뵙게 되니 크나큰 영광입니다."

드디어 하직을 하고 여동의 인도를 받아 내려오는데, 걷었던 ⊙주렴을 내리는 소리가 요란하였다. 이 소리에 놀라 몸을 일으키니 유모와 시비가 부인이 깨신다 하고 부르거늘 사 씨가 일어나 앉으니 이미 날이 저물었다. 멍한 정신이 한참 만에야 진정되었다. 입에서는 향기로운 냄새가 났고 왕비께서 하시던 말씀이 뚜렷했다. 유모에게 물었다.

"내가 어디 갔다 왔느냐?"

유모와 시비가 대답했다.

"부인께서 기절하는 바람에 소인들이 간호하여 이제야 깨어나셨는데 어디를 가셨단 말입니까?"

사 씨가 조금 전에 있었던 일을 다 말하고 ⓒ대나무 수풀을 가리키며 말했다.

"분명히 저 길로 갔다 왔으니 어찌 꿈이라 하리오. 믿지 못하겠다면 나를 따라오라."

그러고는 길을 찾아 대나무 수풀 뒤쪽으로 가니 사당이 하나 있었다. 현판이 걸려 있는데 황릉묘라고 쓰여 있었다. 분명 아황과 여영, 두 왕비의 묘로 ⓐ꿈에서 본 것과 같았다. 사당 안으로 들어가 살펴보니 두 왕비의 ⓒ초상화가 걸려 있는데 꿈에서 본 것과 같았다. 이에 사 씨가 향을 피우고 절하며 말했다.

"첩이 왕비의 가르치심을 입어 훗날 좋은 시절을 만나서 영화를 누리게 된다면 어찌 그 은혜를 잊으리까?"

분향을 마친 후 앉아서 ㉮신세를 생각하니 슬픔이 밀려왔다. 시비를 시켜 묘지기 집에 가서 밥을 구해 와서는 세 사람이 나누어 먹었다. 이윽고 사 씨가 말했다.

"의지할 곳이 없으니 신령이 나를 놀리시는구나."

앞길이 막막하여 어쩔 줄 모르는 중 벌써 달이 밝았다. 세 사람이 방황하고 있는데 묘문으로 두 사람이 들어와 물었다.

"어려움을 만나 물에 빠지려 하시는 부인이 아니옵니까?"

의탁(依託) 어떤 것에 몸이나 마음을 의지하여 맡김.
장강(莊姜) 춘추 전국 시대 위나라 장공의 아내.
반첩여(班婕妤) 한나라 성제의 후궁.
시비(侍婢) 곁에서 시중을 드는 계집종.
사당(祠堂) 조상의 신주를 모셔 놓은 집.
황릉묘(黃陵廟) 순임금의 두 왕비인 아황과 여영을 추모하기 위해 세운 사당.

사 씨가 눈을 들어 자세히 보니 한 명은 **여승**이고 다른 한 명은 여동이었다. 크게 놀라며 말했다.

"어찌 우리를 아는가?"

여승이 합장하고 말했다.

"우리는 동정 군산에 사는 사람인데 조금 전 꿈결에 관음보살께서 어진 여자가 화를 만나 날이 저물어 갈 곳을 몰라 방황하니 급히 황릉묘로 가서 구하라고 하셨습니다. 이에 ⓐ배를 저어 와서 부인을 만나게 되었습니다."

[중략]

한편 한림학사 유연수는 유배지에 도착하니 바람이 거세고 **인심이 사나워** 갖은 고초를 겪게 되었다. 외로운 가운데 이러한 고생을 하니 **예전의 총명함**이 점점 돌아와 뉘우치며 말했다.

"사 씨가 동청을 꺼렸는데 이제 와서 생각하니 그 말이 옳도다. 어진 아내를 의심했으니 무슨 면목으로 조상을 대하리오."

밤낮 이런 생각을 하면서 탄식하니 병에 걸리고 말았다. 이곳에는 마땅한 의약이 없었다. 병세는 날로 심해져 죽을 지경에 이르렀다. 하루는 흰옷 입은 노파가 ⓑ병(瓶)을 들고 와서 말했다.

"상공의 병이 위독하니 이 물을 먹으면 좋아지리라."

한림이 물었다.

"그대는 누구인데 유배당한 사람의 병을 구하시오?"

노파가 말했다.

"나는 동정 군산에 사는 사람이로다."

그러고는 병을 뜰 가운데 놓고 사라졌다. 한림이 놀라 일어나니 ⓑ꿈이었다. 이상하게 생각했는데 다음 날 아침 하인이 뜰을 청소하다가 들어와 고했다.

"뜰에서 물이 솟아나옵니다."

한림이 이상하게 여겨 창을 열고 보니 꿈에 노파가 병을 놓았던 자리였다. 물을 한 그릇 떠오라고 해서 마시니 맛이 달고 상쾌한 것이 마치 **단 이슬**을 먹은 것 같았다. 원래 행주는 수질이 좋지 않은 곳이다. 한림의 병도 그렇게 좋지 않은 물 때문에 생긴 것이었다. 그런데 이 물을 먹은 즉시 병세가 사라지고 예전의 얼굴과 기력을 회복하였다. 그것을 본 사람들이 모두 신기하게 여겼다. 이후로도 그 샘은 마르지 않아 마을 사람들이 나누어 마셨다. 이로 인해 물로 인한 병이 없어지자 사람들이 그 샘을 학사정이라고 하였는데 **지금까지 전해진다.**

– 김만중, 「사씨남정기(謝氏南征記)」 –

배경지식 확장

소상강과 관련된 고사

소상강은 중국 동정호 남쪽의 강으로, 소상강과 관련된 고사들은 우리 문학 작품에서 자주 활용된다.

· 아황과 여영의 고사: 아황과 여영은 요임금의 딸이자 순임금의 왕비이기도 하다. 어느 날 남방 순시를 갔다가 돌아오지 않는 순임금을 찾으러 소상강 일대로 간 아황과 여영은 임금이 적의 화살에 맞아 죽었다는 말을 듣고 소상강에 몸을 던진다. 그리하여 지금까지 아황과 여영은 덕행과 절개를 상징하는 전설적 인물로 전해진다.

· 굴원의 고사: 초나라의 정치가이자 시인인 굴원은 세상이 혼탁해지면 그에 순응하지 않고 차라리 소상강에 몸을 던져 물고기밥이 되겠다는 말을 한다. 그리고 초나라가 진나라에 망하자 실제로 소상강의 멱라수에 몸을 던진다. 그리하여 굴원은 지조와 충의를 상징하는 인물이 되었다.

▼
고초(苦楚) 괴로움과 어려움을 아울러 이르는 말.

1 윗글의 내용에 대한 이해로 적절하지 <u>않은</u> 것은?

① '사 씨'는 꿈에서 '왕비'로부터 '남해 도인'과 인연이 있어 바다 끝으로 향할 여정이 예비되어 있음을 들었다.

② '사 씨'가 기절한 사이 '유모'는 황릉묘에 가서 '사 씨'를 깨울 방도를 찾아 왔다.

③ '사 씨'는 묘에서 만난 '여승'의 말을 통해 여승 일행이 찾아온 연유를 알게 되었다.

④ '유 한림'은 전에 '동청'을 꺼렸던 '사 씨'의 말을 받아들이지 않고 '사 씨'를 의심했다.

⑤ '마을 사람들'은 '유 한림'의 사례를 보고 수질 탓에 생긴 병을 없앨 방도를 찾을 수 있었다.

개념 매개체

매개체는 어떤 일이나 작용 따위를 양쪽의 중간에서 맺어 주는 것을 말한다. 예를 들어 '사 씨가 두 왕비와 재회할 수 있도록 돕는 매개체'라는 말은 사 씨가 두 왕비와 재회할 수 있도록 도와준 사물을 말한다고 볼 수 있다.

문학에서 자주 사용되는 매개체로는 '과거 회상의 매개체'와 '자아 성찰의 매개체'가 있다.

2 ㉠～㉤에 대한 설명으로 적절하지 <u>않은</u> 것은?

① ㉠: '사 씨'가 꿈에서 깨게 되는 소리로, '사 씨'가 비현실 세계에서 현실 세계로 돌아오게 되는 계기이다.

② ㉡: '사 씨'가 꿈에서 보았던 곳과 같은 장소로, 비현실적 상황과 현실적 상황의 경계를 모호하게 만드는 공간이다.

③ ㉢: '사 씨'가 꿈에서 보았던 왕비의 모습을 환기하는 물건으로, 초월적 존재에 대한 '사 씨'의 믿음을 드러내는 소재이다.

④ ㉣: '사 씨'가 꿈에서 계시를 받아 사전에 준비한 수단으로, '사 씨'가 두 왕비와 재회할 수 있도록 돕는 매개체이다.

⑤ ㉤: '유 한림'이 꾼 꿈에 등장한 물건으로, '유 한림'이 처한 위급한 상태를 호전시킬 방도가 생기게 하는 단초이다.

3 ⓐ와 ⓑ에 대한 이해로 가장 적절한 것은?

① ⓐ와 ⓑ에는 모두 꿈을 꾼 주체를 돕는 역할을 하는 존재가 출현한다.

② ⓐ와 ⓑ에는 모두 꿈을 꾼 주체가 만나고 싶어 하던 역사적 인물이 등장한다.

③ ⓐ와 ⓑ에는 모두 꿈을 꾼 주체가 처한 고난이 심화될 것임을 암시하는 징표가 제시된다.

④ ⓐ에는 ⓑ에서와 달리, 꿈을 꾼 두 주체가 공유하고 있는 과거의 기억이 나타나고 있다.

⑤ ⓑ에는 ⓐ에서와 달리, 꿈을 꾼 주체의 출생 내력이 제시되어 있다.

4 〈보기〉를 참고하여 윗글을 감상한 내용으로 적절하지 <u>않은</u> 것은?

┌─ 보기 ┌

　　18세기의 선비인 이양오는 「사씨남정기」를 읽고 「사씨남정기후서」를 썼다. 그는 이 소설이 착한 사람은 복을 받고 악한 사람은 벌을 받는다는 '복선화음'의 이치를 담고 있다고 평가한다. 다만 과오가 있는 사람이라도 잘못을 깨닫고 착한 데로 나아가는 과정에서 재앙이 상서로움으로 바뀌는 경우에도 주목한다. 한편 꿈속에서 벌어지는 일이나 기이한 만남이 나타나는 등 허구적인 이야기라도 사람의 일에 연관된다면 이를 두고 괴이하거나 맹랑한 것이라고 치부할 수만은 없다고 평한다. 그러면서 "말이 교화에 관련되면 괴이해도 해롭지 않고 일이 사람을 감동시키면 괴이하고 헛되어도 기뻐할 만하네."라는 김시습의 시 구절을 인용하였다.

① 유 한림이 유배지에서 얻은 질병이 '단 이슬'과 같은 물로써 치료된다는 설정에서, 유 한림의 재앙이 상서로움으로 전환되는 양상을 엿볼 수 있겠군.

② 유 한림이 유배지에서 고초를 겪는 가운데 '예전의 총명함'을 회복하는 장면에서, 과오가 있는 사람이라도 잘못을 깨닫고 착한 데로 나아가는 과정을 엿볼 수 있겠군.

③ 사 씨의 꿈에서 예견된 인도자와의 인연이 '여승'의 꿈에서 계시된 바와 조응하여 '여승' 일행이 사 씨를 찾은 장면에서, 기이한 만남이 이루어지는 양상을 엿볼 수 있겠군.

④ 학사정이 생기게 된 유래가 신이하지만 사람들에게 받아들여져 '지금까지 전해진다'고 한 점에서, 허구적인 이야기일지라도 사람의 일에 연관되므로 괴이한 것만으로는 볼 수 없겠군.

⑤ 유 한림에게 갖은 고초를 줄 만큼 '인심이 사나웠'던 행주 사람들이 샘에 얽힌 이야기를 듣고 복선화음의 이치를 깨달은 데서, 그 이야기를 맹랑한 것으로 치부해서는 곤란하다는 점을 알 수 있겠군.

5 ㉮를 가장 잘 드러내는 한자 성어로 적절한 것은?

① 금의환향(錦衣還鄕)　　　② 사고무친(四顧無親)

③ 백척간두(百尺竿頭)　　　④ 결초보은(結草報恩)

⑤ 고진감래(苦盡甘來)

플러스 자료실

역사적 사실을 반영한 소설, 「사씨남정기」

조선 제 19대 임금인 숙종은 왕비 인현 왕후와의 사이에 오랫동안 아들이 없다가 궁녀 장 씨(장 희빈)와의 사이에 왕자를 낳는다. 이후 서인들의 반대를 무릅쓰고 장 씨와의 사이에 낳은 아들을 세자로 세우는데, 이 과정에서 장 씨의 모해로 인현 왕후를 폐위시키고 유배 보내게 된다. 이때 서인의 한 사람으로 귀양을 가기도 했던 김만중이 임금의 잘못을 우회적으로 비판하기 위해 지은 소설이 「사씨남정기」이다. 소설의 배경이 중국으로 되어 있는 것은 이러한 비판을 조금이나마 가리기 위한 장치로 볼 수 있다. 이 소설에는 김만중의 유교적 가치관이 잘 드러나는데, 사 씨를 가부장제 사회에서 여성으로서의 도리를 다하려는 덕성 있는 여성으로 그린 점이나 처첩 간의 갈등에 대해 부정적인 시선을 드러낸 것 등이 그것이다.

〈인물의 특성과 관계〉

1 이 글에 등장하는 인물의 특성과 관계를 정리해 보자.

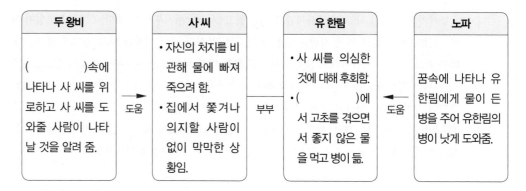

두 왕비		사 씨		유 한림		노파
(　　　)속에 나타나 사 씨를 위로하고 사 씨를 도와줄 사람이 나타날 것을 알려 줌.	도움 →	• 자신의 처지를 비관해 물에 빠져 죽으려 함. • 집에서 쫓겨나 의지할 사람이 없이 막막한 상황임.	부부	• 사 씨를 의심한 것에 대해 후회함. • (　　　)에서 고초를 겪으면서 좋지 않은 물을 먹고 병이 듦.	← 도움	꿈속에 나타나 유 한림에게 물이 든 병을 주어 유한림의 병이 낫게 도와줌.

〈소재의 기능〉

2 이 글에서 인물이 꾸는 '꿈'의 기능을 정리해 보자.

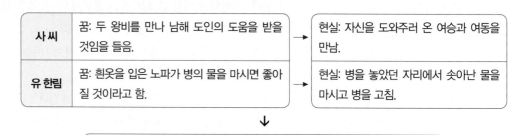

사 씨	꿈: 두 왕비를 만나 남해 도인의 도움을 받을 것임을 들음.	→	현실: 자신을 도와주러 온 여승과 여동을 만남.
유 한림	꿈: 흰옷을 입은 노파가 병의 물을 마시면 좋아질 것이라고 함.	→	현실: 병을 놓았던 자리에서 솟아난 물을 마시고 병을 고침.

↓

• 앞으로 인물에게 일어날 일을 (　　　　)함.
• 인물이 겪고 있는 현실 세계의 문제를 해결할 수 있게 함.

〈작가의 의도〉

3 이 글의 창작 배경이 되는 역사적 사건을 바탕으로 작가의 창작 의도를 파악해 보자.

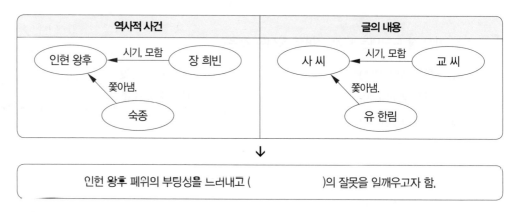

역사적 사건	글의 내용
인현 왕후 ← 시기, 모함 ─ 장 희빈 ↑ 쫓아냄. 숙종	사 씨 ← 시기, 모함 ─ 교 씨 ↑ 쫓아냄. 유 한림

↓

인헌 왕후 폐위의 부당싱을 느러내고 (　　　　)의 잘못을 일깨우고자 함.

빈출 어휘 짚고 가기

※ 다음 어휘에 알맞는 뜻을 찾아 바르게 연결해 보자.

1. 고초 •　　　　　　　　　　　　　• ㉠ 조상의 신주를 모셔 놓은 집.

2. 사당 •　　　　　　　　　　　　　• ㉡ 곁에서 시중을 드는 계집종.

3. 시비 •　　　　　　　　　　　　　• ㉢ 괴로움과 어려움을 아울러 이르는 말.

4. 의탁 •　　　　　　　　　　　　　• ㉣ 어떤 것에 몸이나 마음을 의지하여 맡김.

다른 작품 엮어 읽기

연계 포인트 이 작품은 전실 소생의 딸과 계모의 갈등이라는 전형적인 소재를 다루고 있는 소설이다. 가정 내에서의 선악 갈등을 다룬다는 점에서 「사씨남정기」와 함께 읽어 볼 수 있다.

박 씨가 시비(侍婢) 운행을 불러 말하였다.

"너 남복(男服)을 입고 월선의 방에 있다가 우리가 문밖에 가거든 문을 열치고 달아나라."

운행이 남자의 옷을 입고 월선의 방에 있다가 박 씨가 나오는 것을 보고 거짓 놀라는 체하고 도망하니, 승상이 그놈을 보고 뒤를 쫓아갔으나 부질없었다.

이때 박 씨가 거짓 놀라는 체하고 엎드러졌다가 말하였다.

"이런 흉악한 일이 어디 있으리오? 저러하고 무슨 말을 하리오?"

이어 월선을 꾸짖어 말하였다.

"무슨 낯으로 타인을 위하는고?"

또 승상에게 말하였다.

"친정에 있을 때도 이런 일을 보지 못하였으니 처분대로 하소서."

이어 박 씨가 집 안으로 들어가니 승상이 한 말도 못 했다.

월성이 변명(辨明)하니 승상이 더욱 분하여 말하였다.

"이제 속절없다."

이어 승상이 칼을 들고 월선을 치려 하니, 월선이 정신이 아득하여 땅에 엎드러져 기절하였다. 월성이 실색(失色)하여 울며 달려들어 월선을 덮어 안고 한 손으로 칼을 붙들고 애걸(哀乞)하며 말하였다.

"아버님은 잠깐 분노를 참으소서. 저를 보아서라도 누이를 살려 주옵소서. 어찌 자식의 몸에 칼을 대어 유혈(流血)을 내리오? 누이가 죽으면 동생인들 어찌 참혹한 것을 보리오? 아버님은 나를 생각하여 죽이지 마시고 오늘 밤에 소식 없이 죽이거나 살리거나 하되 남이 모르게 하옵소서. 또 남이 묻거든 간밤에 죽었다 하고 선산(先山)에 허장(虛葬)하오면 무사하리다. 소자에게 맡기시면 멀리 보내리라."

이렇게 말하며 월선을 안으니 오누이의 화목한 거동을 차마 보지 못할 정도로 아름다웠다.

승상이 월선을 차마 못 치고 칼을 던지고 슬퍼하며 말하였다.

"월성아, 물에 넣고 오너라. 만일 살려 두면 너를 죽이리라."

월성이 승상에게 말하였다.

"어찌 살아날 수 있겠습니까?"

이어 월선을 안고 울며 말하였다.

"누이야, 어찌하리오? 아버님 명으로 물에 넣고 오라 하시니 나를 따라가서 살자."

다시 월선을 데리고 나와,

"누이는 너무 슬퍼 마옵소서. 인명이 재천인데 설마 죽겠습니까?" / 하고는 행장을 수습하였다.

– 작자 미상, 「황월선전(黃月仙傳)」 –

[정답과 해설 34쪽]

1 이 글의 박 씨와 「사씨남정기」의 교 씨는 작품 속에서 (   )을 유발한다는 공통점이 있다.

2 이 글에서 월선의 이복동생인 월성은 위험에 빠진 월선을 돕는 (   )의 역할을 한다.

원생몽유록 | 임제

• 기출: 2015-10월 고3 학평A

【작품 구조】

발단 선비 원자허(원생)는 어느 날 책을 읽다가 잠이 듦.

전개 꿈속에서 복건을 쓴 사람의 안내로 임금과 다섯 신하를 만난 자허는 그들과 술자리를 가짐.

절정 임금과 다섯 신하들은 억울하게 나라를 빼앗긴 자신들의 처지를 한탄하는 노래를 부르고, 한 무인은 유약한 선비들을 꾸짖으며 비분강개한 심정을 노래로 표현함.

결말 꿈에서 깬 원자허의 이야기를 들은 벗 매월거사는 어진 왕과 신하들이 나라를 빼앗긴 현실을 안타까워함.

[앞부분의 줄거리] 꿋꿋한 절개를 지닌 선비 자허가 밤에 독서를 하다가 잠이 든다. 꿈속에서 강 언덕을 거닐며 시를 읊던 자허는 복건을 쓴 사람을 만나는데, 그는 임금과 신하들이 자허를 기다리고 있다고 말하며 정자로 인도한다.

그들은 자허가 오는 것을 보고 일제히 마중을 나왔다. 자허는 그들과 인사를 나누기 전에 먼저 임금에게 나아가 문안을 여쭙고 되돌아와서 각자 자리에 앉기를 기다렸다가 맨 끝에 앉았다. 자허의 바로 윗자리에는 복건을 쓴 이가 앉았고, 그 위로는 다섯 사람이 차례로 앉았다. 자허는 어떻게 된 까닭인지 알 수 없어서 몹시 불안하였다. 그때 임금이 말하였다.

"내가 일찍부터 경의 꽃다운 지조를 그리워하였소. 오늘 이 아름다운 밤에 만났으니 조금도 이상하게 생각 마오."

자허는 그제야 의심을 거두고 일어서서 은혜에 감사하였다. 그 후 자리가 정해지자 그들은 고금 국가의 흥망을 흥미진진하게 논하였다. 복건 쓴 이는 탄식하면서

"옛날 요, 순, 탕, 무는 만고의 죄인입니다. 그들 때문에 후세에 여우처럼 아양 부려 임금의 자리를 뺏은 자가 선위를 빙자하였고, 신하로서 임금을 치고서도 정의를 외쳤습니다. 천 년의 도도한 세월이 흘렀건만 누구도 그 폐해를 구제하지 못했습니다. 그러니 이 네 임금이야말로 도적의 시초가 아니고 무엇이겠습니까?" / 하였다.

그러자 말이 채 끝나기도 전에 임금은 얼굴빛을 바로잡고,

"아니오. 경은 이게 대체 무슨 말이오? 네 임금의 덕을 지니고 네 임금의 시대를 만났다면 옳거니와, 네 임금의 덕이 없을뿐더러 네 임금의 시대가 아니라면 아니 될지니, 네 임금이 무슨 허물이 있겠소? 다만 그들을 빙자하는 놈들이 도적이 아니겠소?"

하고 말했다. 그러자 복건 쓴 이는 머리를 조아리고 절하며,

"마음속에 불평이 쌓여서 저도 모르는 사이에 지나치게 분개했습니다." / 하며 사과했다.

임금은 또,

"그만두시오. 오늘은 귀한 손님이 이 자리에 계시니, 다른 것을 이야기할 필요는 없겠소. 다만 달은 밝고 바람이 맑으니, 이렇게 아름다운 밤에 어찌하려오."

하고 곧 금포를 벗어서 갯마을에 보내어 술을 사 오세 했다. 술이 몇 잔 돌자 임금은 그제야 잔을 잡고 흐느껴 울면서 여섯 사람을 돌아보았다.

"경들은 이제 각기 자기의 뜻을 말하여 남몰래 품은 원한을 풀어 봄이 어떠할꼬."

했다. 여섯 사람은

"전하께옵서 먼저 노래를 부르시면 신들이 그 뒤를 이어 볼까 하옵니다."

하고 대답했다. 임금은 수심에 겨워 옷깃을 여미고 슬픔을 이기지 못한 채 노래 한 가락을 불렀다.

> 강물은 울어 옐 제 쉴 줄을 모르는구나 / 기나긴 나의 시름 이 물에 비길까나
> 살았을 때는 **임금**이건만 죽어서는 고혼뿐이거늘

요(堯), 순(舜), 탕(湯), 무(武) 고대 중국의 성군(聖君)들. 무능한 왕을 몰아내고 왕위에 오르거나, 자신의 아들이 아닌 능력 있는 자에게 왕위를 물려주는 등 일반적인 왕위 계승 방식을 따르지 않았다는 특징이 있음.
선위(禪位) 군주가 살아 있으면서 다른 사람에게 군주의 지위를 물려주는 일.
고혼(孤魂) 의지할 곳 없이 떠돌아다니는 외로운 넋.

[A]
　새 임금은 **거짓**이라 나를 높여 무엇하리

　고국의 백성들은 국적이 변했구나

　예닐곱 신하만이 죽음으로 나를 따르는구나

　오늘 저녁은 어인 밤인가 강루에 함께 올라

　차가운 물결 밝은 달이 수심을 자아낼 때 / 슬픈 노래 한 가락에 천지가 아득하구나

노래가 끝나자 다섯 사람이 각기 절구를 읊었다. 첫째 자리에 앉은 사람이 먼저 읊었다.

[B]
　어린 임금 못 받듦은 내 재주 엷음이라

　나라 잃고 임금 욕보이고 이 몸까지 버렸구나

　지금 와 천지를 둘러보니 부끄러울 뿐이로다

　당년에 일찍 스스로 도모하지 못했음을 후회하노라

[중략]

읊기가 끝나자 만좌는 모두 흐느껴 울었다. 얼마 되지 않아서 어떤 **기이한 사내** 하나가 뛰어드는데 그는 씩씩한 무인이었다. 키가 훨씬 크고 용맹이 뛰어났으며, 얼굴은 포갠 대추와 같고, 눈은 샛별처럼 번쩍였다. 그는 옛날 문천상의 정의에다 진중자의 맑음을 겸하여 늠름한 위풍은 사람들로 하여금 공경심을 일으키게 했다. 그는 임금의 앞에 나아가 뵌 뒤에 다섯 사람을 돌아보며

"애달프다. **썩은 선비들**아, 그대들과 무슨 대사를 꾸몄단 말인가."

하고 곧 칼을 뽑아 일어서서 춤을 추며 슬피 노래를 부르는데, 그 마음은 강개하고 그 소리는 큰 종을 울리는 듯싶었다. 그 노래는 다음과 같았다.

[C]
　바람은 쓸쓸하여 잎 지고 물결 찰 제 / 칼 안고 긴 휘파람에 북두성은 기울었네

　살아서는 충의하고 죽어서는 굳센 혼을 / 내 금량이 어떻더뇨 강 속에 둥근 달이로다

　함께 일을 도모한 것이 잘못이니 썩은 선비 책하지 마오

노래가 끝나기 전에 달이 어두컴컴해지고 시름겨운 구름이 끼더니, 비가 쏟아지고 바람이 몰아쳤다. 귀를 찢는 천둥소리가 울리니 모두가 홀연히 흩어졌다. 자허도 역시 놀라 깨어 본 즉 곧 **한바탕의 꿈**이었다. 자허의 벗 매월거사는 이 꿈 이야기를 듣고 **통분한 어조**로 말했다.

"대체로 보아 옛날로부터 임금이 어둡고 신하가 혼잔하여 마침내 나라를 망친 자가 많았다. 그런데 이제 그 임금을 보건대 반드시 현명한 왕이며, 그 여섯 신하도 또한 모두 충의의 선비인데 어찌 이런 신하와 이런 임금으로서 패망의 화를 입음이 이렇게 참혹할 수 있겠는가. 아아, 이것은 대세가 이렇게 만든 것일까. 그렇다면 이는 불가불 시세에 맡길 수밖에 없을 것이며 또한 원인을 하늘에 돌리지 않을 수 없겠다. 하늘에 원인을 돌린다면, 저 착한 이에게 복을 주며 악한 놈에게 재앙을 주는 것이 하늘의 도리가 아니겠는가. 만일 하늘에 원인을 돌릴 수 없다면 곧 어둡고도 막연하여 이 이치를 상세히 알 수 없이 유유한 이 누리에 한갓 지사의 회포만을 돋울 뿐이구려."

– 임제, 「원생몽유록(元生夢遊錄)」 –

▼
문천상(文天祥) 죽음으로 절개를 지킨 중국 남송의 충신.
진중자(陳仲子) 청렴한 삶을 살았던 중국 초나라의 선비.
금량 마음속에 깊이 품은 생각.
매월거사 생육신 중 한 명인 김시습의 별호.
혼잔(昏屚)하다 어리석고 못나서 사리에 어둡다.

개념 전기적 요소

'전기적'이란 '기이하여 세상에 전할 만한 것'이라는 의미로, 전기적 요소란 고전 소설에서 자주 볼 수 있는 비현실적인 요소를 의미한다. 사람의 능력으로는 불가능한 도술을 사용하거나 귀신이나 선녀와 같은 영적인 존재가 등장하는 것, 혹은 인간 세상과 다른 천상계나 용궁과 같은 상상 속의 공간이나 인물들이 제시되는 것 등이 그것이다. 고전 소설에서 전기적 요소는 해결하기 힘든 현실의 문제를 해결하기 위한 수단으로 사용하거나 인물의 영웅적인 면모를 구체화하기 위해, 혹은 남녀의 인연을 필연적인 것으로 만들기 위해 사용하고, 이는 독자의 흥미와 관심을 이끌어 내는 중요한 요소가 된다.

기출 · 2015–10월 고3 학평A

1 윗글에 대한 설명으로 가장 적절한 것은?

① 다양한 관점으로 인물의 성격을 입체적으로 조명하고 있다.

② 서술자가 개입하여 과거 사건을 압축적으로 제시하고 있다.

③ 전기적 요소를 활용해 인물의 신이한 능력을 부각하고 있다.

④ 대화와 삽입된 노래를 통해 인물들의 심회를 드러내고 있다.

⑤ 우의적 소재를 활용하여 사건 해결의 실마리를 제공하고 있다.

기출 · 2015–10월 고3 학평A

2 윗글의 인물에 대한 이해로 적절하지 <u>않은</u> 것은?

① 임금은 왕위를 잃은 후 자신의 처지를 슬퍼하고 있다.

② 자허는 신하들 사이의 오해를 해소하기 위해 애쓰고 있다.

③ 기이한 사내는 노래를 통해 자신의 충의를 드러내고 있다.

④ 복건 쓴 이는 임금의 지적을 받자 자신의 잘못을 인정하고 있다.

⑤ 첫째 자리에 앉은 사람은 임금을 제대로 보좌하지 못한 것을 안타까워하고 있다.

기출 · 2015–10월 고3 학평A

3 〈보기〉를 참고하여 윗글을 감상한 내용으로 적절하지 <u>않은</u> 것은?

┌ 보기 ┐

임제는 남효온이 지은 사육신의 전기인 「육신전(六臣傳)」의 주제를 수용하여 「원생몽유록」을 창작하였다. 이 작품에는 세조에게 폐위당한 단종과 절의를 지켜 그의 복위를 도모힌 사육신이 등장하고 있다. 작가는 이 작품에서 당시 공론화하는 것을 금기로 여기던 세조의 왕위 찬탈을 비판하고, 부조리한 현실에 대한 비분강개를 드러내고 있다.

└─────────────────────────────┘

① '임금'은 단종을, '예닐곱 신하'는 단종에게 절의를 지킨 사람들을 가리키는 것으로 볼 수 있군.

② '새 임금은 거짓'은 작가가 등장인물을 통해 세조에 대한 시각을 드러낸 것으로 볼 수 있군.

③ '썩은 선비들'이라는 '기이한 사내'의 질책에는 절의를 지키지 않고 세조를 섬기는 사람들에 대한 비분강개가 담긴 것으로 볼 수 있군.

④ '한바탕의 꿈'을 통해 당시에 금기시되던 세조의 왕위 찬탈을 비판하려는 의도를 드러낸 것으로 볼 수 있군.

⑤ '통분한 어조'로 매월거사가 한 말은 부조리한 현실에 대한 한탄을 드러낸 것으로 볼 수 있군.

4 윗글의 '자허'가 '임금'에게 편지를 쓴다고 가정할 때, 그 내용으로 적절하지 **않은** 것은?

> **보기**
>
> 신은 삼가 전하께 글을 올리옵니다. ①꿈속에서 소신이 전하를 알현했을 때 전하께서 고결한 선비로 대우해 주셔서 감격했습니다. 전하께서 선위에 대해 논하실 때 관심을 갖고 들었는데, ②복건을 쓴 자와 달리 전하께서는 선위를 한 옛 임금들과 선위를 핑계로 대는 역적들을 아울러 비판하신 것 같았습니다. 황송하옵게도 전하께서 소신을 위해 비단 도포를 팔아 술을 사 오게 하실 때는 정말 몸 둘 바를 몰랐습니다. 술자리에서 ③자연물에 의탁하여 마음을 드러내신 전하의 노래를 듣게 되었습니다. 신하들의 노래까지 끝난 후 나타난 위풍당당한 무인의 검무는 인상적이었습니다. 하지만 ④전하께서는 궂은 날씨 속에서 뇌성과 함께 갑자기 종적을 감추셨고, 소신은 꿈에서 깨어났습니다. 워낙 꿈이 생생한지라 ⑤소신은 꿈에서 겪은 일을 의기가 넘치는 친구에게 들려주었습니다. 비록 꿈이었지만 전하를 뵈오니 감개무량할 따름입니다.
>
> 전하, 부디 평안하시기를 바라옵니다.

5 [A]~[C]에 대한 설명으로 적절하지 **않은** 것은?

① [A]와 [B]에서는 영탄적 어조를 사용하여 화자의 정서를 드러내고 있다.

② [A]와 [B]에서는 부정적 인물에 대한 적대적 감정을 표출하고 있다.

③ [A]와 [C]에서는 자연물을 통해 시간적 배경이 나타나고 있다.

④ [B]와 [C]에서 화자는 자신에 대해 자책하는 태도를 보이고 있다.

⑤ [B]와 [C]에는 임금에 대한 충성을 중시하는 유교적 가치가 반영되었다.

플러스 자료실

사육신과 생육신

조선 5대 임금인 문종이 죽고 난 후 단종이 12세의 어린 나이로 왕위에 올랐다. 그러자 단종의 숙부이자 문종의 동생인 수양 대군은 무력을 써서 조카를 쫓아내고 본인이 왕위에 올랐는데, 그가 바로 조선 7대 임금인 세조이다. 세조가 왕위에 오르자 이에 반발한 성삼문, 박팽년, 하위지, 이개, 유성원, 유응부 등은 세조를 죽이고 단종을 다시 왕위에 올리기 위한 모의를 꾀했으나 사전에 발각되어 심한 고문을 받고 목숨을 잃게 된다. 이들 여섯 명을 사육신(死六臣)이라 하는데, 유응부만이 무관이었고, 나머지 다섯 신하는 모두 문관들이었다. 한편 죽음을 택하지는 않았지만 벼슬을 버리고 초야에 숨어 살며 절개를 지킨 신하들도 있었는데, 그중 남효온, 김시습, 이맹전, 조여, 원호, 성담수 등 여섯 명을 생육신(生六臣)이라 부른다. 이 중 김시습은 버려진 사육신의 시신을 하나씩 수습해 묻어 준 인물이기도 하다.

「원생몽유록」에 등장하는 인물들이 바로 단종과 사육신인데, 원생을 안내해 준 '복건을 쓴 이'는 생육신 중 한 명인 남효온으로 보는 것이 일반적인 견해이다.

〈인물의 특성과 관계〉

1 이 글에 등장하는 인물의 특성과 관계를 정리해 보자.

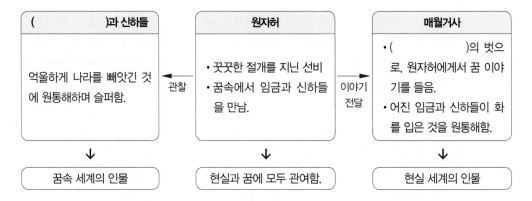

( )과 신하들		원자허		매월거사
억울하게 나라를 빼앗긴 것에 원통하며 슬퍼함.	←관찰	• 꿋꿋한 절개를 지닌 선비 • 꿈속에서 임금과 신하들을 만남.	이야기전달→	• ( )의 벗으로, 원자허에게서 꿈 이야기를 들음. • 어진 임금과 신하들이 화를 입은 것을 원통해함.
↓		↓		↓
꿈속 세계의 인물		현실과 꿈에 모두 관여함.		현실 세계의 인물

〈서사 구조〉

2 이 글의 내용을 정리하면서 서사 구조를 파악해 보자.

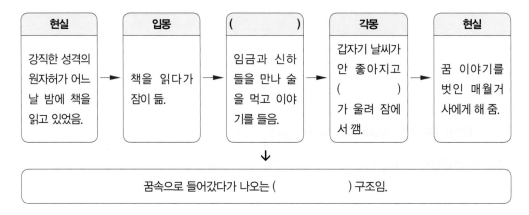

현실		입몽		( )		각몽		현실
강직한 성격의 원자허가 어느 날 밤에 책을 읽고 있었음.	→	책을 읽다가 잠이 듦.	→	임금과 신하들을 만나 술을 먹고 이야기를 들음.	→	갑자기 날씨가 안 좋아지고 ( )가 울려 잠에서 깸.	→	꿈 이야기를 벗인 매월거사에게 해 줌.

↓

꿈속으로 들어갔다가 나오는 ( ) 구조임.

〈작가의 의도〉

3 이 글을 창작한 작가의 의도를 정리해 보자.

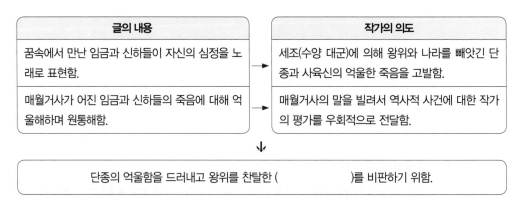

글의 내용		작가의 의도
꿈속에서 만난 임금과 신하들이 자신의 심정을 노래로 표현함.	→	세조(수양 대군)에 의해 왕위와 나라를 빼앗긴 단종과 사육신의 억울한 죽음을 고발함.
매월거사가 어진 임금과 신하들의 죽음에 대해 억울해하며 원통함.	→	매월거사의 말을 빌려서 역사적 사건에 대한 작가의 평가를 우회적으로 전달함.

↓

단종의 억울함을 드러내고 왕위를 찬탈한 ( )를 비판하기 위함.

빈출 어휘 짚고 가기

※ 제시된 초성을 참고하여 다음 뜻에 해당하는 어휘를 써 보자.

1. ㄱㄹ : 마음속에 깊이 품은 생각. ( )
2. ㄱㅎ : 의지할 곳 없이 떠돌아다니는 외로운 넋. ( )
3. ㅅㅇ : 군주가 살아 있으면서 다른 사람에게 군주의 지위를 물려주는 일. ( )

박생이 또 역대의 제왕들이 불교를 숭상하다가 재앙을 입은 이야기를 하자, 왕이 문득 이맛살을 찌푸리며 말하였다.

"백성이 임금의 덕을 노래하는데도 큰물과 가뭄이 닥치는 것은 하늘이 임금으로 하여금 근신하라고 경고하는 것입니다. 백성이 임금을 원망하고 탄식하는데도 상서로운 일이 나타나는 것은 요괴가 임금에게 아첨하여 더욱 교만 방자하게 만드는 것입니다. 제왕들에게 상서로운 일이 나타났다고 해서 백성이 편안해질 수 있겠습니까? 원통하다고 말할 수 있겠습니까?"

박생이 말하였다.

"간신이 벌 떼처럼 일어나 큰 난리가 자주 생기는데도 임금이 백성을 위협하고 위엄 부리는 것을 잘 한 일로 여겨 명예를 구하려 한다면, 그 나라가 어찌 평안할 수 있겠습니까?"

왕이 한참 있다가 탄식하며 말하였다.

"그대의 말씀이 옳습니다."

잔치가 끝나자 왕은 자신의 왕위를 박생에게 물려주려고 다음과 같이 직접 선위문(禪位文)을 지었다.

[중략]

박생이 이 글을 받아 들고 응낙한 뒤에, 두 번 절하고 물러 나왔다. 왕은 다시 신하와 백성들에게 명령을 내려 축하드리게 하고, 태자의 예절로써 그를 전송하게 하였다. 그러고는 박생에게 말하였다.

"오래지 않아 돌아와야 하오. 이번에 가거든 수고롭지만 내가 한 말들을 전하여 인간 세상에 널리 퍼뜨리시오. 황당한 일을 다 없애 주시오."

박생이 또 두 번 절하여 감사드리고 말하였다.

"만분의 하나라도 그 뜻을 널리 전하지 않겠습니까?"

박생이 문을 나서자, 수레를 끄는 자가 발을 헛디뎌 수레바퀴가 넘어졌다. 그 바람에 박생도 땅에 쓰러졌다. 깜짝 놀라서 일어나 깨어 보니 한바탕 꿈이었다. 눈을 떠 보니 책은 책상 위에 내던져 있었고, 등잔불은 가물거리고 있었다.

박생은 한참 의아하게 여기다가, 장차 자신이 죽을 것을 알게 되었다. 그래서 날마다 집안일을 정리하기에 전념하였다. 박생이 몇 달 뒤에 병에 걸렸는데, 결코 일어나지 못할 것을 스스로 알았다. 그래서 의원과 무당을 사절하고 세상을 떠났다. 그가 죽던 날 저녁에 이웃집 사람의 꿈에 어떤 신인(神人)이 나타나서 말하길, 박생이 염라대왕이 되었다고 하였다 한다.

－ 김시습, 「남염부주지(南炎浮洲志)」 －

[정답과 해설 36쪽]

1 이 글과 「원생몽유록」은 주인공이 꾸는 꿈을 통해 현실 (　　　　　　　)인 인식을 드러내고 있다는 공통점이 있다.

2 이 글에서 박생은 임금이 (　　　　　　　)을 근본으로 하는 정치를 해야 한다고 생각하고 있다.

구운몽 | 김만중

• 수록 교과서: 문학_금성, 지학사, 천재(김), 천재(정)
• 기출: 2015-3월 고2 학평, 2014-6월 고3 모평A

【작품 구조】

발단 형산 연화봉 육관 대사의 제자인 성진은 팔선녀를 만나 속세에 뜻을 두었다가 인간 세상으로 추방당함.

전개 성진은 양 처사의 아들인 양소유로 환생하고, 어릴 때 아버지를 잃음. 양소유는 입신양명을 위해 노력함.

위기 인간 세상에 환생한 팔선녀와 차례로 만나 인연을 맺은 양소유는 전쟁에서 큰 공을 세우고 승상의 위치에 오름.

절정 어느 생일날 양소유는 역대 임금들의 황폐한 무덤을 보고 인생의 무상함을 느끼다가 한 도승을 만나 잠에서 깸.

결말 꿈에서 깬 성진은 잘못을 뉘우치고 팔선녀와 함께 불도에 정진하여 모두 극락세계로 들어감.

▼
약수(弱水) 신선이 살았다는 중국 서쪽의 전설 속의 강. 길이가 3,000리나 되며 부력이 매우 약하여 기러기의 털도 가라앉는다고 함.
영욕(榮辱) 영예와 치욕을 아울러 이르는 말.
백년고락(百年苦樂) 긴 세월 동안의 괴로움과 즐거움을 아울러 이르는 말.
탁문군(卓文君)과 사마상여(司馬相如) 왕손의 딸인 탁문군은 과부가 되어 집에 와있는 중에 아버지의 초대로 온 젊은 학자인 사마상여를 보고 한눈에 반해 함께 야반도주를 하고 결혼을 함.

[앞부분의 줄거리] 양소유는 과거를 보러 가는 길에 화주 화음현 땅에 이르러 버드나무를 보고 시 한 수를 읊는다.

봄바람이 시 읊는 소리를 누각 위로 올려보내니, 마침 누각에서 한 미인이 낮잠에 빠져 있다가 놀라 베개를 밀치고 일어나 앉았다. 창문을 활짝 열고 문턱에 기대어 소리 난 곳을 찾아 눈을 돌리다가 소유와 눈이 딱 마주쳤다. 흐트러진 머리카락은 귀밑으로 흘러내렸고 옥비녀는 기울어져 있었다. 흐린 눈으로 멍하게 앉아 있는데 가녀린 몸에 힘이라곤 없어 보였다. 눈가는 아직 잠이 덜 깬 듯하고, 뺨에는 연지가 반쯤 지워져 있었다. 하늘이 낸 듯 어여쁜 자태는 말로 형용할 수도 그림으로 그릴 수도 없었다. 두 사람이 마주 보는데 한마디 말도 할 수 없었다. 이때 양생의 시동이 돌아왔다.

"저녁 식사가 준비되었습니다."

미인이 정신을 잃고 멍하니 바라보다가 갑자기 깨닫고 문을 닫고 들어갔다. 그윽한 향기만 바람을 타고 풍겨 올 뿐이었다. 소유는 시동을 원망했다. 미인이 구슬발을 치고 안으로 들어간 것이 약수를 사이에 둔 것처럼 여겨졌다. ⓐ어쩔 수 없이 시동과 돌아가는데 한 걸음 걸을 때마다 한 번씩 돌아보았으나 굳게 닫힌 문은 끝내 열리지 않았다. 소유는 안타까운 마음으로 여관에 돌아왔고 그만 넋을 잃고 말았다.

미인의 성은 진씨고 이름은 채봉으로 진 어사의 딸이다. 일찍이 어머니를 여의었으며 형제도 없었다. 결혼해 비녀를 꽂을 때가 되었지만 그러지 못했다. 이때 진 어사는 서울에 가 있었고 채봉 홀로 집에 있었는데, 꿈에도 생각지 못한 귀남자를 만나 그 풍모를 보고 기뻐하고 그 시를 듣고 재주를 흠모했다. 속으로 생각했다.

'여자는 남편을 만나는 것이 가장 중요한 일이다. 여자의 평생 영욕과 백년고락이 모두 남편에게 달려 있다. 그렇기에 탁문군은 과부였지만 스스로 사마상여를 따르기로 정하고 실행했다. 그런데 나는 처녀니 내가 먼저 나서서 뜻을 밝히면, 스스로 자기 결혼에 중매를 서려고 한다는 혐의를 얻을 것이다. 하지만 옛말에 신하도 임금을 선택할 수 있다고 했으니, 처녀도 남편을 선택할 수 있지 않으랴. 만일 지금 그 사람 이름도 묻지 않고 어디 사는지도 알지 못하면, 나중에 아버지에게 고해서 중매를 보내려고 해도 천지 사방 어디에서 그를 찾을 수 있으리.'

이에 한 폭 종이를 펴 시 한 수를 쓰고 봉해서 유모에게 주며 말했다.

"이 편지를 가지고 저 여관에 가서, 아까 작은 나귀를 타고 우리 누각 아래 와서 「양류사(楊柳詞)」를 지은 상공을 찾아 전하세요. 내가 인연을 맺어 일생 몸을 맡기고 싶어함을 알게 하세요. 막중한 일이니 꾸물대지 마세요. 상공은 얼굴이 옥 같고 눈썹은 그린 듯하니 비록 여러 사람 가운데 있더라도 쉽게 알아보실 거예요. 반드시 내 편지를 친히 전하세요."

"시키는 대로 하려니와 나중에 어사께서 물으시면 어찌 대답하리까?"

"그것은 내 할 일이니 걱정 마세요."

유모가 밖으로 나갔다가 다시 돌아와 물었다.

"상공이 결혼이나 약혼을 했다면 어떻게 할까요?"

채봉이 잠시 침묵하다가 말했다.

"불행히 결혼했으면 실로 그의 첩이 되는 것도 꺼리지 않겠지만, 내 보기에 젊으니 아직 결혼은 안한 듯싶어요."

유모가 여관으로 가서 「양류사」를 읊조린 손님을 찾았다. 이때 소유가 여관 문밖에 서 있다가 노파의 말을 듣고 말했다.

"「양류사」를 지은 사람은 나요. 노파는 무슨 이유로 물으시오?"

[중략]

유모는 소매에서 채봉의 편지를 꺼내 소유에게 건넸다. 소유가 뜯어보니 답시였다.

[A]
　누각 앞에 버드나무 심은 뜻은 / 임의 말을 묶어 두려 한 것인데
　어찌하여 가지 꺾어 채찍 삼아 / 바삐바삐 서울 길로 향하는고

소유는 그 글의 청신, 완곡함에 크게 감복하여 기려 말하였다.

"옛날 저명한 시인 왕유나 이백이 고쳐 지으려 해도 한 글자도 바꾸지 못하리라."

이에 고운 색종이를 펼쳐 시 한 수를 지어 유모에게 주었다.

[B]
　버드나무 천만 가지 / 가지마다 마음 묶어
　월하노인 끈 만들어 / 봄소식을 이루고자

유모가 시를 가슴 속에 넣고 나가는데 소유가 불렀다.

"그 댁 아씨는 진 땅 사람이고 소생은 초 땅 사람이니 한번 헤어지면 만 리 거리에 산천이 가로막혀 소식조차 통하기 어렵소. 하물며 오늘 일은 중매인도 없이 한 것이니 나중에 의지할 데도 없소. 오늘밤 달빛을 따라가서 아씨의 용모를 보고자 하니 어떻겠소? 소저의 시에도 이런 뜻이 비쳐 있으니, 노파가 아씨께 여쭈어 주오."

유모가 채봉에게 갔다 와서 말했다.

"아씨가 낭군의 답시를 받아 들고 아주 감격했습니다. 낭군의 뜻을 전했더니 아씨가 '남녀가 결혼식도 치르기 전에 사사로이 만나는 것은 예법에 맞지 않아요. 그러나 지금 낭군께 몸을 맡기고자 정했으니 어찌 낭군 말씀을 따르지 않겠어요? 다만 한밤중에 만나면 사람들의 구설에 오르기 쉽고, 나중에 아버지께서 아시면 반드시 꾸짖으실 테니, 내일 우리 집 중당에서 만나 혼약을 정하지요.' 하고 말했습니다."

소유가 안타까워하며 말했다.

"아씨의 밝은 의견과 바른 말은 소생이 미칠 수 있는 바가 아니오."

유모에게 약속이 어긋나지 않도록 해 달라고 두 번 세 번 부탁하니, 유모가 그렇게 하겠다고 하고는 돌아갔다.

– 김만중, 「구운몽(九雲夢)」 –

배경지식 확장

양소유의 「양류사」

「양류사」는 양소유가 버드나무를 보고 느낀 흥취를 표현한 시로, 양소유와 진채봉의 만남의 매개가 된다.

　버드나무 어찌 그리 푸르고 푸른고 / 긴 버들가지 아롱진 기둥에 스치니
　그대여 부디 함부로 꺾지 마시오 / 그 나무 참 다정한 나무이니까

청신(淸新)하다 맑고 산뜻하다.
기리다 뛰어난 업적이나 바람직한 정신, 위대한 사람 따위를 칭찬하고 기억하다.
월하노인(月下老人) 부부의 인연을 맺어 준다는 전설상의 늙은이.
구설(口舌) 시비하거나 헐뜯는 말.

1 〈보기〉는 윗글에 나타난 특징을 정리해 본 것이다. 적절한 내용만을 모두 고른 것은?

┌ 보기 ┐

ㄱ. 전기적 요소를 통해 중심 인물을 부각하고 있다.

ㄴ. 신비로운 공간적 배경을 통해 주제를 암시하고 있다.

ㄷ. 비유적 표현을 활용하여 인물의 외양을 제시하고 있다.

ㄹ. 이야기 바깥의 서술자가 인물과 사건을 제시하고 있다.

① ㄱ, ㄴ   ② ㄴ, ㄷ   ③ ㄷ, ㄹ

④ ㄱ, ㄴ, ㄹ   ⑤ ㄱ, ㄷ, ㄹ

2 [A], [B]에 대한 설명으로 적절하지 <u>않은</u> 것은?

① [A]를 읽고 '소유'는 '채봉'에 대한 긍정적 태도를 강화하고 있다.

② [A]에는 소망이 무산될까 안타까워하는 '채봉'의 심정이 담겨 있다.

③ [B]에서 '버드나무 천만 가지'는 '소유'의 소망을 부각하는 역할을 한다.

④ [A]와 [B] 모두 반어적 표현을 통해 인물의 의도를 강조하고 있다.

⑤ [A]와 [B]에서 '채봉'과 '소유'는 동일한 소재에 의탁하여 자신의 소망을 드러내고 있다.

3 〈보기〉를 참고하여 윗글에 대해 이해한 내용으로 적절하지 <u>않은</u> 것은?

┌ 보기 ┐

이 소설은 인간의 욕망을 다룬 작품으로 볼 수 있다. 작품 속의 등장인물은 궁극적으로는 자신의 욕망을 충족하려 하지만, 주위의 시선이나 당대의 일반적 가치관을 의식하여 일시적으로 제어하기도 한다.

① '소유'가 '시동'을 원망한 것은 자신의 욕망이 충족되지 못한 데서 비롯되었다고 볼 수 있다.

② '채봉'이 떠올린 '옛말'은 자신의 욕망 충족을 정당화하기 위한 근거로 볼 수 있다.

③ '채봉'이 '유모'에게 지시 내용의 막중함을 강조한 것은 주위의 시선을 중시했기 때문으로 볼 수 있다.

④ '유모'가 '채봉'에게 질문한 것은 '채봉'의 욕망과 관련된 당대의 가치관을 고려했기 때문으로 볼 수 있다.

⑤ '채봉'이 '소유'의 제안을 부분적으로 거절한 것은 주위의 시선을 의식하여 상대의 욕망을 일시적으로 제어한 것으로 볼 수 있다.

4 〈보기〉를 참고하여 윗글을 이해한 내용으로 적절하지 <u>않은</u> 것은?

┌ 보기 ┐

　「구운몽」은 '현실－꿈－현실'의 환몽 구조로 이루어진 몽자류 소설의 대표적인 작품이다.

　육관 대사의 제자인 성진은 술을 먹고 팔선녀와 수작을 부리는 죄를 짓고 속세에 뜻을 두었다가 인간 세상으로 쫓겨나 양소유라는 인물로 환생한다. 양소유는 역시 인간으로 환생한 여덟 선녀와 한 명씩 만나 인연을 맺고 입신양명의 꿈을 이루었지만, 다양한 희로애락을 경험하면서 인간이 좇는 부귀영화가 덧없고 무상하다는 것을 깨닫는다. 그 순간 꿈에서 깬 성진은 이 하룻밤의 꿈이 자신에게 깨달음을 주려는 육관 대사의 가르침이었음을 깨닫고 불도에 전념한다.

① '소유'와 '채봉'이 만나서 사랑을 하는 모든 과정은 하룻밤의 꿈 안에서 이루어진 일이겠군.

② '소유'가 '채봉'을 만나 사랑을 하는 과정은 인간사의 무상감을 깨닫게 하기 위한 과정이겠군.

③ '소유'가 시에서 월하노인을 언급한 것은 현실 세계에서의 기억이 무의식적으로 발현된 것으로 볼 수 있겠군.

④ '소유'와 인연을 맺으려는 '채봉'은 현실 세계에서 죄를 지어 벌을 받아 인간으로 환생한 팔선녀 중 한 명으로 볼 수 있겠군.

⑤ '소유'가 과거 시험을 보러 간다는 것으로 보아 인간 세상의 인물인 '소유'는 입신양명의 꿈을 중요하게 생각하는 인물이겠군.

(기출 · 2015–3월 고2 학평

5 ㉠의 상황을 〈보기〉와 같이 표현했을 때, ㉺에 들어갈 말로 적절한 것은?

┌ 보기 ┐

　소유는 채봉이 창 안으로 사라지자 (　㉺　) 돌아올 수밖에 없었다.

① 속수무책(束手無策)으로　　　② 수수방관(袖手傍觀)하며

③ 아연실색(啞然失色)하며　　　④ 안하무인(眼下無人)으로

⑤ 혼비백산(魂飛魄散)하며

플러스 자료실

「구운몽」의 사상적 배경

　「구운몽」은 동양 철학의 정신적 바탕이 되어 온 세 가지 사상인 유·불·선, 즉 유교와 불교, 도교의 영향을 고르게 받은 작품이다. 몽자류 소설인 「구운몽」은 '현실 － 꿈 － 현실'의 구조로 구성되어 있는데, 그중에서 '현실' 세계는 불교와 도교의 영향을 주로 받는 세계이다. 일단 주인공인 '성진'의 이름이나 신분은 불교와 관계가 있다. 즉, '불법을 통해 참된 진리를 깨닫는다.'라는 의미의 이름을 가진 '성진'이 깨달음을 얻고 불도에 전념한다는 내용이나, 소설의 주제인 '세속적 욕심의 덧없음.'은 모두 불교의 영향을 받은 것으로 볼 수 있다. 반면 성진이 육관 대사의 심부름으로 방문한 '용궁'이라는 공간이나, '위부인'과 '팔선녀'의 등장 등과 같은 신선 사상은 도교의 영향을 받은 것이다. 한편 꿈속에서 인간으로 환생한 소유는 국가에 큰 공을 세워 높은 지위에 오르는데, 이는 유교의 입신양명을 의미한다. 또한 소설 전반에 보이는 효 사상이나 충 사상 등도 유교의 영향을 받은 내용적 요소로 볼 수 있다.

원리로 작품 독해

〈인물의 특성과 관계〉

1 이 글에 등장하는 인물의 특성과 관계를 정리해 보자.

양소유		진채봉
• 과거를 보러 가는 선비임. • 진채봉을 보고 한눈에 반하지만, 안타까워할 뿐 적극적으로 나서지 못함. • 진채봉과 당장 만나고 싶은 마음은 있지만, 만남을 조심하자는 진채봉의 의견을 수용함.	상대방과 부부의 연을 맺고자 함.	• 진 어사의 딸로 일찍이 어머니를 여읨. • 우연히 양소유를 만나게 된 후, 적극적으로 자신의 마음을 전달함. • 양소유와 결혼하고자 하는 뜻은 있으나, 주변의 시선을 의식하며 만남에 신중을 기함.

↓ ↓

소극적이지만 포용력이 있는 인물 | ( )이면서도 신중한 인물

〈삽입 시의 특징과 역할〉

2 삽입 시의 표현상 특징을 파악하고, 삽입 시의 역할에 대해 정리해 보자.

진채봉의 시	양소유의 시
버드나무 가지를 채찍 삼아 바삐 서울 길로 가려고 하느냐고 물음. → ( ) 문장을 사용하여 양소유와 인연을 맺고자 하는 마음을 우회적으로 표현함.	버드나무 천만 가지에 마음을 묶어 월하노인의 끈을 만들어 봄소식을 이루고자 함. → 과장된 표현과 전설 속 인물을 활용하여 진채봉과 인연을 맺고자 하는 마음을 우회적으로 표현함.

↓

( )인 방법으로 인물의 마음을 효과적으로 드러냄.

〈작가 의식〉

3 진채봉의 말을 중심으로 이 글에 드러난 작가의 상반된 의식을 정리해 보자.

• 여자의 평생 영욕과 백년고락이 모두 남편에게 달려 있음. • 남녀가 결혼도 하기 전에 사사로이 밤중에 만나는 것은 예법에 맞지 않음.	대조적인 가치관이 공존함.	• 신하도 임금을 선택할 수 있듯이 처녀도 남편을 선택할 수 있음. • 부친의 허락을 받기 전에 중당에서 만나 혼약을 정하자고 함.

↓ ↓

전통적이고 ( )인 연애관 | 적극적이고 진보적인 연애관

빈출 어휘 짚고 가기

※ 다음 뜻에 해당하는 어휘를 〈보기〉에서 찾아 써 보자.

┌ **보기** ┐

구설   영욕   백년고락

1. 시비하거나 헐뜯는 말. ( )
2. 영예와 치욕을 아울러 이르는 말. ( )
3. 긴 세월 동안의 괴로움과 즐거움을 아울러 이르는 말. ( )

다른 작품 엮어 읽기

연계 포인트 이 작품은 천상계에서 죄를 지은 선관과 선녀가 지상계로 내려와 인연을 맺고 다시 천상계로 올라간다는 내용의 소설이다. 지상계의 삶이 천상계 인물의 꿈이었다는 설정의 몽자류 소설이라는 점에서 「구운몽」과 함께 읽어 볼 수 있다.

[앞부분의 줄거리] 천상에서 벌을 받은 문창성은 꿈을 꾸어 인간 세상에 양창곡으로 다시 태어난다. 천상에 함께 있었던 제방 옥녀, 천요성, 홍란성, 제천 선녀, 도화성도 인간 세상에서 윤 소저, 황 소저, 강남홍, 벽성선, 일지련으로 다시 태어나 양창곡과 결연을 맺는다. 양창곡은 벼슬하고 공을 세워 연왕에 오른다. 그 뒤 부친 양현, 모친 허 부인, 다섯 아내, 자식들과 영화로운 삶을 살게 된다.

이날 밤에 강남홍이 취하여 취봉루에 가 의상을 풀지 아니하고 책상에 의지하여 잠이 들었더니 홀연 정신이 황홀하고 몸이 정처 없이 떠돌아 일처에 이르매 한 명산이라. 봉우리가 높고 험준하거늘 강남홍이 가운데 봉우리에 이르니 한 보살이 눈썹이 푸르며 얼굴이 백옥 같은데 비단 가사를 걸치고 석장(錫杖)을 짚고 있다가 웃으며 강남홍을 맞아 왈,

"강남홍은 인간지락(人間之樂)이 어떠한가?"

강남홍이 망연히 깨닫지 못하여 왈,

"도사는 누구시며 인간지락은 무엇을 이르시는 것입니까?"

보살이 웃고 석장을 공중에 던지니 한 줄기 무지개 되어 하늘에 닿았거늘 보살이 강남홍을 인도하여 무지개를 밟아 공중에 올라가더니 앞에 큰 문이 있고 오색구름이 어리었는지라. 강남홍이 문 왈,

"이는 무슨 문입니까?"

보살 왈, / "남천문이니 그대는 문 위에 올라가 보라."

강남홍이 보살을 따라 올라 한 곳을 바라보니 일월(日月) 광채 휘황한데 누각 하나가 허공에 솟았거늘 백옥 난간이며 유리 기둥이 영롱하여 눈이 부시고 누각 아래 푸른 난새와 붉은 봉황이 쌍쌍이 배회하며 몇몇 선동(仙童)과 서너 명의 시녀가 신선 차림으로 난간머리에 섰으며 누각 위를 바라보니 한 선관과 다섯 선녀가 난간에 의지하여 취하여 자는지라. 보살께 문 왈,

"이곳은 어느 곳이며 저 선관, 선녀는 어떠한 사람입니까?"

보살이 미소 지으며 왈,

"이곳은 백옥루요 제일 위에 누운 선관은 문창성(文昌星)이요 차례로 누운 선녀는 제방옥녀(諸方玉女)와 천요성(天妖星)과 홍란성(紅鸞星)과 제천선녀(諸天仙女)와 도화성(桃花星)이니, 홍란성은 즉 그대의 전신(前身)이니라."

강남홍이 속으로 놀라 왈,

"저 다섯 선녀는 다 천상에서 입도(入道)한 선관이라. 어찌 저다지 취하여 잠을 잡니까?"

보살이 홀연 서쪽을 보며 합장하더니 시 한 구를 외워 왈,

정이 있으면 인연이 생기고 / 인연이 있으면 정이 생기도다.
정이 다하고 인연이 끊어지면 / 만 가지 생각이 함께 텅 비는구나.

강남홍이 듣고 정신이 상쾌하여 문득 깨달아 왈,

"나는 본디 천상의 별인데 인연을 맺어 잠깐 하계(下界)에 내려온 것이로다."

— 남영로, 「옥루몽(玉樓夢)」 —

[정답과 해설 38쪽]

1 이 글은 천상계의 인물이 죄를 짓고 (   )에서 지상계를 경험한다는 내용이라는 점에서는 「구운몽」과 공통점이 있다.

2 이 글에서 (   )은 강남홍의 꿈에 나타나 강남홍으로 하여금 천상계에서의 일을 깨닫게 한다.

최고운전 | 작자 미상

• 수록 교과서: 문학_지학
• 기출: 2021 수능, 2020-3월 고1 학평

【작품 구조】

발단 금돼지의 자식이라는 누명을 쓰고 버려진 최충의 아들은 선녀의 보살핌을 받음.

전개 치원의 글 읽는 소리를 들은 중국 황제는 두 학사를 보내 실력을 겨루게 하지만 치원을 당해 내지 못함.

위기 치원은 나 승상의 딸을 아내로 삼는 것을 조건으로 중국 황제가 보낸 석함 안의 물건을 알아맞히고 시를 지음.

절정 중국에 간 치원은 중원의 학자들과 문장을 겨루어 이기고, 황소의 난이 일어나자 격문을 지어 항복을 받으나 대신들의 모함으로 귀양을 가게 됨.

결말 신라에 돌아온 치원은 아내를 데리고 가야산으로 들어감.

승상 나업은 딸 하나가 있었다. 재예(才藝)가 당대에 빼어났다. 아이는 ㉠이 말을 듣고 헌 옷으로 갈아입고 **거울** 고치는 장사라 속여 승상 집 앞에 가서 "거울 고치시오!"라 외쳤다. 소저는 ㉡이 말을 듣고 거울을 꺼내 유모에게 주어 보냈다. 소저는 유모 뒤를 따라 바깥문 안쪽까지 나가 문틈으로 엿보았다. 장사가 소저의 얼굴을 언뜻 보고 반해, 손에 쥐었던 **거울**을 일부러 떨어뜨려 깨뜨렸다. 유모가 놀라 화내며 때리자 장사가 울며 말했다.

"거울이 이미 깨졌거늘 때려 무엇 하세요? 저를 노비로 삼아 거울 값을 갚게 해 주세요."

유모가 들어가 이를 승상께 아뢰니 허락하였다. 승상은 그의 이름을 거울을 깨뜨린 노비라는 뜻으로 파경노(破鏡奴)라 짓고 말 먹이는 일을 시켰다. 말들은 저절로 살쪄 여윈 것이 하나도 없었다.

하루는 천상의 선관들이 구름처럼 몰려와 말 먹일 꼴을 다투어 그에게 주었다. 이에 파경노는 말들을 풀어놓고 누워만 있었다. 날이 저물어 말들이 파경노가 누워 있는 곳에 와 그를 향해 머리를 숙이며 늘어서자 보는 자마다 모두 기이하게 여겼다. 승상 부인은 ㉢이 말을 듣고 승상에게 말했다.

"파경노는 용모가 기이하고 탄복할 일이 많으니 필시 비범한 사람일 것입니다. 마부 일도, 천한 일도 맡기지 마세요."

승상이 옳게 여겨 그 말을 따랐다. 이전에 승상은 동산에 꽃과 나무를 많이 심었는데, 파경노에게 이를 기르게 했다. 이때부터 동산의 **화초**가 무성하며 조금도 시들지 않아, 봉황이 쌍쌍이 날아들어 꽃가지에 깃들었다.

열흘이 지났다. 파경노는 소저가 동산의 **꽃**을 보고 싶으나 파경노가 부끄러워 오지 못한다는 말을 들었다. 이에 파경노는 승상을 뵙고 말했다.

"제가 이곳에 온 지 여러 해 지났습니다. 한 번도 노모를 뵙지 못했으니, 노모를 뵙고 올 말미를 주십시오."

승상은 닷새를 주었다. 소저는 파경노가 귀향했다는 소식을 듣고 동산에 들어와 꽃을 보고,

"꽃이 난간 앞에서 웃는데 소리는 들리지 않네."라고 시를 지었다. 파경노는 꽃 사이에 숨어 있다가,

"새가 숲 아래서 우는데 눈물 보기 어렵네."라고 **시**로 화답했다. 소저가 부끄러워 얼굴을 붉히며 돌아갔다.

[중략 부분 줄거리] 중국 황제는 신라 왕에게 석함을 보내, 그 안에 있는 물건을 알아내 시를 지어 올리라 명한다. 신라 왕은 이를 해결하지 못하고 나업에게 과업을 넘긴다.

나업은 집으로 돌아와 석함을 안고 통곡했다. 파경노는 ㉣이 말을 듣고 사람들에게 왜 우는지를 물었다. 사람들이 모두 말해 주자, 자못 기쁨을 띠며 꽃가지를 꺾어 외청으로 갔다.

소저가 슬피 울다가 문득 벽에 걸린 **거울**에 비친 그림자를 보았다. 속으로 놀라 창틈으로 엿보니 파경노가 **꽃**을 들고 서 있었다. 소저가 이상히 여겨 묻자, 시치미를 떼며 말했다.

"그대가 이 꽃을 보고 싶다 하여 그대를 위해 가져 왔소. 시들기 전에 받아 보시오."

재예 재능과 기예를 아울러 이르는 말.
선관(仙官) 선경(仙境)에서 벼슬살이를 하는 신선.
화답(和答) 시(詩)나 노래에 응하여 대답함.
석함(石函) 돌로 만든 함(函).
과업(課業) 꼭 하여야 할 일이나 임무.

소저가 한숨을 크게 쉬니, 파경노가 위로하며 말했다.

"거울 속에 비친 이가 반드시 그대 근심을 없애 줄 것이오. 근심치 말고 꽃을 받으시오."

소저가 꽃을 받고 부끄러워하며 안으로 들어갔다.

얼마 뒤 소저는 파경노의 말을 괴이히 여겨 승상께 말했다.

"파경노가 비록 어리지만 재주가 남보다 뛰어나고, 신인(神人)의 기운이 있어 석함 속의 물건을 알아내어 **시**를 지을 수 있을 것입니다."

승상이 말했다.

"너는 어찌 쉽게 말하느냐? 만약 파경노가 할 수 있다면 나라의 이름난 선비 가운데 한 명도 시를 짓지 못해 이 석함을 나에게 맡겼겠느냐?"

소저가 말했다.

"뱁새는 비록 작지만 큰 새매를 살린다 합니다. 그가 비록 노둔하나 큰 재주를 지니고 있는지 어찌 알겠습니까?"

이어서 파경노가 걱정하지 말라고 했음을 고했다.

"만약 그가 시를 지을 수 없다면 어찌 그런 말을 냈겠습니까? 원컨대 그를 불러 시험 삼아 시를 짓게 하소서."

승상이 파경노를 불러 구슬리며 말했다.

"만약 이 석함 속의 물건을 알아내 시를 짓는다면 후한 상을 줄 것이며, 마땅히 네 뜻을 이루어 주겠다."

파경노가 거절하며 말했다.

"비록 후한 상을 준다 한들 제가 어찌 시를 짓겠습니까?"

소저가 ⑩이 말을 듣고 승상에게 말했다.

"살고 싶고 죽기 싫은 것이 인지상정입니다. 옛날에 어떤 이가 사형을 당하게 되었을 때, 그에게 '네가 만약 시를 짓는다면 내 마땅히 사면해 주겠다.' 했습니다. 그 사람은 무식한 이였으나 그 명을 따랐습니다. 하물며 파경노는 문학이 넉넉해 시를 지을 수 있지만 거짓으로 못하는 체하고 있습니다. 지금 아버님께서 그를 겁박하시면 어찌 삶을 좋아하고 죽음을 싫어하는 마음이 없어 복종치 않겠습니까?"

승상이 그럴듯하다 여기고 파경노를 불렀다.

– 작자 미상, 「최고운전(崔孤雲傳)」 –

배경지식 확장

최치원과 「최고운전」

최치원은 신라 시대의 문인으로 자는 고운(孤雲)이다. 열두 살에 당나라로 유학을 간 후 유학 7년 만에 빈공과에 합격하였다. 879년 당나라에서 황소의 난이 일어나자 「토황소격문」을 지었는데, 이를 읽은 황소가 놀라서 앉아 있던 상에서 굴러 떨어졌다는 일화가 전해질 정도로 문장력이 뛰어났다.

조선 시대의 소설인 「최고운전」은 최치원이라는 실존 인물을 주인공으로 내세웠으며, '황소의 난'이라는 역사적 사실을 삽입하였으나, 내용에서는 설화적 상상력에 바탕을 둔 비현실적인 허구가 중심을 이루는 전기 소설이다.

신인 신과 같이 신령하고 숭고한 사람.
노둔(魯鈍)하다 둔하고 어리석어 미련하다.
구슬리다 그럴듯한 말로 꾀어 마음을 움직이다.
인지상정(人之常情) 사람이면 누구나 가지는 보통의 마음.
사면(赦免) 죄를 용서하여 형벌을 면제함.
겁박(劫迫) 으르고 협박함.

개념 시간의 역전

'역전(逆轉)'이란 '거꾸로 회전하다' 또는 '거꾸로 움직이다'라는 뜻을 지닌다. 따라서 소설에서 '시간의 역전'이란 시간을 거꾸로 흐르게 하는 구성을 의미한다. 일반적으로 현실의 시간은 '과거-현재-미래'의 순서로 진행된다. 그런데 소설에서는 현재 사건의 원인을 극적으로 밝히거나 소설의 흥미로운 전개를 위해서 먼저 소개해야 할 과거의 일을 나중에 밝히는 경우가 많다. 이러한 소설의 구성 방식을 '시간의 역전'이라고 한다. 비슷한 표현으로 '역순행적 구성', '과거와 현재의 교차 구성' 등이 있다. 이와 반대로 사건이 물리적인 시간의 흐름을 따르며 전개되는 경우에는 '순행적 구성', '시간의 흐름에 따른 사건 전개' 등의 표현을 사용한다.

기출 · 2021 수능

1 **윗글의 서술상 특징으로 가장 적절한 것은?**

① 시간의 역전을 통해 사건의 진상을 밝히고 있다.

② 서술자의 개입을 통해 사건의 전모를 밝히고 있다.

③ 인물의 희화화를 통해 사건의 반전 효과를 나타내고 있다.

④ 인물 간의 대화를 통해 사건 해결의 방안을 제시하고 있다.

⑤ 꿈과 현실의 교차를 통해 앞으로 일어날 사건을 암시하고 있다.

기출 · 2021 수능

2 **윗글의 내용에 대한 이해로 적절하지 <u>않은</u> 것은?**

① 유모에게 주어 보낸 '거울'은 아이가 소저의 얼굴을 보게 되는 계기를 만들고, 벽에 걸린 '거울'은 파경노가 소저에게 자신의 존재감을 드러내는 계기를 만든다.

② 깨뜨린 '거울'은 아이가 파경노라는 이름을 얻고 승상의 집안으로 들어가는 계기가 되고, 파경노가 관리한 동산의 '화초'는 승상 부인으로부터 인정받는 계기로 작용한다.

③ 동산의 '꽃'은 소저가 보고 싶었으나 파경노로 인해 접근하기 어렵게 된 대상이고, 파경노가 들고 서 있던 '꽃'은 소저에게 자신의 마음을 전달하기 위한 수단이다.

④ 동산에서 화답한 '시'는 파경노가 소저와 교감하기 위해 읊은 것이고, 석함 속 물건에 대한 '시'는 파경노가 해결할 수 있다고 소저가 기대하는 과제이다.

⑤ 석함 속 물건에 대한 '시'는 나업에게 슬픔을 유발하는 과업이지만, 파경노에게는 소저의 슬픔을 해소시켜 줄 수 있는 수단이다.

3 **㉠~㉤에 대한 설명으로 가장 적절한 것은?**

① ㉠은 나업의 딸이 재예가 뛰어나다는 말을 가리키며, 아이가 거울 고치는 일을 배우게 되는 계기가 되었다.

② ㉡은 장사 행세를 하는 아이가 거울을 고치라고 외친 말을 가리키며, 소저가 아이에게 관심을 갖게 되는 계기가 되었다.

③ ㉢은 말들이 파경노 앞에 머리를 숙이고 늘어섰다는 말을 가리키며, 파경노가 동산의 꽃과 나무를 관리하게 되는 계기가 되었다.

④ ㉣은 나업이 왕에게 석함을 받았다는 말을 가리키며, 파경노가 왕 앞에서 자신의 능력을 과시하게 되는 계기가 되었다.

⑤ ㉤은 파경노가 승상의 제안을 거절했다는 말을 가리키며, 파경노에 대한 소저의 생각이 달라지게 되는 계기가 되었다.

기출 · 2021 수능

4 〈보기〉를 참고하여 윗글을 감상한 내용으로 적절하지 <u>않은</u> 것은?

> 보기

> 「최고운전」은 비범한 인물로서의 최치원을 형상화했다. 주인공은 문제 해결의 국면에서 치밀함, 기지, 당당함을 보인다. 또한 초월적 존재의 도움을 받으면서도 이에 전적으로 의존하지 않고 자신이 지닌 신이한 능력을 발휘하여 개인의 문제와 국가의 과제를 직접 해결한다. 이는 당대 독자들이 원했던 새로운 영웅상을 최치원에 투영하여 작품 속에서 구현한 것이다.

① 아이가 헌 옷으로 바꾸어 입고 거울 고치는 장사라 속이는 장면은 최치원이 치밀한 면모를 지닌 인물임을 보여 주는군.

② 파경노에게 선관들이 몰려와 말먹이를 가져다주는 장면은 최치원이 초월적 존재에게 도움을 받는 인물임을 보여 주는군.

③ 파경노가 기른 뒤로 화초가 시들지 않아 봉황이 날아드는 장면은 최치원이 신이한 능력을 지닌 인물임을 보여 주는군.

④ 파경노가 노모를 핑계 삼아 말미를 얻는 장면은 최치원이 원하는 바를 얻기 위해 기지를 발휘하는 인물임을 보여 주는군.

⑤ 파경노가 승상의 제안을 거절하는 장면은 최치원이 보상을 추구하기보다 스스로 국가의 과제를 해결하려는 당당한 인물임을 보여 주는군.

플러스 자료실

전기 소설(傳記小說)

'전기(傳記)'는 한 사람의 일생 동안의 행적을 적은 기록을 말하며, 중국의 역사 기록 방법 중에서 인물 중심의 기록인 '전(傳)'과 사적 중심의 기록인 '기(記)'에서 유래된 말이다. 여기에서 비롯된 '전기 소설'은 실존 인물의 행적을 허구적으로 구성한 소설을 말한다. 본래 대부분의 고전 소설은 인물 중심의 일대기적 소설이기 때문에 주인공의 행적을 따라가며 내용이 전개된다. 하지만 「춘향전」이나 「조신전」처럼 주인공의 행적을 따르되 그 대상이 허구적인 인물일 때에는 전기 소설이라고 하지 않으며, 주인공이 역사적으로 실존했던 인물이라는 것을 전기 소설의 기본 전제로 한다. 「임경업전」, 「최고운전」, 「을지문덕전」, 「김유신전」 등이 전기 소설에 해당하는데, 이 작품 속에서 주인공은 비현실적인 능력을 지닌 인물로 형상화되며, 비범한 능력을 바탕으로 외세를 물리친다. 이와 같이 인물을 형상화하는 것은 민족적 자긍심을 드러내려는 의도가 담겨 있다고 할 수 있다. 한편 전기 소설(傳記小說)과 한자 표기가 다른 '전기 소설(傳奇小說)'도 있다. 전기 소설(傳奇小說)은 대체로 귀신과 인연을 맺거나 용궁에 가 보는 것과 같은 기이한 일을 내용으로 하는 것으로, 「이생규장전」, 「용궁부연록」 등이 대표적인 작품들이다.

원리로 작품 독해

1 이 글에 등장하는 인물의 특성과 관계를 정리해 보자.

파경노(최치원)
• 소저와 인연을 맺기 위해 파경노로 승상 집에 들어감. • 말 먹이는 일을 하며 말들이 저절로 살이 찌게 하고, 동산을 관리하면서 꽃과 나무가 시들지 않고 무성하게 함. • 왕이 승상에게 내린 과업을 해결할 자신이 있음. → 치밀하고 기지가 있으며, (　　　　) 인물임.

파경노의 인물됨을 알아봄. ↗　　　↖ 파경노의 인물됨을 알아보지 못함.

승상 부인, 나 소저		승상(나업)
• 승상 부인은 파경노가 천한 일을 맡을 사람이 아니라고 생각함. • 나 소저는 파경노가 왕이 승상에게 넘긴 과업을 해결할 것이라 믿음. → 영웅을 알아보는 (　　　　)을 지님.	가족	• (　　　　　　)을 해결하지 못해 통곡함. • 이름난 선비들도 해결 못한 일을 파경노가 해결할 것이라 생각하지 않음. → 능력이 뛰어나지 못하며, 영웅을 알아보지 못함.

2 인물의 설정에 담긴 작가의 의도를 파악해 보자.

인물의 설정	작가의 의도
주인공을 중국 황제가 낸 어려운 문제도 해결할 수 있는 능력이 있는 인물로 형상화함.	→ 우리 민족의 (　　　　　)을 드러내기 위함.

3 이 글에 사용된 소재의 역할을 정리해 보자.

파경노가 깨뜨린 거울	파경노가 승상 나업의 집에 머물며 (　　　　　)와의 인연을 도모할 기회가 됨.
중국 황제가 신라 왕에게 보낸 석함	파경노가 자신의 (　　　　　)을 드러낼 수 있는 기회가 됨.

빈출 어휘 짚고 가기

※ 제시된 초성을 참고하여 다음 뜻에 해당하는 어휘를 써 보자.

1. ㄱㅂ : 으르고 협박함. (　　　　　)
2. ㅎㄷ : 시나 노래에 응하여 대답함. (　　　　　)
3. ㅅㅁ : 죄를 용서하여 형벌을 면제함. (　　　　　)
4. ㅇㅈㅅㅈ : 사람이면 누구나 가지는 보통의 마음. (　　　　　)

다른 작품 엮어 읽기

연계 포인트 이 작품은 조선 중종 때 실존했던 '전우치'라는 인물을 주인공으로 내세워, 도술을 익힌 주인공이 활약하는 내용을 그린 영웅 소설이다. 실존 인물을 주인공으로 소설을 구성하였다는 점에서 「최고운전」과 함께 읽어 볼 수 있다.

[앞부분의 줄거리] 전우치는 구미호로부터 천서를 빼앗아 술법을 배웠으나 구미호가 전우치를 속여 천서의 일부를 가져간다.

우치 대노 왈,

"흉악한 요물이 나를 업수이 여겨 이같이 속이니 내 이제 여우 굴에 가 책을 찾고 요괴를 소멸하리라."

하고 방망이와 송곳을 가지고 여우 굴로 가니, 산천이 깊고 길이 아득하여 찾을 수 없어 도로 돌아와 생각하되, '이 요괴 변화가 예측하기 어려우니 가히 이곳에 오래 머물지 못하리라.' 하고 서책을 수습하여 돌아오니, 대저 천서 상권은 부적을 붙인 까닭에 빼앗아 가지 못함이러라.

우치 집에 돌아와 천서를 보아 못 할 술법이 없으매, 과거에 뜻이 없어 스스로 생각하되, '내 벼슬하여 모친을 봉양하려 하면 자연히 더디리라.' 하고 이에 한 계교를 생각하여 몸을 흔들어 변하여 선관이 되어 오색구름을 타고 하늘에 올라 바로 궐내로 들어가 대명전에 자리하니 서기가 공중에 어리었으니 궁중이 황홀했다. 이에 조정의 신하들이 당황하여 갈팡질팡하고 임금께 아뢰기를,

"고금에 드문 괴변이라."

하니, 왕이 대경하사 여러 신하를 모아 의논하시더니, 우치가 운무 중에 서고 청의동자가 외쳐 왈,

"고려국 왕은 옥황상제 전교를 들으라."

하거늘, 왕이 명하사 바닥에 깔 자리와 향로를 올려놓은 상을 갖춰 놓게 하고 나아가 보니 한 선관이 금관 홍포로 동자를 좌우에 세우고 오색구름 중에 싸여 단정히 섰거늘,

왕이 네 번 절한 후 땅에 엎드리시니, 우치 왈,

"하늘의 궁궐이 오래되어 낡고 헐었기에 이제 수리하고자 하여 인간 여러 나라에 뜻을 전하여 모든 물건을 다 바쳤으나 다만 황금 들보 하나가 없는지라. 옥황상제께서 그대 나라에 황금이 유족함을 아시고 이제 뜻을 전하사 칠 월 칠 일 오시에 상량하리니, 그날 미쳐 대령하되 길이 십 척 오 촌이요, 너비 삼 척 이 촌, 만일 그날 미치지 못하면 큰 변을 내리우시리라."

하고 말을 마치자 선악 소리 은은하며 오색구름이 남녘으로 향하여 가더라.

– 작자 미상, 「전우치전」 –

▼
괴변(怪變) 예상하지 못한 괴상한 재난이나 사고.
전교(傳敎) 임금이 명령을 내림. 또는 그 명령.
상량(上樑) 기둥에 보를 얹고 그 위에 처마 도리와 중도리를 걸고 마지막으로 마룻대를 올림. 또는 그 일.

[정답과 해설 40쪽]

1 이 글과 「최고운전」은 (   )을 주인공으로 하여 그의 활약상을 허구적으로 재구성했다는 점에서 공통점이 있다.

2 전우치가 (   )으로 변신하여 임금을 속이는 모습에는 왕조의 권위를 풍자하려는 의도가 담겨 있다고 할 수 있다.

유충렬전 | 작자 미상

• 수록 교과서: 국어_지학사 / 문학_동아, 신사고
• 기출: 2015-9월 고3 모평AB, 2006 수능

【작품 구조】

발단 명나라 유심은 남악 형산에 치성을 드리고 난 후 신이한 태몽을 꾸고 충렬(천상계에서 자미원 대장성이었음.)을 얻음.

전개 정한담 일파의 모함을 받아 유심은 귀양을 가고 충렬은 버려지나 천우신조로 위기에서 벗어남.

위기 정한담은 명을 침입한 남적에 항복하고, 도리어 남적의 선봉장이 되어 천자를 공격함.

절정 천자가 정한담에게 항복하려 할 때 충렬이 등장하여 정한담을 사로잡고 천자를 구출함.

결말 충렬은 정한담 일파를 물리친 뒤 가족들과 재회한 후 높은 벼슬을 얻고 부귀영화를 누림.

이때 천자가 옥새를 목에 걸고 항서를 손에 든 채 진문 밖으로 나오다가 보니, 뜻밖에 호통 소리가 나며 어떤 한 대장이 적장 문걸의 머리를 베어 들고 중군으로 들어가거늘, 매우 놀라고 또 기뻐서 말하기를,

"적장 벤 장수 성명이 무엇이냐? 빨리 모시고 들어오라."

충렬이 말에서 내려 천자 앞에서 땅에 엎드리니, 천자 급히 물어 말하기를,

"그대는 뉘신데 죽을 사람을 살리는가?"

충렬이 부친 유심의 죽음과 어려서 홀로 된 자신을 길러 준 장인 강희주의 죽음을 몹시 원통하고 분하게 여겨 통곡하며 여쭈되,

[A]
"소장은 동성문 안에 살던 유심의 아들 충렬입니다. 사방을 떠돌아다니면서 빌어먹으며 만 리 밖에 있다가 아비의 원수를 갚으려고 여기 왔습니다. 폐하께서 정한담에게 핍박을 당하리라곤 꿈에도 생각지 못했습니다. 예전에 정한담과 최일귀를 충신이라 하시더니 충신도 역적이 될 수 있습니까? 그자의 말을 듣고 충신을 멀리 귀양 보내어 죽이고 이런 환난을 만나시니, 천지가 아득하고 해와 달이 빛을 잃은 듯합니다."

하고, 슬피 통곡하며 머리를 땅에 두드리니, 산천초목이 슬퍼하며 진중의 군사들도 눈물을 흘리지 않는 이가 없더라. 천자도 이 말을 들으시고 후회가 막급하나 할 말 없어 우두커니 앉아 있더라.

한편 적진에 잡혀갔던 태자는, 본진에서 문걸의 목을 베는 것을 보고 급히 도주해 와서 천자 곁에 앉아 있다가, 충렬의 말을 듣고 버선발로 내려와서 충렬의 손을 붙들고 말하였다.

[B]
"경이 이게 웬 말인가? 옛날 주나라 성왕도 관숙과 채숙의 말을 듣고 주공을 의심하다가 잘못을 깨닫고 스스로 꾸짖어 훌륭한 임금이 되었으니, 충신이 죽는 것은 모두 다 하늘에 달린 일이라. 그런 말을 말고 온 힘으로 충성을 다하여 천자를 도우시면, 태산 같은 그대 공로는 천하를 반분하고, 하해 같은 그 은혜는 죽은 뒤에라도 풀을 맺어 갚으리라."

충렬이 울음을 그치고 태자의 얼굴을 보니, 천자의 기상이 뚜렷하고 한 시대의 성군이 될 듯하여 투구를 벗어 땅에 놓고 천자 앞에 사죄하여 말하였다.

"소장이 아비의 죽음을 한탄하여 분한 마음이 있는 까닭에 격절한 말씀을 폐하께 아뢰었으니 죄가 무거워 죽이도 안타깝지 아니합니다. 소장이 죽을지언정 어찌 폐하를 돕지 아니하겠습니까?"

천자가 충렬의 말을 듣고 친히 계단 아래로 내려와서 투구를 씌우고 대원수를 명하며 손을 잡고 하는 말이,

"과인은 보지 말고 그대 선조의 입국 공업을 생각하여 나라를 도와주면, 태자가 말한 대로 그대의 공을 갚으리라."

옥새(玉璽) 옥으로 만든, 나라를 대표하는 도장.
반분(半分) 절반으로 나눔.
하해(河海) 큰 강과 바다를 아울러 이르는 말.
과인(寡人) 덕이 적은 사람이라는 뜻으로, 임금이 자기를 낮추어 이르던 일인칭 대명사.
입국(立國) 건국(개국), 즉 나라가 세워짐.
공업(功業) 큰 공로가 있는 사업.
남적(南狄) 남쪽 오랑캐.

[중략 부분의 줄거리] 유충렬은 남적의 선봉장이 된 정한담과의 대결에서 승리하고, 다시금 위기에 처했던 천자·황후·태후·태자를 구출한다. 이후, 유심과 강희주를 구하고 모친과 부인을 찾은 후 장안으로 돌아온다.

이때 장안의 온 백성들이 남적에게 잡혀갔던 며느리며 딸이며 동생들이 본국으로 돌아온다는 말을 듣고, 호산대 십 리 뜰에 빈틈없이 마중 나와 손과 치마를 부여잡고 그리던 마음 못내 즐거워하는지라, 이들의 울음소리가 공중에 뒤섞이어 호산대가 떠나갈 듯하였으며, 원수 유충렬과 모친 장 부인을 치사하는 소리 낭자하고 요란하였다.

금산성에 이르러 천자와 태후가 가마에서 바삐 내려 장막 밖으로 나오는지라, 원수가 갑옷과 투구를 갖추고 군사의 예로써 천자께 인사를 올리니, 천자와 태후가 원수의 손을 잡고 못내 치사하며 말하였다.

"과인의 수족을 만리타국에 보내고 밤낮으로 염려하였는데, 이렇듯 무사히 돌아오니 즐거운 마음을 어찌 다 말로 하겠는가. 옥문관으로 귀양 간 승상 강희주를 찾아 구하고 더불어 남적을 물리친 일과, 돌아오는 길에 그간 죽은 줄 알았던 그대의 모친과 부인 강 낭자를 만나 데려온 일은 모두 천추에 드문 일이다. 그대의 은혜는 죽어도 잊기 어려운지라, 입이 열 개라도 어떻게 그 말을 다 하리오."

태후가 유 원수를 치사한 후에 조카 강 승상을 부르시니, 강 승상이 바삐 들어와 땅에 엎드리는지라, 태후가 강 승상을 보고 하시는 말씀이야 어찌 말로 다 표현할 수 있으리오. 천자가 내려와 강 승상의 손을 잡고 위로하며 말하였다.

"과인이 현명하지 못하여 역적의 말을 듣고 충신을 먼 지방으로 귀양을 보내어 가족들과도 이별을 했으니, 무슨 면목으로 경을 대면하리오. 그러나 이미 지나간 일이니 잘잘못을 따지지 말기 바라오."

한편 이미 장안으로 돌아와 연왕이 된 유심은 장 부인이 온다는 소식을 듣고 마음이 공중에 떠서 충렬이 나오기를 고대하였다. 원수가 천자께 물러 나와 연왕 앞에 엎드려 아뢰기를,

"불효자 충렬이 남적을 소멸하고 오는 길에 회수에 와 모친을 기리는 제사를 지내다가, 천행인지, 뜻밖에도 죽은 줄 알았던 모친을 만나 모시고 왔습니다!"

하니, 연왕이 반가움을 ㉠이기지 못하여 말하였다.

"너의 모친이 어디 오느냐?"

이때 장 부인이 이미 휘장 밖에 있다가 남편 유심의 말소리를 듣고 반가운 마음을 어찌하지 못하고 미친 듯이 취한 듯이 들어가니, 연왕이 부인을 붙들고 말하였다.

"멀고 먼 황천길에 죽은 사람도 살아오는 법 있는가? 백골이 된 당신을 어떤 사람이 살려 왔느냐. 뉘 집 자손이 모셔 왔느냐. 충렬아, 네가 분명 살려 왔느냐? 간신의 모함으로 유배를 가게 된 내가 북방 천리만리 호국 일당에 잡히어 죽을 줄 알았더니, 십 년 전에 헤어진 부인을 다시 만나고, 일곱 살에 부모와 이별하여 갖은 고난을 겪은 충렬을 이렇듯이 다시 만나 영화를 볼 줄이야 꿈속에서나 생각할 수 있었겠는가!"

– 작자 미상, 「유충렬전(劉忠烈傳)」 –

▼
치사(致辭) 다른 사람을 칭찬함. 또는 그런 말.
수족(手足) 형제나 자식을 비유적으로 이르는 말.

개념 **서술자의 개입(편집자적 논평)**

작품 밖의 서술자가 인물과 사건에 대한 주관적 판단이나 자신의 생각을 직접 독자에게 이야기하는 것은 서술자의 개입에 해당하며 이와 같은 평가를 편집자적 논평이라고 한다.

예 길동이 재배 하직하고 문을 나서니, 구름 낀 산이 첩첩하여 지향 없이 행하니 어찌 가련치 아니하리오.

기출 · 2015-9월 고3 모평AB

1 윗글에 대한 설명으로 가장 적절한 것은?

① 시간적 배경을 묘사하여 사건의 사실성을 높인다.

② 꿈과 현실을 교차하여 사건을 입체적으로 구성한다.

③ 초월적 공간을 설정하여 사건을 새로운 국면으로 전환한다.

④ 서술자의 개입과 인물의 발화를 통해 인물의 심리를 드러낸다.

⑤ 전쟁 장면의 구체적인 묘사를 통해 사건의 긴박감을 고조한다.

기출 · 2015-9월 고3 모평AB

2 윗글의 내용에 대한 이해로 적절하지 않은 것은?

① '천자'가 '장수'에게 "그대는 뉘신데 죽을 사람을 살리는가?"라고 말하는 것으로 보아, '천자'는 '장수'의 능력에 놀라움을 표하고 있다.

② '유충렬'이 '천자' 앞에서 '유심'이 죽었다며 원통해하는 것으로 보아, '유충렬'은 부친이 죽은 것으로 잘못 알고 있다.

③ '군사들' 중에 '유충렬'의 말을 듣고 '눈물을 흘리지 않는 이'가 없는 것으로 보아, '군사들'은 '유충렬'의 심정에 공감하고 있다.

④ '유충렬'이 '천자'를 도와 전쟁에 나가겠다고 약속하는 것으로 보아, '유충렬'은 '태자'의 말과 기상에 감화되어 스스로를 반성하고 있다.

⑤ '천자'가 '유충렬'에게 '과인은 보지 말고' 나라를 구하라고 권유하는 것으로 보아, '천자'는 '유심'의 귀양에 대한 자신의 과오를 인정하지 않고 있다.

기출 · 2015-9월 고3 모평AB

3 [A], [B]에 대한 분석으로 적절하지 않은 것은?

① [A]에서는 자신의 정체를 밝히면서 상대방에 대한 원망을 드러낸다.

② [A]에서는 비유적 표현을 통해 상대방에게 자신의 심경을 토로한다.

③ [B]에서는 역사적인 사실을 근거로 하여 상대방의 견해를 옹호한다.

④ [B]에서는 보답의 의지를 표명하여 상대방의 태도 변화를 촉구한다.

⑤ [B]에서는 상대방에게 자신의 역할과 본분에 충실할 것을 강조한다.

기출 · 2015-9월 고3 모평AB

4 〈보기〉를 참고하여 윗글을 감상한 내용으로 적절하지 않은 것은?

┌ 보기 ┐

「유충렬전」에서 유충렬은 가족의 위기로 인해 두 차례의 시련을 겪는다. 그런데 첫 번째 시련은 충신인 부친 유심과 간신의 정치적 갈등이, 두 번째 시련은 충신인 장인 강희주와 간신의 정치적 갈등이 계기가 된다는 점에서, 가족의 위기는 국가의 위기와 관련된다. 이로 인해 유충렬은 가족의 위기와 국가의 위기를 모두 해결해야 하는 과업을 부여받게 되는데, 이 두 과업이 함께 해결되는가 하면 우연한 계기로 연이어 해결되기도 한다. 이러한 과정을 거쳐 유충렬은 영웅으로 귀환한다.

① 유충렬이 일곱 살에 부모와 이별하여 고난을 겪은 것에서, 유충렬의 첫 번째 시련은 '유심'의 유배로 인한 가족의 이산에서 비롯된 것임을 알 수 있군.

② '천자'가 '역적'의 말을 듣고 '충신'을 귀양 보낸 것에서, 유충렬의 두 번째 시련은 '역적'과의 정치적 갈등으로 인한 '강희주'의 유배에서 비롯된 것임을 알 수 있군.

③ 유충렬이 '강희주'를 구하고 더불어 '남적'을 물리친 것에서, 유충렬이 가족의 위기와 국가의 위기를 함께 해결하고 있음을 알 수 있군.

④ 유충렬이 '남적'을 소멸하고 오는 길에 '모친'을 만난 것에서, 우연한 계기에 가족 위기의 해소가 국가 위기의 해소로 이어지고 있음을 알 수 있군.

⑤ '남적'을 소탕하고 금의환향하는 유충렬을 백성들이 환대하는 것에서, 유충렬이 영웅으로 귀환하고 있음을 알 수 있군.

기출 · 2015-9월 고3 모평AB

5 ㉠의 문맥적 의미와 가장 가까운 것은?

① 나는 분을 <u>이기지</u> 못하고 울음을 터뜨렸다.

② 친구는 제 몸을 <u>이기지</u> 못하고 비틀거렸다.

③ 형은 온갖 역경을 <u>이기고</u> 마침내 성공했다.

④ 우리 팀이 상대를 큰 차이로 <u>이기고</u> 우승했다.

⑤ 삼촌은 병을 <u>이기고</u> 마침내 건강을 회복하였다.

플러스 자료실

군담 소설에 담긴 권력 회복의 꿈

군담 소설에서 전쟁은 나라에 대한 충성심을 드러내는 기회인 동시에 정적(政敵)에 대한 복수와 권력을 되찾을 계기로 작용한다. 「유충렬전」에서 유충렬은 전쟁에 큰 공을 세우고 부모님을 구한다. 그 대가로 높은 벼슬에 오르고 가문의 명예를 회복하며 부귀영화를 누린다. 국가에 충성하고 부모에게 효도해야 한다는 유교적 윤리관의 실현과 실세(失勢)한 계층의 권력 회복이 동시에 이루어진 것이다.

원리로 작품 독해

〈인물의 특성과 관계〉

1 이 글에 등장하는 인물의 특성과 관계를 정리해 보자.

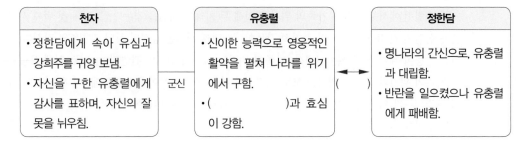

천자		유충렬		정한담
• 정한담에게 속아 유심과 강희주를 귀양 보냄. • 자신을 구한 유충렬에게 감사를 표하며, 자신의 잘못을 뉘우침.	군신	• 신이한 능력으로 영웅적인 활약을 펼쳐 나라를 위기에서 구함. • ( )과 효심이 강함.	( )	• 명나라의 간신으로, 유충렬과 대립함. • 반란을 일으켰으나 유충렬에게 패배함.

〈갈등 양상〉

2 이 글에 드러난 갈등의 전개 양상을 정리해 보자.

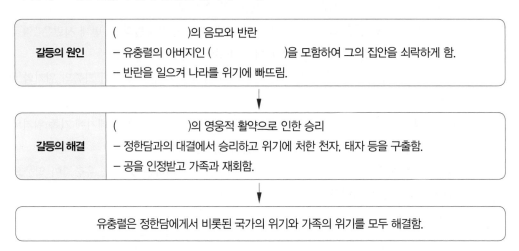

갈등의 원인	( )의 음모와 반란 – 유충렬의 아버지인 ( )을 모함하여 그의 집안을 쇠락하게 함. – 반란을 일으켜 나라를 위기에 빠뜨림.

↓

갈등의 해결	( )의 영웅적 활약으로 인한 승리 – 정한담과의 대결에서 승리하고 위기에 처한 천자, 태자 등을 구출함. – 공을 인정받고 가족과 재회함.

↓

유충렬은 정한담에게서 비롯된 국가의 위기와 가족의 위기를 모두 해결함.

〈작가 의식〉

3 이 글에 드러난 작가 의식을 정리해 보자.

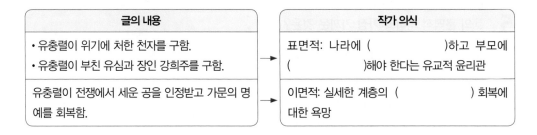

글의 내용		작가 의식
• 유충렬이 위기에 처한 천자를 구함. • 유충렬이 부친 유심과 장인 강희주를 구함.	→	표면적: 나라에 ( )하고 부모에 ( )해야 한다는 유교적 윤리관
유충렬이 전쟁에서 세운 공을 인정받고 가문의 명예를 회복함.	→	이면적: 실세한 계층의 ( ) 회복에 대한 욕망

빈출 어휘 짚고 가기

※ 다음 뜻에 해당하는 어휘를 〈보기〉에서 찾아 써 보자.

> **보기**
>
> 과인   옥새   치사   하해

1. 큰 강과 바다를 아울러 이르는 말. ( )

2. 다른 사람을 칭찬함. 또는 그런 말. ( )

3. 옥으로 만든, 나라를 대표하는 도장. ( )

4. 덕이 적은 사람이라는 뜻으로, 임금이 자기를 낮추어 이르던 일인칭 대명사. ( )

연계 포인트 이 작품은 국문으로 쓰인 영웅 소설이자 군담 소설로, 중국을 배경으로 주인공 조웅의 영웅적 무용담과 장 소저와의 결연담으로 구성되어 있는 소설이다. 충신과 역신과의 대립을 통해 진충보국의 주제를 형상화하고 있다는 점에서 「유충렬전」과 함께 읽어 볼 수 있다.

[앞부분의 줄거리] 중국 송나라 문제 때 역신 이두병은 황제가 죽은 후 태자를 귀양 보내고 스스로 황제라 칭한다. 이두병의 모함으로 아버지를 잃은 조웅은 이두병을 피해 도망 다니다가 월경 대사, 철관 도사 등에게 병법과 무술을 배운다. 조웅은 이후 군대의 원수가 되어 황위를 찬탈한 이두병 세력과 전쟁을 벌이며 아버지의 원한을 갚고 황실을 회복하기 위해 노력한다.

　　원수가 본진으로 돌아와 강백 더러 왈,

　　"삼대는 용맹이 실로 범상한 장수가 아니라, 쉽사리 잡지 못할 것이니 내일은 강장이 먼저 나아가 싸우라. 내 기세를 타 함께 싸우리라."

　　또 이르되,

　　"삼대의 좌편을 범치 말고 부디 경적(輕敵)▼지 말라."

　　하더라.

　　이튿날 삼대가 창을 들고 말을 내달아 크게 외치며 왈,

　　"오늘은 맹세코 네 머리를 베어 분함을 씻으리라."

하고 진전(陣前)에 횡행하거늘 강백이 또 창을 들고 진전에 나서며 크게 외쳐 왈,

　　"무지한 삼대는 들어라. 네 두 형의 혼백이 우리 진중에 갇히어 나가지 못하고 주야로 울며 애통하되 '소장의 동생 삼대의 머리를 마저 바치올 것이니 가긍한 혼백을 놓아주옵소서.' 하며 주야로 가긍한 소리 진중에 낭자하거늘 네 아무리 살리고자 한들 어찌 살리리오?"

　　달려들어 바로 삼대의 우편을 쳐들어가니 삼대가 아무리 왼손으로 칼을 잘 쓴들 우편으로 범하니 기운이 줄어드는지라. 삼십여 합에 승부를 결치 못하였으나 강장의 형세가 급한지라, 원수가 진전에서 두 장수의 싸움을 보고 칼을 들고 내달아 삼대의 우편을 쳐들어가니 삼대가 아무리 재주가 용한들 어찌 창을 한 손으로 쓰리오. 이십여 합에 승부를 가리지 못하더니 문득 강장의 창이 번뜻대며 삼대의 탄 말을 찔러 말이 거꾸러지니 삼대도 땅에 떨어지는지라. 원수가 달려들려 하니 삼대가 공중으로 솟아 달려들어 싸울새, 원수가 강백과 더불어 급히 치니 삼대가 견디지 못하여 달아나더라. 원수가 말을 달려 급히 따르며 칼을 들어 삼대의 창 든 손을 치니 삼대가 놀라 창을 버리고 공중으로 날아 달리거늘 원수가 솟아올라 삼대의 목을 치더라. 일진광풍이 일어나며 문득 진전에 푸른 안개 일어나고 두 줄 무지개가 공중에 뻗치거늘, 원수가 괴이하게 여겨 살펴보니 삼대의 왼팔 밑에 날개가 돋쳐 있더라.

　　삼대의 죽음을 보고 적진이 대경 황망하여 일시에 도망하거늘 원수와 강장이 본진에 돌아와 승전고를 울리니 여러 장수와 군졸이 치하하며 모두 즐기더라.

　　　－ 작자 미상, 「조웅전(趙雄傳)」－

▼
경적 적을 얕봄.

[정답과 해설 42쪽]

1 이 글은 (　　　　　　　　)과 역신의 이분법적 대결 의식을 드러내고 있다는 점에서는 「유충렬전」과 공통점이 있으나, 「유충렬전」과 달리 적강 화소는 나타나지 않는다.

2 조웅이 삼대의 약점을 파악하고 우편을 집요하게 공격함으로써 전투에서 승리하는 장면에서 조웅의 (　　　　　　)을 엿볼 수 있다.

소대성전 | 작자 미상

• 수록 교과서: 문학_미래엔
• 기출: 2020-3월 고2 학평, 2015 수능A

【작품 구조】

발단 소양이 어렵게 얻은 아들이자 천상계에서 용왕의 아들이었던 대성은 부모를 잃고 유리걸식하다가 이 승상을 만남.

전개 승상이 대성을 집으로 데려와 딸 채봉과 약혼시키나, 부인과 세 아들은 이를 못마땅하게 여김.

위기 승상이 죽자 부인과 아들들은 대성을 죽이려 하고, 대성은 집을 떠남.

절정 대성은 노승을 만나 병법과 무술을 공부하고, 이후 호국을 물리치고 큰 공을 세움.

결말 노국 왕이 된 대성이 채봉과 재회하여 부부의 인연을 맺고 행복하게 살아감.

일일은 승상이 술에 취하시어 ⓐ책상에 의지하여 잠깐 졸더니 문득 봄바람에 이끌려 한 곳에 다다르니 이곳은 승상이 평소에 고기도 낚으며 풍경을 구경하던 조대(釣臺)라. 그 위에 상서로운 기운이 어렸거늘 나아가 보니 청룡이 ⓑ조대에 누웠다가 승상을 보고 고개를 들어 소리를 지르고 반공에 솟거늘, 깨달으니 일장춘몽이라.

[A]
심신이 황홀하여 죽장을 짚고 월령산 ⓒ조대로 나아가니 나무 베는 아이가 나무를 베어 시냇가에 놓고 버들 그늘을 의지하여 잠이 깊이 들었거늘, 보니 의상이 남루하고 머리털이 흩어져 귀밑을 덮었으며 검은 때 줄줄이 흘러 두 뺨에 가득하니 그 추레함을 측량치 못하나 그중에도 은은한 기품이 때 속에 비치거늘 승상이 깨우지 않으시고, 옷에 무수한 이를 잡아 죽이며 잠 깨기를 기다리더니, 그 아이가 돌아누우며 탄식 왈,

"㉠형산백옥이 돌 속에 섞였으니 누가 보배인 줄 알아보랴. 여상의 자취 조대에 있건마는 그를 알아본 문왕의 그림자 없고 와룡은 남양에 누웠으되 삼고초려한 유황숙의 자취는 없으니 어느 날에 날 알아줄 이 있으리오."

하니 그 소리 웅장하여 산천이 울리는지라.

탈속한 기운이 소리에 나타나니, 승상이 생각하되, '영웅을 구하더니 이제야 만났도다.' 하시고, 깨우며 물어 왈,

"봄날이 심히 곤한들 무슨 잠을 이리 오래 자느냐? 일어앉으면 물을 말이 있노라."

"어떤 사람이관데 남의 단잠을 깨워 무슨 말을 묻고자 하는가? 나는 배고파 심란하여 말하기 싫도다."

아이 머리를 비비며 군말하고 도로 잠이 들거늘, 승상이 왈,

"네 비록 잠이 달지만 어른을 공경치 아니하느냐. 눈을 들어 날 보면 자연 알리라."

그 아이 눈을 뜨고 이윽히 보다가 일어앉으며 고개를 숙이고 잠잠하거늘, 승상이 자세히 보니 두 눈썹 사이에 천지조화를 갈무리하고 가슴속에 만고흥망을 품었으니 진실로 영웅이라. 승상의 ⓛ명감(明鑑)이 아니면 그 누가 알리오.

[중략 부분의 줄거리] 승상은 아이(소대성)를 자기 집에 묵게 하고 딸과 부부의 연을 맺도록 하지만, 승상이 죽자 그 아들들이 대성을 제거하려고 한다. 이에 대성은 영보산으로 옮겨 공부하다가 호왕이 난을 일으킨 소식에 산을 나가게 된다.

한 동자 마중 나와 물어 왈,

"상공이 해동 소상공 아니십니까?"

"동자, 어찌 나를 아는가?"

소생이 놀라 묻자, 동자 답 왈,

"우리 노야의 분부를 받들어 기다린 지 오랩니다."

조대 낚시터.
반공(半空) 반공중. 땅으로부터 그리 높지 않은 허공.
형산백옥(荊山白玉) 중국 형산에서 나오는 백옥이라는 뜻으로, 보물로 전해 오는 흰 옥돌을 이르는 말.
삼고초려(三顧草廬) 인재를 맞아들이기 위하여 참을성 있게 노력함. 중국 삼국 시대에, 촉한의 유비가 난양에 은거하고 있던 제갈량의 초옥으로 세 번이나 찾아갔다는 데서 유래함.
명감 사람을 알아보는 뛰어난 능력.

"노야라 하시는 이는 뉘신고?"

"아이 어찌 어른의 존호를 알리이까? 들어가 보시면 자연 알리이다."

[B]
생이 동자를 따라 들어가니 청산에 불이 명랑하고 한 노인이 자줏빛 도포를 입고 금관을 쓰고 책상을 의지하여 앉았거늘 생이 보니 학발 노인은 청주 이 승상일러라. 생이 생각하되, '승상이 별세하신 지 오래이거늘 어찌 ⓓ이곳에 계신가?' 하는데, 승상이 반겨 손을 잡고 왈,

"내 그대를 잊지 못하여 줄 것이 있어 그대를 청하였나니 기쁘고도 슬프도다."

하고 동자를 명하여 저녁을 재촉하며 왈,

"내 자식이 무도하여 그대를 알아보지 못하고 망령된 의사를 두었으니 어찌 부끄럽지 아니하리오. 하나 그대는 대인군자로 허물치 아니할 줄 알았거니와 모두 하늘의 뜻이라. 오래지 아니하여 공명을 이루고 용문에 오르면 딸과의 신의를 잊지 말라."

하고 갑주▼ 한 벌을 내어 주며 왈,

"이 갑주는 보통 물건이 아니라 입으면 내게 유익하고 남에게 해로우며 창과 검이 뚫지 못하니 천하의 얻기 어려운 보배라. 그대를 잊지 못하여 정을 표하나니 전장에 나가 대공을 이루라."

생이 자세히 보니 쇠도 아니요, 편갑도 아니로되 용의 비늘같이 광채 찬란하며 백화홍금포로 안을 대었으니 사람의 정신이 황홀한지라. 생이 매우 기뻐 물어 왈,

"이 옷이 범상치 아니하니 근본을 알고자 하나이다."

"이는 천공의 조화요, 귀신의 공역이라. 이름은 '보신갑'이니 그 조화를 헤아리지 못하리라. 다시 알아 무엇 하리오?"

승상이 답하시고, 차를 내어 서너 잔 마신 후에 승상 왈,

"이제 칠성검과 보신갑을 얻었으니 만 리 청총마▼를 얻으면 그대 재주를 펼칠 것이나, 그렇지 아니하면 당당한 기운을 걷잡지 못하리라. 하나 적을 가벼이 여기지 말라. 지금 적장은 천상 나타의 제자 익성이니 북방 호국 왕이 되어 중원을 침노하니 지혜와 용맹이 범인▼과 다른지라. 삼가 조심하라."

"만 리 청총마를 얻을 길이 없으니 어찌 공명을 이루리까?"

생이 묻자, 승상이 답 왈,

"동해 용왕이 그대를 위하여 이리 왔으니 내일 오시에 얻을 것이니 급히 공을 이루라. 지금 싸움이 오래되었으나 중국은 익성을 대적할 자 없으며 황제 지금 위태한지라. 머물지 말고 바삐 가라. 할 말이 끝없으나 밤이 깊었으니 자고 가라."

하시고 책상을 의지하여 누우시니 생도 잠깐 졸더니, 홀연 찬 바람, 기러기 소리에 깨달으니 승상은 간데없고 누웠던 자리에 갑옷과 투구 놓였거늘 좌우를 둘러보니 ⓔ소나무 밑이라.

– 작자 미상, 「소대성전(蘇大成傳)」 –

배경지식 확장

문왕과 여상

주나라 문왕은 사냥을 가기 전에 이번 사냥에서는 짐승 대신 훌륭한 인재를 얻을 것이라는 점괘를 듣는다. 수확 없이 사냥을 마치고 오던 중 문왕은 강가에서 낚시를 하고 있는 한 노인의 비범함을 알아보고, 그와 대화를 나눈 뒤 그를 궁으로 데려와 자신의 스승으로 삼고 중요한 역할을 맡긴다. 바로 그 노인이 강태공으로도 불리는 여상이다. 문왕이 죽은 후 여상은 문왕의 아들인 무왕을 도와 은나라를 멸하고 천하를 평정할 수 있게 하였다.

▼
존호(尊號) 남을 높여 부르는 이름.
갑주(甲胄) 갑옷과 투구.
편갑(片甲) 갑옷 조각.
청총마(靑驄馬) 갈기와 꼬리가 파르스름한 백마.
범인(凡人) 평범한 사람.

기출 · 2015 수능A

1 [A]와 [B]에 나타난 서술상 특징으로 가장 적절한 것은?

① [A]는 묘사를 통해 인물의 외양을, [B]는 발화를 통해 인물의 감회를 드러내고 있다.

② [A]와 달리, [B]는 대구적 표현을 통해 인물에 대한 부정적 인식을 드러내고 있다.

③ [B]와 달리, [A]는 요약적 서술을 통해 시대적 배경을 제시하고 있다.

④ [A]와 [B]는 모두 인물들 간의 대화를 통해 인물들 사이의 갈등을 제시하고 있다.

⑤ [A]와 [B]는 모두 과거 사건에 대한 회상을 통해 현재 사건의 원인을 제시하고 있다.

기출 · 2015 수능A

2 윗글의 '승상'에 대한 감상으로 가장 적절한 것은?

① 곤히 잠든 '아이'를 깨우지 않고 이를 잡아 주며 기다리는 모습에서 따뜻한 인정을 느낄 수 있군.

② 나이 어린 '소생'에게 자신이 범한 과오를 시인하고 부끄러워하는 모습에서 자신을 비우고 낮추는 겸허함을 볼 수 있군.

③ '소생'에게 '딸과의 신의'를 잊지 않아야 공명을 이룰 수 있다고 당부하는 모습에서 신의를 중시하는 가치관을 볼 수 있군.

④ '청총마'를 이미 얻고 '동해 용왕'의 도움까지 얻은 '소생'에게 적을 가벼이 여기지 말라고 하는 모습에서 신중한 자세를 볼 수 있군.

⑤ 살아서는 '소생'을 도왔지만 죽은 몸으로 '소생'을 도울 수 없어 안타까워하는 모습에서 남을 도우려는 한결같은 성품을 느낄 수 있군.

기출 · 2015 수능A

3 ㉠의 화자에게 ㉡을 지닌 '승상'이 격려해 줄 말로 가장 적절한 것은?

① '굼벵이도 구르는 재주가 있다'라고 하듯이, 네 재주로도 할 일은 있을 터이니 너무 낙담하지 마라.

② '자루 속의 송곳'이라고 하듯이, 앞으로 너의 진가가 반드시 드러나 많은 사람이 너를 우러러보게 될 거야.

③ '장마다 꼴뚜기가 나올까'라고 하듯이, 운수가 좋아야만 성공할 수 있으니 좋은 때가 오기를 기다려 보아라.

④ '차면 넘친다'라고 하듯이, 지금 너의 괴로움은 욕심이 지나쳐서 생기는 것이니 욕심을 줄이면 나아질 거야.

⑤ '하룻강아지 범 무서운 줄 모른다'라고 하듯이, 너의 용기는 무모하니 현실을 직시하면 성공할 날이 곧 올 거야.

기출 · 2015 수능A

4 〈보기〉를 참고할 때, ⓐ~ⓔ를 이해한 내용으로 적절하지 <u>않은</u> 것은?

┌ 보기 ┐

고전 소설에서 공간은 산속이나 동굴 등 특정 현실 공간에 초현실 공간이 겹쳐진 것으로 설정되기도 한다. 이 경우, 초현실 공간이 특정 현실 공간에 겹쳐지거나 특정 현실 공간에서 사라지는 것은 보통 초월적 존재의 등·퇴장과 관련된다. 한편 어떤 인물이 꿈을 꿀 때, 그는 현실의 어떤 공간에서 잠을 자고 있지만, 그의 정신은 꿈속 공간을 경험한다. 이 경우, 특정 현실 공간이 꿈에 나타나면 이 꿈속 공간은 특정 현실 공간에 근거하면서도 초현실 공간의 성격을 지니기도 한다.

① '승상'은 ⓐ에 몸을 의지하고 있지만 정신은 봄바람에 이끌려 ⓑ로 나아갔으니, 그는 현실의 한 공간에서 잠들어 꿈속 공간을 경험하고 있는 것이군.

② ⓑ는 ⓒ에 근거를 둔 꿈속 공간으로, ⓑ에서 본 '청룡'은 ⓒ에서 자고 있는 '아이'를 상징하는군.

③ ⓑ와 ⓓ는 모두 초현실 공간으로, ⓑ는 '승상'을 '아이'에게로 이끌기 위해, ⓓ는 '소생'과 초월적 존재인 '승상'의 만남을 위해 설정된 곳이군.

④ ⓒ는 '승상'의 정신이 경험하는 꿈속 공간이고, ⓔ는 '소생'이 자기 경험이 꿈이었음을 확인하는 공간이군.

⑤ '승상'이 '누웠던 자리'에 '갑옷과 투구'가 놓여 있는 것으로 보아, ⓔ에 ⓓ가 겹쳐져 있었지만 '승상'이 사라지면서 ⓓ도 함께 사라졌군.

플러스 자료실

「소대성전」의 특징

이 작품은 전반적으로는 영웅 소설에 나타난 형식과 내용을 갖추고 있으면서도 몇 가지 점에서는 특이한 점이 발견된다. 주인공 대성이 초년에 걸식하고, 이 승상 집에서 잠만 자는 위인으로 나오는 대목이 대표적인데, 이는 겉보기에 보잘것없는 사람이라도 가슴속에 큰 뜻을 품고 있는 사람일 수 있으니 겉만 보고 사람을 평가하지 말아야 한다는 작가 의식이 반영되어 있다. 또한 이 승상 부인과 아들들이 보낸 자객을 죽이고 집을 나선 소대성은 홍길동과 같은 행동 양식을 보여 주는데, 이 점도 역시 깊이 고찰해 볼 만하다. 주인공 소대성은 용력이 뛰어난 자객을 도술로써 물리친다. 이러한 비현실적 서사 전개는 「홍길동전」과 「소대성전」에 공통적으로 나타나며, 이를 통해서 「소대성전」이 「홍길동전」과 깊은 관계를 가지고 있음을 확인할 수 있다.

원리로 작품 독해

1 ⟨인물의 특성과 관계⟩

이 글에 등장하는 인물의 특성과 관계를 정리해 보자.

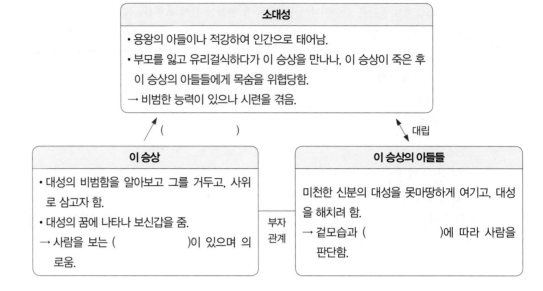

소대성
• 용왕의 아들이나 적강하여 인간으로 태어남. • 부모를 잃고 유리걸식하다가 이 승상을 만나나, 이 승상이 죽은 후 이 승상의 아들들에게 목숨을 위협당함. → 비범한 능력이 있으나 시련을 겪음.

(   )　　　　대립

이 승상	이 승상의 아들들
• 대성의 비범함을 알아보고 그를 거두고, 사위로 삼고자 함. • 대성의 꿈에 나타나 보신갑을 줌. → 사람을 보는 ( )이 있으며 의로움.	미천한 신분의 대성을 못마땅하게 여기고, 대성을 해치려 함. → 겉모습과 ( )에 따라 사람을 판단함.

부자 관계

2 ⟨서사적 공간 구성⟩

이 글에 나타난 현실 공간과 초현실 공간의 교차 구성 양상에 대해 정리해 보자.

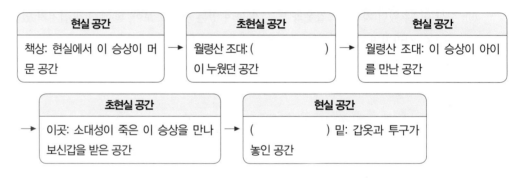

현실 공간	초현실 공간	현실 공간
책상: 현실에서 이 승상이 머문 공간	→ 월령산 조대: ( ) 이 누웠던 공간	→ 월령산 조대: 이 승상이 아이를 만난 공간

초현실 공간	현실 공간
→ 이곳: 소대성이 죽은 이 승상을 만나 보신갑을 받은 공간	→ ( ) 밑: 갑옷과 투구가 놓인 공간

3 ⟨서술상 특징⟩

이 글의 서술상 특징을 정리해 보자.

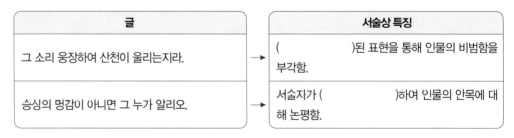

글	서술상 특징
그 소리 웅장하여 산천이 울리는지라.	→ ( )된 표현을 통해 인물의 비범함을 부각함.
승상의 명감이 아니면 그 누가 알리오.	→ 서술자가 ( )하여 인물의 안목에 대해 논평함.

빈출 어휘 짚고 가기

※ 제시된 초성을 참고하여 다음 뜻에 해당하는 어휘를 써 보자.

1. ㅂㅇ: 평범한 사람. (   )

2. ㅈㅎ: 남을 높여 부르는 이름. (   )

3. ㅅㄱㅊㄹ: 인재를 맞아들이기 위하여 참을성 있게 노력함. (   )

다른 작품 엮어 읽기

연계 포인트 이 작품은 어려서 부모를 잃고 고아로 자란 주인공이 구원자를 만나고, 다시 위기를 겪고, 이를 극복하여 승리자가 되는 영웅의 이야기를 담고 있는 소설이다. 인물이 고난을 극복하고 승리하는 주제를 구현하고 있다는 점에서 「소대성전」과 함께 읽어 볼 수 있다.

[앞부분의 줄거리] 명나라 때 선비 이주현의 아들로 태어난 이경작은 세 살 때 부모를 잃고 장우라는 사람의 집에서 소 먹이는 일을 하며 자란다. 그러다가 경작은 승상인 양자을의 눈에 띄어 그의 막내 사위가 된다. 혼인을 하고도 잠만 자고 글공부는 하지 않던 경작은 장모 한 씨의 미움을 받고 양 승상이 죽은 뒤 집을 나가게 된다. 경작은 절에 들어가 공부를 한 뒤 장원 급제를 하고, 이때 쳐들어온 번왕의 공격을 막으며 병부상서 대원수가 된다. 경작은 동서인 설인수를 만나게 되고, 설인수는 경작을 알아보지 못한다.

원수가 잠소(潛笑) 왈,

"형이 과연 눈이 무디다 하리로다. 옛날 금주에서 소 먹이던 목동이었다가 양 승상의 둘째 사위가 된 이경작을 모르오?"

태수가 생각 밖이라. 깨닫지 못하여 가로되,

"그 사람은 소관의 동서러니, 금주를 떠난 지 벌써 십일 년이옵니다."

"십일 년 못 보던 경작이 곧 나이니 형은 모름지기 의아치 마오."

설 태수가 어지러운 듯, 취한 듯하여 오래 말을 못 하더니 이에 자세히 보니 완연한 경작이라. 놀라고 반가움을 이기지 못하여 지위를 잊고 손을 잡아 급히 이르되,

"경작 형! 꿈이오? 생시오?"

원수가 웃으며 왈, / "형은 놀라지 마오."

하고 인하여 서로 잔을 들어 유쾌히 술을 마시며 정을 펼새, 태수가 매양 원수의 대덕과 넓은 도량, 기이한 풍도를 우러렀더니 이날 자리를 나란히 하여 잔을 날리며 별회를 베푸니, 마음에 세상일을 가히 헤아리기 어려움을 탄하더라.

원수가 문왈,

"외방에 있은 지 벌써 십일 년이라. 처형은 평안하시오?"

설 태수가 답소(答笑) 왈,

"나는 비록 약한 남자이나 조강지처를 무단히 버리지 아니하니 몸이 편하여 자녀를 갖추어 두었거니와, 형은 약한 부인을 무단히 버리고 십일 년에 이르도록 한 번 편지를 부치는 일이 없었소. 이제 몸이 으뜸 벼슬로 부귀영광이 비길 곳이 없고, 어진 덕과 넓은 덕을 추앙하지 않는 사람이 없으되, 오직 빈 방의 약한 부인을 생각하지 아니하니 박덕함이 심하여 장차 약한 부인이 몸을 보존치 못하게 되었으니 가장 어둡고 무심한 장부라. 나는 비록 벼슬이 낮아 형을 모시고는 있으나 처자를 편히 거느리니 가히 형보다 낫다고 이르리로다." / 하고 대소한대, 원수가 또한 웃고 왈,

"형이 어찌 괴이한 말로써 나를 조롱하오? 가장 가소롭도다. 그러하나 금주의 처가는 평안하시오?"

태수 왈,

"집안은 평안하나 형의 부인이 병이 위중하여 속수무책 조석으로 목숨을 빈다 하니 형이 비록 몸이 영귀하나 무엇이 즐거우리오?"

— 작자 미상, 「낙성비룡(洛城飛龍)」 —

[정답과 해설 43쪽]

1 이 글과 「소대성전」의 주인공은 영웅으로 거듭나기 전에 겉보기로는 (   ) 신분의 삶을 살아온 인물로 형상화되어 있다는 공통점이 있다.

2 이 글에 나타나는 대화를 통해 설 태수는 (   )에게 무심한 이경작의 태도를 부정적으로 인식하고 있음을 알 수 있다.

임경업전 | 작자 미상

• 수록 교과서: 문학_비상
• 기출: 2018-6월 고2 학평, 2015-6 고3 모평B

【작품 구조】

발단 임경업은 명나라 군을 이끌고, 호국을 침입한 가달을 물리침.

전개 호국이 조선을 침공하여 인조의 항복을 받고, 세자와 대군을 인질로 끌고 가던 중 임경업이 호국 군을 격파하자 호왕이 분노함. 호왕은 인조에게 임경업을 호국으로 보낼 것을 명함.

위기 호왕이 임경업에게 명나라를 칠 것을 명령하나 오히려 명나라와의 의리로 호국을 치려 하다 실패하여 호국에 생포됨.

절정 호왕이 임경업의 충절에 감복해서 그와 세자를 조선으로 돌려보냄. 그 후 임경업은 김자점의 모략에 의해 살해됨.

결말 인조는 사건의 전모를 알고 난 후 김자점을 처형하고, 임경업의 충성에 대해 포상함.

경업은 도임▼한 뒤로 군대의 형편을 살피고 병사들을 훈련시켰는데, 달아난 호국 장수들이 다시 돌아와 염탐했다. 이것을 안 경업은 크게 노하여 군대를 내어

"되놈들을 잡아들이라!" / 외치니, 군사들이 호국 군대의 진을 무너뜨리고 남은 호병들을 잡아왔다. 경업이 호병들을 크게 꾸짖으며 말했다.

[A] "내 몇 년 전 가달 왕에게 항복받고 너희 나라를 지켜 주었을 때, 너희는 은덕을 잊지 않겠다며 만세불망비도 세우지 않았더냐? 그걸 벌써 잊고 도리어 천조를 배반하고 우리나라를 침범코자 하니, 너희 같은 무리는 마땅히 죽여 분을 씻을 것이로다. 다만 너희를 불쌍히 여겨 용서하여 돌려보내니, 빨리 돌아가 너희 땅을 지키고 다시 분수에 넘치는 짓은 생각도 하지 말라. 만일 다시 두 마음을 먹으면 그때는 한 놈도 남기지 않고 다 죽여 없앨 것이다."

경업이 포로들을 끌어 내치니, 호병들이 쥐 숨듯 자기 진영으로 돌아가 대장과 군졸들에게 일의 전말▼을 보고했다. 이를 들은 호국 장수들이 크게 분개했다.

"임경업이 교묘한 말로 우리 호국을 욕되게 하고 병사들의 마음을 흔드는구나. 내 맹세코 경업을 죽여 오늘의 수치를 씻으리라."

호국 장수는 곧바로 정예▼ 병사 7천 명을 뽑아 조선으로 향했다. 군사들이 압록강에 이르러 강을 사이에 두고 진을 치더니, 호국 장수가 강 건너 조선 군사들을 향해 외쳤다.

"조선국 의주 부윤 임경업은 들으라. 너는 한갓 어린아이로서 어찌 간사한 말로 병사들의 마음을 요동케 하느냐? 네가 재주가 있거든 나의 철퇴를 막아 보아라. 죽기가 두렵거든 항복하여 목숨을 아끼거라."

이 말을 경업이 듣고 크게 분노해 급히 배를 띄워 물을 건넜다. 경업이 말에 올라 청룡검을 비껴들고 호국 진영에 달려들어 거칠 것 없이 좌우로 칼을 휘두르니, 적병들의 머리가 가을바람에 낙엽 날리듯 떨어졌다. 호국 군사들이 감히 맞서지 못해 급히 달아나니, 이때 서로 짓밟으며 물에 빠져 죽는 자를 헤아릴 수 없었다.

경업이 홀로 출전하여 적진을 쑥대밭으로 만든 뒤 돌아와 승전고를 울리니 군사들의 사기가 하늘을 찌를 듯 올랐다. 의주 군졸들이 장군의 용맹을 감탄해 서로 즐거워하며 노래를 불렀다. 다음 날 새벽이 되자 압록강 가에는 적군의 시체가 흘러 산같이 쌓였고, 피는 흘러 내를 이루었다.

적병이 돌아가 호국 왕에게 패한 까닭을 보고하니, 왕이 몹시 분개해 다시 군대를 일으켜 원수 갚을 일을 의논했다. 경업이 의주 감영으로 돌아와 승전한 일을 조정에 보고하니, 임금이 보고 크게 기뻐했다. 경업은 머지않아 호국이 다시 침범하지 않을까 근심했는데, 조정의 신하들은 전혀 그런 염려를 하지 않았다.

이때 호국 왕은 경업에게 패한 뒤로 분한 기분을 참지 못하더니, 다시 장수들을 모아 조선을 침공할 준비를 했다. / "여기서 의주까지 가려면 며칠이나 걸리는가?" / 호왕의 말에 좌우에서 말했다.

"열하루 길입니다. 다만 국경의 한쪽은 갈대 수풀이요, 다른 한쪽은 압록강이 가로막고 있으니, 강

도임(到任) 지방의 관리가 근무지에 도착함.
전말(顚末) 처음부터 끝까지 일이 진행되어 온 경과.
정예(精銳) 썩 날래고 용맹스러움. 또는 그런 군사.
철퇴(鐵槌) 쇠몽둥이.

을 건너 기마군으로 승부하고자 하면 수만 군졸이 진을 칠 곳이 없고, 또 자칫 군사가 패하면 물러날 곳이 없습니다. 기이한 계교를 내어 경업을 먼저 깬 뒤에야 군사를 내는 게 좋을까 하나이다."

장수들의 의논을 들은 호왕이 이를 옳게 여겨 용골대 장군을 선봉장으로 삼고 지시했다.

"너는 수만 명 군사를 거느려 배를 띄워라. 가만히 황해를 건너 조선을 치면 미처 군대를 움직이지 못할 것이다. 이 일은 의주에서도 알지 못할 것이니, 그 사이에 한양을 급습하면 항복받기가 손바닥 뒤집는 것보다 쉬울 것이다. 하물며 이 일을 성공하면 당연히 경업도 사로잡지 않겠느냐?"

용골대가 명령을 받고 군사를 뽑아 훈련을 시작했다.

[중략]

용골대는 백성의 집을 헐어 얻은 나무 기둥들로 뗏목을 엮어 강화도로 침입했는데, 강화 유수 김경징은 술만 마시고 누워 있다가 갑자기 들이닥친 호국군에 꼼짝없이 당했다. 왕대비와 세자, 대군을 포로로 잡은 용골대는 송파 들판에 진을 치고 큰 소리로,

"어서 빨리 항복하지 아니하면 왕대비와 세자, 대군을 가만두지 않겠다." / 라며 으름장을 부렸다.

이때 임금은 모든 대신과 병사를 거느리고 남한산성에서 외로이 성을 지키면서 눈물만 비 오듯 흘릴 뿐이었다. 도원수 김자점은 달리 방법도 없이 성문 밖에 진을 치고 방어만 하고 있었는데, 호병들의 북소리에 놀라 진이 무너지며 군사들이 무수히 죽었다. 어쩔 수 없이 소수의 군사만 산성 밖에 남기고 산성 안으로 들어와 지켰지만, 군량미도 바닥나서 어찌할 방법이 없었다. 이때 용골대가 큰 소리로 외쳤다.

[B]
┌ "너희가 끝내 항복하지 아니하면 우리는 여기서 겨울을 나고 여름 보리를 지어 먹고 있을 테다.
└ 너희는 무엇을 먹고 살려 하느냐? 어서 빨리 나와 항복하여라."

용골대가 산봉우리에 올라 산성을 굽어보며 외치는 소리가 산을 울리니, 임금이 듣고는 하늘을 보고 통곡하며 말했다.

㉮"안에는 훌륭한 장수가 없고 밖에는 강적이 있으니 외로운 산성을 어찌 보전하며, 또한 양식이 다 떨어졌으니 이는 하늘이 나를 망하게 하려 하심이라."

임금이 대신들과 항복할 것을 의논하니, 한 신하가 말했다.

"대왕마마! 왕대비와 세자, 대군이 다 적진에 계시니 나라에 이런 망극한 일이 어디 있겠습니까? 빨리 항복하시어 왕대비와 세자, 대군을 구하시며, 사직을 보전하심이 마땅할까 하나이다."

이 말을 듣고 한 신하가 앞에 나와 말했다.

"옛말에 일렀으되, 차라리 닭의 머리가 될지언정 쇠꼬리는 될 수 없다 했사오니, 어찌 오랑캐에게 무릎을 꿇어 욕을 당하리이까? 죽기를 무릅쓰고 성을 지키면 임경업이 소식을 듣고 마땅히 올라와 오랑캐를 물리치고 적장의 항복을 받을 것이옵니다. 그러면 대왕마마께서는 자연히 욕을 면할 것입니다."

"경들은 답답한 소리를 하지 말라. 길이 막혀 사람을 보낼 수 없으니 경업이 어찌 이 사정을 알겠는가? 지금 사정이 이렇듯 급한데 아무리 생각해도 항복하는 수밖에 다른 묘책이 없으니 경들은 입을 다물라." / 임금이 이 말을 하고 하늘을 우러러 통곡하니 산천초목이 다 슬퍼하는 듯했다.

— 작자 미상, 「임경업전(林慶業傳)」 —

계교(計巧) 요리조리 헤아려 보고 생각해 낸 꾀.
선봉장(先捧將) 제일 앞에 진을 친 부대를 지휘하는 장수.
군량미(軍糧米) 군대의 양식으로 쓰는 쌀.

개념 사건 전개의 우연성

소설에서는 사건이 인과성, 필연성을 바탕으로 유기적으로 전개된다. 그러나 고전 소설에서는 이러한 인과성, 필연성에 근거하지 않고 발생 확률이 매우 낮은 사건이 우연히 일어나면서 이야기가 전개되기도 한다.
예 「별주부전」에서는 자라가 토끼의 간을 얻지 못하여 낙담하고 있을 때 도사가 나타나서 선약을 준다.

1 윗글에 대한 이해로 적절하지 <u>않은</u> 것은?

① 우연적인 요소에 의해 사건이 극적으로 반전되고 있다.

② 과장된 비유를 활용하여 상황을 실감 나게 묘사하고 있다.

③ 지형상 특징과 관련된 인물들의 형세 판단이 나타나 있다.

④ 다른 인물과의 대비를 통해 주인공의 가치가 부각되고 있다.

⑤ 대화에 사용된 비속어를 통해 대상에 대한 인물의 태도가 드러나 있다.

기출 · 2018–6월 고2 학평

2 윗글의 공간을 〈보기〉와 같이 도식화하였을 때, 이를 바탕으로 윗글을 이해한 내용으로 적절하지 <u>않은</u> 것은?

보기

⊙ 조선 → ⓒ 호국 → ⓒ 조선

① ⊙에서 임경업은 호국 장수들이 아군을 염탐한 사실을 알고 크게 분노한다.

② ⊙에서 임경업과 달리 조정의 신하들은 호국이 다시 침범할 것이라는 염려를 하지 않는다.

③ ⓒ에서 호국 왕은 임경업과의 직접적인 대결을 피해 한양을 급습하는 계교를 꾸민다.

④ ⓒ에서 신하들은 호국의 침략을 받게 된 것에 대해 임경업에게 그 책임을 묻고자 한다.

⑤ ⓒ에서 임경업이 남한산성의 상황을 아는 것이 불가능하다고 판단한 임금은 항복할 것을 결심한다.

기출 · 2018–6월 고2 학평

3 [A]와 [B]에 나타난 인물의 말하기에 대한 설명으로 가장 적절한 것은?

① [A]는 [B]와 달리 상대방의 불리한 상황을 지적하며 회유하고 있다.

② [B]는 [A]와 달리 자신의 속마음을 감춘 채 질문을 통해 사실을 확인하고 있다.

③ [A]는 자신의 능력을 과시하고 있고, [B]는 상대방의 행동을 과대평가하고 있다.

④ [A]와 [B]는 모두 수용하기 어려운 일을 요구하며 상대방을 시험하고 있다.

⑤ [A]와 [B]는 모두 자신의 주장을 강력히 드러내어 상대방의 행동 변화를 유도하고 있다.

기출 · 2018−6월 고2 학평

4 ㉮의 상황을 드러내기에 가장 적절한 것은?

① 사면초가(四面楚歌) ② 수구초심(首丘初心)

③ 오월동주(吳越同舟) ④ 이심전심(以心傳心)

⑤ 호가호위(狐假虎威)

기출 · 2018−6월 고2 학평

5 〈보기〉를 바탕으로 윗글을 감상한 내용으로 적절하지 <u>않은</u> 것은?

> **보기**
>
> 　임경업은 인조 때 중국에까지 이름이 알려진 장수로서 의주에 주둔하며 청의 주요한 공격로를 수비하였다. 그러나 현실보다 명분에 집착했던 조정은 병자호란 당시 청나라 군대에 무력하게 패배할 수밖에 없었고, 이후 강력한 실권자였던 김자점에 의해 임경업은 죽임을 당하게 된다. 「임경업전」은 이러한 임경업의 생애를 바탕으로, 좌절된 영웅에 대한 안타까움과 지배 계층에 대한 분노, 청나라에 대한 우리 민족의 자부심 등을 드러낸 작품이다.

① 의주 부윤 임경업의 활약은 실존 인물의 명성을 바탕으로 한 것이로군.

② 단숨에 호국 진영을 제압하는 임경업의 모습을 통해 민족적 자부심을 고취시키려 하였군.

③ 임경업이 용골대의 침략에 자신의 능력을 발휘할 기회조차 갖지 못한 것에 대해 민중들이 안타까움을 느꼈겠군.

④ 강력한 실권자였던 김자점을 호국의 침입에 무기력하게 대응한 인물로 형상화하여 지배 계층에 대한 분노를 드러내고 있군.

⑤ 조선과 호국에서 임경업의 능력에 대해 상반된 평가를 내린 데는 명분만 중시하던 조선 사회에 대한 비판이 함축되어 있군.

플러스 자료실

「임경업전」의 사실과 허구

「임경업전」은 역사적 사실과 실존 인물의 이야기를 바탕으로 하였으나 실제 사실과 다르게 변용한 부분도 있다. 이 작품에서 임경업은 도술을 부리는 초현실적 영웅으로 형상화되어 있으며 임경업이 가달을 친 것, 호왕이 임경업의 충절에 감복해서 그와 세자를 조선으로 돌려보내는 것 등은 실제 역사에서는 없었던 허구적 요소이다. 임경업을 죽인 김자점이 처형되는 것도 실제와는 다른 부분으로, 실제로 임경업을 모함한 김자점은 처형되지 않았다. 이 작품에서 이와 같이 허구적 요소를 사용한 것은 임경업의 영웅적 면모를 강조하고, 병자호란으로 인한 치욕을 허구적인 방식으로나마 위로하고자 한 민중의 심리가 반영된 것이라 할 수 있다.

원리로 작품 독해

1 〈인물의 특징〉
이 글에 등장하는 인물의 특징에 대해 정리해 보자.

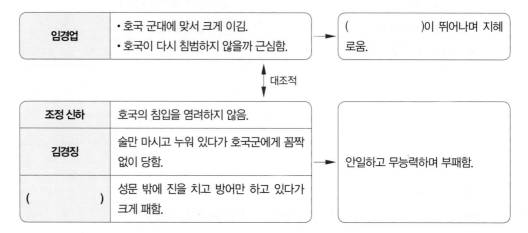

임경업	• 호국 군대에 맞서 크게 이김. • 호국이 다시 침범하지 않을까 근심함.	→	( )이 뛰어나며 지혜로움.

대조적 ↕

조정 신하	호국의 침입을 염려하지 않음.	
김경징	술만 마시고 누워 있다가 호국군에게 꼼짝없이 당함.	→ 안일하고 무능력하며 부패함.
( )	성문 밖에 진을 치고 방어만 하고 있다가 크게 패함.	

2 〈사건의 전개〉
이 글의 공간 변화에 따른 사건의 전개를 정리해 보자.

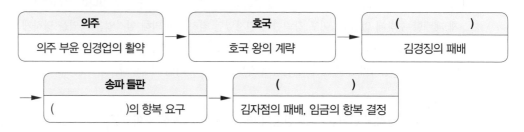

의주	→	호국	→	( )
의주 부윤 임경업의 활약		호국 왕의 계략		김경징의 패배

→

송파 들판	→	( )
( )의 항복 요구		김자점의 패배, 임금의 항복 결정

3 〈작가의 의도〉
이 글에 나타난 역사적 사실과 허구적 요소를 바탕으로 작가의 의도를 정리해 보자.

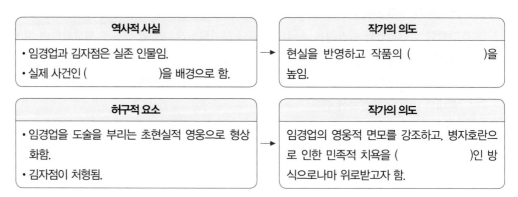

역사적 사실		작가의 의도
• 임경업과 김자점은 실존 인물임. • 실제 사건인 ( )을 배경으로 함.	→	현실을 반영하고 작품의 ( )을 높임.

허구적 요소		작가의 의도
• 임경업을 도술을 부리는 초현실적 영웅으로 형상화함. • 김자점이 처형됨.	→	임경업의 영웅적 면모를 강조하고, 병자호란으로 인한 민족적 치욕을 ( )인 방식으로나마 위로받고자 함.

빈출 어휘 짚고 가기

※ 제시된 초성과 뜻을 참고하여 빈칸에 들어갈 어휘를 써 보자.

1. ㄱㄱ : 요리조리 헤아려 보고 생각해 낸 꾀.
   예 대성은 호왕의 (   )에 빠져 위기에 처하게 된다.

2. ㅈㅁ : 처음부터 끝까지 일이 진행되어 온 경과.
   예 이에 주생이 그 (   )을 알려 준 것이 바로 지금까지의 이야기이다.

3. ㅅㅂㅈ : 제일 앞에 진을 친 부대를 지휘하는 장수.
   예 길동은 스스로 (   )이 되어 군사들을 거느리고 율도국을 공격했다.

연계 포인트 이 작품은 임진왜란을 배경으로 최일경, 이순신, 사명당 등의 민족적 영웅들의 활약상을 그린 소설이다. 역사적 사실을 소재로 허구적 요소를 가미하여 민족적 자존심을 회복하고 패전에 대한 정신적 보상을 추구하고 있다는 점에서 「임경업전」과 함께 읽어 볼 수 있다.

[앞부분의 줄거리] 사명당은 왜왕의 항복을 받아 내기 위해 일본으로 향한다. 사명당이 일본에 도착하자 왜왕은 사명당의 신통력을 여러 가지로 시험한다.

채만홍이 주왈,

"신의 소견은 철마를 만들어 불같이 달구고 사명당을 태우면 비록 부처라도 능히 살지 못하리이다."

왜왕이 그 말을 옳게 여겨 즉시 풀무를 놓고 철마를 지어 만든 후 백탄을 뫼같이 쌓고 철마를 그 위에 놓아 불같이 달군 후에 사명당을 청하여 가로되,

"저 말을 능히 타면 부처 법력을 가히 알리라."

사명당이 심중에 망극하여 납관을 쓰고 조선 향산을 향하여 사배하더니 문득 서녘에서 오색구름이 일어나며 천지가 희미하거늘 사명당이 마지못하여 정히 철마를 타려 하더니 홀연 벽력 소리 진동하며 천지 뒤눕는 듯하고 태풍이 진작하여 모래 날리고 돌이 달음질하고 비 바가지로 담아 붓듯이 와 사람이 지척을 분변치 못하는지라. 경각 사이에 성중에 물이 불어 넘쳐 바다가 되고 성 외의 백성들이 물에 빠져 죽는 자 수를 아지 못하되 사명당 있는 곳은 비 한 방울이 아니 젖는지라. 왜왕이 경황실색하여 이르되,

"어찌하여 천위를 안정하리오."

예부상서 한자경이 주왈

"처음에 신의 말씀을 들었사오면 어찌 오늘날 환이 있으리이까. 방금 사세를 생각하옵건대 조선에 항복하여 백성을 평안히 함만 같지 못하나이다."

왜왕이 자경의 말을 듣고 마지못하여 항서를 써 보내니 사명당이 높이 좌하고 삼해 용왕을 호령하더니 문득 보하되,

"네 나라 항복받기는 내 손아귀에 있거니와 왜왕의 머리를 베어 상에 받쳐 들이라. 만일 그렇지 아니하면 일본을 멸하여 산 것을 하나도 남기지 아니하리라. 네 돌아가 왜왕에게 자세히 이르라."

사자 돌아가 전말을 고하니 왜왕이 이 말을 듣고 머리를 숙이고 능히 할 말을 못하거늘 관백이 주왈,

"전하는 모름지기 옥체를 진중하소서."

왕이 정신을 차려 살펴보니 남은 백성이 살기를 도모하여 사면팔방으로 헤어져 우는 소리, 유월 염천에 큰비 오고 방초 중의 왕머구리 소리 같은지라. 왕이 이 광경을 보니 만신이 떨려 능히 진정치 못하거늘 관백이 다시 가지고 들어가 사명당께 드리니 사명당이 항서를 보고 대책 왈,

"네 왕이 항복할진대 일찍이 항서를 드릴 것이어늘 어찌 감히 나를 속이려 하느냐."

– 작자 미상, 「임진록(壬辰錄)」 –

[정답과 해설 45쪽]

1 이 글과 「임경업전」은 각각 임진왜란과 병자호란이라는 (　　　　　　　) 사실을 바탕으로 허구적 요소를 가미하여 전란의 패배로 인해 훼손된 민족적 자존심을 회복하고자 했다는 공통점이 있다.

2 사명당이 왜왕의 시험에 대응하는 과정에서 초월적인 능력을 발휘하는 장면이 비현실적으로 묘사되어 있는데, 이를 통해 이 글이 지닌 (　　　　　　　) 요소를 확인할 수 있다.

홍계월전 | 작자 미상

• 수록 교과서: 국어_미래엔, 비상(박영민) / 문학_천재(김)
• 기출: 2018-6월 고1 학평, 2016-6월 고3 모평A

【작품 구조】

발단 홍무와 부인 양씨 사이에서 계월이 태어나고, 계월은 도적의 난으로 부모와 헤어짐.

전개 여공의 도움으로 살아난 계월은 과거를 쳐서 장원 급제하고, 보국은 부장원으로 급제함. 계월은 전쟁에서 공을 세운 뒤 부모와 재회함.

위기 남장한 계월이 여자임이 밝혀진 뒤 천자의 명으로 보국과 혼인하나 보국과 갈등을 빚음.

절정 오랑캐의 침범으로 계월과 보국이 참전하고, 계월이 천자와 보국의 목숨을 구함.

결말 계월은 국가를 위기에서 구하고, 대사마 대장군의 작위를 받은 후 보국과 함께 행복을 누림.

성화(成化) 중국 명나라 헌종 때의 연호.

불효삼천에 무후위대 삼천 가지 불효 중 자식 없는 것이 가장 큰 불효임을 이르는 말.

칠거지악(七去之惡) 예전에, 아내를 내쫓을 수 있는 이유가 되었던 일곱 가지 허물.

시비 곁에서 시중을 드는 계집종.

월궁항아 전설 속에서 달에 산다는 선녀로, 아름다운 여인을 흔히 비유적으로 이르는 말.

장중보옥 손 안에 있는 보배로운 구슬이라는 뜻으로, 귀하고 보배롭게 여기는 존재를 비유적으로 이르는 말.

공후작록 높은 지위. '공후(公侯)'는 공작과 후작을 아울러 이르는 말이고, '작록(爵祿)'은 관작(官爵)과 봉록(俸祿)을 아울러 이르는 말임.

각설 대명(大明) 성화 년간에 형주(荊州) 구계촌(九溪村)에 한 사람이 있으되, 성은 홍(洪)이요 이름은 무라. 세대 명문거족(名門巨族)으로 소년 급제하여 벼슬이 이부 시랑에 있어 충효 강직하니, 천자 사랑하사 국사를 의논하시니, 만조백관이 다 시기하여 모함하매, 죄 없이 벼슬을 빼앗기고 고향에 돌아와 농업에 힘쓰니, 가세는 부유하나 슬하에 일점혈육이 없어 매일 슬퍼하더니, 일일은 부인 양씨(梁氏)와 더불어 탄식하며 말하기를,

"나이 사십에 아들이든 딸이든 자식이 없으니, 우리 죽은 후에 후사를 누구에게 전하며 지하에 돌아가 조상을 어찌 뵈오리오."

부인이 공손하게 말하기를,

㉠"불효삼천(不孝三千)에 무후위대(無後爲大)라 하오니, 첩이 귀한 가문에 들어온 지 이십여 년이라. 한낱 자식이 없사오니, 어찌 상공을 뵈오리까. 원컨대 상공은 다른 가문의 어진 숙녀를 취하여 후손을 보신다면, 첩도 칠거지악을 면할까 하나이다."

시랑이 위로하여 말하기를,

"이는 다 내 팔자라. 어찌 부인의 죄라 하리오. 차후는 그런 말씀일랑 마시오." 하더라.

이때는 추구월 보름이라. 부인이 시비(侍婢)를 데리고 망월루에 올라 월색을 구경하더니 홀연 몸이 곤하여 난간에 의지하매 비몽간(非夢間)에 선녀 내려와 부인께 재배하고 말하기를,

"소녀는 상제(上帝) 시녀옵더니, 상제께 득죄하고 인간에 내치시매 갈 바를 모르더니 세존(世尊)이 부인댁으로 지시하옵기로 왔나이다."

하고 품에 들거늘 놀라 깨달으니 필시 태몽이라. 부인이 크게 기뻐하여 시랑을 청하여 몽사를 이야기하고 귀한 자식 보기를 바라더니, 과연 그달부터 태기 있어 열 달이 차매 일일은 집안에 향취 진동하며 부인이 몸이 곤하여 침석에 누웠더니 아이를 탄생하매 여자라. 선녀 하늘에서 내려와 옥병을 기울여 아기를 씻겨 누이고 말하기를,

"부인은 이 아기를 잘 길러 후복(厚福)을 받으소서."

하고 문을 열고 나가며 말하기를,

"오래지 아니하여서 뵈올 날이 있사오리다."

하고 분늑 가옵거늘 부인이 시랑을 청하여 아이를 보인대 얼굴이 도화(桃花) 같고 향내 진동하니 진실로 월궁항아(月宮姮娥)더라. 기쁨이 측량 없으나 남자 아님을 한탄하더라. 이름을 계월(桂月)이라 하고 장중보옥(掌中寶玉)같이 사랑하더라.

계월이 점점 자라나매 얼굴이 화려하고 또한 영민한지라. 시랑이 계월이 행여 수명이 짧을까 하여 강호 땅에 곽 도사라 하는 사람을 청하여 계월의 상(相)을 보인대, 도사 지그시 보다가 말하기를,

"이 아이 상을 보니 다섯 살이 되는 해에 부모를 이별하고 십팔 세에 부모를 다시 만나 공후작록(公侯爵祿)을 올릴 것이오, 명망이 천하에 가득할 것이니 가장 길하도다."

시랑이 그 말을 듣고 놀라 말하기를,

"명백히 가르치소서."

도사 말하기를,

"그 밖에는 아는 일이 없고 천기를 누설치 못하기로 대강 설화하나이다."

하고 하직하고 가는지라. 시랑이 도사의 말을 듣고 도리어 듣지 않은 것만 못하다 여기고, 부인을 대하여 이 말을 이르고 염려 무궁하여 계월을 남복(男服)으로 입혀 초당에 두고 글을 가르치니 한 번 보면 다 기억하는지라. 시랑이 안타까워 말하기를,

"네가 만일 남자 되었다면 우리 문호를 더욱 빛낼 것을 애닯도다." 하더라.

[중략 부분의 줄거리] 장사랑의 난이 일어나 계월은 부모와 헤어졌지만, 여공의 구원으로 살아나고 그의 아들 보국과 함께 공부하여 과거에 급제한다. 이후 서달의 난을 진압하고 부모와 재회하게 된다. 그러던 중 계월이 여자임이 밝혀지면서 천자의 중매로 보국과 결혼을 한다. 이후 오왕과 초왕이 황성을 침입하자, 계월은 원수로 임명되고 보국과 함께 출전한다.

이튿날, 원수 중군장에게 분부하되,

"오늘은 중군장이 나가 싸워라." 하니,

[A]
중군장이 명령을 듣고 말에 올라 삼척장검을 들고 적진을 향해 외치기를,

"나는 명나라 중군장 보국이라, 대원수의 명을 받아 너희 머리를 베라 하니 바삐 나와 내 칼을 받으라."

하니, 적장 운평이 이를 듣고 크게 화를 내며 말을 몰아 싸우더니 세 번도 채 겨루지 못하여 보국의 칼이 빛나며 운평 머리 말 아래 떨어지니 적장 운경이 운평 죽음을 보고 대분하여 말을 몰아 달려들거늘, 보국이 승기 등등하여 장검을 높이 들고 서로 싸우더니 수합이 못하여 보국이 칼을 날려 운경의 칼 든 팔을 치니 운경이 미처 손을 올리지 못하고 칼 든 채 말 아래에 나려지거늘,

보국이 운경의 머리를 베어들고 본진으로 돌아오던 중, 적장 구덕지 대노하여 장검을 높이 들고 말을 몰아 크게 고함하며 달려오고, 난데없는 적병이 또 사방으로 달려들거늘, 보국이 황겁하여 피하고자 하더니 한순간에 적병이 함성을 지르고 보국을 천여 겹 에워싸는지라 사세 위급하매 보국이 앙천 탄식하더니,

이때 원수 장대에서 북을 치다가 보국의 위급함을 보고 급히 말을 몰아 장검을 높이 들고 좌충우돌하며 적진을 헤치고 구덕지 머리를 베어 들고 보국을 구하여 몸을 날려 적진을 충돌할 새, 동에 가는 듯 서장을 베고 남으로 가는 듯 북장을 베고 좌충우돌하여 적장 오십여 명과 군사 천여 명을 한 칼로 베고 본진으로 돌아올 새, 보국이 원수 보기를 부끄러워하거늘, 원수 보국을 꾸짖어 말하기를,

ⓒ"저러하고 평일에 남자라 칭하고 나를 업신여기더니, 언제도 그리할까."

하며 무수히 조롱하더라.

– 작자 미상, 「홍계월전(洪桂月傳)」 –

▼
초당(草堂) 억새나 짚 따위로 지붕을 인 조그마한 집채. 초가집.
삼척장검(三尺長劍) 길고 큰 칼.
황겁(惶怯) 겁이 나서 얼떨떨함.
앙천(仰天) 하늘을 우러러봄.

개념 인물의 희화화(戲畫化)

어떤 인물의 외모나 성격, 또는 사건을 의도적으로 우스꽝스럽게 묘사하는 것을 말한다. 희화화는 대상을 조소하거나 우스꽝스럽게 묘사하기 위해 주로 대상의 일부나 전체 또는 대상의 성격을 과장하거나 축소 혹은 왜곡하는 경향을 띤다. 풍자와 해학에 의한 웃음과 함께 나타나는 비판, 비아냥거림, 동정, 안쓰러움 등이 희화화의 결과이다.

기출 · 2018-6월 고1 학평

1 윗글에 대한 설명으로 적절한 것은?

① 외양 묘사를 통해 인물을 희화화하고 있다.

② 요약적 서술을 통해 인물의 내력을 제시하고 있다.

③ 대립된 공간을 설정하여 인물 간의 갈등을 제시하고 있다.

④ 초월적 존재와의 대화를 통해 인물의 고뇌가 드러나고 있다.

⑤ 여러 개의 이야기를 나열하여 다양한 관점에서 사건을 재구성하고 있다.

기출 · 2018-6월 고1 학평

2 윗글에 대한 이해로 적절하지 않은 것은?

① '홍무'는 '양씨 부인'과 함께 자식이 없음을 한탄하고 있다.

② '양씨 부인'은 '홍무'에게 첩을 들일 것을 권하고 있다.

③ '곽 도사'는 '계월'이 어려움에 처할 것을 알려 주고 있다.

④ '홍무'는 '계월'에게 남장을 시켜 위험을 피하려 하고 있다.

⑤ '보국'은 '원수'의 명령을 따르지 않아 위험에 처하고 있다.

기출 · 2018-6월 고1 학평

3 〈보기〉를 바탕으로 윗글을 감상한 내용으로 적절하지 않은 것은?

보기

「홍계월전」은 남성보다 비범한 능력을 가진 여성 주인공이 위기를 극복하는 모습을 그린 작품으로, 영웅의 일대기 구조를 가지고 있다. 영웅의 일대기 구조에서 주인공은 고귀한 혈통을 지니고 태어나며 잉태나 출생의 과정이 일반인들과 다르다. 어려서부터 비범하나 일찍 부모와 이별하거나 죽을 고비와 같은 위기에 처하고, 양육자 혹은 조력자에 의해 위기에서 벗어난다. 자라서 다시 위기에 부딪치며, 이 위기를 극복하고 승리자가 된다.

① 이부 시랑 홍무의 딸로 태어난 사실을 통해 계월이 고귀한 혈통을 지니고 있음을 알 수 있다.

② 선녀가 꿈에서 양 씨에게 말하는 내용을 통해 계월을 잉태하는 과정이 일반인들과 다름을 알 수 있다.

③ 계월이 태어났을 때 시랑이 안타까워하는 모습을 통해 어릴 때 위기에 처한 계월의 모습을 알 수 있다.

④ 여공이 계월을 구해 주는 내용을 통해 조력자에 의해 위기에서 벗어난다는 것을 알 수 있다.

⑤ 계월이 보국을 구해 주는 장면을 통해 여성 영웅의 비범한 능력을 알 수 있다.

기출 · 2018-6월 고1 학평

4 [A]를 〈보기〉의 시나리오로 각색했다고 할 때, 고려한 내용으로 적절하지 않은 것은?

> **보기**
>
> **S# 120. ⓐ(ELS) 영경루 전쟁터**
>
> 보국: ⓑ(삼척장검을 들고 적진을 향해 외치며) 나는 명나라 중군장 보국이라. 대원수의 명을 받아 너희 머리를 베려 하니 적장은 어서 나와 내 칼을 받아라!
>
> 운평: (큰 칼을 휘두르며) 가소롭구나. 감히 어디서 그런 말을…. 내 칼을 받아라.
>
>   운평과 보국이 세 번도 채 겨루지 않아 보국의 칼에 운평이 죽는다.
>
> 운경: (운평이 죽는 모습을 보며) 네 이놈! (칼을 휘두르며 말을 몰아 달려 나감.)
>
> 보국: (칼을 막으며) ⓒ너도 같이 저승길로 보내 주마.
>
>   보국이 운경을 죽이고 의기양양한 얼굴을 하고 본진으로 말을 돌린다.
>
> 구덕지: (긴 칼을 휘두르고 크게 고함을 치며) 네 이놈! 살아서 돌아갈 생각을 하지 마라.
>
>   ⓓ(E) 적병들이 사방에서 나타나 보국을 포위한다.
>
> 보국: ⓔ(CU) (탄식하며) 아뿔싸, 내가 너무 방심했구나.
>
>
> ELS 아주 멀리서 넓은 지역을 조망하는 촬영 기법.
> E 극, 영화, 방송 등에서 소리 등의 효과.
> CU 대상의 일부를 두드러지게 강조하기 위해 크게 찍거나 화면에 크게 나타내는 촬영 기법.

① ⓐ에서 대규모 전쟁의 모습을 보여 주기 위해 멀리서 전쟁터를 조망하면서 촬영해야겠어.

② ⓑ에서 장군의 위엄을 드러내기 위해 삼척장검과 이에 어울리는 갑옷을 소품으로 준비해야겠어.

③ ⓒ에서 인물의 당황한 심리를 드러내기 위해 떨리는 목소리로 연기하도록 해야겠어.

④ ⓓ에서 인물의 상황을 부각하기 위해 긴박한 분위기의 효과음을 사용해야겠어.

⑤ ⓔ에서 위기에 처한 인물의 심정을 강조하기 위해 표정을 확대해서 촬영해야겠어.

개념 **시나리오 용어**

영화는 카메라를 이용해서 촬영하기 때문에 시나리오에는 특수한 용어가 사용된다.
· S#(Scene Number): 장면 번호.
· NAR.(Narration): 내용이나 줄거리를 장면 밖에서 해설하는 것.
· F.I.(Fade In): 화면이 차차 밝아지는 것.
· F.O.(Fade Out): 화면이 차차 어두워지는 것.
· OL(overlap): 앞 화면에 뒤 화면이 포개어지면서 전환되는 기법.

5 ㉠, ㉡에 대한 반응으로 적절하지 않은 것은?

① ㉠은 혼인 제도와 관련하여 당대의 사회상을 알 수 있게 하는군.

② ㉠에서 '양씨 부인'은 당대의 사회 질서에 순응하는 모습을 보여 주고 있군.

③ ㉠은 대화 상대방과 갈등을 일으키는 요인이 되고 있군.

④ ㉡에서 '계월'은 남녀의 관계에 대한 기존의 사고 방식을 거부하고 있군.

⑤ ㉠에서는 문제의 원인을 자신에게서 찾고 있는 반면, ㉡에서는 상대방의 문제점을 지적하고 있군.

⟨인물의 특성과 관계⟩
1 이 글에 등장하는 인물의 특성과 관계를 정리해 보자.

계월
• 뛰어난 능력을 바탕으로 (   )로 임명되어 중군장인 보국에게 명을 내림.
• 적군에게 포위당하여 위기에 처한 보국을 구함.
• 평소 보국이 남자임을 내세워 자신을 업신여기는 태도를 못마땅해함.

부부

보국
• 중군장으로, 계월에게 명을 받고 적진으로 나아감.
• 적장 운평과 (   )을 제압하나 구덕지와 적병에게 포위당함.
• 자신을 구한 계월 보기를 부끄러워함.

↓

- 사회에서의 관계: 계월은 보국보다 뛰어난 실력을 바탕으로 보국보다 높은 위치에 있음.
- 가정에서의 관계: 보국이 자신이 (   )임을 내세워 계월을 무시함.
- → 보국을 통해 드러나는 남성 중심적 사고와 당시의 고정관념이 두 사람의 갈등의 바탕이 되고 있음.

⟨서사의 의미⟩
2 이 글에서 계월과 보국의 모습이 의미하는 바를 정리해 보자.

보국	위기에 처하자 하늘을 우러러보며 탄식하고 한숨을 쉼.
계월	뛰어난 능력으로 보국을 둘러싼 적병을 제압함.

↓

- 여성 영웅의 비범한 능력을 부각함.
- 전통적인 성 역할이 역전되는 현상을 보임.
- 변화된 여성 의식을 반영하며 (   ) 중심적 현실에 대한 여성들의 보상 심리를 반영함.

빈출 어휘 짚고 가기

※ 다음 뜻에 해당하는 어휘를 ⟨보기⟩에서 찾아 써 보자.

> **보기**
>
> 앙천   황겁   삼척장검   월궁항아   장중보옥

1. 길고 큰 칼. (   )
2. 하늘을 우러러봄. (   )
3. 겁이 나서 얼떨떨함. (   )
4. 전설 속에서 달에 산다는 선녀, 아름다운 여인을 흔히 비유적으로 이르는 말. (   )
5. 손 안에 있는 보배로운 구슬이라는 뜻으로, 귀하고 보배롭게 여기는 존재를 비유적으로 이르는 말.
   (   )

[앞부분 줄거리] 천하의 박색이지만 신이한 재주를 가진 박 씨는 남편 이시백에게 외면당한다. 그러나 박 씨가 허물을 벗고 절세가인이 되자 시백은 크게 기뻐하며 이후로는 박 씨의 뜻을 따른다. 청나라의 용골대 형제가 삼만의 병사를 이끌고 조선을 침략하자 박 씨는 뛰어난 능력으로 이들을 상대한다. 용골대는 자신의 동생이 박 씨에게 살해당한 것을 알고 박 씨의 피화당을 찾아간다.

　　문득 나무들 사이에서 한 여인이 나와 크게 꾸짖어 왈, "무지한 용골대야, 네 아우가 내 손에 죽었거늘 너조차 죽기를 재촉하느냐?" 용골대가 대로하여 꾸짖어 왈, "너는 어떠한 계집이완데 장부의 마음을 돋우느냐? 내 아우가 불행하여 네 손에 죽었지만, 네 나라의 화친 언약을 받았으니 이제는 너희도 다 우리나라의 신첩(臣妾)이라. 잔말 말고 바삐 내 칼을 받아라."

　　계화가 들은 체 아니하고 크게 꾸짖어 왈, "네 동생이 내 칼에 죽었으니, 네 또한 명이 내 손에 달렸으니 어찌 가소롭지 아니리오." 용골대가 더욱 분기등등하여 군중에 호령하여, "일시에 활을 당겨 쏘라." 하니, 살이 무수하되 감히 한 개도 범치 못하는지라. 용골대 아무리 분한들 어찌하리오. 마음에 탄복하고 조선 도원수 김자점을 불러 왈, "너희는 이제 내 나라의 신하라. 내 영을 어찌 어기리오." 자점이 황공하여 왈, "분부대로 거행하오리다."

　　용골대가 호령하여 왈, "네 군사를 몰아 박 부인과 계화를 사로잡아 들이라." 하니, 자점이 황겁하여 방포일성에 군사를 몰아 피화당을 에워싸니, 문득 팔문이 변하여 백여 길 함정이 되는지라. 용골대가 이를 보고 졸연히 진을 깨지 못할 줄 알고 한 꾀를 생각하여, 군사로 하여금 피화당 사방 십 리를 깊이 파고 화약 염초를 많이 붓고, 군사로 하여금 각각 불을 지르고, "너희 무리가 아무리 천변만화지술이 있은들 어찌하리오." 하고 군사를 호령하여 일시에 불을 놓으니, 그 불이 화약 염초를 범하매 벽력같은 소리가 나며 장안 삼십 리에 불길이 충천하여 죽는 자가 무수하더라.

　　박 씨가 주렴을 드리우고 부채를 쥐어 불을 부치니, 불길이 오랑캐 진을 덮쳐 오랑캐 장졸이 타 죽고 밟혀 죽으며 남은 군사는 살기를 도모하여 다 도망하는지라. 용골대가 할 길 없어, "이미 화친을 받았으니 대공을 세웠거늘, 부질없이 조그만 계집을 시험하다가 공연히 장졸만 다 죽였으니, 어찌 분한(憤恨)치 않으리오." 하고 회군하여 발행할 제, 왕대비와 세자 대군이며 장안 미색을 데리고 가는지라.

　　박 씨가 시비 계화로 하여금 외쳐 왈, "무지한 오랑캐야, 너희 왕 놈이 무식하여 은혜지국(恩惠之國)을 침범하였거니와, 우리 왕대비는 데려가지 못하리라. 만일 그런 뜻을 두면 너희들은 본국에 돌아가지 못하리라." 하니 오랑캐 장수들이 가소롭게 여겨, "우리 이미 화친 언약을 받고 또한 인물이 나의 장중(掌中)에 매였으니 그런 말은 생심(生心)도 말라." 하며, 혹 욕을 하며 듣지 아니하거늘, 박 씨가 또 계화로 하여금 다시 외쳐 왈, "너희가 일양 그리하려거든 내 재주를 구경하라." 하더니, 이윽고 공중으로 두 줄기 무지개 일어나며, 모진 비가 천지를 뒤덮게 오며, 음풍이 일어나며 백설이 날리고, 얼음이 얼어 군마의 발굽이 땅에 붙어 한 걸음도 옮기지 못하는지라.

- 작자 미상, 「박씨전(朴氏傳)」 -

[정답과 해설 47쪽]

1 이 글과 「홍계월전」은 초인적인 능력이 있는 (　　　　　　　　) 주인공을 내세워 이들의 영웅적 활약을 통해 국가적 위기를 타개해 감으로써 봉건적 가족 제도와 (　　　　　　　) 중심의 권력 구조하에서 해방되고자 하는 여성들의 욕구를 반영하고 있다는 공통점이 있다.

2 이 글에서 김자점, 용골대 등의 역사적 실존 인물을 등장시킨 이유는 병자호란 당시의 상황에 대한 현실감을 부여하기 위해서이다. 반면 (　　　　　　) 인물인 박씨 부인은 병자호란의 굴욕적인 패배에 대한 민중들의 (　　　　　　) 심리를 충족시키기 위해 설정된 인물로, 그녀의 영웅적 활약상을 통해 주제가 구현되고 있다.

황새결송 | 작자 미상

• 기출: 2016-9월 고2 학평, 2007-4월 고3 학평

【작품 구조】

발단 한 큰 부자에게 패악 무도한 친척이 찾아와 재산의 반을 나누어 달라며 협박함.

전개 부자는 서울에 있는 형조를 찾아가 친척의 횡포를 밝히고 판결을 기다림.

위기 친척은 미리 뇌물을 쓰고, 그 결과 부자는 재산을 친척에게 나누어 주라는 판결을 받음.

절정 분함을 이기지 못한 부자가 꾀를 내어 관원들에게 이야기(뇌물을 받고 부당한 판결을 내린 황새 이야기)를 들려줌.

결말 부자의 이야기를 들은 형조 관원들이 대답할 말이 없어 부끄러워함.

[앞부분의 줄거리] 어느 시골에 한 부자가 있었는데, 그의 친척 중 한 명이 수시로 횡포를 부리더니, 어느 날은 재산의 절반을 달라고 위협한다. 그러자 부자는 서울 형조에 송사를 제기하지만 친척이 미리 관원들에게 뇌물을 준다. 부자는 결국 재판에 지게 되어 재산을 빼앗기게 된다.

부자 생각하되,

'내 관전에서 크게 소리를 하여 전후사를 아뢰려 하면 반드시 관전(官前) 발악(發惡)이라 하여 뒤얽어 잡고 법대로 할 양이면 청 들고 송사도 지게 만드는데, 무슨 일을 할 것이며 무지한 사령 놈들이 만일 함부로 두드리면 고향에 돌아가지도 못하고 죽을 때까지 어혈(瘀血)*만 될 것이니 어찌할꼬.'

이리 생각 저리 생각 아무리 생각하여도 그저 송사를 지고 가기는 차마 분하고 애달픔이 가슴에 가득하여 재판관을 뚫어지게 치밀어 보다가 문득 생각하되,

'내 송사는 지고 가거니와 이야기 한 마디를 꾸며 내어 조용히 할 것이니, 만일 저놈들이 듣기만 하면 무안이나 뵈리라.'

하고, 다시 일어서 계단 아래에 가까이 앉으며 하는 말이,

"소인이 천 리에 올라와 송사는 지고 가옵거니와 들음 직한 이야기 한 마디 있사오니 들으심을 원하나이다."

관원이 이 말을 듣고 가장 우습게 여기나 평소에 이야기 듣기를 좋아하는 고로 시골 이야기는 재미있는가 하여 듣고자 하나 다른 송사도 결단치 아니하고 저놈의 말을 들으면 남들이 보는 눈이 걱정되는지라. 거짓 꾸짖는 분부로 일러 하는 말이,

"네 본디 시골에 있어 일이 돌아가는 상황을 잘 모르고 관전에서 이야기한단 말이 되지 못한 말이로되, 네 원이나 풀어 줄 것이니 무슨 말인고 아뢰어라."

[중간 부분의 줄거리] 이렇게 시작된 부자의 이야기는 다음과 같다. 꾀꼬리, 뻐꾹새, 따오기가 서로 자기의 우는 소리가 최고의 소리라고 다투다가 황새를 찾아가 송사를 제기한다. 그런데 소리에 자신이 없었던 따오기는 송사에서 이기기 위해 황새에게 미리 청탁을 한다. 날이 밝아 세 짐승이 황새 앞에서 소리를 시작한다.

꾀꼬리 먼저 날아들어 소리를 한번 곱게 하고 아뢰되,

"소인은 바야흐로 봄이 한창 화창한 좋은 시절에 이화도화(梨花桃花) 만발하고, 앞내의 버들빛은 초록장 드리운 듯, 뒷내의 버들빛은 유록장 드리운 듯, 금빛 같은 이내 몸이 날아들고 떠들면서 흥에 겨워 청아(淸雅)하고* 옥을 깨뜨릴 만한 아름다운 목소리를 춘풍결에 흩날리며 봄의 석 달 동안 보낼 적에 뉘 아니 아름답게 여기리이까."

황새 한 번 들으매 과연 제 말과 같아 심히 아름다운지라. 그러나 이제 제 소리를 좋다 하면 따오기에게 청 받은 뇌물을 도로 줄 것이요, 좋지 못하다 한즉 내 공정치 못한 판결로 정체가 손상할지라. 반나절이나 깊이 생각한 끝에 판결하여 이르되,

*어혈 타박상 따위로 살 속에 피가 맺힘. 또는 그 피.
*청아하다 속된 티가 없이 맑고 아름답다.

[A] "네 들어라. 당시(唐詩)에 타기황앵아(打起黃鶯兒) 막교지상제(莫敎枝上啼)라 하였으니, 네 소리 비록 아름다우나 애잔하여 쓸데없도다."

꾀꼬리 점즉히 물러 나올 새, 또 뻐꾹새 들어와 목청을 가다듬고 소리를 묘하게 하여 아뢰되,

"소인은 녹수청산(綠水靑山) 깊은 곳에 만학천봉(萬壑千峯) 기이하고 안개 피어 구름 되며, 구름이 걷히고 많은 신기한 봉우리로 별세계가 펼쳐졌는데 만장폭포 흘러내려 수정렴을 드리운 듯 송풍(松風)은 소슬하고 오동추야 밝은 달에 이내 소리 만첩청산의 아름다운 새 소리가 되오리니 뉘 아니 반겨하리이까."

황새 듣고 여러모로 생각해 본 후 판결하되,

"월락자규제(月落子規啼) 초국천일애(楚國千日愛)라 하였으니, 네 소리 비록 깨끗하나 아주 어려웠던 옛날의 일을 떠오르게 하니, 가히 불쌍하도다."

하니, 뻐꾹새 또한 부끄러워하며 물러나거늘, 그제야 따오기가 날아들어 소리를 하고자 하되, 저보다 나은 소리도 벌써 지고 물러나거늘 어찌할꼬 하며 차마 남부끄러워 입을 열지 못하나, 그 황새에게 약 먹임을 믿고 고개를 나직이 하여 한번 소리를 주하며 아뢰되,

"소인의 소리는 다만 따옥성이옵고 달리 풀쳐 고할 일 없사오니 사또 처분만 바라고 있나이다."

하되, 황새놈이 그 소리를 듣고 두 무릎을 탕탕 치며 좋아하며 이른 말이,

"쾌재(快哉)며 장자(長者)로다. 화난 감정이 일시에 터져나와서 큰 소리로 꾸짖음은 옛날 항 장군(將軍)의 위풍이요, 장판교(長坂橋) 다리 위에 백만 군병 물리치던 장익덕의 호통이로소이다. 네 소리 가장 웅장하니 짐짓 대장부의 기상이로다."

하고

"이렇듯이 처결하여 따옥성을 상성(上聲)으로 처결하여 주오니, 그런 짐승이라도 뇌물을 먹은즉 잘못 판결하여 그 꾀꼬리와 뻐꾹새에게 못할 노릇 하였으니 어찌 화가 자손에게 미치지 아니 하오리이까. 이러하온 짐승들도 물욕에 잠겨 틀린 노릇을 잘하기로 그놈을 개아들 개자식이라 하였으니, 이제 서울 법관도 여차하오니, 소인의 일은 벌써 판이 났으매 부질없는 말하여 쓸데없으니 이제 물러가나이다."

하니, 형조 관원들이 대답할 말이 없어 가장 부끄러워하더라.

— 작자 미상, 「황새결송」 —

배경지식 확장

송사 소설의 서사 구조

사건의 발생

제소(提訴)

송사의 과정

송사의 결과

▼
당시 중국 당나라 때의 시인들이 지은 시.
타기황앵아 막교지상제 '꾀꼬리를 날려 보내어 가지 위에서 울게 하지 마라.'는 뜻으로 전쟁으로 헤어진 임을 그리워하는 여인의 애절한 심정을 담고 있음.
만학천봉 첩첩이 겹쳐진 깊고 큰 골짜기와 수많은 산봉우리.
별세계(別世界) 우리가 살고 있는 이 세상 밖의 다른 세상. 혹은 특별히 경치가 좋거나 분위기가 좋은 곳.
소슬하다 으스스하고 쓸쓸하다.
월락자규제 초국천일애 '달이 지고 두견이 우니 초나라 천 일의 사랑이라.'는 뜻으로 나라가 망할 것을 암시함.
처결(處決) 결정하여 조처함.
물욕(物慾) 재물을 탐내는 마음.

개념 우화적 수법

우화적 수법은 기본적으로 의인화를 전제로 하며, 동식물이나 사물의 이야기를 빌려 인간의 약점을 풍자하고 올바른 처세의 길을 암시하려는 데에 그 의도가 있다.

1 윗글에 대한 설명으로 적절하지 <u>않은</u> 것은?

① 인물 간의 대화를 중심으로 사건이 전개된다.
② 우화적 수법에 의해 사건의 의미가 부각된다.
③ 중심 인물과 관련된 특정 사건에 집중하여 서술한다.
④ 초월적 세계의 개입을 통해 서사의 흐름이 반전된다.
⑤ 두 개의 서사가 서로 긴밀한 관련을 맺으며 전개된다.

기출 · 2016–9월 고2 학평

2 윗글에 대한 이해로 적절하지 <u>않은</u> 것은?

① '부자'는 송사 결과에 대한 자신의 생각을 제대로 말하지 못해 분해하였군.
② '관원'은 '부자'의 이야기를 듣고 싶어 하나, 남들의 시선을 의식하고 있군.
③ '황새'는 '따오기'에게 받은 뇌물 때문에 송사에서 공정한 판결을 내리지 못하는군.
④ '따오기'는 자기 소리를 자랑하기보다는 '황새'의 처분만 기다리는 것으로 보아 겸손한 자세를 지니고 있군.
⑤ '꾀꼬리'는 자신의 소리를 누구든 아름답게 여긴다고 말하는 것으로 보아 자신의 소리에 자부심을 가지고 있군.

기출 · 2016–9월 고2 학평

3 윗글에 나타난 송사의 내용을 〈보기〉와 같이 정리해 보았다. (가), (나)에 대한 이해로 적절하지 <u>않은</u> 것은?

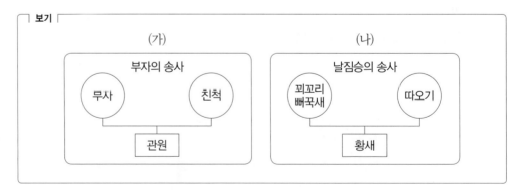

보기

(가)	(나)
부자의 송사	날짐승의 송사
무사 — 친척	꾀꼬리 뻐꾹새 — 따오기
관원	황새

① (가)는 친척의 부당한 요구에서 비롯된다.
② (가)를 통해 (나)의 판결 이유가 밝혀지게 된다.
③ (가)의 결과는 부자가 (나)의 이야기를 시작하는 계기가 된다.
④ (가)에서 송사의 원인은 '재산'이고 (나)에서는 '최고의 소리'이다.
⑤ (가)와 (나) 모두 청탁이 판결에 중요한 영향을 미친다.

기출 · 2016–9월 고2 학평

4 '부자'가 이야기 를 한 의도로 가장 적절한 것은?

① 관원들에게 다른 송사를 청탁하기 위해서

② 무식한 관원에게 자신의 지혜를 뽐내기 위해서

③ 비리와 관련된 관원들을 우회적으로 비판하기 위해서

④ 예상과 다른 판결에 대해 관원들과 논쟁을 벌이기 위해서

⑤ 자신의 패배로 끝난 송사로 인해 잃게 된 재산을 되찾기 위해서

기출 · 2016–9월 고2 학평

5 [A]에 대해 〈보기〉와 같이 반응한다고 할 때, (   )에 들어갈 한자 성어로 가장 적절한 것은?

┌─ 보기 ┐

"황새는 자기의 주장을 합리화하기 위해 (   )의 태도를 보이고 있군."

└─────────────────────────────────┘

① 견강부회(牽强附會)　　　② 경거망동(輕擧妄動)

③ 각주구검(刻舟求劍)　　　④ 배은망덕(背恩忘德)

⑤ 타산지석(他山之石)

플러스 자료실

조선 후기 송사 소설의 출현 배경

조선 후기에는 위계질서, 능력의 우열, 재산의 소유권 등을 둘러싸고 빚어지는 향촌 사회의 대립과 갈등이 송사(訟事) 사건으로 이어지는 일이 빈번하게 발생하면서 이를 다룬 송사 소설이 다수 창작되었다. 이 작품들은 중세 봉건 사회 해체기의 여러 문제들을 비교적 사실적으로 담아내고 있다. 이 시기 향촌 사회의 실상이 반영된 송사 소설로는 「황새결송」이나 「서동지전」과 같은 우화형(寓話型) 송사 소설을 들 수 있다. 이 작품들은 동물 세계를 빌어 재물의 부당한 탈취, 뇌물 수수 행위와 그로 인한 부당한 송사 처결 등의 당대 사회 문제를 날카롭게 풍자하고 있다.

원리로 작품 독해

〈인물의 특성〉

1 이 글에 등장하는 인물의 특성을 정리해 보자.

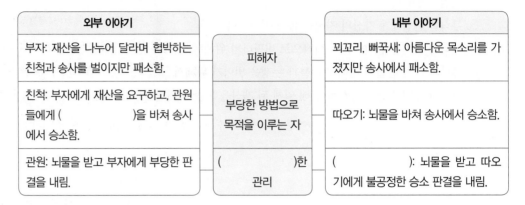

외부 이야기		내부 이야기
부자: 재산을 나누어 달라며 협박하는 친척과 송사를 벌이지만 패소함.	피해자	꾀꼬리, 뻐꾹새: 아름다운 목소리를 가졌지만 송사에서 패소함.
친척: 부자에게 재산을 요구하고, 관원들에게 ( )을 바쳐 송사에서 승소함.	부당한 방법으로 목적을 이루는 자	따오기: 뇌물을 바쳐 송사에서 승소함.
관원: 뇌물을 받고 부자에게 부당한 판결을 내림.	( )한 관리	( ): 뇌물을 받고 따오기에게 불공정한 승소 판결을 내림.

〈구성 방식의 특징〉

2 이 글의 구성 방식의 특징을 정리해 보자.

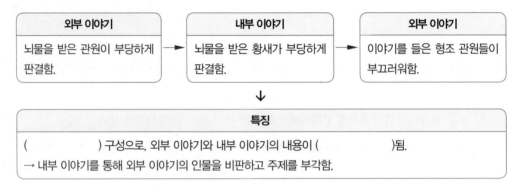

외부 이야기	내부 이야기	외부 이야기
뇌물을 받은 관원이 부당하게 판결함.	뇌물을 받은 황새가 부당하게 판결함.	이야기를 들은 형조 관원들이 부끄러워함.

↓

특징
(   ) 구성으로, 외부 이야기와 내부 이야기의 내용이 (   )됨. → 내부 이야기를 통해 외부 이야기의 인물을 비판하고 주제를 부각함.

〈인물의 말하기 방식〉

3 이 글에 나타난 인물의 말하기 방식을 정리해 보자.

부자	지어낸 이야기를 활용하여 ( )으로 상대방을 비판함.
꾀꼬리, 뻐꾹새	( ) 표현을 통해 자신의 주장을 강조함. 예 "뉘 아니 아름답게 여기리이까.", "뉘 아니 반겨하리이까."
황새	옛글과 고사를 ( )하여 자신의 평가를 밝힘. 예 "당시에 타기황앵아 막교지상제과 하였으니~", "월락자규제(月落子規啼) 초국천일애(楚國千日愛)라 하였으니~" 등

빈출 어휘 짚고 가기

※ 제시된 초성을 참고하여 다음 뜻에 해당하는 어휘를 써 보자.

1. ㅁㅇ: 재물을 탐내는 마음. (   )
2. ㅅㅅ하다: 으스스하고 쓸쓸하다. (   )
3. ㅊㅇ하다: 속된 티가 없이 맑고 아름답다. (   )

다른 작품 엮어 읽기

연계 포인트 이 작품은 다람쥐와 서대주의 송사 과정을 통해 은혜를 저버리는 인간의 태도를 비판한 소설로, 우화적 수법과 송사 모티프를 활용하여 인간 사회를 풍자하고 있다는 점에서 「황새결송」과 함께 읽어 볼 수 있다.

[앞부분의 줄거리] 다람쥐는 서대주에게 은혜를 입었음에도 서대주가 자신을 재차 도와주지 않는 것에 앙심을 품는다. 다람쥐는 아내의 만류를 무시하고 서대주에 대해 소송을 제기하는 글을 써서 백호산군에게 올린다. 백호산군은 송사의 자세한 내용을 알고자 서대주를 잡아 오라고 오소리와 너구리에게 명한다. 서대주는 자신을 잡으러 온 오소리와 너구리를 예의 있게 대하며 집안으로 들어올 것을 권유한다.

　　모든 쥐들이 일시에 간청하며 서대주는 오소리의 손을 잡고 장자 쥐는 너구리를 붙들고 들어가기를 청하니, 너구리는 본래 음흉한 짐승이라 심중에 생각하되,

　　'만일 들어가는 경우에는 죄인 다루는 데 거북할 테니 정신을 차려야 한다. 그리고 기왕에 뇌물을 받으려면 톡톡히 실속을 차려야 한다.'

하며 소매를 떨치고 거짓 노왈,

　　"관령은 지엄하고 갈 길은 멀고 날은 저물어 가는데 어느 때에 술 마시고 놀며 희롱하리오. 관령이 엄한 줄 알지 못하고 다만 한 잔의 술에 팔려 형장(刑杖)이 몸에 돌아오는 것은 생각지 못하는가. 나는 굴 밖에 있으리니 빨리 다녀오라."

하고 말을 마치며 나와 수풀 사이에 앉아 종시 들어가지 않는지라. 서대주 이 말을 듣고 오소리더러 너구리를 청하라 권하매, 오소리 나아가 너구리를 이끌어 가로되,

　　"서대주 이같이 간청하거늘 어찌 차마 거절하리오. 잠깐 들어가 동정을 봄이 좋도다."

　　너구리 가로되,

　　"그러면 전례(錢禮)▼는 어찌한다 하느뇨."

　　오소리가 너구리 귀에 대고 대강 이르니, 너구리 그제야 오소리와 더불어 가니 화려한 누각이 굉장한지라. 전각에 올라 서대주와 더불어 좌정 후에 다람쥐 송사한 일을 두어 마디 주고받더니 얼마 안 되어 안에서 술과 안주가 나오는지라. 잔을 잡아 서로 권할새 수십 배를 지난 후에, 장자 쥐 좋은 그릇에 황금 스무 냥을 담아 서대주 앞에 드리니, 서대주 황금을 가져다 오소리 앞으로 밀어놓으며 가로되,

　　"이것이 대접하는 예는 아니나 서로 정을 표할 것이 없으매 마음에 심히 무정(無情)한 고로 소소한 물건으로 옛정을 표하나니 두 분 별감은 혐의치 말고 나의 적은 정성을 거두소서."

　　오소리 웃으며 왈,

　　"서대주의 관대함에 감사하던 중 이같이 후의(厚意)를 끼치시니 받는 것이 온당치 못하오나 감히 물리치지 못할지라. 그러나 서대주는 조금도 염려치 말고 다람쥐와 결송(決訟)케 하면 내일 재판할 때에 우리 둘이 집장(執杖)할 터이오니 어찌 다람쥐를 중죄(重罪)하여 서대주의 분풀이를 못하리오."

하고 인하여 서대주와 더불어 떠나더라.

－ 작자 미상, 「서동지전(鼠同知傳)」－

▼
전례 돈을 뇌물로 주는 일.

[정답과 해설 48쪽]

1 이 글과 「황새결송」은 (　　　　　　　) 모티프를 활용하여 창작된 것으로, 뇌물을 받는 당대 관리들의 부패한 모습을 (　　　　　　) 하고 있다는 공통점이 있다.

2 이 글의 서술자는 쥐, 너구리, 오소리 등의 동물을 (　　　　　)하여 인간 세상의 어두운 면을 풍자하는 과정에서 사건에 직접 개입하여 너구리의 인물됨을 (　　　　　)하고 있다.

호질 | 박지원

• 수록 교과서: 문학_미래엔, 해냄
• 기출: 2012 수능

(가) 정(鄭)나라 어느 고을에 벼슬에 뜻이 없는 선비가 살았으니, 북곽 선생이라 했다. 나이 마흔에 손수 교정해 낸 책이 만 권이었고, 또 구경(九經)의 뜻을 풀어서 다시 지은 책이 일만 오천 권이었다. 천자가 그의 행의(行義)를 가상히 여기고, 제후가 그 이름을 사모했다.

그 고을 동쪽에는 동리자라는 미모의 과부가 있었다. 천자가 그 절개를 가상히 여기고 제후가 그 현숙함을 사모하여, 그 고을 몇 리의 땅을 봉하여 '동리과부지려(東里寡婦之閭)'라 했다. 이처럼 동리자는 수절을 잘하는 과부였다. 그런데 그녀는 아들 다섯을 두었으니, 그들은 저마다 다른 성(姓)을 지녔다.

(나) 어느 날 ⓐ밤, 다섯 아들이 서로 말했다.

"강 북쪽에선 닭이 울고 강 남쪽에선 별이 반짝이는데, ⓑ방 안에서 흘러나오는 말소리는 어찌 그리도 북곽 선생의 목소리를 닮았을까."

다섯 형제가 차례로 문틈으로 들여다보니, 동리자가 북곽 선생에게 청하고 있었다.

"오랫동안 선생님의 덕을 사모했사온데 오늘 밤엔 선생님의 글 읽는 소리를 듣고자 하옵니다."

북곽 선생이 옷깃을 바로잡고 점잖게 앉아서 시를 지어 읊었다.

"병풍에는 원앙새요 반딧불이는 반짝반짝,

가마솥과 세발솥은 무얼 본떠 만들었나.

흥(興)이라."

(다) 이에 다섯 아들이 서로 수군댔다.

"예법에 '과부의 문에는 함부로 들지 않는다.'고 했으니, 북곽 선생은 어진 이라 그런 일이 없을 거야."

"내 들으니, 우리 고을의 성문이 헐었는데 여우 굴이 있다고 하더군요."

"내 들으니, 여우란 놈은 천년을 묵으면 둔갑하여 사람 시늉을 할 수 있다 하니, 저건 틀림없이 여우란 놈이 북곽 선생으로 둔갑한 것일 게다."

그러고서 함께 의논했다.

"내 들으니, 여우의 갓을 얻으면 큰 부자가 될 수 있고, 여우의 신발을 얻으면 대낮에 그림자를 감출 수 있으며, 여우의 꼬리를 얻으면 애교를 잘 부려서 누구라도 그를 좋아한다더라. 우리 저 여우를 잡아 죽여서 나눠 갖는 게 어떨까?"

(라) 이에 다섯 아들이 같이 어미의 방을 둘러싸고 쳐들어가니 북곽 선생이 크게 놀라서 도망쳤다. 사람들이 자기를 알아볼까 겁이 나 한 다리를 목덜미에 얹고 귀신처럼 춤추고 낄낄거리며 문을 나가서 내달다가 그만 들판의 구덩이 속에 빠져 버렸다. 그 ⓒ구덩이에는 똥이 가득 차 있었다.

▼
행의 의로운 행동을 함.
제후(諸侯) 봉건 시대에 일정한 영토를 가지고 그 영내의 백성을 지배하는 권력을 가지던 사람.
수절(守節) 정절을 지킴.

162 · 고등 국어 고전 문학

(마) 간신히 기어올라 머리를 내밀고 바라보니 한 범이 길을 막고 있었다. 범이 오만상을 찌푸리고 구
역질을 하며 코를 싸쥐고 머리를 왼편으로 돌리며 한숨을 쉬고 말했다.

"어허, 유자(儒者)여! 구리도다."

북곽 선생이 머리를 조아리고 엉금엉금 기어 나와서 세 번 절하고 꿇어앉아 우러러 말했다.

"범님의 덕은 지극하시지요. 대인은 그 변화를 본받고 제왕은 그 걸음을 배우며, 자식 된 자는 그
효성을 본받고 장수는 그 위엄을 취합니다. 범님의 이름은 신룡(神龍)의 짝이 되는지라, 한 분은 바
람을 일으키시고 한 분은 구름을 일으키시니, 저 같은 하토(下土)의 천한 신하는 감히 아랫자리에
서옵니다."

범이 꾸짖었다.

"내 앞에 가까이 오지 마라. 앞서 내 듣건대, 유(儒)란 것은 유(諛)라 하더니 과연 그렇구나. 네가 평
소에 천하의 악명을 모아 망령되게 내게 덮어씌우더니, 이제 사정이 급해지자 면전에서 아첨을 떠
니 누가 곧이듣겠느냐. 천하의 원리는 하나다. 범의 본성이 악한 것이라면 인간의 본성도 악할 것이
요, 인간의 본성이 선한 것이라면 범의 본성도 선할 것이다."

[중략 부분의 줄거리] 범은 인간 세상의 부도덕함과 인간의 탐욕 등에 대해 비판한다.

(바) 북곽 선생이 자리에서 물러나 한참 엎드렸다가 일어나 엉거주춤하더니, 두 번 절하고 머리를 거
듭 조아리며 말했다.

"『맹자』에 이르기를, 비록 악한 사람이라도 목욕재계를 한다면 상제(上帝)라도 섬길 수 있다 하였사
오니, 이 하토에 살고 있는 천한 신하가 감히 아랫자리에 서옵니다."

숨을 죽이고서 가만히 들어 보았다. 오래도록 아무런 분부가 없으므로 실로 황송키도 하고 두렵기
도 하여 손을 맞잡고 머리를 조아리며 우러러보니 동녘이 밝았는데, 범은 벌써 가고 없었다.

마침 ㉣아침에 밭 갈러 온 농부가,

"선생님, 무슨 일로 이 꼭두새벽에 ㉤들판에 대고 절을 하시옵니까?"

라 물으니, 북곽 선생이 말했다.

"내 일찍이 들으니

'하늘이 높다 하되 머리 어찌 안 굽히며,

땅이 두텁다 하되 어찌 조심스레 걷지 않겠는가.'

하였네그려."

– 박지원, 「호질(虎叱)」 –

배경지식 확장

「호질」의 우화적 성격

우화(寓話)에는 대개 의인화된
부정적 인물이 등장한다. 그리고
그 인물의 본질을 풍자적인 조
소와 해학으로 폭로하며 인간
세상을 우회적으로 비판한다. 그
런데 「호질」은 의인화된 인물이
나오기는 하지만, 그 인물이 부
정적 인물이 아니라 작가의 의
식을 대변하는 존재라는 점에서
일반적인 우화와 차이를 보인다.
「호질」에서 의인화된 인물인 '범'
은 부정적 인물인 '북곽 선생'의
위선을 꾸짖고 인간 사회의 부
정적 속성을 신랄하게 비판하고
있다.

▼
유(儒) 선비.
유(諛) 아첨하다.

개념 ▶ 소설의 서술 방식

작가가 작품의 내용을 표현하는 방법에는 서사, 묘사, 대화가 있다.

• 서사: 사건이 진행되는 과정, 그리고 인물의 행동이 변하는 과정을 시간의 흐름에 따라 차례로 이야기하는 것을 의미한다.
• 묘사: 일이 벌어지는 장소의 풍경 또는 사물과 인물들의 겉모습, 그리고 인물의 마음 상태 등을 눈에 보이듯 구체적으로 표현하는 것을 말한다.
• 대화: 작중의 인물들이 주고받는 말이다. 인물 간의 대화를 통해 인물의 성격과 소설 속 사건의 전개 과정을 엿볼 수 있다.

기출 · 2012 수능

1 (가)~(마)에 대한 설명으로 가장 적절한 것은?

① (가)와 달리 (나)에서는 인물 간의 대립 관계가 드러나 있다.
② (나)에 비해 (다)는 서술자의 서술 위주로 사건이 진행된다.
③ (다)는 (라)의 사건이 발생하도록 하는 계기를 마련해 준다.
④ (라)는 행위에 의해, (마)는 주로 대화에 의해 갈등이 해결된다.
⑤ (마)는 (가)와 구조 면에서 호응하여 작품의 완결성을 높여 준다.

기출 · 2012 수능

2 ㉠~㉤에 대한 이해로 적절하지 <u>않은</u> 것은?

① ㉠: 북곽 선생과 동리자의 본색이 드러나는 시간이다.
② ㉡: 북곽 선생의 욕망이 표출되는 공간이다.
③ ㉢: 북곽 선생의 타락을 상징하는 공간이다.
④ ㉣: 북곽 선생의 위선을 재확인하는 시간이다.
⑤ ㉤: 북곽 선생이 자신을 성찰하는 공간이다.

기출 · 2012 수능

3 〈보기〉를 참고하여 (다)를 이해한 내용으로 적절하지 <u>않은</u> 것은?

┌ 보기 ┐
　　이 작품에서 다섯 아들은 북곽 선생을 여우로 여기고 있다. 이는 북곽 선생의 위선을 풍자하기 위하여 작가가 마련한 설정으로, 그들이 여우에 대해 하는 말과 행동은 북곽 선생의 성격과 행위를 암시한다.

① '여우가 사람 시늉을 한다'는 말은 북곽 선생이 진정한 선비가 아님을 암시한다.
② '여우의 갓을 얻으면 부자가 된다'는 말은 북곽 선생이 부를 이용하여 높은 벼슬을 얻었음을 암시한다.
③ '여우의 신발을 얻으면 그림자를 감출 수 있다'는 말은 북곽 선생이 농부 앞에서 자신의 치부를 감추는 행위를 예고한다.
④ '여우의 꼬리를 얻으면 애교를 잘 부린다'는 말은 북곽 선생이 범 앞에서 비위를 맞추려는 행위와 연결된다.
⑤ '여우를 잡아 죽이자'는 말은 북곽 선생이 봉변을 당할 것임을 시사한다.

4 윗글과 〈보기〉를 비교하여 이해한 것으로 적절하지 <u>않은</u> 것은?

> 보기
>
> 두터비 파리를 물고 두엄 우희 치다라 안자
>
> 것넌 산 바라보니 백송골(白松鶻)이 떠 잇거늘 가슴이 금즉하여 풀덕 뛰여 내닷다가 두엄 아래 잣바지거고
>
> 모쳐라 날낸 낼싀만졍 에헐질 번 하괘라.
>
> – 작자 미상 –
>
> 에헐 어혈. 타박상 등으로 피부에 피가 맺힌 것.

① 윗글의 '구덩이'는 기능 면에서 〈보기〉의 '두엄'과 대응되는 소재이다.

② 윗글의 '북곽 선생'과 〈보기〉의 '두터비'는 모두 비판의 대상이 되고 있다.

③ 윗글의 '범'은 〈보기〉의 '백송골'과 달리, 작가 의식을 대변하는 대상이다.

④ 윗글의 '북곽 선생'은 〈보기〉의 '두터비'처럼 자기 합리화를 시도하고 있다.

⑤ 윗글의 '동리자'는 그의 행위로 볼 때 〈보기〉의 '파리'에 대응되는 인물이다.

기출 · 2012 수능

5 (라)~(바)에 나타난 북곽 선생의 행위를 표현하는 말로 거리가 <u>먼</u> 것은?

① 자화자찬(自畵自讚)　　　　② 감언이설(甘言利說)

③ 임기응변(臨機應變)　　　　④ 대경실색(大驚失色)

⑤ 전전긍긍(戰戰兢兢)

플러스
자료실

연암 박지원의 문학 세계

연암 박지원은 조선 시대의 대표적인 실학자이자 소설가이다. 그는 친척 형 박명원이 청나라에 갈 때 동행하면서 청나라의 실제적인 생활과 기술을 눈여겨보고 『열하일기』를 집필하였다. 이 글을 통하여 청나라의 문화를 소개하고 당시 조선의 정치 · 경제 · 사회 · 문화 등 각 방면에 걸쳐 비판과 개혁을 논하였다. 그는 자유롭고 기발한 문체로 「허생전」, 「호질」, 「양반전」, 「민옹전」, 「광문자전」 등의 한문 소설을 발표하였는데, 그의 소설들은 당시 양반층의 타락상을 고발하고 근대 사회를 예견하는 새로운 인간상을 창조함으로써 당대에 큰 영향을 미쳤다.

1 〈인물의 특성과 관계〉
이 글에 등장하는 인물의 특성과 관계를 정리해 보자.

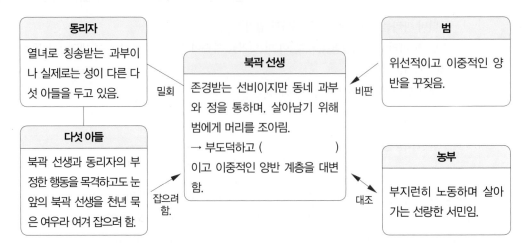

2 〈풍자 대상과 작가 의식〉
이 글의 풍자 대상을 통해 나타나는 작가 의식을 정리해 보자.

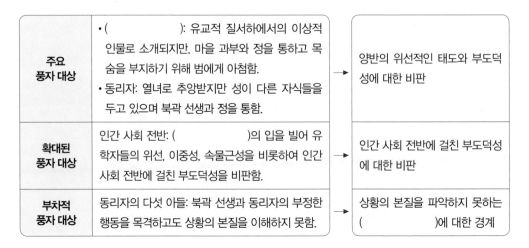

3 〈대상의 역할〉
이 글에서 '범'의 역할을 정리해 보자.

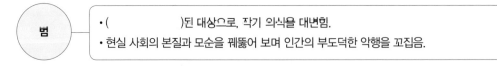

4 〈서술상 특징〉
이 글의 서술상 특징을 정리해 보자.

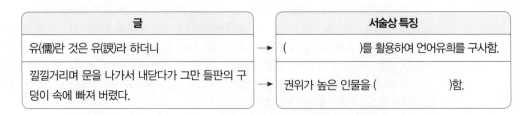

[앞부분의 줄거리] 한 부자가 몰락한 양반의 환곡을 대신 갚아 주고 양반 신분을 사기로 한다. 이를 안 군수는 양반 매매 증서를 써 주겠다고 한다. 군수는 양반이 지켜야 할 의무와 자세를 밝힌 매매 증서를 작성한다.

　그리고 통인이 도장을 받아서 찍었다. 그 뚜욱 뚜욱 하는 소리는 저 엄고(嚴鼓) 치는 소리와 같고, 그 찍어 놓은 꼴은 마치 북두성이 세로 놓인 듯이 삼성(參星)이 가로 잘린 듯이 벌여 있다. 뒤를 이어서 호장(戶長)이 증서를 한번 읽어 끝내었다. 부자는 한참 머엉하다가 말했다.

　"양반이 겨우 요것뿐이란 말씀이우? 내가 듣기엔 양반 하면 신선이나 다름없다더니, 정말 이것뿐이라면 너무도 억울하게 곡식만 몰수당한 것이어유. 아무쪼록 좀 더 이롭게 고쳐 주시기유."

　군수는 그제야 부자의 요청에 의하여 증서를 고쳐 만들기로 했다.

　"대체 하늘이 백성을 낳으실 제, 그 갈래를 넷으로 나누었다. 이 네 갈래의 백성들 중에서 가장 존귀한 이가 선비이고, 바로 선비를 불러 '양반'이라 한다. 이 세상에선 양반보다 더 좋은 것은 없다. 그들은 제 손으로 농사도 장사도 할 것 없이 옛 글이나 역사를 대략만 알 정도이면 곧 과거를 치러 크게 되면 문과요, 작게 이루더라도 진사는 떼어 놓은 것이다. 문과의 홍패(紅牌)야말로 그 길이가 두 자도 못 되어 보잘것이 없지만 온갖 물건이 예서 갖추어 나게 되니 이는 곧 돈자루나 다름이 없다. 그리고 진사에 오른 선비는 나이 서른에 첫 벼슬을 하더라도 오히려 늦지 않아서 이름 높은 음관(蔭官)이 될 수 있다. 비록 그렇지 못해서 궁한 선비의 몸으로 시골살이를 하더라도 오히려 무단적인 행위를 감행할 수가 있다. 이웃집 소를 몰아다가 내 밭을 먼저 갈고 동네 농민을 잡아내어 내 김을 먼저 매게 하되 어느 놈이 감히 나를 괄시하랴. 잿물을 네 놈의 코에 바르고 상투를 잡아매며 수염을 뽑더라도 원망조차 못하리라."

　증서가 겨우 반쯤 이룩되었다. 부자는 어이가 없어서,

　"아이구, 그만두시유 제발 그만두셔유. 참, 맹랑합니다 그려. 당신네들이 나를 도둑놈이 되라 하시유." 하고, 머리를 흔들면서 달아나 버렸다.

― 박지원, 「양반전(兩班傳)」 ―

[정답과 해설 50쪽]

1 이 글과 「호질」은 연암 박지원의 작가 의식을 잘 보여 주는 대표적인 작품으로, 조선 후기 (　　　　　)의 부도덕성을 신랄하게 풍자하며 당대의 현실에 대한 깊은 성찰을 드러내고 있다는 공통점이 있다.

2 이 글에서 군수가 고쳐 쓴 증서의 내용을 듣고 부자가 한 말 중 '도둑놈'이라는 단어에는 양반의 특권 의식과 (　　　　　)에 대한 비판 의식이 담겨 있다.

흥부전 | 작자 미상

• 수록 교과서: 국어_비상(박영민), 신사고 / 문학_미래엔, 신사고
• 기출: 2015-6월 고3 모평A, 2014-9월 고1 학평

【작품 구조】

발단 욕심 많은 형 놀부는 착한 아우 흥부를 쫓아내고 부모가 남긴 재산을 독차지함.

전개 흥부는 가족들의 양식을 구하기 위해 갖은 고생을 함.

위기 흥부가 제비 다리를 고쳐 준 보답으로 받은 박씨를 심자 박에서 온갖 보물이 쏟아짐.

절정 놀부가 일부러 제비 다리를 부러뜨린 후 받은 박씨를 심음. 박을 타자 온갖 괴물이 쏟아져 나오고 놀부는 망함.

결말 흥부는 놀부를 정성껏 섬기고, 놀부는 이에 감동하여 개과천선함. 이후 두 형제는 행복하게 삶.

흥부 마음 인후하여 청산유수와 곤륜옥결이라. 성덕을 본받고 악인을 저어하며 물욕에 탐이 없고 주색에 무심하니 마음이 이러하매 부귀를 바랄쏘냐? 흥부 아내 하는 말이,

[A]
"애고 여봅소. 부질없는 청렴 맙소. 안자의 가난함은 주린 염치로 서른에 일찍 죽고, 백이숙제는 주린 염치로 청루 소년이 웃었으니, 부질없는 청렴 말고 저 자식들 굶겨 죽이겠으니, 아주버님네 집에 가서 쌀이 되나 벼가 되나 얻어 옵소."

흥부가 하는 말이,

"형님이 음식 끝을 보면 사촌을 몰라보고 똥 싸도록 때리는데, 그 매를 뉘 아들놈이 맞는단 말이오?"

"애고 동냥은 못 준들 쪽박조차 깨칠쏜가. 맞으나 아니 맞으나 쏘아나 본다고 건너가 봅소."

흥부 이 말을 듣고 형의 집에 건너갈 제, 치장을 볼작시면, ⊙편자 없는 헌 망건에 박쪼가리 관자 달고 물렛줄로 당끈 달아 대가리 터지게 동이고, 깃만 남은 중치막, 동강 이은 헌 술띠를 흉복통에 눌러 띠고, 떨어진 헌 고의에 칡 노끈 대님 매고, 헌 짚신 감발하고, 세살 부채 손에 쥐고, 서 홉들이 오망자루 꽁무니에 비슥 차고, 바람맞은 병인같이, 잘 쓰는 대비같이, 어슥비슥 건너 달아 형의 집에 들어가서 전후좌우 바라보니, 앞노적, 뒷노적, 멍에 노적 담불담불 쌓였으니, 흥부 마음 즐거우나 놀부 심사 무거하여 형제끼리 내외하여 구박이 태심하니 흥부가 하릴없어 뜰아래서 문안하니 놀부가 묻는 말이,

[B]
"네가 뉜고?"

"내가 흥부요."

"흥부가 뉘 아들인가?"

"애고 형님, 이것이 웬 말이오? 비옵니다. 형님 전에 비옵니다. 세끼 굶어 누운 자식 살려 낼 길 전혀 없으니 쌀이 되나 벼가 되나 양단간에 주시면 품을 판들 못 갚으며 일을 한들 못 갚을까. 부디 옛일을 생각하여 사람을 살려 주오."

애걸하니, 놀부 놈의 거동 보소. 성난 눈을 부릅뜨고 볼을 치며 호령하되,

"너도 염치없다. 내 말을 들어 보아라. '하늘은 녹 없는 사람을 내지 않으며, 땅은 이름 없는 풀을 내지 않는다.' 네 복을 누굴 주고 나를 이리 보채느냐? 쌀이 있다 한들 너 주자고 노적 헐며, 벼가 많이 있다 한들 너 주자고 섬을 헐며, 돈이 많이 있다 한들 궤에 가득 든 것을 문을 열랴."

[중략 부분의 줄거리] 어렵게 살던 흥부는 어느 날 구렁이의 습격을 받아 다리가 부러진 제비 새끼를 구해 주고 박씨를 얻어 큰 부자가 된다.

놀부 놈의 거동 보소. **동지섣달**부터 제비를 기다린다. 그물 막대 둘러메고 제비를 몰러 갈 제, 한 곳을 바라보니 한 짐승이 떠서 들어오니 놀부 놈이 보고,

"제비 인제 온다."

▼
인후(仁厚)하다 어질고 후덕하다.
곤륜옥결(崑崙玉潔) 곤륜산의 옥돌의 결이 깨끗하다는 뜻으로 흔히 깨끗한 마음씨를 이르는 말.
저어하다 염려하거나 두려워하다.
무거(無據)하다 근거가 없다.
태심(太甚) 너무 심함.

하고 보니, 태백산 **갈가마귀** 차돌도 못 얻어먹고 주려 청천에 높이 떠 갈곡갈곡 울고 가니, 놀부 눈을 멀겋게 뜨고 보다가 하릴없어 동네 집으로 다니면서 제비를 제 집으로 몰아들이되 제비가 아니 온다.

그달 저 달 다 지내고 **삼월 삼일** 다다르니 강남서 나온 제비 옛집을 찾으려 하고 오락가락 넘놀 적에 놀부 사면에 제비 집을 지어 놓고 제비를 들이모니, 그중 팔자 사나운 제비 하나가 놀부 집에 흙을 물어 집을 짓고 알을 낳아 안으려 할 제, 놀부 놈이 주야로 제비 집 앞에 대령하여 가끔가끔 만져 보니 알이 다 곯고 다만 하나 깨었는지라. 날기 공부 힘쓸 제 구렁배암 아니 오니 놀부 민망 답답하여 ⓛ제 손으로 제비 새끼를 잡아 내려 두 발목을 자끈 부러뜨리고 제가 깜짝 놀라 이른 말이, "가련하다, 이 제비야." 하고 조기 껍질을 얻어 찬찬 동여 뱃놈의 닻줄 감듯 삼층 얼레 연줄 감듯 하여 제집에 얹어 두었더니, 십여 일 뒤에 그 제비가 **구월 구일**을 당하여 두 날개를 펼쳐 강남으로 들어가니 강남 황제 각처 제비를 점고할 제, 이 제비가 다리 절고 들어와 복지하니, 황제 제신으로 하여금,

[C]
  "그 연고를 사실하여 아뢰라."

 하시니, 제비 아뢰되,

 "작년에 웬 박씨를 내어 보내어 흥부가 부자 되었다 하여 그 형 놀부 놈이 나를 여차여차하여 절뚝발이가 되게 하였사오니, 이 원수를 어찌하여 갚고자 하나이다."

 황제가 이 말을 들으시고 대경하사 가라사대,

 "이놈 이제 전답 재물이 여유롭되 동기를 모르고 오륜에 벗어난 놈을 그저 두지 못할 것이요, 또한 네 원수를 갚아 주리라."

하고 박씨 하나를 '**보수표(報讐瓢)**'라 금자로 새겨 주더라.

            – 작자 미상, 「흥부전(興夫傳)」 –

배경지식 확장

장면의 극대화

장면의 극대화란 흥미로운 부분을 특별하게 확대·부연하는 것을 말한다. 대상이나 상황을 열거하여 장면을 장황하고 과장되게 서술함으로써 주어진 장면에서 기대되는 효과를 최대화하기 위해 사용한다. 이 작품에서 형의 집에 먹을 것을 구하러 가는 흥부의 모습을 장황하게 나열하여 묘사한 것도 장면의 극대화에 해당한다. 우스꽝스러운 흥부의 모습을 확대하여 보여 줌으로써 해학의 효과를 최대화하기 위함이다.

▼
점고(點考) 명부에 일일이 점을 찍어 가며 사람의 수를 조사함.
복지(伏地) 땅에 엎드림.
대경(大驚) 크게 놀람.
보수표 원수를 갚는 박.

기출 · 2015-6월 고3 모평A

1 [A]~[C]에 대한 이해로 적절하지 <u>않은</u> 것은?

① [A]에서는 서술자의 서술과 등장인물의 대화를 통해 흥부의 처지와 성품을 드러내고 있다.

② [B]에서 놀부를 '놀부 놈'으로 서술하는 부분에는 인물에 대한 서술자의 평가가 드러나 있다.

③ [C]에서 동물들이 대화하는 장면은 우화적 공간에서 서사가 진행되고 있음을 보여 주고 있다.

④ [A]에서 흥부와 흥부 아내의 대화는 [B]에서 일어나는 흥부와 놀부의 갈등 상황을 예고하고 있다.

⑤ [B]에 나타난 놀부의 언행은 [C]에서 제비가 황제에게 놀부를 고발하는 근거가 되고 있다.

기출 · 2015-6월 고3 모평A

2 ㉠에 대한 설명으로 가장 적절한 것은?

① 운문체를 사용하여 인물 사이의 갈등을 부각하고 있다.

② 현재와 과거를 교차하여 장면의 전환을 시도하고 있다.

③ 열거의 방식으로 인물의 외양을 해학적으로 표현하고 있다.

④ 배경 묘사를 통해 밝고 역동적인 분위기를 조성하고 있다.

⑤ 사건을 요약적으로 제시하여 서사를 빠르게 전개하고 있다.

기출 · 2015-6월 고3 모평A

3 ㉡에 대한 독자의 반응으로 가장 적절한 것은?

① 자기가 제비 다리를 부러뜨려 놓고 깜짝 놀라다니 지렁이도 밟으면 꿈틀하는 격이군.

② 자기 실수로 제비 다리가 부러졌는데 저런 말을 하다니 방귀 뀐 놈이 성내는 격이군.

③ 자기가 구렁이를 대신하여 제비 다리를 부러뜨린 것을 보니 고래 싸움에 새우 등 터진 격이군.

④ 자기가 제비 다리를 부러뜨려 놓고 치료를 해 주며 구해 주는 척하다니 병 주고 약 주는 격이군.

⑤ 자기가 제비 다리를 부러뜨리고 도리어 위로하는 말을 하는 것을 보니 말 한마디에 천 냥 빚을 갚는 격이군.

기출 · 2015-6월 고3 모평A

4 〈보기〉를 참고하여 윗글을 감상한 내용으로 적절하지 **않은** 것은?

> **보기**
>
> 「흥부전」에서 흥부가 부자가 되었다는 사실을 알게 된 놀부는 자기도 더 큰 부자가 되겠다는 욕망을 품고 흥부의 행위를 악의적으로 모방하다 화를 입게 된다. 이 과정을 흥부의 경우와 비교하여 도식화하면 다음과 같다.

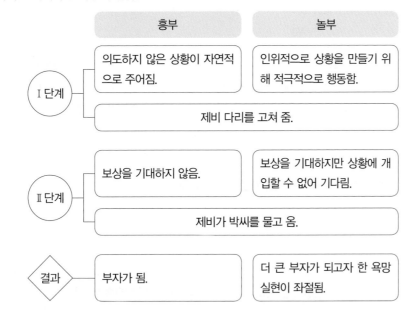

① '동지섣달'부터 올 리 없는 제비를 찾는 놀부의 행동은 〈보기〉의 'I 단계'에 속하는 것으로, 욕망 실현을 위한 놀부의 조급성을 보여 주는군.

② '갈가마귀'를 제비로 착각하는 놀부의 모습은 〈보기〉의 'I 단계'에 속하는 것으로, 제비가 아닌 다른 새들을 몰아내는 놀부의 적극적 행동을 보여 주는군.

③ '삼월 삼일'에 제비를 들이모는 놀부의 행위는 〈보기〉의 'I 단계'에 속하는 것으로, 인위적으로 상황을 만들어 가는 악의적인 모방자의 모습을 보여 주는군.

④ '구월 구일'에 제비가 강남으로 들어가는 상황은 〈보기〉의 'Ⅱ 단계'에 속하는 것으로, 상황에 개입할 수 없는 놀부가 욕망 실현을 위해서 기다릴 수밖에 없음을 보여 주는군.

⑤ '보수표'가 제비에게 주어지는 상황은 〈보기〉의 'Ⅱ 단계'에 속하는 것으로, 놀부의 기대와는 달리 그의 욕망 실현이 좌절될 것임을 보여 주는군.

> **플러스 자료실**
>
> **「흥부전」에 나타난 유랑 농민과 신흥 부농 간의 갈등**
>
> 「흥부전」은 형제간의 우애를 강조하는 유교적 주제와 인과응보에 의한 권선징악의 주제를 나타내면서, 동시에 중세적 봉건 질서가 흔들리던 조선 후기의 시대 상황을 반영하고 있다. 「흥부전」의 배경이 된 조선 후기는 신분적 조건 외에 경제적 능력이 인간을 평가하는 중요한 기준이었다. 중하층 신분 출신이라도 부자가 될 수 있었으며, 실제 부자가 되기 위해 수단과 방법을 가리지 않는 이들도 생겨났다. 반면, 수탈을 당하여 빈민으로 추락하는 이들도 있었다. 이 작품에 나타난 놀부와 흥부의 대조적인 모습과 양식을 둘러싼 갈등은 이 같은 부농과 빈농 간의 갈등을 잘 보여 준 것이라고 할 수 있다.

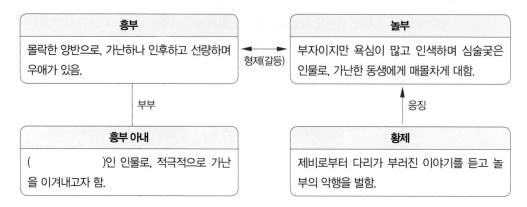

원리로 작품 독해

1 〈인물의 특성과 관계〉
이 글에 등장하는 인물의 특성과 관계를 정리해 보자.

흥부		놀부
몰락한 양반으로, 가난하나 인후하고 선량하며 우애가 있음.	←형제(갈등)→	부자이지만 욕심이 많고 인색하며 심술궂은 인물로, 가난한 동생에게 매몰차게 대함.

부부 ↓　　　　　↑ 응징

흥부 아내	황제
(　　　　　　)인 인물로, 적극적으로 가난을 이겨내고자 함.	제비로부터 다리가 부러진 이야기를 듣고 놀부의 악행을 벌함.

2 〈사회상〉
이 글을 통해 알 수 있는 당대의 사회상을 정리해 보자.

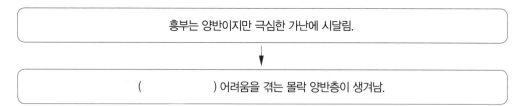

흥부는 양반이지만 극심한 가난에 시달림.

↓

(　　　　　　　) 어려움을 겪는 몰락 양반층이 생겨남.

3 〈서술상 특징〉
이 글의 서술상 특징을 정리해 보자.

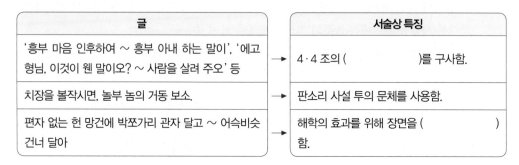

글		서술상 특징
'흥부 마음 인후하여 ~ 흥부 아내 하는 말이', '에고 형님, 이것이 웬 말이오? ~ 사람을 살려 주오' 등	→	4·4 조의 (　　　　　　)를 구사함.
치장을 볼작시면, 놀부 놈의 거동 보소.	→	판소리 사설 투의 문체를 사용함.
편자 없는 헌 망건에 박쪼가리 관자 달고 ~ 어슥비슷 건너 달아	→	해학의 효과를 위해 장면을 (　　　　　) 함.

빈출 어휘 짚고 가기

※ **다음 뜻에 해당하는 어휘를 〈보기〉에서 찾아 써 보자.**

> **보기**
>
> 대경　　　점고　　　인후하다　　　저어하다

1. 크게 놀람. (　　　　　　)
2. 어질고 후덕하다. (　　　　　　)
3. 염려하거나 두려워하다. (　　　　　　)
4. 명부에 일일이 점을 찍어 가며 사람의 수를 조사함. (　　　　　　)

그래도 죽을 사람 구해 주는 부처님은 곳곳마다 있는 법인지라, 마침 이때 몽운사 화주승이 절을 새로 지으려고 시주 책을 둘러메고 내려왔다가, 청산은 어둑어둑하고 눈 덮인 들판에 달이 돋아올 제, 돌밭 비탈길로 절을 찾아가는데 바람결에 애처로운 소리가 들렸다.

"사람 살려!"

화주승은 자비한 마음에 소리 나는 곳을 찾아가니, 어떤 사람이 개천에 빠져서 거의 죽게 되었다. 급한 마음에 구절죽장과 바랑을 바위 위에 휙 던져 두고, 굴갓과 먹물장삼 실띠 달린 채로 벗어 놓고, 육날 미투리 행전 대님 버선도 훨훨 벗어 놓고, 고두 누비 바지 저고리 거듬거듬 훨씬 추켜올려, 급히 뛰어들어 심 봉사 고추상투를 덥벅 잡아 들어 올려 건져 놓으니, 전에 보던 심 봉사였다. 심 봉사가 정신 차려 묻기를,

"게 뉘시오?"

화주승이 대답하기를,

"몽운사 화주승이오."

"그렇지, 사람을 살리는 부처로군요. 죽을 사람을 살려 주시니 은혜 백골난망이오."

화주승이 심 봉사를 업어다 방 안에 앉히고 빠진 까닭을 물었다. 심 봉사는 신세를 한탄하다가 전후 사정을 말하니, 그 중이 봉사더러 하는 말이,

"딱하시군요. 우리 절 부처님은 영험이 많으셔서 빌어서 아니 되는 일이 없고 구하면 응답을 주신답니다. 공양미 삼백 석을 부처님께 올리고 지성으로 불공을 드리면 반드시 눈을 떠서 성한 사람이 되어 천지 만물을 보게 될 것입니다."

심 봉사가 집안 형편은 생각지 않고 눈 뜬단 말에 혹하여,

"그러면 삼백 석을 적어 가시오."

화주승이 허허 웃고,

"이보시오, 댁의 집안 형편을 살펴보니 삼백 석을 무슨 수로 장만하겠소."

심 봉사가 홧김에 하는 말이,

"여보시오, 어느 쇠아들 놈이 부처님께 적어 놓고 빈말하겠소? 눈 뜨려다가 앉은뱅이 되게요. 사람을 업신여겨 그런 걱정일랑 말고 적으시오."

화주승이 바랑을 펼쳐 놓고 제일 윗줄 붉은 칸에,

'심학규 쌀 삼백 석.' / 이라 적어 가지고 인사하고 갔다. 그런 뒤에 심 봉사는 화주승을 보내고 다시금 생각하니 시주쌀 삼백 석을 장만할 길이 없어 복을 빌려다가 도리어 죄를 얻게 되니 이 일을 어이하리. 이 설움 저 설움, 묵은 설움 햇설움이 동무지어 일어나니 견디지 못하여 울음을 운다.

－ 작자 미상, 「심청전(沈淸傳)」 －

[정답과 해설 51쪽]

1 이 글과 「흥부전」은 각각 '부모에 대한 효심'과 '형제간의 우애'라는 (　　　　　　　) 이념에 바탕을 두고 서사를 전개하고 있다는 공통점이 있다.

2 심 봉사와 몽운사 화주승의 (　　　　　) 만남은 심 봉사의 공양미 삼백 석 시주 약속을 지키기 위해 그의 딸인 심청이 인당수 제물(祭物)이 되는 사건으로 이어진다는 점에서 중심 사건의 시발점이라는 중요한 의미가 있다.

배비장전 | 작자 미상

• 기출: 2022–9월 고3 모평

【작품 구조】

발단 신임 목사 김경을 따라 제주도에 간 배 비장은 기생 애랑과 애절하게 이별하는 정 비장을 보며 비웃음.

전개 제주 목사의 지시를 받은 애랑은 방자와 함께 계교를 꾸미고 배 비장을 유혹함.

위기 애랑의 유혹에 넘어간 배 비장은 애랑의 남편인 척하는 방자를 피해 알몸으로 궤 속에 숨음.

절정 배 비장은 사람들이 모인 동헌 앞마당을 바다 한가운데로 알고 알몸으로 궤 속에서 나오며 망신을 당하고, 서울로 돌아가려고 함.

결말 제주에 남게 된 배 비장은 현감이 되어 사람들의 칭송을 받음.

[앞부분의 줄거리] 제주도에 간 배 비장은 애랑의 유혹에 넘어가, 사람들에게 조롱을 받는다. 창피를 당한 배 비장은 서울로 돌아가려고 한다.

이때 배 비장은 떠나는 배가 어디 있나 물어보려고 무서움을 억지로 참고,

"@여보게, 이 사람. 말씀 물어보세."

그 계집이 한참 물끄러미 보다가 대답도 아니 하고 고개를 돌리니, 배 비장 그중에도 분해서 목소리를 돋우어 다시 책망 겸 묻것다.

"ⓑ이 사람, **양반이 물으면 어찌하여 대답이 없노?**"

"무슨 말이람나? 양반, 양반, 무슨 양반이야. 품행이 좋아야 양반이지. 양반이면 남녀유별 예의염치도 모르고 남의 여인네 발가벗고 일하는 데 와서 말이 무슨 말이며, 싸라기밥 먹고 병풍 뒤에서 낮잠 자다 왔습나? 초면에 반말이 무슨 반말이여? 참 듣기 싫군. 어서 가소. 오래지 아니하여 우리 집 남정네가 물속에서 전복 따 가지고 나오게 되면 큰 탈이 날 것이니, 어서 바삐 가시라구! 요사이 세력이 빨랫줄 같은 배 비장도 궤 속 귀신이 될 뻔한 일 못 들었습나?"

배 비장이 구식적 습관으로 **지방이라고 한 손 놓고 하대를** 하다가 그 말을 들어 보니, 부끄럽고 분한 마음이 앞서져서 혼잣말로 자탄을 하것다.

"허허 내가 금년 신수 불길하다! 우리 부모 만류할 제 오지나 말았더면 좋을 것을, 고집을 세우고 예 왔다가 경향에 유명한 웃음거리가 되고, 또 도처마다 망신을 당하니 섬이라는 데 참 사람 못 살 곳이로구!"

하며, 분한 마음에 그 계집과 다시 말싸움을 하고 싶지 않건마는, 해는 점점 서산에 걸치고 앞길은 **물을 사람이 없어** 함경도 문자로 '붙은 데 붙으라' 하는 말과 같이 '**사과나 하고 다시 물을 수밖에 없다.**' 하여, 말공대를 얼마쯤 올려 다시 수작을 하것다.

"ⓒ여보시오, 내가 참 실수를 대단히 하였소. 이곳 풍속을 모르고."

"실수라 할 것이 왜 있사오리까? 그렇다 하는 말씀이지요. 그런데 당신은 어디로 가시는 양반이십니까?"

"네, 나는 지금 급한 일이 있이 서울을 갈 터인데, 어느 배가 서울로 가는지 그것을 좀 묻고자 그리하오."

"서울 양반이시면 무슨 일로 여기를 오셨으며, 또 성함은 뉘시오니까?"

"성명은 차차 아시지오마는, 내가 이곳에 볼일이 있어서 왔다가, 부모 병환 기별을 듣고 급히 가는 길인데, 가는 배가 없어 이처럼 애절이오."

"그러하면 가이없습니다. 서울로 가는 배는 어제저녁에 다 떠나고, 인제는 다시 사오 일을 기다려야 있겠습니다."

"그러하면 **이 노릇을 어찌하여야** 좋소?"

"참 딱한 일이올시다."

비장(裨將) 조선 시대에, 감사(監司) · 유수(留守) · 병사(兵使) · 수사(水使) · 견외 사신(使臣)을 따라다니며 일을 돕던 무관.
싸라기밥 싸라기가 많이 섞인 쌀로 지은 밥.
경향(京鄕) 서울과 시골을 아울러 이르는 말.
말공대(말恭待) 말로써 상대편을 잘 대접함.

하더니,

"옳지! 가는 배 하나 있습니다. 그러나 그 배에서 행인을 잘 태울는지 모르겠소. 저기 저편 언덕 밑에 포장▼ 치고 조그마한 돛대 세운 배에 가서 물어보시오. 그 배가 제주 성내에 사는 부인 한 분이 친정이 해남인데 급한 일이 있어 비싼 값을 주고 혼자 빌려 저녁 물에 떠난다더니, 참 떠나는지 알 수 없습니다."

배 비장이 그 말 듣고 좋아라고 허겁지겁 그 배로 뛰어가서 사공을 찾는다.

"ⓓ어이, 뱃사공이 누구여?"

사공이 반말에 비위가▼ 틀려,

"어! 사공은 왜 찾어?"

"말 좀 물어보면….'

"무슨 말?"

"그 배가 어디로 가는 배여?"

"물로 가는 배여."

원래 배 비장이 사공을 공손하게 대하기는 초라하고 '해라' 하자니 제 모양 보고 받을는지 몰라, **어정쩡하게** 말을 내놓다가 사공의 대답이 한층 더 올라가는 것을 보고, 한숨을 휘이 쉬며,

"허! 내가 그저 **춘몽**▼을 **못 깨고 또** 실수를 하였구나!"

어법을 고쳐 입맛이 썩 들어붙게,

"여보시오, ⓔ노형▼이 이 배 임자시오?"

사공은 목낭청▼의 혼이 씌었던지 그대로 좇아가며,

"그렇습니다. 내가 이 배 임자올시다."

"들으니까 노형 배가 오늘 떠나 해남으로 간다지요?"

"예, 오늘 저녁 물에 떠납니다."

"그러면 내가 서울 사는데 지금 가는 길이니 좀 타고 가옵시다."

"좋은 말씀이올시다마는 이 배가 행객▼ 싣는 배가 아니옵고, 해남으로 가시는 부인 한 분이 혼자 빌려 가시는 터인즉, 사공의 임의로 다른 행객을 태울 수가 없습니다."

"그는 그러하겠소마는, 내가 부모 병환 급보를 듣고 급히 가는 길인데, 달리 가는 배는 없고 이 배가 간다 하니, 아무리 부인이 타신 터이라도 이러한 정세를 말씀하시고, 한편 이물 구석에 종용히 끼어 가게 하여 주시면 그 아니 적선이오?"

"당신 정경이 불쌍하오. 그러면 해 진 후에 다시 오시면, 부인 모르시게라도 슬며시 타고 가시게 하오리다."

– 작자 미상, 「배비장전(裵裨將傳)」 –

배경지식 확장
「배비장전」의 결말

「배비장전」은 이본에 따라 배 비장이 동헌 앞마당에서 알몸으로 허우적거리며 망신을 당하는 장면에서 소설이 끝나기도 하고, 망신을 당한 배 비장이 애랑을 다시 만나 현감이 되어 사람들의 존경을 받는 것으로 끝나기도 한다. 배 비장이 정의현감이 되는 결말은 부정적 인물이 자신의 잘못을 깨닫고 긍정적 인물로 발전한다는 내용을 통해 행복한 결말을 유도하려는 의도가 담긴 것으로 해석할 수 있다.

▼
포장(布帳) 베, 무명 따위로 만든 휘장.
비위(脾胃) 어떤 것을 좋아하거나 싫어하는 성미. 또는 그러한 기분.
춘몽(春夢) 봄에 꾸는 꿈이라는 뜻으로, 덧없는 인생을 비유적으로 이르는 말.
노형(老兄) 처음 만났거나 그다지 가깝지 않은 남자 어른들 사이에서, 상대편을 높여 이르는 이인칭 대명사.
목낭청 자기 주관 없이 응대하는 사람을 이르는 말.
행객(行客) 자기 고장을 떠나 다른 곳에 잠시 머물거나 떠도는 사람.

기출 · 2022-9월 고3 모평

1 윗글의 내용에 대한 이해로 적절하지 <u>않은</u> 것은?

① '계집'은 '배 비장'의 문제점을 지적함으로써 양반답지 못한 태도에 대해 비판적 인식을 표출하고 있다.

② '배 비장'은 자신에게 이름을 묻는 '계집'의 질문에 즉답을 피함으로써 자신의 정체를 숨기고 있다.

③ '계집'은 '배 비장'에게 배편이 있을 수도 있다는 말을 건넴으로써 그가 궁금해했던 정보를 제공하고 있다.

④ '사공'은 '부인'의 허락 없이 임의로 다른 행객을 태울 수 없다고 말함으로써 낯선 이에 대한 경계심을 드러내고 있다.

⑤ '사공'은 '배 비장'의 다급한 상황을 듣고 해결책을 알려 줌으로써 상대방에 대한 연민의 감정을 보여 주고 있다.

기출 · 2022-9월 고3 모평

2 ⓐ~ⓔ 중 '배 비장'이 상대의 기분을 풀어 주기 위해 사용한 표현으로만 짝지어진 것은?

① ⓐ, ⓑ　　　　　② ⓐ, ⓓ　　　　　③ ⓑ, ⓒ
④ ⓒ, ⓔ　　　　　⑤ ⓓ, ⓔ

기출 · 2022-9월 고3 모평

3 조그마한 돛대 세운 배에 대한 이해로 가장 적절한 것은?

① 주인공이 부모의 병환 소식을 듣게 되는 공간이다.

② 주인공을 태우고 서울로 가기 위해 급히 준비되었다.

③ 주인공이 당일에 제주도를 떠나기 위해 타려는 대상이다.

④ 주인공이 경제적 보상까지 내세우며 타고자 하는 것이다.

⑤ 주인공이 행객들을 데리고 제주도를 떠나기 위해 타려 한다.

기출 · 2022-9월 고3 모평

4 〈보기〉를 참고하여 윗글을 감상한 내용으로 적절하지 **않은** 것은?

> **보기**
>
> 「배비장전」에서 창피를 당해 제주도를 떠나려 했던 배 비장은 제주도에 남게 되고, 결말에 가서는 현감에 올라 사람들의 칭송을 받게 된다. 이와 같은 변화가 어떻게 가능했을까? 배 비장이 제주도를 떠나고자 할 때, 제주도 사람들의 도움을 받기 위해 자신이 서울 양반이라는 우월감을 버리고 그들을 존중하는 경험을 했기 때문이다. 이는 비록 불가피한 선택이었지만, 이 과정에서 그는 자신의 태도를 돌아보게 된다. 서울 양반의 경직된 관념에 변화가 일기 시작한 것이다.

① '양반이' 묻는데 '어찌하여 대답이' 없냐고 계집을 책망한 배 비장의 행위에서, 그가 자신의 신분에 대해 우월감을 갖고 있음을 알 수 있군.

② '지방이라고 한 손 놓고 하대를' 한 배 비장의 태도에서, 그가 서울에서 온 양반이라는 이유로 제주도 사람을 얕보고 있음을 알 수 있군.

③ '물을 사람이 없어' 계집에게 '사과나 하고 다시 물을 수밖에 없다'고 하는 배 비장의 생각에서, 그가 계집의 도움을 받기 위해 불가피한 선택을 했음을 알 수 있군.

④ '이 노릇을 어찌하여야' 좋겠냐고 묻는 배 비장의 모습에서, 그가 경직된 관념을 버리고 제주도 사람을 존중하는 방법을 고민하고 있음을 알 수 있군.

⑤ '어정쩡하게' 말하려다 '춘몽을 못 깨고 또 실수'했다고 한 배 비장의 발언에서, 그가 우월감을 가지고 있던 자신의 태도를 돌아보고 있음을 알 수 있군.

**플러스
자료실**

판소리계 소설과 세태 풍자

판소리는 조선 시대에 크게 유행하던 공연 예술 문화로, 판소리를 향유하고 전승하는 주된 계층은 서민 계층이었다. 따라서 판소리와 이를 계승한 판소리계 소설에는 서민들이 처한 상황에 대한 비판적 인식과 새로운 사회에 대한 소망이 담겨 있을 수밖에 없다. 신분제 사회인 조선 시대의 서민들은 지배 계층이나 사회적 강자에 의해 끊임없이 차별을 받으며 억눌러 살아왔지만 조선 전기에는 이에 대한 서민들의 목소리를 내기 어려운 사회 상황이었다. 하지만 신분 질서가 무너지기 시작한 조선 후기에 와서는 피지배 계층을 중심으로 사회에 대한 불만이나 사회 변화에 대한 요구가 표면에 드러나기 시작했으며, 이를 담은 대표적인 문학이 판소리계 소설이었다. 「흥부전」에 나타난 빈부 격차의 현실과 부농에 대한 비판, 「춘향전」에 나타난 탐관오리에 대한 비판과 신분 상승의 욕구, 「심청전」에 나타난 신분 상승의 욕구, 「장끼전」에 나타난 가부장적 사회에 대한 비판 등이 그 대표적인 예이며, 「배비장전」에서 지배 계층인 배 비장의 위선을 피지배 계층인 애랑과 방자가 폭로하는 것도 같은 맥락으로 이해할 수 있다. 하지만 사회가 많이 변했다고는 하지만, 아직은 지배 계층에 대한 비판은 매우 조심스러운 일이었다. 그래서 판소리계 소설에서는 부정적 현실과 부조리한 지배 계층에 대한 비판을 직접적으로 드러내지 않고 '풍자'라는 방법을 사용하여 우회적으로 드러낸다. '풍자성'과 더불어 '해학성'이 판소리계 소설의 중요한 특징 중 하나인 이유도 여기에 있다.

원리로 작품 독해

1

〈인물의 특성과 관계〉

이 글에 등장하는 인물의 특성과 관계를 정리해 보자.

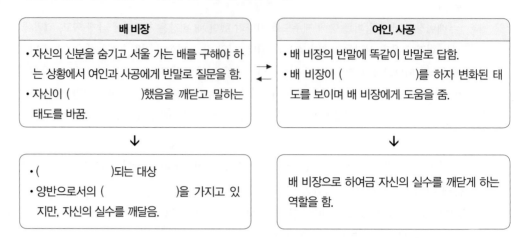

배 비장	여인, 사공
• 자신의 신분을 숨기고 서울 가는 배를 구해야 하는 상황에서 여인과 사공에게 반말로 질문을 함. • 자신이 ( )했음을 깨닫고 말하는 태도를 바꿈.	• 배 비장의 반말에 똑같이 반말로 답함. • 배 비장이 ( )를 하자 변화된 태도를 보이며 배 비장에게 도움을 줌.
↓	↓
• ( )되는 대상 • 양반으로서의 ( )을 가지고 있지만, 자신의 실수를 깨달음.	배 비장으로 하여금 자신의 실수를 깨닫게 하는 역할을 함.

2

〈사회상〉

이 글을 통해 알 수 있는 당대의 사회상을 정리해 보자.

양반이 물었는데 어찌 대답이 없냐는 배 비장의 말에 여인은 품행이 좋아야 양반이라며 핀잔을 줌.	양반의 권위가 떨어지고, ( ) 질서가 흔들리고 있음.

3

〈서술상 특징〉

이 글의 서술상 특징을 정리해 보자.

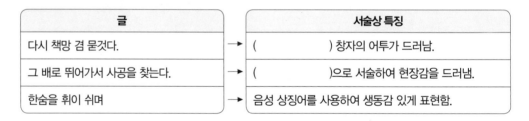

글	서술상 특징
다시 책망 겸 묻것다.	→ ( ) 창자의 어투가 드러남.
그 배로 뛰어가서 사공을 찾는다.	→ ( )으로 서술하여 현장감을 드러냄.
한숨을 휘이 쉬며	→ 음성 상징어를 사용하여 생동감 있게 표현함.

빈출 어휘 짚고 가기

※ 다음 뜻에 해당하는 어휘를 〈보기〉에서 찾아 써 보자.

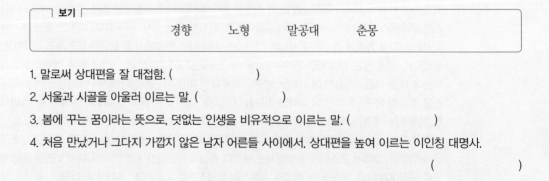

보기			
경향	노형	말공대	춘몽

1. 말로써 상대편을 잘 대접함. (   )

2. 서울과 시골을 아울러 이르는 말. (   )

3. 봄에 꾸는 꿈이라는 뜻으로, 덧없는 인생을 비유적으로 이르는 말. (   )

4. 처음 만났거나 그다지 가깝지 않은 남자 어른들 사이에서, 상대편을 높여 이르는 이인칭 대명사.

(   )

다른 작품 엮어 읽기

연계 포인트 이 작품은 방탕한 생활을 즐기던 이춘풍이 현명한 아내의 지혜로 개과천선한다는 내용을 담은 판소리계 소설이다. 부정적인 인물을 희화화하면서 조선 후기 사회의 모순을 풍자하였다는 점에서 「배비장전」과 함께 읽어 볼 수 있다.

비장이 처소에 돌아와서 수일 후에 사령 불러 분부하여, 춘풍을 잡아들여 형틀에 올려 매고,

"이놈, 네 들으라! 네가 이춘풍이냐?"

춘풍이 벌벌 떨며,

"과연 그러하오이다."

"막중 호조(戶曹)▼ 돈 수천 냥을 가지고 사오 년이 되도록 일 푼 환납 아니하니 호조 관자(關子)▼ 내어 너를 잡아 죽이라 하였으니, 너는 그 돈을 다 어찌하였는고. 매우 쳐라."

분부하자 사령놈 매를 들어 이십여 도를 힘껏 때리니 춘풍의 다리에 유혈이 낭자하거늘, 비장이 보고 차마 더 치진 못하고,

"춘풍아, 네 그 돈을 어디다 없앴느냐? 바로 아뢰어라." / 춘풍이 대답하되,

"호조 돈을 가지고 평양 와서 일 년을 기생 추월과 놀고 나니 일 푼도 남지 않고, 달리는 한 푼도 쓴 일 없삽나이다."

비장이 이 말 듣고 이를 갈고 사령에게 분부하여, 추월을 바삐 잡아들여 형틀에 올려 매고, 별태장(別笞杖) 골라잡고,

"일분도 사정없이 매우 쳐라." / 호령하여 십여 장을 중치(重治)하고,

"이년, 바삐 다짐하라. 네 죄를 모르느냐?" / 추월이 정신이 아득하여 겨우 여쭈오되,

"춘풍의 돈은 소녀에게 부당하여이다." / 비장이 대노하여 분부하되,

"네 어찌 모르리오. 막중 호조 돈을 영문에서 물어 주랴, 본부에서 물어 주랴? 네 먹었는데, 무슨 잔말 아뢰느냐? 너를 쳐서 죽이리라." / 몽둥이로 때리면서,

"바삐 다짐하라."

오십 도를 힘껏 치며 서리같이 호령하니, 추월이 기가 막혀 질겁하여 죽기를 면하려고 아뢰되,

"국전(國錢)이 지중하고 관령이 지엄하니 영문 분부대로 춘풍의 돈을 다 물어 바치리이다."

[중략]

비장이 감사께 여쭈되,

"추월에게 설욕하고 춘풍도 찾삽고 호조 돈도 거두어 받으니 은혜 감축 무지하온 중, 소인 몸이 외람되이 존중한 처소에 오래 있삽기 죄송하여 떠날 줄로 아뢰나이다."

감사 그러히 여겨 허락하니, 이튿날 감사께 하직하고 상으로 받은 돈 오만 냥을 환전(換錢) 부쳐 놓고, 떠나서 여러 날 만에 집에 와 정돈하고 환전도 찾은 후 남복을 벗어 놓고 춘풍 오기 기다리더라.

― 작자 미상, 「이춘풍전(李春風傳)」 ―

▼
호조 육조 가운데 호구(戶口), 공부(貢賦), 전량(田糧), 식화(食貨)에 관한 일을 맡아보던 관아.
관자 관청에서 발급하던 허가서.

[정답과 해설 53쪽]

1 이 글과 「배비장전」은 권위적인 남성 주인공을 (   )하여 우스꽝스럽게 표현함으로써 남성의 위선과 무능을 풍자하였다는 점에서 공통점이 있다.

2 이 글에서 춘풍의 아내는 (   )을 하고 비장이 되어 추월을 징벌하고 돈을 되찾아 주는 등 적극적으로 나서 남편의 잘못을 바로잡고 문제를 해결하고 있다.

III

고전 수필·극

어떻게 출제되나?

- 고전 수필은 '설'과 '기'와 같은 교훈 중심의 글이 출제되는 경우가 많으며 고전 시가와 묶여서 출제되는 경우가 많다. 고전 극은 현대 수필과 묶여서 출제된 바 있다.

- 고전 수필은 글 속에 나타나는 관점을 파악하는 문제가, 고전 극은 인물과 관련된 문제 및 표현상 특징을 묻는 문제가 주로 출제된다.

어떻게 공략해야 하나?

- 고전 수필은 갈래의 특징에 대한 이해를 바탕으로 글쓴이의 관점 및 주제를 파악하며 지문을 읽는다.

- 고전 극은 인물의 성격과 심리, 태도, 말하기 방식에 주목하여 지문을 읽는다. 문제를 풀면서 선지에 언급되는 표현상 특징에 대해서는 개념을 그때그때 알아둔다.

고전 수필과 극 어떻게 읽어야 하나?

고전 수필

고전 수필은 다양한 형식의 글의 총칭이므로, 그 안에 다양한 갈래가 있다. 설(說), 기(記) 등과 같이 교훈을 주는 내용으로 진술되는 한문 수필이 있는가 하면, 일기, 내간(편지) 등과 같이 다양한 내용과 형식의 국문 수필도 있다. 다음 원리를 바탕으로 고전 수필의 독해 방법을 익혀 보도록 하자.

1 갈래의 특징을 알아둔다.

'설'과 '기'는 일정한 형식을 가지는 반면 일기나 내간 등은 비교적 자유로운 형식으로 이루어진다. 따라서 이러한 갈래의 특징에 대해 알아 두면 낯선 작품을 접했을 때에도 당황하지 않고 작품을 독해할 수 있다.

- 설(說): 사물의 이치를 풀이하면서 자신의 의견을 덧붙여 서술하는 글로, 주로 교훈적인 내용을 서술하며, '경험'과 '깨달음'의 구조로 이루어져 있다.
- 기(記): 어떤 사건이나 경험을 하게 된 '과정'을 기록한 글로, 교훈이나 깨달음을 전하는 데 목적을 두며, '기 – 승 – 전 – 결'의 구조로 이루어져 있는 경우가 많다.
- 일기: 자신이 보고 겪은 일에 대한 감상이 나타나며, 시간의 흐름에 따른 형식을 지니는 경우가 많다.

2 글의 주제를 파악한다.

'설'과 '기'에서 글쓴이의 경험이 제시되면 그 경험에 대해 글쓴이가 어떠한 생각이나 반성을 하게 되는지를 살펴보고 그것으로 인해 어떠한 깨달음을 얻는지를 파악하며 읽어야 한다. '설'의 경우 글쓴이와 상대의 문답 형태로 글이 전개되기도 하는데, 이때는 주된 발화자의 말에 주제 의식이 드러나므로 그것에 유의하도록 해야 한다.

- 예 이규보의 「슬견설」에서 글쓴이는 '손'과의 대화를 통해 크기에 따라 생명의 귀함을 판단하는 '손'의 선입견을 비판하면서, 선입견이나 편견을 버리고 현상의 이면을 꿰뚫어 보는 안목을 갖춰야 사물의 본질을 올바로 볼 수 있음을 깨우쳐 주고 있다.

3 표현상 특징을 파악한다.

글의 주제를 파악하면서 서술 및 표현 방식도 파악하도록 한다. '설'과 '기'에서는 대상의 유사성을 바탕으로 하여 진리를 이끌어 내는 방식인 유추의 방식이 서술 방식으로 자주 쓰이며, 문답 형식의 서술 방식이 사용되는 경우도 있다. 또한 고전 수필에는 사물의 의인화, 비유적 표현, 고사(故事)의 인용, 과장적 묘사 등이 자주 사용되므로 이러한 표현 방식도 파악할 수 있도록 한다.

- 예 • 의유당의 「동명일기」에서 글쓴이는 일출과 월출 광경을 비유적 표현을 통해 생생하게 묘사하고 있다.
- 신경준의 「이름 없는 꽃」에서는 중국의 고사를 인용하여 주제를 강조하고 있다.

고전 극

고전 극은 크게 판소리와 민속극으로 나누어 볼 수 있다. 판소리는 이야기를 노래 형식으로 바꾸어 부르는 일종의 구비 서사시이며, 민속극은 가장한 배우가 대화와 몸짓으로 사건을 표현하는 전승 형태를 말한다. 다음 원리를 바탕으로 고전 극의 독해 방법을 익혀 보도록 하자.

1 등장인물의 성격과 심리, 태도 등을 파악한다.

극 문학은 등장인물의 행위와 대화를 통해 사건이 전개된다. 따라서 극 문학의 독해 과정은 인물의 성격과 심리를 파악하는 데서 출발해야 한다. 이때, 작품의 전체 구조와 인물 간의 관계, 인물의 전형성 등을 고려하여 인물의 성격과 심리, 태도 등을 이해해야 한다.

> **예** 「양주 별산대 놀이」에서 "그게 무슨 양반의 자식이냐? 바닥의 아들놈이지."라는 쇠뚝이의 말에는 양반을 비하하는 태도가 직접적으로 드러나고 있다. 민속극에서 민중 의식을 대변하는 인물이 등장한다는 점을 고려할 때 쇠뚝이는 민중의 시각에서 양반을 비판하는 인물임을 알 수 있으며, 양반은 희화화와 풍자의 대상이 되는 인물임을 알 수 있다.

2 표현상 특징을 파악한다.

판소리와 민속극은 주로 풍자와 해학을 중심으로 극이 전개된다. 이는 판소리와 민속극이 조선 후기 민중의 활발한 참여로 형성되었기 때문이다. 따라서 판소리와 민속극에서 어떠한 표현 방식을 통해서 대상을 풍자하거나 극의 해학성을 높이고 있는지를 파악해야 한다.

> **인물의 희화화**
> **예** 「적벽가」에서는 작은 소리에도 놀라는 조조의 모습을 '조조 가다 목을 움쑥움쑥하니'라고 희화화함으로써 조조로 표상되는 당대의 지배층에 대한 민중의 저항 정신을 표출하고 있다.
> **언어유희**
> **예** 「춘향가」의 어사 출두 장면에서는 "어 추워라, 문 들어온다, 바람 닫아라. 물 마른다, 목 들여라." 와 같이 어휘의 도치에 의한 언어유희를 통해 극의 해학성을 높이고 있다.

3 작품에 반영된 사회상을 생각해 본다.

판소리와 민속극에는 조선 후기의 사회상이 반영되어 있다. 따라서 작품의 내용에 어떠한 사회상이 반영되어 있는지를 생각해 보는 것도 적절한 감상 방법이라고 할 수 있다.

> **예** 「봉산 탈춤」에서 '시대가 금전이면 그만'이라며 죄를 지은 취발이에게 돈을 받아 나눠 쓰려는 모습에서 물질 만능주의가 만연한 조선 후기의 사회상을 엿볼 수 있다.

차마설 | 이옥설

(가) 차마설 • 수록 교과서: 문학_미래엔 • 기출: 2018-6월 고3 모평
(나) 이옥설 • 수록 교과서: 국어_동아 / 문학_신사고, 창비, 해냄 • 기출: 2020-6월 고1 학평

(가) 나는 집이 가난해서 말이 없기 때문에 간혹 남의 말을 빌려서 탔다. 그런데 **노둔하고 야윈 말**을 얻었을 경우에는 일이 아무리 급해도 감히 채찍을 대지 못한 채 금방이라도 쓰러지고 넘어질 것처럼 **전전긍긍**하기 일쑤요, 개천이나 도랑이라도 만나면 또 말에서 내리곤 한다. 그래서 후회하는 일이 거의 없다. 반면에 발굽이 높고 귀가 쫑긋하며 잘 달리는 **준마**를 얻었을 경우에는 **의기양양**하여 방자하게 채찍을 갈기기도 하고 고삐를 놓기도 하면서 언덕과 골짜기를 모두 평지로 간주한 채 매우 유쾌하게 질주하곤 한다. 그러나 간혹 위험하게 말에서 떨어지는 환란을 면하지 못한다.

아, 사람의 감정이라는 것이 어쩌면 이렇게까지 달라지고 뒤바뀔 수가 있단 말인가. 남의 물건을 빌려서 잠깐 동안 쓸 때에도 오히려 이와 같은데, 하물며 진짜로 자기가 가지고 있는 경우야 더 말해 무엇하겠는가.

그렇긴 하지만 사람이 **가지고 있는 것** 가운데 남에게 빌리지 않은 것이 또 뭐가 있다고 하겠는가. 임금은 백성으로부터 힘을 빌려서 존귀하고 부유하게 되는 것이요, 신하는 임금으로부터 권세를 빌려서 총애를 받고 귀한 신분이 되는 것이다. 그리고 자식은 어버이에게서, 지어미는 지아비에게서, 비복(婢僕)은 주인에게서 각각 빌리는 것이 또한 심하고도 많은데, 대부분 자기가 본래 가지고 있는 것처럼 여기기만 할 뿐 끝내 돌이켜 보려고 하지 않는다. 이 어찌 **미혹**된 일이 아니겠는가.

그러다가 혹 잠깐 사이에 그동안 빌렸던 것을 돌려주는 일이 생기게 되면, 만방(萬邦)의 **임금도 독부**(獨夫)가 되고 백승(百乘)의 대부(大夫)도 고신(孤臣)이 되는 법인데, 더군다나 미천한 자의 경우야 더 말해 무엇하겠는가.

맹자(孟子)가 말하기를 "오래도록 차용하고서 반환하지 않았으니, 그들이 자기의 소유가 아니라는 것을 어떻게 알았겠는가."라고 하였다. 내가 **이 말**을 접하고서 느껴지는 바가 있기에, 「차마설」을 지어서 그 뜻을 부연해 보노라.

－ 이곡, 「차마설(借馬說)」 －

(나)

[A]
행랑채가 퇴락하여 지탱할 수 없게끔 된 것이 세 칸이었다. 나는 마지못하여 이를 모두 수리하였다. 그런데 그 두 칸은 앞서 장마에 비가 샌 지가 오래되었으나, 나는 그것을 알면서도 망설이다가 손을 대지 못했던 것이고, 나머지 한 칸은 비를 한 번 맞고 샜던 것이라 서둘러 기와를 갈았던 것이다. 이번에 수리하려고 본즉 비가 샌 지 오래된 것은 그 서까래, 추녀, 기둥, 들보가 모두 썩어서 못 쓰게 되었던 까닭으로 수리비가 엄청나게 들었고, 한 번밖에 비를 맞지 않았던 한 칸의 재목들은 완전하게 하여 다시 쓸 수 있었던 까닭으로 그 비용이 많지 않았다.

[B]
나는 이에 느낀 것이 있었다. 사람의 몸에 있어서도 마찬가지라는 사실을. 잘못을 알고서도 바로 고치지 않으면 곧 그 자신이 나쁘게 되는 것이 마치 나무가 썩어서 못 쓰게 되는 것과 같으며, 잘못을 알고 고치기를 꺼리지 않으면 해(害)를 받지 않고 다시 착한 사람이 될 수 있으니, 저 집의 재목처럼 말끔하게 다시 쓸 수 있는 것이다.

방자(放恣)하다 어려워하거나 조심스러워하지 않고 무례하고 건방지다.
만방 세계의 모든 나라.
독부 백성들의 따돌림을 받는 외로운 통치자.
백승 백 대의 수레. 많은 재산과 권력을 비유함.
고신 임금의 신임이나 사랑을 받지 못하는 신하.
퇴락(頹落) 낡아서 무너지고 떨어짐.
재목(材木) 목조의 건축물·기구 따위를 만드는 데 쓰는 나무.

　　그뿐만 아니라 나라의 정치도 이와 같다. 백성을 좀먹는 무리들을 내버려 두었다가는 백성들이
[C] 도탄에 빠지고 나라가 위태롭게 된다. 그런 연후에 급히 바로잡으려 하면 이미 썩어 버린 재목처
　　럼 때는 늦은 것이다. 어찌 삼가지 않겠는가.

– 이규보, 「이옥설(理屋說)」 –

▼
도탄(塗炭) 진구렁에 빠지고 숯
불에 탄다는 뜻으로, 몹시 곤궁하
여 고통스러운 지경을 이르는 말.

기출 변형

1　(가), (나)의 공통점으로 가장 적절한 것은?

① 영탄적 표현을 통해 대상의 속성을 예찬하고 있다.
② 상반된 세계관이 대구의 형식을 통해 구체화되고 있다.
③ 바람직하지 않은 인간에 대한 연민의 시선을 담고 있다.
④ 삶의 태도에 대한 경계와 권고의 의도를 드러내고 있다.
⑤ 이상향에 대한 의식을 역설적 표현을 통해 진술하고 있다.

개념 역설적 표현

역설적 표현이란 겉보기에는 논
리적으로 모순되어 보이나, 그
속에 중요한 진실을 담고 있는
표현을 말한다.
예 결별이 이룩하는 축복 → 부
정적 경험인 이별을 긍정적 인
식이 드러나는 축복이라고 표현
한 것은 이별의 아픈 체험이 삶
을 성숙시킨다는 진실을 담고
있는 역설적 표현에 해당함.

기출 · 2018–6월 고3 모평

2　(가)의 '나'에 대한 이해로 가장 적절한 것은?

① '나'는 '노둔하고 야윈 말'을 빌리는 경우 '전전긍긍'하다가 위험에 처하기 때문에 후회하게 된
　다고 여기고 있다.
② '나'는 '준마'를 빌려 탈 때의 '의기양양'한 감정이 그것을 소유할 때에는 발생하지 않을 것이
　라고 예상하고 있다.
③ '나'는 '가지고 있는 것'이 없는 천한 사람들을 '미혹'되었다고 생각하고 있다.
④ '나'는 자기가 소유하고 있는 권력이 빌린 것임을 돌아보는 '임금'의 모습을 '독부'로 표현하고
　있다.
⑤ '나'는 '맹자'의 '이 말'에서, 빌린 것을 소유했다고 여기는 사람들에 대한 문제의식을 떠올리
　고 있다.

3　(나)의 [A]~[C]에 대한 설명으로 적절하지 <u>않은</u> 것은?

① [A]에 제시된 글쓴이의 일상적 체험을 바탕으로 [B]와 같은 깨달음에 도달하고 있다.
② [A]에 나타난 개인적 차원의 인식이 [B]에서 보편적인 삶의 원리로 일반화되고 있다.
③ [A], [B]에 언급된 구체적 사실을 근거로 [C]와 같은 새로운 의미를 유추해 내고 있다.
④ [B]에서 글쓴이가 느낀 올바른 삶의 이치가 [C]에서 사회적 차원으로 확대 적용되고 있다.
⑤ [B]에 나타난 정신적 각성을 바탕으로 [C]에서 글쓴이 자신과 타인에 대한 경계의 태도를 드러
　내고 있다.

1 〈구성과 주제〉
(가), (나)의 구성과 주제를 정리해 보자.

(가)

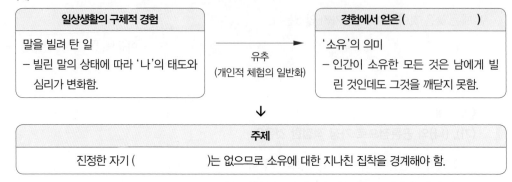

일상생활의 구체적 경험		경험에서 얻은 ( )
말을 빌려 탄 일 – 빌린 말의 상태에 따라 '나'의 태도와 심리가 변화함.	유추 (개인적 체험의 일반화) →	'소유'의 의미 – 인간이 소유한 모든 것은 남에게 빌린 것인데도 그것을 깨닫지 못함.

↓

주제
진정한 자기 ( )는 없으므로 소유에 대한 지나친 집착을 경계해야 함.

(나)

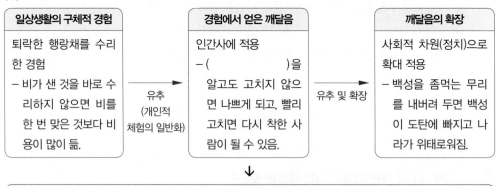

일상생활의 구체적 경험		경험에서 얻은 깨달음		깨달음의 확장
퇴락한 행랑채를 수리한 경험 – 비가 샌 것을 바로 수리하지 않으면 비를 한 번 맞은 것보다 비용이 많이 듦.	유추 (개인적 체험의 일반화) →	인간사에 적용 – ( )을 알고도 고치지 않으면 나쁘게 되고, 빨리 고치면 다시 착한 사람이 될 수 있음.	유추 및 확장 →	사회적 차원(정치)으로 확대 적용 – 백성을 좀먹는 무리를 내버려 두면 백성이 도탄에 빠지고 나라가 위태로워짐.

↓

주제
잘못된 것을 알고도 고치지 않으면 해를 입게 되니, 잘못을 알면 제때에 바로잡아야 함.

2 〈표현상 특징〉
(가), (나)의 표현상 특징을 정리해 보자.

- (가)와 (나)는 모두 ( )의 방법을 통해 개인적 경험을 보편적인 것으로 일반화하며 깨달음을 이끌어 내고 있음.
- (가)에서는 '노둔하고 야윈 말'과 '준마,' (나)에서는 '비가 샌 지 오래된 집'과 '한 번만 비를 맞은 집'이라는 ( )적인 대상을 제시하여 글쓴이가 말하고자 하는 바를 드러내고 있음.

빈출 어휘 짚고 가기

※ 제시된 초성을 참고하여 다음 뜻에 해당하는 어휘를 써 보자.

1. ㅌㄹ : 낡아서 무너지고 떨어짐. ( )
2. ㄷㅌ : 몹시 곤궁하여 고통스러운 지경을 이르는 말. ( )
3. ㅂㅈ하다 : 어려워하거나 조심스러워하지 않고 무례하고 건방지다. ( )

일야구도하기 | 박지원

• 수록 교과서: 국어_미래엔 / 문학_천재(정)

(가) 나는 예전에 방문을 닫고 누워서 그 소리를 다른 비슷한 소리들에 견주어 보며 들은 적이 있었다. 솔숲에 바람이 불 때 나는 듯한 소리, 이는 계곡물 소리를 청아하게 들은 경우다. 산이 갈라지고 언덕이 무너지는 듯한 소리, 이는 흥분해서 들은 경우다. 개구리 떼가 다투어 우는 듯한 소리, 이는 우쭐해서 들은 경우다. 만 개의 축(筑)이 연거푸 울리는 듯한 소리, 이는 분노하면서 들은 경우다. 순식간에 천둥 번개가 치는 듯한 소리, 이는 깜짝 놀라서 들은 경우다. 찻물이 때론 약하게 때론 세게 끓는 듯한 소리, 이는 운치 있게 들은 경우다. 거문고의 낮고 높은 가락이 잘 어우러져 나는 듯한 소리, 이는 슬퍼하면서 들은 경우다. 한지를 바른 창문이 바람에 우는 듯한 소리, 이는 혹시 누가 왔나 하면서 들은 경우다. 그런데 이는 모두 소리를 올바로 들은 것이 아니요, 다만 마음속으로 가상(假想)한 바에 따라 귀가 소리를 지어낸 것일 뿐이다.

(나) 지금 나는 밤중에 한 줄기의 강을 아홉 번이나 건넜다. 이 강은 북쪽 국경 너머에서 흘러나와 만리장성을 돌파하고는, 유하(楡河)와 조하(潮河), 황화진천(黃花鎭川) 등 여러 강들과 합류하여, 밀운성(密雲城) 아래를 지나면 백하(白河)가 된다. 나는 어제 배로 백하를 건넜는데, 백하가 바로 이 강의 하류였다. / 내가 처음 요동(遼東)에 들어섰을 때 바야흐로 한여름이라 뙤약볕 속을 가는데, 갑자기 큰 강이 앞을 가로막으면서 시뻘건 물결이 산더미같이 일어나 끝이 보이지 않았다. 이는 아마 천 리 너머 먼 지역에 폭우가 내린 때문일 터이다. 강물을 건널 적에 사람들이 모두 고개를 쳐들고 하늘을 보기에, 나는 그 사람들이 고개를 쳐들고 하늘을 향해 속으로 기도를 드리나 보다 하였다. 그런데 한참 있다가 안 사실이지만, 강을 건너는 사람이 물을 살펴보면 물이 소용돌이치고 용솟음치니, 몸은 물살을 거슬러 올라가는 듯하고 눈길은 물살을 따라 흘러가는 듯하여, 곧 어지럼증이 나서 물에 빠지게 된다. 그러니 저 사람들이 고개를 쳐든 것은 하늘에 기도를 드리는 것이 아니요, 물을 외면하고 보지 않으려는 짓일 뿐이었다. 또한 잠깐 새에 목숨이 왔다 갔다 하는 판인데 어느 겨를에 속으로 목숨을 빌었겠는가.

(다) 이와 같이 위태로운데도, 강물 소리를 듣지 못하였다. "요동 벌판이 평평하고 드넓기 때문에 강물이 거세게 소리를 내지 않는 것이다."라고 모두들 말하였다. 그러나 이는 강에 대해 잘 모르고 한 말이다. 요하(遼河)가 소리를 내지 않은 적이 없건만, 단지 밤중에 건너지 않아서 그랬을 뿐이다. 낮에는 물을 살펴볼 수 있는 까닭에 눈이 오로지 위태로운 데로 쏠리어, 한창 벌벌 떨면서 두 눈이 있음을 도리어 우환으로 여기는 터에, 또 어디서 소리가 들렸겠는가? 그런데 지금 나는 밤중에 강을 건너기에 눈으로 위태로움을 살펴보지 못하니, 위태로움이 오로지 듣는 데로 쏠리어 귀로 인해 한창 벌벌 떨면서 걱정을 금할 수 없었다.

(라) 나는 마침내 이제 도(道)를 깨달았도다! ㉠마음을 차분히 다스린 사람에게는 귀와 눈이 누를 끼치지 못하지만, ㉡제 귀와 눈만 믿는 사람에게는 보고 듣는 것이 자세하면 할수록 병폐가 되는 법이다.

　　방금 내 마부가 말에게 발을 밟혔으므로, 뒤따라오는 수레에 그를 태웠다. 그리고 나서 말의 굴레를 풀어 주고 말을 강물에 둥둥 뜨게 한 채로, 두 무릎을 바짝 오그리고 발을 모두어 말 안장 위에 앉았

축 거문고와 비슷한 대나무로 만든 악기.
가상 사실이 아니거나 사실 여부가 분명하지 않은 것을 사실이라고 가정하여 생각함.
백하 하북성과 북경 북부를 흐르는 강. 북경에서 열하에 가려면 백하를 건너야 했다.
요하 청나라의 북쪽 국경 너머에서 발원하여 봉천(지금의 선양)과 금주 사이를 흐르는 큰 강. 한나라 때 이 강을 경계로 해서 요동과 요서의 두 군(郡)을 설치하였다.

다. 한번 추락했다 하면 바로 강이다. ⓒ나는 강을 대지처럼 여기고, 강을 내 옷처럼 여기고, 강을 내 몸처럼 여기고, 강을 내 성정(性情)처럼 여기었다. 그리하여 마음속으로 한번 추락할 것을 각오하자, ⓔ나의 귓속에서 마침내 강물 소리가 없어지고 말았다. 그리고 무려 아홉 번이나 강을 건너는 데도 아무런 걱정이 없어, 마치 안석 위에 앉거나 누워서 지내는 듯하였다.

옛적에 ⓜ우(禹)임금이 강을 건너는데, 황룡이 배를 등에 업는 바람에 몹시 위험하였다. 그러나 죽고 사는 문제에 대한 판단이 먼저 마음속에 분명해지자, 용이든 도마뱀붙이든 그의 앞에서는 대소(大小)를 논할 것이 못 되었다.

(마) 소리와 빛깔은 나의 외부에 있는 사물이다. 이러한 외부의 사물이 항상 귀와 눈에 누를 끼쳐서, 사람이 올바르게 보고 듣는 것을 이와 같이 그르치게 하는 것이다. 그런데 하물며 사람이 이 세상을 살아간다는 것은 강을 건너는 것보다 훨씬 더 위험할 뿐 아니라, 보고 듣는 것이 수시로 병폐가 됨에랴! 나는 장차 나의 산중으로 돌아가 대문 앞 계곡의 물소리를 다시 들으며 이와 같은 깨달음을 검증하고, 아울러 처신에 능란하여 제 귀와 눈의 총명함만 믿는 사람들에게도 경고하련다.

– 박지원, 「일야구도하기(一夜九渡河記)」 –

성정 타고난 본성.
안석(案席) 벽에 세워 놓고 앉을 때 몸을 기대는 방석.
옛적에 우임금이 ~ 논할 것이 못 되었다 우임금이 남쪽 지방을 순시하며 강을 건너다가 위험에 처했는데, 오히려 태연히 웃으며, "삶이란 잠시 더부살이하는 것이요, 죽음이란 본래 상태로 돌아가는 것이다."라고 말하면서 용을 한낱 도마뱀처럼 여기자, 그 기세에 놀라 황룡이 달아났다는 고사(故事)이다.

1 (가)~(마)에 대한 설명으로 적절하지 <u>않은</u> 것은?

① (가): 비유적 표현을 통해 대상을 생생하게 표현하고 있다.
② (나): 치밀한 관찰과 추리를 통해 상황에 대한 이해에 도달하고 있다.
③ (다): 타인의 관점에 대한 반론을 통해 자신의 생각을 강조하고 있다.
④ (라): 고사를 인용하여 독자에 대한 설득 의도를 직접적으로 전달하고 있다.
⑤ (마): 체험을 통해 발견한 의미를 인간사로 확장하여 교훈적 의도를 드러내고 있다.

2 〈보기〉를 바탕으로 ㉠~㉤을 이해할 때, 적절하지 <u>않은</u> 것은?

> **보기**
>
> 눈, 귀와 같은 감각 기관은 생각하는 기능이 없으며, 오직 감정과 관련된다. 즉 감각 작용은 감정을 불러오고, 그 감정은 감각 작용에 영향을 끼친다. 따라서 감각 기관이 외부의 사물과 만나면 외부의 사물에 쉽게 지배당한다. 이러한 상황을 만들지 않으려면 마음의 작용이 감각 작용에 압도되지 않도록 더 우월한 힘을 발휘해야 한다. 이를 위해서는 감각 작용이 왕성해지기 전에 먼저 마음을 확실하게 다잡을 필요가 있다.

① ㉠은 외부의 사물에 쉽게 지배당하지 않는 사람이다.
② ㉡은 마음의 작용이 감각 작용에 압도된 사람이다.
③ ㉢은 감각 기관이 외부의 사물과 만날 때의 일반적인 상황에 해당한다.
④ ㉣은 마음의 작용이 감각 작용보다 우월한 힘을 발휘하여 가능해진 결과이다.
⑤ ㉤은 마음이 확고하게 세워져 외부의 사물에 압도되지 않는 사람이다.

〈구성과 주제〉

1 이 글의 구성과 주제를 정리해 보자.

기	방문을 닫고 누워서 계곡의 물소리를 다른 비슷한 소리들에 견주어 보며 들은 적이 있음.	→	듣는 이의 ( )에 따라 물소리가 다르게 들림.
승	• ( )에 강을 건널 때는 강물을 본 두려움 때문에 강물 소리를 듣지 못함. • ( )에 강을 건널 때는 눈에 보이는 것이 없어 강물 소리가 들리면서 두려움이 느껴짐.	→	눈과 귀를 통해 자각된 외물(外物)에 현혹되기 쉬움.
전	마음의 평정을 이루니 비로소 물소리가 들리지 않아 걱정 없이 강을 건넘.	→	마음을 다스려야 외물에 현혹되지 않을 수 있음을 깨달음.
결	강을 건너며 깨달은 바를 인간사에 적용하고, 제 귀와 눈의 총명함만 믿는 사람들의 태도를 경계함.	→	세상을 살아가는 바른 자세를 제시하고 세상 사람들의 삶의 태도를 경계함.

↓

주제
(   )에 현혹되지 않는 삶의 자세를 지녀야 함.

〈글쓴이의 관점〉

2 이 글의 글쓴이가 제시한 두 가지 인간상을 정리해 보자.

바람직한 인간상		경계해야 하는 인간상
'우임금'과 같이 ( )을 차분히 다스리는 사람으로, 외물에 구애받지 않고 본질적인 것을 추구함.	↔	처신에 능란하여 제 귀와 눈의 총명함만 믿는 사람으로, 외적인 것에 이끌려 본질적인 것을 알지 못함.

〈표현상 특징〉

3 이 글의 표현상 특징을 정리해 보자.

- 계곡물 소리를 (   )적 표현을 활용하여 생생하게 표현함.
- 우임금의 (   )를 인용하여 마음먹기에 따라 사물에 대한 판단이 달라질 수 있음을 보여 줌으로써 글쓴이가 바람직하게 생각하는 인간상을 제시함.

빈출 어휘 짚고 가기

※ 제시된 초성을 참고하여 다음 뜻에 해당하는 어휘를 써 보자.

1. ㅅㅈ : 타고난 본성. (   )
2. ㄱㅅ : 사실이 아니거나 사실 여부가 분명하지 않은 것을 사실이라고 가정하여 생각함.

(   )

수궁가 | 작자 미상

• 기출: 2014-11월 고1 학평, 2010-6월 고3 모평

[앞부분의 줄거리] 용왕이 병이 나서 죽을 지경에 이르자 용궁에서 회의가 열린다. 용왕은 토끼의 간이 병을 낫게 할 수 있다는 사실을 알고 신하들에게 토끼의 간을 구해 오라고 하나 어느 누구도 나서지 않는다.

[아니리]

한참 이리 헐 적에, 해운공 방게란 놈이 열 발을 쩍 벌리고 엉금엉금 기어 들어오며,

[중중모리]

㉠"신의 고향 세상이라, 신의 고향은 세상이라. 푸른 시냇물에 가만히 몸 숨기어 천봉만학(千峰萬壑)을 바라봐, 산중 토끼 달 속 토끼 안면 있사오니, 소신의 엄지발로 토끼 놈의 가는 허리를 바드드드드 집어다가 대왕전에 바치리다."

[아니리]

"아니, 그럼 너도 이놈, 그러면 신하란 말이냐?"

"아, 물고기 떼는 다 마찬가지요."

"어라, 저놈 보기 싫다! 두 엄지발만 똑 떼여 내쫓아라!"

공론이 미결(未決)헐 적에,

[진양조]

영덕전 뒤로 한 신하가 들어온다.

눈이 작고 다리가 짧고, 목이 길며 주둥이가 까마귀 부리처럼 뾰족하도다.

가슴과 배의 등에다 방패를 지고 앙금앙금 기어들어와 몸을 굽혀 공손히 두 번 절하며 상소를 올리거늘,

[아니리]

받아 보니 별주부 자라라.

"네 충성은 지극허나, 세상에를 나가며는 인간의 진미가 되어 자라탕으로 죽는다니, 그 아니 원통허냐?"

별주부 여짜오되,

㉡"소신은 손발이 넷이오라, 물 위에 둥실 높이 떠 망보기를 잘하와 인간에게 낭패를 당함은 없사오나, 바다 속에서 태어나 토끼 얼굴을 모르오니, 얼굴 하나만 그려 주시면 꼭 잡어다 바치겠나이다."

"아, 글랑 그리하여라."

[중중모리]

"화사자(畵師子) 불러라."

화공을 불러들여 토끼 얼굴을 그린다. 유리같이 맑은 수면의 동정호처럼 청홍색의 벼루, 수놓은 고운 비단 같은 가을 물결 무늬 거북 연적(硯滴), 오징어로 먹 갈아 양두 화필을 덤벅 풀어 붉고 푸른 여러 빛깔을 두루 묻히어서 이리저리 그린다.

천하 명산 승지 강산 경개 보던 눈 그리고,

　　두견, 앵무, 지지 울 제 소리 듣던 귀 그리어,

　　봉래, 방장산 운무(雲霧) 중의 내 잘 맡던 코 그리고,

　　난초, 지초, 왼갖 향초, 꽃 따먹던 입 그리어,

[A]　대한(大寒) 엄동 설한풍(雪寒風)의 추위 막던 털 그려,

　　만화방창(萬花方暢) 화림(花林) 중의 펄펄 뛰던 발 그려,

　　신농씨 상백초 이슬 털던 꼬리라.

　　두 귀는 쫑긋, 두 눈 도리도리, 허리는 늘씬, 꽁지난 묘똑, 좌편 청산이요, 우편은 녹수라.

　　녹수 청산의 애굽은 장송(長松), 휘늘어진 양류(楊柳) 속, 들락날락 오락가락 앙그주춤 기난 듯이,

그림 속의 토끼 얼풋 그려,

　"아미산월의 반륜퇴가 이에서 더할쏘냐. 아나, 엿다, 별주부야, 네가 가지고 나가라."

[아니리]

　별주부, 토끼 화상 받어 목덜미 속에 집어 놓고 꽉 옴틀여 놓으니, 물 한 점 들어갈 배 만무하지. 사은숙배 하직한 후에 본댁으로 돌아올 적에, 그때에 주부 모친이 있는듸, 자라라도 수수천년이 되어서 삶아 놔도 먹지 못할 자였다. 주부 세상에 간단 말을 듣고 울며불며 못 가게 만류를 허는듸,

[진양조]

　"여봐라, 주부야, 여봐라, 별주부야. 네가 세상을 간다 허니 무얼 허로 갈라느냐? 장탄식, 병이 든들 어느 뉘가 날 구하며, 이 몸이 죽어져서 까마귀와 솔개의 밥이 된들, 뉘랴 손뼉을 뚜다려 주며 후여쳐 날려 줄 이가 뉘 있더란 말이냐? 여봐라, 별주부야, 위험한 곳에는 들어가지를 말어라."

[아니리]

　별주부 여쫘오되,

　"나라에 환후 계옵시여 약 구하러 가는 길이오니, 어머니, 너무 근심치 마옵소서."

　"내 아들아, 기특허다. 충성이 지극허면 죽는 법이 없느니라. 그럼 수로 육로 이만 리를 무사히 다녀오너라."

절하고 작별하고 침실로 돌아올 적에, 그때에 주부 마누라가 있는듸, 이놈이 어디로 장가를 들었는고 허니 소상강으로 장가를 들었겄다. 택호(宅號)를 부르며 나오는듸,

　"아이고 여보, 소상강 나리, 세상을 가신다니, 당상(堂上)의 백발 모친 어찌 잊고 가랴시오?"

　"오냐, 네가 아이고 지고 운다마는, 내가 너를 못 잊고 가는 일이 하나 있다."

　"아, 무슨 일을 그렇게 못 잊고 가세요?"

　"다른 게 아니라, 재 너머 남생이란 놈이 제 주제에 덧붙임 사촌간이라 하여 두고 생김생김이 꼭 나와 비슷하니, 가만가만 자주 돌아다니는 게 아마도 내 오래 바라보니 수상허단 말이여. 그놈 몸에서는 노랑내가 나고, 내 몸에는 꼬순내가 나니, 글로 조짐을 잘 알아내어 부디 조심 잘 자렸다."

단단히 단속 후에 수정문 밖을 썩 나서서, 세상 경개를 살피고 나오는듸, 꼭 이렇게 나오든가 부드라.

　　　　　　　　　　　　　　　　　　　　　　－ 작자 미상, 「수궁가(水宮歌)」－

▼
만화방창 따뜻한 봄날에 온갖 생물이 나서 자라 흐드러짐.
신농씨(神農氏) 중국의 전설에 나오는 삼황(三皇)의 한 사람.
상백초(嘗百草) 신농씨가 맛을 보던 백 가지 풀.
아미산월의 반륜퇴 중국 4대 명산의 하나인 아미산 위에 뜬 반달 속에 보이는 토끼.
사은숙배(謝恩肅拜) 임금의 은혜에 감사하며 공손하고 경건하게 절을 올리던 일.
환후(患候) 웃어른의 병을 높여 이르는 말.
택호 벼슬 이름이나 장가 든 지방의 이름을 붙여 그 사람의 집을 이르는 말.

기출 · 2014-11월 고1 학평

1 [A]에 대한 설명으로 적절한 것을 〈보기〉에서 모두 고른 것은?

> **보기**
>
> ㄱ. 풍자적 표현을 통해 대상을 희화화하고 있다.
>
> ㄴ. 규칙적인 음보를 통해 율문체의 특성을 보이고 있다.
>
> ㄷ. 음성 상징어를 사용하여 대상을 생생하게 묘사하고 있다.
>
> ㄹ. 호흡이 빠른 문장을 구사하여 상황의 긴박감을 드러내고 있다.

① ㄱ, ㄴ   ② ㄱ, ㄷ   ③ ㄴ, ㄷ   ④ ㄴ, ㄹ   ⑤ ㄷ, ㄹ

기출 · 2014-11월 고1 학평

2 ㉠과 ㉡의 말하기 방식에 대한 설명으로 가장 적절한 것은?

① ㉠과 달리 ㉡에서는 자신의 성장 배경을 들어 성공 가능성이 높음을 주장하고 있다.

② ㉠은 자신의 경험을, ㉡은 자신의 연륜을 내세워 상대방을 설득하고 있다.

③ ㉠에서는 겸손한 태도로, ㉡에서는 자신감 있는 태도로 자신의 생각을 말하고 있다.

④ ㉠과 ㉡은 모두 자신이 처한 상황을 해결하기 위해 상대에게 조건을 내세우고 있다.

⑤ ㉠과 ㉡은 모두 자신의 신체의 일부를 언급하며 주어진 임무 수행에 대한 의지를 드러내고 있다.

기출 · 2014-11월 고1 학평

3 〈보기〉를 참고하여 윗글을 감상한 내용으로 적절하지 않은 것은?

> **보기**
>
> 「수궁가」는 청중의 다양성과 판소리 연행의 특징으로 인해 주제가 다층적으로 드러난다. 충, 효, 열과 같은 유교 사회의 전통적인 윤리 규범과 가문 의식, 명망(名望)을 얻으려고 하는 가치관 등을 반영하는 한편, 지배층의 무능과 횡포, 위선적인 면모를 폭로하기도 한다. 이처럼 「수궁가」는 조선 후기 당대의 상충되는 이념적 지향을 대변하는 작품이다.

① 용왕이 육지로 가겠다는 별주부의 의사를 수용하는 것에서 지배층의 무능력한 면모를 파악할 수 있군.

② 방게를 무시하며 두 엄지발만 떼어 내쫓으라고 명령하는 것을 통해 지배층의 횡포를 엿볼 수 있군.

③ 주부 마누라가 노모를 언급하며 별주부를 만류하는 것에서 '효'에 대한 당대인의 윤리 의식을 확인할 수 있군.

④ 별주부가 아내를 단단히 단속한 뒤 집을 나선 것에서 여성에게 정절을 요구하는 당대의 분위기를 짐작할 수 있군.

⑤ 주부 모친이 용왕을 위해 세상으로 나가려는 별주부를 기특하게 여기는 것에는 '충'을 중시하는 가치관이 드러나 있군.

원리로 작품 독해

〈인물의 특성과 관계〉

1 이 글에 등장하는 인물의 특성과 관계를 정리해 보자.

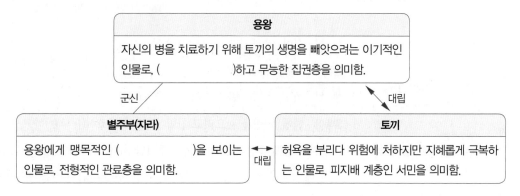

> **용왕**
> 자신의 병을 치료하기 위해 토끼의 생명을 빼앗으려는 이기적인 인물로, (   )하고 무능한 집권층을 의미함.

군신 / 대립

> **별주부(자라)**
> 용왕에게 맹목적인 (   )을 보이는 인물로, 전형적인 관료층을 의미함.

대립

> **토끼**
> 허욕을 부리다 위험에 처하지만 지혜롭게 극복하는 인물로, 피지배 계층인 서민을 의미함.

〈주제〉

2 등장인물에 따른 이 글의 주제를 정리해 보자.

별주부	임금에 대한 충성
용왕	무능한 ( )에 대한 비판과 풍자
토끼	위기 극복의 지혜, 허욕에 대한 경계

〈표현상 특징〉

3 이 글의 표현상 특징을 정리해 보자.

> • 동물을 등장시켜 인간 세상을 풍자하는 (   )적 수법을 사용함.
> • '펄펄', '들락날락', '오락가락' 등의 (   )를 사용하여 대상을 생생하게 묘사함.
> • 고사와 한문 투의 문장 등 지배층의 언어와 서민들의 일상적인 어투가 혼재되어 나타남.

빈출 어휘 짚고 가기

※ 다음 뜻에 해당하는 어휘를 〈보기〉에서 찾아 써 보자.

> **보기**
>
> 택호   환후   사은숙배   천봉만학

1. 수많은 산봉우리와 골짜기. (   )

2. 웃어른의 병을 높여 이르는 말. (   )

3. 임금의 은혜에 감사하며 공손하고 경건하게 절을 올리던 일. (   )

4. 벼슬 이름이나 장가 든 지방의 이름을 붙여 그 사람의 집을 이르는 말. (   )

04

봉산 탈춤 | 작자 미상

• 수록 교과서: 국어_천재(박), 천재(이) / 문학_미래엔, 비상, 신사고, 지학사, 창비, 천재(정)
• 기출: 2017–9월 고2 학평, 1996 수능

생 원 쉬이. (춤과 장단 그친다.) 말뚝아.

말뚝이 예에.

생 원 이놈, 너도 양반을 모시지 않고 어디로 그리 다니느냐?

말뚝이 예에. 양반을 찾으려고 찬밥 국 말아 일조식(日早食)하고, 마구간에 들어가 ⓐ노새 원님을 끌어다가 등에 솔질을 솰솰 하여 말뚝이님 내가 타고 서양(西洋) 영미(英美), 법덕(法德), 동양 삼국 무른 메주 밟듯 하고, 동은 여울이요, 서는 구월이라, 동여울 서구월 남드리 북향산 방방곡곡(坊坊曲曲) 면면촌촌(面面村村)이, 바위 틈틈이, 모래 쨈쨈이, 참나무 결결이 다 찾아다녀도 ⓑ샌님 비뚝한 놈도 없습디다.

[중략]

생 원 이놈, 말뚝아.

말뚝이 예에.

생 원 **나랏돈 노랑돈 칠 푼 잘라먹은 놈**, 상통이 무르익은 대초빛 같고, 울룩줄룩 배미 잔등 같은 놈을 잡아들여라.

말뚝이 ⓒ그놈이 심(힘)이 무량대각(無量大角)이요, 날램이 비호(飛虎) 같은데, 샌님의 **전령**(傳令)이나 있으면 잡아 올는지 거저는 잡아 올 수 없습니다.

생 원 오오, 그리하여라. 옜다. 여기 전령 가지고 가거라. (종이에 무엇을 써서 준다.)

말뚝이 (종이를 받아 들고 취발이한테로 가서) 당신 잡히었소.

취발이 어데, 전령 보자.

말뚝이 (종이를 취발이에게 보인다.)

취발이 (종이를 보더니 말뚝이에게 끌려 양반의 앞에 온다.)

말뚝이 (ⓓ취발이 엉덩이를 양반 코앞에 내밀게 하며) 그놈 잡아들였소.

생 원 아, 이놈 말뚝아. 이게 무슨 냄새냐?

말뚝이 예, 이놈이 피신(避身)을 하여 다니기 때문에, 양치를 못 하여서 그렇게 냄새가 나는 모양이외다.

생 원 그러면 이놈의 모가지를 뽑아서 밑구녕에다 갖다 박아라.

[중략]

말뚝이 샌님, 말씀 들으시오. **시대가 금전이면 그만인데**, 하필 이놈을 잡아다 죽이면 뭣하오? ⓔ돈이나 몇백 냥 내라고 하야 우리끼리 노나 쓰도록 하면, 샌님도 좋고 나도 돈냥이나 벌어 쓰지 않겠소. 그러니 샌님은 못 본 체하고 가만히 계시면 내 다 잘 처리하고 갈 것이니, 그리 알고 계시오. (굿거리 장단에 맞추어 일제히 어울려서 한바탕 춤추다가 전원 퇴장한다.)

– 작자 미상, 「봉산(鳳山) 탈춤」 –

▼
일조식 아침 일찍 식사함.
법덕 법국(프랑스)과 덕국(독일)을 아울러 이르는 말.
무량대각 헤아릴 수 없을 정도로 힘이 셈.

1 윗글에 대한 설명으로 적절하지 않은 것은?

① 언어적 표현과 비언어적 표현을 함께 사용한다.
② 서민층의 비속어와 지배층의 한자어를 혼용한다.
③ 과장된 표현을 활용한 입담을 자유롭게 구사한다.
④ 리듬감을 드러낸 대사를 통해 놀이적 속성을 살린다.
⑤ 음악과 해설을 주로 활용하여 주요 사건이 전개된다.

기출 · 2017-9월 고2 학평

2 〈보기〉를 바탕으로 ⓐ~ⓔ를 이해한 내용으로 적절하지 않은 것은?

┌ 보기 ┐

　「봉산 탈춤」은 황해도 봉산(鳳山) 지방에 전승되어 오던 가면극으로 재담을 통해 봉건적인 가족 제도와 양반의 무능과 허위, 부조리 등을 폭로하고 비판한다. 이러한 탈춤은 서민들을 억압하는 사회를 풍자하고, 양반을 비하하는 욕설, 행동 등을 거침없이 표현하여 서민들의 금지된 욕망을 드러낸다. 또한 익살스러운 말과 행동을 통해 대상을 조롱하고 희화화하여 서민들이 겪었던 갈등과 고통을 웃음으로 해소한다.

① ⓐ: '노 생원님'과 발음이 유사하다는 것을 이용하여 양반을 희화화하고 있다.
② ⓑ: 양반을 얕잡아 보는 말을 사용하여 양반을 비하하고 있다.
③ ⓒ: '취발이'를 익살스럽게 묘사하여 서민들 사이의 갈등을 해소하고 있다.
④ ⓓ: 양반을 무시하고 조롱하는 행동을 함으로써 웃음을 유발하고 있다.
⑤ ⓔ: 돈을 받고 죄를 눈감아 주던 당시의 모습을 드러내어 부패한 사회를 풍자하고 있다.

3 윗글을 읽고 감상한 내용으로 적절하지 않은 것은?

① '쉬이'는 관객의 주의를 환기하며 관심을 유도하기 위한 기능을 하는군.
② '나랏돈 노랑돈 칠 푼 잘라먹은 놈'이라는 생원의 대사를 통해 취발이가 부를 축적하는 과정에서 부정을 저질렀음을 알 수 있군.
③ 생원에게 '전령'을 받아들고 취발이에게 가는 말뚝이의 행동을 통해 양반을 비하하고 조롱하는 말뚝이의 태도를 엿볼 수 있군.
④ '전령'을 보고 양반의 앞에 끌려온 취발이의 모습을 통해 양반의 권위가 아직 건재한 당대의 현실적 상황을 엿볼 수 있군.
⑤ '시대가 금전이면 그만인데'라는 말뚝이의 대사를 통해 배금주의가 만연한 당대의 시대상을 짐작할 수 있군.

개념 비언어적 표현

비언어적 표현은 의사소통 수단으로서의 표정이나 손짓, 몸짓, 옷차림 등을 말하며 사회적으로 인정되는 정보의 전달 수단으로, 감정을 전달하기에 효과적이다. 예를 들어 상대가 아무런 말을 하지 않아도 표정이 어두우면 기분이 좋지 않다고 판단하며, 반대로 웃거나 밝으면 기분이 좋다고 판단하는 것이다.

1 〈인물의 특성과 관계〉
이 글에 등장하는 인물의 특성과 관계를 정리해 보자.

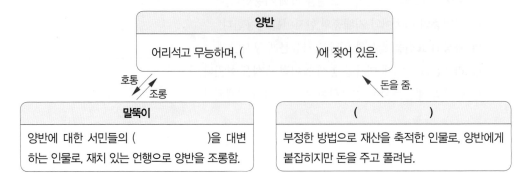

양반

어리석고 무능하며, (　　　　　　)에 젖어 있음.

호통 / 조롱　　　　　　　　　　　　　　　　　　돈을 줌.

말뚝이

양반에 대한 서민들의 (　　　　　　)을 대변하는 인물로, 재치 있는 언행으로 양반을 조롱함.

(　　　　　　)

부정한 방법으로 재산을 축적한 인물로, 양반에게 붙잡히지만 돈을 주고 풀려남.

2 〈주제〉
이 글의 주제를 정리해 보자.

글의 내용
• 말뚝이가 '노새 원님을 끌어다가'와 같은 언어유희, '샌님 비뚝한 놈도 없습디다.'와 같이 양반을 얕잡아 보는 말, 취발이 엉덩이를 양반 코앞에 내밀게 하는 행동 등을 통해 양반을 조롱함. • 양반이 돈을 받고 취발이를 풀어 줌.

↓

주제
양반에 대한 (　　　　　　)와 조롱, 물질 만능주의에 대한 풍자

3 〈민속극의 요소〉
이 글에서 '쉬이'와 '춤'의 기능을 정리해 보자.

쉬이	• 재담의 시작을 알림. • (　　　　　　)과 장단을 멈추게 함. • 주의를 환기하고 시선을 집중시킴.
춤	• 재담의 마무리를 알림. • 흥취와 분위기를 고조시킴. • (　　　　　　)을 일시적으로 해소시킴.

4 〈표현상 특징〉
이 글의 표현상 특징을 정리해 보자.

• '노 생원님 – 노새 원님'과 같이 (　　　　　　)의 유사성을 활용한 언어유희를 구사함. • '동은 여울이요, ~ 참나무 결결이'와 같이 대구와 유사 음운의 반복을 통한 언어유희를 구사하고 리듬감을 생성함.	(　　　　　　)를 통해 양반을 희화화하고 놀이적 속성을 강화함.

실전 독해

실전 1회 | 실전 2회 | 실전 3회 | 실전 4회 | 실전 5회

[1~4] 다음 글을 읽고 물음에 답하시오.

• 2020-11월 고1 학평

(가) ᄆᆞᅀᆞᆯ 사ᄅᆞᆷ들하 올ᄒᆞᆫ 일 ᄒᆞ쟈ᄉᆞ라
　　사ᄅᆞᆷ이 되여 나셔 올티곳 못ᄒᆞ면
　　ᄆᆞ쇼를 갓 곳갈 싀워 **밥** 머기나 다ᄅᆞ랴　　　〈제8수〉

　　풀목 쥐시거든 두 손으로 바티리라
　　나갈 데 겨시거든 막대 들고 @조ᄎᆞ리라
　　향음쥬 다 파ᄒᆞᆫ 후에 뫼셔 가려 ᄒᆞ노라　　　〈제9수〉

　　오ᄂᆞᆯ도 다 새거다 호믜 메고 가쟈ᄉᆞ라
　　내 논 다 매여든 **네 논** 졈 매여 주마
　　올 길에 뽕 ᄯᅡ다가 누에 먹겨 보쟈ᄉᆞ라　　　〈제13수〉
　　　　　　　　　　　　　　　　　　　　　　　　　　– 정철, 「훈민가(訓民歌)」–

(나) 일곱 되 사온 쌀 ᄭᅮ어 온 쌀 두 되 갑고
　　부족타 ᄒᆞ지 않는 말이 뜻을 순ᄒᆞ게 ᄒᆞ오미라
　　ᄭᅢ진 그릇 좋단 말은 시가를 존중ᄒᆞ미라
　　날고 기는 개 달긴덜 어른 압혜 감히 치며
　　부인의 목소리를 문 밧게 감히 내며
　　해가 져서 황혼되니 무탈과경▼ 다행이요
　　ᄃᆞᆯ기 우러 새벽 되면 오는 날을 엇지 할고
　　전전긍긍 조심 마음 시각을 노흘손가
　　행여 혹시 눈 밧게 날가 조심도 무궁ᄒᆞ다
　　㉠친정에 편지하여 서러운 ᄉᆞ설 불가ᄒᆞ다
　　시원치 아닌 ᄃᆞᆯ란 말이 한 번 두 번 아니여던
　　번번이 염치 읍시 편지마다 ᄒᆞᆯ잔 말가
　　㉡빈궁(貧窮)이 내 팔즈니 뉘 탓슬 ᄒᆞᆯ잔 말가
　　설매를 보내어서 이웃집에 ᄭᅮ러가니
　　도리ᄋᆡ시 우ᄂᆞᆫ 밀이 진에 ᄭᅮᆫ 쌀 아니 수고
　　㉢염치 읍시 또 왔ᄂᆞ냐 두 말 말고 바삐 가라
　　한심ᄒᆞ다 이내 몸이 금의옥식 길녀 ᄂᆞ셔
　　전곡(錢穀)을 모르다가 일조(一朝)에 이을 보니
　　이목구비 남 갓트되 엇지 이리 되얏넌고
　　수족이 건강ᄒᆞ니 **내 힘써** 벌게 되면
　　어느 뉘가 시비ᄒᆞ리 천한 욕을 면ᄒᆞ리라
　　분한 마음 다시 먹고 치산범절▼ 힘쓰리라
　　김장ᄌᆞ 이부ᄌᆞ가 제 근본 부ᄌᆞ런가
　　㉣밤낮으로 힘써 벌면 난들 아니 부ᄌᆞ될가
　　오색당ᄉᆞ 가는 실을 오리오리 ᄌᆞ아내니

　　유황제 곤베틀에 필필이 ᄌᆞ아내어
　　한림 주서 관복감이며 병ᄉᆞ 수ᄉᆞ 군복감이며
　　㉤길쌈도 ᄒᆞ려니와 전답 ᄋᆞ더 역농ᄒᆞ니
　　때를 맞춰 힘써 ᄒᆞ니 가업이 초성▼이라
　　　　　　　　　　　　　[중략]
　　산에 가 제ᄉᆞᄒᆞ기 절에 가 불공ᄒᆞ기
　　불효부제▼ 제살ᄒᆞᆫ덜 **귀신**인덜 도와줄가
　　악병이며 중병이며 이질이며 구창이며
　　이질 앓던 시아버지 초상ᄒᆞᆫ덜 상관ᄒᆞ랴
　　저의 심ᄉᆞ 그러ᄒᆞ니 서방인덜 온전할가
　　아들 죽고 우넌 말이 아기딸이 마저 죽어
　　세간이 탕진ᄒᆞ니 노복인덜 잇슬손가
　　제ᄉᆞ음식 ᄎᆞ릴 적에 정성 읍시 ᄒᆞ엿스니
　　앙화(殃禍)가 엇지 읍실손가 셋째 아들 반신불수
　　문전옥답 큰 농장이 물난리에 내가 되고
　　안팎 기와 수백간이 불이 붓터 밧치 되고
　　태산갓치 쌓인 전곡 뉘 물건이 되단말가
　　춤혹ᄒᆞ다 괴똥어미 단독일신 뿐이로다
　　일간 움집 ᄋᆞ더 드니 기한(飢寒)을 견딜손가
　　다 떠러진 베치마를 이웃집의 ᄋᆞ더 입고
　　뒤축 읍넌 흔 집신을 짝을 모와 ᄋᆞ더 신고
　　압집에 가 밥을 ⓑ빌고 뒤집에 가 장을 빌고
　　초요기를 겨우 ᄒᆞ고 불 못때넌 찬 움집에
　　헌 거적을 뒤여스고 밤을 겨우 새여ᄂᆞ셔
　　새벽 바람 찬바람에 이 집 가며 저 집 가며
　　다리 절고 곰배팔에 희희소리 요란ᄒᆞ다
　　불효악행 ᄒᆞ던 죄로 앙화를 바더시니
　　복선화음▼ ᄒᆞ넌 줄을 이를 보면 분명ᄒᆞ다
　　딸아딸아 요내딸아 시집ᄉᆞ리 조심ᄒᆞ라
　　어미 행실 본을 바다 괴똥어미 경계ᄒᆞ라
　　　　　　　　　　　　　– 작자 미상, 「복선화음록(福善禍淫祿)」–

▼
무탈과경 아무 탈 없이 하루를 보냄.
치산범절 재산을 늘리는 일.
초성 기반이 마련됨.
불효부제 효도와 공경을 하지 않음.
복선화음 착한 이에게 복을 주고 악한 이에게 재앙을 줌.

1 (가)와 (나)의 공통점으로 가장 적절한 것은?

① 청유형 어미를 활용하여 대상을 예찬하고 있다.
② 선경후정 방식을 활용하여 시상을 전개하고 있다.
③ 고사성어를 활용하여 주제 의식을 강조하고 있다.
④ 유사한 통사 구조를 활용하여 운율을 형성하고 있다.
⑤ 계절의 순환을 활용하여 시적 의미를 부각하고 있다.

2 ㉠~㉤을 이해한 내용으로 적절하지 않은 것은?

① ㉠: 자신의 서러운 처지를 친정에 알리기 어려워하고 있는
화자의 모습이 나타나 있다.
② ㉡: 가난의 원인을 타인의 잘못이 아닌 자신의 운명으로 돌
리는 화자의 모습이 나타나 있다.
③ ㉢: 쌀을 꾸러 찾아간 이웃집에서 들은 말을 설매에게 하소
연하는 화자의 모습이 나타나 있다.
④ ㉣: 자신도 김 장자와 이 부자처럼 부자가 될 수 있다고 생각
하는 화자의 모습이 나타나 있다.
⑤ ㉤: 재산을 늘리기 위해 열심히 일하는 화자의 모습이 나타
나 있다.

3 ⓐ와 ⓑ에 대한 이해로 가장 적절한 것은?

① ⓐ는 타인을 위한, ⓑ는 자신을 위한 주체의 행위를 의미한
다.
② ⓐ는 절망감이 반영된, ⓑ는 기대감이 반영된 주체의 행위를
의미한다.
③ ⓐ는 단절을 초래하는, ⓑ는 화합을 유도하는 주체의 행위를
의미한다.
④ ⓐ는 자연에 순응하는, ⓑ는 자연으로 도피하는 주체의 행위
를 의미한다.
⑤ ⓐ는 제기된 문제를 해결하기 위한, ⓑ는 해결된 문제의 원
인을 찾기 위한 주체의 행위를 의미한다.

4 〈보기〉를 바탕으로 (가)와 (나)를 감상한 내용으로 적절하지
않은 것은?

> **보기**
>
> 조선 시대에는 옳은 일의 실천, 어른 공경, 상부상조, 부
> 녀자의 덕목과 같은 가르침을 전달하고자 하는 작품들이
> 있었다. 이러한 작품들은 가르침의 전달 효과를 높이기 위
> 해 비유 대상 혹은 화자와 대비되는 대상을 활용하고, 구
> 체적인 청자를 제시했다. 또한 화자가 스스로 실천하려는
> 행위를 제시하는 방식을 활용하여 설득 효과를 높이기도
> 하였다.

① (가)에서 '갓 곳갈'을 쓰고 '밥'을 먹는 'ᄆ쇼'를 통해, 비유
대상으로 옳은 일의 실천을 강조하고 있음을 짐작할 수 있
군.
② (나)에서 '이질 앓던 시아버지'를 도와주지 않는 '귀신'을
통해, 화자와 대비되는 대상으로 상부상조를 강조하고 있
음을 짐작할 수 있군.
③ (가)의 'ᄆ을 사름들'에게 '올흔 일 ᄒ쟈스라'라고 한 것과
(나)의 '딸'에게 '시집스리 조심ᄒ라'라고 한 것을 통해, 구
체적인 청자를 제시하고 있음을 짐작할 수 있군.
④ (가)의 '풀목'을 '쥐시'면 '두 손으로 바티리라'는 것을 통
해 어른에 대한 공경을, (나)의 '시가를 존중'하여 '깨진 그
릇 좋단 말'을 한 것을 통해 부녀자의 덕목을 드러내고 있
음을 짐작할 수 있군.
⑤ (가)의 '내'가 자신의 '논'을 다 매거든 '네 논'도 매어 준다
는 것과 (나)의 '수족이 건강'한 '내'가 '힘써' 벌겠다는 것
을 통해, 화자가 스스로 실천하려는 행위를 제시하고 있음
을 짐작할 수 있군.

[5~8] 다음 글을 읽고 물음에 답하시오.

• 2021−11월 고2 학평

차설, 이때 유 씨 해평읍을 떠나 절강을 향해 가며 말하기를

"성인의 말씀에 참으로 흥진비래는 사람의 일상사라 하였거니와 팔자 기박(奇薄)하여 낭군을 천 리 밖에 두고 불측한 일을 당하여 목숨을 겨우 부지하였으되 슬프다, 한림은 그 어디에 가 갖아지고 내 이러한 줄 모르는고."

하며, 애연(哀然)히 울면서 가니 산천초목이 다 슬퍼하더라.

그럭저럭 절도에 다다르니 청산이 먼저 들어가 정양옥께 유 씨 오심을 전하니 양옥이 놀라 칭찬하되

"여자의 몸으로 이곳 만 리 길을 헤매고 이르렀으니 남자라도 어려웠으리라."

하고는, 십 리 밖에 나와 기다렸다. 이윽고 문득 백교자 한 행차 들어오며 한림 부르며 슬피 우는 청랑한 소리는 사람 애간장을 끊는 듯하더라. 양옥이 하인에게 전갈하되

"먼 길에 평안히 왔습니까?" / 하거늘 유 씨 답하기를

"그간 중에도 위문하러 나오시다니 실로 미안하여이다. 한 많은 말씀은 종후에 논하외다."

하고, 통곡하니 길 가던 사람들 보고 들으며 뉘 아니 눈물을 흘리리. 청초히 말하기를

"유 씨 정절은 만고에 없을 것이라." / 하더라.

유 씨 관 앞에 이르자

[A] ┌ "유 씨 왔나이다. 어찌 한 말씀도 없으신고. 이제 가시면 │ 백발 노친과 기댈 곳 없는 첩은 어찌하라고 그리 무정하 │ 게 누웠는고. 첩이 삼천 리 길을 마다 않고 지척이라 달 └ 려 왔건만 반기지도 아니 하시나이까?"

하며, 통곡하다 기절하거늘 양옥이 어쩔 줄 몰라 연연히 분주하더니 이윽고 인사를 차리고는 양옥은 밖에서 울고 유 씨는 안에서 통곡하니 그 구차한 정경은 차마 보지 못할 것 같았다.

[중략 부분 줄거리] 남편 춘매가 혼백으로 나타나 유 씨에게 후생을 기약하고 떠나간다.

유 씨 도리어 망극하여 통곡하며

"신체라면 붙들거니와 혼백으로 가니 무엇으로 붙들리오. 도리어 아니 만남만 같지 못하도다."

하고 머리를 풀고 관을 붙들고 울며 말하기를

"한림은 할 말 듣게만 하고 저는 한 말도 못하여 적막케 하고 가십니까?"

하며, 시신을 붙들고 그만 쓰러져 죽거늘, 정생과 하인이 망극하여 아무리 구하되 회생할 기미가 없고 더 이상 막무가내라.

"초상(初喪)의 예를 차려라." / 하고, 주선하니 이때 유 씨 혼백이 한림을 붙들고 구천을 급히 따라오거늘 한림이 돌아보니 유 씨 오거늘 급히 위로하여 말하기를

"그대는 어찌 오는가. 바삐 가옵소서."

하니 유 씨 말하기를

"내 어찌 낭군을 버리고 혼자 어디로 가며 남은 명을 보존하오리까. 낭군과 한가지로 구천에 있겠습니다."

하고 따라오거늘 한림이 할 수 없어 함께 들어가는데 염라왕이 말하기를

"춘매는 인간에게 가서 시한을 어기었다."

하고, 사신을 명하여

"급히 잡아들이라."

한데, 사신이 영을 받고 춘매를 만나 염왕의 분부를 전하여 왈

"그대를 잡아오라 하여 왔나니라." / 하니, 춘매가

"내 돌아오는 길에 아내의 혼백을 만나 다시 돌아가라 만류하다가 시한을 어기어 하는 수 없이 데리고 들어가노라."

하고, 들어가니 사자가 염왕에게 사연을 고하였는데 염라대왕이 즉시 춘매와 유 씨를 불러 세우고 물어 말하기를

"춘매는 제 원명(原命)으로 잡아 왔거니와 유 씨는 아직 원명이 멀었으니 어찌 들어왔는고?"

하거늘 유 씨 이마를 조아려 여쭈되

"대왕께오서 사람을 생기게 하실 때에 부자유친, 부부유별, 장유유서, 붕우유신이라. 그중 부부애(夫婦愛)도 중한지라 남편 춘매를 결단코 따라왔사오니 대왕께서는 첩도 이 곳에 있게 해주옵소서."

하니, 대왕이 유 씨를 달래어 보내려 하자 유 씨 또 여쭈되

[B] ┌ "대왕의 법으로 세상에 내었다가 어찌 첩에게 이런 작별 │ 을 하게 하였으며 또한 남편 춘매에게 어찌 부모 자식 간 │ 에 사랑을 이리도 일찍 저버리게 하셨습니까? 나는 새와 │ 달리는 짐승도 다 짝이 있사오니 하물며 젊은 인생 배필 │ 없이 어이 살며 의탁할 곳 없는 몸을 누구에게 붙여 살라 │ 고 하십니까? 여필종부는 인간의 제일 정절이니 결단코 └ 춘매를 떠나지 못하겠습니다."

염라대왕이 말하기를

"그대 모친과 춘매 모친은 누구에게 부탁하고 왔느냐?"

하기에 유 씨 대답하여 말하기를

"정이 이토록 절박하온데 첩의 청춘으로 부부 함께 있어야 봉양도 하옵고 영화도 볼 터인데 공방 독침 혼자 누워 무슨 봉양하며 무슨 참 영화 보오리까. 부부지정은 끊지 못하겠습니다."

하니, 염라대왕이 말하기를

"진실로 그러하면 다른 배필을 정하여 줄 것이니 네 여연 (餘緣)▼을 다 살고 돌아오라."

하시니 유 씨 아득하여 얼굴색을 변하며 말하기를

"아무리 저승과 이승이 다르오나 대왕이 어찌 무류한 말씀으로 건곤재생의 여자로 더불어 희롱하십니까. 대왕께서 저러하고도 저승을 밝게 다스리는 대왕이라 하십니까?"

하며, 천연히 꾸짖거늘 염라대왕이 유 씨의 백설 같은 정절과 절의에 탄복하여 말하기를

"그대의 마음을 탐지해 보고자 함이니 도리어 무색하도다."

유 씨 대답하여 말하기를

"염라께서 무색하다 하시니 도로 죄를 사하옵니다."

하고, 사죄하거늘 염라대왕이 말하기를

"내 그대를 위하여 가군(家君)과 함께 도로 내려보내니 세상에 나가 부귀영화를 누려 자손에게 전하고 한날한시에 들어오라."

— 작자 미상, 「유씨전」 —

▼
원명 본디 타고난 목숨.
여연 남은 인생.
가군 남편.

5 윗글에 대한 설명으로 가장 적절한 것은?

① 시간의 역전을 통해 사건의 진상을 밝히고 있다.
② 꿈의 삽입을 통해 환상적 분위기를 조성하고 있다.
③ 인물 간의 대화를 통해 갈등 상황을 구체화하고 있다.
④ 서술자를 교체하여 사건을 새로운 국면으로 전환하고 있다.
⑤ 동시에 벌어진 사건을 병치하여 사건의 흐름을 지연시키고 있다.

6 윗글의 내용에 대한 이해로 적절하지 않은 것은?

① 염왕은 사신에게 명하여 춘매를 잡아오게 하였다.
② 춘매는 구천으로 자신을 따라오는 유 씨를 만류했다.
③ 양옥은 유 씨가 온다는 소식을 듣고 유 씨를 기다리고 있었다.
④ 유 씨는 춘매를 죽음에 이르게 했다는 이유로 양옥을 원망했다.
⑤ 춘매는 유 씨로 인하여 저승으로 돌아갈 시한을 어기게 되었다.

7 [A]와 [B]에 나타난 말하기 방식에 대한 설명으로 가장 적절한 것은?

① [A]와 [B]는 모두 상대방의 행동을 질책하며 상대방에게 사죄를 요구하고 있다.
② [A]와 [B]는 모두 자신과 타인의 불행한 처지를 들어 자신의 감정을 토로하고 있다.
③ [A]는 [B]와 달리 상대방의 약점을 공격하며 자신의 주장을 강조하고 있다.
④ [B]는 [A]와 달리 자신의 직책을 언급하며 상대방에게 협조를 요청하고 있다.
⑤ [A]는 과거의 경험을 회상하며, [B]는 미래의 상황을 가정하며 상대방을 위로하고 있다.

8 〈보기〉를 참고하여 윗글을 감상한 내용으로 적절하지 않은 것은?

> **보기**
>
> 「유씨전」은 여성에게 정절이 요구되던 시대를 살아가며 적극적으로 사랑을 실현하는 여인의 삶을 그린 작품이다. 비현실계에서 주어지는 시험과 현실계로 이어지는 보상은 시대가 바라던 여성으로서의 규범을 더욱 강조한다. 한편 현실 세계의 고난을 견뎌 내고, 죽음마저 불사하는 유 씨의 열행에는 주체적인 여인상이 드러난다. 특히 초월적 존재 앞에서도 의지를 굽히지 않는 당당한 모습, 다른 유교적 가치에 앞서 사랑을 택하는 모습은 주목할 만하다.

① 염왕이 유 씨와 춘매를 저승에서 이승으로 돌려보내려는 장면에서, 현실계로 이어지는 염왕의 보상을 확인할 수 있군.
② 염왕이 유 씨에게 춘매의 원명이 다하여 잡아 왔다고 말하는 장면에서, 춘매의 능력을 알아보기 위한 염왕의 시험을 확인할 수 있군.
③ 유 씨가 모친을 봉양하는 것보다 춘매와의 정이 중요하다고 말하는 장면에서, 다른 유교적 가치에 앞서 사랑을 택하는 적극적 모습을 확인할 수 있군.
④ 유 씨가 불측한 일을 당하고도 먼 길을 거쳐서 춘매의 관 앞에 당도한 장면에서, 남편에 대한 사랑으로 현실 세계의 고난을 견뎌 내는 모습을 확인할 수 있군.
⑤ 유 씨가 다른 배필을 정하여 준다는 염왕을 책망하는 장면에서, 초월적 존재 앞에서도 당당하게 자신의 의지를 굽히지 않는 주체적인 여인의 모습을 확인할 수 있군.

[1~4] 다음 글을 읽고 물음에 답하시오.

• 2021-6월 고2 학평

(가) 공명(功名)도 잊었노라 부귀(富貴)도 잊었노라

　　세상(世上) 번우한▼ 일 다 주어 잊었노라

　　내 몸을 내마저 잊으니 남이 아니 잊으랴　　　　〈제2수〉

　　질가마 좋이 씻고 바위 아래 샘물 길어

　　팥죽 달게 쑤고 저리지▼ 끄어 내니

　　세상에 이 두 맛이야 남이 알까 하노라　　　　〈제5수〉

　　어화 저 ⓐ백구(白鷗)야 무슨 수고 하느냐

　　갈 숲으로 서성이며 고기 엿보기 하는구나

　　나같이 군마음 없이 잠만 들면 어떠리　　　　〈제6수〉

　　대 막대 너를 보니 유신(有信)하고 반갑고야

　　내 아이 적에 너를 타고 다니더니

　　이제란 창(窓)뒤에 섰다가 날 뒤 세우고 다녀라　　〈제11수〉

　　　　　　　　　　　　　　　　　　　　– 김광욱, 「율리유곡(栗里遺曲)」 –

▼ 번우한 괴로워 근심스러운.
▼ 저리지 겉절이.

(나) 한산(寒山) 어른 송계신보(宋季愼甫)가 나와는 사촌이 된다. 내가 일찍이 그 집에 가보니, 뒤로는 감악산을 등지고 앞으로는 큰 들을 임하여 초막집을 한 채 얽어 한가히 휴식하는 곳으로 삼았었다. 그 당명(堂名)이 무어냐고 물었더니, 주인이 말하기를,

　　"내가 '취한(就閑)'이라 이름하려고 하는데, 미처 써 붙이지 못했다."

고 히었디. 내가 밀하기를,

　　"한(閑)은 본디 이 당(堂)이 소유한 것이거니와, 우리 형은 나이 70세가 넘어 하얀 수염에 붉은 얼굴로 여기에서 즐기며 바깥세상에 바랄 것이 없으니, 어찌 아무 도와주는 것 없이 **충분히 그 운취**를 누릴 수가 있겠습니까. 내가 보건대, 당 한편에 애완(愛玩)하여 심어놓은 것들이 있으니, 바로 대[竹]와 국화[菊]와 진송(秦松)과 노송(魯松)과 동백(冬柏)이요, 게다가 빙 둘러 사방의 산에는 또 창송(蒼松)이 만여 그루나 있으니, 이 여섯 가지는 모두 세한(歲寒)의 절개가 있어 더위와 추위에도 지조를 변치 않는 것들입니다. 우리 형께서는 늙을수록 건장하여 신기(神氣)가 쇠하지 않았는데

도, 사방에 다니는 것을 싫어하고 이곳에 은거하여, 여기에서 노래하고 여기에서 춤추고 여기에서 마시고 취하고 자고 먹고 하니, 이 여섯 가지를 얻어서 벗으로 삼는다면 그 **취미나 기상**이 또한 서로 가깝지 않겠습니까.

　　우리 형께서는 또 세상 변천과 세상 물정을 많이 겪고 보았습니다. 그런데 가만히 보면, 세상의 교우(交友) 관계가 처음에는 견고했다가 나중에는 틈이 생기어, 득세한 자에게는 열렬히 따르고 실세한 자에게는 그지없이 냉담하며, 떵떵거리는 자리에는 서로 나가고 **적막한 자리**에는 서로 기피하는 것이 **세태의 풍조**입니다. 그런데 이 여섯 가지는 이런 가운데 생장하면서도 능히 풍상(風霜)을 겪고 우로(雨露)를 머금어 이제까지 울울창창하여서 앉고 눕고 기거하고 근심하고 즐거워하는 것을 처음부터 끝까지 항상 주인과 함께하고 있으니, 차라리 저것을 버리고 이것을 취하여 세상의 걱정을 피해서 자신의 **천진(天眞)▼을 온전히 지키는 것**이 낫지 않겠습니까. 이 당에는 실로 이 여섯 가지가 있고 옹(翁)께서 그 가운데에 처하시니, 어찌 'ⓑ육우(六友)'라 이름하는 것이 좋지 않겠습니까. 그 한(閑)은 바로 여기에 있는 것입니다."

하니, 주인이 그렇게 하겠다고 승낙하고 인하여 나에게 그 기문(記文)을 써 달라고 부탁하였다.

　　　　　　　　　　　　　　　　　　　　– 윤휴, 「육우당기(六友堂記)」 –

▼ 취한 한가로움을 취함.
▼ 애완 물품 따위를 좋아하여 가까이 두고 즐김.
▼ 천진 세파에 젖지 않은 자연 그대로의 참됨.

1 (가)와 (나)의 공통점으로 가장 적절한 것은?

① 연쇄법을 사용하여 대상을 긴밀하게 연결하고 있다.

② 설의적 표현을 활용하여 수제 의식을 강조하고 있다.

③ 역설적 표현을 사용하여 사물의 의미를 부각하고 있다.

④ 원경에서 근경으로 시선을 이동하여 계절감을 드러내고 있다.

⑤ 의인화된 대상에게 말을 건네는 방식으로 정서를 드러내고 있다.

2 (가)에 대한 설명으로 적절하지 <u>않은</u> 것은?

① 〈제2수〉: 화자는 '공명'과 '부귀'에 거리를 두는 욕심 없는 삶을 지향하고 있다.

② 〈제2수〉: 화자는 '남'으로부터 소외된 자신의 존재에 대한 안타까움을 드러내고 있다.

③ 〈제5수〉: 화자는 '팥죽'과 '저리지'를 통해 소박한 삶에 대한 만족감을 드러내고 있다.

④ 〈제11수〉: 화자는 '유신'하다고 여기는 대상에 대한 친밀감을 표현하고 있다.

⑤ 〈제11수〉: 화자는 '대 막대'의 쓰임이 달라진 상황을 통해 세월의 흐름을 인식하고 있다.

3 ⓐ와 ⓑ를 이해한 내용으로 가장 적절한 것은?

① ⓐ는 화자가 비판적으로 바라보는, ⓑ는 글쓴이가 예찬하는 대상이다.

② ⓐ는 화자의 그리움을, ⓑ는 글쓴이의 외로움을 불러일으키는 대상이다.

③ ⓐ는 화자가 함께 어울리고 싶어 하는, ⓑ는 글쓴이가 본받고 싶어 하는 대상이다.

④ ⓐ는 화자의 처지와 대비되는, ⓑ는 글쓴이의 부정적 현실을 드러내는 대상이다.

⑤ ⓐ는 화자의 상실감을 부각하는, ⓑ는 글쓴이의 기대감을 고조시키는 대상이다.

4 〈보기〉를 바탕으로 (나)를 감상한 내용으로 적절하지 <u>않은</u> 것은?

> **보기**
>
> 이 작품에서 글쓴이는 한(閑)을 추구하는 사촌 형에게 새로운 당명을 권하며 바람직한 삶의 자세에 대한 생각을 밝히고 있다. 글쓴이는 권력의 성쇠에 따라 변하는 세상을 비판적으로 바라보고 있다. 그리고 자연과 벗하며 지조와 신의를 지켜 진정한 한(閑)의 의미를 실현하는 자세가 중요함을 강조하고 있다.

① 글쓴이는 사촌 형이 자연과 벗하며 '충분히 그 운취'를 누리기를 바라고 있군.

② 글쓴이는 사촌 형이 '취미나 기상'에 어울리는 존재와 함께 할 것을 바라며 새로운 당명을 권하고 있군.

③ 글쓴이는 세상 사람들이 기피하는 '적막한 자리'라도 만족하는 것이 진정한 한(閑)에 가까워지는 길이라고 여기고 있군.

④ 글쓴이는 상황에 따라 변하는 '세태의 풍조'와 달리 변치 않는 지조와 신의 있는 삶의 중요성을 강조하고 있군.

⑤ 글쓴이는 '천진을 온전히 지키는 것'을 바람직한 삶의 자세라고 여기고 있군.

[5~8] 다음 글을 읽고 물음에 답하시오.

• 2021-9월 고1 학평

종황이 친히 조정, 임응과 함께 병사를 거느리고 나아갔다. 과연 석벽 틈 사이에서 붉은 안개가 일어나고 독기가 어려 있었다. 종황이 손에 들고 있던 부채를 들어 한 번 둘러치자 그 기운이 사라졌다. 바로 그때 조정이 누런 궤짝을 열었다. 궤짝 속에서 한 짐승이 날개를 퍼덕이며 나왔다. 큰 누런 닭이었다. 닭의 등은 큰 산을 지고 있는 듯하였고, 날개는 하늘에 드리운 구름 같았다. 닭이 석벽 위로 날아오르더니 무지개 같은 긴 목을 빼고, 초승달 같은 부리를 벌리며 크게 울었다. 그러자 갑자기 바위가 절로 갈라지며 한 괴상한 짐승이 나왔다. 짐승은 바위를 기어 다니다가 스스로 죽어 버렸다. 크기가 십여 장이나 되는 황금빛 지네였다. 모두 크게 놀라 얼굴빛이 창백해졌다.

"선생은 과연 하늘이 내신 신이한 사람입니다. 이 짐승이 여기 있는 줄 어떻게 알고 대비하였습니까?"

임성의 말에 종황이 웃으면서 말하였다.

"궤 안에 들어 있던 것은 ㉠닭의 깃털입니다. 신이 늘상 큰 바다에는 온갖 괴이한 족속들과 요괴가 있을 것으로 생각하여 반수에게 준비시킨 것인데, 생각이 들어맞아 저 지네와 같은 독한 요괴를 없앨 수 있었습니다."

종황의 말을 들은 사람들이 종황의 재주에 칭찬을 아끼지 않았다.

즉시 섬을 떠나 배를 띄워 가는데, 바람이 순하고 물결이 고요하여, 배가 반석 위를 가듯 편하고, 화살같이 빨랐다. 임성이 종황에게 말하였다.

"내 일찍이 들으니 큰 바다에는 배를 삼키는 고기가 많다고 하는데, 지금까지 그런 환란을 당하지 않은 것은 정말 다행스런 일입니다."

"바다의 하찮은 족속들은 모두 동해신인 해약이 거느린 것들입니다. 해약이 이미 천명이 주공에게 향한 줄을 알고 물에 사는 생물들에게 우리를 훼방하지 못하도록 금지시킨 것입니다. 이전에 있었던 모든 요괴의 작변을 신이 약간 제어하기는 하였으나, 그 모든 것이 어찌 저 종황의 재주 때문이었겠습니까? 주공이 천명을 받았기 때문입니다. 주공이 만일 평범한 사람이었다면 이 같은 대해에서 그만한 곤경을 겪고도 한 사람도 상하지 않고 지금까지 올 수 있었겠습니까?"

[중략 부분 줄거리] 임성 일행은 배를 타고 가다가 바다에서 '하늘에서 명을 받았으니 나라가 번창하리라.'라는 글이 새겨진 '전국옥새'를 얻은 후 한 섬에 도착한다. 종황이 임성을 대신하여 섬의 주인을 만나지만, 섬의 주인은 옥새를 내어 줄 것을 요구한다.

"사물에는 각각 주인이 있다고 들었습니다. 따라서 그 물건의 임자가 아니면 그 물건이 오지 않는 법입니다. 나에게 보배가 있는 것은 그것이 본래 주인의 것이 아니어서 내가 먼저 얻었기 때문입니다. 주인이 어찌 망령스럽게 욕심을 내어 스스로 잘못된 사람이 되려고 하십니까?"

"그 보배는 본래 내게 합당한 것이고 그대에게는 당치도 않는 것이오. 그래서 그대들로 하여금 스스로 이곳에 이르게 한 것이오."

"그렇게 말씀하시니, 제가 더 이상 무슨 말씀을 드리겠습니까?"

종황이 소매를 떨치고 일어나니, 그 사람이 종황의 손을 어루만지고 크게 웃으며 말하였다.

"그대는 나중에 뉘우치지 마시오."

종황이 대답하지 않고 돌아와 보니, 배와 일행이 간 곳 없이 사라져 버렸다. 종황이 크게 놀라 급히 몸을 돌리니 그 사람이 벌써 뒤에 서서 크게 웃으며 말하였다.

"그대가 비록 온 천하를 다스릴 재주가 있다고 하여도 날개가 없으니 이 어려움을 어떻게 벗어나겠는가?"

종황이 즉시 주인을 청하여 바위에 함께 앉았다. 임응과 조정 또한 기척도 없이 뒤에 모시고 서 있었다. 종황이 마음속으로 이상하게 생각하면서도 얼굴빛을 바르게 하고 말하였다.

[A] "주인의 재주가 범상치 않으니, 가히 하늘의 뜻을 알 것입니다. 옛사람이 말하기를 '하늘의 이치를 따르는 사람은 창성하고, 하늘의 이치를 거스르는 사람은 망한다.'고 하였습니다. 이제 하늘이 우리 주공을 내셔서 이 보배를 주셨으니, 이것으로 하늘의 뜻을 알 것입니다. 주인은 어찌 하늘의 뜻을 거스르는 망령된 심술을 내어 굳이 빼앗으려고 하십니까? 제가 비록 어리석고 용렬하지만 일찍이 하늘의 계시가 적힌 천서를 얻어 음양의 변화를 약간 알고 있습니다. 주인이 비록 바다를 엎고 산을 뒤집는 재주가 있다고 한들, 저는 조금도 두렵지가 않습니다."

"그대의 말은 옳지 않소이다. 그대는 비록 신통하여 몸을 띄워 하늘에 오르는 재주가 있다고 하지만, 그대의 소중한 부하들의 목숨은 어찌하겠소?"

"결국 주인은 나와 싸우자고 하십니까?"

"그대가 진정 하늘이 명하신 사람으로 그 보배를 얻었다면 그대 말이 진실로 옳은 것이니 내 어찌 빼앗으려 하겠소. 하지만 그대의 관상을 보니 재주는 비록 주나라 때의 강태공이나 한나라 때의 제갈공명과 겨룰 만하지만, 제왕이 될 모습은 아니오. 그래서 그대가 보배의 임자가 아님을 아는 것이오."

종황이 웃으며 말하였다.

"주인은 나만 보고 우리 주공은 보지 못하였구려. 주인은 하늘이 정하신 진정한 인물을 보고 싶으십니까?"

"그대의 주공이 어디에 있소?"

"배 안에 계셨는데, 주인이 벌써 잡아가 놓고서 어찌 모르는 체하십니까?"

"만일 그대의 주공이 하늘의 명을 받은 사람이 아니면 어찌하겠소?"

종황이 웃으며 말하였다.

"만일 그렇다면 보배를 받들어 주인께 드리겠습니다."

그 사람이 가만히 웃고 하인들에게 명하여 배를 밀고 나오라고 하니, 하인들이 깊은 산속으로 들어갔다. 괴상히 여겨 의심하고 있는데, 이윽고 하인 몇 명이 산골짜기에서 배를 끌고 나왔다. 가볍게 다루는 것이 베를 짤 때 쓰는 북을 던지는 것 같았다. 모두 크게 놀라고 살펴보니 임성과 여러 장수, 장졸들이 모두 묶인 채 배 안에 엎드려 있었다. 종황이 즉시 맨 것을 풀고 임성을 청하여 바위 위에 앉게 하였다. 그 사람이 임성을 보고는 문득 놀라며 바위 아래 내려가 머리를 조아리며 사죄하였다.

"소인이 알아 뵙지 못하고 하늘이 정한 일을 범하였으니 그 죄 만 번 죽어도 오히려 가볍다 할 것입니다."

종황이 즉시 붙들어 자리에 앉히고 말하였다.

"그대는 도대체 어떤 사람이며, 또 어찌 천명을 아십니까?"

그 사람이 부끄러움을 머금고 스스로 낮추어 말하였다.

"저는 서해 용왕인 광덕왕입니다."

– 작자 미상, 「태원지(太原誌)」 –

---

5 윗글에 대한 이해로 적절하지 <u>않은</u> 것은?

① 임성은 요괴를 물리친 종황을 신이한 사람이라고 여겼다.

② 종황은 요괴의 작변을 겪고도 사람이 상하지 않은 것이 임성 덕분이라고 생각했다.

③ 종황은 보배의 주인이 자신이라고 믿어 서해 용왕의 요구를 거절했다.

④ 서해 용왕은 종황의 관상을 보고 종황이 보배의 주인이 아니라고 생각했다.

⑤ 서해 용왕은 하늘이 정한 인물을 알아보지 못하고 배를 산골짜기에 숨겼다.

6 ㉠에 대한 이해로 가장 적절한 것은?

① 요괴의 작변을 제어하기 위해 동해신인 해약이 임성에게 준 것이다.

② 물결을 고요하게 만들어 배를 띄우기 위해 임성이 배에 실어 놓은 것이다.

③ 종황이 바다에 있을 수 있는 요괴에 대비하기 위해 반수에게 준비시킨 것이다.

④ 석벽 틈 사이에 어려 있던 붉은 안개와 독기를 없애기 위해 종황이 흔든 것이다.

⑤ 지네를 갈라진 바위에서 나오게 하기 위해 조정이 큰 누런 닭을 변하게 한 것이다.

7 [A]에 대한 설명으로 가장 적절한 것은?

① 상대방과의 관계 개선에 대한 기대를 드러내고 있다.

② 앞으로 일어날 상황에 대한 두려움을 드러내고 있다.

③ 동정심에 기대어 상대방의 행동 변화를 촉구하고 있다.

④ 상황을 과장하여 자신이 취한 행동에 대해 변명하고 있다.

⑤ 옛사람의 말을 인용하여 상대방의 요구가 잘못됐음을 지적하고 있다.

8 <보기>를 참고하여 윗글을 감상한 내용으로 적절하지 <u>않은</u> 것은?

> **보기**
>
> 「태원지」는 주인공 임성이 자신을 따르는 호걸들과 미지의 대륙인 태원에 새로운 나라를 세운다는 내용의 영웅 소설이다. 임성은 황제가 될 천명을 받은 인물로, 하늘로부터 '전국옥새'를 받고 신적 존재인 용왕으로부터 천명을 인정받는다. 임성은 일반적인 영웅 소설과 같이 조력자의 도움으로 시련을 극복한다. 하지만 임성은 일반적인 영웅 소설의 주인공과 달리 시련을 극복하는 과정에서 도술을 부리는 등의 신이한 능력을 보이기보다는 황제가 갖추어야 할 내면적인 덕목을 보여 준다.

① 임성에게 보배를 준 것을 통해 하늘의 뜻을 알 수 있다는 종황의 말은 임성이 황제가 될 천명을 받은 인물임을 보여 주는군.

② 임성을 보고 서해 용왕이 머리를 조아리며 사죄하는 장면은 임성이 신적 존재로부터 황제가 될 천명을 인정받은 인물임을 보여 주는군.

③ 종황이 황금빛 지네를 없애는 장면은 기존의 영웅 소설과 같이 임성이 조력자의 도움으로 시련을 극복하는 인물임을 보여 주는군.

④ 임성이 묶인 채 배에 잡혀 있는 장면은 일반적인 영웅 소설의 주인공과 달리 임성이 신이한 능력을 보이지 않는 인물임을 보여 주는군.

⑤ 서해 용왕이 임성 일행을 섬에 이르게 했다는 말은 임성이 황제가 갖추어야 할 내면적인 덕목을 가진 인물임을 보여 주는군.

실전 3회

[1~5] 다음 글을 읽고 물음에 답하시오.

• 2021-6월 고1 학평

(가) 십 년(十年)을 경영(經營)ᄒᆞ여 **초려삼간(草廬三間)** 지여 내니
나 ᄒᆞᆫ 간 ᄃᆞᆯ ᄒᆞᆫ 간에 **청풍(淸風)** ᄒᆞᆫ 간 맛져 두고
강산(江山)은 들일 듸 업스니 둘러 두고 보리라

– 송순 –

(나) 서산의 아침볕 비치고 구름은 낮게 떠 있구나
비 온 뒤 **묵은 풀**이 뉘 **밭**에 더 짙었든고
두어라 차례 정한 일이니 매는 대로 매리라 〈제1수〉

둘러내자 둘러내자 긴 고랑 둘러내자
바라기 역고를 고랑마다 둘러내자
잡초 짙은 긴 사래 마주 잡아 둘러내자 〈제3수〉

땀은 듣는 대로 듣고 볕은 쬘대로 쬔다
청풍에 옷깃 열고 긴 휘파람 흘리 불 때
어디서 길 가는 손님네 아는 듯이 머무는고 〈제4수〉

밥그릇에 **보리밥**이요 사발에 **콩잎 나물**이라
내 밥 많을세라 네 반찬 적을세라
먹은 뒤 한 숨 졸음이야 너나 나나 다를소냐 〈제5수〉

돌아가자 돌아가자 해 지거든 돌아가자
냇가에 손발 씻고 **호미 메고 돌아올** 제
어디서 **우배초적(牛背草笛)**이 함께 가자 재촉하는고

〈제6수〉

– 위백규, 「농가구장(農歌九章)」 –

▼
둘러내자 휘감아서 뽑자.
바라기 역고 잡초의 일종.
우배초적 소의 등에 타고 가면서 부는 풀피리 소리.

(다) 우리 집 뒷동산에 복숭아나무가 하나 있었다. 그 꽃은 **빛깔이 시원치 않**고 그 열매는 맛이 없었다. 가지에도 **부스럼이 돋**고 잔가지는 무더기로 자라 참으로 볼 것이 없었다. 지난 봄에 이웃에 박 씨 성을 가진 이의 손을 빌어 **홍도 가지**를 접붙여 보았다. 그랬더니 그 꽃이 아름답고 열매도 아주 튼실하였다. 애초에 한창 잘 자라는 나무를 베어 버리고 잔가지 하나를 접붙였을 때에 나는 그것을 보고 '대단히 어긋난 일을 하는구나' 하고 생각하였다. 그런데 어느새 밤낮으로 싹이 나 자라고 비와 이슬이 그것을 키워 눈이 트고 가지가 뻗어 얼마 지나지 않아 울창하게 자라 제법 그늘을 드리우게 되었다. 올봄에는 꽃과 잎이 많이 피어서 붉고 푸른 비단이 찬란하게 서로 어우러진 듯하니 그 경치가 진실로 볼 만하였다.

오호라, 하나의 복숭아나무, 이것이 심은 땅의 흙도 바꾸지 않고 그 뿌리의 종자도 바꾸지 않았으며 단지 접붙인 한 줄기의 기운으로 줄기도 되고 가지도 되어 아름다운 꽃이 밖으로 피어나 그 **자태가 돌연히 다른 모습**으로 바뀌니 보는 이로 하여금 눈을 씻게 하고 지나가는 이가 많이 찾아 오솔길을 내게 되었다. 이러한 기술을 가진 이는 그 조화의 비밀을 아는 이가 아닌가! 신기하고 또 신기하도다.

내가 여기에 이르러 느낀 바가 있었다. 사물이 변화하고 바뀌어 개혁을 하게 되는 것은 오로지 초목에 국한한 것이 아니오, 내 몸을 돌이켜 본다 하여도 그런 것이니 어찌 그 관계가 멀다 할 것인가! **악한 생각**이 나는 것을 결연히 내버리는 일은 나무의 옛 가지를 잘라 내버리듯 하고 **착한 마음**의 실마리 싹을 끊임없이 움터 나오게 하기를 새 가지로 접붙이듯 하여, 뿌리를 북돋아 잘 기르듯 마음을 닦고 가지를 잘 자라게 하듯 깊은 진리에 이른다면 이것은 시골 사람에서 성인에 이르기까지 나무 접붙임과 다른 것이 무엇이겠는가!

『주역』에 이르기를 ㉠"땅에서 나무가 자라나는 것은 승괘(升卦)이니 군자가 이로써 덕을 순하게 하여 작은 것을 쌓아 높고 크게 한다." 하였으니, 이것을 보고 어찌 스스로 힘쓰지 아니하겠는가. 그리고 또 느낀 바가 있다. 오늘부터 지난 봄을 돌이켜보면 겨우 추위와 더위가 한 번 바뀐 것뿐인데 한 치 가지를 손으로 싸매어 놓은 것이 저토록 지붕 위로 높이 자라 꽃을 보게 되었고, 또 장차 그 열매를 먹게 되었으니 만약 앞으로 내가 몇 해를 더 살게 된다면 이 나무를 즐김이 그 얼마나 더 많을 것인가! 세상 사람들은 자기가 **늙는 것만 자랑하여 팔다리를 게을리 움직이**고 그 마음 씀도 별로 소용되는 바가 없다. 이로 미루어 보면 또한 어찌 마음을 분발하여 뜻을 불러일으키기를 권하지 아니하겠는가. 이 모든 것은 다 이 늙은이를 경계함이 있으니 이렇게 글을 지어 마음에 새기노라.

– 한백겸, 「접목설(接木說)」 –

▼
승괘 육십사괘의 하나. 땅에 나무가 자라남을 상징함.

1 (가)~(다)에 대한 설명으로 적절한 것은?

① (가)는 공간의 이동에 따라 시상을 전개하고 있다.
② (나)는 색채어의 대비를 활용하여 주제를 강조하고 있다.
③ (다)는 음성 상징어를 사용하여 생동감을 드러내고 있다.
④ (가)와 (나)는 시어의 반복을 통해 리듬감을 형성하고 있다.
⑤ (가)와 (다)는 구체적인 묘사를 통해 계절감을 부각하고 있다.

2 (나)를 활용하여 '전원일기'라는 제목으로 영상시를 제작하기 위해 학생들이 협의한 내용으로 적절하지 <u>않은</u> 것은?

① 〈제1수〉는 아침부터 농기구를 가지고 밭을 가는 농부의 모습을 보여 주면 좋겠어.
② 〈제3수〉는 농부들이 함께 잡초를 뽑고 있는 모습을 보여 주면 좋겠어.
③ 〈제4수〉는 옷깃을 열고 바람을 쐬고 있는 농부의 모습을 보여 주면 좋겠어.
④ 〈제5수〉는 농부들이 모여 식사하고 있는 모습을 보여 주면 좋겠어.
⑤ 〈제6수〉는 해 질 무렵에 농사일을 마치고 마을로 돌아오는 농부의 모습을 보여 주면 좋겠어.

3 〈보기〉를 참고하여 (가)와 (나)를 감상한 내용으로 적절하지 <u>않은</u> 것은?

> 보기
>
> 조선 시대 사대부들의 시조에는 자연이 자주 등장하는데, 작품 속 자연에 대한 인식이 같지는 않다. (가)에서의 자연은 속세를 벗어난 화자가 동화되어 살고 싶어 하는 공간이자 안빈낙도(安貧樂道)의 공간으로 그려져 있다. 반면에 (나)에서의 자연은 소박하게 살아가는 삶의 현장이자 건강한 노동 속에서 흥취를 느끼는 공간으로 그려져 있다.

① (가)의 '초려삼간'은 화자가 안빈낙도하며 사는 공간으로 볼 수 있군.
② (가)의 화자는 '강산'에서 벗어나 '들', '청풍'과 하나가 되어 살아가려는 태도를 보이고 있군.
③ (나)의 '묵은 풀'이 있는 '밭'은 화자가 땀 흘리며 일해야 하는 공간으로 볼 수 있군.
④ (나)의 '보리밥'과 '콩잎 나물'은 노동의 현장에서 맛보는 소박한 음식으로 볼 수 있군.
⑤ (나)의 화자가 '호미 메고 돌아올' 때에 듣는 '우배초적'에서 농부들의 흥취를 느낄 수 있군

4 (다)의 글쓴이가 ㉠을 인용한 이유로 가장 적절한 것은?

① 자신이 깨달은 바를 뒷받침하기 위해
② 자신의 상황을 반어적으로 드러내기 위해
③ 자신의 지식이 보잘것없음을 성찰하기 위해
④ 자신과 군자의 삶이 다르지 않음을 강조하기 위해
⑤ 자신이 살고 있는 세태를 지난날과 비교하기 위해

5 다음은 학생이 (다)를 읽고 정리한 메모이다. ⓐ~ⓔ 중 적절하지 <u>않은</u> 것은?

> **접목설(接木說)**
> ⓐ 글쓴이는 '빛깔이 시원치 않은' 꽃과 '부스럼이 돋'은 가지가 달린 복숭아나무를 소재로 글을 썼다.
> ⓑ 글쓴이는 이웃에 사는 박 씨의 도움으로 '홍도 가지'를 접붙인 후 자라난 꽃과 열매를 본 경험을 제시하였다.
> ⓒ 글쓴이는 사물이 '자태가 돌연히 다른 모습'으로 바뀌기 위해서는 근본의 변화가 중요함을 강조하였다.
> ⓓ 글쓴이는 사물이 변화하는 이치를 사람들이 깨달아 실천하게 되면, '악한 생각'을 버리고 '착한 마음'을 자라게 하는 변화가 가능하다고 여겼다.
> ⓔ 글쓴이는 '늙는 것만 자랑하여 팔다리를 게을리 움직이'는 사람들에게 삶의 태도를 바꾸도록 권하고 싶어 한다.

① ⓐ   ② ⓑ   ③ ⓒ   ④ ⓓ   ⑤ ⓔ

[6~9] 다음 글을 읽고 물음에 답하시오.

• 2020-6월 고2 학평

[앞부분의 줄거리] 중국 명나라 이익의 아들 대봉과 장 한림의 딸 애황은 장차 혼인을 약속한다. 이후 대봉은 죽을 위기에서 살아나 도술을 익혀 북방 흉노의 대군을 격퇴하고, 애황은 부모를 잃고 남장을 하여 살아가다가 과거에 급제하여 남방 선우의 군대를 격퇴한다. 다시 만난 대봉과 애황은 결혼하고, 공을 인정받아 초왕과 충렬 왕후가 되지만 흉노의 대군과 선우의 군대가 재침입을 하게 된다.

"이 일을 어찌 하리오? 남북의 적병이 다시 일어났도다. 전일에 애황이 있었지만 지금은 깊은 규중에 들어갔으니 한쪽에는 대봉을 보내면 되겠지만 또 한쪽에는 누구로 하여금 막게 하리오? 짐이 덕이 없어 도적이 자주 일어나니 초왕 대봉이 성공하고 돌아오면 이번에는 천자의 자리를 대봉에게 전하리라."

이렇게 말하며 눈물을 흘리니, 여러 신하들이 간언을 올려 말하였다.

"천자가 눈물을 흘려 땅을 적시면 3년 동안 심한 가뭄이 든다고 합니다. 하니 과도히 슬퍼하지 마십시오. 즉시 초왕만 패초하옵시면 왕후는 본래 충효를 겸비한 인재이니 가지 않으려 하지 않을 것입니다."

이에 황제가 즉시 패초하니 초왕이 전교를 보고 크게 놀랐으며 온 나라가 떠들썩하였다. 초왕이 즉시 태상왕에게 국사를 맡기고 용포를 벗고 월각 투구를 쓰고 용인갑을 입고 청룡도를 비스듬히 들고 오추마를 채찍질하여 그날 바로 황성에 도착하였다. 초왕이 계단 아래에 나아가 땅에 엎드리니, 황제가 초왕의 손을 잡고 양쪽에 장수를 다 보낼 수 없는 국가의 위태로움을 이야기하였다. 이에 초왕이 이렇게 말하였다.

"비록 남북의 강병이 억만이라 하더라도 폐하께서는 조금도 근심하지 마소서."

즉시 사자를 명하여 충렬 왕후에게 사연을 전하였더니, 왕후가 사연을 보고 크게 놀라 화려한 옷을 벗고 갑주를 갖추어 입고 천사검을 들고 천리준총마를 타고 태상 태후 및 두 공주와 후궁에게 하직한 뒤, 천리마를 채찍질하여 황성으로 달려왔다. 황성에 도착하니 황제와 초왕이 성 밖에까지 나와 맞이하거늘 왕후가 말에서 내려 땅에 엎드려 아뢰었다.

"초왕 부부가 정성이 부족하여 외적이 자주 강성하는 게 아닌가 합니다."

황제가 그 충성스러움을 못내 칭찬하고 어떻게 적을 물리칠 것인지 방책을 물었더니 왕후가 아뢰었다.

[A] "폐하의 은덕이 오직 우리 초왕 부부에게 미쳤사온데, 불행하여 전장에서 죽은들 어찌 마다하겠습니까? 엎드려 바라건대 폐하께서는 근심하지 마옵소서."

이에 군병을 조발하여 왕후를 대원수 대사마 대장군 겸 병마도총독 상장군에 봉하고 인끈과 절월을 주며 군중에 만약 태만한 자가 있거든 즉시 참수하라 하였다. 또 초왕은 대원수 겸 상장군을 봉하였다. 군사를 조발할 때 장 원수는 황성의 군대를 조발하고 이 원수는 초나라의 군대를 조발하여 각각 80만씩 거느리고 행군하여 대봉은 북방의 흉노를 치러 가고 애황은 남방의 선우를 치러 떠났다.

이때 애황은 잉태한 지 일곱 달이었다. 각자 말을 타고 남북으로 떠나면서 대봉이 애황의 손을 잡고 말하였다.

"원수가 잉태한 지 일곱 달이니, 복중에 품은 혈육 보전하기를 어찌 바랄 수 있으리오? ㉠부디 몸을 안보하소서. 무사히 돌아와 서로 다시 보기를 천만 바라노라."

이렇게 애틋한 정을 이기지 못하였는데, 애황이 다시 말하였다.

"원수는 첩을 걱정하지 마시고 대군을 거느리고 가 한 번 북을 쳐 도적을 깨뜨리고 빨리 돌아와 황상의 근심을 덜고 태후의 근심을 덜게 하소서."

말 위에 서로 잡았던 손을 놓고 이별한 뒤, 대봉은 북으로 향하고 애황은 남으로 향하여 행군하였다. [중략]

원수가 백금 투구를 쓰고 흑운포를 입고 7척 천사검을 높이 들고 천리준총마를 타고 적진으로 달려들 때, 남주작과 북현무, 청룡과 백호군에게 호령하여 적진의 후군을 습격하여 무찌르게 하고 자신은 선봉장 골통을 맞아 싸웠다. 싸운 지 반합이 채 못 되어 원수의 칼이 공중에서 번쩍 빛나더니 골통의 머리가 떨어졌다. 이어 좌충우돌하며 적진을 누비니, 오늘의 용맹이 전날의 용맹에 비해 배나 더하였다. 삼십여 합을 겨룬 끝에 무수히 많은 장수를 무찌르고 선우의 팔십만 대병을 몰아치니, 선우가 마침내 당해내지 못할 줄 알고 군사를 거느리고 달아나려 하였다. 이를 보고 장 원수가 적군을 여린 풀 베듯하니, 군사의 주검이 산처럼 쌓였고 피가 흘러 내가 되어 겁내지 않는 이가 없었다. 적진 장졸들이 원수의 용맹을 보고 물결이 갈라지듯 흩어지자, 선우가 이를 보고 죽기를 각오하고 달아났다. 그러나 장 원수가 지르는 한 마디 고성 속에 검광이 번쩍하더니 선우의 몸이 뒤집히면서 말 아래 떨어져 죽고 말았다.

이에 장 원수가 선우의 목을 베어 함에 넣어 남만의 다섯 나라에 보내었다. 그러고는 여러 장수들에게 호령하여 남은 적진 장졸은 씨도 남기지 말고 다 죽이라 하고 백성을 진무하였다.

이때 다섯 나라의 왕들이 선우의 목을 보고는 황금과 비단, 채단을 수레에 가득 싣고 항복의 문서를 올리며 죽여 달라고 사죄하였다. 장 원수가 다섯 나라의 왕을 잡아들여서는 그들의 죄를 낱낱이 밝힌 뒤 항서와 예단을 받았다. 이어 이렇게 말하였다.

[B] ┌ "이 뒤로 만일 반역의 마음을 둔다면 너희 다섯 나라의 인종을 모두 없앨 것이니 명심하라. 또 물러나 동지(冬至)에 조공 보냄을 지체하지 말라."
└

이에 모두가 살려 주기를 애걸하며 선우를 탓하고 머리를 조아리며 사례하고 돌아갔다.

드디어 장 원수가 군사를 수습하여 진문관에서 군사를 위로하며 쉬게 한 뒤, 예단을 싣고 차차 나아가 황성으로 올라왔다. 하양에 이르렀을 때 원수의 몸이 피곤하여 영채(營寨)를 세우고 쉬었는데, 갑자기 복통이 심하더니 혼미한 가운데 아이를 낳으니 활달한 기남자였다. 3일 몸조리한 뒤 말을 타지 못하여 수레를 타고 행군하였다.

– 작자 미상, 「이대봉전」 –

▼
패초 조선 시대에 임금이 신하를 부르던 일.
조발 군사로 쓸 사람을 강제로 뽑아 모음.
진무 안정시키고 어루만져 달램.

6 윗글에 대한 설명으로 적절한 것은?

① 배경 묘사를 통해 인물 간의 갈등을 부각하고 있다.
② 초월적 공간을 통해 사건의 환상성을 강화하고 있다.
③ 서술자의 개입을 통해 비극적 결말을 암시하고 있다.
④ 잦은 장면 전환을 통해 사건을 속도감 있게 전개하고 있다.
⑤ 과장된 상황의 설정을 통해 해학적 분위기를 형성하고 있다.

7 〈보기〉의 빈칸에 들어갈 말로 가장 적절한 것은?

┌ 보기 ┌
　　⊙을 보니, 무사히 돌아오라고 대봉은 애황에게 (　　　)
하고 있군.
└

① 경거망동(輕擧妄動)　　② 신신당부(申申當付)
③ 애걸복걸(哀乞伏乞)　　④ 이실직고(以實直告)
⑤ 횡설수설(橫說竪說)

8 [A]와 [B]를 이해한 내용으로 가장 적절한 것은?

① [A]에 드러난 인물의 결의가 실행되었음을 [B]에서 확인할 수 있다.
② [A]에 드러난 인물의 권위가 추락되었음을 [B]에서 확인할 수 있다.
③ [A]에서 인물이 예고한 사건이 일어나지 않았음을 [B]에서 확인할 수 있다.
④ [A]에서 시작된 인물의 내적 갈등이 해소되었음을 [B]에서 확인할 수 있다.
⑤ [A]에서 촉발된 인물들 간의 오해가 심화되고 있음을 [B]에서 확인할 수 있다.

9 〈보기〉를 참고하여 윗글을 감상한 내용으로 적절하지 않은 것은?

┌ 보기 ┌
　「이대봉전」은 개인적 가치보다 집단적 가치를 우선하며 군주에게 충성을 다하는 남녀 주인공을 통해 유교적 이념을 드러내고 있다. 남녀 주인공이 역할을 분담하여 협력하는 모습을 그린 점, 사회적 제약을 뛰어넘는 여성 영웅의 활약상을 부각한 점, 군주가 자신의 잘못을 인정하는 모습을 보인 점 등이 특징적이다.
└

① 이대봉이 황제의 부름에 지체 없이 응하는 모습을 통해 군주에게 충성하는 유교적 가치관을 확인할 수 있군.
② 황제가 여러 신하들의 간언에 따라 이대봉을 패초하는 모습을 통해 자신의 잘못을 인정하는 군주의 모습을 확인할 수 있군.
③ 장애황이 규중을 벗어나 전장에 대원수로 참여하여 활약하는 모습을 통해 사회적 제약을 뛰어넘는 여성 영웅의 면모를 확인할 수 있군.
④ 장애황이 잉태한 몸임에도 불구하고 전장에 선뜻 나서는 모습을 통해 개인적 가치보다 집단적 가치를 우선시하는 모습을 확인할 수 있군.
⑤ 장애황과 이대봉이 각각 남북의 적과 맞서 싸우러 떠나는 모습을 통해 남녀 주인공이 역할을 분담하여 협력하는 모습을 확인할 수 있군.

실전 4회

[1~4] 다음 글을 읽고 물음에 답하시오.

• 2019-11월 고1 학평

(가) 일조(一朝) 낭군(郎君) **이별** 후에 소식조차 돈절(頓絕)하야

자네 일정 못 오던가 **무삼 일로 아니 오더냐**

이 아해야 말 듣소

황혼 저문 날에 개가 짖어 못 오는가

이 아해야 말 듣소

춘수(春水)가 만사택(滿四澤)하니 **물**이 깊어 못 오던가

이 아해야 말 듣소

하운(夏雲)이 다기봉(多奇峰)하니 **산**이 높아 못 오던가

이 아해야 말 듣소

한 곳을 들어가니 육관 대사 성진(性眞)이는 석교상(石橋上)에서 팔선녀 다리고 희롱한다

지어자 좋을시고

병풍에 그린 황계(黃鷄) 수탉이 두 나래 둥덩 치고 짜른 목을 길게 빼어 긴 목을 에후리어

사경일점(四更一點)에 날 새라고 **꼬꾀요 울거든 오랴는가**

자네 어이 그리하야 아니 오던고

너란 죽어 **황하수(黃河水)** 되고 날란 죽어 **도대선(都大船)** 되야

밤이나 낮이나 낮이나 밤이나

바람 불고 물결치는 대로 어하 둥덩실 **떠서 노자**

저 ⊙달아 보느냐

임 계신 데 명휘(明暉)를 빌리려문 나도 보게

이 아해야 말 듣소

추월(秋月)이 양명휘(揚明暉)하니 달이 밝아 못 오던가

어데를 가고서 네 아니 오더냐

지어자 좋을시고

– 작자 미상, 「황계사(黃鷄詞)」 –

▼
돈절 편지, 소식 따위가 갑자기 끊어짐.
춘수가 만사택 봄철의 물이 사방의 못에 가득함.
하운이 다기봉 여름 구름이 많은 기이한 봉우리를 이룸.
사경일점 새벽 1시에서 3시 사이인 사경(四更)의 한 시점(時點).
도대선 큰 나룻배.
명휘를 빌리려문 밝은 빛을 비춰 주렴.

(나) 온갖 꽃들 피어나 고운 비단을 펼쳐 놓은 듯한데, 푸른 숲 사이로 다문다문 보이니 참으로 알록달록하다. 들판에는 푸른 풀이 무성이 돋아 소들이 흩어져 풀을 뜯는다. 여인들은 광주리 끼고 야들야들한 뽕잎을 따는데 부드러운 가지를 끌어당기는 손이 옥처럼 곱다. 그들이 서로 주고받는 민요는 무슨 가락의 무슨 노래일까.

가는 사람과 앉은 사람, 떠나는 사람과 돌아오는 **사람들** 모두가 **봄을 즐기느라 온화한 표정**이니 그 따뜻한 기운이 나에게도 전해지는 것 같다. 그런데 먼 사방을 바라보는 나의 마음은 왜 이토록 민망하고 답답하기만 할까.

봄이 되어 붉게 장식한 궁궐에도 해가 길어지니, 온갖 일들로 바쁜 **천자(天子)**에게도 여유가 생긴다. 화창한 봄빛에 설레어 가끔 높은 대궐에 올라 먼 곳을 바라보노라면 장구 소리는 높이 울려 퍼지고, 발그레한 살구꽃이 일제히 꽃망울 터뜨린다. 너른 중국 땅의 아름다운 **경치**를 바라보니 기쁘고 흡족하여 옥잔에 술을 가득 부어 마신다. 부귀한 사람이 봄을 볼 때는 이러하리라.

왕족과 귀족의 자제들은 호탕한 벗들과 더불어 꽃을 찾아다니는데, 수레 뒤에는 붉은 옷 입은 기생들을 태웠다. 가는 곳마다 자리를 펼쳐 옥피리와 생황을 연주하게 하며, 곱게 짠 비단 같은 울긋불긋한 꽃을 바라보고, 취한 눈을 치켜뜨고 이리저리 거닌다. 화려하고 사치스러운 사람이 봄을 볼 때는 이러하리라.

한 어여쁜 부인이 빈 방을 지키고 있다. 천 리 멀리 떠도는 남편과 이별한 뒤 소식조차 아득해져 한스럽다. 마음은 물처럼 일렁거려, 쌍쌍이 나는 ⓛ제비를 보다가 난간에 기대어 눈물 흘린다. 슬프고 비탄에 찬 사람이 봄을 볼 때는 이러하리라. [중략]

군인이 출정하여 멀리 고향을 떠나와 지내다가 변방에서 또 봄을 맞아 풀이 무성히 돋는 걸 볼 때나, 남쪽 지방으로 귀양 간 나그네가 어두워질 무렵 푸른 단풍나무를 보게 될 때면, 언제나 발길을 멈추고 고개를 들어 이슥히 보고 있지만 마음은 조급하고 한스러워진다. 집 떠난 **나그네**가 봄을 볼 때는 이러하리라.

여름날에는 찌는 듯한 더위가 고생스럽고, 가을은 쓸쓸하기만 하며, 겨울에는 꽁꽁 얼어붙어 괴롭다는 걸 나는 잘 알고 있다. 이 세 계절은 너무 한 가지에만 치우쳐서 변화의 여지도 없이 꽉 막힌 것 같다. 그러나 봄날만은 **보이는 경치와 처한 상황**에 따라, 때로는 따스하고 즐거운 마음이 들게도 하고, 때로는 슬프고 서러워지게 하기도 하고, 때로는 절로 노래가 나오게 하기도 하고, 때로는 흐느껴 울고 싶게 만들기도 한다. 사람들의 마음을 하나하나 건드려 움직이니 그 마음의 가닥은 천 갈래 만 갈래로 모두 다르다.

그런데 나 같은 이는 어떠한가. 취해서 바라보면 즐겁고, 술이 깨어 바라보면 서럽다. 곤궁한 처지에서 바라보면 구름과 안개가 가려진 것 같고, 출세하고 나서 바라보면 햇빛이

환히 비치는 것 같다. 즐거워할 일이면 즐거워하고 슬퍼할 일이면 슬퍼할 일이다. 닥쳐오는 상황을 마주하고 변화하는 조짐을 순순히 따르며 나를 **둘러싼 세상**과 더불어 움직여 가리니, 한 가지 법칙만으로 헤아릴 수는 없는 것이다.

– 이규보, 「봄의 단상」 –

1 (가)와 (나)의 공통점으로 가장 적절한 것은?

① 환상적 공간의 묘사를 통해 긴장된 분위기를 드러내고 있다.
② 부르는 말의 반복을 통해 자신의 고조된 감정을 드러내고 있다.
③ 추측을 나타내는 표현을 통해 자신의 생각을 드러내고 있다.
④ 언어유희를 통해 현실에 대한 태도를 간접적으로 드러내고 있다.
⑤ 명령형 어조를 통해 대상에 대한 생각을 강조하여 드러내고 있다.

2 〈보기〉를 바탕으로 (가)를 감상한 내용으로 적절하지 <u>않은</u> 것은?

> ┌ 보기 ┐
>
> 「황계사」는 임과 이별한 상황에서 화자가 느끼는 답답함과 그리움을 형상화한 작품이다. 화자는 임과의 재회가 늦어지는 이유를 외부적 요인에서 찾으려 하거나, 불가능한 상황을 가정함으로써 임이 돌아오지 않는 것에 대한 원망을 드러내고 있다. 그런데 이런 원망에는 이별의 상황에서 벗어나 임과 재회하기를 간절하게 바라는 화자의 마음이 담겨 있다.

① '이별 후'에 '소식조차 돈절'한 것에서, 화자가 임과 이별한 상황임을 알 수 있군.
② '무삼 일로 아니 오더냐'라고 하는 것에서, 임과 이별한 상황에서 느끼는 화자의 답답한 심정을 알 수 있군.
③ '물'이 깊고 '산'이 높다는 것에서, 화자가 임과 이별하게 된 이유를 외부적 요인에서 찾고 있음을 알 수 있군.
④ '병풍에 그린 황계'가 '꼬꾀요 울거든 오라는가'라고 하는 것에서, 불가능한 상황을 가정하여 임이 돌아오지 않는 것에 대한 원망을 드러내고 있음을 알 수 있군.
⑤ '황화수'와 '도대선'이 되어 '떠서 노자'라고 한 것에서, 화자가 재회를 간절히 바라고 있음을 알 수 있군.

3 〈보기〉는 (나)의 내용을 구조화한 것이다. 이에 대한 이해로 적절하지 <u>않은</u> 것은?

> ┌ 보기 ┐
>
>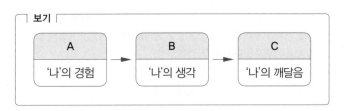
>
> A '나'의 경험 → B '나'의 생각 → C '나'의 깨달음

① A에서 자신과 달리 '봄을 즐기느라 온화한 표정'인 '사람들'을 바라본 경험은 B가 시작되는 계기가 된다고 볼 수 있군.
② B에서 '천자'가 봄의 '경치'를 바라보는 모습을 통해 봄을 대하는 부귀한 사람의 태도를 생각하고 있군.
③ B에서 '왕족과 귀족의 자제들'과 '나그네'가 봄을 대하는 입장은 서로 대비되는군.
④ B의 생각들은, 봄을 '보이는 경치와 처한 상황'에 따라 다르게 받아들일 수 있다는 C의 깨달음으로 이어지는군.
⑤ A의 경험으로부터 이어진 C의 깨달음은 자신을 '둘러싼 세상'을 변화시키고자 하는 의지로 확장되는군.

4 ㉠과 ㉡에 대한 설명으로 가장 적절한 것은?

① ㉠은 화자의 소망을 드러내는, ㉡은 인물의 처지를 부각하는 소재이다.
② ㉠은 화자의 처지와 동일시되는, ㉡은 인물의 상황과 대비되는 소재이다.
③ ㉠은 화자의 행동을 유도하는, ㉡은 인물의 외적 갈등을 해소하는 소재이다.
④ ㉠은 화자와 대상을 연결해 주는, ㉡은 인물과 대상을 단절시키는 소재이다.
⑤ ㉠은 화자의 부정적 인식을 내포하는, ㉡은 긍정적 인식을 투영하는 소재이다.

[5~7] 다음 글을 읽고 물음에 답하시오.

• 2020-6월 고1 학평

[앞부분의 줄거리] 명나라 효종 때, 김생이라는 선비는 상사동 길가에서 영영을 보고 사랑에 빠진다. 영영을 만날 궁리를 하던 김생은 막동의 도움으로 영영의 이모인 노파에게 접근한다.

그날도 두 사람은 술이 떨어질 때까지 마셨다.

김생은 빨간 보자기를 풀어 비단 적삼 하나를 내놓았다.

"매일 할머니를 괴롭히고도 갚을 것이 없어 걱정했는데 이것이라도 제 정성으로 아시고 받아 주시오."

노파는 김생의 마음 씀씀이에 감동하면서도 그 속마음을 알 수 없어 근심이 되었다. 노파는 아무래도 안 되겠다 싶었는지 바로 일어나서 절을 하였다.

"제가 과부 되어 살아온 지 오래지만 이웃 사람조차 도와주지 않았습니다. 그런데 도련님께서 이렇게 마음을 써 주시니 몸 둘 바를 모르겠습니다. 혹 도련님께서 소망이 있으시다면 비록 죽는 일이라도 말씀하소서."

그제야 김생은 얼굴에 슬픈 빛을 띠고 입을 열기 시작했다.

"그렇게 말씀하시니 어찌 사실대로 말하지 않겠소? 제가 어느 날 집으로 가는 길에 한 낭자를 보았습니다. 나이 어린 협기로 뒤를 쫓아왔더니 그 낭자가 들어간 곳이 바로 이곳이었소. 그런데 그 낭자를 본 뒤부터 마음이 취한 듯 모든 일에 흥미를 잃고 그 낭자만 생각하니, 애끓는 괴로움이 벌써 여러 날이라오."

노파는 김생이 여인을 본 날짜와 여인의 복장을 물었다. 노파는 짚이는 사람이 있는 모양이었다.

"도련님께선 제 죽은 언니의 딸을 보신 것 같습니다. 그 애의 이름은 영영(英英)이라 하는데 정말 탐스러운 아이지요. 하지만……."

"하지만 뭐란 말이요?"

김생은 노파가 무슨 말을 할지 걱정되었다. 그걸 아는지 모르는지 노파는 김생보다 더 심각한 표정으로 말을 이었다.

"도련님은 그 애를 만나는 것조차 어려울 것입니다."

"그건 무슨 말이요?"

"그 애는 회산군(檜山君)의 시녀입니다. 궁중에서 나고 자라 문밖을 나서지 못합니다."

"그렇다면 전에 내가 본 날은 어인 나들이였소?"

"그때는 마침 그 애 부모의 제삿날이라 제가 회산군 부인께 청하고 겨우 데려왔었지요."

"……."

"영영은 자태가 곱고 음률이나 글에도 능통해 회산군께서

첩을 삼으려 하신답니다. 다만 그 부인의 투기가 두려워 뜻대로 못할 뿐이랍니다."

김생은 크게 한숨을 내쉬며 탄식하였다.

"결국 하늘이 나를 죽게 하는구나!"

노파는 김생의 병이 깊은 것을 보고 안타까워했다. 노파는 그렇게 김생을 바라보고 있다가 한참만에 입을 열었다.

"방법이 없는 것은 아닙니다."

"그래요? 그, 그것이 무엇이오? 빨리 말해 보시오."

"단오가 한 달이 남았으니 그때 다시 작은 제사상을 벌이고 부인에게 영아를 보내 주십사고 청하면 그리 될 수도 있습니다."

김생은 그 말을 듣고 뛸 듯이 기뻐했다.

"할머니 말대로 된다면 인간의 오월 오일은 곧 천상의 칠석이오."

김생과 노파는 그렇게 서로 이야기를 하면서 영영을 불러낼 계획을 세웠다.

마침내 노파와 약속한 날이 되었다. 김생은 날이 밝기도 전에 그 집으로 달려갔다. [중략]

영영을 그리는 마음은 예전보다 두 배나 더 간절하였다. 그러나 청조가 오지 않으니 소식을 전하기 어렵고, 흰기러기는 오래도록 끊기어 편지를 전할 길도 없었다. 끊어진 거문고 줄은 다시 맬 수가 없고 깨어진 거울은 다시 합칠 수가 없으니, 가슴을 졸이며 근심을 하고 이리저리 뒤척이며 잠 못 이룬들 무슨 소용이 있겠는가? 김생은 마침내 몸이 비쩍 마르고 병이 들어 자리에 누워 있었다. 그렇게 두어 달이 지나니 김생은 죽은 몸이나 다름없었다. 마침 김생의 친구 중에 이정자(李正字)라고 하는 이가 문병을 왔다. 정자는 김생이 갑자기 병이 난 것을 이상해했다. 병들고 지친 김생은 그의 손을 잡고 모든 이야기를 털어놓았다. 정자는 모든 이야기를 듣고 놀라며 말했다.

[A]┌ "자네의 병은 곧 나을 걸세. 회산군 부인은 내겐 고모가
  │ 되는 분이라네. 그 분은 의리가 있고 인정이 많으시네.
  │ 또 부인이 소천(所天)▼을 잃은 후로부터, 가산과 보화를
  │ 아끼지 아니하고 희사(喜捨)와 보시(布施)를 잘 하시니,
  └ 내 자네를 위하여 애써 보겠네."

김생은 뜻밖의 말을 듣고 너무 기뻐서 병든 몸인데도 일어나 정자의 손이 으스러져라 꽉 잡을 정도였다. 김생은 신신부탁하며 정자에게 절까지 하였다. 정자는 그날로 부인 앞에 나아가 말했다.

"얼마 전에 장원 급제한 사람이 문 앞을 지나다가, 말에서

떨어져 정신을 차리지 못한 것을 고모님이 시비에게 명하여 사랑으로 데려간 일이 있사옵니까?"

"있지."

"그리고 영영에게 명하여 차를 올리게 한 일이 있사옵니까?"

"있네."

[B] "그 사람은 바로 저의 친구로 김 모라 하는 이옵니다. 그는 재기(才氣)가 범인(凡人)을 지나고 풍도(風度)가 속되지 않아, 장차 크게 될 인물이옵니다. 불행하게도 상사의 병이 들어 문을 닫고 누워서 신음하고 있은 지 벌써 두어 달이 되었다 하더이다. 제가 아침저녁으로 왔다 갔다 하면서 문병하는데, 피부가 파리해지고 목숨이 아침저녁으로 불안하니, 매우 안타까이 여겨 병이 든 이유를 물어본즉 영영으로 인함이라 하옵니다. 영영을 김생에게 주시는 것이 어떻겠습니까?"

부인은 듣고 나서,

"내 어찌 영영을 아껴 사람이 죽도록 하겠느냐?"

하였다. 부인은 곧바로 영영을 김생의 집으로 가게 하였다.

그리하여 꿈에도 그리던 두 사람이 서로 만나게 되니 그 기쁨이야 말할 수 없을 정도였다. 김생은 기운을 차려 다시 깨어나고, 수일 후에는 일어나게 되었다. 이로부터 김생은 공명(功名)을 사양하고, **영영과 더불어 평생을 해로하였다.**

– 작자 미상, 「영영전」 –

▼

소천(所天) 아내가 남편을 일컫는 말.

5 윗글에 대한 설명으로 가장 적절한 것은?

① 전기적 요소를 활용해 긴박한 분위기를 조성하고 있다.
② 비유적 표현을 활용해 인물 간의 갈등을 심화하고 있다.
③ 인물의 외양 묘사를 통해 영웅적 면모를 보여 주고 있다.
④ 역순행적 구성을 통해 사건을 입체적으로 구성하고 있다.
⑤ 서술자의 주관적 논평을 통해 인물의 심리를 드러내고 있다.

6 [A]와 [B]에 나타난 인물의 말하기에 대한 설명으로 가장 적절한 것은?

① [A]는 상대에게 조언하고, [B]는 상대에게 거래를 제안하고 있다.
② [A]는 상대에게 칭찬하고, [B]는 상대에게 서운함을 토로하고 있다.
③ [A]는 상대에게 위로하고, [B]는 상대에게 원하는 것을 부탁하고 있다.
④ [A]는 상대에게 공감하고, [B]는 상대에게 자신의 능력을 자랑하고 있다.
⑤ [A]는 상대에게 충고하고, [B]는 상대에게 자신의 친구를 소개하고 있다.

7 〈보기〉를 참고하여 윗글을 감상한 내용으로 적절하지 않은 것은?

> **보기**
>
> 「영영전」은 궁녀인 영영과 선비인 김생의 신분을 초월한 사랑을 그린 작품이다. 주인공 영영을 통해 조선 시대 궁녀들의 폐쇄적인 생활상을 엿볼 수 있으며, 영영의 신분은 김생과의 사랑을 가로막는 장애물로 작용한다. 김생은 영영을 만나기 위해 노력하며, 이 과정에서 김생이 영영을 만나도록 도와주는 인물들이 등장한다. 결국, 조력자들의 도움으로 영영과 김생은 사랑의 장애물을 극복하고 사랑을 성취하여 행복한 결말을 맞이하게 된다.

① '궁중에서 나고 자라 문밖을 나서지 못합니다.'에서 조선 시대 궁녀들의 폐쇄적인 생활상을 확인할 수 있군.
② '부인의 투기가 두려워 뜻대로 못할 뿐이랍니다.'에서 회산군 부인의 투기가 김생과 영영의 사랑을 가로막는 장애물임을 확인할 수 있군.
③ '영아를 보내 주십사고 청하면 그리 될 수도 있습니다.'에서 노파도 김생이 영영을 만나도록 도와주는 조력자임을 확인할 수 있군.
④ '영영을 불러낼 계획을 세웠다.'에서 김생이 영영을 만나기 위해 노력하고 있음을 확인할 수 있군.
⑤ '영영과 더불어 평생을 해로하였다.'에서 영영과 김생이 사랑을 성취하여 행복한 결말을 맞이했음을 확인할 수 있군.

[1~4] 다음 글을 읽고 물음에 답하시오.

• 2020–9월 고2 학평

(가) 세상의 버린 몸이 시골에서 늙어 가니
　　㉠바깥 일 내 모르고 하는 일 무엇인고
　　이 중의 우국성심(憂國誠心)은 풍년을 원하노라　　〈제1곡〉

　　농인이 와 이르되 봄 왔네 밭에 가세
　　앞집의 쟁기 잡고 뒷집의 따비 내네
　　두어라 내 집부터 하랴 남하니 더욱 좋다　　〈제2곡〉

　　여름날 더운 적의 단 땅이 불이로다
　　밭고랑 매자 하니 땀 흘러 땅에 떨어지네
　　어사와 입립신고(粒粒辛苦)▼ 어느 분이 아실까　　〈제3곡〉

　　가을에 곡식 보니 좋기도 좋을시고
　　내 힘으로 이룬 것이 먹어도 맛이로다
　　㉡이 밖에 천사만종(千駟萬鍾)▼을 부러 무엇하리오　〈제4곡〉

　　밤에는 새끼를 꼬고 저녁엔 띠풀을 베어
　　초가집 잡아매고 농기(農器) 좀 손 보아라
　　내년에 봄 온다 하거든 결의 종사▼ 하리라　　〈제5곡〉
　　　　　　　　　　　　　– 이휘일, 「저곡전가팔곡(楮谷田家八曲)」 –

▼
입립신고 낟알 하나하나에 어린 수고로움.
천사만종 많은 말이 끄는 수레, 높은 봉록.
결의 종사 그 참에 바삐 일함.

(나) 불어오는 봄바람이 봄볕을 부쳐내니
　　지저귀는 새소리는 노래하는 소리이니
　　곱디고운 수풀 꽃은 웃음을 머금었나
　　이곳에 앉아보고 저곳에 앉아보니
　　㉢골 안의 맑은 향기 지팡이에 묻었구나
　　봄빛 반짝 흩어 날고 초목이 무성하니
　　푸른빛은 그늘 되어 나무 아래 어리었고
　　하늘의 빛난 구름 골짜기에 잠겼으니
　　송정에서 긴 잠은 더위도 모르더라
　　먼 하늘은 맑디맑고 기러기는 울어 예니
　　양쪽 언덕 단풍 숲은 비단처럼 비치거늘
　　㉣일대의 강 그림자 푸른 유리 되었구나
　　국화를 잔에 띄워 무지개를 맞아 오니

이 작은 즐거움은 세상모를 일이로다
하늘 높이 부는 바람 고요하고 쓸쓸하여
나뭇잎 다 진 후에 산계곡이 삭막하고
섣달그믐 조화 부려 백설을 나리오니
수많은 산봉우리가 경요굴이 되었거늘
눈썹이 솟구치고 눈동자를 높이 뜨니
끝없는 설경은 **시**의 제재가 되었으니
세상 물정을 모르니 추위를 어이 알까
　　　　　　[중략]
깨끗하고 맑은 바람 실컷 쏘인 후에
대여섯 아이들과 노래하며 돌아오니
옛사람 기상에 미칠까 못 미칠까
옛일을 떠올리니 어제인 듯하다마는
깨끗한 풍채를 꿈에서나 얻어 볼까
옛사람 못 보거든 지금 사람 어이 알고
이 몸이 늦게 나니 애통함도 쓸 데 없다
산새와 산꽃을 내 **벗으로 삼아**두고
경치를 만끽하며 **생긴 대로 노는 몸**이
공명을 생각하며 **빈천을 설워**할까
단사표음이 내 분이니 세월도 한가하네
이 계곡 경치를 싫도록 거느리고
백 년 세월을 노닐다가 마치리라
㉤아이야 사립문 닫아라 세상 알까 하노라
　　　　　　　　　　　　– 정훈, 「용추유영가(龍湫游詠歌)」 –

1 (가)와 (나)의 공통점으로 가장 적절한 것은?

① 계절적 배경을 소재로 하여 시적 분위기를 조성하고 있다.
② 초월적 공간을 동경하며 부정적 현실을 극복하고 있다.
③ 인간과 자연을 대비하여 주제 의식을 부각하고 있다.
④ 과거를 회상하며 현실의 덧없음을 환기하고 있다.
⑤ 공간의 이동에 따라 내적 갈등이 고조되고 있다.

2 (가)를 이해한 내용으로 적절하지 <u>않은</u> 것은?

① 〈제1곡〉은 '세상의 버린 몸'으로 '풍년'을 바라는 마음을 통해 정치 현실에 대한 미련을 드러낸다.

② 〈제2곡〉은 '봄'이 오니 '밭'에 나가 서로 도와가며 일하는 모습을 통해 공동체적 삶의 태도를 드러낸다.

③ 〈제3곡〉은 더운 여름에 '땀'을 흘려가며 '밭고랑'을 매는 모습을 통해 농사일의 고단함을 보여 준다.

④ 〈제4곡〉은 '내 힘'으로 수확한 '곡식'에 대한 만족감을 통해 노동의 가치를 보여 준다.

⑤ 〈제5곡〉은 '농기'를 수리하며 '봄'을 준비하는 모습을 통해 자연의 순환적 질서를 따르는 농촌의 생활을 보여 준다.

3 〈보기〉를 바탕으로 (나)를 감상한 내용으로 적절하지 <u>않은</u> 것은?

┌─ 보기 ┌─

　　정치·경제적으로 몰락한 향반 계층에게 자연은 안빈낙도의 공간, 곧 자신의 신념을 실현할 수 있는 안식처였다. 이처럼 자연은 정신적 풍요로움을 주는 대상이었기 때문에 현실 소외에 대한 보상 공간으로서 의미가 있다고 할 수 있다.

└──

① '이 작은 즐거움'은 '세상모를 일'이라며 자부하는 모습에는 화자에게 자연이 현실 소외에 대한 보상 공간으로서 의미가 있음이 나타나는군.

② '끝없는 설경'에서 느끼는 흥취를 '시'를 통해 표출해 내고자 하는 모습에는 자연을 정신적 풍요로움의 대상으로 여기는 화자의 인식이 나타나는군.

③ 자연을 '벗으로 삼'고 '생긴 대로 노는 몸'에는 정치·경제적으로 몰락하여 자연을 안식처로 여기며 살아가는 화자의 모습이 나타나는군.

④ '공명을 생각하'지 않고 '빈천을 설워'하지 않겠다는 모습에는 자연 속에서 자신의 신념을 지키며 살아가려는 화자의 태도가 드러나는군.

⑤ '단사표음'을 '내 분'으로 생각하니 '세월도 한가하'다고 느끼는 모습에는 삶의 단조로움을 느끼고 안빈낙도하려는 화자의 의지가 드러나는군.

4 ㉠~㉤에 대한 설명으로 적절한 것은?

① ㉠: 의문형 어미를 사용하여 과거의 삶을 자책하는 마음을 드러내고 있다.

② ㉡: 설의적 표현을 사용하여 부정적 현실에 대한 화자의 안타까움을 강조하고 있다.

③ ㉢: 시각적 심상을 사용하여 성현의 삶을 지향하는 화자의 심리를 나타내고 있다.

④ ㉣: 비유적 표현을 사용하여 역동적인 자연의 모습을 강조하고 있다.

⑤ ㉤: 명령형 어미를 사용하여 세상과 단절하려는 화자의 의지를 드러내고 있다.

[5~7] 다음 글을 읽고 물음에 답하시오.

• 2019-3월 고2 학평

옹은 말을 할 때면 장황하게 하면서, 이리저리 둘러대었다. 하지만 어느 것 하나 꼭 들어맞지 않는 것이 없었고 그 속에 풍자를 담고 있었으니, 달변가라 하겠다. 손님이 물을 말이 다하여 더 이상 따질 수 없게 되자 마침내 분이 올라,

　㉠"옹께서도 두려운 것을 보셨겠지요?"

하니, 옹이 말없이 한참 있다가 버럭 소리를 질렀다.

　"두려워할 것은 나 자신만 한 것이 없다네. 내 오른쪽 눈은 용이 되고 왼쪽 눈은 범이 되며, 혀 밑에는 도끼를 감추고 있고 팔을 구부리면 당겨진 활과 같아지지. 차분히 잘 생각하면 갓난아이처럼 순수한 마음을 잃지 않으나, 생각이 조금만 어긋나도 짐승 같은 야만인이 되고 만다네. 스스로 경계하지 않으면, 장차 제 자신을 잡아먹거나 물어뜯고 쳐 죽이거나 베어 버릴 것이야. 이런 까닭에 성인께서도 이기심을 누르고 예의를 따르며, 사악함을 막고 진실된 마음을 보존하면서 스스로 두려워하지 않으신 적이 없었다네."

이처럼 수십 가지 어려운 문제를 물어보아도 모두 메아리처럼 재빨리 대답해 내니, 끝내 아무도 그를 궁지에 몰 수 없었다. 옹은 자신에 대해서는 추어올리고 칭찬하는 반면, 곁에 있는 사람에 대해서는 조롱하고 업신여기곤 하였다. 사람들이 옹의 말을 듣고 배꼽을 잡고 웃어도, 옹은 안색 하나 변하지 않았다.

누군가가 말하기를,

"황해도는 황충이 들끓어 관에서 백성을 독려하여 잡느라 야단들입니다." / 하니, 옹이 묻기를,

"황충은 뭐하려고 잡느냐?"

고 하였다. 그러자 그 사람이 답하기를,

[A]
"이 벌레는 크기가 첫잠 잔 누에보다도 작고, 색깔은 알록달록하고 털이 나 있지요. 날아다니는 놈을 '명'이라 하고 볏줄기에 기어오른 놈을 '모'라 하는데, 우리의 벼농사에 피해를 주므로 '멸곡'이라고도 부릅니다. 그래서 잡아다가 땅에 파묻을 작정이랍니다."

하니, 옹은 이렇게 말했다.

[B]
"이런 작은 벌레들은 근심거리도 못 되네. 내가 보기에 종루▼ 앞길을 가득 메우고 있는 것들이 있는데, 이것들이 모두 황충이라오. 길이는 모두 일곱 자가 넘고, 대가리는 새까맣고 눈알은 반짝거리며 아가리는 커서 주먹이 들락날락할 정도인데, 웅얼웅얼 소리를 내고 꾸부정한 모습으로 줄줄이 몰려다니지. 곡식이란 곡식은 죄다 해치우는 것이 이것들만 한 것이 없더군. 그래서 내가 잡으려고 했지만, 그렇게 큰 바가지가 없어 아쉽게도 잡지를 못했다네."

그랬더니 주위 사람들은 정말로 그런 벌레가 있기나 한 듯이 모두 크게 무서워하였다.

어느 날 옹이 오기에 나는 멀리서 바라보면서 은어로,
ⓛ"춘첩자(春帖子)에 방제(尨啼)로다."

라고 하였다. 그러자 옹이 웃으면서 말했다.

"춘첩자란 입춘날 문(門)에 붙이는 글씨[文]니, 바로 내 성 민(閔)을 가리키는 것이렷다. 그리고 방(尨)은 늙은 개를 지칭하니, 바로 나를 욕하는 것이구면. 그 개가 울부짖으면[啼] 듣기가 싫은 법인데, 이는 내 이가 다 빠져 발음이 분명치 않은 것을 비꼰 게로군. 아무리 그렇다 해도 그대가 만약 늙은 개를 무서워한다면, 개를 내쫓는 것이 가장 낫네. 또 울부짖는 소리가 듣기 싫다면, 그 입을 막아 버리게나. 무릇 제(帝)란 조화를 부리는 존재요, 방(尨)은 거대한 물체를 가리키지. 그리고 제(帝)와 방(尨) 자를 한데 붙이면 조화를 부려 위대한 존재가 되나니, 그게 바로 용(龐)▼이라네. 그렇다면 그대는 나에게 모욕을 가하지 못하고, 도리어 나를 칭송한 셈이 되고 말았구면."

– 박지원, 「민옹전」 –

▼
종루 서울 종로의 종각.
용(龐) 용을 뜻하는 '龍' 자를 대신해 쓰는 한자.

---

5 윗글에 대한 설명으로 가장 적절한 것은?

① 일화를 나열하여 인물의 특성을 드러내고 있다.
② 내적 독백을 활용하여 인물의 심리를 드러내고 있다.
③ 요약적 설명을 통해 인물의 성격 변화를 서술하고 있다.
④ 전기적 요소를 활용하여 공간의 비현실성을 부각하고 있다.
⑤ 장면이 바뀌면서 외적 갈등이 내적 갈등으로 전이되고 있다.

6 ㉠, ㉡에 대한 이해로 적절하지 않은 것은?

① ㉠은 손님이 감정이 고조된 상태에서 민옹에게 한 질문이다.
② 민옹은 ㉠에 답하기 위해 비유를 활용하고 있다.
③ ㉡은 민옹이 자신의 능력을 자각하는 계기가 된다.
④ 민옹은 한자에 대한 지식을 바탕으로 ㉡에 대해 답변한다.
⑤ 민옹은 ㉡을 결국 자신에 대한 칭찬으로 풀어내고 있다.

7 〈보기〉를 읽고 [A]와 [B]를 감상한 내용으로 적절하지 않은 것은?

┌─ **보기** ┌
「민옹전」을 비롯한 박지원 소설의 중요한 특징 중 하나로 우의(寓意)의 사용을 들 수 있다. 우의는 작가의 생각을 구체적 대상에 빗대어 간접적으로 제시하는 표현 방식으로, 그의 소설에서 사회 문제에 대한 비판 의식을 보여 주는 데 효과적으로 사용된다.

① [A]의 '황충'은 작가의 생각을 빗대어 드러내기 위해 제시된 구체적 대상으로 볼 수 있어.
② [A]의 '황충'과 [B]의 '황충'은 모두 인간에게 피해를 주는 존재로 표현되고 있어.
③ [B]에서 설명된 '황충'의 특징은 [A]의 '그 사람'이 '황충'에 대해 보여 주는 태도를 비판하는 근거가 되고 있어.
④ [A]와 [B]에 나타난 '황충'의 특징으로 보아 [B]의 '황충'은 백성을 수탈하는 존재를 빗댄 것으로 이해할 수 있어.
⑤ [B]의 '황충'을 잡으려고 했다는 민옹의 말에서 당대의 사회 문제에 대한 비판 의식을 엿볼 수 있어.

빠른시작

고등 국어 고전 문학

빠작으로 내신과 수능을
한발 앞서 준비하세요.

빠른 시작
빠작

고등
국어
고전 문학

정답과
해설

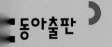

동아출판

01 공무도하가 | 황조가

14쪽

독해 포인트

(가)는 임을 여읜 슬픔을 노래한 고대 가요로, '물'의 의미와 역할에 주목하여 읽는다. (나)는 사랑하는 임을 잃은 외로움을 표현한 고대 가요로, 화자가 자신의 정서를 어떠한 방식으로 표현하고 있는지에 주목하여 읽는다.

(가) 공무도하가 | 백수 광부의 아내

작품 해제

이 작품은 집단적 노래에서 개인적 서정시로 넘어가는 과도기적 작품으로, '물'의 이미지를 활용하여 이별과 죽음에서 나오는 '한(恨)'의 정서를 드러냈다. 이별 또는 단절의 이미지로서의 '물(강)'은 다른 고전 시가에서도 나타나는데 고려 가요 「서경별곡」, 정지상의 「송인」 등이 그것이다.

주제

임과 이별한 슬픔

(나) 황조가 | 유리왕

작품 해제

이 작품은 사랑하는 임을 잃은 고독과 슬픔을 '꾀꼬리'를 매개로 하여 우의적으로 형상화한 작품이다. 사랑하는 여인을 잃고 상심에 잠긴 화자 앞에 짝을 이뤄 정답게 즐기는 꾀꼬리는 화자의 외로움과 비애감을 증폭시키고 있다. 또한 이 작품은 선경후정의 구성 방식을 취해 1, 2구에서는 꾀꼬리의 모습을 묘사한 뒤 3, 4구에서는 외로움의 정서를 표현하고 있다.

주제

임과 이별한 슬픔과 외로움

(가) 임아, 그 물을 건너지 마오.
　　물을 건너려는 임을 만류함. – 임에 대한 사랑
임은 끝내 그 물을 건너셨네.　　▶임과의 이별
　　이별의 원인
물에 빠져 돌아가시니
　　임의 죽음
가신 임을 어찌할꼬.　　▶임을 잃은 슬픔
　　임의 죽음에 대한 탄식과 체념

(나) 펄펄 나는 저 꾀꼬리
　　화자와 대조되는 대상(객관적 상관물)
암수 서로 정답구나.　　▶꾀꼬리의 정다운 모습(선경)

외로워라 이내 몸은
　　화자의 정서 직접 제시
뉘와 함께 돌아갈꼬.　　▶외로운 처지에 대한 탄식(후정)
　　함께 돌아갈 사람이 없는 외로운 처지에 대한 탄식

1 표현상 특징 파악

답 ①

(가)는 '임'에게 말을 건네고 있으므로 '임'이 청자이다. 그러나 (나)는 특정한 대상을 청자로 설정하지 않고 독백하듯 자신의 정서를 드러내고 있다.

[오답 확인]

② (가)는 임의 죽음을 탄식하며 시상을 마무리하고 있고, (나)는 자신의 외로운 처지를 탄식하며 시상을 마무리하고 있다.

③ (가)의 화자는 '그 물을 건너지 마오.'와 같이 간곡한 어조로 물을 건너지 말라는 의사를 임에게 전달하고 있다.

④ (나)는 '펄펄'이라는 의태어(음성 상징어)를 사용하여 꾀꼬리의 모습을 표현하였다.

⑤ (나)는 1, 2구에서 꾀꼬리의 모습을 묘사한 뒤(선경) 3, 4구에서 화자의 외로움의 정서를 표현(후정)하고 있으므로 선경후정의 구성이라고 할 수 있다.

2 시어와 시구의 의미 파악

답 ②

ⓒ의 '가신 임'은 임의 죽음을 의미하는 것으로 ⓒ은 임의 죽음으로 인한 탄식과 체념의 정서를 표현하고 있다.

[오답 확인]

① '임'은 화자가 원망하는 대상이 아니라 사랑하는 대상이므로 적절하지 않다.

③ '꾀꼬리'는 외로운 처지의 화자와 대조되는 대상으로서의 객관적 상관물로, 외로운 화자의 처지와 동일시된 대상은 아니다.

④ '외로워라'는 화자가 자신의 정서를 직접적으로 표현한 것으로, 임과 화자의 정서를 동시에 표현한 것은 아니다.

⑤ '뉘와 함께 돌아갈꼬.'는 함께 돌아갈 사람이 없는 현실에 대해 탄식하고 있는 표현이다. 따라서 현실의 어려움을 극복하려는 의지와는 관련이 없다.

3 외적 준거에 따른 작품 감상

답 ⑤

〈보기〉는 '물'이 다양한 상징적 의미를 지니고 있으며, 하나의 작품에서도 시적 상황과 화자의 정서에 따라 다양한 의미로 해석될 수 있다는 내용이다. 〈보기〉를 바탕으로 할 때 1구의 '물'은 화자의 충만한 '사랑'을 의미한다고 볼 수 있고, 2구의 '물'은 '이별'을 의미한다고 볼 수 있으며, 3구의 '물'은 '죽음'을 의미한다고 볼 수 있다. 따라서 1구의 '물'은 부정적인 상황을 조성하는 직접적인 원인이라고 할 수 없다.

[오답 확인]

① 1구는 화자가 임과 이별하기 전 상황으로 떠나는 임을 만류하려는 화자의 애절한 호소가 드러난다. 이때 '물'은 〈보기〉에서 설명한 '깊음, 충만함'의 이미지와 연관시켜 임에 대한 '충만한 사랑'이라 해석할 수 있다.

② 물을 건넘으로써 화자가 임을 만날 수 없게 되었으므로 2구의 '물'은 '단절' 또는 '이별'을 의미한다고 할 수 있다.

③ 임이 물에 빠져 죽었으므로 3구의 '물'은 '죽음'을 의미한다고 할 수 있다.

④ 3구의 '물'은 임의 죽음(부재)이라는 상황을 가져왔으므로 화자의 슬픔을 유발하는 것이라 할 수 있다.

작품 해제
이 작품은 현재까지 가사가 전해지는 유일한 백제 가요이다. 이 작품의 화자는 행상을 나간 남편의 안전을 '달'에게 기원하고 있다. 이 작품에서 '달'은 높이 돋아 먼 곳까지 비출 수 있는 광명의 상징이며, 임을 어둠으로부터 지켜 주는 천지신명과 같은 존재이다. 또한 이 작품은 후렴구를 제외하면 3장 6구의 시조 형식과 유사한 형태를 지니고 있어 시조 형식의 기원이 된다고 볼 수 있다.

주제
남편의 안전을 바라는 여인의 간절한 마음

화자의 정서와 태도

1~4행	달에게 높이 돋아 멀리 비춰 달라고 함.	
5~7행	남편에게 나쁜 일이 생길까 염려함.	• 남편에 대한 걱정 • 남편의 무사 귀가에 대한 바람
8~11행	남편이 무사히 귀가하기를 바람.	

표현상 특징
• 여음구가 사용되어 운율감을 형성함.
• '둘'과 '즌 딕'를 통해 빛과 어둠의 대립 구조가 나타남.

---

1 부재   **2** 둘(달)

1 이 글의 화자는 행상을 나간 남편을 기다리고 있는 상황이고, 「공무도하가」의 화자는 임의 죽음으로 임과 이별하게 된 상황이며, 「황조가」의 화자는 '임'과 이별한 상황이다. 따라서 세 글의 화자는 임의 부재라는 공통된 상황에 처해 있다고 할 수 있다. 한편 이 글의 화자는 임의 부재라는 상황에서 임의 안전을 기원하고 있고, 「공무도하가」의 화자는 임의 죽음을 슬퍼하고 체념하고 있으며, 「황조가」의 화자는 임의 부재에 슬퍼하며 외로워하고 있다는 점이 다르다.

2 이 글에서 '둘(달)'은 기원의 대상이며, 높이 돋아 먼 곳까지 비출 수 있는 광명의 상징이며, 임을 어둠으로부터 지켜 주는 천지신명과 같은 존재이다.

---

02 제망매가 | 월명사

독해 포인트
이 작품은 신라의 승려인 월명사가 죽은 누이를 추모하며 지은 10구체 향가이다. 화자의 정서 및 시적 상황에 대응하는 태도, 시어의 비유적 의미에 주목하여 읽는다.

작품 해제
이 작품은 자연 현상에 빗대어 삶과 죽음을 표현하고, 윤회 사상을 바탕으로 죽음에 따른 이별의 슬픔을 극복하려는 모습을 담아내 문학적으로 높이 평가받고 있다. 1~4구에서는 누이의 허망한 죽음과 이를 마주한 괴로운 심정을 드러내고 있으며, 5~8구에서는 누이의 죽음을 가을바람에 떨어지는 나뭇잎에 비유함으로써 죽음의 허망함을 인생의 무상감으로 심화하여 감정을 고조시키고 있다. 그리고 9~10구에서는 '아야'와 같은 감탄사를 사용하여 감정을 집약하여 정서를 최고조로 끌어올리고 미타찰에서 누이와 재회하기를 소망하며 시상을 마무리하고 있다.

주제
죽은 누이에 대한 추모

생사(生死) 길흔
삶과 죽음의 길, 죽고 사는 길
이에 이샤매 머뭇그리고,
여기(이승)
나는 가느다 말ㅅ도
죽은 누이
몯다 니르고 가느닛고.   ▶누이의 죽음에 대한 안타까움

어느 ᄀᄉᆞᆯ 이른 ᄇᆞᄅᆞ매
가을   바람에. '이른 바람'은 누이의 요절을 암시함.
이에 뎌에 ᄠᅳ러딜 닙ᄀᆞᆫ,
잎(= 누이)
ᄒᆞ든 가지라 나고
한 가지(= 같은 부모)
가논 곧 모ᄃᆞ론뎌.   ▶누이의 죽음에서 느끼는 삶의 무상함
안타까움, 허무함.
아야 미타찰(彌陀刹)아 맛보올 나
낙구 첫머리의 감탄사   재회에 대한 믿음   화자(월명사)
도(道) 닷가 기드리고다.   ▶슬픔의 종교적 승화
종교를 통한 슬픔의 승화

문제   19쪽
1 ②   **2** ⑤   **3** ①

원리로 작품 독해   20쪽
1 무상감, 재회   **2** 죽은 누이
3 죽음, 부모   **4** 비유적, 아아

빈출 어휘 짚고 가기   20쪽
1 미타찰

---

1 종합적 이해와 감상   답 ②

점층적 표현이란 정도를 점차 강하게 하거나, 크게 하거나, 높게 하여 의미를 강조하는 것이다. 이 글에서는 그와 같은 표현 방법은 사용되지 않았다.

[오답 확인]
① 바람이 불고 나뭇잎이 떨어지는 자연 현상을 통해서 누이의 죽음과

그로 인해 느낀 인생의 무상함을 표현하고 있다.

③ 향가는 향찰로 표기된 노래이다. 이 작품은 10구체 향가로, 작가가 겪은 개인적인 일과 그에 대한 감정을 세련되게 표현하였다.

④ 누이의 죽음으로 인한 슬픔 속에서 '불도'를 닦으면서 누이와의 만남을 기다리겠다고 함으로써 현실의 슬픔을 종교적으로 승화시키고 있다.

⑤ 누이의 죽음에 대한 안타까움과 슬픔을 겪으면서 삶과 죽음 그리고 그와 관련된 삶의 무상함에 대해 성찰하고 있다.

2 시적 공간의 이해   답 ⑤

㉠의 '이'는 화자가 있는 공간인 이승을 의미하며, ㉡의 '미타찰'은 화자가 도를 닦아 가고자 하는 공간인 서방정토, 극락을 의미한다. 따라서 ㉠은 세속의 공간으로 인간의 유한함(죽음)이 존재하는 공간이며, ㉡은 도를 닦아 갈 수 있는 종교적인 공간이다.

[오답 확인]

① ㉠은 화자가 있는 공간이지만 ㉡은 화자가 가고자 하는 공간이다.

② ㉠은 화자가 있는 현실적인 공간으로 숭고함을 자아내고 있지는 않다. 또한 화자가 ㉡에서 누이와 만날 것을 기약하며 슬픔을 극복하려는 모습을 드러내고 있으므로 ㉡은 좌절감을 자아내는 공간이라고 할 수 없다.

③ ㉠은 화자가 있는 현실적인 공간이므로 환상을 불러일으키는 공간이라고 할 수 없다.

④ ㉠은 화자가 누이의 죽음을 슬퍼하는 공간이므로 반성과는 관련이 없다.

3 작품 간 비교 감상을 통한 시어의 의미 파악   답 ①

ⓐ의 'ᄇᆞ롬'은 잎을 떨어뜨리는 대상이다. 떨어지는 잎은 죽은 누이를 상징하는 것이므로 바람은 시련이 된다. A의 '바람'도 도화를 떨어지게 하는 것이지만 종장에서 '낙화인들 꽃이 아니랴'라고 하며 쓸지 말라 하였으므로, 여기서의 바람은 시련이 아니라 낙화라는 다른 모습의 꽃을 만드는 자연의 일부라고 할 수 있다.

[오답 확인]

② ⓐ의 'ᄇᆞ롬'은 잎을 떨어지게 하고, B의 '바람'은 나무를 쓰러지게 하는 원인이다.

③ ⓑ의 '닙'은 누이의 죽음과 관련된 것이므로 흥취와는 관련이 없다. 반면에 A의 '도화'는 화자에게 꽃의 아름다움을 즐기는 흥취를 제공하는 대상이다.

④ ⓑ의 '닙'은 죽은 누이를 비유한 것이고, B의 '나무'는 임이 그리워 병이 든 화자 자신을 비유한 것이다.

⑤ ⓑ의 '닙'과 A의 '도화', B의 '나무'는 모두 바람에 의해 떨어지고 쓰러지는 대상이므로 수동적인 존재들이다.

21쪽

다른 작품 엮어 읽기   찬기파랑가 | 충담사

작품 해제

기파랑을 찬양하는 노래라는 뜻의 제목을 지닌 이 작품은 화랑 기파랑의 인물됨을 달, 물, 잣나무 등의 상징적인 의미를 가진 자연물을 통해 그려 내며 찬양한 향가이다. 기파랑의 인품을 열거하거나 모습을 직접 묘사하는 대신 고도의 비유를 통해 세련되게 표현하였으며 '눈'과 '잣나무'의 색채 대비를 통해 기파랑의 인품을 강조하였다.

주제

기파랑의 고매한 인품에 대한 찬양

화자의 정서와 태도

1~5구	기파랑의 부재를 안타까워함.	
6~8구	기파랑의 인품을 따르고자 함.	• 기파랑의 부재에 대한 안타까움과 슬픔, 기파랑에 대한 그리움 • 기파랑의 고결한 인품과 절개에 대한 예찬
9~10구	기파랑의 고결한 절개를 예찬함.	

표현상 특징

• 달, 물, 잣나무 등의 자연물을 활용한 비유를 통해 기파랑의 고매한 인품과 높은 기상을 표현함.

• 흰색(눈)과 푸른색(잣나무)의 색채 대비를 통해 시적 의미를 부각함.

---

1 기파랑, 누이   2 잣나무

1 이 글의 화자는 기파랑을 볼 수 없게 된 것을 슬퍼하며 그의 인품을 예찬하고 있고, 「제망매가」의 화자는 누이를 볼 수 없게 된 것에 슬픔을 느끼며 그 슬픔을 종교적으로 승화시키고 있다.

2 '달'은 만인이 우러러보는 존재로서의 기파랑의 고결한 모습을, '물'은 기파랑의 맑고 깨끗한 인품을, '잣나무'는 기파랑의 절개와 기상을 의미한다.

03 서경별곡 | 작자 미상

독해 포인트
이 작품은 임과 이별하는 여인의 심정을 진솔하게 표현한 고려 가요이다. 임과의 이별을 거부하고 영원한 사랑을 노래하는 적극적인 여성 화자의 태도에 주목하여 읽는다.

작품 해제
이 작품의 화자는 넓고 푸른 대동강을 앞에 두고 임과 이별한 슬픔을 억제하지 못하고 임에 대한 자신의 사랑을 호소하며 애원하고 있다. 1연에서는 서경과 길쌈하던 베를 버리고서라도 임을 따르겠다는 연모의 정을 드러내고 있고, 2연에서는 이별을 한다고 해도 임에 대한 사랑과 믿음은 변하지 않을 것이라고 이야기하고 있다. 그리고 3연에서는 임을 싣고 가는 사공을 비난하며 떠나는 임을 우회적으로 원망하고 있다. 이 작품의 2연은 「정석가」에서도 동일하게 나타나는 부분으로 이는 고려 가요가 조선 시대에 속악으로 편입되는 과정에서 당시에 유행하던 노래의 노랫말이 추가되었기 때문이라고 본다.

주제
이별의 정한(情恨)

서경(西京)이 아즐가 서경(西京)이 셔울히마르는
　　　평양　　　　　　　　　　　　　 악률을 맞추기 위한 여음
위 두어렁셩 두어렁셩 다링디리
후렴구(여음구) – 흥을 돋우고 음악적 효과를 주기 위함. 북소리의 의성어.
닷곤ᄃᆡ 아즐가 닷곤ᄃᆡ 쇼셩경 고ᄋᆡ마른
닦은 곳　　　　　　　 작은 서울(평양)
위 두어렁셩 두어렁셩 다링디리

여ᄒᆡ므론 아즐가 여ᄒᆡ므논 질삼뵈 ᄇᆞ리시고
여의기(이별하기)보다는　　　 길쌈하던 베 – 여성의 생업
위 두어렁셩 두어렁셩 다링디리
괴시란ᄃᆡ 아즐가 괴시란ᄃᆡ 우러곰 좃니노이다
　　　　　　　　　　　　　　　　 따라가겠습니다.
위 두어렁셩 두어렁셩 다링디리
　　　　　　　　▶ 이별을 거부하는 연모의 정

구스리 아즐가 구스리 바회예 디신ᄃᆞᆯ
구슬이　　　　　 바위에　　떨어진들
위 두어렁셩 두어렁셩 다링디리
긴힛ᄯᆞᆫ 아즐가 긴힛ᄯᆞᆫ 그츠리잇가 나ᄂᆞᆫ
끈이야　　　　　 임에 대한 변함없는 사랑 강조(설의법)
위 두어렁셩 두어렁셩 다링디리
즈믄 ᄒᆡ를 아즐가 즈믄 ᄒᆡ를 외오곰 녀신ᄃᆞᆯ
　　　　　 천 년을 외로이 살아간들 – 상황을 과장하여 표현함.
위 두어렁셩 두어렁셩 다링디리
신(信)잇ᄃᆞᆫ 아즐가 신(信)잇ᄃᆞᆫ 그츠리잇가 나ᄂᆞᆫ
　　　　　　　　　　　 임에 대한 믿음 강조(설의법)
위 두어렁셩 두어렁셩 다링디리
　　　　　　　　▶ 임에 대한 영원한 사랑과 믿음의 다짐
（대구법）

대동강(大同江) 아즐가 대동강 너븐ᄃᆡ 몰라셔
이별의 공간, 임과의 단절감을 드러내는 공간　 넓은지
위 두어렁셩 두어렁셩 다링디리
빅 내여 아즐가 빅 내여 노ᄒᆞᆫ다 샤공아
　　　　　　　　　　 놓았느냐　다른 사람에게 말을 건네는 어투
위 두어렁셩 두어렁셩 다링디리
네 가시 아즐가 네 가시 럼난디 몰라셔
사공의 각시
위 두어렁셩 두어렁셩 다링디리
녈 ᄇᆡ예 아즐가 녈 ᄇᆡ예 연즌다 샤공아
　　　　　　　 얹었으냐. 태웠느냐　원망의 대상

위 두어렁셩 두어렁셩 다링디리
대동강 아즐가 대동강 건넌편 고즐여
　　　　　　　　　　 꽃 – 임이 만날 새로운 여인, 질투의 대상
위 두어렁셩 두어렁셩 다링디리
빅 타들면 아즐가 빅 타들면 것고리이다 나ᄂᆞᆫ
배 타고 들어가면　　　　 안타까움과 불안감
위 두어렁셩 두어렁셩 다링디리　　 ▶ 떠나는 임에 대한 우회적 원망

문제　　　　　　　　　　　　　　23쪽
1 ⑤　 2 ⑤　 3 ②

원리로 작품 독해　　　　　　　　24쪽
1 적극적, 원망　 2 이별　 3 후렴구, 설의법

빈출 어휘 짚고 가기　　　　　　　24쪽
1 천(千)　 2 사랑하다　 3 살다(지내다)　 4 가다

---

1 종합적 이해와 감상　　　　　　　답 ⑤
2연에서 임과의 영원한 사랑을 표현하였으나 자연과 인간을 대비하여 표현한 내용은 없다.

[오답 확인]
① '위 두어렁셩 두어렁셩 다링디리'라는 의성어를 이용한 후렴구를 규칙적으로 배치하여 운율감을 형성하고 있다.
② 2연에서 대구적 표현을 이용하여 임과의 영원한 사랑을 강조하고 있다.
③ 2연에서 '긴힛ᄯᆞᆫ 그츠리잇가', '신잇ᄃᆞᆫ 그츠리잇가'라는 설의적 표현을 통해 임에 대한 자신의 사랑과 믿음이 영원할 것이라는 화자의 의지를 강조하고 있다.
④ '서경'과 '대동강'이라는 구체적인 지명을 제시하여 작품의 공간적 배경으로 활용하고 있다.

2 시어의 의미와 기능 파악　　　　　답 ⑤
ⓜ 즉 '꽃'은 임이 건너가는 대동강 건너편에 있는 대상으로 임이 만나게 될 새로운 여인을 의미하며 사공의 아내를 의미하는 것은 아니다. '꽃'은 화자에게는 질투의 대상이자 불안감을 조성하는 원인이라 볼 수 있다.

[오답 확인]
① '쇼셩경'은 서경(평양)으로 화자가 사랑하는 곳이자, 현재 살고 있는 지역이다.
② 길쌈은 여자들이 하던 일이었으므로 '질삼뵈'를 통해 화자가 여성임을 알 수 있다.
③ 임이 대동강을 건너감으로써 화자가 임과 헤어지게 되므로 대동강은 화자와 임을 단절시키는 공간이라 할 수 있다.
④ 화자는 사공을 비난함으로써 자신을 떠나가는 임에 대한 원망을 우회적으로 표현하고 있다.

3 작품 간의 비교 감상　　　　　　　답 ②
[A]의 '신'과 [B]의 '붉은 마음'은 임에 대한 화자의 변하지 않는 마음을 나타내고 [A]와 [B]의 '바위'는 임과 이별한 상황과 관련된 말이므로 [A]의 '신'과 [B]의 '붉은 마음'을 굳건한 '바위'로 형상화한 것은 아니다.

① '구슬'은 바위에 떨어져 깨질 수 있으므로 변하는 것이지만 '긴'이나 '끈'은 끊어지지 않는 것으로 형상화되어 있으므로 변하지 않는 것을 비유한다.

③ 두 작품 모두 시련의 상황에서도 변하지 않는 사랑과 믿음을 노래하고 있다.

④ 두 작품 모두 구슬과 끈이라는 소재를 활용하여 임에 대한 사랑과 믿음을 노래하였으며, [A]는 고려 가요, [B]는 한시이다.

⑤ [A]는 '위 두어렁셩 두어렁셩 다링디리'라는 여음구가 있으나 [B]는 여음구가 없다.

다른 작품 엮어 읽기 **가시리** | 작자 미상   25쪽

작품 해제

이 작품은 이별의 정한을 노래한 대표적인 고려 가요로, 사랑하는 사람을 떠나보내는 시적 화자의 슬픈 마음을 간결한 형식과 소박한 시어를 사용하여 노래하고 있다. 이 작품의 화자는 떠나는 임을 적극적으로 붙잡지 못하는 태도를 보이면서도 재회에 대한 희망을 잃지 않고 있다. 후렴구인 '위 증즐가 대평성딕'는 노래 내용과는 관계가 없는 것으로, 이 작품이 조선 시대에 궁중 음악으로 편입되는 과정에서 붙게 된 것으로 보고 있다.

주제

이별의 정한(情恨)

화자의 정서와 태도

1연	뜻밖의 이별에 대한 안타까움과 하소연	
2연	하소연(원망)의 고조	• 이별의 슬픔과 괴로움
3연	이별의 수용 – 절제와 체념	• 재회의 소망
4연	이별 후의 소망	

표현상 특징

• 반복법을 사용하여 이별의 슬픔을 강조함.
• 소박하고 평이한 시어를 사용하여 감정을 진솔하게 표현함.

---

1 수용 **2** 가시는 둣 도셔 오쇼셔

1 이 글의 화자와 「서경별곡」의 화자는 임과의 이별이라는 상황에 처해 있다. 두 화자는 임과의 이별을 원하지 않는다는 점에서는 공통적이나 「서경별곡」의 화자는 길쌈하던 베를 버리고서라도 임을 따라가겠다며 적극적으로 이별을 거부하는 반면, 이 글의 화자는 임을 잡아두고 싶지만 잡지 않고 이별을 수용하는 태도를 보이고 있다는 점이 다르다.

2 '가시는 둣 도셔 오쇼셔'에는 임이 가자마자 돌아왔으면 하는 화자의 소망이 담겨 있다.

---

04 청산별곡 | 작자 미상   26쪽

독해 포인트

이 작품은 민중들의 삶의 애환을 다룬 고려 가요이다. 작품에 사용된 시어의 의미와 음악적 효과를 형성하는 요소에 주목하여 읽는다.

작품 해제

이 작품은 고려 시대 민중들의 삶의 고뇌와 비애를 다룬 대표적인 고려 가요이다. 화자는 자신의 삶을 비애와 고뇌의 연속으로 파악하고 그것을 자신의 운명으로 인식함과 동시에 그것으로부터의 탈출을 모색한다. 그래서 이상향이자, 현실 도피처인 '청산'과 '바다'를 지향하는 것이다. 결국은 독한 술을 통해 시름을 달래는 화자의 태도에서 당시 고려인의 삶의 고뇌와 비애가 드러나고 있다. 한편 이 작품은 화자를 현실에서 좌절한 지식인으로 보느냐, 삶의 터전을 잃은 유랑민으로 보느냐, 실연한 사람으로 보느냐에 따라 주제가 달라진다.

주제

① 삶의 고뇌와 비애(화자 – 좌절한 지식인)
② 삶의 터전을 잃은 슬픔(화자 – 유랑민)
③ 실연의 슬픔(화자 – 실연한 사람)

　　　<u>3</u>　　　<u>3</u>　　　2 → 3·3·2조, 3음보
<u>살어리</u> <u>살어리랏다</u> <u>청산(靑山)</u>에 살어리랏다. → 'a-a-b-a'의 구조
　　　　　　　　　　　　이상향, 현실 도피처
<u>멀위랑 드래랑</u> 먹고 청산(靑山)애 살어리랏다.
　소박한 음식
얄리얄리 얄랑셩 얄라리 얄라　　　　　　　　▶청산에 대한 동경
후렴구, 밝고 경쾌한 느낌('ㄹ, ㅇ'음의 활용)

① 우는구나(감탄) ② 울어라(명령)
우러라 우러라 새여 자고 니러 우러라 새여.
　　　　　　　　감정 이입의 대상(동병상련의 처지)
널라와 시름 한 나도 자고 니러 우니로라.
너보다
얄리얄리 얄라셩 얄라리 얄라　　　　　　　　▶삶의 비애

① 날아가던 새 ② 갈던 사래(밭)
가던 새 가던 새 본다 믈 아래 가던 새 본다.
　　　　　　　　　　　　속세
잉 무든 장글란 가지고 믈 아래 가던 새 본다.
이끼 묻은 쟁기를　　　　속세에 대한 미련
얄리얄리 얄라셩 얄라리 얄라　　▶속세에 대한 미련과 번민

이링공 뎌링공 ᄒᆞ야 나즈란 디내와손뎌,
이럭저럭　　　　　낮은　지내 왔지만
오리도 가리도 업슨 바므란 쏘 엇디 호리라.
올 이도 갈 이도　밤 – 고독과 절망의 시간
얄리얄리 얄라셩 얄라리 얄라　　　　　　▶절망적인 고독감

어듸라 더디던 돌코 누리라 마치던 돌코.
인간의 힘으로는 어찌할 수 없는 운명, 한스러운 삶
믜리도 괴리도 업시 마자셔 우니노라.
미워할 이도 사랑할 이도　　운명적 체념
얄리얄리 얄라셩 얄라리 얄라　　　　　▶삶의 운명에 대한 체념

살어리 살어리랏다 바른래 살어리랏다.
　　　　　　　　이상향, 현실 도피처
ᄂᆞᄆᆞ자기 구조개랑 먹고 바른래 살어리랏다.
　　소박한 음식
얄리얄리 얄라셩 얄라리 얄라　　　　　　▶바다에 대한 동경

가다가 가다가 드로라 에졍지 가다가 드로라.
　　　　　　속세와 단절된 공간

사스미 짒대에 올아셔 히금(奚琴)을 혀거를 드로라.
<small>기적이 일어나기를 바라는 마음 → 절박한 심정</small>
얄리얄리 얄라셩 얄라리 얄라   ▶기적을 바라는 힘겨운 삶

가다니 비브른 도긔 설진 강수를 비조라.
<small>술의 농도가 짙은 강술. 독한 술 → 현실 도피의 매개체</small>
조롱곳 누로기 미와 잡ᄉ와니 내 엇디 ᄒ리잇고.
<small>조롱박꽃 모양 누룩</small>
얄리얄리 얄라셩 얄라리 얄라   ▶술을 통한 고뇌의 해소

문제   27쪽

1 ② ⋅ 2 ③ ⋅ 3 ⑤

원리로 작품 독해   28쪽

1 이상향, 비애, 고독감(외로움)
2 도피처, 고독 ⋅ 3 후렴구, 반복, 이입

빈출 어휘 짚고 가기   28쪽

1 많다 ⋅ 2 켜다

---

1 종합적 이해와 감상   답 ②

역설적 표현은 겉보기에는 논리적으로 모순되어 보이나 그 속에 중요한 진실을 담고 있는 표현으로, 이 글에서는 사용되지 않았다.

[오답 확인]

① '청산애 살어리랏다'를 반복하여 청산이라는 이상향이자 현실 도피처에 대한 동경을 강조하였고, '우러라 새여'를 반복하여 삶의 비애를 강조하는 등 어구의 반복을 통해 의미를 강조하고 있다.
③ 후렴구에서 'ㄹ, ㅇ'음을 반복하여 사용함으로써 경쾌한 리듬감을 형성하고 있다.
④ 2연에서 '새'에 감정을 이입하여 화자의 비애감을 드러내고 있다.
⑤ 후렴구를 반복하여 사용함으로써 운율을 형성하고 구조적 통일성과 안정감을 주고 있다.

2 화자의 인식 파악   답 ③

이 글의 마지막 부분에서 화자는 독한 술로써 현실적인 삶의 괴로움을 달래려고 하고 있다. 현실의 어려움을 극복하려는 의지를 보이거나 긍정적인 미래를 꿈꾸지 않고 술에 의지하여 현실의 고통에서 벗어나려는 태도로 보아, 화자는 자신이 살아가는 현실을 안주할 곳이 없는 고통의 세계로 인식하고 있다고 볼 수 있다.

3 외적 준거에 따른 작품 감상   답 ⑤

ⓒ의 '바ᄅ'는 화자가 선망하는 대상이자, 현실의 어려움을 극복할 수 없는 상황에서 선택한 현실 도피의 공간이다.

[오답 확인]

① '청산'은 '바ᄅ'와 마찬가지로 화자가 선망하는 대상이자 현실 도피의 공간이다.
② '새'는 화자의 감정이 이입된 대상으로 화자의 정서를 드러내는 역할을 한다.
③ 화자가 이끼 묻은 쟁기를 가지고 '믈 아래' 가는 새를 보고는 있지만 그것을 선택하려는 태도는 나타나지 않으므로 '믈 아래'를 화자가 선

택하고자 하는 공간이라고 볼 수 없으며, 현실 도피의 공간과도 거리가 멀다.
④ '돌'에 맞아서 화자가 운다고 하였으므로 '돌'은 화자가 선망하는 대상이 아닌 인간의 힘으로는 어찌할 수 없는 운명, 한스러운 삶을 의미한다고 볼 수 있다.

<small>다른 작품 엮어 읽기</small> **동동** | 작자 미상   29쪽

작품 해제

이 작품은 현존하는 우리 문학 작품 중 가장 오래된 월령체 노래로, 송도(頌禱)의 성격을 지닌 서사와 12개의 연으로 구성된 본사로 이루어져 있다. 본사에서는 각 달의 특성과 세시 풍속을 중심으로 임에 대한 송축과 찬양, 떠나버린 임에 대한 원망과 정한, 그리움 등을 애절하게 표현하였다. 후렴구인 '아으 동동(動動)다리'는 각 연을 분절시키는 기능을 하면서 음악적 흥취를 고조시키는 역할을 한다.

주제

임에 대한 송도(頌禱)와 연모의 정

화자의 정서와 태도

서사	덕과 복을 빎.	→	임에 대한 송도
정월령	홀로 지내는 처지를 탄식함.	→	고독, 외로움
이월령	임의 모습이 높이 켠 등불 같음. 만인을 비추실 모습임.	→	임의 인품 예찬
삼월령	임의 모습이 늦봄의 진달래꽃 같음. 남이 부러워할 모습을 지니고 태어나셨음.	→	임의 아름다움 예찬

표현상 특징

• 각 달의 자연 현상 또는 세시 풍속과 관련지어 내용을 전개함.
• 후렴구의 사용으로 음악적 흥취를 고조시킴.

---

1 분연체(분절체) ⋅ **2** 등불

1 하나의 글이 몇 개의 연으로 이루어지는 형식인 '분연체(분절체)'의 형태를 지니는 것, 후렴구의 사용은 고려 가요의 형식적 특징으로 이 글과 「청산별곡」에 공통적으로 나타나고 있다.

2 이월령에서는 임을 등불에 비유하여 만인을 비추실 모습이라고 칭송하며, 임의 인품을 예찬하고 있다.

05 백설이 잦아진 골에 | 까마귀 눈비 맞아 30쪽

독해 포인트
(가)는 고려의 몰락에 대한 한탄과 우국의 마음을 노래한 시조이며, (나)는 임금(단종)을 향한 변함없는 충성심을 노래한 시조이다. (가), (나) 모두 화자의 정서 및 시어의 관계와 의미에 주목하여 읽는다.

(가) 백설이 잦아진 골에 | 이색

작품 해제
이 작품의 작가는 고려의 유신으로, 이 작품은 조선을 건국하려는 신흥 세력이 점점 커지고 있는 고려 말의 상황에서 창작되었다. 작가는 신흥 세력을 '구름'에 빗대어 고려 말의 혼란스러운 상황을 표현하고, 위기에 처한 고려를 구할 우국지사를 '매화'에 빗대어 '매화'가 나타나지 않음을 한탄하며 나라를 걱정하는 마음을 드러내고 있다.

주제
고려의 몰락에 대한 한탄과 우국충정(憂國衷情)

(나) 까마귀 눈비 맞아 | 박팽년

작품 해제
이 작품은 사육신의 한 사람인 작가가 세조에게 저항하다 투옥된 뒤 세조의 회유에 답하여 쓴 시조이다. 작가는 까마귀처럼 위선적인 간신을 비판하면서 밤에도 빛을 잃지 않는 야광명월에 빗대어 임금(단종)에 대한 자신의 충절이 변함없을 것임을 드러내고 있다.

주제
임금을 향한 변하지 않는 충성심

(가) 백설(白雪)이 ᄌ자진 골에 구루미 머흐레라
　　　　고려 유신　　　　　　신흥 세력, 이성계 일파
　　반가온 매화(梅花)는 어니 곳에 픠엿는고
　　지조와 절개 상징, 우국지사(憂國之士)　　피었는가 – 한탄
　　석양(夕陽)에 홀로 셔 이셔 갈 곳 몰나 ᄒ노라
　　해 질 무렵 – 기울어 가는 고려 왕조를 의미함.　지식인의 고뇌

　　　　　　혼란한 시대 상황
(나) 가마귀 눈비 마ᄌ 희는 듯 검노민라
　　부정적 대상 – 세조에 동조한 간신
대조
　→야광명월(夜光明月)이 밤인들 어두우랴
　　긍정적 대상 – 지조를 지키는 충신　　설의법
　　님 향(向)ᄒ 일편단심(一片丹心)이야 고칠 줄이 이시랴
　　임금(단종)　　　　핵심어　　　　　　　　　설의법

문제 31쪽
1 ④ 2 ③ 3 ⑤

원리로 작품 독해 32쪽
1 우국지사(고려의 충신), (변절하는) 간신, 충성심
2 매화, 야광명월 　3 색채어

빈출 어휘 짚고 가기 32쪽
1 험하다 　2 변치 아니하는 마음

---

1 표현상 특징 파악 답 ④

(나)의 중장과 종장은 설의적인 표현으로 종결하여 임금에 대한 충절이라는 화자의 가치관을 강조하고 있다. (가)에는 설의적 표현이 나타나 있지 않다. (가)의 '픠엿는고'는 설의적 표현이 아니라 한탄의 표현이다.

[오답 확인]
① (나)의 '희는 듯 검노민라'에서 색채어를 활용하여 흰 듯하지만 검은 까마귀의 모습을 표현하며 까마귀의 부정적 속성을 드러내고 있다. (가)에서는 색채어를 사용하지 않았다.
② (가)와 (나) 모두 어순의 도치를 사용하지 않았다.
③ (가)의 '매화', (나)의 '야광명월'은 모두 자연물이자 화자가 긍정적으로 생각하는 대상이다.
⑤ (가)와 (나) 모두 평시조로 4음보의 율격을 통해 안정된 리듬감을 보이고 있다.

2 외적 준거에 따른 작품 감상 답 ③

까마귀가 눈비를 맞아 흰 듯하다가 검다는 것은 까마귀의 검은 색은 속일 수 없다는 것으로 간신들의 위선적 모습은 속일 수 없다는 의미이다. 따라서 ⓒ의 '가마귀'는 세조에 동조한 간신을 가리킨다고 볼 수 있다.

[오답 확인]
① 백설이 잦아진 골에 구름이 험하다는 것으로 보아 '구름'은 조선을 건국하려는 신흥 세력을 의미하는 것으로 볼 수 있다.
② '매화'는 화자에게 '반가온' 대상이므로 작가가 기다리는, 고려를 지킬 충신을 의미하는 것으로 볼 수 있다.
④ '밤'은 부정적 상황을 뜻하는 것으로, 〈보기〉의 시대 상황과 관련지어 볼 때 세조의 왕위 찬탈을 암시하는 것으로 볼 수 있다.
⑤ '일편단심'은 진심에서 우러나오는 변치 아니하는 마음을 이르는 말로, 단종의 복위를 꾀하다가 옥에 갇힌 작가의 생애와 관련지어 볼 때 단종에 대한 충의를 지키려는 굳은 마음을 의미한다고 볼 수 있다.

3 다른 작품과의 비교 감상 답 ⑤

(가)에서 '석양에 ~ 갈 곳 몰나 ᄒ노라.'라고 하는 것은 석양이 지는, 즉 고려의 몰락이라는 현재의 상황에서 어디로 가야 할지를 모르는 고려의 유신으로서의 고뇌와 불안감을 표현한 것이다. 〈보기〉의 화자는 '고국 흥망을 물어 무엇하리오'라고 하며 고려의 흥망에 대한 무상감을 드러내고 있다.

[오답 확인]
① (가)의 화자는 현실에 대해 고뇌하고 있으므로 현실을 수용한다고 할 수 없으며, 〈보기〉의 화자는 현실에 대해 체념하고 있지 않다.
② (가)의 화자가 과거를 그리워하고 있다고 볼 수 있는 부분은 없으며, 〈보기〉의 화자는 현재를 거부하는 것이 아니라 수용하고 있다.
③ 〈보기〉의 '고국 흥망을 물어 무엇하리오'에서 현실을 부정하는 모습이 아닌 현실을 수용하는 화자의 태도가 나타나고 있다.
④ (가)의 화자는 매화가 나타나지 않음을 한탄하고 있을 뿐 미래에 대해 어떠한 인식을 드러내고 있지는 않다. 〈보기〉의 화자도 미래에 대한 인식을 드러내고 있지 않다.

다른 작품 엮어 읽기 **수양산 바라보며** | 성삼문

작품 해제

이 작품은 단종의 폐위에 항거한 작가의 굳은 절개를 드러낸 작품이다. 화자는 절의를 대표하는 인물인 백이숙제와 자신을 비교하고 있다. 백이와 숙제가 뜯어 먹은 고사리도 주나라 땅에서 난 것이므로 그들의 절의가 부족했다고 비판하면서 자신의 절의를 부각하고 있다.

주제

굳은 절개와 지조에 대한 의지

화자의 정서와 태도

초장	백이숙제를 한탄함.	
중장	고사리를 뜯은 백이숙제를 비판함.	→ 백이숙제에 대한 비판을 통해 자신의 절의를 드러냄.
종장	고사리 역시 주나라 땅에서 난 것임.	

표현상 특징

- 고사를 이용하여 시상을 전개함.
- 중의적 표현을 이용하여 시적 상황을 나타냄.

---

1 가마귀(까마귀), 수양산   **2** ②

---

1 「까마귀 눈비 맞아」와 이 글은 세조(수양 대군)의 왕위 찬탈을 배경으로 하고 있다. 「까마귀 눈비 맞아」의 '가마귀(까마귀)'는 수양 대군에 동조한 간신을 비유한 것이고, 이 글의 '수양산'은 백이숙제가 은둔한 수양산과 수양 대군을 의미하는 중의적 표현이다.

2 백이숙제는 절의를 지킨 대표적인 인물인데 그들을 한탄한다고 하였으므로, 그들보다 더 굳은 절의에 대한 의지를 표현한 것이라 할 수 있다.

[오답 확인]

① 수양산을 바라보는 것은 화자가 자신의 과거를 회고하는 것과는 관련이 없다.

③ '주려 주글진들'은 고사 속 인물이 처한 상황을 의미한다.

④ '채미도 ᄒᆞᄂᆞᆫ 것가'는 고사리를 뜯은 백이숙제의 행동에 대한 화자의 질책이 담겨 있다.

⑤ '긔 뉘 싸헤 낫ᄃᆞ니'는 '그 누구의 땅에서 났는가'라는 의미로, 백이숙제가 고사리를 뜯은 행위가 잘못된 이유에 해당한다.

---

06 강호사시가 | 맹사성

독해 포인트

이 작품은 강호가도의 대표적인 작품이자 최초의 연시조이다. 각 수에 나타난 시적 상황과 작품 전체의 시상 전개 방식에 주목하여 읽는다.

작품 해제

이 작품은 자연에서의 한가롭고 만족스러운 생활을 사계절의 흐름에 따라 노래한 연시조이다. 조선 시대 시가 문학에는 속세를 떠나 자연(강호) 속에 묻혀 살며 자연을 예찬하는 문학 사조가 널리 나타났는데 이를 강호가도라 하고, 이러한 내용의 작품들을 강호 한정가라고 한다. 이 작품에서는 각 수별로 계절의 특성을 보여 주면서 자연의 한정을 노래하고 있는데 각 수의 마지막을 '역군은이샷다'로 마무리하면서 임금의 은혜를 잊지 않고 있음을 표현하여 유교적 충의 사상을 드러내고 있다.

주제

강호에서 자연을 즐기는 생활과 임금의 은혜에 대한 감사

강호(江湖)에 봄이 드니 미친 흥(興)이 절로 난다
　　　자연　　　　　　　주체할 수 없는 흥취
탁료계변(濁醪溪邊)에 금린어(錦鱗魚)가 안주로다
　시냇가에서 물고기를 안주로 막걸리를 마심. – 소박한 생활
이 몸이 한가(閑暇)하옴도 역군은(亦君恩)이샷다 〈제1수〉
　　　　　　　　　　　　유교적 충의 사상
▶강호에서의 봄의 흥취

강호(江湖)에 여름이 드니 초당(草堂)에 일이 업다
　　　　　　　　　　　소박한 생활　　할 일이 없다
유신(有信)한 강파(江波)는 보내나니 바람이로다
　의인화를 통해 여름날 자연을 즐기는 모습을 표현함.
이 몸이 서늘하옴도 역군은(亦君恩)이샷다 〈제2수〉
▶여름의 한가한 초당 생활

강호(江湖)에 가을이 드니 고기마다 살쪄 있다
　　　　　　　　　　　　　　풍요로움
소정(小艇)에 그물 실어 흘리 띄워 던져두고
　인위적인 낚시가 아닌 자연스럽게 고기를 잡는 모습 – 유유자적하는 삶
이 몸이 소일(消日)하옴도 역군은(亦君恩)이샷다 〈제3수〉
▶고기를 잡으며 즐기는 가을의 정취

강호(江湖)에 겨울이 드니 눈 깊이 한 자가 넘네
　　　　　　　　　　　　눈이 한 자(30.3cm)가 넘을 만큼 많이 옴.
삿갓 빗기 쓰고 누역으로 옷을 삼아
　소박한 삶의 모습 – 안분지족
이 몸이 춥지 아니하옴도 역군은(亦君恩)이샷다 〈제4수〉
▶눈 쌓인 가운데 안분지족(安分知足)하는 겨울의 생활

문제 35쪽
1 ⑤   **2** ⑤   **3** ②

원리로 작품 독해 36쪽
1 흥취(흥), 임금의 은혜   **2** 계절   **3** 통사 구조, 강조, 의인화

빈출 어휘 짚고 가기 36쪽
1 누역   **2** 초당

---

1 종합적 이해와 감상 답 ⑤

화자는 현재 자신의 처지에 대해 만족감을 표시하고 있으나, 과거를 회상하는 것은 아니다.

[오답 확인]

① 자연 속에서 한가롭고 여유 있게 살아가는 삶의 모습을 그리고 있다.

② 제2수에서 자연물인 강파를 의인화하여 초당에서 한가롭게 지내며 바람을 느끼는 화자의 상황을 표현하고 있다.

③ 각 수의 종장에서 '이 몸이 ~하옴도 역군은이샷다'라는 형식의 문장을 반복하여 임금에 대해 감사하는 심정을 강조하고 있다.

④ 봄에서 겨울까지 변화하는 계절(상황)에 따른 화자의 생활을 구체적으로 표현하고 있다.

2 외적 준거에 따른 작품 감상   답 ⑤

화자가 유교적 이상을 현실화하기 위해 노력했다는 근거는 작품에서 찾을 수 없고, 화자의 사적인 삶과 공적인 삶의 조화가 유교적 이상을 현실화하기 위한 노력 때문이라는 근거도 작품에 제시되어 있지 않다.

[오답 확인]

① 각 수의 초장과 중장에서 화자는 자연의 아름다운 모습이나 그 자연을 즐기는 자신의 사적인 삶을 표현하고 있다.

② '한가하옴', '서늘하옴', '소일하옴', '춥지 아니하옴'은 모두 초장과 중장의 사적인 삶의 모습을 압축하여 표현한 것이다.

③ '역군은이샷다'라는 표현을 통해 신하로서 임금의 은혜에 감사하는 공적인 삶을 표현하고 있다.

④ 자신이 자연 속에서의 삶을 즐기는 것을 '역군은이샷다'라고 표현하는 것은 임금의 은혜에 대해 감사하는 마음을 드러낸 것이다.

3 시상 전개 방식의 이해   답 ②

ㄱ. 각 수 초장의 전반부에는 봄, 여름, 가을, 겨울의 계절적 배경을 직접 제시하며 시상을 열고 있다.

ㄹ. '역군은이샷다'를 각 수 종장의 마지막 어절로 배치하여 통일성을 확보하고 있다.

[오답 확인]

ㄴ. 제2수~제4수는 '초당', '고기', '눈' 등의 구체적 사물을 통해 화자의 내면적 감흥을 암시하고 있지만, 제1수에서는 구체적 사물을 제시하지 않고 '미친 흥이 절로 난다'며 화자의 내면적 감흥을 직접 드러내고 있다.

ㄷ. 제1수의 중장은 시냇가에서 물고기를 안주 삼아 술을 마시며 지내는 한가한 정취를 보여 주고 있으며, 제2수의 중장은 강물에 이는 파도가 시원한 바람을 보내 주는 풍광을 그림으로써 여름날 자연을 즐기는 화자의 모습이 드러나 있다. 제3수의 중장은 강물 위에 작은 배를 띄우고 그물을 던져 놓은 채 가을 풍광을 즐기는 모습을 제시하고 있다. 그렇지만 제4수의 중장인 '삿갓 빗기 쓰고 누역으로 옷을 삼아'는 주변의 자연 풍광을 묘사한 것이 아니라 화자 자신의 모습을 그린 것이다.

다른 작품 엮어 읽기   **만흥** | 윤선도

작품 해제

이 작품은 자연 속에서 유유자적하며 한가롭게 살아가는 흥겨운 삶을 노래한 전 6수의 연시조이다. 강호가도의 대표작 중 하나로, 화자는 자연 속에서 사는 것이 자신의 분수에 맞다고 하며 자연 속에서 사는 삶의 즐거움과 만족감을 드러내고 있다. 마지막 수에서는 이렇게 자연 속에서 살고 있는 것이 임금의 은혜라고 말하며 유교적 충의 사상을 드러내고 있다.

주제

자연에 묻혀 사는 즐거움과 임금의 은혜

화자의 정서와 태도

제1수	분수를 지키며 자연 속에서 살아감.	→	안분지족(安分知足)
제2수	소박한 삶에서 즐거움을 찾음.	→	안빈낙도(安貧樂道)
제4수	임천한흥을 비길 곳이 없음.	→	자연 속 삶에 대한 자부심
제6수	자연에서 살게 해 준 임금의 은혜에 감사함.	→	군은 예찬(君恩禮讚)

표현상 특징

- 세속적인 것과 자연을 대비시켜 주제를 드러냄.
- '~있으랴', '~이만하랴', '~누었느냐'와 같은 설의적 표현으로 대상에 대한 정서를 강조함.
- '소부 허유'와 같은 고사 속 인물을 통해 의미를 드러냄.

---

1 임금의 은혜   **2** 친화

1 이 글에서는 제6수에서 임금의 은혜에 대한 감사함을 드러냈고, 「강호사시가」에서는 각 수의 마지막에 '역군은이샷다'를 반복하여 임금의 은혜에 대한 감사함을 드러냈다.

2 세속에서 권세를 누리는 '삼공', '만승'의 삶과 자연 속 삶을 대비시켜 자연 속에서 살아가는 자신의 삶에 대한 만족감을 드러내며 자연 친화적인 태도를 부각하였다.

07 도산십이곡 |이황

38쪽

독해 포인트

이 작품은 자연에 귀의한 사대부가 느끼는 만족감과 학문 수양에 대한 다짐을 노래한 12수의 연시조이다. 각 수를 통해 화자가 말하고자 하는 바에 주목하여 읽는다.

작품 해제

이 작품은 총 12수로 이루어진 연시조이다. 전(前) 6곡은 '언지(言志)'라 하여 벼슬에서 물러나 자연에 동화된 생활을 하면서 느끼는 감흥을 노래하고, 후(後) 6곡은 '언학(言學)'이라 하여 학문 수양의 자세를 노래한 것이다. 이러한 내용은 문학과 시가는 교육적인 내용이어야 하며, 노래를 불러 감정을 유발하여 마음을 순화할 수 있어야 한다고 여긴 이황의 가치관에 근거한 것이다.

주제

자연 속에 사는 즐거움과 학문 수양의 의지

문제 39쪽

1 ① 2 ① 3 ⑤

원리로 작품 독해 40쪽

1 만족감, 의지 2 언지, 언학 3 반복, 의문, 전체, 인격

빈출 어휘 짚고 가기 40쪽

1 연하 2 초야우생 3 천석고황

---

1 작품 이해의 적절성 판단 답 ①

'언학 4'에서 화자는 '당시에 녀든 길'을 멀리 하고 '어듸' 가서 다닌 것을 반성하면서 이제부터는 '년 데 ᄆᆞ음' 말 것을 다짐하고 있다. 따라서 화자가 자신의 삶을 성찰하는 모습이 나타난다고 할 수 있다.

[오답 확인]

② '언학 3'에 '고인'이 나오나, 이는 구체적인 역사적 인물이 아니라 전대의 성현들을 보편화하여 가리키는 것이다. 또한 화자는 '고인'에 대해서 비판적인 태도를 보이지 않고, '고인'의 뜻을 따르겠다는 의지를 밝히고 있다.

③ '언학 3'의 '고인'이 만날 수 없는 인물이기는 하다. 하지만 화자는 '고인'을 그리워하는 심정을 표현한 것이 아니라, '고인'이 가던 학문의 길을 따르고자 한다.

④ 다른 사람의 문제 상황에 대해 언급하고 있지는 않다.

⑤ '언지 1'이나 '언지 2'에서 자연에 대한 긍정적인 태도를 드러내고는 있지만 부정적 인식이 긍정적으로 바뀐 것은 아니다.

2 표현상의 특징 파악 답 ①

ㄱ. '이런들 엇더ᄒᆞ며 져런들 엇더ᄒᆞ료', '연하로 집을 삼고 풍월로 벗을 사마', '우부도 알며 ᄒᆞ거니 긔 아니 쉬온가 / 성인도 몯다 ᄒᆞ시니 긔 아니 어려온가' 등에서 유사한 구조를 반복하였다.

ㄴ. '엇더ᄒᆞ료', '고쳐 므슴 ᄒᆞ료', '아니 녀도 엇절고', '긔 아니 쉬온가' 등에서 당연한 내용을 의문의 형식으로 표현하여 의미를 강조하는 설의적 표현이 사용되었다.

ㄹ. '풍월로 벗을 사마'에서 자연물인 '풍월'에 인격을 부여하여 '벗'으로 표현하였다.

[오답 확인]

ㄷ. 역설적 표현은 모순적 진술을 사용하여 의미를 전달하는 표현 방식으로, 이 글에서는 사용되지 않았다.

ㅁ. 음성 상징어는 의성어와 의태어로, 이 글에서는 사용되지 않았다.

3 외적 준거를 활용한 작품 감상 답 ⑤

'언학 6'에서 '우부'와 '성인'을 구분하고 있지만, 이것은 학문 수양의 길이 누구나 할 수 있으면서도 완성하기는 어렵다는 뜻을 드러내기 위한 것이다. 이를 통해 '성인'을 본받아야 함을 드러내려는 것은 아니다.

[오답 확인]

① '언지 2'에서 '연하'를 집으로 삼고, '풍월'을 벗으로 산다는 것은 자연 속의 삶을 의미한다고 볼 수 있다. 또한 '허믈' 없이 살기를 소망한다는 것은 〈보기〉와 관련지어 볼 때 선한 본성을 회복하기를 바라는 것이라고 이해할 수 있다.

② 〈보기〉에서 〈언학〉에 선한 본성 회복을 위해 학문에 힘쓰겠다는 의지가 나타나 있다고 하였으므로 '언학 4'에서 다른 것에 'ᄆᆞ음'을 두지 않으려는 것은 학문에 열중하겠다는 의지로 볼 수 있다.

③ '언지 1'에서 화자는 천석고황을 고치지 않겠다고 말하면서 자연을 사랑하는 자신의 삶의 태도에 긍정적 가치를 부여하고 있다. 〈보기〉와 관련지어 볼 때, 이것은 작가가 제자들에게 지향할 만한 삶의 방식이라고 말하고자 한 것으로 볼 수 있다.

④ '언학 3'에서 화자는 '녀든 길'을 가겠다는 의지를 밝히고 있다. 이는 학문에 힘쓰겠다는 것이다. 〈보기〉와 관련지어 볼 때, 이는 작가가 지

향하는 가치이며 제자들이 마음에 새기기를 바라는 가치라고 볼 수 있다.

다른 작품 엮어 읽기 **고산구곡가** | 이이   41쪽

작품 해제

이 작품은 이이가 정계에서 은퇴한 후 황해도 해주의 고산 석담에 은거하며 후학을 가르치면서 지은 연시조이다. 서곡 1수와 고산구곡을 노래한 9수 등 총 10수로 구성된 이 작품은 서곡에서 자연 속에 은거하여 학문에 힘쓰겠다는 의지를 드러낸 후, 고산의 명소인 구곡을 이동하면서 시상을 전개하고 있다. 이 작품은 공간의 이동을 기본으로 하면서 봄(제2곡)−여름(제3곡)−가을(제7곡)−겨울(제9곡)의 계절의 순환과 아침(제1곡)−낮(제5곡)−저녁(제4곡, 제6곡)−밤(제8곡)의 시간의 흐름을 결합하여 시상을 전개하고 있다.

주제

자연의 아름다움 예찬과 학문 수양의 즐거움

화자의 정서와 태도

서곡	고산에서 학문을 수양함.
제2곡	화암에서 늦봄의 정취를 즐김.
제9곡	문산의 겨울 경치를 예찬함.

↓

- 자연 속에서 사는 삶에 대한 만족감
- 학문 수양의 의지

표현상 특징

- 중의적 표현을 사용하여 자연 친화와 학문 수양의 두 가지 주제를 함께 제시함.
- 본사의 각 수마다 지명을 먼저 제시하고, 이에서 느끼는 흥취를 전개하는 방식을 반복함.
- 계절의 흐름이 나타남.

---

1 학문 수양   **2** 곳(꽃)

---

1 이 글은 고산 구곡의 아름다운 풍경을 이야기하며 '학주자를 흐리라'와 같이 학문 수양의 자세에 대해서 노래하고 있다. 「도산십이곡」도 자연에서 느끼는 만족감과 학문 수양에 대한 의지를 노래하고 있다.

2 이 글에서 '승지'는 화자가 위치한 고산구곡담을 일컫는 것으로, 화자가 자연의 아름다움을 느끼며 학문을 하는 공간이다. 따라서 '승지'는 명승지를 의미하기도 하지만 학문의 진리, 즐거움을 의미한다고도 볼 수 있다.

---

08 어부사시사 | 윤선도   42쪽

독해 포인트

이 작품은 자연에서 어부로 살아가는 삶의 모습을 사계절을 배경으로 하여 읊은 40수의 연시조이다. 자연에 대한 화자의 태도와 운율적 요소에 주목하여 읽는다.

작품 해제

이 작품은 어부의 삶과 경치를 읊은 연시조로, 봄·여름·가을·겨울 각 10수씩으로 구성되어 있으며 각 계절에 맞는 소재를 활용하여 계절의 멋과 흥취를 살리면서 자연에서 살아가는 만족감을 표현하고 있다. 이 작품은 시조의 기본 형식을 따르면서도 작품의 분위기에 부합하는 여음구를 통해 운율감을 잘 살리고 있다. 초장과 중장 사이의 여음구는 배의 출항에서 귀항까지의 흐름을 따르고, 중장과 종장 사이의 여음구는 노를 저으며 내는 소리를 의성어로 표현해 반복하면서 시적 분위기를 살리고 있다.

주제

어부의 생활에서 느끼는 여유와 즐거움

○: 자연 ↔ □: 속세

수국(水國)에 가을이 드니 고기마다 살져 있다
자신이 은거하고 있는 자연을 풍요로운 공간으로 인식함.
　　닫 들어라 닫 들어라
　　여음구 – 초장과 중장 사이의 여음구는 각 수마다 다름(출항에서 귀항까지의 과정을 나타냄).
만경징파(萬頃澄波)에 슬카지 용여(容與)하자
　　　　　　　　삶을 즐기는 모습
　　지국총(至匊悤) 지국총(至匊悤) 어사와(於思臥)
　　　　여음구 – 중장과 종장 사이의 여음구는 각 수마다 동일함.
인간(人間)을 돌아보니 멀수록 더욱 좋다　　〈추(秋) 2〉
인간 세상(속세)과 단절된 이상적인 자연에서의 삶을 추구함.
　　　　　　　　　　　▶속세를 떠나 사는 어부의 즐거운 삶

그러기 떳는 밧긔 못 보던 뫼 뵈는고야
　　이어라 이어라
　　(노를) 저어라
낙시질도 하려니와 취(取)한 거시 이 흥(興)이라
낚시질을 하면서 아름다운 자연에서 느껴지는 흥도 함께 취하고자 함.
　　지국총(至匊悤) 지국총(至匊悤) 어사와(於思臥)
석양이 비치니 천산(千山)이 금수(錦繡)로다　　〈추(秋) 4〉
석양이 비치는 산을 수놓은 비단에 비유함. – 자연의 아름다움 감탄
　　　　　　　　　　　▶가을 자연의 아름다움

건곤(乾坤)이 제각각인가 이것이 어드메오
　　　　　　　이곳이 어디인가 – 자연 속에서 만족하는 상태
　　배 매어라 배 매어라
서풍진(西風塵) 못 미치니 부채하야 무엇하리
　　속세의 먼지가 못 미침.　　　부채질할 필요가 없음.
　　지국총(至匊悤) 지국총(至匊悤) 어사와(於思臥)
들은 말이 없었으니 귀 씻어 무엇하리　　〈추(秋) 8〉
세속적 가치를 추구하는 말　귀를 씻을 필요가 없음. – 이상적인 자연 속의 삶
　　　　　　　　　　　▶자연에서의 삶에 대한 만족감

옷 위에 서리 오대 추운 줄을 모랄로다
옷 위에 서리가 내림(겨울이 오고 있음)에도 추운 줄 모름. – 현재에 대한 만족감
　　닫 내려라 닫 내려라
조선(釣船)이 좁다 하나 부세(浮世)와 어떠하니
　　자연에서의 삶과 속세의 삶을 비교하여 만족감을 드러냄.
　　지국총(至匊悤) 지국총(至匊悤) 어사와(於思臥)
내일도 이리 하고 모레도 이리 하자　　〈추(秋) 9〉
　　자신의 생활에 대한 만족감　▶속세를 잊고 고깃배에서 즐기는 만족감

1 종합적 이해와 감상   답 ②

이 글은 사계절의 자연 속에서 풍류를 즐기며 살아가는 삶에 대한 만족감을 표현하고 있는데, 시상이 점층적으로 확대되고 있지는 않다.

[오답 확인]

① '추 2'에서 '가을'이라는 계절적 배경이 직접적으로 제시되고 있다.

③ '추 2'에서는 '수국'과 '인간'을 대비시키고, '추 9'에서는 '조선'과 '부세'를 대비시켜 자연에서의 삶에 만족하는 화자의 정서를 부각하고 있다.

④ '지국총 지국총 어사와'는 노 젓는 소리와 노 저을 때 외치는 소리를 나타내는 음성 상징어로서, 중장과 종장 사이에 반복되어 운율감을 높이고 있다.

⑤ 초장에서 중장 사이의 여음구에서 출항에서 귀항까지의 과정이 나타나 있다.

2 화자의 정서와 태도 파악   답 ③

ⓒ에는 못 보던 산을 보는 것에서 자연에 관심을 가지는 화자의 태도가 나타난다. 자연 속 생활에서 느끼는 비애감과는 거리가 멀다.

[오답 확인]

① 가을이 오니 고기들이 살쪄 있다고 하며 가을의 풍요로움을 느끼고 있으므로 심리적 충족감이 담겨 있다고 할 수 있다.

② 만경징파를 실컷 즐기자고 하고 있으므로 현재의 삶을 즐기는 태도가 나타나 있다고 할 수 있다.

④ 석양이 비치는 산을 수놓은 비단에 비유하며 자연의 아름다움에 감탄하고 있다.

⑤ 옷 위에 서리가 내려도 추운 줄을 모른다는 것은 현재의 상황을 긍정적으로 인식하고 있다는 것이다.

3 외적 준거에 따른 작품 감상   답 ③

'추 2'의 '멀수록 더욱 좋다'라는 말은 속세와 거리를 두는 것이 좋다는 것이고, '추 8'의 '이것이 어드메오'라는 말은 자연 공간 속에서의 만족감을 표현한 것이므로, 둘 다 '자연'이라는 공간 속에서 느끼는 흥취에 해당한다. 따라서 '동일한 공간에 대한 상반된 인식'이라는 반응은 적절하지 않다.

[오답 확인]

① '수국'은 자연 속에서의 삶을 영위하는 공간인 반면, '인간'은 글쓴이가 멀리하고자 하는 속세를 가리킨다.

② '낙시질도 하려니와'는 화자가 있는 공간에서의 고기를 잡는 경험을 구체적으로 표현하고 있다.

④ '서풍진 못 미치니'와 '들은 말이 없었으니'를 통해서 화자는 속세로부터 멀리 떨어져 있는 자신의 상황을 표현하고 있다.

다른 작품 엮어 읽기 **어부단가** | 이현보   45쪽

작품 해제

이 작품은 고려 시대부터 전하여 오던 「어부가」를 이현보가 개작한 연시조로, '어부사(漁父詞)'라고도 한다. 이 작품의 화자는 자연과 벗하며 고기잡이를 하는 어부의 생활에 대한 만족감을 드러내면서도, 마지막 수에서는 속세에 대한 미련을 떨치지 못하고 임금과 나라를 걱정하는 모습을 보이고 있다. 이 작품은 한자어가 많이 사용되고 정경 묘사가 구체적이지 않고 관념적인데, 이러한 특징은 이 작품의 영향을 받아 창작된 윤선도의 「어부사시사」와 비교해 보면 뚜렷이 나타난다. 이 작품이 한자어와 상투적인 표현을 많이 사용하면서 속세에 대한 미련을 드러내는 데 반해 「어부사시사」는 우리말의 아름다움을 드러내면서 속세에서 벗어나 자연에 묻히고 싶은 마음을 좀 더 뚜렷하게 나타낸다. 또한 이 작품이 구체적인 정경 묘사가 없는 반면 「어부사시사」는 계절에 따른 경관 묘사와 출항에서 귀항까지의 어부의 일과를 구체적으로 표현하고 있다.

주제

자연을 벗하는 풍류적인 삶과 우국지정(憂國之情)

화자의 정서와 태도

제1수	세상사를 잊고 어부로서 한가히 살아감.	• 자연과 더불어 사는 삶의 즐거움 • 우국지정
제2수	속세를 떠나 아름다운 자연에서 살아감.	
제5수	세상에 대한 근심과 염려를 버리지 못함.	

---

1 어부, 속세   **2** 천심녹수, 만첩청산

1 이 글과 「어부사시사」는 어부를 화자로 내세워 속세를 떠나 자연과 더불어 사는 삶의 즐거움을 표현했다는 공통점이 있다. 그러나 「어부사시사」의 화자와 달리 이 글의 화자는 '장안', '북궐'을 의식하며 속세에 대한 미련과 함께 임금(나랏일)에 대한 걱정을 드러내면서 속세에서 완전히 벗어나지 못했음을 암시하고 있다.

2 제2수에서 '천심녹수'와 '만첩청산'은 각각 천 길이나 되는 푸른 물과 겹겹이 둘러싸인 푸른 산으로 속세와의 단절 의지를 형상화한 자연물이다.

독해 포인트

(가)는 꿈에 다니는 길이 자취가 남는다는 상황을 가정하여 임에 대한 그리움을 표현한 평시조로, 시상 전개 방식에 주목하여 읽는다. (나)는 임을 기다리는 애타는 마음을 해학적으로 표현한 사설시조로, 화자의 태도를 어떻게 표현했는지에 주목하여 읽는다.

(가) 꿈에 다니는 길이 | 이명한

작품 해제

이 작품은 임에 대한 간절한 그리움을 꿈의 상황과 연결지어 표현하고 있다. 만약 꿈에서 보고 싶은 임을 만나러 왕래한 길에 자취가 남는다면 그 길은 돌길이라도 닳았을 것이고 임이 자신의 마음을 알아줄 텐데 꿈이기에 자취가 남지 않음을 안타까워한다. 화자는 이를 통해 임에 대한 간절한 그리움을 표현하고 있다.

주제

임에 대한 간절한 그리움

(나) 임이 오마 하거늘 | 작자 미상

작품 해제

이 작품은 임을 보고 싶어 하는 간절한 마음을 진솔하고도 해학적으로 노래하고 있다. 중장에서는 임을 간절히 그리워한 나머지 주추리 삼대를 임으로 착각하여 허둥지둥 달려가는 화자의 모습을 과장적으로 묘사하여 해학적으로 표현하였다. 또한 화자의 자연스러운 정서를 솔직하게 표현하고 있으며, 허둥대는 화자의 모습을 '곰븨님븨', '천방지방', '워렁충창' 등의 음성 상징어를 사용하여 생생히 그려 내고 있다.

주제

임을 애타게 기다리는 마음과 임에 대한 그리움

(가) 쭘에 단니는 길히 자최곳 낱쟉시면 → 상황의 가정
　　꿈에서 임을 만나러 다니는 길
　　님의 집 창(窓) 밧기 석로(石路)라도 달흐리라
　　　　　　　과장된 표현으로 임에 대한 절실한 마음을 드러냄.
　　쭘길히 자최 업스니 그를 슬허ᄒ노라
　　　　　　　정서의 직접적 표출

(나) 님이 오마 하거늘 저녁밥을 일찍 지어 먹고

　　중문 나서 대문 나가 지방 위에 치달아 앉아 이수(以手)로
　　　　　　　　　　　　　　　　달려가　　　　　손으로
　　가액(加額)하고 오는가 가는가 건넌 산 바라보니 거머횟들
　　　　　　　　　　　　　　　　주체: 임
　　서 있거늘 저야 님이로다. 「버선 벗어 품에 품고 신 벗어 손
　　　　　　　　임이라고 착각함.　　『♪ 과장된 행동 묘사(해학적)
　　에 쥐고 곰븨님븨 님븨곰븨 천방지방 지방천방 진 데 마른
　　　　　　　　음성 상징어
　　데 가리지 말고 워렁충창 건너가서, 정(情)엣말 하려 하고
　　　　　　　　음성 상징어　　　　　　정 있는 말(정다운 말)
　　곁눈을 흘깃 보니 상년(上年) 칠월 사흗날 갉아 벗긴 주추
　　　　　　　　　　　지난해　　　　　　　　　임으로 착각한 소재
　　리 삼대 살뜰이도 날 속였구나
　　　　　자신의 착각이었음을 알게 됨.
　　모쳐라 밤일세망정 행여 낮이런들 남 웃길 뻔 하괘라
　　임을 기다리는 마음이 너무 간절한 나머지 착각을 하게 된 것에 대한 멋쩍음을
　　드러냄. → 화자의 낙천적 성격을 보여 줌.

문제 　　　　　　　　　　　　　　47쪽
1 ②　　2 ③　　3 ②

원리로 작품 독해 　　　　　　　　48쪽
1 석로, 슬픔(안타까움), 주추리 삼대, 낙천적
2 가정, 과장, 음성 상징어

빈출 어휘 짚고 가기 　　　　　　　48쪽
1 ⓒ　　2 ㉠　　3 ㉡

1 표현 방식의 공통점 파악 　　　　답 ②

(가)에서는 꿈속의 길에 자취가 남는다면 석로라도 닳을 것이라는 과장된 표현을 사용했고, (나)에서는 임이 왔다고 여겨 임을 만나러 달려 나가는 모습을 과장되게 표현하였다. (가), (나) 모두 이러한 과장된 표현을 통해 임에 대한 그리움을 드러냈다.

[오답 확인]

① (가)에서는 청각적 심상이 나타나지 않으며, (나)는 '워렁충창'과 같은 음성 상징어를 통해 청각적 요소를 드러냈지만 이를 통해 애상적 분위기를 조성하는 것이 아니라 해학적 분위기를 조성한다.
③ (가), (나) 모두 화자의 감정이 이입된 대상은 나타나지 않는다.
④ (가)에는 자조적 어조가 나타나지 않으며, (나)에는 종장에서 주추리 삼대를 임으로 착각한 나에 대한 자조적인 표현이 나타나지만 이것은 자신의 행동이 남을 웃길 뻔했다고 인정하는 의미의 자조적인 것이지 화자의 자책감을 드러내는 것은 아니다.
⑤ (가), (나) 모두 역설적인 표현은 나타나지 않는다.

2 종합적 이해와 감상 　　　　답 ③

(가)의 '님의 집 창(窓)'은 화자가 꿈에서라도 가고 싶은 '님'이 있는 공간이지만, 실제로 화자가 갈 수 있는 공간은 아니다. 따라서 '님'과의 만남을 돕는 기능을 한다는 것은 적절하지 않다.

[오답 확인]

① 종장의 '그를 슬허ᄒ노라'에서 화자의 안타까운 심정을 직접적으로 표현하고 있다.
② 초장에서 꿈에 다니는 길에 자취가 남는다는 가정적 상황을 제시하여 시상을 전개하고 있다.
④ '석로라도 달흐리라'는 돌길이 닳을 만큼 많이 다녔을 것이라는 의미로 임에 대한 그리움이 간절하다는 것을 드러낸다.
⑤ '자최'가 없다는 것은 화자의 마음이 전달되지 못함을 의미하며 화자의 슬픔과 안타까움을 자아낸다.

3 외적 준거에 따른 작품 감상 　　　　답 ②

〈보기〉에서 화자의 착각, 급한 행동이 독자의 웃음을 유발하며, 독자는 화자의 그러한 행동에 절실함을 느끼며 공감하는 마음을 갖게 된다고 했다. (나)의 화자가 '님'이라 착각한 '거머횟들'한 것을 향해 '워렁충창' 급하게 달려가는 행동은 웃음을 유발하며, 독자는 화자의 '님'에 대한 그리움이 얼마나 절실한가에 공감하게 된다.

[오답 확인]

① 화자가 저녁밥을 짓다가 '님'이 온다는 소식을 들은 것이 아니라, '님'이 온다고 해서 저녁밥을 일찍 지어 먹고 대문 지방에 앉아서 기다리

는 상황이다.

③ 화자는 '님'이 오기를 기다리며 '건넌 산'을 바라본 것이므로 느긋하게 바라보는 모습이 아니라 간절한 마음으로 보았을 것이다.

④ '삼대'를 '님'으로 착각한 것은 맞지만 '님'을 원망하는 모습은 나타나지 않는다.

⑤ '님'이 오지 못한 이유는 작품에 나타나지 않으며, 화자는 '밤'이라 자신의 행동을 남들이 못 봐서 다행이라고 생각하고 있다.

다른 작품
엮어 읽기
이화우 흩뿌릴 때 | 계랑
49쪽

작품 해제

이 작품은 임을 그리워하며 임과의 재회를 바라는 마음을 노래한 평시조이다. 초장과 중장에서는 '이화우', '추풍낙엽'이라는 하강의 이미지를 지닌 소재를 통해 임과 헤어져 임을 그리워하는 화자의 정서를 효과적으로 나타내었으며, 종장에서는 천 리에 외로운 꿈만 오락가락한다며 임에 대한 간절한 그리움과 재회에 대한 소망을 드러내고 있다.

주제

임에 대한 그리움

화자의 정서와 태도

초장	이화우 흩뿌릴 때 울며 임과 이별함.	→	이별의 슬픔
중장	추풍낙엽을 보며 임을 생각함.	→	임에 대한 그리움
종장	천 리에 외로운 꿈만 오락가락함.	→	임에 대한 간절한 그리움과 재회에 대한 소망

표현상 특징

• '이화우', '추풍낙엽'과 같은 하강의 이미지를 가진 시어를 통해 화자의 정서를 심화시킴.
• 시간의 흐름과 정서적 거리감의 표현을 통해 임과의 이별을 효과적으로 표현함.

---

1 쇰(꿈) **2** ②

1 「꿈에 다니는 길이」의 화자는 꿈에서 임을 만나기 위해 돌길을 다니고, 이 글의 화자는 천 리 떨어진 임이 보고 싶어서 외로운 꿈을 꾼다. 따라서 공통적으로 사용된 시어인 '쇰(꿈)'에는 임에 대한 간절한 그리움이 투영되어 있다고 할 수 있다.

2 '추풍낙엽'은 가을이라는 계절감을 드러내는 시어로, 임과 이별한 후의 시간 경과를 의미한다.

---

10 어이 못 오던가 | 시집살이 노래 ^{50쪽}

독해 포인트

(가)는 오지 않는 임에 대한 마음을 노래한 사설시조로, 화자의 정서를 표현한 방식에 주목하여 읽는다. (나)는 시집살이의 어려움을 노래한 민요로, 화자의 상황과 정서를 드러내기 위해 사용한 다양한 표현 방식에 주목하여 읽는다.

(가) 어이 못 오던가 | 작자 미상

작품 해제

이 작품은 오지 않는 임에 대한 원망과 그리움을 해학적으로 표현한 사설시조이다. 화자는 초장에서 임이 오지 않는 까닭을 물은 뒤, 중장에서는 열거와 연쇄의 표현 방법을 통해 마치 임이 구속된 것 같은 가정적 상황을 제시하며 그런 것들 때문에 오지 못하냐고 묻고 있다. 이러한 물음에는 임이 오지 않는 것에 대한 답답함과 오지 않는 임에 대한 의구심, 원망의 마음이 담겨 있다고 할 수 있다. 종장에서는 한 달이 서른 날인데 자신을 보러 올 하루가 없냐고 한탄함으로써 오지 않는 임에 대한 원망과 탄식을 드러내고 있다.

주제

임을 기다리는 안타까운 마음

(나) 시집살이 노래 | 작자 미상

작품 해제

이 작품은 시집살이의 어려움과 고통을 두 인물의 대화체 형식을 이용하여 표현한 민요로, 당시 여성이 겪어야 했던 현실적인 삶의 고뇌와 체념의 정서가 해학적으로 잘 표현되어 있다. 이 작품에는 언어유희와 다양한 비유, 반복, 대구, 대조, 열거 등 다양한 표현 방법이 사용되었으며 이를 통해 화자는 시집살이의 어려움과 괴로움을 드러내고 있다.

주제

시집살이의 한(恨)과 체념

(가) 어이 못 오던다 무슨 일로 못 오던다
　　　　오던가
■ : 임을 오지 못하게 하는 장애물

너 오는 길 위에 무쇠로 성(城)을 쌓고 성 안에 담 쌓고 담
화자가 기다리는 대상

안에란 집을 짓고 집 안에란 뒤주 놓고 뒤주 안에 궤를 놓고

궤 안에 너를 결박ᄒ여 놓고 쌍비목 외걸새에 용거북 ᄌ물
「　」: 열거법, 연쇄법을 사용하여 임이 오지 못하는 이유를 추측함.

쇠로 수기수기 ᄌ갓더냐 네 어이 그리 아니 오던다」
　　　　깊이깊이

ᄒ ᄃᆞᆯ이 셜흔 ᄂᆞᆯ이여니 날 보라 올 하루 업스랴
　　　　　오지 않는 임에 대한 원망, 탄식

(나) 형님 온다 형님 온다 분고개로 형님 온다
　　　　a　　　a　　　　　b　　　　a→a-b-a 구조로 운율감 형성

형님 마중 누가 갈까 형님 동생 내가 가지
　　　　시적 화자: 형님의 사촌 동생 - 형님의 이야기를 이끌어 냄.

형님 형님 사촌 형님 시집살이 어떱뎁까
▶형님 마중과 시집살이에 대한 호기심(기)

시적
화자: ｝이애 이애 그 말 마라 시집살이 개집살이
　　　　　　　　시집살이의 어려움을 언어유희로 표현함.

형님　앞밭에는 당추 심고 뒷밭에는 고추 심어
　　　　고추, 동어 반복을 피하고 운율을 살린 표현

고추 당추 맵다 해도 시집살이 더 맵더라
　　　　고추 당추와 비교하여 시집살이의 어려움을 표현함.

「둥글둥글 수박 식기(食器) 밥 담기도 어렵더라
「　」: 고된 시집살이와 노동

도리도리 도리소반(小盤) 수저 놓기 더 어렵더라

오 리(五里) 물을 길어다가 십 리(十里) 방아 찧어다가

아홉 솥에 불을 때고 열두 방에 자리 걷고

외나무다리 어렵대야 시아버니같이 어려우랴
　　시아버지를 대하는 어려움
나뭇잎이 푸르대야 시어머니보다 더 푸르랴
　　서슬 퍼런 시어머니에 대한 두려움
시아버니 호랑새요 시어머니 꾸중새요
　　무서움　　　　　　꾸중을 많이 함.
동세 하나 할림새요 시누 하나 뾰족새요
　동서　　고자질을 잘함.　　　　성을 잘 냄.
시아지비 뾰중새요 남편 하나 미련새요
　시아주버니　통명스러움　　　　미련함.
자식 하난 우는 새요 나 하나만 썩는 샐세
　　　　　　　　　　　　　속이 썩는 화자

「귀먹어서 삼 년이요 눈 어두워 삼 년이요
「 」: 부당한 속박을 참고 견뎌야 하는 시집살이의 어려움
말 못해서 삼 년이요 석 삼 년을 살고 나니
　　　　　　　　　　　9년
「배꽃 같던 요내 얼굴 호박꽃이 다 되었네
「 」: 결혼 전과 후를 대조하여 시집살이의 고충을 토로함.
삼단 같던 요내 머리 비사리춤이 다 되었네
삼을 묶어 놓은 단처럼 탐스럽던
백옥 같던 요내 손길 오리발이 다 되었네」
　　　　　　　　　　　'거친 손'을 비유함.
열새 무명 반물치마 눈물 씻기 다 젖었네
아주 고운 무명
두 폭 붙이 행주치마 콧물 받기 다 젖었네
　　　　　　　　눈물이 연못을 이룸.(과장법) ▶ 고된 시집살이의 괴로움(서)
울었던가 말았던가 베갯머리 소(沼) 이뤘네
　　　　　　　　　　'자식들'을 비유함.
「그것도 소(沼)라고 거위 한 쌍 오리 한 쌍
「 」: 고된 시집살이에도 자식 때문에 어려움을 참고 견디는 상황을 해학적으로 표현함.
쌍쌍이 때 들어오네」
　　　　　　　　　▶ 해학적인 체념(결)

시집 식구들과 자신을 새에 비유하여 시집살이의 괴로움을 해학적으로 표현함.

문제
51쪽

1 ④　2 ⑤

원리로 작품 독해
52쪽

1 원망, 괴로움(고충), 체념
2 해학적, 연쇄법, 대화, 비유, 언어유희

빈출 어휘 짚고 가기
52쪽

1 소　2 뒤주　3 도리소반　4 궤

---

1 표현상 특징 이해　　　　　　　답 ④

(가)의 '네 어이 그리 아니 오던다'는 임에게 하는 말이지만 임과 대화하
는 것이 아니라 화자의 독백이므로 대화체 형식이라고 볼 수 없다.

[오답 확인]
① (가)의 중장에서는 앞의 구절이 계속해서 연결되는 연쇄법을 사용하
고 있다.
② '시집살이 개집살이'는 비슷한 음을 이용한 언어유희이며, 시집을 개
집에 비유하며 시집살이의 고단함을 표현하였다.
③ (가), (나) 모두 생활 속에서 사용하는 도구를 이용하여 시적 상황을 재
미있게 표현하였다.
⑤ (가)의 초장에서는 '못 오던다'를, (나)의 1행에서는 '형님 온다'를 반복
적으로 사용하여 리듬감을 형성하고 있다.

2 외적 준거에 따른 작품 감상　　　　답 ⑤

'거위'와 '오리'는 화자 자신이 아닌 화자의 자식들을 비유한 표현이다.

[오답 확인]
① '고추', '당추'가 맵지만 시집살이는 그보다 더 맵다고 하며 '고추', '당
추'와의 비교를 통해 시집살이의 고통을 드러내고 있다.
② '오 리'와 '십 리'는 화자가 다녀야 할 거리를 수치로 제시한 것으로 노
동의 과중함을 드러낸다.
③ 시아버지와 시어머니를 각각 '호랑새'와 '꾸중새'에 비유하여 무서운
존재, 꾸중을 많이 하는 존재로 표현하고 있다.
④ '배꽃'은 결혼 전 자신의 예뻤던 모습을, '호박꽃'은 시집살이의 고생
으로 볼품없이 된 화자의 모습을 비유한 것이다. 이와 같이 대비되는
비유를 통해 화자는 초라하게 변한 자신의 모습을 한탄하고 있다.

다른 작품 엮어 읽기　**나무도 바윗돌도 없는 뫼에** | 작자 미상　53쪽

작품 해제
이 작품은 임과 이별한 뒤에 느끼는 심정을 비교와 과장을 통해 드
러낸 사설시조이다. 임과 이별한 화자의 마음을 매에게 쫓기는 까
투리의 마음과 설상가상의 위기에 직면한 도사공의 절박한 심정에
견주어 자신의 슬픔이 비교 대상들의 상황보다 더욱 심각함을 과
장된 표현을 통해 노래하고 있다.

주제
임과 이별한 절망적인 마음

화자의 정서와 태도

초장	숨을 곳이 없는 산에서 매에게 쫓기는 까투리의 마음	
중장	바다 한가운데서 난파에 직면하여 해적을 만난 도사공의 마음	→ 임과 이별한 슬픔과 절망
종장	엊그제 임과 이별한 나의 마음은 까투리와 도사공에 비교할 수 없음.	

표현상 특징
• 절박한 상황에 처한 대상을 먼저 제시한 뒤 그에 비교하여 자신
의 상황과 정서를 드러내는 방식으로 시상을 전개함.
• 열거법, 점층법, 과장법 등 다양한 표현법을 사용하여 화자의 정
서를 효과적으로 표현함.

---

1 열거법　　**2** 가토리(까투리), 도사공

1 이 글의 중장에서는 점층법과 열거법을 사용하여 설상가상의 위기에
빠진 도사공의 상황을 표현하였고, 「어이 못 오던가」의 중장에서는 열
거법과 연쇄법을 사용하여 임이 오지 못하게 하는 다양한 사물과 상
황을 연쇄적으로 나열하여 오지 않는 임에 대한 원망을 표현하였다.

2 이 글의 화자는 임을 여읜 자신의 마음을 가토리(까투리)와 도사공의
마음과 비교하여 절망적인 심정을 드러내고 있다.

독해 포인트
(가)는 동물을 의인화하여 인간 사회의 문제를 우회적으로 풍자하고 있는 사설시조로, 풍자의 대상과 방법에 주목하여 읽는다. (나)는 화자와 제비의 대화를 통해 현실의 문제를 비판하고 있는 한시로, 비판의 내용과 화자의 태도에 주목하여 읽는다.

(가) 두꺼비 파리를 물고 | 작자 미상
작품 해제
이 작품은 두꺼비, 파리, 백송골 등을 의인화하여 인간 사회를 우회적으로 풍자한 사설시조이다. '두꺼비'는 백성들을 괴롭히는 관리를 빗대어 표현한 것으로 약자에게는 강하고 강자에게는 약한 태도를 보이고 있다. 두꺼비가 물고 있는 '파리'는 힘없는 백성을 의미하고, 두꺼비가 두려워하는 '백송골'은 상부의 중앙 관리 또는 외세를 의미한다고 볼 수 있다. 초장과 중장에서는 파리에게는 강하고 백송골에게는 약한 두꺼비의 모습을 풍자하고 있으며, 종장에서는 허세를 부리는 두꺼비(양반, 관리)의 모습을 풍자하고 있다.

주제
지배층의 횡포와 허세에 대한 풍자

(나) 고시 8 | 정약용
작품 해제
이 작품은 다산 정약용의 고시(古詩) 27수 중 한 수로, 조선 후기 사회 지배층의 횡포와 피지배층의 서러움을 우의적으로 풍자한 한시이다. 화자는 제비의 입을 빌려서 힘없고 의지할 데 없는 약한 백성들을 수탈하는 당시 관리들의 횡포를 드러내면서, 핍박받는 백성들에 대한 연민의 마음을 은근하게 표현하고 있다.

주제
백성의 고통과 지배층의 횡포에 대한 비판

(가) 「두터비 파리를 물고 두엄 우희 치다라 안자
　　　　힘없는 백성
　　　부패한 지배층, 탐관오리　　　　　　허세스러운 모습
　　　　것넌 산 바라보니 백송골(白松鶻)이 떠 잇거늘 가슴이
　　　　　　　　　　　상부의 중앙 관리, 외세
　　　　금즉하여 풀덕 뛰여 내닷다가 두엄 아래 잣바지거고
　　　「♪ 파리(약자)에게 강하고 백송골(강자)에게 약한 두꺼비(양반)의 모습을 희화화(풍자)함.
　　　　모쳐라 날낸 낼싀만졍 에헐질 번하괘라
　　　　　　　두꺼비의 자화자찬, 허세 → 풍자

(나) 제비 한 마리 처음 날아와
　　　관리에게 수탈당하는 백성
　　　　지지배배 그 소리 그지지 않네　　▶그치시 않는 제비 울음소리
　　　　　　　　백성의 고통이 지속되고 있음.
　　　　말하는 뜻 분명히 알 수 없지만

　　　　집 없는 서러움을 호소하는 듯　　▶집 없는 설움을 호소하는 듯한 제비
　　　삶의 터전을 상실한 백성들의 서러움
　　　　느릅나무 홰나무 묵어 구멍 많은데
　　　　　　백성들의 삶의 터전
　　　　어찌하여 그곳에 깃들지 않니　　▶제비가 나무 구멍에 살지 않는 이유에
　　　　　　　　나무 구멍　　　　　　　　대한 화자의 물음
　　　　제비 다시 지저귀며

　　　　사람에게 말하는 듯　　　　　　▶대답하는 듯한 제비

　　　　느릅나무 구멍은 황새가 쪼고
　　　　　　백성을 수탈하는 관리(지배층)
　　　　홰나무 구멍은 뱀이 와서 뒤진다오
　　　　　백성을 수탈하는 관리(지배층)　▶황새와 뱀의 횡포를 고발하는 제비

문제 55쪽
1 ③　2 ⑤　3 ④

원리로 작품 독해 56쪽
1 백송골, 약자, 황새, 백성, 관리(지배층)　2 백성, 두터비(두꺼비)
3 백성, 터전(보금자리), 뱀　4 질문, 답변

1 작품의 종합적 감상 답 ③
(가), (나) 모두 다른 사물에 빗대어 현실을 우회적으로 비판하는 우의적 표현을 활용하여 백성들을 괴롭히는 지배층을 비판하고 있다.

[오답 확인]
① (가), (나) 모두 동물을 의인화하여 표현하고 있으나, 이상적 세계를 묘사한 것이 아니라 현실의 문제를 드러내고 있다.
② (가)는 두꺼비의 모습을 희화화하여 웃음을 유발하고 있으나 (나)에는 대상의 희화화가 나타나지 않는다.
④ (나)는 화자와 제비가 대화하는 형식으로 전개되고 있으나, (가)에는 대화체 형식이 나타나지 않는다.
⑤ (가)에는 해학적 표현이 나타나 있으나 그것은 지배층을 풍자하기 위한 것이지 당대 서민의 삶을 긍정적으로 표현하고 있지는 않다. (나)에는 해학적 표현이 나타나지 않는다.

2 시어의 의미 관계 파악 답 ⑤
(가)에서는 '파리, 두터비, 백송골' 순으로 약자에서 강자의 관계를 형성하고 있다. ⑤에서도 솔개는 쥐를 잡지만, 봉황 앞에서는 약한 존재이므로 '쥐, 솔개, 봉황' 순으로 약자에서 강자로의 관계가 형성되고 있다.

[오답 확인]
① '닭'과 '개'는 각자의 역할을 하는 동등한 존재이고, '꿩'은 매에게 잡히는 존재이므로 세 대상 간에 힘의 우위를 따질 수 없다.
② '까마귀'는 화자가 긍정적으로 평가하고 있는 대상이고, '백로'는 화자가 비판적으로 평가하고 있는 대상이다. 또한 '너'는 백로를 지시하므로 세 대상을 강자와 약자의 관계로 볼 수 없다.
③ '나비'와 '범나비'는 화자가 청산에 갈 때 함께 가자고 권유하는 대상으로 동등한 관계이다. '꽃'은 청산에 가는 중간에 쉴 수 있는 중간 기착지 정도로 볼 수 있다.
④ '봉황'은 화자가 기대하고 있는 결과이고, '오작'은 화자가 실제로 얻은 불만족스러운 결과이다. 또한 '동자'는 화자가 명을 내리고 있는 존재이므로 세 대상은 약자와 강자의 관계로 볼 수 없다.

3 세부 정보 파악 답 ④
지배 세력으로부터 착취당하는 백성을 상징하는 '제비'가 계속 지저귀는 것은 '황새'와 '뱀'에게 고통을 받고 있다는 것을 의미하며, 이것은 현실에 굴하지 않는 꿋꿋한 모습과는 관련이 없다.

[오답 확인]
① '지배층의 횡포와 피지배층의 고난'을 드러낸 작품으로 볼 때 '황새'와 '뱀'은 지배 세력을 상징한다고 할 수 있다.
② '지배층의 횡포와 피지배층의 고난'을 드러낸 작품으로 볼 때 '제비'는 지배층에게 착취당하는 백성을 상징한다고 할 수 있다.
③ '집 없는 서러움', '그곳에 깃들지 않니'로 볼 때 제비는 집을 빼앗긴 것이고, 이것은 삶의 터전을 상실한 백성들의 상황이라고 할 수 있다.

⑤ '제비', '황새', '뱀'이라는 동물 소재를 이용하여 당대의 시대 현실을 우회적으로 비판하고 있다.

58쪽

12 상춘곡 | 정극인

독해 포인트
이 작품은 봄 경치와 자연을 즐기며 안빈낙도를 추구하는 조선 전기 사대부의 풍류와 흥취가 드러나는 가사이다. 다양한 표현 방법과 시상 전개 방식에 주목하여 읽는다.

작품 해제
이 작품은 부귀와 공명 같은 세속적인 것에 대한 욕심을 버리고 자연 속에서 청풍명월의 주인이 되어 안빈낙도하며 살겠다는 내용을 담고 있는 작품으로 강호가도의 대표적인 작품 중 하나이다. 자연의 아름다움과 그 자연을 즐기는 삶의 흥취를 노래하였으며 봄의 경치를 사실적이고 생동감 있게 묘사하면서 아름다운 자연에 동화되는 화자의 모습을 제시하였다. 설의법, 의인법, 직유법, 대구법 등의 다양한 표현법을 사용하여 유유자적한 생활의 모습을 효과적으로 그려 내고 있다.

주제
아름다운 봄 경치와 안빈낙도하는 삶

(가) 홍진(紅塵)에 뭇친 분네 이내 생애 엇더ᄒᆞ고
　　　붉은 먼지 → 속세　　자신의 생활에 대한 자부심을 의문형으로 표현함.
넷사람 풍류ᄅᆞᆯ 미츨가 못 미츨가
자신의 풍류가 옛사람의 풍류와 유사하다는 자부심을 드러냄.
천지간 남자 몸이 날만 ᄒᆞᆫ 이 하건마는
　　　　　　　　　나만 한 사람이 많지만
산림에 뭇쳐 이셔 지락(至樂)을 ᄆᆞ를 것가
　　　　　　　　안타까움과 자부심의 표현
수간모옥(數間茅屋)을 벽계수(碧溪水) 앏픠 두고
: 시적 공간 → 화자의 공간 이동에 따른 전개
송죽 울울리예 풍월주인 되여셔라 ▶자연에 뭇혀 사는 즐거움(서사)
풍월의 주인. 풍류 생활에 대한 자부심의 표현

(나) 엇그제 겨을 지나 새봄이 도라오니
도화행화(桃花杏花)ᄂᆞᆫ 석양리(夕陽裏)예 퓌여 잇고
　　　　　　　　　　　석양 속에
녹양방초(綠楊芳草)ᄂᆞᆫ 세우(細雨) 중에 프르도다
　　　　　　　　　　가랑비
칼로 몰아 낸가 붓으로 그려 낸가
　　　자연의 아름다운 풍경에 대한 감탄
조화신공(造化神功)이 물물마다 헌ᄉᆞ롭다
조물주의 솜씨가 아단스럽다는 표현으로 자연의 아름다움을 예찬함.
수풀에 우는 새는 춘기(春氣)ᄅᆞᆯ 못내 계워 소리마다 교
화자의 감정이 이입된 대상　　　　　　　　못 이겨
태로다　　　　　　　　　　　　▶봄의 아름다운 경치(본사 1)

(다) 물아일체(物我一體)어니 흥이이 다룰소냐
　　　　　　　　　　흥은 다르지 않음(설의법)
시비예 거러 보고 정자애 안자 보니
사립문
소요음영ᄒᆞ야 산일(山日)이 적적ᄒᆞᆫ ᄃᆡ
　　　　　　　　산속의 하루
한중진미(閒中眞味)를 알 니 업시 호재로다 ▶봄의 흥취(본사 2)
　　　　　　　　　　　　　혼자

(라) 이바 니웃드라 산수 구경 가쟈스라
　　　이웃들에게 산수 구경을 함께할 것을 권유함.
답청(踏靑)이란 오늘 ᄒᆞ고 욕기(浴沂)란 내일 ᄒᆞ새
아ᄎᆞᆷ에 채산(採山)ᄒᆞ고 나조ᄒᆡ 조수(釣水)ᄒᆞ새
　　　　　　　　　　　　저녁에　　낚시 ▶산수 구경의 권유(본사 3)

(마) ᄀᆞᆺ 괴여 닉은 술을 갈건(葛巾)으로 밧타 노코
곳나모 가지 것거 수 노코 먹으리라
꽃나무 가지로 술잔의 수를 세며(풍류를 즐기는 모습)

57쪽

다른 작품 엮어 읽기 **탐진촌요** | 정약용

작품 해제
이 작품은 정약용이 탐진(전남 강진의 옛 이름)에서 유배 생활을 하면서 그곳 농민들의 어려운 생활을 목격하고, 농민의 생활고를 가중시키는 관리들의 수탈을 고발한 한시이다. 황두에게 무명을 빼앗기고, 세금 독촉에 시달리는 농민들의 고통스러운 삶의 모습을 사실적으로 묘사하며 현실에 대한 비판 의식과 애민 정신을 드러내고 있다.

주제
부패한 관리들의 횡포 고발

화자의 정서와 태도

1구	새로 짠 무명의 아름다움	농민의 일에 대한 긍정적 태도
2구	무명을 약탈해 가는 관리	
3구	세금 독촉이 심한 현실	사실적인 묘사를 통한 관리들의 횡포 고발
4구	서울로 떠나는 세곡선(부당하게 가해지는 세금의 압력)	

표현상 특징
• 사실적 표현을 통해 당대의 현실에 대한 비판적 인식을 드러냄.
• 직유법과 도치법을 통해 농민들에 대한 횡포가 가해지는 시적 상황을 효과적으로 표현함.

---

1 이방, 황두　**2** ③

1 「고시 8」에서 '황새'와 '뱀'은 '제비'를 괴롭히는 부패한 지배층으로 이 글에서는 '이방'과 '황두'가 이에 해당한다.

2 이 글은 빗대어서 표현하지 않고 부패한 관리들의 횡포를 있는 그대로 사실적으로 묘사하고 있다.

[오답 확인]
① 해학적 표현은 나타나지 않는다.
② 공간의 이동에 따라 시상이 전개되지 않는다.
④ 화자의 감정이 반영되는 자연물은 없다.
⑤ 상징적 사물을 이용한 표현은 드러나 있지 않다.

화풍(和風)이 건듯 부러 녹수(綠水)를 건너오니
　　문득
청향(淸香)은 잔에 지고 낙홍(落紅)은 옷새 진다
꽃 향기는 잔에 지고(공감각적 표현: 후각의 시각화)
준중(樽中)이 뷔엿거든 날드려 알외여라
술동이가 비었으면
소동 아히드려 주가에 술을 들어
　　　　　　술집에 술이 있는가를 물어
얼운은 막대 집고 아히는 술을 메고
　　　　지팡이
미음완보(微吟緩步)호야 시냇フ의 호자 안자
명사(明沙) 조흔 믈에 잔 시어 부어 들고
청류(淸流)를 굽어보니 쩌오느니 도화(桃花) l 로다
　　　　　　　　　　　　떠오는 것이
무릉이 갓갑도다 져 믹이 긘 거인고
무릉도원(이상향) → 자신이 있는 곳을　　　　▶술과 함께 즐기는 봄의 풍류(본사 4)
이상향으로 생각함.

(바) 송간 세로(松間細路)에 두견화(杜鵑花)를 부치 들고
　　　　　　　　　　　　　　진달래꽃
봉두(峰頭)에 급피 올나 구름 소긔 안자 보니
산봉우리
천촌만락(千村萬落)이 곳곳이 버러 잇닉
수많은 촌락들
연하일휘(煙霞日輝)는 금수(錦繡)를 재폇는 듯
수놓은 비단을 펼쳐 놓은 듯(직유법)
엇그제 검은 들이 봄빗도 유여(有餘) 홀샤
겨울 들판　　　　　　넘치는구나
　　　　　　　　　　　　　　▶산봉우리에서 바라본 봄의 경치(본사 5)

(사) 공명(功名)도 날 씌우고 부귀(富貴)도 날 씌우니
　　　　　　주객전도의 표현
청풍명월(淸風明月) 외(外)예 엇던 벗이 잇스올고
　　　　　　　　오직 자연만이 나의 친구임.
단표누항(簞瓢陋巷)에 훗튼 혜음 아니 ᄒ닉
　　　　　　　　헛된 생각(부귀, 공명)
「아모타 백년행락(百年行樂)이 이만흔 둘 엇지ᄒ리」
「」: 시조 종장의 음수율과 유사함.　자신의 삶에 대한 만족감과 자부심(설의법)
　　→ 정격 가사의 특징　　　　　▶안빈낙도에 대한 만족(결사)

문제 60쪽

1 ① 　2 ⑤ 　3 ② 　4 ⑤ 　5 ⑤

원리로 작품 독해 62쪽

1 산수, 물아일체 　2 수간모옥, 넓은 공간, 공간 　3 이입, 주체, 객체

빈출 어휘 짚고 가기 62쪽

1 수간모옥 　2 연하일휘 　3 단표누항

---

1 작품의 종합적 감상　　　　　　　　　　　답 ①

이 글은 부귀와 공명 같은 세속적 가치를 멀리하고 자연 속에서 풍류를 즐기며 안빈낙도하는 삶의 자세를 노래하고 있다. 이는 생활과 밀착된 주제가 아닌 관념적 주제이다.

[오답 확인]

② 자연 속에서 봄 경치를 즐기는 삶의 흥취를 노래한 가사로, 이후에 창작된 「면앙정가」, 「성산별곡」과 같은 강호 가사에 영향을 미쳤다.

③ 대부분의 가사는 4음보의 율격을 바탕으로 규칙적인 운율을 형성하고 있다.

④ 이 글에는 한자어가 많이 사용되었으며 작가는 양반 사대부이다.

⑤ 이 글은 마지막 행이 시조 종장의 음수율(3·5·4·3)과 유사한 정격 가사이다.

2 시상 전개 방식과 화자의 태도 이해　　　　　답 ⑤

'수간모옥'에서 '정자'와 '시냇가'를 거쳐 '봉두'에 이르는 공간의 이동은 좁은 곳에서 넓은 곳으로의 이동이면서, 속세에 가까운 세계에서 탈속의 세계로의 이동이다. 이는 탈속을 지향하는 화자의 내면을 반영하는 것으로, 시상이 전개되면서 탈속의 정취가 더욱 깊어짐을 느낄 수 있다.

[오답 확인]

① 화자는 현실에서 도피하려는 것이 아닌 현재에 만족하며 사는 안빈낙도의 자세를 추구하고 있다.

② 화자는 속세와 자연에서 갈등하는 것이 아니라 자연 속의 삶에 만족하고 있다.

③ 화자는 세속적 가치를 추구하는 것이 아니라 자연과 벗하며 살겠다는 내면을 드러내고 있다.

④ '봉두'는 인공적인 공간이 아니라 봄 풍경을 즐길 수 있는 자연적인 공간이다.

3 화자의 정서와 태도 파악　　　　　　　　　답 ②

'봄기운을 이기지 못하고 우는 새'는 화자가 느끼는 봄의 흥취가 이입된 대상이다.

[오답 확인]

① 옛사람 풍류에 미칠까 못 미칠까 비교하는 것에는 옛사람의 풍류와 비교할 만하다는 화자의 자부심이 담겨 있기 때문에 자신을 자연의 주인인 풍월주인이라고 표현한 것이다.

③ 시냇가에서 술잔을 들고 시냇물을 굽어보는 모습에서는 봄의 풍류를 즐기는 태도가 드러나고 있다.

④ 자연을 벗으로 삼으려는 자연 친화적 태도를 통해 물아일체의 경지가 드러나고 있다.

⑤ 단표누항, 즉 소박하고 청빈한 생활에 헛된 생각을 하지 않는다는 데서 자연 속에서 소박하고 청빈하게 살고자 하는 삶의 태도가 드러나고 있다.

4 표현상 특징 파악　　　　　　　　　　　　답 ⑤

공명과 부귀가 나를 꺼린다는 주체와 객체를 바꾼 표현을 통해 공명과 부귀에 집착하지 않겠다는 화자의 가치관이 드러나고 있다.

[오답 확인]

① 조물주의 신비한 솜씨가 야단스럽다고 표현한 것은 봄 풍경의 아름다움을 예찬하기 위한 것으로 인간 삶의 무상함과는 관련이 없다.

② 산수 구경 가자는 것은 명령형이 아니라 청유형을 활용한 것이다.

③ 시각적 심상이 사용되었으며 공감각적 심상은 나타나지 않는다.

④ 도화를 보며 무릉도원을 떠올리는 것은 관용적인 연상이라 할 수 있다. 그러나 이 구절은 자신이 있는 곳이 무릉도원(이상향)과 같다는 만족감을 표현한 것이지 이상향에 대한 갈망과는 관련이 없다.

5 외적 준거를 통한 작품 감상　　　　　　　답 ⑤

'검은 들이 봄빗도 유여홀샤'에서 '검은 들'은 겨울 들판을 의미하는 것이다. 따라서 이 구절은 겨울이 지나고 들판에 봄빛이 넘치는 계절의 변화를 드러낸 것이므로 인간과 자연의 조화로운 합일과는 관련이 없다.

[오답 확인]

① '석양'과 '세우(가랑비)'는 아래로 내려오는 하강 이미지를 지니고 있으며, '꽃'과 '풀'은 위를 향해 자라므로 상승 이미지를 지닌 것으로 볼 수 있다.

② 이웃에게 답청(산책)은 오늘 하고 욕기는 내일 하자 하며 아침에 산나물 캐고 저녁에 낚시질하자고 권유하고 있는 화자의 모습에서 봄놀이를 적절히 조절하며 안배하고 있음을 알 수 있다.

③ 꽃나무 가지 꺾어 술잔의 수를 세면서 먹으리라는 화자의 모습에서 과하게 술을 마시지 않으려는 절제된 모습을 엿볼 수 있다.

④ 술 향기는 잔에 지고 떨어지는 꽃은 옷에 진다고 하며 자신의 상승하는 감정을 '진다'라는 하강의 표현을 통해 다스리고 있다.

다른 작품 엮어 읽기 면앙정가 | 송순 63쪽

작품 해제
이 작품은 송순이 관직에서 물러나 고향인 전남 담양에 면앙정이라는 정자를 짓고 살 때에 지은 가사이다. 면앙정 주변의 아름다운 풍경과 계절의 변화에 따른 자연의 경치를 생동감 있게 묘사하고 그 속에서 마음껏 자연을 즐기는 마음을 노래하고 있으며, 작품의 맨 끝에는 임금의 은혜에 감사하고 있다. 이 작품은 속세에서 물러나 자연의 한가로움을 즐기며 심성을 수양하는 이른바 강호가도의 전형적인 노래이다.

주제
자연 속에서의 풍류와 군은(君恩)에 대한 감사

화자의 정서와 태도

서사	제월봉의 위치와 형세, 면앙정의 모습
본사 1	면앙정 주변의 풍경
본사 2	사계절에 따른 면앙정의 풍경
결사	풍류와 호연지기 및 군은

↓

- 자연 속에서 풍류를 즐기는 삶에 대한 만족감과 자부심
- 군은에 대한 감사

표현상 특징
- 계절의 변화에 따라 내용을 전개함.
- 면앙정의 아름다운 풍경을 비유적 표현을 통해 생동감 있게 표현함.

---

1 만족감 **2** 계절

1 「상춘곡」과 이 글은 강호가도의 대표 작품으로, 자연의 아름다움을 예찬하며 자연 속에서 풍류를 즐기며 살아가는 삶의 만족감이 드러나 있다.

2 수록 부분에서도 가을과 겨울의 풍경이 나타나듯, 이 글은 계절의 변화에 따라 내용을 전개하며 면앙정의 사계절을 표현하고 있다. 이때 곡식이 누렇게 익어 있는 가을 들판을 '누런 구름'으로 표현하는 등 비유적인 표현을 활용하여 풍경을 생동감 있게 표현하였다.

---

13 속미인곡 | 정철 64쪽

독해 포인트
이 작품은 여성의 목소리로 임을 그리워하는 마음을 표현하며 임금에 대한 충정을 드러낸 가사이다. 주요 소재의 상징적 의미와 임을 그리워하는 마음이 어떤 형식으로 표현되는가에 주목하여 읽는다.

작품 해제
이 작품은 조선 선조 때의 문인 정철이 지은 가사로, '충신연주지사'의 대표작이다. 이 작품은 두 여인의 대화 형식으로 이루어져 있는데 화자로 등장하는 두 여인을 편의상 각각 갑녀와 을녀로 구분해 본다면, 갑녀는 을녀의 하소연을 들어주고 그에 대한 조언을 해 주는 인물이고 을녀는 임과 이별한 당사자이다. 갑녀가 을녀에게 백옥경을 떠난 사정을 묻고, 을녀는 자신이 임과 헤어진 상황을 토로한다. 갑녀는 을녀의 말에 위로를 건네고 이에 대해 을녀는 임을 향한 그리움과 자신의 외로움을 절절하게 풀어내며 임에 대한 간절한 사모의 정을 고백하고, 갑녀가 위로하는 내용으로 끝맺는다. 이 작품은 순우리말의 묘미를 살려 소박하고 진솔하게 표현하였다는 점에서 전작인 「사미인곡」보다 훨씬 아름다운 작품이라는 평을 받는다.

주제
연군지정(戀君之情)

(가) 뎨 가는 뎌 각시 본 듯도 ᄒᆞ뎌이고
　　　　을녀로 지칭 → 중심 화자　　　하구나
　　텬샹(天上) 빅옥경(白玉京)을 엇디ᄒᆞ야 니별(離別)ᄒᆞ고
　　　임금이 있는 궁궐　　　　　　임에게 버림받은 을녀의 처지
　　히 다 뎌 져믄 날의 눌을 보라 가시ᄂᆞᆫ고
　　작품의 쓸쓸한 분위기를 조성하는 시간적 배경
　　　　　　▶ 갑녀 - 백옥경을 떠난 이유를 물음.(서사 1)

(나) 어와 네여이고 이내 ᄉᆞ셜 드러 보오
　　갑녀로 지칭 → 보조 화자
　　내 얼굴 이 거동이 님 괴얌 즉ᄒᆞᆫ가마ᄂᆞᆫ
　　엇딘디 날 보시고 네로다 녀기실ᄉᆡ
　　나도 님을 미더 군ᄠᅳ디 젼혀 업서
　　이ᄅᆞᆯ야 교틴야 어즈러이 ᄒᆞ돗ᄯᅥᆫ디
　　반기시ᄂᆞᆫ ᄂᆞᆺ비치 녜와 엇디 다ᄅᆞ신고
　　얼굴빛이 이전과 달라짐. → 사랑해 주지 않음.
　　누어 싱각ᄒᆞ고 니러 안자 혜여ᄒᆞ니
　　　　　　　　　　헤아려 보니
　　내 몸의 지은 죄 뫼ᄀᆞ티 ᄡᅡ혀시니
　　　　이별을 자신의 탓으로 생각함.
　　하ᄂᆞᆯ히라 원망ᄒᆞ며 사ᄅᆞᆷ이라 허믈ᄒᆞ랴
　　셜워 플뎌 혜니 조믈(造物)의 타시로다
　　　　　▶ 을녀 - 자신과 조물주의 탓으로 이별했다고 말함.(서사 2)

(다) 글란 싱각 마오　　▶ 갑녀 - 그렇게 생각하지 말라고 위로함.(본사 1)

(라) 미친 일이 이셔이다
　　　맺힌 일(자신의 잘못)
　　님을 뫼셔 이셔 님의 일을 내 알거니
　　「」: 임을 걱정하는 마음(신하의 충정)이 나타남.
　　믈 ᄀᆞ튼 얼굴이 편ᄒᆞ실 적 몃 날일고
　　츈한고열(春寒苦熱)은 엇디ᄒᆞ야 디내시며
　　츄일동텬(秋日冬天)은 뉘라셔 뫼셧ᄂᆞᆫ고
　　죽조반(粥早飯) 죠셕(朝夕) 뫼 녜와 ᄀᆞ티 셰시ᄂᆞᆫ가
　　기나긴 밤의 ᄌᆞᆷ은 엇디 자시ᄂᆞᆫ고　▶ 을녀 - 임에 대해 염려함.(본사 2)

(마) 님다히 쇼식(消息)을 아므려나 아쟈 ᄒ니
　　　　　임 쪽(임 계신 곳)
오늘도 거의로다 ᄂᆡ일이나 사ᄅᆞᆷ 올가
　　　　　　　　　　　임의 소식을 전해 줄 사람
내 ᄆᆞᄋᆞᆷ 둘 ᄃᆡ 업다 어드러로 가쟛 말고

잡거나 밀거나 놉픈 뫼히 올라가니

구룸은 ᄏᆞ니와 안개ᄂᆞᆫ 므스 일고
└: 임과 화자 사이의 장애물
산쳔(山川)이 어둡거니 일월(日月)을 엇디 보며
　　　부정적 상황　　　해와 달 - 임금
지쳑(咫尺)을 모ᄅᆞ거든 쳔 리(千里)ᄅᆞᆯ ᄇᆞ라보랴
가까운 거리　　　　　　임의 소식을 알 수 없는 안타까움
ᄎᆞᆯ하리 믈ᄀᆞ의 가 ᄇᆡ 길히나 보랴 ᄒ니

ᄇᆞ람이야 믈결이야 어둥졍 된뎌이고
　　　　　　　　　어수선하게
샤공은 어ᄃᆡ 가고 븬 ᄇᆡ만 걸렷ᄂᆞᆫ고
　　　　　　　　　　화자의 외로움을 심화함(객관적 상관물)
강쳔(江天)의 혼자 셔셔 디ᄂᆞᆫ ᄒᆡ를 구버보니

님다히 쇼식(消息)이 더옥 아득ᄒᆞᆫ뎌이고
　　　　　　　▶을녀 - 임의 소식을 알 수 없어 안타까워함.(본사 3)

(바) 모쳠(茅簷) ᄎᆞᆫ 자리의 밤듕만 도라오니

반벽쳥등(半壁靑燈)은 눌 위ᄒᆞ야 블갓ᄂᆞᆫ고
　　객관적 상관물
오ᄅᆞ며 ᄂᆞ리며 헤ᄯᅳ며 바자니니
　　임의 소식을 알 수 없어 헤매는 모습
겨근덧 녁진(力盡)ᄒᆞ야 픗ᄌᆞᆷ을 잠간 드니
잠깐 동안
졍셩(精誠)이 지극ᄒᆞ야 ᄭᅮᆷ의 님을 보니
　　　　　　임을 만날 수 있게 해 주는 매개체
옥(玉) ᄀᆞᄐᆞᆫ 얼구리 반(半)이 나마 늘거셰라
옥 같은 얼굴(임의 곱던 모습)
ᄆᆞᄋᆞᆷ의 머근 말ᄉᆞᆷ 슬ᄏᆞ장 ᄉᆞᆲ쟈 ᄒᆞ니
　　임을 그리워하던 사연
눈믈이 바라 나니 말ᄉᆞᆷ인들 어이ᄒᆞ며

졍(情)을 못다 ᄒᆞ야 목이조차 몌여ᄒᆞ니
　　　　　　　　　　　　　메니
오뎐된 계셩(鷄聲)의 ᄌᆞᆷ은 엇디 ᄭᆡᄯᅩᆺ던고
화자의 소망을 방해하는 대상
　　　　　▶을녀 - 독수공방의 애달픔과 꿈속에서의 임과의 만남을 말함.(본사 4)

(사) 어와 허ᄉᆞ(虛事)로다 이 님이 어ᄃᆡ 간고
　　　　　　꿈을 깬 후의 허망함과 안타까움
결의 니러 안자 창(窓)을 열고 ᄇᆞ라보니

어엿븐 그림재 날 조츨 ᄲᅮᆫ이로다
가엾은 그림자(꿈을 깬 후 화자의 쓸쓸한 심정을 드러냄.)
『ᄎᆞᆯ하리 싀여디여 낙월(落月)이나 되야이셔
지는 달, 화자의 분신 - 재회의 간절한 소망이 담긴 소재
님 겨신 창(窓) 안히 번드시 비최리라
『」죽어서 달빛이 되어서라도　　▶을녀 - 임에 대한 간절한 사모의 정을 말함.(결사 1)
임의 곁에 있고 싶음.

(아) 각시님 ᄃᆞᆯ이야ᄏᆞ니와 구ᄌᆞᆫ비나 되쇼셔
　　　　　소극적인 달보다 적극적인 비가 되라고 함.
　　　　　　　　　▶갑녀 - 달 대신 궂은비가 되라고 함.(결사 2)

문제　　　　　　　　　　　　　　　66쪽

1 ④　2 ④　3 ④　4 ④　5 ③　6 ④

원리로 작품 독해　　　　　　　　68쪽

1 자책, 안타까움, 그리움　2 전개, 중심　3 방해, 낙월

빈출 어휘 짚고 가기　　　　　　　68쪽

1 산　2 '밥'의 궁중말

---

1 작품의 종합적 감상　　　　답 ④

중심 화자인 을녀는 임과 이별한 후 임에 대한 그리움과 쓸쓸함의 정서를 지속적으로 표현하고 있으며, 희로애락의 변화는 나타나지 않는다.

[오답 확인]

① 3·4조 또는 4·4조의 글자 수가 반복되고 있으며, 4음보의 율격을 형성하고 있다.

② 다른 가사에 비해 우리말의 아름다움을 살려 진솔하게 표현하고 있다.

③ 갑녀와 을녀가 대화하는 대화 형식으로 내용을 전개하고 있다.

⑤ 임을 그리워하는 여인의 목소리로 임금을 걱정하고 그리워하는 신하의 모습을 표현하였다.

2 외적 준거를 통한 시구의 이해　　　답 ④

ⓔ에서 내 몸의 지은 죄가 산같이 쌓여 있다고 말하는 것은 임과 이별한 것을 화자 자신이 지은 죄 때문이라고 표현한 것이므로 '겸손하게 자신의 허물을 탓하는' 의도가 가장 잘 드러난다고 할 수 있다.

[오답 확인]

① 자신의 모습에 대한 생각을 나타낸 것이지 자신의 허물을 탓하는 것은 아니다.

② 임에 대한 순수한 믿음이 드러나 있다.

③ 임의 마음이 변했음이 드러나 있다.

⑤ 임과의 이별을 조물주의 탓으로 돌리고 있으므로 자신의 허물을 탓하는 것과는 관련이 없다.

3 소재의 의미 파악　　　답 ④

화자는 임의 소식을 알기 위해 물가에 가서 뱃길이나 보고자 했지만 'ᄇᆞ람'과 '믈결' 때문에 어수선해지고 만다. 즉, ⓐ의 'ᄇᆞ람'은 화자를 가로막는 장애물과 같은 대상이다. ⓑ의 '낙월'은 죽어서라도 임을 따르겠다는 화자의 간절한 의지를 드러낸 것이므로 임과의 만남을 이어 가고 싶은 화자의 소망이 담긴 대상이라고 할 수 있다.

[오답 확인]

① '낙월'은 하강의 이미지를 느끼게 하나 'ᄇᆞ람'은 하강의 이미지와 관련이 없다.

② 'ᄇᆞ람'과 '낙월'은 두려워하며 공경하는 마음인 경외심을 느끼게 하는 대상이라고 할 수 없다.

③ 'ᄇᆞ람'과 '낙월'은 자연의 아름다움과는 관련이 없다.

⑤ 'ᄇᆞ람'은 화자를 방해하는 존재이므로 만족감과는 관련이 없다.

4 시구의 표현상 특징 파악　　　답 ④

'반벽쳥등'은 화자의 처지와 대조적인 소재가 아니라 화자의 인식 변화를 부각하지도 않는다. '반벽쳥등'은 화자의 외로운 처지를 표현한 객관적 상관물로 화자의 외로움을 심화한다.

[오답 확인]

① 앞뒤로 대구를 이루면서 봄, 여름, 가을, 겨울의 계절의 변화와 임을 걱정하는 화자의 마음을 표현하고 있다.

② '구룸'과 '안개' 때문에 임이 계신 곳을 볼 수 없는 상황이므로 자연물을 활용하여 화자의 부정적 상황을 암시했다고 할 수 있다.

③ '븬 ᄇᆡ'는 화자의 쓸쓸하고 외로운 처지를 강조하는 소재로 객관적 상관물이라고 할 수 있다.

⑤ '계셩'이라는 청각적 심상을 이용하고 있으며 '계셩' 때문에 화자는 꿈에서 깨게 된다.

5 시구의 이해
답 ③

'돌'은 을녀가 되고자 하는 대상이고 '구즌비'는 갑녀가 을녀에게 되라고 하는 대상이다. '돌'이 멀리서 임을 비추기만 한다면, '구즌비'는 임에게 직접 떨어져 내릴 수 있는 존재이다. 사랑의 전달 방식에 있어 '돌'이 소극적이라면 '구즌비'는 적극적이라 할 수 있다. 따라서 '돌'과 '구즌비'는 서로 다른 인물을 비유적으로 표현한 대상이 아니라 서로 다른 사랑의 표현을 의미하는 것이다.

[오답 확인]

① '각시님'은 임과 이별하여 임에 대한 그리움을 토로하고 있는 이 글의 중심 화자를 가리킨다.

② '돌'은 을녀의 분신이라고 할 수 있으며 멀리서 비추기만 하는 소극적인 사랑의 표현을 의미하는 것이다.

④ 을녀에게 '돌'보다는 '구즌비'가 되라고 하는 것으로 보아 화자가 '구즌비'를 더 긍정적으로 생각하고 있음을 알 수 있다.

⑤ '구즌비'는 빗방울이 직접 대상에 떨어지듯이 사랑을 직접 전달하는 적극적인 사랑의 표현을 의미하는 것이다.

6 외적 준거에 따른 작품 감상
답 ④

'믈 ᄀᆞ튼 얼굴'은 임금의 연약한 모습을 비유적으로 표현한 것이지 화자 자신의 처량한 신세를 드러낸 것은 아니다.

[오답 확인]

① '텬샹 빅옥경'은 임금이 계시는 궁궐을 의미하며, 백옥경과 이별하였다는 것은 화자가 임과 이별한 처지라는 것을 보여 준다. 작가는 자신을 '텬샹 빅옥경'에서 내려온 선녀로 표현하면서 애절함을 더하고 있다.

② 조선 선조 때 정철이 지은 가사라고 하였으므로, '님'은 선조를 의미한다.

③ '엇딘디 날 보시고 네로다 녀기실시'는 '어쩐지 나를 보시고 너로구나 여기시기에'의 의미로 작가가 관직에 있을 때 받았던 임금의 은총을 엿볼 수 있다.

⑤ '츈한고열'은 봄추위와 여름 더위를, '츄일동텬'은 가을과 겨울의 날을 의미한다. 화자는 임이 사계절을 어떻게 지내고 계신지 걱정하는 마음을 드러내고 있는데 이는 충신이었던 작가가 임금을 걱정하는 마음을 담은 것이라고 할 수 있다.

다른 작품 엮어 읽기 사미인곡 | 정철

작품 해제

이 작품은 임금을 사모하는 신하의 정성스러운 마음을 여인이 사랑하는 임과 헤어져서 임을 그리워하는 마음에 빗대어 표현한 가사이다. 이 작품의 본사는 봄, 여름, 가을, 겨울로 나뉘는데 계절에 따른 자연과 생활의 변화를 그리면서, 그 속에서 화자가 느끼는 임에 대한 연모의 정을 표현하였다. 결사에서는 임이 나를 모르더라도 나는 임을 따르겠다고 하며 임금에 대한 일편단심의 충정을 부각하고 있다.

주제

연군지정

화자의 정서와 태도

서사	임과의 인연과 이별 후의 그리움
본사 1	봄 – 임을 향한 충정을 알리고 싶은 마음
본사 2	여름 – 독수공방의 외로움과 임에 대한 정성
본사 3	가을 – 선정(善政)을 기원하는 마음
본사 4	겨울 – 외로움과 임에 대한 염려
결사	죽어서라도 임을 따르고 싶은 충정

↓

임(임금)에 대한 그리움과 사랑

표현상 특징

- 계절의 변화에 따라 내용을 전개함.
- 자연물에 상징적 의미를 부여하여 화자의 정서를 표현함.

---

1 임금 **2** 매화, (임의) 옷

1 이 글과 「속미인곡」은 임을 그리워하는 여인의 목소리로 임금에 대한 사랑(충정)을 애절하게 표현하였다.

2 '매화'는 지조와 절개의 상징으로, 그것을 임에게 보내고 싶다는 것은 임금에 대한 충정을 전달하고 싶다는 의미이다. '임의 옷'은 화자가 임을 생각하며 만든 것이므로 임금에 대한 지극한 정성과 사랑을 의미한다.

14 규원가 | 허난설헌

독해 포인트

이 작품은 가부장적 유교 질서 속에서 남편을 기다리며 독수공방하는 외로움과 남편에 대한 원망을 노래한 규방 가사이다. 화자의 태도와 주요 소재의 역할에 주목하여 읽는다.

작품 해제

이 작품은 밖으로 돌면서 가정을 돌보지 않는 남편 때문에 고통받는 여인의 한스러운 생활과 그 속에서 느끼는 정한을 노래한 규방 가사이다. 임의 사랑을 받지 못하는 괴로운 처지에서 흐르는 세월 속에 쌓여 온 슬픔과 한을 다양한 수사법과 고사를 이용하여 효과적으로 표현하고 있다. 화자는 적극적으로 신세 한탄을 하고 임을 원망하는 동시에 임을 그리워하는 태도를 보이고 있다.

주제

봉건 사회에서의 부녀자의 한

(가) 엊그제 젊었더니 벌써 어찌 다 늙거니
　　　　　　　　　　　　　늙었는가
　　소년 행락(少年行樂) 생각하니 말해도 속절없다
　　　과거를 회상하며 현재 자신의 신세를 한탄함.
　　늙어서야 서러운 말 하자 하니 목이 멘다
　　　　자신의 신세 한탄의 말
　　부생모육(父生母育) 고생하여 이내 몸 길러 낼 제
　　공후 배필(公候配匹)은 못 바라도 군자 호구(君子好逑)
　　높은 벼슬을 하는 사람의 아내는 아니어도 훌륭한 남자의 아내가 되기를 바람.
　　원하더니
　　삼생(三生)의 원업(怨業)이요 월하(月下)의 연분(緣分)
　　전세, 현세, 내세의 세 가지 세상
　　으로
　　장안(長安) 유협(遊俠) 경박자(輕薄子)를 꿈같이 만나 있어
　　　　　　　　　　　화자의 남편
　　당시에 마음 쓰기 살얼음 디디는 듯
　　　남편을 모시며 조심스럽게 살아감.(직유법)
　　삼오이팔(三五二八) 겨우 지나 천연여질(天然麗質) 절로
　　　　　　　　　　　　천생여질(天生麗質)
　　이니
　　이 얼굴 이 태도로 백년 기약(百年期約) 하였더니
　　연광(年光)이 훌쩍 지나 조물(造物)이 시샘하여
　　　세월　　　　　자신의 변화는 운명이라는 사고방식을 드러냄.
　　봄바람 가을 물이 베올에 북 지나듯
　　　　세월이 빨리 지나감.(직유법)
　　설빈화안(雪鬢花顔) 어디 가고 면목가증(面目可憎) 되었
　　　　과거와 달라진 현재 모습에 대한 탄식(설빈화안 ↔ 면목가증: 대조)
　　구나
　　『자신의 처지에 대한 한탄과 자책 – 체념적 태도, 운명론적 사고
　　내 얼굴 내 보거니 어느 임이 날 사랑할까
　　　　　　어느 임도 자신을 사랑하지 않을 것임.(설의법)
　　스스로 참괴(慚愧)하니 누구를 원망하랴』
　　매우 부끄러워함.　　　　▶과거 회상과 늙음에 대한 한탄(기)

(나) 삼삼오오(三三五五) 야유원(冶遊園)에 새 사람이 나단 말가
　　　　　　　　　　술집　　　　　새로 온 기생
　　꽃 피고 날 저물 제 정처(定處) 없이 나가 있어
　　백마 금편(白馬金鞭)으로 어디어디 머무는고
　　　　　　　　집에 오지 않는 임에 대한 원망
　　원근(遠近)을 모르거니 소식(消息)이야 더욱 알랴
　　　　　　　　　　　　　임의 소식
　　인연(因緣)을 긋쳐신들 생각이야 업슬쏘냐
　　임과 인연이 끊어졌다고 생각하면서도 임을 그리워하고 안타까워함.
　　얼굴을 못 보거든 그립기나 마르려믄
　　열두 때 김도 길샤 서른 날 지리(支離)하다
　　　수적 표현을 통해 임을 기다리는 간절한 마음을 표현함.

옥창(玉窓)에 심은 매화(梅花) 몇 번이나 피여 진고
　　　　　　　세월의 흐름을 암시함.
『겨울밤 차고 찬 제 자최눈 섞어 치고
『 』: 화자의 외로움을 심화하는 객관적 상관물
여름날 길고 길 제 궂은비는 무슨 일고
삼춘 화류(三春花柳) 호시절(好時節)에 경물(景物)이 시
　　　　　　　　　　　　부재하는 임 때문에 좋은 경치에 관심이 없음.
름없다
가을 달 방에 들고 실솔(蟋蟀)이 상(床)에 울 제
　　　　　　　　귀뚜라미 – 감정 이입의 대상
긴 한숨 지는 눈물 속절없이 헴만 많다』
　　　　　　　　　　　생각
아마도 모진 목숨 죽기도 어려울사
　　　『 』: 계절의 변화에 따라 화자의 외로움과 그리움을 표현함.
　　　　　　　▶임에 대한 원망과 애달픈 심정(승)

(다) 돌이켜 풀쳐 헤니 이리 하여 어이 하리
　　　　　　　생각의 전환
　　청등(靑燈)을 돌려놓고 녹기금(綠綺琴) 빗기 안아
　　　　　　　화자의 외로움을 표현하는 객관적 상관물
　　벽련화(碧蓮花) 한 곡조를 시름 조차 섞어 타니
　　『소상 야우(瀟湘夜雨)의 댓소리 섯도는 듯
　　　녹기금 소리의 비유적 표현　　『 』: 고사를 이용하여 화자의 슬픔과 한을 드러냄.
　　화표(華表) 천 년(千年)의 별학(別鶴)이 우니는 듯』
　　　　　　녹기금 소리의 비유적 표현
　　옥수(玉手)의 타는 수단(手段) 옛 소리 있다마는
　　여성의 아름답고 고운 손　　솜씨
　　부용장(芙蓉帳) 적막(寂寞)하니 뉘 귀에 들리소니
　　　　　임의 부재(독수공방의 처지)
　　간장(肝腸)이 구곡(九曲) 되어 굽이굽이 끊겼어라
　　　임을 기다리다 시름과 한이 쌓였음을 과장되게 표현
　　　　　　　▶거문고를 타며 달래는 외로움과 한(전)

(라) 차라리 잠을 들어 꿈에나 보려 하니
　　　　　　　　꿈에서라도 임을 만나고자 하는 간절함
　　바람에 지는 잎과 풀 속에 우는 즘생
　　무슨 일 원수로서 잠조차 깨우는가
　　천상(天上)의 견우직녀(牽牛織女) 은하수(銀河水) 막혔
　　　　　화자와 대비되는 대상
　　어도
　　칠월칠석(七月七夕) 일년일도(一年一度) 실기(失期)치 아
　　　　　　　　　견우와 직녀는 일 년에 한 번은 만남.
　　니거든
　　우리 님 가신 후는 무슨 약수(弱水) 가렸기에
　　　　　　　　　　만남을 방해하는 장애물
　　오거나 가거나 소식(消息)조차 그쳤는가
　　난간(欄干)에 비겨 서서 님 가신 데 바라보니
　　초로(草露)는 맺혀 있고 모운(暮雲)이 지나갈 제
　　　　　　　화자의 쓸쓸한 마음을 강조함.
　　죽림(竹林) 푸른 곳에 새소리 더욱 설다
　　　　　　　　새 – 감정 이입의 대상
　　세상의 서룬 사람 수없다 하려니와
　　박명(薄命)한 홍안(紅顔)이야 나 같은 이 또 있을까
　　　　　　화자는 자신의 운명을 기구하다고 생각함.
　　아마도 이 님의 탓으로 살 동 말 동 하여라
　　임 때문에 살 수 없음. → 적극적으로 임을 원망함.
　　　　　　　▶운명에 대한 한탄과 임에 대한 원망(결)

1 작품의 종합적 감상   답 ⑤

이 글은 화자가 자신의 과거와 현재를 돌아보며 임에 대한 원망과 그리움을 자기 고백적인 어조로 서술하고 있다. 구체적인 청자는 나타나지 않는다.

[오답 확인]

① '−ㄹ까', '−랴', '−ㄴ고', '−ㄹ쏘냐' 등의 물음 형식을 통해 남편을 기다리며 혼자 지내는 처지와 심정을 드러내고 있다.

② 이 글의 화자는 임(남편)을 기다리고 있는 여성으로 임이 없이 지내는 외로움과 임에 대한 그리움 등의 정서를 드러내고 있다.

③ '천연여질', '설빈화안', '면목가증' 등 다양한 한자어를 사용하여 화자의 상황을 표현하고 있다.

④ 화자의 어린 시절 아름다웠던 모습을 서술한 후 세월이 지나 늙은 현재의 모습을 제시하고 있다.

2 시어, 시구의 의미와 기능 파악   답 ②

이 글에서 화자는 아무리 기다려도 남편이 집으로 돌아오지 않아 남편을 만날 수 없는 상황이다. 이에 화자는 잠이 들어 꿈속에서 남편(임)을 만나겠다고 생각하고 있다. 그러므로 ⓒ은 현실에서는 화자가 문제를 해결할 수 없어서 선택한 방법으로 볼 수 있다.

[오답 확인]

① ⑦은 화자가 남편과 혼인했던 시절을 떠올리는 부분으로, 흐릿한 기억 때문에 혼란스러운 화자의 심정을 나타낸 것이 아니다.

③ ⑦은 과거 남편과 혼인했던 시절을 떠올리는 부분으로, 임과의 만남에 대한 기대에서 비롯된 것이 아니다. ⓒ은 임에 대한 그리움에서 비롯된 행동으로, 임과의 이별을 망각한 것이 아니다.

④ ⑦은 이미 일어난 일에 대한 회상으로 볼 수 있지만 ⓒ은 곧 일어날 일에 대해 단정하고 있는 것으로 볼 수 없다.

⑤ '삼생의 원업', '월하의 연분' 등을 통해 화자가 남편과의 인연을 운명으로 여기고 있음을 짐작할 수 있으므로 ⑦이 인연의 우연성에 대한 화자의 우려를 드러내고 있는 것이라고 볼 수 없다. ⓒ은 꿈속에서라도 임을 만나보겠다는 재회의 갈망이 담긴 것으로, 화자가 재회의 필연성에 대해 우려를 드러내고 있는 것은 아니다.

3 시구의 이해   답 ⑤

ⓔ에서 화자는 설화 속 인물인 견우와 직녀는 일 년에 한 번 칠월칠석에라도 만나지만 자신은 그렇지 못함을 한탄하고 있다. 따라서 견우와 직녀는 화자에게 부러움의 대상이지 화자가 자신의 처지와 동일시하는 대상은 아니다.

[오답 확인]

① 백마에 금 채찍으로 장식한 임의 화려한 모습을 묘사하며 '어디어디

머무는고'에서 임이 어디에 머무는지 알 수 없는 안타까움과 원망의 심정을 표현하고 있다.

② 매화가 몇 번이나 피었다 졌다는 것은 몇 년이라는 세월이 흘렀다는 것을 의미하고 그만큼 임과 이별한 시간이 길었음을 표현한 것이다.

③ '가을 달'과 '실솔'에서 계절이 가을임을 알 수 있으며, 가을에 우는 귀뚜라미를 이용하여 화자의 외로운 처지를 부각하고 있다.

④ '간장이 구곡 되어' 끊어졌다는 것은 화자의 애타는 마음을 과장하여 표현한 것으로, 마음속 시름과 한이 많이 쌓였음을 강조하고 있다.

4 외적 준거를 통한 작품 감상   답 ①

'장안 유협 경박자'는 장안의 이름난 호탕한 풍류객이자 행동이 가벼운 사람이라는 의미로, 화자가 그리워하는 임(남편)을 부정적으로 표현한 것이지, 일반적인 남성들을 표현한 것은 아니다.

[오답 확인]

② '베올', '북'은 옷감을 짜는 일상생활과 관련된 어휘이다.

③ '아마도 모진 목숨 죽기도 어려울사'는 삶의 고통으로 인한 화자의 체념과 좌절을 보여 주는 것이므로 삶의 정한을 표현한 것이라 할 수 있다.

④ '부용장'은 화자가 거처하는 공간으로 규방을 의미하며, 부용장이 적막하다고 한 것은 임의 부재로 인한 외로움을 표현한 것이다.

⑤ '아마도 이 님의 탓으로 살 동 말 동 하여라'는 한자어를 사용하지 않고 순우리말로 임에 대한 원망의 정서를 솔직하게 표현한 것이다.

5 다른 작품과의 비교 감상   답 ③

(라)에서는 '풀 속에 우는 즘생', '새소리 더욱 설다'에서 청각적 심상을 통해 화자의 정서를 드러내고 있지만, 〈보기〉에서는 청각적 심상이 나타나지 않는다.

[오답 확인]

① (라)와 〈보기〉 모두 첫 행에 꿈에서라도 임을 만나기를 바라는 마음이 나타나 있다.

② (라)는 마지막 행의 '님의 탓으로 살 동 말 동 하여라'에서 임을 탓하고 있으며, 〈보기〉는 일곱 번째 행의 '님의 탓이로다'에서 임을 탓하고 있다.

④ (라)의 화자는 임 가신 데를 바라보며 서러워하고 있지만, 〈보기〉의 화자는 죽어서라도 임을 따르겠다며 임과 함께하겠다는 의지를 (라)의 화자보다 적극적으로 드러낸다고 할 수 있다.

⑤ 〈보기〉에는 자연물에 감정을 이입하는 부분이 나타나지 않지만, (라)에서는 '죽림 푸른 곳에 새소리 더욱 설다'에서 '새'에 감정을 이입하여 서러운 심정을 표현하고 있다.

다른 작품 엮어 읽기 **봉선화가** | 작자 미상

작품 해제

이 작품은 여성의 일상적인 생활 중에서 봉선화 꽃잎을 따서 손톱에 물을 들이던 고유한 풍속을 소재로 하여 여인의 아름다운 정서를 노래한 조선 후기 내방 가사의 하나이다. 봉선화라는 이름의 유래로 시작하여 봉선화의 정숙함을 예찬하고, 봉선화 꽃물을 들이는 모습과 그 꽃물의 아름다움에 대해 감탄하며, 땅에 떨어진 봉선화와의 이별을 애석해하는 내용으로 끝이 난다. 봉선화 꽃물의 아름다움에 대한 묘사와 감탄을 통해서 여성 화자 특유의 섬세한 감각을 표현하였다.

주제

봉선화에 대한 정감

화자의 정서와 태도

서사	봉선화 이름의 유래
본사 1	봉선화의 정숙함
본사 2	손톱에 봉선화를 물들이는 모습
본사 3	손톱에 물들인 봉선화 물의 아름다움
결사	봉선화는 떨어졌으나 인연은 계속됨.

↓

봉선화에 대한 예찬

표현상 특징

• 여성적 어조와 일상적 어휘를 사용하여 여성의 정서와 시적 상황을 생생하게 묘사함.
• 의인법, 직유법 등 비유적 표현을 사용하여 봉선화에 대한 정감을 섬세하게 표현함.

---

1 봉선화 물   **2** 비유적, 의인화

1 「규원가」가 임(남편)을 기다리는 상황에서의 정한을 애상적으로 표현한 데 비하여 이 글은 봉선화 물을 들이는 상황을 소재로 하여 봉선화에 대한 정감을 밝은 분위기로 표현하고 있다.

2 '종이 위로 붉은 꽃물 미미하게 스미는 듯', '미인의 옅은 뺨에 붉은 안개 끼이는 듯'에서 비유적 표현을 통해 봉선화 물이 손톱에 드는 모습을 형상화하였으며, 마지막 부분에서는 봉선화를 의인화하여 봉선화에게 말을 건네며 봉선화에 대한 각별한 마음을 표현하였다.

---

15 누항사 | 박인로

독해 포인트

이 작품은 고향에 돌아가 생활하던 작가가 친구 이덕형이 두메 생활의 어려움을 묻자 그에 대한 답으로 지은 가사이다. 화자의 정서와 태도, 화자의 상황에서 알 수 있는 사회상에 주목하여 읽는다.

작품 해제

이 작품은 박인로가 임진왜란 후 고향으로 돌아가 살고 있을 때 이덕형이 안부를 묻자 그에 대한 답으로 창작한 작품이다. 이 작품의 화자는 곤궁한 생활을 하며 이웃집에 소를 빌리러 갔다가 수모만 당하고 돌아오기도 하지만 그럼에도 불구하고 가난을 원망하지 않고 자신의 신의를 저버리지 않겠다는 의지를 노래하고 있다. 조선 전기 양반 사대부들의 풍류와 안빈낙도를 즐기는 모습과는 다른, 전란 후 경제적으로 어려워진 양반의 현실적인 모습을 사실적으로 보여 주고 있다.

주제

곤궁한 생활상과 안빈낙도의 추구

(가) 어리고 우활(迂闊)하기는 이내 위에 더한 이 없다
　　　　　자신이 가장 어리석음. – 자신을 겸손하게 표현함.
　　길흉화복을 하늘에 부쳐 두고
　　　　　하늘에 맡겨 두고(운명론적 사고)
　　누항(陋巷) 깊푼 곳의 초막을 지어 두고
　　　　　초가집 – 가난한 삶의 공간
　　풍조우석(風朝雨夕)에 썩은 집이 섶이 되어
　　　　고르지 못한 날씨　　　　　　땔감
　　세 홉 밥 닷 홉 죽에 연기도 하도 할샤
　　　소량의 음식 – 가난한 형편
　　설 데운 숭늉에 빈 배 속일 뿐이로다
　　　　　숭늉으로 배고픔을 속일 정도로 가난함.
　　생애 이러하다 장부(丈夫) 뜻을 옮기겠는가

　　안빈일념(安貧一念)을 적을망정 품고 이셔

　　수의(隨宜)로 살려 하니 날로조차 저어(齟齬)하다
　　　　　　　　　　　날이 갈수록 어긋난다.
　　▶길흉화복을 하늘에 맡기고 누항에서 안빈일념으로 살고자 함.(서사)

(나) 소 한 번 주마 하고 엄섬이 하는 말씀
　　　소 주인이 한 말　　　　　엉성히 하는 말
　　친절하다 여긴 집에
　　소 주인이 친절하다고 화자가 생각함.
　　달 없는 황혼에 허위허위 달려가서

　　굳게 닫은 문밖에 어득히 혼자 서서

　　큰 기침 에헴이를 오래토록 하온 후에
　　　　　　에헴 하는 인기척
　　어와 그 뉘신고 염치없는 내옵노라
　　소 주인과 화자의 대화를 직접 서술함.　▶농사를 짓기 위해 소를 빌리러 감.(본사 3)
　　→ 상황을 사실적으로 전달함.

(다) 초경(初更)도 거읜데 그 이찌 외 계신고
　　　저녁 7시~9시
　　해마다 이러하기 구차한 줄 알건마는
　　　　해마다 소를 빌리기
　　소 없는 궁가(窮家)에 혜염 많아 왔노라
　　　　　　　　　　　걱정
　　「공짜로나 값이나 줌 직도 하지마는
　　『 』 소를 빌려 줄 수 없다는 소 주인의 말
　　다만 어제 밤에 건넛집 저 사람이
　　　　　　　　　　이웃의 다른 사람
　　목 붉은 수꿩을 구슬 같은 기름에 구워 내고

　　갓 익은 삼해주(三亥酒)를 취하도록 권하거든
　　　소를 빌리기 위해 술과 음식을 대접함.
　　이러한 은혜를 어이 아니 갚을런고

　　내일로 주마 하고 큰 언약하였거든

　　실약(失約)이 미편(未便)하니 말하기가 어려왜라」
　　　약속을 어김.

사실이 그러하면 설마 어이할고

<u>헌 모자 숙여 쓰고 축 없는 짚신에 설피설피 물러 오니</u>
<small>소를 빌리는 것에 실패한 화자의 힘없는 모습을 묘사함.</small>

풍채(風采) 적은 형용(形容)에 개 짖을 뿐이로다
<small>화자의 참담하고 서글픈 심정을 고조시킴.</small>
▶소를 빌리지 못하고 수모만 당하고 돌아옴.(본사 4)

(라) 누추한 집에 들어간들 잠이 와서 누웠으랴

북창(北窓)에 기대 앉아 새벽을 기다리니

무정한 오디새는 이내 한을 돕는구나
<small>화자의 슬픔을 심화하는 대상</small>

종조 추장(終朝惆悵)하여 먼 들을 바라보니

즐기는 농가(農歌)도 흥 없이 들리는구나

<u>세정(世情) 모르는 한숨은 그칠 줄을 모르는구나</u>
<small>세상 물정을 몰랐던 자신에 대한 탄식</small>

아까운 저 쟁기는 볏보님도 좋을시고

가시 엉킨 묵은 밭도 쉽사리 갈련마는

빈집 벽 가운데에 쓸데없이 걸렸구나
<small>무용지물이 된 쟁기</small>

춘경(春耕)도 거의로다 후리쳐 던져두자
<small>봄 농사를 포기함.</small>
▶각박한 세상인심에 한숨 쉬며 춘경을 포기함.(본사 5)

(마) 강호 한 꿈을 꾼 지도 오래러니
<small>강호 한정의 꿈(자연을 벗 삼아 살겠다는 꿈)</small>

입과 배가 누가 되어 어즈버 잊었도다
<small>먹고사는 것이 장애가 되어 강호 한정을 잊음.</small>

저 물을 바라보니 푸른 대도 하도 할샤

훌륭한 군자들아 낚대 하나 빌려스라

갈대꽃 깊은 곳에 명월청풍 벗이 되어

임자 없는 풍월강산에 절로절로 늙으리라

<u>무심한 백구(白鷗)야 오라 하며 말라 하랴</u>
<small>자연과 하나 되는 경지(물아일체)의 추구</small>

다툴 이 없을 건 다만 이건가 여기노라
<small>자연 – 자연은 모두의 소유이며, 주인이 없음.</small>
▶자연을 벗 삼아 절로 늙기를 소망함.(본사 6)

(바) 무상한 이 몸에 무슨 지취(志趣) 있으련만

<u>두세 이랑 밭 논을 다 묵혀 던져두고</u>
<small>농사를 포기함.</small>

있으면 죽이요 없으면 굶을망정

<u>남의 집 남의 것은 전혀 부러워 말겠노라</u>
<small>가난한 대로 만족하며 살겠다는 의지</small>

내 빈천 싫게 여겨 손을 저어 물러가며
<small>빈천을 의인화하여 표현함.(빈천은 싫다고 물러가는 것이 아님.)</small>

<u>남의 부귀 부럽게 여겨 손을 친다고 나아오랴</u>
<small>부귀는 부럽다고 오는 것이 아님.</small>

인간 어느 일이 명(命) 밖에 생겼으리

빈이무원(貧而無怨)을 어렵다 하건마는

내 생애 이러하되 설운 뜻은 없노매라
<small>생활이 어렵지만</small>
▶빈이무원의 삶을 다짐.(결사)

---

1 작품의 종합적 감상   답 ④

양반이 직접 농사를 지으려고 이웃에게 소를 빌리는 모습을 통해 지배층의 변화된 모습이 드러나 있으나, 이는 임진왜란 후 피폐해진 사회적 상황에서 이전과 달라진 양반 사대부의 현실을 사실적으로 묘사한 것이지 인물이나 상황을 풍자적으로 표현한 것이 아니다.

[오답 확인]

① 4음보의 율격이 규칙적으로 반복됨으로써 운율을 형성하고 있다.

② 화자가 소를 빌리러 갔다가 거절당한 일을 사실적으로 서술하고 있다.

③ 화자와 소 주인의 대화를 직접 인용하여 화자의 상황을 구체적으로 표현하고 있다.

⑤ '쟁기', '볏보님', '가시 엉킨 묵은 밭' 등과 같은 농촌 생활과 관련된 어휘를 사용하여 사실적으로 표현하였다.

2 외적 준거에 따른 시구의 의미 파악   답 ④

ⓔ의 '쟁기'는 화자가 소를 빌리지 못해 농사를 지을 수 없어 쓸모없어진 물건으로, 시름을 잊고자 하는 화자의 심리가 투영된 대상은 아니다.

[오답 확인]

① ㉠은 어려운 현실에 처해 있어도 안빈일념하려는 화자의 삶의 의지를 보여 준다.

② ㉡은 직접 농사를 짓는 데 필요한 소를 빌리려는 화자의 다급한 마음이 제시되어 있다.

③ ㉢은 소를 빌리지 못하고 현실의 한계를 느끼는 화자의 처량한 모습이 제시되어 있다.

⑤ ㉤에서 낚싯대를 빌리는 것은 ㉣의 상황을 실천하기 위한 화자의 의도를 드러내고 있다.

3 시어의 의미 파악   답 ⑤

'춘경도 거의로다 후리쳐 던져두자'를 통해 알 수 있듯 화자는 소를 빌리지 못해 춘경을 포기한 상황에서 '강호'를 떠올리고, 자연과 더불어 사는 삶을 지향하고 있다. 따라서 화자에게 강호는 현실의 문제를 벗어난 공간이므로, 현실의 문제를 해결할 방안을 모색하는 공간으로는 볼 수 없다.

[오답 확인]

① '입과 배가 누가 되어 어즈버 잊었도다'를 통해 현실의 곤궁함으로 인해 강호를 잊고 지냈음을 알 수 있다.

② '갈대꽃 깊은 곳에 명월청풍 벗이 되어'를 통해 강호가 명월청풍과 벗이 되어 살아갈 수 있는 공간임을 알 수 있다.

③ '인간 어느 일이 명 밖에 생겼으리'를 통해 화자가 주어진 운명에 순응하며 강호에서 살아가고자 함을 알 수 있다.

④ '빈이무원을 어렵다 하건마는 / 내 생애 이러하되 설운 뜻은 없노매라'를 통해 화자에게 강호는 '빈이무원'과 같은 삶에 대한 지향이 담겨 있는 공간임을 알 수 있다.

4 외적 준거에 따른 작품 감상   답 ③

'세정'은 '세상 물정'을 의미한다. '세정' 모르고 빈손으로 소 주인에게 소를 빌리러 간 화자는 수모를 당하고 돌아온 후 '세정'을 몰랐던 자신을 한탄한다. 따라서 '세정'과 '사대부의 직분'은 관련이 없다.

[오답 확인]

① '누항 깊푼 곳'은 임진왜란 당시 사대부의 직분을 실천했던 화자가 현재 살고 있는 누추한 삶의 공간이다.

② '수의'는 옳은 일을 따른다는 것이고 그것은 화자 자신이 선택한 가치인 안빈낙도를 따르는 삶을 의미한다.

④ '입과 배가 누가 되어' 즉 현실의 곤궁함 때문에 화자는 선비로서의 고결한 삶의 가치인 '강호 한 꿈'을 잊은 적이 있다고 하였다.

⑤ '설운 뜻은 없노매라'는 것은 화자가 생활이 가난하고 힘들어도 서러워하지 않고 '빈이무원', '안빈낙도'를 추구하겠다는 것이다.

5 표현의 의도 파악　　　　　　　　답 ⑤

실제 역사 속 인물의 삶을 통해 인간은 가난하다고 해서 금방 죽는 것도 아니고 부유하다고 해서 백 년을 사는 것도 아니므로 가난하여도 문제될 것이 없다는 인식을 드러내면서 독자의 공감을 유도하고 있다.

[오답 확인]

① '원헌'과 '석숭' 등의 인물을 등장시킨 것은 사실이지만 대화 상황으로 전환하고 있지는 않다.

② 〈보기〉에 공간이 나타나 있지는 않으므로 〈보기〉의 내용이 추가됨으로써 새로운 공간이 더해지는 것이라고 볼 수 없다.

③ 〈보기〉의 내용이 전체적인 맥락에서 이질적이라고 보기 어려우며, 새로운 갈등을 유발하고 있지도 않다.

④ 구체적인 단서라고 하기에는 상황과 맥락에 적절하지 않고, 또한 인물 간의 심리적 거리를 드러내는 것도 아니다.

다른 작품 엮어 읽기　81쪽

탄궁가 | 정훈

작품 해제

이 작품은 궁핍한 생활에 대한 한탄과 함께 안분지족(安分知足)에 대한 지향을 노래하고 있는 가사이다. 이 작품에서는 끼니를 해결하기조차 어려울만큼 가난한 화자의 생활상이 일상적 소재를 바탕으로 사실적으로 표현되어 있다. 본사에서는 자신의 가난한 상황을 묘사하며 가난을 탄식하고, 그것에서 벗어나고자 노력하는 모습이 나타난다. 그런데 결사에 이르러서는 가난을 의인화한 '궁귀'와의 대화 상황을 통해 벗어날 수 없는 가난을 자신의 '분(分)'으로 여기고 수용하고자 하는 인식의 전환이 나타난다.

주제

가난으로 인한 고통과 이를 수용하려는 자세

화자의 정서와 태도

서사	궁핍한 생활에 대한 한탄
본사1	농사를 짓기 힘든 집안 상황
본사2	종들에게 업신여김을 당하는 처지
본사3	명절이나 제사를 지내기 어려운 처지
결사	가난한 삶에 대한 체념

↓

- 궁핍한 생활에 대한 한탄
- 가난한 자신의 삶을 수용하고자 함.

표현상 특징

- 가난한 선비의 생활을 사실적으로 표현함.
- 가난을 궁귀로 의인화하고, 궁귀와의 대화 상황을 제시함.

---

1 가난(궁핍)　　**2** 의인화

1 「누항사」에서는 화자가 소도 없이 가난하게 생활하고 있는 상황으로 소를 빌리러 갔다가 거절을 낭하는 모습이 사실직으로 표현되어 있다. 이 글에서도 화자가 이웃에게 쟁기와 호미를 빌려야 하는 상황, 솥 시루를 쓸 일이 없어 솥 시루가 붉은빛이 된 것 등 가난한 현실의 삶이 사실적으로 표현되어 있다.

2 이 글에서 화자는 가난한 자신의 처지를 탄식하였으나, '가난'을 '궁귀'로 의인화하여 궁귀와의 대화를 제시하면서 궁귀의 말이 옳다며 가난한 자신의 삶을 수용하는 태도를 보이고 있다.

고전 소설

01 국순전 | 임춘

90쪽

독해 포인트

이 작품은 술을 의인화한 '국순'이라는 인물의 일생을 통해 술에 탐닉하는 임금과 나라를 망치는 간신배의 폐단을 풍자한 가전이다. 가전체 문학의 특징과 작가가 전하고자 하는 주제에 주목하여 읽는다.

작품 해제

술을 의인화한 인물인 '국순'의 일대기를 다룬 「국순전」은 고려 고종 때 임춘이 지은 작품으로, 가전체 문학의 효시로 인정받고 있다. 내용은 크게 세 부분으로 나누어 볼 수 있는데, 도입 부분에서는 의인화한 인물인 보리, 술 등을 이용하여 국순의 가계를 설명하고 술이 만들어지고 일반화된 과정을 드러내고 있다. 중간 부분에서는 국순의 행적이 일화를 나열하는 방식으로 제시된다. 사람들 사이에 명성이 널리 알려진 국순이 임금의 부름을 받아 벼슬을 얻고 총애를 받는 내용, 임금이 취하여 정사를 폐하는 중에도 간언을 하지 않는 모습, 나이가 들고 난 뒤에 임금의 버림을 받고 쓸쓸한 죽음을 맞이하는 모습 등이 제시되는데, 이 과정에서 사교적 모임과 제사 등에는 널리 쓰이지만 사람들을 피폐하게 만드는 술의 긍정적 기능과 부정적 기능이 노출이 된다. 마지막 부분에서는 사신의 말을 인용하여 국순의 행적에 대한 평가가 직접적으로 진술되는데, '천하의 웃음거리'가 된다는 부정적 평가에 초점을 맞추고 있다. 이와 같이 '가계 – 행적 – 논평'을 하는 구성 방식은 중국 「사기」 중 「열전」에서 인물들에 대한 이야기를 다룰 때 사용하는 방식인데, 이후 가전체 문학의 일반적인 구성 방식으로 자리 잡게 된다.

주제

술을 탐닉하는 임금과 간사한 벼슬아치들에 대한 풍자

등장인물

• **국순**: 술을 의인화한 인물로 중심인물임. 그릇과 도량이 크고 깊어 사람들과 임금의 사랑을 받지만, 임금이 정사를 폐하게 되어도 간언할 줄 모르고, 돈만 밝히는 모습 때문에 사람들의 미움을 받게 됨. 벼슬에서 물러나 초라한 죽음을 맞음.

• **모(牟)**: 보리를 의인화한 인물로 국순의 90대 선조. 후직을 도와 백성들을 먹여 살리면서도 관직에 진출하지 않고 초야에 묻혀 삶.

• **임금**: 국순의 그릇을 인정해 공의 작위를 준 후, 국순을 항상 옆에 두고 총애를 함. 점점 술에 취해 정사를 돌보지 않는 일이 많아지지만, 항상 국순을 감싸고 돎. 그러나 국순이 나이가 들자 국순의 입에서 나는 냄새 때문에 그를 멀리하게 됨.

• **사신**: 역사를 기록하는 관리를 말하며, 국순의 행적을 종합적으로 평가함.

문제

92쪽

1 ③   2 ⑤   3 ②   4 ⑤   5 ①

원리로 작품 독해

94쪽

1 보리, 임금, 친척 아우   2 청백, 왕실, 작가   3 술

빈출 어휘 짚고 가기

94쪽

1 출사   2 청백   3 도량   4 간언

---

1 서술상 특징 파악
답 ③

이 글에서는 국순이 섭법사와의 담론을 통해 세상에 이름이 알려진 계기, 국순에 대한 산도의 평가, 청주종사에서 평원독우로 강등되었을 때의 국순의 반응, 관상가가 국순의 미래를 예언한 일, 정사를 폐한 임금을 대하는 국순의 태도 등 다양한 예화를 열거하면서 도량이 넓고 깊으면서 속물적이기도 한 국순의 성격을 드러내고 있다.

[오답 확인]

① 이 글은 서술자가 전지적 시점에서 '국순'이라는 인물의 행적을 전달하고 있다.

② 이 글에서 대화는 작중 상황과 인물의 성격 등을 드러낼 뿐 시·공간적 배경을 드러내고 있지 않다. 이 글의 시·공간적 배경은 '진 후주 때'와 같이 서술자가 직접 제시하고 있다.

④ 이 글은 인물의 일생을 시간 순서대로 제시하는 서사 양식인 '전'에 이야기적 요소를 추가한 '가전'으로, '국순'이라는 인물의 가계와 일생을 시간 순서대로 제시하고 있다.

⑤ 이 글에는 국순과 '예법을 지키는 신하들'의 갈등이 약하게 제시되고 있는데, 이를 중재하는 권위 있는 인물은 드러나지 않는다.

2 감상의 적절성 파악
답 ⑤

⑩은 국순이 관직에서 물러나면서 임금에게 한 말이다. 임금이 자신을 꺼려하는데도 벼슬에 연연하는 것이 세간의 망신이 될까 걱정하는 마음에서 국순이 퇴임을 결정하게 된 것임을 알 수 있다. 따라서 국순이 선조의 뜻을 받들어 자신의 순수했던 성품을 되찾기 위해 벼슬에서 물러난 것이라는 진술은 적절하지 않다.

[오답 확인]

① ㉠은 '순은 그릇과 도량이 크고 깊었다.'는 앞의 진술을 구체적인 사물에 비유하면서 구체화한 표현이다. '만경창파'는 '만 이랑의 푸른 물결'이라는 뜻으로, 한없이 넓고 넓은 바다를 이르는 말이다. 이는 국순의 깊고 넓은 도량을 비유한 것이다.

② ㉡은 감식안이 뛰어난 산도가 국순의 미래에 대해 예언한 말이다. 산도는 "천하의 백성들을 그르치는 자도 필경 이 아이일 것이다."라고 말하면서 국순이 천하의 백성들에게 부정적인 영향을 끼치게 될 것임을 예언하고 있다.

③ ㉢은 '청주종사'에서 '평원독우'로 지위가 낮아진 것에 대한 국순의 불만이 드러난다. 국순은 "술잔과 술상 사이에 곧추 서서 담론하리라."라고 하면서 언젠가 큰 벼슬을 하게 될 것이라는 다짐을 하는데, 이는 국순의 포부와 자존심을 드러낸 것이다.

④ ㉣에서 국순은 '어진 이와 사귀고 손님을 대접하며, 종묘에 제사를 받드는 등의 일'을 주관하였다고 하는데, 이는 사람들과 친교적인 관계를 맺는 자리나 제사 등의 행사에서 능력을 인정받았음을 보여 준다.

3 외적 준거에 따른 작품 감상
답 ②

[B]에서는 국순의 크고 깊은 도량을 설명하면서 국순에 대한 산도의 평가가 제시되어 있을 뿐 국순의 과오를 설명하고 있지는 않다. 또한 [C]에서는 국순이 관직에 오른 후 퇴임하고 사망하기까지의 과정이 시간 순으로 기술되어 있으므로 이를 훌륭한 업적을 기술한 것으로 보기 어렵다.

[오답 확인]

① 가전의 앞부분에서는 인물의 가계를 소개한다. [A]에서는 90대 조상인 모(牟)가 백성들을 먹여 살린 공을 세웠고, 그의 자손이 세상과 더불어 화합하며 살았다는 내용이 기술되면서 국순이 유서 깊은 가문의

자손임을 드러내고 있다.

③ [C]에서는 국순의 행적을 시간 순서대로 기술하였고 [E]에서는 '사신'의 말을 인용하면서 국순의 행적에 대한 평가를 요약적으로 제시하고 있다.

④ [D]에서는 국순 사후에 그의 먼 친척 중 아우뻘 되는 '청'이 당나라에서 벼슬을 얻고 그 자손이 중국에서 번성하였다는 내용이 기술되어 있다.

⑤ [E]는 이 글의 마지막 장면으로 '가계 – 행적 – 논평' 중 논평에 해당하는 부분이다. [E]에서 사신이 말하는 국순에 대한 평가는 작가의 목소리로 볼 수 있다. 즉 논평은 사신의 말을 직접 인용하는 형식을 통해 객관적으로 제시되지만, 이 속에는 국순의 행적에 대한 평가를 통해 인간의 세태를 풍자하고자 한 작가의 견해가 숨어 있다고 할 수 있다.

4 다른 작품과의 비교 감상　　　　　　　　　답 ⑤

이 글에서는 국순에 대해 천하의 웃음거리가 되었다고 말하면서 부정적 평가를 하고 있다. 하지만 〈보기〉에서는 스스로 물러나는 국성에 대해 『주역』의 말을 인용하면서 순리에 따라 일을 처리한다는 긍정적인 평가를 내리고 있다.

[오답 확인]

① 이 글은 국순이 벼슬을 얻어 임금과 함께한 일에 대한 내용이고 〈보기〉도 국성이 임금의 심복이 되어 공을 세운 일을 바탕으로 하고 있으므로 이 글과 〈보기〉 모두 중심인물과 '임금'의 관계에 초점을 맞추고 있다는 서술은 적절하다.

② 이 글의 [E]와 〈보기〉는 모두 가전의 마지막 부분으로 사신(史臣)의 말을 인용하여 인물에 대한 평가를 드러내고 있다.

③ 이 글에서는 국순의 조상을 '모(牟)', 즉 보리라고 소개하고 있으며 〈보기〉에서는 국성에 대해 '대대로 내려오면서 농가 사람들'이었다고 소개하고 있다. 그러면서 술이 인간에게 미친 영향을 중심으로 내용을 전개하고 있다.

④ 〈보기〉에서는 『주역』을 인용하면서 평가를 뒷받침하고 있지만, 이 글에서는 옛글을 인용한 부분이 없다.

5 상황에 맞는 한자 성어의 이해　　　　　　　답 ①

ⓐ에서는 임금이 정사를 폐하게 되었는데도 아무런 말도 하지 않는 국순의 태도를 표현하고 있다. 이는 '입을 다물고 아무 말도 하지 아니함.'이라는 뜻의 '함구무언'이라는 말로 표현할 수 있다.

[오답 확인]

② '중언부언'은 '이미 한 말을 자꾸 되풀이함. 또는 그런 말.'을 의미한다.

③ '중구난방'은 뭇사람의 말을 막기가 어렵다는 뜻으로, 막기 어려울 정도로 여럿이 마구 지껄임을 이르는 말이다.

④ '이실직고'는 '사실 그대로 고함.'이라는 뜻이다.

⑤ '어불성설'은 '말이 조금도 사리에 맞지 아니함.'이라는 뜻이다.

다른 작품 엮어 읽기 **저생전** | 이첨　　　　　　95쪽

작품 해제

이 작품은 종이를 의인화한 인물인 '저생'의 일대기를 통해 권력자들과 학자들의 바람직한 자세에 대해 이야기하고 있는 가전이다. 종이를 발명한 한나라의 채윤을 저생의 조상으로 설정한 후, 각 시대별로 종이가 어떻게 쓰이고 보편화되었는지에 대해 흥미롭게 기술하고 있다. 일반적인 가전이 시기별로 인물을 달리 하여 조상 혹은 후손의 이야기를 함께 기술하는 것과 달리 이 작품에서는 '저생'이라는 인물이 한나라에서부터 명나라까지 활동을 하는 것으로 서술하였다. 전체적으로 종이의 사용이 인간의 사상, 경제, 정치의 발전에 기여했다는 긍정적인 평가를 내리면서 학문보다는 상업을 중시했던 원나라 시절을 부정적으로 평가하고 있다. 특히 이 작품은 의인화한 인물의 일대기를 다룬다는 점에서 가전체 문학에 포함되지만 다른 작품과 달리 마지막 부분에 인물에 대한 사신의 논평이 생략되어 있다.

주제

• **표면적 주제**: 저생의 일생으로 본 종이의 역사

• **이면적 주제**: 바람직한 선비의 자세

등장인물

• **채륜**: 저생의 조상. 종이를 만든 인물임.

• **저백(저생)**: 종이를 의인화한 인물. 깨끗하고 조촐한 성품을 타고 태어남. 특유의 능력으로 이전에 죽간이나 비단이 했던 역할을 대신하게 됨. 많은 내용을 담고 있는 박학다식한 존재로 각종 학문이나 사상의 발전에 기여함.

---

1 의인화, 사신　　**2** 원

1 이 글은 종이를 의인화한 인물인 '저생'의 일생을 다루고 있는 가전이다. 가전은 일반적으로 '인물의 가계 – 인물의 행적 – 사신의 논평' 등 세 부분으로 구성되는데, 이 글은 인물의 행적에 중심을 두고 있으며, 인물의 가계는 최소화해서 제시하고, 사신의 논평은 아예 제외시켰다.

2 저생이 사람들에게 비루한 평가를 받은 유일한 시기는 원나라 때이다. 이 시기에 저생은 본래 사업인 학문에 힘쓰지 않고 오로지 장사에만 몰두하였다. 하지만 다시 명나라 때에는 본래의 총애를 얻게 되었다. 이는 상업을 중시했던 원나라에 대한 작가의 부정적 인식이 반영된 것이리 볼 수 있다.

02 이생규장전 | 김시습

독해 포인트

이 작품은 삶과 죽음의 경계를 뛰어넘는 남녀 간의 애절한 사랑을 다룬 소설이다. 사건이 전개되면서 반복적으로 제시되는 '만남과 이별'의 구조에 주목하여 읽는다.

작품 해제

이 작품은 김시습의 『금오신화』에 수록된 다섯 편의 전기 소설 중의 하나이다. 주인공인 이생과 최 여인은 세 번의 만남과 이별을 경험하게 되는데 이를 통해 남녀 간의 애절한 사랑을 다루고 있다. 부모의 반대를 극복하고 결혼에 성공하는 두 주인공의 모습에서 당대 사회에서 허용하지 않는 자유연애에 대한 작가의 생각을 드러내고 있으며, 남성 주인공보다 적극적이고 현명한 여성 주인공을 내세운 것도 특이하다. 작품의 전반부에는 구체적인 시간과 공간을 배경으로 하는 현실적인 사랑을 다룬 반면, 후반부에는 이승의 인물과 저승의 인물의 사랑이라는 비현실적인 내용을 다룸으로써 죽음을 초월한 애절한 사랑 이야기를 효과적으로 드러내고 있기도 하다. 수록 부분은 이생과 최 여인의 세 번째 만남과 이별을 다루고 있는데, 이들이 차례로 이승을 떠난다는 결말은 작품에 비극적 아름다움을 부여하기도 한다.

주제

생사를 초월한 남녀의 애절한 사랑

등장인물

• **이생**: 시문에 능하고 뛰어난 외모를 지닌 선비. 홍건적의 난 때 가족을 지키지 못하고 혼자 살아남는 등 가장으로서 책임을 다하지 못한 면은 있지만, 저승에서 돌아온 최 여인을 편견 없이 사랑하는 지고지순한 인물임. 최 여인이 저승으로 떠난 지 얼마 안 돼 최 여인을 따라 저승으로 떠남.

• **최 여인**: 진보적인 성격의 여인으로 이생과의 사랑을 성취하기 위해 능동적으로 사고하고 적극적으로 행동함. 홍건적의 난 때 도적에게 잡혀 정조를 위협받게 되자 죽음을 선택하는 지조 있는 모습을 보임.

제목의 의미

제목인 '이생규장'은 '이생이 담을 엿본다.'라는 의미로, 이생과 최 여인이 처음 만나게 되는 사건을 바탕으로 한 것이다. 사실 선비가 처녀의 집 담을 엿보는 것은 도덕적으로 바람직하지 않은 행위이지만, 이 작품에서는 그러한 행위의 도덕성보다는 두 연인의 만남과 사랑이라는 부분에 초점을 맞추었음을 알 수 있다.

문제

1 ① **2** ⑤ **3** ⑤ **4** ③ **5** ②

원리로 작품 독해

1 최 여인, 정조　**2** 부모, 홍건적, 비현실적　**3** 시, 비극성

빈출 어휘 짚고 가기

1 합장　**2** 유혼　**3** 명부

---

1 서술상 특징 파악 　답 ①

최 여인은 이생에게 이별을 이야기하면서 옥루춘곡에 맞추어 시를 지어 부르고 있다. 이 시에는 전쟁으로 인해 억울한 죽임을 당한 후 여기저기 흩어진 유골조차 수습하지 못한 자신의 처지에 대한 한과, 이제 곧 닥치게 될 이생과의 이별에 대한 슬픔 등 최 여인의 마음이 드러나 있다.

[오답 확인]

② 이생이 목숨을 보전한 이후에 처가에 가는 부분에서 처가의 모습이 묘사되고 있지만 이 부분은 도적의 난으로 황폐화된 모습을 드러내는 것으로, 갈등 상황을 암시하는 것은 아니다.

③ 이 글은 두 주인공에 초점을 맞추어 일정 공간 내에서의 생활을 시간의 흐름에 따라 전달하기 때문에 장면 전환이 자주 나타나지 않는다.

④ 서술자의 직접 개입이 고전 소설의 특징 중 하나이지만, 이 글에서는 사용되지 않았다.

⑤ 이 글은 시간의 흐름에 따라 내용이 전개되므로 과거와 현재가 교차되지 않는다. 최 여인의 노래 속에 과거의 상황이 압축되어 있지만, 과거와 현재의 교차가 나타난 것은 아니다.

2 인물의 행동과 심리 파악 　답 ⑤

이별을 고하는 최 여인에게 이생은 "돌아가신 부모님의 유골이 들판에 버려져 있을 때, 부인이 아니었더라면 누가 능히 장사를 지내 주었겠소.", "그것은 부인의 천성이 ～ 감격해 마지않았으며"라고 말하면서 부모의 유골을 모셔 둔 것에 대한 고마운 마음을 표현하고 있다.

[오답 확인]

① 이생이 도적 떼로 인해 황폐해진 처가에 가서 자신의 신세를 한탄하는 중에 죽은 최 여인의 현신이 이생 앞에 나타난다. 그러므로 최 여인이 이생의 집에서 이생을 기다리고 있었다는 진술은 적절하지 않다.

② 두서너 해의 행복한 생활을 하던 중에 최 여인이 이별할 때가 되었다는 말을 하자 이생은 몹시 놀라고 슬퍼한다. 이로 보아 이생이 이별을 차분히 준비하고 있었다고 볼 수는 없다.

③ 이생은 최 여인에게 두 집 부모님의 유골의 행방을 물어보고 있다. 이는 두 집 부모님의 장례를 치르기 위함이지 부모님들과의 재회를 바라는 것은 아니다.

④ 최 여인이 이생을 오해했다는 내용은 나오지 않는다. 최 여인은 이생에게 자신이 떠난 후 유골을 수습해 줄 것을 부탁하고 있을 뿐이다.

3 삽입 시의 의미와 역할 　답 ⑤

[A]에서 최 여인은 자신의 지난 삶에 대한 한과 이생과의 이별에 대한 슬픔을 이야기할 뿐 인간사의 무상함에 대해 말하고 있지 않다. 또한 인간의 삶과 대비되는 자연의 모습도 드러나지 않는다.

[오답 확인]

① 1～4구에서는 도적 떼의 침입으로 억울하게 목숨을 잃고 해골이 여기저기 흩어지게 된 과거의 상황을 압축적으로 제시하였다.

② 7～8구에서는 두 사람이 이별하게 될 상황을 암시하며 이후에는 이승에서 다시 만나기 어려울 것이라는 이야기를 하고 있다.

③ 5구의 '슬프다'에는 최 여인의 심정이 직접적으로 드러난다.

④ 5구에서는 무산선녀의 고사를 인용하여 이생과 만날 수 없는 처지를 효과적으로 드러내고 있다.

4 상황에 맞는 한자 성어의 이해 　답 ③

㉠에서는 먼저 저승으로 떠난 최 여인을 지극히 생각하다가 두서너 달 만에 세상을 떠난 이생에 대해 서술하고 있다. 최 여인을 생각하는 이생의 마음은 한 조각의 붉은 마음이라는 뜻으로, 진심에서 우러나오는 변치 아니하는 마음을 이르는 말인 '일편단심'으로 표현할 수 있다.

5 서사 구조 파악

답 ②

(다)의 헤어짐은 이승과 저승의 질서에 따른 것으로 최 여인이 읊는 시에서도 드러나듯 재회를 기약하기 어려운 것이다. 따라서 이를 현실에서의 재회를 전제로 한 이별이라 볼 수 없다.

[오답 확인]

① (다)에서 이생은 죽어서 혼령이 된 최 여인과 재회한다. 이를 통해 생사를 초월해 두 주인공의 사랑이 이어지는 것이다.

③ (가)의 만남은 우연히 이루어진 것으로 두 주인공은 다른 사람의 도움을 받지 않고 만나서 자유연애를 한다. 반면 (다)의 만남은 옥황상제의 배려로 인한 것임을 최 여인의 말을 통해 알 수 있다.

④ (나)의 헤어짐은 도적 떼로 인한 것이므로 사회적 요인으로 인한 것이다. 반면 (다)의 헤어짐은 저승길을 피할 수 없는 인간의 운명으로 인한 것이다.

⑤ (가)~(다)에서 주인공은 가족의 반대와 사회적 제약, 도적 떼의 침입, 생사에 대한 인간의 운명 등 자신들을 둘러싼 다양한 세계와 대결하면서 만남과 이별을 반복하고 있다.

다른 작품 엮어 읽기 **운영전** | 작자 미상

작품 해제

이 작품은 선조 때의 선비인 유영이 꿈에서 김 진사와 운영을 만나 그들의 슬픈 사랑 이야기를 듣는다는 내용의 애정 소설이다. 꿈을 제재로 내용을 전개한다는 점에서 몽유록 형식의 소설로 볼 수 있으며, 유영을 중심으로 하는 꿈 밖의 이야기 안에 운영과 김 진사를 중심으로 하는 꿈속의 이야기가 들어 있다는 점에서 액자 소설로 볼 수도 있다. 이 작품은 두 가지 면에서 특징적인 면을 발견할 수 있다. 첫째는 내용 면에서 남녀 간의 금지된 사랑을 다루면서 두 주인공이 비극적인 결말을 맞이한다는 점이다. 이것은 대체적으로 권선징악의 행복한 결말을 선호하는 우리 고전 소설에서 흔히 볼 수 없는 결말이다. 둘째로, 꿈 밖의 이야기가 전지적 서술자에 의해 전달되는데 반해, 꿈속의 이야기는 운영과 김 진사에 의해 일인칭으로 전달된다는 점이다. 이러한 전달 방식은 작품의 내용을 입체적이면서 현실감 있게 전달할 수 있다.

주제

신분상의 제약을 초월한 남녀의 비극적 사랑

등장인물

• **유영**: 선조 때의 선비. 안평 대군의 옛집인 수성궁 터에서 잠이 들었는데, 꿈에서 운영과 김 진사를 만나 그들의 사랑 이야기를 듣게 됨. 꿈 밖의 인물임.

• **운영**: 꿈속의 인물. 안평 대군의 궁녀로 다른 사람을 사랑할 수 없는 신분임. 김 진사를 우연히 보고 사랑에 빠져 함께 궁 밖으로 달아날 계획을 세웠으나 안평 대군에게 걸려 자결함.

• **김 진사**: 꿈속의 인물. 안평 대군의 집에 문객으로 찾아갔다가 운영을 보고 한눈에 사랑에 빠짐. 함께 달아나려는 계획이 실패한 후 운영이 자결을 하자 운영의 죽음을 슬퍼하다가 병에 걸려 죽음.

• **안평 대군**: 꿈속의 인물. 글을 잘 쓰고 선비들을 좋아하는 풍류적인 인물. 수성궁의 주인으로 수성궁 내에 있는 궁녀 열 명에게 궁 밖과의 인연을 금하는 등 독선적인 성격을 보임.

---

1 비극적, 몽유록　　**2** 김 진사

---

1 이 글은 운영과 김 진사의 사랑 이야기가 중심을 이루는데, 다른 사람을 사랑할 수 없는 궁녀인 운영의 사랑은 결국 이루어지지 못하고 두 사람은 비극적인 죽음을 맞이하게 된다. 한편 이 글은 유영이라는 인물이 꿈속에서 김 진사와 운영을 만나 이야기를 듣는 구조로 된 몽유록 형식의 소설로 볼 수 있다.

2 운영의 재물을 가로챈 특은 김 진사가 이 사실을 눈치 채자 벌을 받기 전에 먼저 김 진사에게 해를 가하기로 한다. 그래서 일부러 맹인을 찾아가 김 진사에 대한 거짓 소문을 퍼뜨리는 모해를 하게 된다.

03 숙향전 | 작자 미상

독해 포인트
이 작품은 주인공이 조력자들의 도움으로 온갖 어려움을 극복하고 천상계의 인연을 지상계에서 실현한다는 내용을 담은 소설이다. 인물 간의 관계와 인물의 태도에 주목하여 읽는다.

작품 해제
이 작품은 작자 미상의 국문 소설로, 천상계에서 죄를 짓고 지상계로 내려온 두 남녀가 온갖 시련을 이겨 내고 마침내 천상계의 인연을 지상계에서 성취한다는 내용을 담은 적강 소설이다. 주인공인 숙향은 월궁의 선녀로 천상에서 신선인 태을과 부정한 행위를 한 벌로 인간으로 태어난다. 자라나면서 도적 떼의 약탈, 악인인 사향의 모함, 길에서 만난 큰불, 권력자인 이 상서의 혼인 반대와 음해, 의지했던 마고할미의 죽음 등 숱한 어려움 속에서 버림을 받고 죽을 위기에 처했으나, 그때마다 조력자들을 만나 위기를 모면하고 결국은 인간 세상으로 내려온 태을인 이선(이랑)과 만나 결혼을 하고 행복한 삶을 살게 된다. 전체적으로 고귀한 신분의 주인공이 숱한 어려움을 이겨 내고 승리한다는 영웅 소설의 서사 구조를 따르고 있지만, 주인공이 자신의 영웅적 능력이 아닌 주변 사람들의 도움으로 어려움을 극복하는 수동적 인물이라는 점에서 일반적인 영웅 소설과 다소 차이를 보인다. 수록 부분은 숙향이 시련을 겪던 중 이선과 인연을 맺게 되는 내용으로, 천상계 인물인 숙향과 이선의 신분이 드러나면서 숙향을 도와주는 조력자들의 활약이 두드러지는 부분이다.

주제
고난을 극복한 사랑의 성취

등장인물
• **숙향**: 천상계의 월궁 선녀이자, 지상계의 김전의 딸. 천상계에서 범한 죄로 인해 적강하여 온갖 시련을 겪지만 조력자들의 도움으로 이를 극복하고 천상계의 인연을 성취한 후, 행복한 삶을 누리다가 천상계로 돌아감.
• **이선(이랑)**: 천상계의 태을 신선이자, 지상계의 이 상서의 아들. 기이한 인연으로 숙향을 알게 된 후 부모의 반대와 온갖 어려움을 이겨 내고 숙향과의 결혼에 성공함. 숙향과 함께 행복한 삶을 누리다가 천상계로 돌아감.
• **화덕진군, 마고할미**: 천상계의 인물로 어려움에 처한 숙향을 구해 주고, 숙향과 이선이 인연을 맺을 수 있도록 도와줌.
• **김전**: 숙향의 부친. 도적 떼의 침입으로 뒤늦게 얻은 귀한 딸을 잃음. 이 상서의 명에 의해 숙향을 죽일 상황에 처했으나 꿈에 나타난 부인의 도움으로 숙향을 살려 주고, 후에 딸과 재회함.
• **이 상서**: 이선의 부친. 근본이 없는 숙향이 아들과 만나는 것을 반대하여 김전을 시켜 죽이려 함. 후에 숙향과의 오해를 풀고 숙향을 며느리로 받아들임.

문제

1 ① 2 ⑤ 3 ④ 4 ② 5 ①

원리로 작품 독해

1 숙향, 마고할미   2 신선, 진주   3 고귀한, 천상계

빈출 어휘 짚고 가기

1 대회   2 선시   3 정색   4 관대

---

1 서술상 특징 파악
답 ①

이 글에서 이랑과 숙향을 돕는 화덕진군이나 마고할미는 '인간에 내려올 일이 없'다는 말을 통해 볼 때 천상의 인물임을 알 수 있다. 또한 노옹이 꿈에서 내려친 불덩이를 숙향이 실제로 경험한 것 등에서도 비현실적인 요소를 찾을 수 있다.

[오답 확인]
② 이 글에서 등장인물의 심리는 인물들 간의 대화를 통해 드러난다. 인물의 내적 독백이 사용된 부분은 없다.
③ 제시된 부분에서 인물의 외양을 묘사한 표현은 없다. 인물의 성격은 인물들 사이의 대화나 인물의 행동 등을 통해 알 수 있다.
④ 제시된 부분에서는 요약적 서술이 사용되지 않았을 뿐만 아니라 시대적 배경 또한 드러나지 않는다. 노옹과 이랑이 대화하는 부분에서 이랑이 숙향을 찾아다니는 과정이 간단하게 요약되어 제시되지만 이를 요약적 서술이라 할 수 없다.
⑤ 언어유희란 말이나 글의 유사성을 바탕으로 재미있게 표현하는 언어 표현 방식이다. 제시된 부분에서는 언어유희가 사용되지 않았다.

2 세부 내용 파악
답 ⑤

마고할미가 숙향에게 '이랑'을 '천상 태을'이라고 소개하는 것으로 보아 마고할미는 이랑이 천상계 인물임을 알고 있다. 따라서 마고할미가 이랑이 천상계 인물인 숙향과 어울리지 않는다고 생각한다는 진술은 적절하지 않다.

[오답 확인]
① 이랑이 숙향에 대해 "필시 요지에 갔을 적에 반도를 주던 선녀로다."라고 말하는 것으로 보아, 두 사람이 과거에 요지에서 만나 인연을 맺은 적이 있었음을 알 수 있다.
② "이미 전생 일을 알고서야 어찌 숙향을 생각지 않겠느냐?"라는 이랑의 말로 보아, 이랑은 자신과 숙향이 전생의 인연이 있었음을 알고 있다고 판단할 수 있다.
③ 마고할미가 불똥이 떨어진 수를 보며 "이는 화덕진군의 조화니"라고 말한 것이나, "마고선녀는 범인이 아니라"는 노옹(화덕진군)의 말을 통해 알 수 있다.
④ 숙향이 이랑에게 진주가 있는지를 확인하려고 하는 것은 자신이 요지에서 반도를 준 인물인지를 확인하고 싶어서이다.

3 서사 구조 파악
답 ④

할미와 이랑의 3차 만남에서도 할미는 이랑에게 숙향이라는 이름을 가진 여인을 세 명 찾았는데 이랑이 찾는 숙향이 누구인지 모르겠다고 말하면서 자신과 숙향과의 관계를 속이고 있다.

[오답 확인]
① 이랑의 말을 통해 볼 때, 할미와 이랑이 처음 만났을 때 할미는 자신과 숙향의 관계를 숨기면서 숙향이 표진강가에 있다고 속였음을 알 수 있다.
② 숙향을 찾지 못한 이랑은 노옹(화덕진군)을 만나 숙향이 마고할미와 낙양 동촌에 산다는 이야기를 듣게 된다. 이를 통해 할미가 자신을 속였음을 알게 된다.
③ 이랑과의 두 번째 만남에서 할미는 숙향을 '병든 걸인'이라 말하고 있다. 노옹의 말로 볼 때, 이는 이랑의 정성을 시험하기 위한 것임을 알 수 있다.

⑤ 이랑은 할미와 만나면서 숙향에 대한 정보를 조금씩 더 얻게 되고, 그 과정에서 만남에 대한 기대감도 커지고 있다. 특히 마지막 만남에서는 진주에 대한 이야기를 듣고 난 뒤에 숙향이 자신이 찾던 사람이라 확신하며 기뻐하는 모습을 보여 준다.

4 외적 준거에 따른 작품 감상 답 ②

숙향이 수에 떨어진 '난데없는 불똥'을 보고 놀란 것은 전혀 생각지도 못한 상황이 갑작스럽게 일어났기 때문이다. 이 부분에서 숙향은 이랑과 자신에게 뜻밖의 시련이 닥칠 것이라고 예상하고 있지 않다.

[오답 확인]

① 노옹과의 대화를 통해 볼 때, 이랑은 숙향을 찾기 위해 표진강가에까지 갔다 왔다. 이는 마고할미의 속임에 의한 것으로 이랑과 숙향의 결연 과정이 순탄치 않음을 드러낸다.

③ 이랑이 "이미 전생 일을 알고서야 어찌 숙향을 생각지 않겠느냐?"라고 말한 것은 이랑이 숙향을 전생의 인연으로 생각하고 있음을 드러낸다.

④ 이랑이 숙향을 찾지 못하면 죽겠다고 말한 것에서 숙향에 대한 이랑의 마음이 매우 절실함을 드러낸다.

⑤ 진주는 숙향이 전생의 인연에게 준 징표이다. 숙향은 징표를 통해 이랑이 자신의 연분인지를 확인하고자 하는 것이다.

5 상황에 맞는 한자 성어의 이해 답 ①

이랑은 숙향과의 만남을 간절히 원하고 있다. 따라서 이어지는 장면에서 숙향과 만나게 될 때 예상할 수 있는 이랑의 심정은 '마음속에서 느끼는 감동이나 느낌이 끝이 없음. 또는 그 감동이나 느낌.'이라는 뜻의 '감개무량'으로 표현할 수 있다.

[오답 확인]

② '면종복배'는 '겉으로는 복종하는 체하면서 내심으로 배반함.'이라는 의미이다.

③ '의기소침'은 '기운이 없어지고 풀이 죽음.'이라는 의미이다.

④ '전전긍긍'은 '몹시 두려워서 벌벌 떨며 조심함.'이라는 의미이다.

⑤ '절치부심'은 '몹시 분하여 이를 갈며 속을 썩임.'이라는 의미이다.

다른 작품 엮어 읽기 **채봉감별곡** | 작자 미상

작품 해제

이 작품은 주인공 채봉과 장필성이 어떤 역경에도 굴하지 않고 진실한 사랑을 이룬다는 내용의 애정 소설이다. 채봉의 부모는 벼슬을 얻기 위해 딸을 첩으로 보내려 하는데, 채봉은 그러한 부모의 결정을 순순히 따르지 않고 자신이 정한 결혼 상대인 장필성과의 사랑을 끝까지 포기하지 않는다. 그 후 채봉은 아버지를 구하기 위해 기생이 되기도 하지만 그 역시 자신의 선택에 의한 것이었다. 이렇게 자신의 운명을 스스로 개척하는 채봉의 모습은 능동적이고 주체적인 여성상을 보여 주고 있다는 점에서 근대적 여성의 모습을 반영하고 있다고 할 수 있다. 장필성 또한 기생이 된 채봉을 아내로 맞으려 하며 그것을 위해 신분의 전락까지도 감수하는 능동적인 인물이다. 한편 이 작품에는 매관매직과 같은 부정부패가 만연해 있던 당대의 부정적 현실에 대한 비판적 시각이 드러나 있으며, 사건의 상당 부분을 우연성에 의존하는 다른 고전 소설과 달리 인과적이고 필연적인 사건 전개가 나타나는 근대적 성격을 드러내고 있다.

주제

시련에 굴하지 않는 진실한 사랑

등장인물

• **채봉(송이):** 김 진사의 딸. 단풍 구경을 나섰다가 만난 장필성과 혼인을 약속함. 아버지를 구하기 위해 기생이 되었다가 평양 감사 이보국의 눈에 들어 이보국의 일을 거들게 됨. 이별의 상황에서도 장필성과의 사랑을 포기하지 않고 결국 사랑을 이루게 됨.

• **장필성:** 전 선천 부사의 아들. 채봉이 기생이 되었음에도 채봉에 대해 변함없는 사랑을 보여 줌. 채봉을 만나기 위해 주로 중인 계층의 직업인 이방이 되는 등 사랑을 이루기 위해 노력함.

• **김 진사:** 벼슬을 할 생각에 허 판서에게 자신의 딸을 첩으로 주려고 하는 속물적 인물. 허 판서에게 줄 재물을 도적에게 빼앗기며 위기에 처함.

• **이보국:** 평양 감사. 채봉의 재주를 알아보고 데려다가 일을 맡김. 채봉과 장필성의 사랑이 이루어지는 데 도움을 줌.

• **허 판서:** 돈을 받고 벼슬을 파는 부정한 관리. 벼슬을 미끼로 채봉을 첩으로 들이려 함. 결국 역적죄로 파면됨.

---

1 현실적 **2** 효심(효성), 적극적

1 이 글은 남녀 간의 사랑을 주된 내용으로 하고 있는데, 이와 같은 소설을 애정 소설이라 한다. 이 글의 주인공은 평범한 인물로, 이 글은 전기적인 요소가 없이 현실에서 일어날 수 있는 상황 위주로 전개된다.

2 아버지를 구할 돈을 마련하기 위해 기생이 되고 밤낮으로 부모의 소식을 잊지 못하는 것에서 채봉(송이)의 효심(효성)을 알 수 있다. 또한 장필성과의 사랑을 포기하지 않고 장필성과 만날 기회를 기다리는 모습에서 적극적으로 사랑을 이루려는 태도가 드러난다.

04 사씨남정기 | 김만중

독해 포인트
이 작품은 조선 시대 가정 내에서 일어나는 처첩 간의 갈등을 제재로 한 소설로, 작품 속 인물들이 겪는 문제 상황과 해결 양상에 주목하여 읽는다.

작품 해제
이 작품은 가정 내에서의 처첩 간의 갈등을 다룬 소설로, 숙종이 왕비인 인현 왕후를 폐위시키고 희빈인 장옥정을 중전으로 책봉한 사건에 대해 우회적으로 비판한 소설로 알려져 있다. 서인 출신인 작가 김만중은 숙종의 정책에 반대하다가 귀양을 간 인물이기도 하다. 선하고 덕성이 있는 사 씨는 자식이 없는 죄책감에 남편 유연수에게 첩을 들일 것을 권한다. 그렇게 들어온 교 씨는 유씨 집안의 재산을 가로채기 위해 정부인 동청과 짜고 사 씨를 음해하고, 유연수는 사 씨를 쫓아낸다. 역시 교 씨와 동청의 모략으로 귀양을 가게 된 유연수는 자신의 잘못을 깨닫게 되고, 유연수와 사 씨는 어려움을 겪고 힘들게 재회한다. 이후 교 씨와 동청의 악행이 밝혀지면서 이들은 비참한 최후를 맞이하게 되고, 사 씨는 유연수와 다시 행복하게 살게 된다. 이 작품의 이러한 서사 구조는 이후의 소설들에 많은 영향을 주어 가정 소설의 전범으로 자리 잡게 된다. 수록 부분은 집에서 쫓겨난 사 씨와 유배를 간 유연수가 시련을 극복해 가는 부분이다.

주제
교 씨의 악행을 극복하고 행복을 찾는 사 씨의 삶

등장인물
- **사 씨**: 유연수의 본처. 덕성과 교양을 갖춘 인물이지만 교 씨의 모략에 의해 집에서 쫓겨남. 여러 어려움을 겪지만 조력자들의 도움으로 위기를 모면하게 되고, 결국은 남편과 만나 오해를 풀고 다시 행복한 삶을 되찾게 됨.
- **유연수(유 한림)**: 중국 명나라의 사대부. 재주가 뛰어나고 선한 인물이지만 판단력이 부족하여 교 씨의 계략에 말려 본처인 사 씨를 의심하고 내쫓음. 본인 역시 교 씨의 계략으로 죽을 위기에 처한 이후에 잘못을 깨닫고, 이후 사 씨와 재회하여 잘못을 용서받음.
- **교 씨**: 유연수의 첩. 질투심과 욕심이 많으며 품행이 방정하지 못한 인물임. 유연수의 재산을 탐내 동청과 짜고 사 씨에게 누명을 씌우고 유연수를 유배 보냄. 이후 악행이 밝혀지면서 비참한 죽음을 맞이함.
- **동청**: 유연수 집안의 문객이자 교 씨의 정부. 욕심이 많고 교활한 인물로, 교 씨와 짜고 악행을 저질러 유연수의 재산을 가로챔. 이후 죄가 밝혀져 처형을 당함.
- **두 부인**: 유연수의 고모. 지혜롭고 판단력이 좋은 인물로 사 씨를 물심양면으로 도움.

제목의 의미
제목에서 '사씨남정'은 '사 씨가 남쪽으로 쫓겨 간다.'는 의미로, '사씨남정기'는 사 씨가 가정에서 쫓겨나 남쪽으로 간 사건을 강조하여 지은 제목이라고 할 수 있다.

문제
1 ②   2 ④   3 ①   4 ⑤   5 ②

원리로 작품 독해   112쪽
1 꿈, 유배지   2 예고   3 숙종

빈출 어휘 짚고 가기   112쪽
1 ⓒ   2 ㉠   3 ⓛ   4 ㉣

1 세부 내용 파악   답 ②
유모는 꿈에서 깬 사 씨에게 자신과 시비가 기절한 사 씨를 간호했다고 말하고 있을 뿐, 황릉묘에 다녀왔다는 말은 하지 않는다. 또한 유모는 황릉묘의 존재를 사 씨를 통해 알게 된다. 그러므로 유모가 황릉묘에 가서 사 씨를 깨울 방도를 찾아왔다는 것은 적절하지 않다.

[오답 확인]
① 사 씨의 꿈속에서 왕비는 "남해 도인이 그대와 인연이 있으니 잠깐 의탁하게 될 것이오.", "조만간 길을 인도하는 자가 있을 것이니"라고 말하고 있다.
③ 사 씨 앞에 나타난 여승은 자신이 동정 군산에 사는 사람인데 꿈결에 관음보살이 안내해서 사 씨를 만나러 왔다고 말하고 있다. 이를 통해 사 씨는 꿈속의 왕비의 말이 실현되었음을 알게 되었을 것이다.
④ 유배지에서 고생하던 유연수는 "사 씨가 동청을 꺼렸는데 이제 와서 생각하니 그 말이 옳도다. 어진 아내를 의심했으니 무슨 면목으로 조상을 대하리오."라고 말하고 있다.
⑤ 꿈속의 노파가 안내한 샘을 마신 유연수는 병에서 낫게 된다. 이후 마을 사람들도 그 샘을 마시고 나쁜 물로 인해 얻었던 병이 낫게 되었다.

2 소재의 역할 파악   답 ④
ㄹ의 '배'는 사 씨를 구하러 온 여승과 여동이 타고 온 것으로 사 씨가 준비한 것이 아니다. 또한 내용의 흐름으로 보아 사 씨가 그 배를 타고 남해로 가게 될 것으로 추측할 수 있지만, 사 씨가 배를 타고 가서 두 왕비를 만나는 것은 아니다.

[오답 확인]
① 꿈을 꾸던 사 씨는 '주렴을 내리는 소리'에 그림 속 왕비를 만나는 꿈에서 깨게 된다.
② 꿈에서 깬 사 씨는 꿈속에서 봤던 '대나무 숲길'을 통해 자신의 꿈이 허황된 것만은 아님을 깨닫는다.
③ 두 왕비의 '초상화'를 본 사 씨는 초상화 속의 모습이 자신의 꿈에서 본 왕비들의 모습과 같음을 깨닫고, 꿈의 내용에 대한 믿음을 갖게 된다.
⑤ 병에 걸린 유 한림의 꿈에 나타난 노파가 준 '병'은 현실의 샘을 의미하며 한림은 그 샘물을 먹고 병이 낫게 된다.

3 감상의 적절성 평가   답 ①
ⓐ는 곤경에 처한 사 씨가 꾼 꿈으로 사 씨는 꿈속에서 아황과 여영 두 왕비를 만나 앞으로 일어날 일에 대한 조언을 듣는 등 도움을 받는다. 한편 ⓑ는 유 한림이 꾼 꿈으로 유 한림은 꿈속에서 만난 흰옷 입은 노파의 도움으로 병이 낫게 된다.

[오답 확인]
② 사 씨가 평소에 왕비들을 만나고 싶어 했는지는 알 수 없다. 또한 유

한림의 꿈에 나타난 노파는 역사 속의 인물이라 할 수 없으며 유 한림이 노파를 만나고 싶어 했는지도 알 수 없다.

③ ⓐ에서 남해 도인을 만날 것이라는 왕비의 말은 사 씨의 고난이 해결될 것이라는 기대를 주고, ⓑ에서 나타난 노파가 준 물이 든 병은 한림의 병이 나아질 것이라는 기대를 준다. 따라서 꿈을 꾼 주체가 처한 곤경이 심화될 것이라는 진술은 적절하지 않다.

④ ⓐ와 ⓑ의 꿈의 내용은 모두 사 씨와 유 한림이 공유하는 기억과는 무관한 것이다.

⑤ ⓐ와 ⓑ의 꿈에는 모두 사 씨나 유 한림의 출생 내력이 제시되지 않았다.

4 외적 준거에 따른 작품 감상 　답 ⑤

샘물을 먹고 병세가 좋아진 유 한림을 본 마을 사람들이 샘물을 나누어 마시고 병을 치유하는 효과를 보았다는 내용이 나올 뿐 마을 사람들이 이를 통해 '복선화음'의 이치를 깨달았다는 내용은 확인할 수 없다.

[오답 확인]

① 유 한림이 나쁜 물로 얻은 질병을 꿈에서 안내한 샘물로 치료하고, 그 샘물을 먹은 마을 사람들의 병도 치료되었다는 내용에서 재앙이 상서로움으로 바뀌는 양상을 볼 수 있다.

② 유 한림이 유배지에서 겪는 고초는 과거의 잘못에 대한 징벌의 성격이 강하다. 따라서 유배지에서 한림이 과거의 잘못을 깨닫는 것은 잘못을 깨닫고 선한 방향으로 변하는 과정을 보여 준다.

③ 사 씨의 꿈에서 왕비는 사 씨를 남해로 인도하는 자가 올 것이라고 말하였다. 또한 남해 동정에 사는 여승의 꿈에 관음보살이 나타나 사 씨를 도울 것을 지시하고 있다. 이것은 두 사람의 만남이 하늘의 안배였음을 보여 준다.

④ 유 한림에게 일어난 기이한 일과 관련된 곳을 사람들이 학사정이라고 지칭하고 지금까지 전하고 있는 장면을 〈보기〉에서 설명하고 있는 허구적인 이야기라도 사람의 일과 연관된다면 이를 두고 '괴이하거나 맹랑한 것이라고 치부할 수만은 없다고 평한' 것과 관련지어 이해한 것은 적절한 감상이다.

5 상황에 맞는 한자 성어의 이해 　답 ②

이어지는 내용으로 보아 사 씨는 의지할 곳이 없게 된 자신의 신세를 처량하게 생각하고 있다. 이러한 상황을 가장 잘 드러내는 한자 성어로는 '의지할 만한 사람이 아무도 없음.'의 뜻을 지닌 '사고무친'이 적절하다.

[오답 확인]

① '금의환향'은 비단옷을 입고 고향에 돌아온다는 뜻으로, 출세를 하여 고향에 돌아가거나 돌아옴을 비유적으로 이르는 말이다.

③ '백척간두'는 백 자나 되는 높은 장대 위에 올라섰다는 뜻의 말로, 몹시 어렵고 위태로운 지경을 이르는 말이다.

④ '결초보은'은 죽은 뒤에라도 은혜를 잊지 않고 갚음을 이르는 말이다.

⑤ '고진감래'는 쓴 것이 다 하면 단 것이 온다는 뜻으로, 고생 끝에 즐거움이 옴을 이르는 말이다.

다른 작품 엮어 읽기 **황월선전** | 작자 미상 　　113쪽

작품 해제

이 작품은 조선 후기에 창작된 국문 소설로, 한 가정 내에서 일어나는 정실부인의 딸과 계모 사이의 갈등을 중심으로 내용이 전개된다. 어릴 때 어머니를 여의고 계모의 핍박 속에서 자란 월선이 이복동생의 도움으로 목숨을 구하고, 과거에 급제한 인물(장위)을 남편으로 맞아 복수의 기회를 얻는다는 내용은 여느 소설과 유사하다. 그런데 권선징악적 결말을 위해 악인이 비참하게 죽는 다른 소설들과 달리 이 작품에서는 월선이 박 씨를 용서하고 서로 화해한다. 또한 이 작품은 우연적인 요소는 남아 있지만, 고전 소설에서 흔히 볼 수 있는 전기적인 요소가 없이 현실적인 방법으로 문제를 해결하는 작품으로, 고전 소설의 결말을 맺는 새로운 유형을 제시했다고 볼 수 있다. 수록 부분은 박 씨가 월선에게 누명을 씌워 죽이려 하는 부분으로, 이 부분에서 월선을 구하는 인물이 박 씨의 아들이자 월선의 이복동생인 월성이라는 점도 참신하다.

주제

봉건 가족 제도 속 가족 간의 갈등과 화해

등장인물

- **월선**: 주인공. 어릴 때 어머니를 잃고 계모의 핍박을 받으며 성장함. 계모의 모함으로 죽을 위기에 처하나 이복동생인 월성의 도움으로 죽음을 면함. 장 진사의 도움을 받고 장 진사의 아들 장위와 결혼함. 박 씨에게 복수를 할 기회가 있었으나 용서하고 화해를 하는 방법을 선택함.

- **월성**: 박 씨의 아들이자 월선의 이복동생. 누이인 월선이 모친인 박 씨의 누명으로 죽을 위기에 처하자 목숨을 걸고 구해 줌. 월선을 찾으러 객지에 나섰다가 병에 걸려 죽을 위기에 처하나 장위의 도움으로 살아남. 장위의 부인이 월선인지 모르고 장위와 그 아내를 집으로 초대함.

- **황 승상**: 월선의 아버지. 부인을 일찍 여의고 박 씨를 후처로 들임. 선하지만 우유부단하고 판단력이 부족한 인물로, 박 씨의 계략에 속아 딸인 월선을 죽일 뻔함.

- **박 씨**: 월선의 계모. 월선에게 누명을 씌워 죽이려 하였으나 실패함. 끝까지 잘못을 뉘우치지 않았지만 월선에게 용서를 받고 마음을 고침.

---

1 갈등　　2 조력자

1 「사씨남정기」에서는 교 씨가 사 씨와 유 한림을 음해하여 갈등을 일으키고, 이 글에서는 월선의 계모인 박 씨가 갈등을 유발한다. 박 씨의 음해로 월선은 죽을 위기에 처하게 된다.

2 소설에서 주인공을 돕는 역할을 하는 존재를 조력자라 하는데, 이 글에서 월선의 조력자 역할을 하는 인물은 이복동생인 월성이다. 월선은 월성의 도움으로 목숨을 구하게 된다.

05 원생몽유록 | 임제

독해 포인트

이 작품은 현실 비판적인 주제 의식을 담은 몽유록계 소설이다. '현실 – (입몽) – 꿈 – (각몽) – 현실'에 이르는 환몽 구조에 주목하여 읽는다.

작품 해제

이 작품은 조선 시대 임제가 지은 한문 소설이다. 남효온, 원호 등 여러 문인들의 문집에 함께 전해져 내려오기에 작가에 대한 의견이 분분한데, 현재는 임제가 지은 작품이라는 것이 가장 설득력을 얻고 있다. 이 작품은 비운의 역사서를 보며 자주 눈물짓는 강직한 성품의 선비 원자허가 꿈속에서 임금과 일곱 신하들을 만나 그들의 억울한 이야기를 들은 후에 꿈에서 깨어 벗인 매월거사에게 이 이야기를 들려주었다는 내용으로, 입몽과 각몽 과정이 분명하게 드러난 몽유록계 소설로 분류된다. 원자허가 꿈에서 만난 임금과 신하들은 수양 대군에 의해 억울한 죽임을 당한 단종과 절개를 지킨 신하들이다. 즉, 원자허를 안내한 이는 생육신 중 한 명인 남효온을 모델로 한 것이고, 임금을 둘러싼 선비들은 사육신 중 다섯 신하, 그리고 마지막에 들어온 무인은 사육신 중 유일한 무인인 유응부로 이해된다. 또한 원자허의 이야기를 듣고 비분강개하는 매월거사는 생육신의 한 사람으로 사육신의 시신을 수습한 김시습으로 보는 것이 일반적이다. 이처럼 '꿈'이라는 제재를 이용하여 역사적 사실에 대한 비판을 담은 이 작품은 몽유록계 소설의 전형을 보여 준다. 수록 부분은 꿈이 시작된 부분부터 꿈에서 깨어난 이후의 부분이다.

주제

부정한 방법으로 왕위를 빼앗은 권력에 대한 비판과 현실에 대한 안타까움

등장인물

- **원자허**: 책 읽기를 좋아하고 부정한 역사적 사실에 분개하는 강직한 선비. 꿈에서 임금과 일곱 신하를 만나 그들의 이야기를 듣고 난 뒤 벗인 매월거사에게 그 이야기를 들려줌.
- **임금**: 원자허가 꿈에서 만난 인물. 부정한 세력에게 왕위를 빼앗기고 억울한 죽음을 당함. 단종을 모델로 한 것으로 보임.
- **복건을 쓴 선비**: 원자허가 꿈에서 만난 인물. 원자허를 임금에게 안내하는 역할을 함. 생육신 중 한 명인 남효온을 모델로 한 것으로 보임.
- **신하들**: 원자허가 꿈에서 만난 인물들. 나라와 임금을 지키지 못한 것에 대해 자책하면서 나라를 빼앗긴 울분을 느끼고 있음. 단종의 복위를 꾀하다가 죽은 사육신들로 보임.
- **매월거사**: 원자허의 벗. 원자허에게 꿈 이야기를 듣고 의로운 임금과 신하들이 억울한 죽음을 당한 것에 대해 안타까워함. 생육신 중 한 명인 김시습을 모델로 한 것으로 보임.

제목의 의미

제목인 '원생몽유록'에서 '원생'은 꿈을 꾼 인물인 원자허를 가리킨다. '몽유록'이란 '꿈에서 노닌 이야기'라는 뜻으로 꿈속에서 일어난 사건을 소재로 하는 고전 소설의 한 양식을 의미한다.

문제

1 ④ **2** ② **3** ③ **4** ② **5** ②

원리로 작품 독해

1 임금, 원자허 **2** 꿈, 천둥소리, 환몽 **3** 세조(수양 대군)

빈출 어휘 짚고 가기

1 금량 **2** 고혼 **3** 선위

---

1 서술상 특징 파악 답 ④

이 글은 원자허가 꿈속에서 만난 인물들의 대화와 인물들이 번갈아가면서 부르는 노래를 통해 인물들의 생각이나 감정을 표현하고 있다.

[오답 확인]

① 이 글의 인물들의 성격은 입체적이지 않고 일관된 모습으로 조명되고 있다. 또한 이야기도 다양한 관점에서 전달되는 것이 아니라 한 명의 서술자에 의해 일관된 관점을 유지하고 있다.

② '서술자의 개입'은 고전 소설에서 자주 사용되는 표현 기법이지만, 이 글에서는 드러나지 않는다. 또한 과거 사건에 대한 이야기는 인물들의 노랫말을 통해 부분적으로 제시되고 있다.

③ 이미 죽은 인물들을 꿈속에서 만난다는 설정 자체는 전기적으로 볼 수 있다. 하지만 인물들이 신이한 능력을 지닌 것은 아니다.

⑤ 우의적 소재는 제시되지 않았다.

2 인물의 행동 및 정서 파악 답 ②

이 글에서는 임금과 신하들 사이에 오해로 인해 갈등을 겪는 내용은 제시되지 않는다. 또한 자허는 임금과 신하들의 대화나 행동을 지켜보기만 할 뿐, 적극적으로 나서서 자신의 생각을 드러내지 않는다.

[오답 확인]

① 임금은 노래를 통해 새 임금에게 나라를 빼앗기고 고혼이 된 자신의 처지에 대한 슬픔을 표현하고 있다.

③ '기이한 사내'는 꿈의 마지막 부분에 들어온 키가 큰 인물이다. 그 또한 노래를 부르는데, '살아서는 충의하고'라면서 자신의 충의를 드러내고 있다.

④ 복건 쓴 이는 탄식을 하면서 '요, 순, 탕, 무'가 만고의 죄인이라고 비판하고 있다. 하지만 임금이 요, 순, 탕, 무의 잘못이 아니라 그것을 빙자하는 놈들이 잘못한 것이라 지적하자, 자신의 잘못을 시인한다.

⑤ 임금의 노래에 이어서 노래를 한 이가 '첫째 자리에 앉은 사람'이다. 그는 노래를 통해 어린 임금을 제대로 받들지 못한 자신에 대해 자책하고 있다.

3 외적 준거에 따른 작품 감상 답 ③

'기이한 사내'가 '썩은 선비들'이라고 비판하는 대상은 임금 주변에 있는 다섯 명의 신하들이다. 이는 함께 대사를 꾸몄지만 그것을 달성하지 못한 것에 대한 울분의 표현으로 볼 수 있다.

[오답 확인]

① 〈보기〉와 관련지어 볼 때, 글 속에서 나라를 빼앗긴 임금은 단종을 의미하고, 임금을 지키지 못한 것을 자책하는 신하들은 단종에게 절의를 지킨 사육신을 의미한다고 볼 수 있다.

② 〈보기〉와 관련지어 볼 때, '새 임금은 거짓'이라는 내용은 새로 왕위에

오른 세조가 진정한 임금이 아니라는 작가의 시각을 드러낸 것이라 할 수 있다.

④ 〈보기〉를 통해 당시에 세조를 비판하고 단종을 옹호하는 것은 금기에 해당함을 알 수 있다. 이 글은 '꿈'이라는 제재를 사용하여 금기시되던 사안에 대한 비판을 우회적으로 드러냈는데, 이는 몽유록계 소설에서 자주 볼 수 있는 모습이기도 하다.

⑤ 원자허에게 꿈 이야기를 들은 매월거사는 어진 임금과 신하들이 목숨을 잃어야 하는 부조리한 현실에 대한 울분을 표현한다.

4 세부 내용 파악 답 ②

선위를 한 옛 임금들과 선위를 핑계로 대는 역적들을 아울러 비판한 것은 복건을 쓴 자이다. 임금은 선위를 한 옛 임금에게는 잘못이 없다고 말하고 있다.

[오답 확인]
① 원자허가 꿈에서 임금을 만났을 때, 임금은 "경의 꽃다운 지조를 그리워하였소."라고 말하면서 원자허의 지조를 높게 평가하였다.
③ 임금은 노랫말에서 '강물은 울어'라고 표현하면서 자연물을 통해 심정을 표현하였다.
④ 원자허가 꿈에서 깰 때, 달이 어두컴컴해지고 구름이 끼고 비가 쏟아지고 바람이 불고 천둥소리가 울리는 등의 자연 변화가 있었다.
⑤ 원자허는 꿈에서 겪은 일을 벗인 매월거사에게 이야기해 주었고, 매월거사가 그 이야기를 듣고 원통해하는 것을 통해 그가 의기 넘치는 인물임을 알 수 있다.

5 삽입 시의 표현과 내용 이해 답 ②

[A]에서 부정적 인물은 '새 임금'인데, 화자는 새 임금을 거짓이라 하며 부정적 인물에 대한 적대적 감정을 표출하고 있다. 그러나 [B]에서는 상황에 대한 부정적 인식은 있으나 부정적 인물을 드러내고 있지는 않다. 따라서 [A]와 [B]에서 부정적 인물에 대한 적대적 감정을 표출하고 있다는 진술은 적절하지 않다.

[오답 확인]
① [A]의 '모르는구나', [B]의 '버렸구나' 등에서는 영탄적 어조가 사용되었는데, 이를 통해 화자의 안타까운 마음을 효과적으로 표현하고 있다.
③ [A]에서는 '달'을 통해, [C]에서는 '북두성'을 통해 '밤'이라는 시간적 배경이 나타나고 있다.
④ [B]의 화자는 자신의 재주가 엷어서 어린 임금을 지키지 못했다고 자책하고 있으며, [C]의 화자는 선비들과 함께 거사를 도모한 자신을 자책하고 있다.
⑤ [B]의 화자는 임금을 지키지 못한 것을 부끄러워하고 있고, [C]의 화자는 충의를 강조하고 있다. 이는 임금에 대한 충성을 강조하는 유교적 덕목을 바탕으로 한 태도이다.

다른 작품 엮어 읽기 **남염부주지** | 김시습 119쪽

작품 해제
이 작품은 김시습의 『금오신화』에 실린 다섯 편의 한문 소설 중 한 편으로, 『금오신화』 속의 작품들이 모두 그렇듯이 전기성을 특징으로 하고 염국이라는 비현실적 공간을 배경으로 한다. 강직하고 지조 있는 선비인 박생은 어느 날 꿈속에서 저승사자를 따라 염국에 들어간다. 그곳에서 염왕을 만나 종교, 우주, 정치 등 다양한 분야의 대화를 나누고 난 후 염왕에게서 다음 염왕의 자리를 약속받고 꿈에서 깬다. 박생과 염왕의 대화에는 작가인 김시습의 현실 의식이 잘 드러나는데, 왕은 백성을 근본으로 삼는 마음과 덕망으로 정치를 해야 한다는 말을 통해 정도(正道)의 필요성에 대해 역설하고 있다. 시대적 상황과 작가의 정치의식을 고려할 때, 이는 세조(수양 대군)에 대한 비판이 투영된 것이라고 볼 수 있다.

주제
선비들이 지녀야 할 바람직한 자세 및 현실 비판, 이상적인 왕도 정치에 대한 바람

등장인물
• **박생**: 유학에만 뜻을 두었지만 계속 과거 시험에 실패하는 인물. 꿈에서 저승사자를 만나 염국으로 안내를 받음. 염왕을 만나 다양한 분야에서 깊은 대화를 나눈 후 염왕에게서 선위문을 받으며 다음 염왕의 자리를 약속받음. 꿈에서 깬 후 몇 달 만에 세상을 떠나 염라대왕이 됨.
• **염라대왕**: 인간을 심판만 하는 염국을 부정하면서, 백성들을 그릇되게 인도하는 왕의 횡포를 비판하는 인물임. 박생과 대화를 나눈 후 그의 폭넓은 지식과 공명정대한 정신을 인정하고 차기 염왕으로 추대함.

---

1 비판적 **2** 백성

1 「원생몽유록」에서는 주인공이 꾸는 꿈을 통해 부정한 방법으로 왕위를 빼앗은 권력에 대한 비판적 태도를 드러내고 있고, 이 글에서도 주인공이 꾸는 꿈을 통해 폭력과 억압으로 백성을 다스리는 지배층에 대한 비판적 태도를 드러내고 있다.

2 박생은 "간신이 벌 떼처럼 일어나 큰 난리가 자주 생기는데도 임금이 백성을 위협하고 위엄 부리는 것을 잘 한 일로 여겨 명예를 구하려 한다면, 그 나라가 어찌 평안할 수 있겠습니까?"와 같이 말하면서 임금이 백성들을 위협하거나 위엄을 부리는 것을 경계하며, 백성이 정치의 근본이라는 생각을 드러내고 있다.

06 구운몽 | 김만중

독해 포인트

이 작품은 '꿈'이라는 제재를 이용하여 부귀영화의 덧없음과 인생무상을 드러낸 몽자류 소설이다. 등장인물의 특성과 작품에 드러난 작가 의식에 주목하여 읽는다.

작품 해제

이 작품은 김만중이 유배지에서 모친을 위로하기 위해 지어 보낸 것으로 알려진 국문 소설이다. 육관 대사의 제자인 성진이 죄를 짓고 인간 세계에 양소유로 태어나 인생의 희로애락을 맛본 뒤 인간사의 무상함을 깨닫고 꿈에서 깬다는 내용을 중심으로 하는 전형적인 몽자류 소설이다. 이 작품은 유교, 불교, 도교 등 다양한 사상의 영향을 고루 받았는데, 천상계에서의 상황은 주로 불교나 도교적인 모습을 보이고, 지상계에서의 상황은 유교적인 모습을 띤다. 또한 이 작품은 양소유가 인간 세계에서 여러 가지 일을 겪으면서 천상계에서 함께 죄를 지었던 팔선녀가 환생한 여덟 여인을 차례대로 만나 인연을 맺는다는 내용이 매우 흥미로워 조선 시대에 대중적인 인기를 끌었으며, 그림으로 재구성되어 각종 민화에 남아 있을 정도였다. 수록 부분은 양소유가 팔선녀가 환생한 인물 중 한 명인 진채봉을 만나 서로의 마음을 확인하는 내용이다.

주제

부귀영화의 덧없음에 대한 깨달음

등장인물

- **성진**: 육관 대사의 수제자로, 천상계(현실)의 인물. 육관 대사의 심부름 중 술을 먹고 팔선녀와 수작을 부린 죄를 짓고 속세에 뜻을 두었다가 인간 세상으로 쫓겨남. 후에 인간 세상에서 겪은 일이 모두 꿈이었음을 깨닫고 불도에 전념함. '성진'은 불교에서 추구하는 밝은 법도를 의미하는 이름임.
- **양소유**: 성진이 인간계에 환생한 인물. 뛰어난 능력과 외모로 입신양명하면서 팔선녀가 환생한 여덟 여인을 아내로 맞음. 모든 것을 다 이루었다고 생각하는 순간에 황폐해진 과거 왕의 무덤을 보며 인간사의 무상함을 깨달음. '소유'는 속세에서 잠깐 노닌다는 의미임.
- **팔선녀**: 남악 위부인의 시녀들. 성진과 함께 죄를 짓고 인간 세계로 쫓겨남. 성진과 마찬가지로 꿈에서 깬 후 깨달음을 얻은 뒤 삭발을 하고 육관 대사의 제자가 됨.
- **진채봉 등 양소유의 여덟 아내**: 팔선녀가 환생한 인물들로, 각각 양소유와 인연을 맺고 2처 6첩이 됨.
- **육관 대사**: 성진의 스승으로, 잘못을 한 성진에게 하룻밤의 꿈을 보여 줌으로써 깨달음을 얻게 함.

제목의 의미

제목인 '구운몽'에서 '구(九)'는 꿈을 꾼 아홉 명, 즉 성진과 팔선녀를 의미하고, '운(雲)'은 구름과 같이 허무한 인간사를 의미하며, '몽(夢)'은 깨달음이 꿈을 통해 이루어진다는 것을 의미한다.

문제　122쪽

문제 　122쪽

1 ③　**2** ④　**3** ③　**4** ③　**5** ①

원리로 작품 독해 　124쪽

1 적극적　**2** 의문형, 우회적　**3** 유교적

빈출 어휘 짚고 가기 　124쪽

1 구설　**2** 영욕　**3** 백년고락

---

1 서술상 특징 파악 　답 ③

채봉을 '하늘이 낸 듯 어여쁜 자태'로 표현하고, 성진을 '얼굴이 옥 같고 눈썹은 그린 듯하니'로 표현하는 등 비유적인 표현을 사용하여 인물의 외양을 표현하고 있다(ㄷ). 또한 이 글은 글 밖에 위치하는 전지적인 서술자가 인물과 사건을 자세히 설명하고 있다(ㄹ).

[오답 확인]

ㄱ. 「구운몽」 전체적으로는 전기적 요소가 자주 등장하지만 제시된 부분에서는 전기적 요소를 찾을 수 없다.

ㄴ. 「구운몽」에서 '현실'에 해당하는 처음 부분은 비현실적인 공간을 배경으로 하기 때문에 신비로운 공간의 묘사가 자주 등장한다. 하지만 제시된 부분은 '꿈'에 해당하는 부분, 즉 현실적 공간을 배경으로 하는 부분으로 신비로운 공간 배경이 제시되지 않는다.

2 삽입 시의 표현과 내용 이해 　답 ④

[A]에는 소유가 서울로 떠나지 않고 자신과 인연을 맺기를 바라는 채봉의 마음이 완곡하게 드러나 있으며, [B]에는 채봉과 부부의 연을 맺고 싶은 소유의 소망이 완곡하게 드러나 있다. [A], [B] 모두 말하고자 하는 내용과 반대로 표현하는 반어적 표현을 사용하지 않았다.

[오답 확인]

① [A]를 읽은 소유는 "옛날 저명한 시인 왕유나 이백이 고쳐 지으려 해도 한 글자도 바꾸지 못하리라."라고 말하며 극찬을 하고 있다.

② [A]에서 채봉은 버드나무는 임의 말을 묶어 두기 위한 것인데, 왜 그 가지로 채찍을 만들어 서울로 향하려 하는지를 묻고 있다. 이는 설의적 표현을 사용하여 소유가 떠나지 않기를 바라는 마음을 우회적으로 표현한 것이다.

③ [B]에서 소유는 버드나무 천만 가지마다 마음을 묶어 월하노인의 끈을 만들고 싶다고 말하는데, 월하노인의 끈은 남녀의 인연을 맺어 주는 끈을 말한다. 즉 '버드나무 천만 가지'라는 과장된 표현을 사용하여 인연을 이어 가고자 하는 소망을 표현한 것이다.

⑤ [A]와 [B]는 모두 '버드나무'라는 소재를 통해 화자의 마음을 전달하고 있다.

3 외적 준거에 따른 작품 감상 　답 ③

채봉은 유모에게 편지를 주면서 "막중한 일이니 꾸물대지 마세요."라며 지시 내용의 막중함을 강조하고 있다. 이는 그만큼 양소유와 인연을 맺고자 하는 마음이 간절함을 드러낸 것으로, 주위의 시선을 의식한 것이 아니다.

[오답 확인]

① 소유가 시동을 원망한 것은 저녁 식사가 준비되었다는 시동의 말 때문에 채봉이 문을 닫고 들어감으로써 채봉과 인연을 맺을 뻔한 기회

가 사라졌다고 여겼기 때문이다.

② 소유에 대해 생각하던 채봉은 '신하도 임금을 선택할 수 있다'는 옛말을 떠올린다. 그리고 여성인 자신도 남편을 직접 선택할 수 있다고 합리화한다. 즉 옛말을 자신의 결정을 합리화하는 근거로 활용한 것이다.

④ 유모는 채봉에게 "어사께서 물으시면 어찌 대답하리까?"와 "상공이 결혼이나 약혼을 했다면 어떻게 할까요?" 등의 질문을 한다. 이는 부모의 허락 없는 자유연애를 부정적으로 보았던 당시 사회 상황이나 남자의 혼인 여부가 여자에게 영향을 미친다는 사회적 인식을 고려한 것이다.

⑤ 채봉이 오늘밤에 만나자는 소유의 제안을 거절한 것은 결혼하지 않은 남녀가 밤에 만나는 것을 좋지 않게 보는 당시 사회의 시선을 의식한 것이다.

4 맥락을 고려한 작품 이해 　　　　　　　　　　답 ③

'월하노인'은 부부의 인연을 맺어 준다는 전설 속의 인물이다. 소유가 월하노인을 언급한 것은 채봉과의 부부의 연을 맺고자 하는 마음을 표현한 것이다. 이 부분에서 소유는 성진 시절을 전혀 기억하지 못하고 있다.

[오답 확인]

① 〈보기〉에서 소유가 인간 세상에서 겪는 모든 일은 결국 하룻밤의 꿈에 불과했다는 내용을 통해 알 수 있다.

② 육관 대사가 성진으로 하여금 인간 세상의 꿈을 꾸게 한 것은 인간사의 무상감을 깨닫게 하기 위한 것이었다. 따라서 채봉과의 만남도 그런 맥락에서 이해할 수 있다.

④ 소유가 인간으로 환생한 여덟 선녀와 인연을 맺었다는 〈보기〉의 내용으로 볼 때, 채봉 역시 선녀 중 한 명임을 알 수 있다.

⑤ 〈보기〉의 내용으로 보아 소유는 입신양명을 이루는데, 과거를 보러 가는 것은 그 과정으로 이해할 수 있다.

5 상황에 맞는 한자 성어의 이해 　　　　　　　　답 ①

㉠에는 미인(채봉)을 더 보고 싶지만 어쩔 수 없이 돌아가야 하는 소유의 아쉬운 마음이 나타나 있다. 이는 '어찌할 도리나 방책이 없어 꼼짝 못함.'이라는 뜻의 '속수무책'으로 표현하기에 적절하다.

[오답 확인]

② '수수방관'은 팔짱을 끼고 보고만 있다는 뜻으로, 간섭하거나 거들지 아니하고 그대로 버려둠을 이르는 말이다.

③ '아연실색'은 뜻밖의 일에 얼굴빛이 변할 정도로 놀람을 의미한다.

④ '안하무인'은 눈 아래에 사람이 없다는 뜻으로, 방자하고 교만하여 다른 사람을 업신여김을 이르는 말이다.

⑤ '혼비백산'은 혼백이 어지러이 흩어진다는 뜻으로, 몹시 놀라 넋을 잃음을 이르는 말이다.

다른 작품 엮어 읽기　옥루몽 | 남영로　　　　　125쪽

작품 해제

이 작품은 양창곡의 일대기를 다룬 몽자류 소설로, 전체적인 내용과 구성, 인물 설정 등에서 김만중의 「구운몽」의 영향을 받았다고 평가된다. 하지만 유·불·선의 영향을 고르게 받으면서도 인간사의 허무함이라는 불교적인 주제를 택한 「구운몽」과 달리 이 작품은 인간의 입신양명을 부정적으로 보지 않는 유교 사상을 바탕으로 현세에서의 부귀영화를 긍정하고 있다. 또한 특이한 점은 강남홍이라는 인물인데, 기생의 신분으로 자결을 했다가 구출 받은 후 남만국의 대원수가 되었다가 전장에서 명군의 원수인 양창곡을 만나 명군의 부원수가 된 인물로, 적극적이고 능동적인 여성상을 보여 준다. 수록된 부분은 강남홍이 꿈에서 보살의 인도를 받아 천상계의 기억을 되살리는 부분으로, 이는 「구운몽」에서는 남자 주인공인 양소유가 했던 것이다.

주제

양창곡의 영웅적 활약과 입신양명

등장인물

• 양창곡: 천상계의 문창성이 죄를 짓고 지상계에서 새로 태어난 인물. 명석한 두뇌와 뛰어난 능력으로 많은 공을 세워 연왕의 지위에 오르는 한편 천상계의 인연이 있었던 다섯 선녀가 환생한 여인들과 만나 부부의 연을 맺음. 인간 세상에서 입신양명에 성공한 후 부귀영화를 누리다가 꿈에서 깨면서 천상계로 돌아감.

• 강남홍 등 다섯 부인: 천상계의 선녀들이었으나 문창성과 함께 죄를 짓고 지상계로 쫓겨남. 다양한 신분으로 태어났으나 결국 양창곡과 만나 부부의 연을 맺고 행복하게 살다가 천상계로 돌아감.

---

1 꿈　　**2** 보살

1 이 글은 「구운몽」의 영향을 받은 몽자류 소설이다. 천상계 인물이 죄를 짓고 꿈에서 지상계를 경험한다는 전체적인 구성이 「구운몽」과 유사하다.

2 이 글에서 보살은 강남홍의 꿈에 나타나 강남홍에게 천상계에서의 모습을 보여 준다. 그것을 통해 강남홍이 과거 천상계에서의 일을 기억할 수 있게 하고 있다.

독해 포인트
이 작품은 신라 시대의 인물인 최치원을 주인공으로 내세운 전기 소설
이자 영웅 소설이다. 주인공의 말과 행동에 담긴 의도와 주인공의 면모
에 주목하여 읽는다.

작품 해제
이 작품은 역사적으로 실존했던 인물인 '최치원'의 생애를 허구적으로
형상화한 소설이다. 수록 부분에서는 최치원이 파경노로 나 승상댁에
들어가 비범한 능력을 보이며 존재감을 드러내고, 중국 황제가 보낸 석
함 속 물건을 알아내 시를 지을 능력이 있는 인물임이 나타난다. 이 작
품에서 최치원은 초월적 존재의 도움을 받는 비범한 인물로 표현되어
있는데, 이는 영웅 소설적 요소로 인물의 비범함을 부각하려는 의도가
반영된 것이라 할 수 있다. 특히 신라의 신선이라는 평가를 받던 대문장
가(大文章家) 최치원과 당나라 황제의 대결 구도는 당나라에 대한 우리
민족의 우월감과 자부심을 표현한 것이라는 평가를 받는다. 대부분 영
웅 소설이 전쟁을 소재로 하여 영웅을 창조한 것과는 달리 이 작품은 우
리 민족의 문재(文才)를 대외적으로 드러내기 위해 학자인 최치원을 영
웅으로 형상화했다는 점에서 차별성을 지닌다.

주제
최치원의 비범한 능력과 기지

등장인물
• **최치원**: 금돼지의 자식이라 여겨져 부모에게 버려졌음. 비범한 능력
으로 중국 황제가 보낸 석함 안의 물건을 알아맞히고, 이후 황소의 난을
해결하는 등 뛰어난 능력을 보임.
• **나업(나 승상)**: 신라의 재상. 딸이 노비였던 치원과 혼인하는 것을 반
대하다 결국 치원을 사위로 맞아들이고 나중에는 그의 능력을 인정함.
• **나운영(나 소저)**: 나 승상의 딸. 치원을 반대하는 아버지를 설득하여
치원과 혼인함. 지혜롭고 효성이 깊음.
• **중국 황제**: 신라를 업신여기는 거만한 인물. 처음에는 치원과 적대 관
계였으나 나중에는 치원의 능력을 인정함.

문제 128쪽
1 ④ **2** ② **3** ③ **4** ⑤

원리로 작품 독해 130쪽
1 비범한, 현명함(지혜로움), 과업 **2** 자긍심 **3** 나 소저, 능력

빈출 어휘 짚고 가기 130쪽
1 겁박 **2** 화답 **3** 사면 **4** 인지상정

1 서술상 특징 파악 답 ④
중국 황제가 신라 왕에게 석함을 보내며 그 안에 있는 물건을 알아내 시
를 지어 올리라 명하고, 신라 왕은 이 문제를 나업에게 넘긴다. 나업은
과업을 해결할 능력이 없기 때문에 실의에 빠져 통곡을 한다. 이를 알게
된 파경노가 소저를 찾아가 자신이 근심을 없애 주겠다는 말을 하고, 이
에 소저는 나업에게 파경노의 말을 전하며 파경노가 문제를 해결할 수
있을 것이라고 말한다. 그리고 딸(소저)의 말을 들은 나업은 파경노에게
후한 상을 줄 테니 시를 지으라고 부탁을 하게 된다. 이처럼 파경노와 소

저의 대화, 소저와 나업의 대화 등을 통해 나업에게 주어진 과업을 해결
할 수 있는 방안이 제시되고 있는 것이다.

[오답 확인]
① 이 글은 시간 순서대로 사건을 제시하고 있다. 시간의 역전은 드러나
지 않는다.
② 이 글에서는 서술자가 개입하여 사건의 전모에 대해 밝히는 내용은
나타나 있지 않다.
③ 이 글에서는 인물을 우스꽝스럽게 묘사하는 희화화는 나타나 있지 않다.
⑤ 이 글은 현실에서 일어난 사건을 시간 순서대로 제시하고 있을 뿐, 꿈
을 꾸는 내용은 제시하지 않았다.

2 소재의 기능 파악 답 ②
아이는 소저를 보고 반해 일부러 거울을 깨뜨린 후, 거울 값을 갚겠다며
승상의 집에 노비로 들어가고, '거울을 깨뜨린 노비'라는 뜻의 파경노라
는 이름을 얻게 된다. 따라서 깨뜨린 '거울'은 아이가 파경노라는 이름을
얻고 승상의 집안으로 들어가는 계기가 되었다고 할 수 있다. 그러나 승
상 부인은 파경노가 돌보는 말들에 관한 이야기를 듣고 파경노의 비범성
을 알아차렸으므로 동산의 '화초'가 승상 부인으로부터 파경노가 인정받
는 계기로 작용한 것은 아니다.

[오답 확인]
① 소저는 거울 고치라는 말을 듣고 유모에게 '거울'을 주어 보내면서 문
틈으로 밖을 엿보았다. 이때 아이가 소저의 얼굴을 보게 되었으므로
이 '거울'이 아이가 소저를 보게 되는 계기를 만들었다고 할 수 있다.
한편 아버지(나업)의 일로 슬퍼하던 소저는 벽에 걸린 '거울'을 통해
파경노를 발견하게 되므로 벽에 걸린 '거울'이 파경노가 소저에게 자
신의 존재를 드러내는 계기를 만들었다고 할 수 있다.
③ 소저는 동산의 '꽃'을 보고 싶었지만 파경노 때문에 부끄러워 동산으
로 오지 못하였으므로 동산의 꽃은 소저가 보고 싶었지만 파경노로
인해 접근하기 어렵게 된 대상이라고 할 수 있다. 한편 파경노는 '꽃'
을 소저에게 주면서 소저를 위해 가져왔다고 말하고 있으므로 이 꽃
은 소저에게 파경노의 마음을 전달하기 위한 수단이라고 할 수 있다.
④ 소저가 동산에 와서 꽃을 보며 시를 짓자 숨어 있던 파경노가 시로 화
답을 하였으므로 동산에서 화답한 '시'는 소저와 교감하기 위해 읊은
것이라 할 수 있다. 한편 소저는 "거울 속에 비친 이가 반드시 그대 근
심을 없애 줄 것"이라는 파경노의 말을 듣고 승상에게 파경노가 "석함
속의 물건을 알아내어 시를 지을 수 있을 것"이라고 말하고 있다. 따
라서 석함 속 물건에 대한 '시'는 파경노가 해결할 수 있다고 소저가
기대하는 과제라고 할 수 있다.
⑤ 나업은 석함 속 물건에 대한 시를 지을 수 없어 통곡했으므로 석함 속
물건에 대한 '시'가 나업에게 슬픔을 유발한다고 할 수 있다. 한편 파
경노는 아버지(나업)의 일로 슬퍼하는 소저에게 "반드시 그대 근심을
없애 줄 것"이라고 말하였으므로 석함 속 물건에 대한 '시'가 파경노
에게는 소저의 슬픔을 해소시켜 줄 수 있는 수단이라고 할 수 있다.

3 지시하는 말의 이해 답 ③
ⓒ은 파경노가 돌보는 말들이 파경노가 누워 있는 곳으로 와 그를 향해
머리를 숙이고 늘어섰다는 말을 가리킨다. 이 말을 들은 승상 부인은 파
경노가 비범한 인물이므로 마부 일도, 천한 일도 맡기지 말 것을 당부한
다. 이에 승상은 파경노에게 동산의 꽃과 나무를 관리하는 새로운 일을
맡기게 된다. 즉, '이 말'이 파경노가 동산의 꽃과 나무를 관리하게 되는

계기가 된 것이다.

[오답 확인]

① ㉠이 나업의 딸이 재예가 뛰어나다는 말을 가리킨다는 설명은 적절하다. 그러나 이 말을 들은 아이는 자신을 거울 고치는 장사라 속이며 소저에게 접근했을 뿐, 거울 고치는 일을 배우지는 않았다.

② ㉡이 장사 행세를 하는 아이가 거울을 고치라고 외친 말을 가리킨다는 설명은 적절하다. 하지만 이를 계기로 아이가 소저의 모습을 보게 되었을 뿐, 소저가 아이에게 관심을 갖게 되었다고 보기는 어렵다.

④ ㉣을 들은 파경노가 사람들에게 승상이 왜 우는지를 물었다는 내용으로 보아, ㉣은 나업이 왕에게 석함을 받았다는 말이 아니라 승상이 통곡했다는 말을 가리킨다.

⑤ ㉤이 파경노가 승상의 제안을 거절했다는 말을 가리킨다는 설명은 적절하다. 하지만 이 말을 들은 소저는 승상에게 파경노를 겁박하여 시를 짓게 하라고 조언했을 뿐이지, 파경노에 대한 소저의 생각이 달라진 것은 아니다.

4 작품의 종합적 이해와 감상　　　　　　　📌 ⑤

시를 지으면 후한 상을 줄 것이라는 승상의 제안에 대해 파경노는 거짓으로 못하는 체하며 시 짓기를 거절하였다. 앞서 파경노가 소저의 근심을 없애 줄 것이라고 말했던 것으로 보아 파경노가 진짜로 시를 짓지 않으려고 한 것이 아니라 소저를 얻기 위해 기지를 발휘한 것이라 짐작할 수 있다. 따라서 보상을 추구하지 않고 스스로 국가의 과제를 해결하기 위해 승상의 제안을 거절했다는 설명은 적절하지 않다.

[오답 확인]

① 승상의 딸이 재예가 뛰어나다는 이야기를 들은 아이는 거울 고치는 장사인 것처럼 꾸며 승상의 집으로 간다. 이때 헌 옷으로 바꾸어 입은 것은 자신이 진짜 거울 고치는 장사인 것처럼 보이기 위한 것으로 최치원의 치밀한 면모를 알 수 있는 내용이다.

② 천상의 선관들이 몰려와 파경노를 돕는 것을 통해 최치원이 천상계의 보호를 받고 있는 존재라는 것을 알 수 있다. 이때 선관들은 주인공을 도와주는 조력자로 볼 수 있다.

③ 파경노가 말 먹이는 일을 하면서부터 말들이 저절로 살이 쪘다는 것이나, 파경노가 동산을 관리하면서 동산의 꽃과 나무가 시들지 않고 봉황이 날아들었다는 것은 모두 최치원이 신이한 능력을 지닌 인물임을 보여 주는 내용이다.

④ 파경노는 노모를 뵙고 오겠다고 하고는 실제로는 귀향하지 않고 동산에서 소저와의 만남을 기다렸다. 이는 최치원이 소저와의 만남을 위해 기지를 발휘한 것으로 볼 수 있다.

다른 작품 엮어 읽기	**전우치전**	작자 미상

작품 해제

이 작품은 조선 시대에 실존했던 전우치라는 인물을 주인공으로 한 소설로, 실존 인물의 행적이 여러 기록이나 입으로 전해 내려오다가 소설화된 작품이다. 전우치는 도술을 잘 부리고 시를 잘 지었다고 알려져 있는데, 이 작품에서는 전우치를 초인적 능력을 지닌 비현실적 인물로 그려내고 있다. 이러한 설정은 조선 왕조 지배 질서에 저항하는 영웅의 모습을 그리기 위한 것이다. 특히 전우치가 선관으로 변신하여 임금에게 황금 들보를 바치도록 하는 사건은 왕조의 권위를 풍자한 대목이다. 도술을 써서 임금과 조정을 희롱하는 한편 악한 벼슬아치들을 혼내 주고 어려움에 처한 백성들을 도와주는 내용이 「홍길동전」과 유사하여, 이 작품이 「홍길동전」의 영향 아래 성립된 것으로 보기도 한다. 구성적인 측면에서는 일대기적 구성 방식에서 많이 벗어나 전우치의 행적을 중심으로 다양한 일화를 삽화 형식으로 나열하고 있다는 특징이 있다.

주제

전우치의 영웅적 활약과 지배 계층에 대한 비판

등장인물

• **전우치**: 본래 천상의 선동이었으나 죄를 짓고 인간 세상으로 내려옴. 천서를 통해 배운 도술을 이용하여 가난한 사람들을 돕거나 도적을 쫓아내는 등의 의로운 행동을 함. 역적의 혐의를 받자 조정에서 도망쳐 나와 도술로 세상을 희롱하고 다니다가, 서화담에게 굴복하여 그와 함께 산중에 들어가 도를 닦음.

1 실존 인물　　**2** 선관

1 「최고운전」은 신라 시대의 실존 인물인 최치원을 주인공으로 하여 '황소의 난'이라는 역사적 사실을 삽입하였으나, 내용에서는 비현실적인 허구가 중심을 이룬다. 또한 「전우치전」도 조선 시대에 실제로 존재했다는 기록이 있는 전우치를 주인공으로 한 소설로, 그의 활약상을 허구적으로 형상화한 작품이다.

2 전우치가 선관으로 변신하여 나타나자 임금은 전우치에게 속아 네 번 절한 후 땅에 엎드린다. 그리고 그러한 임금에게 전우치는 하늘의 궁궐을 짓기 위해 필요하다며 황금을 바치지 않으면 큰 변을 내리겠다고 엄포를 놓는다. 전우치에게 속아 임금으로서의 권위와 위엄을 지키지 못하고 있는 임금의 모습을 통해 왕조의 권위가 떨어진 모습을 볼 수 있다.

08 유충렬전 | 작자 미상

독해 포인트

이 작품은 영웅의 일대기를 중심으로 전개되는 소설이다. 주인공이 시련과 고난을 극복하고 부귀영화를 누리게 되는 영웅적 행적에 주목하여 읽는다.

작품 해제

이 작품은 천상계에서 죄를 짓고 지상계로 적강한 유충렬이 비범한 능력으로 고난을 극복하고 위기에 처한 가문과 국가를 구하는 이야기이다. 군담 소설의 하나로, 전형적인 영웅 소설의 일대기적 구조를 지니고 있다. 수록 부분은 천자가 간신 정한담에게 항복하려 할 때 충렬이 등장하여 천자에 대한 원망을 풀고 천자를 도와 정한담 일파로부터 천자와 나라를 구출한 후 죽은 줄 알았던 가족들과 재회하는 부분으로, 고난 극복과 승리라는 영웅의 일대기를 잘 보여 주고 있다.

주제

유충렬의 고난 극복과 승리

등장인물

- **유충렬**: 천상에서는 자미원 대장성이었으며, 지상에서는 유심의 아들로 태어남. 신이한 능력을 지녔으며 영웅적 활약을 펼쳐 위기에 빠진 천자와 나라를 구함. 충성심과 효심이 깊은 인물.
- **유심**: 유충렬의 아버지. 개국 공신의 후예로, 정직하고 충성스러운 인물. 정한담의 모함으로 위기를 겪음.
- **강희주**: 유충렬의 장인. 퇴재상으로 충직하고 정의로운 인물.
- **정한담**: 천상에서는 익성이었으며, 천상에서부터 충렬과 대립하는 악인. 지상으로 유배되어 명나라의 간신이 되며 유충렬과 대립함. 유심을 모함하고 반역을 하는 등의 죄를 저지르나 결국 유충렬에게 제압됨.
- **천자**: 정한담에게 속아 충신을 귀양 보내고 어려움을 겪음. 이후 충렬 덕분에 목숨을 구하고 충렬의 공로를 치하함.
- **태자**: 천자의 아들. 성군의 기상을 지님.

---

1 서술상 특징 파악 답 ④

'~ 어찌 말로 다 표현할 수 있으리오.'에서 서술자의 개입을 확인할 수 있으며, 충렬, 태자 등 인물의 발화에서 내면 심리를 확인할 수 있다.

[오답 확인]

① 이 글에는 구체적인 시간적 배경이 나타나 있지 않다.

② 이 글에는 꿈속의 사건이 제시되어 있지 않으며 현실에서 벌어지는 사건만 서술되어 있다.

③ 이 글에는 초월적 공간이 제시되어 있지 않으며 현실 세계의 사건들로 구성되어 있다.

⑤ 이 글에는 전쟁 장면이 구체적으로 묘사되어 있지 않다.

2 인물의 심리 파악 답 ⑤

'천자도 이 말을 들으시고 후회가 막급하나'라는 서술을 통해 천자가 자신의 과오를 알고 있음을 확인할 수 있다. 따라서 천자가 자신의 과오를 인정하지 않고 있다는 진술은 적절하지 않다.

[오답 확인]

① '매우 놀라고'라는 서술과 함께 "그대는 뉘신데 죽을 사람을 살리는가?"라는 말을 통해 적장 문걸을 벤 충렬의 능력에 대한 천자의 놀라움을 확인할 수 있다.

② 충렬은 천자 앞에서 '부친 유심의 죽음'을 원통히 여기며 통곡하는데, 뒷부분의 내용을 보면 유심이 살아 있는 것을 알 수 있다. 따라서 충렬은 처음에 부친이 죽은 것으로 잘못 알고 있음을 알 수 있다.

③ 충렬의 통곡과 슬픔에 모든 군사들이 눈물을 흘리는 모습을 통해 확인할 수 있다.

④ 충렬은 태자의 말을 들은 뒤 울음을 그치고 태자의 얼굴을 보고 태자가 '천자의 기상이 뚜렷하고 한 시대의 성군이 될 듯하여'라고 서술하고 있으므로 충렬이 태자의 말과 기상에 감화되어 천자를 원망했던 자신을 반성하게 되었음을 알 수 있다.

3 대화 방식의 이해 답 ③

[B]에서 역사적 사실을 언급하고는 있지만 그것은 유충렬의 견해를 옹호하는 것이 아니라 유충렬의 마음을 돌려 천자를 돕도록 하기 위함이다.

[오답 확인]

① "소장은 ~ 충렬입니다."라는 말에서 자신의 정체를 밝히고 있으며, "예전에 ~ 있습니까?"라는 말에서 천자의 이전 행위에 대한 원망을 드러내고 있다.

② '해와 달이 빛을 잃은 듯'이라는 비유적 표현을 통해 억울하고 비통한 심경을 표현하고 있다.

④ "하해 같은 ~ 풀을 맺어 갚으리라."에서 보답의 의지를 표명하고, 원망을 풀고 천자를 위해 싸워 줄 것을 부탁함으로써 충렬의 태도 변화를 촉구하고 있다.

⑤ 온 힘으로 충성을 다하여 천자를 도울 것을 부탁함으로써 충신으로서의 역할과 본분에 충실할 것을 강조하고 있다.

4 외적 준거에 따른 작품 감상 답 ④

유충렬이 정한담과의 싸움에서 승리함으로써 국가 위기를 해소하고, 이때 가족을 모두 구해 돌아옴으로써 국가 위기의 해소가 가족 위기의 해소로 이어지고 있다.

[오답 확인]

① '사방을 떠돌아다니면서 빌어먹으며'라는 서술에서 부친 유심의 유배로 인한 가족의 해체가 충렬이 겪은 첫 번째 시련의 계기가 되었다고 할 수 있다.

② 제시된 서사를 보면, 어려서 홀로 된 자신을 길러 준 장인 강희주가 정한담 일파로 인해 귀양을 간 사건이 충렬이 두 번째 시련을 겪게 되는 계기가 되었음을 알 수 있다.

③ 제시된 서사를 보면, 귀양 간 승상 강희주를 찾아 구한 것은 가족 위기의 해소로, '더불어 남적을 물리친 일'은 국가 위기의 해소로 볼 수 있다.

⑤ '이때 장안의 ~ 낭자하고 요란하였다.'라는 서술에 나타난 백성들의 모습에서 그의 영웅으로의 귀환을 확인할 수 있다.

5 어휘의 문맥적 의미 파악   답 ①

㉠은 '감정이나 욕망, 흥취 따위를 억누르다.'의 의미로 사용되고 있으며 ①에서도 그와 같은 의미로 쓰이고 있다.

[오답 확인]

② '몸을 곧추거나 가누다.'의 의미로 사용되고 있다.

③, ⑤ '고통이나 고난을 참고 견디어 내다.'의 의미로 사용되고 있다.

④ '내기나 시합, 싸움 따위에서 재주나 힘을 겨루어 승부를 내다.'의 의미로 사용되고 있다.

다른 작품 엮어 읽기   **조웅전** | 작자 미상   137쪽

작품 해제

이 작품은 국문 소설이자 조선 후기에 널리 읽혔던 대표적인 영웅 군담 소설로, 전반부는 조웅의 고행담과 애정담, 후반부는 영웅적 무용담으로 구성되어 있다. 이 작품은 군신 간의 유교적 충의 사상이 전면적으로 잘 드러나 있으며, 영웅의 일대기 형식을 취하면서도 일반적인 영웅 소설에 나타나는 신이한 출생 과정은 나타나지 않는 것이 특징이다.

주제

진충보국(盡忠報國)과 자유연애

등장인물

- **조웅**: 주인공. 무예와 지략에 능하고 덕망도 높은 장군으로, 태자와 위왕에게 극진한 충신임.
- **이두병**: 조웅의 부친인 조정인을 모함해 죽게 한 후 황제의 자리를 차지한 역신으로, 조웅에게 진압당해 죽임을 당함.
- **강백**: 조웅과 태자에 충성하며 기백이 뛰어난 장군임.
- **삼대**: 이두병 호위대의 일원이 되어 활약한 장수로, 왼팔 밑에 날개가 있는 비범한 인물이나 매우 악한 성품을 지님.
- **장 소저**: 조웅과 이별 후 병이 들어 죽으나, 조웅이 가져온 환약으로 되살아남.
- **월경 대사**: 조웅의 비범한 조력자로, 예지력과 통찰력으로 조웅을 도와줌.

---

1 충신   **2** 지략

---

1 이 글은 충신인 조웅과 역신인 이두병의 대결을 통해 서사가 진행된다. 적강 화소를 지닌 「유충렬전」과는 달리 이 글에서 주인공 조웅은 천상계에서 지상계로 적강한 인물로 설정되어 있지 않다.

2 조웅이 삼대와의 싸움에서 삼대의 강점과 약점을 미리 파악한 후 공격을 감행하는 것에서 그가 매우 지략이 뛰어난 인물임을 알 수 있다.

---

09 소대성전 | 작자 미상   138쪽

독해 포인트

이 작품은 영웅의 일생을 다룬 군담 소설이다. 영웅의 일대기 구조 속에 나타나는 서사의 특징 및 작품 속 공간의 변화에 주목하여 읽는다.

작품 해제

이 작품은 작가와 창작 연대 미상의 영웅 군담 소설로, 주인공의 비범한 출생과 위기, 조력자의 도움을 통한 재난 극복과 위업 성취라는 일반적인 영웅 소설의 구조를 지니고 있다. 특이할 만한 점은 주인공 대성이 이 승상 집에서 잠만 자는 위인으로 나오는 것인데 이러한 설정은 독자의 흥미를 끄는 것으로, 이 작품이 조선 후기에 매우 폭넓은 독자층을 확보하게 된 것과도 관련이 있다. 수록 부분에는 주인공 소대성과 조력자인 이 승상의 만남, 죽은 이 승상이 대성의 꿈에 나타나 갑옷과 투구를 주는 장면이 나타나 있다.

주제

소대성의 고난 극복과 위업 성취

등장인물

- **소대성**: 용왕의 아들이었으나 비를 잘못 내린 죄로 적강하여 인간으로 태어난 인물. 황제 앞에서 자신의 능력을 발휘할 기회를 얻고 노왕이 됨.
- **이 승상**: 소대성의 비범함을 알아본 인물로, 겉모습에 치우치지 않고 감추어진 역량을 알아보는 현명함을 지님.
- **채봉**: 아버지의 뜻을 따라 소대성의 인물됨을 믿고 결혼하려 하나, 어머니의 계략 때문에 결혼하지 못함. 이후 노왕이 된 소대성과 결혼함.
- **왕 부인과 그 아들들**: 겉모습과 신분에 따라 사람을 판단하는 인물들로, 이 승상이 죽자 소대성을 내칠 계략을 꾸밈.

문제   140쪽

1 ①   **2** ①   **3** ②   **4** ④

원리로 작품 독해   142쪽

1 조력, 안목, 신분   **2** 청룡, 소나무   **3** 과장, 개입

빈출 어휘 짚고 가기   142쪽

1 범인   **2** 존호   **3** 삼고초려

---

1 서술상 특징 파악   답 ①

[A]에서는 의상, 머리털, 얼굴빛 등의 묘사를 통해 인물의 외양을 제시하고 있으며, [B]에서는 대성을 만난 승상의 발화를 통해 재회의 감회를 드러내고 있다.

[오답 확인]

② [A]에는 "여상의 자취 조대에 있건마는 ~ 어느 날에 날 알아줄 이 있으리오."와 같은 대구적 표현이 나타나긴 하나, 이는 자신을 알아봐 주는 이가 없음을 탄식하는 것일 뿐 인물에 대한 부정적인 인식이 드러나지는 않는다. 또한 [B]에는 대구적 표현이 사용되지 않았으며 인물에 대한 부정적 인식도 나타나 있지 않다.

③ [A]와 [B] 모두 요약적 서술이 사용되지 않았으며 시대적 배경도 나타나 있지 않다.

④ [A]와 [B] 모두 인물 간의 대화를 통해 갈등을 제시하고 있지 않다.

⑤ [A]에는 과거 사건에 대한 회상이 나타나 있지 않으며 이를 바탕으로

한 현재 사건의 원인도 제시하고 있지 않다. 한편, [B]를 보면, 대성의 생각에서 과거 사건에 대한 회상이 드러나며, 승상의 발화에서 두 사람의 만남의 원인이 드러나고 있다. 그러나 이 두 내용이 인과 관계를 갖고 있지는 않다.

2 인물의 성격 및 태도 파악 　　　　　　　　　답 ①

나무 베는 아이의 추레한 모습에도 불구하고 아이의 옷에 있는 이를 잡아 주며 잠을 깨기를 기다리는 승상의 모습에서 그의 따뜻한 인품을 느낄 수 있다.

[오답 확인]

② "내 자식이 무도하여 그대를 알아보지 못하고 망령된 의사를 두었으니"라는 승상의 말에서 과오를 범한 것은 승상이 아니라 승상의 자식임을 알 수 있다. 따라서 승상이 대성에게 부끄러워하는 것은 자신이 범한 과오 때문이 아니라 자식 때문이라고 할 수 있다.

③ "공명을 이루고 용문에 오르면 딸과의 신의를 잊지 말라."라는 승상의 말은 먼저 큰 업적을 이루고 높은 지위에 오른 후 자신의 딸과의 약속을 지켜 달라는 것이다. 따라서 딸과의 신의를 잊지 않아야 공명을 이룰 수 있다는 말은 진술의 선후가 바뀐 것이라고 할 수 있다.

④ "만 리 청총마를 얻으면~", "동해 용왕이 ~ 내일 오시에 얻을 것이니"라는 승상의 말을 볼 때, 대성은 아직 청총마를 얻지 않았으며 동해 용왕의 도움은 미래 상황에 해당한다. 따라서 '청총마를 이미 얻고 동해 용왕의 도움까지 얻은 소생'이라는 진술은 적절하지 않다.

⑤ 승상은 죽은 후에도 대성에게 보신갑을 주고 만 리 청총마를 얻을 수 있을 것임을 알려 주는 등 대성을 돕고 있으므로 죽은 몸으로 '소생'을 도울 수 없다는 진술은 적절하지 않다.

3 속담을 활용한 내용 이해 　　　　　　　　　답 ②

'자루 속의 송곳'이라는 속담은 아무리 숨기려 하여도 숨길 수 없고 그 정체가 드러나는 경우를 비유적으로 이르는 말로, 사람을 알아보는 뛰어난 능력을 지닌 승상이 자신의 능력을 알아봐 주는 이가 없어 한탄하는 ㉠의 화자에게 해 줄 말로 적절하다.

[오답 확인]

① '굼벵이도 구르는 재주가 있다'라는 속담은 무능한 사람도 한 가지 재주는 있음을 비유적으로 이르는 말이다.

③ '장마다 꼴뚜기가 나올까'라는 속담은 자기에게 좋은 기회만 늘 있는 것은 아님을 표현하거나 자주 바뀌는 세상 물정을 모르는 어리석음을 비웃는 말이다.

④ '차면 넘친다'라는 속담은 너무 정도에 지나치면 도리어 불완전하게 된다는 말이다.

⑤ '하룻강아지 범 무서운 줄 모른다'라는 속담은 철없이 함부로 덤비는 경우를 비유적으로 이르는 말이다.

4 공간의 상징적 의미 파악 　　　　　　　　　답 ④

ⓒ는 승상이 꿈을 통해 이동한 초현실 공간인 ⓑ에서 돌아온 후에 이동한 현실 공간으로, 그가 실제로 경험한 공간이다. 따라서 ⓒ는 승상의 정신이 경험하는 꿈속 공간이 아니다.

[오답 확인]

① ⓐ는 승상이 꿈속으로 들어가기 직전의 공간으로, 현실 공간에 해당하며, ⓑ는 승상이 꿈에서 경험하는 공간으로, 초현실 공간에 해당한다. 승상은 꿈을 통해 ⓐ에서 ⓑ로 나아가는 경험을 하고 있는 것이다.

② ⓑ와 ⓒ는 모두 '조대'라는 공간이지만, ⓑ는 꿈속의 공간이고 ⓒ는 현실 공간이다. 즉 '조대'는 현실 공간이면서 동시에 초현실 공간의 성격을 지니고 있다. 따라서 ⓑ에서 승상이 본 '청룡'은 ⓒ에서 승상이 본 '아이'를 상징한다고 할 수 있다.

③ ⓑ에서 승상이 만난 '청룡'은 현실 공간에서 '아이'임을 암시하고, ⓓ에서 초월적 존재인 승상에게 대성이 받은 '보신갑'은 현실 공간에서 '갑옷과 투구'임을 말해 주고 있다. 따라서 ⓑ와 ⓓ는 모두 초현실 공간에 해당한다.

⑤ 승상이 대성을 만난 공간은 ⓓ이지만 승상이 사라진 후에 대성이 혼자 있는 공간은 ⓔ이다. 또한 ⓓ에서 대성이 승상에게 받은 '보신갑'은 ⓔ에서 '갑옷과 투구'로 남아 있지만, ⓓ의 모습은 승상과 함께 사라지고 없다. 따라서 ⓓ는 ⓔ와 겹쳐져 있는 공간이지만, 초월적 존재인 승상이 사라지자 그 공간 역시 사라진 것이다.

다른 작품 엮어 읽기　**낙성비룡** | 작자 미상　　　143쪽

작품 해제

이 작품은 겉보기에 보잘것없던 인물이 영웅이 되는 일대기를 그린 영웅 군담 소설로, 인물의 말과 행동을 섬세하게 표현한 것이 특징이다. 또한 주인공 이경작이 소먹이 일을 하다가 양 승상의 눈에 들어 사위가 되고, 양 승상의 죽음 이후 학업에 정진하여 성취를 이룬다는 전체적인 내용 구조가 「소대성전」과 유사하다.

주제

이경작(이경모)의 고난 극복과 승리

등장인물

• **이경작(이경모):** 명나라 선비 이주현이 큰 별이 방안에 떨어졌다가 황룡이 되어 승천하는 꿈을 꾸고 잉태하여 낳은 아들. 어려서 부모를 잃고 나서 여러 고난을 겪으나 그것을 극복하고 높은 위치에 오름.

• **양 승상:** 경작의 비범함을 알아보고 막내딸 경주와 혼인시킴.

• **설인수:** 양 승상의 맏사위로, 집을 떠난 후 연락이 두절된 경작의 무책임함을 질책함.

• **양경주:** 이경작의 아내로, 남편의 됨됨이를 믿고 남편에게 정성을 다함. 병이 들어 목숨이 위중해지나 이경작의 극진한 간호로 건강을 회복함.

---

1 미천한 　　**2** 아내

1 이 글에서 주인공 이경작은 영웅이 되기 전에 남의 집에서 소먹이 노릇을 하며 살아온 비천한 인물로 설정되어 있다.

2 설 태수는 "장차 약한 부인이 몸을 보존치 못하게 되었으니 가장 어둡고 무심한 장부라.", "집안은 평안하나 형의 부인이 병이 귀중하여 속수무책 조석으로 목숨을 빈다 하니 형이 비록 몸이 영귀하나 무엇이 즐거우리오?"와 같은 말을 통해 아내에게 무심한 이경작의 태도를 비판하고 있다.

10 임경업전 | 작자 미상

독해 포인트
이 작품은 역사적 실존 인물을 주인공으로 내세운 역사 군담 소설이다. 인물의 영웅적 행적과 호국에 대한 집권층의 대응 방식에 주목하여 읽는다.

작품 해제
이 작품은 병자호란을 배경으로 조선 인조 때의 명장 임경업의 일생을 영웅화한 작품이다. 작가는 역사적 사실을 과장, 변용하여 임경업을 민중의 영웅으로 형상화하고, 병자호란의 치욕에 대한 복수심과 개인의 사리사욕만 일삼던 간신에 대한 분노를 민족적 차원에서 소설로 승화시키고 있다. 수록 부분은 임경업에게 크게 패배한 호왕이 의주에 있는 임경업을 피해 한양을 급습하여 나라가 풍전등화의 위기에 놓이고 남한산성으로 피신한 임금이 항복하려 하는 대목이다. 이 부분을 통해 집권층이 무능하여 병자호란에 패배한 것에 대한 민중의 안타까움과 분노를 엿볼 수 있다.

주제
임경업의 비극적 생애와 병자호란의 패전에 대한 보상 심리

등장인물
• **임경업**: 용맹하고 강직하며 기개와 지조가 있는 충신으로, 백성들과 동고동락한 민중적 영웅임. 보잘것없는 집안 출신으로 스스로 노력하여 지위를 얻었으나, 김자점에 의해 살해됨.
• **호왕**: 오랑캐, 즉 청나라의 왕. 임경업의 용맹과 뛰어난 지략을 알고 죽이려 하면서도 그의 충절과 강직함을 인정하는 인물이기도 함.
• **김자점**: 자신의 위세를 지키기 위해 임경업을 없앰. 목적을 위해 수단을 가리지 않는 잔인하고 간교한 인물.
• **인조**: 임경업의 충절을 강하게 믿으며 임경업을 살해한 김자점의 악행을 알고 난 후 그를 처형함.

문제   146쪽
1 ①   2 ④   3 ⑤   4 ①   5 ⑤

원리로 작품 독해   148쪽
1 능력, 김자점   2 강화도, 용골대, 남한산성
3 병자호란, 사실성, 허구적

빈출 어휘 짚고 가기   148쪽
1 계교   2 전말   3 선봉장

---

1 작품의 종합적 이해   답 ①
이 글에는 사건을 극적으로 반전시키는 우연적 요소가 나타나 있지 않다.

[오답 확인]
② '적군의 시체가 흘러 산같이 쌓였고, 피는 흘러 내를 이루었다.' 등에서 과장된 비유를 활용하여 전장(戰場)의 상황을 실감 나게 묘사하고 있다.
③ "국경의 한쪽은 갈대 수풀이요, 다른 한쪽은 압록강이 가로막고 있으니, 강을 건너 기마군으로 승부하고자 하면 수만 군졸이 진을 칠 곳이 없고, 또 자칫 군사가 패하면 물러날 곳이 없습니다."에서 지형상 특징과 관련된 인물들의 형세 판단이 나타나 있다.

④ '강화 유수 김경징은 술만 마시고 누워 있다가 갑자기 들이닥친 호국군에 꼼짝없이 당했다.', '도원수 김자점은 달리 방법도 없이 성문 밖에 진을 치고 방어만 하고 있었는데' 등에서 다른 인물들의 부패함과 무능력함이 드러나며 주인공인 임경업의 가치가 크게 부각되고 있다.
⑤ "되놈들을 잡아들이라!"에서 '되놈'이라는 비속어를 사용하여 호국(청나라)에 대한 비하의 태도를 드러내고 있다.

2 사건의 전개 양상 파악   답 ④
㉠은 조선을 염탐하던 호국 장졸들과 임경업이 대결하는 부분, ㉡은 임경업과의 대결에서 패배한 호국의 왕과 장수들이 한양을 급습할 계교를 꾸미는 부분, ㉢은 남한산성으로 피신한 왕과 신하들이 항복을 결정하는 부분이다. ㉢에서 신하들은 호국에 항복해야 한다는 의견과 호국에 저항해야 한다는 의견을 내며 대립하고 있다. 그러나 임경업에게 문제의 책임이 있다는 의견은 나타나 있지 않다.

[오답 확인]
① '달아난 호국 장수들이 다시 돌아와 염탐했다. 이것을 안 경업은 크게 노하여'를 통해 임경업이 호국 장수들이 아군을 염탐한 사실을 알고 크게 분노했음을 알 수 있다.
② '경업은 머지않아 호국이 다시 침범하지 않을까 근심했는데, 조정의 신하들은 전혀 그런 염려를 하지 않았다.'를 통해 임경업과 달리 조정의 신하들은 호국이 다시 침범할 것이라는 염려를 하지 않았음을 알 수 있다.
③ '의주에서도 알지 못할 것이니'라는 진술을 볼 때, 호국의 왕과 장수들은 임경업과의 직접적인 대결을 피하고 있음을 알 수 있다.
⑤ 임경업이 올 때까지 저항해야 한다는 말에 임금은 "길이 막혀 사람을 보낼 수 없으니 경업이 어찌 이 사정을 알겠는가?"라고 말하고 있다. 이를 통해 임경업이 남한산성의 사정을 아는 것이 불가능하므로 항복하는 수밖에 없다고 판단하는 임금의 의중을 추리할 수 있다.

3 말하기 방식의 이해   답 ⑤
[A]는 임경업이 조선을 염탐하는 호국 병사들을 붙잡아 꾸짖는 부분으로, 과거의 은혜를 저버린 호국의 행동을 나무라며 침략 의지를 버릴 것을 경고하고 있다. [B]는 조선을 침략한 용골대가 남한산성으로 피신한 왕과 신하들을 포위한 뒤 조롱하는 부분으로, 패배를 인정하고 항복할 것을 요구하고 있다. 따라서 [A]와 [B]는 모두 자신의 주장을 강력히 드러내어 상대방의 행동 변화를 유도하려는 의도를 지니고 있음을 알 수 있다.

[오답 확인]
① [A]는 강력하게 경고하고 있을 뿐, 상대방의 불리한 상황을 지적하거나 회유하고 있다고 보기 어렵다.
② [B]는 성 안의 상황이 불리함을 지적하고 있으므로 속마음을 감춘 채 사실을 확인하려 하고 있다고 보기 어렵다.
③ [B]에서는 끝까지 항복하지 않는 상대방에게 군량미를 근거로 항복을 요구하고 있으므로 상대방의 행동을 과대평가하고 있다고 볼 수 없다.
④ [A]와 [B]는 모두 요구하는 바를 직접적으로 드러내면서 상대방의 태도 변화를 요구하고 있으므로 수용하기 어려운 조건을 제시하며 상대방을 시험하고 있다고 보기 어렵다.

4 상황에 맞는 한자 성어의 이해   답 ①

호국 군대에 의해 포위되어 양식마저 다 떨어진 남한산성 내부의 상황은 '적진에 싸여 외롭고 곤란한 형편'을 의미하는 '사면초가'의 상황에 해당한다.

[오답 확인]
② '수구초심'은 죽어서라도 고향 땅에 묻히고 싶어하는 마음을 이르는 말이다.
③ '오월동주'는 서로 적의를 품은 사람들이 한자리에 있게 된 경우나 서로 협력하여야 하는 상황을 비유적으로 이르는 말이다.
④ '이심전심'은 마음과 마음으로 서로 뜻이 통함을 이르는 말이다.
⑤ '호가호위'는 남의 권세를 빌려 위세를 부림을 이르는 말이다.

5 외적 준거에 따른 작품 감상　　　　　　　　　답 ⑤

제시된 지문 내용을 볼 때, 임경업의 능력이 호국과 조선에서 상반된 평가를 받는다고 볼 수 없다. 호국에서는 직접적인 대결을 피하고 싶은 두려운 존재로, 조선에서는 항복에까지 다다른 절체절명의 위기 상황에서 나라를 구원해 줄 존재로 임경업의 능력을 인정하고 있다.

[오답 확인]
① 〈보기〉에서 「임경업전」은 실존 인물인 임경업의 생애를 바탕으로 창작된 작품임을 밝히고 있다.
② 〈보기〉에서 「임경업전」이 임경업의 생애를 통해 청나라에 대한 우리 민족의 자부심을 드러낸 작품이라고 하였으므로, 호국 진영을 제압하는 임경업의 모습을 통해 우리 민족의 자부심을 드러내고자 한 것으로 볼 수 있다.
③ 〈보기〉에서 「임경업전」이 좌절된 영웅에 대한 안타까움을 드러낸 작품이라고 하였으므로, 임경업이 용골대의 침략에 능력을 발휘할 기회조차 갖지 못하는 것에 대해 민중들이 안타까움을 느꼈을 것이라고 짐작할 수 있다.
④ 〈보기〉에서 김자점이 임경업을 죽인 강력한 실권자였고, 「임경업전」이 지배 계층에 대한 분노를 드러낸 작품이라고 하였다. 이를 바탕으로 볼 때, 이 글에서 김자점을 호국의 침입에 무기력하게 대응한 인물로 형상화한 것에는 지배 계층에 대한 분노가 드러나 있다고 할 수 있다.

다른 작품 엮어 읽기　**임진록** | 작자 미상　　149쪽

작품 해제
이 작품은 임진왜란이라는 역사적 사실을 소재로 허구적 요소를 가미한 역사 소설이자 군담 소설이다. 이 작품은 어느 한 사람을 주인공으로 하여 이야기를 전개하는 방식이 아니라 수많은 의병장과 명장들을 순차적으로 등장시키며 그들의 활약상을 보여 주는 방식으로 이야기가 전개된다. 그리고 그들이 만들어내는 승리를 통해 애국적 민중의 힘을 부각하고 있다. 실제로 임진왜란은 한산도 대첩, 행주 대첩 등 몇몇 전투를 제외하면 우리 민족에게 패전의 아픔을 안겨 준 전쟁이었다. 그런데 이 작품에서는 우리가 전쟁에서 승리한 것으로 바꾸어 놓고 있다. 이는 허구적으로라도 정신적 위안을 얻으면서 민족의 사기를 진작시키고, 패전으로 인한 수모를 정신적으로 보상하여 민족의 정기를 회복하고자 하는 의도가 담겨 있는 것이라 할 수 있다.

주제
임진왜란 패배에 대한 정신적 보상과 승리

등장인물
• **사명당**: 서산 대사의 제자로, 초인적인 능력을 발휘하여 왜왕을 굴복시키고 항복 문서를 받아옴.
• **왜왕**: 재차 우리나라를 침략하려 하지만 사명당의 신이한 능력에 굴복하여 항복함.
• **최일경**: 왜가 침략할 것이라는 꿈 때문에 귀양을 가는데, 그때 왜적이 쳐들어옴.
• **이순신**: 거북선을 준비하여 한산도에서 큰 공을 세우고 죽음.
• **정충남**: 전쟁에 자원하여 충주에서 싸우다 청정에게 죽임을 당함.
• **김덕령**: 도술로 청정을 희롱하나 그 재주를 다하지 못하고 죽음.
• **김응서**: 최일경의 명으로 왜장 소서를 조선인 첩 월천과 함께 죽임.
• **이여송**: 명나라 구원병 대장으로 대군을 이끌고 오며, 후에 명산 대천의 혈맥을 자르고 철군함.

1 역사적　**2** 전기적

1 「임경업전」은 병자호란이라는 역사적 사건을 바탕으로 한 작품이고, 이 글은 임진왜란이라는 역사적 사건을 바탕으로 한 작품이다. 두 작품 모두 실제의 사실에 허구적 요소를 가미하여 중심인물의 영웅성을 부각하고 있는데, 이는 전란의 패배로 인해 훼손된 민족적 자존심을 회복하려는 심리가 반영된 것이라 할 수 있다.

2 사명당이 왜왕의 시험에 도술을 사용하여 위기를 극복하고 있는데, 이는 전기적 요소에 해당한다.

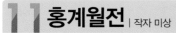

11 홍계월전 | 작자 미상

150쪽

독해 포인트

이 작품은 탁월한 능력을 지닌 여성 영웅을 주인공으로 등장시켜 그녀의 영웅적 활약상을 그려 낸 영웅 군담 소설이다. 여성 주인공의 비범함과 활약상이 어떻게 드러나고 있는지에 주목하여 읽는다.

작품 해제

이 작품은 조선 후기의 군담 소설이자 여성 영웅 소설로, 중국 명나라를 배경으로 주인공 홍계월의 고난과 이를 극복한 무용담을 그리고 있다. 이 작품에서는 남성보다 여성의 능력이 더 우월하게 그려지며 또한 여성임이 밝혀진 후에도 벼슬을 회수하지 않고 그대로 두는 것도 특이한 점이다. 이는 조선 후기 소설의 주요 독자층인 여성들의 정서와 욕구를 반영한 것이라고 할 수 있다. 수록 부분에는 주인공 계월의 태몽과 탄생, 그리고 원수로 임명된 후의 행적이 나타나 있다. 원수로 활약하며 남편 보국을 압도하는 홍계월의 영웅적 면모를 통해 조선 후기에 새롭게 싹트기 시작한 여성들의 주체적인 사회의식을 잘 드러내고 있다.

주제

여성인 홍계월의 영웅적 활약상

등장인물

- **홍계월**: 비범한 능력을 가진 여성 영웅의 모습을 보여 줌. 남성들과의 경쟁에서도 위축되지 않고 자신의 능력을 발휘함.
- **여보국**: 홍계월의 남편으로, 어릴 때부터 홍계월과 같이 지내며 무술과 병법을 익힘. 남존여비 사상을 가진 권위적인 인물임.
- **천자**: 계월이 여성임을 알게 된 이후에도 계월의 벼슬을 회수하지 않음. 계월의 능력을 높이 삼.
- **영춘**: 보국의 첩으로, 보국이 자신을 사랑함을 믿고 거만하게 굴다가 비참한 최후를 맞음.

문제

152쪽

1 ② 2 ⑤ 3 ③ 4 ③ 5 ③

원리로 작품 독해

154쪽

1 원수, 운경, 남자   2 남성

빈출 어휘 짚고 가기

154쪽

1 삼척장검   2 양천   3 황겁   4 월궁항아   5 장중보옥

---

1 표현상 특징 파악

답 ②

'각설 대명(大明) ~ 농업에 힘쓰니'라는 부분을 보면, 홍무가 장원 급제하여 벼슬길에 나선 후 모함으로 벼슬을 빼앗기고 고향으로 돌아와 농업에 힘쓰는 삶까지의 내력이 요약적으로 제시되어 있다.

[오답 확인]
① '계월이 점점 자라나매 얼굴이 화려하고' 등의 외양 묘사가 나타나 있지만, 인물을 희화화하기 위한 외양 묘사는 나타나 있지 않다.
③ 천상계와 인간계의 대립된 공간이 설정되어 있으나, 이를 통한 인물 간의 갈등은 나타나 있지 않다.
④ 초월적 존재인 선녀와의 대화가 나타나 있기는 하지만, 이를 통해 양씨의 고뇌를 드러내고 있지는 않다.
⑤ 계월의 출생 및 성장 과정 등의 이야기가 나타나 있지만, 다양한 관점

에서 사건을 재구성하고 있지는 않다.

2 등장인물에 대한 이해

답 ⑤

제시된 지문을 보면, 보국은 원수(계월)의 분부를 받아 전쟁터로 나아가 싸운다. 그러므로 보국이 원수의 명령을 따르지 않아 위험에 처했다는 진술은 적절하지 않다.

[오답 확인]
① 홍무는 일점혈육이 없는 것을 슬퍼하며 양씨 부인과 더불어 자식이 없음을 한탄하고 있다.
② 양씨 부인은 홍무에게 다른 가문의 어진 숙녀를 취하여 후손을 볼 것을 권하고 있다.
③ 곽 도사는 계월이 다섯 살에 부모와 헤어진다고 예언하고 있다.
④ 홍무는 곽 도사의 말을 듣고 계월이 위험을 피할 수 있도록 남장을 시키고 있다.

3 외적 준거에 따른 작품 구조 이해

답 ③

시랑이 계월이 남자로 태어나지 않음을 안타까운 것은 남성 중심의 사회에서 집안을 빛낼 인물은 남자이어야 한다는 남존여비 사상에서 비롯된 것이다. 따라서 이를 계월이 위기에 처한 상황이라고는 볼 수 없다.

[오답 확인]
① 이부 시랑에 대한 설명에서 계월의 고귀한 혈통을 알 수 있다.
② 선녀가 득죄하여 부인 댁으로 와서 아기가 된다는 내용에서 잉태 과정이 일반인과는 다르다는 사실을 알 수 있다.
④ 중략된 줄거리 중 여공이 계월을 구해 주었다는 내용을 통해 여공이 조력자임을 알 수 있다.
⑤ 보국이 위험에 처했을 때 계월이 적장 오십여 명과 군사 천여 명을 베고 보국을 구하는 장면에서 이를 확인할 수 있다.

4 창의적 변용의 적절성 판단

답 ③

보국이 적장에게 승리를 거둔 상황이므로 당황한 심리를 드러내기 위해 떨리는 목소리로 연기하는 것은 적절하지 않다.

[오답 확인]
① 전쟁터를 멀리서 조망하며 촬영함으로써 대규모 전쟁의 모습을 보여 줄 수 있다.
② 삼척장검과 이에 어울리는 갑옷 등의 소품을 활용함으로써 장군의 위엄을 드러내는 것은 적절하다.
④ 긴박한 분위기를 연출하기 위해 적병에게 포위되는 보국의 상황에 어울리는 효과음을 사용하는 것은 적절하다.
⑤ 의기양양해하다가 갑자기 포위당한 보국의 당황한 심리를 강조하기 위해 표정을 확대하여 촬영하는 것은 적절하다.

5 대화의 의미 파악

답 ③

㉠에 이어지는 "이는 다 내 팔자라. 어찌 부인의 죄라 하리오. 차후는 그런 말씀일랑 마시오."라는 시랑의 대답으로 보아 ㉠이 대화 상대방과 갈등을 일으키는 요인이 된다고 볼 수 없다.

[오답 확인]
① ㉠의 "원컨대 상공은 다른 가문의 어진 숙녀를 취하여 후손을 보신다면"이라는 말에서 정실 부인 외에 첩을 둘 수 있었던 당시의 사회상을 알 수 있다.
② ㉠에서 양씨 부인은 칠거지악과 같이 여성을 억압하는 당대의 사회

질서에 순응하는 모습을 보여 주고 있다.
④ ㉢에서 계월은 남녀의 관계와 관련하여 남존여비(男尊女卑)라는 기존 사회의 관습을 거부하고 남성들과의 경쟁에서도 위축되지 않고 능력을 펼치는 새로운 여성상을 추구하고 있다.
⑤ ㉠에서 양씨 부인은 자식이 없는 것을 자신의 탓으로 여기고 있으며, ㉡에서 계월은 적에게 포위되었던 보국을 꾸짖으며 평소 남자라고 자신을 업신여긴 보국을 비난하고 있다.

작품 해제

이 작품은 병자호란을 배경으로 한 역사 군담 소설이자, 박씨 부인이라는 여성을 주인공으로 한 여성 영웅 소설이다. 이 작품의 전반부는 박 씨의 추한 용모로 인한 가정 내의 갈등이 주를 이루고 있고, 후반부는 병자호란이라는 사회적 문제와 관련된 갈등이 주를 이룬다. 전반부의 갈등은 박 씨의 변신으로 해결되는데, 변신의 과정에서 박 씨의 비범함이 드러난다. 후반부에서 박 씨는 영웅적 기상과 도술로 호군을 제압하는데 이는 병자호란의 패배를 허구적 승리로 바꾸어 전쟁의 패배감과 고통을 정신적으로나마 극복하고자 하는 민중의 심리적 욕구가 반영된 것이라 할 수 있다. 또한 남성인 시백은 평범한 인물로 표현된 데 비해 여성인 박 씨가 초인적인 능력을 가진 비범한 인물로 표현된 것은 당시 봉건적인 가부장 제도하에서 억압되어 살아야 했던 여성들이 정신적으로나마 해방되고자 했던 욕구가 반영된 것이라 할 수 있다.

주제

박씨 부인의 활약을 통한 민족적 자긍심의 고취

등장인물

- **박씨 부인**: 이시백의 부인. 학문이 깊고 재주가 뛰어나며 사려 깊음. 초인적인 능력으로 나라를 위기에서 구함.
- **이시백**: 박 씨의 남편. 외모만 보고 박 씨를 멀리하지만, 박 씨가 아름다운 용모로 변한 이후에 아내의 특별한 재주를 알고 의지함.
- **계화**: 박 씨의 몸종. 박 씨가 추한 용모 때문에 박대받는 것을 안타깝게 여기고 지성으로 박 씨를 섬김.
- **박 처사**: 박 씨의 부친. 금강산에 사는 신선으로, 나중에 딸의 추한 허물을 벗겨서 미모를 찾게 해 줌.
- **이득춘**: 조선 인조 때의 재상으로 이시백의 부친. 모두 천대하는 박색의 며느리를 홀로 아끼고 감싸 줌.
- **용골대**: 왕의 명을 받고 조선을 침략한 청나라 장군.

---

1 여성, 남성 **2** 허구적, 보상

1 이 글은 초인적인 능력을 지닌 여성 주인공을 내세워 그 영웅적 활약상을 형상화하고 있는데, 이는 남성 중심 사회로부터 해방되고자 하는 여성들의 욕구를 반영한 것이다.

2 이 글에서 허구적 인물인 박씨 부인을 등장시켜 전쟁의 영웅으로 형상화한 것은 병자호란의 패배에 대한 민중의 보상 심리를 충족시키기 위한 것이라 할 수 있다.

---

12 황새결송 | 작자 미상 156쪽

독해 포인트

이 작품은 조선 후기 사회의 부패상을 풍자한 소설이다. 외부 이야기와 내부 이야기의 관계에 주목하며 읽는다.

작품 해제

이 작품은 우화 소설이자 송사 소설로, 부자가 들려주는 '황새 이야기'를 바탕으로 관리들이 뇌물을 받고 부당하게 판결을 내리는 세태를 풍자하고 있다. 이 작품의 외부 이야기와 내부 이야기는 서로 대응된다. 외부 이야기에는 유리한 판결을 받으려고 뇌물을 주는 인물, 뇌물을 받고 그릇된 판결을 하는 인물이 나오는데 내부 이야기에도 그러한 인물들이 나온다. 작가는 부자의 입을 빌어 내부 이야기를 전하면서 외부 이야기 속 인물을 비판하여 주제를 드러내고 있다.

주제

부패한 시대 상황에 대한 풍자

등장인물

- **부자**: 뇌물을 받은 형조 관원이 잘못된 판결을 내리자 황새의 이야기를 들어 판결의 잘못을 지적하는 현명한 인물.
- **친척**: 부자에게 찾아와 재물의 반을 나눠달라고 위협하고, 재판에서 이기기 위해 형조 관원에게 뇌물을 줌. 부도덕한 인물.
- **형조 관원들**: 뇌물을 받고 그릇된 판결을 내림. 부패한 관리.
- **따오기**: 승소하기 위해 황새에게 찾아가서 뇌물을 바침.
- **황새**: 따오기에게 뇌물을 받고 그릇된 판결을 내림.

제목의 의미

제목 '황새결송'에서 '결송(決訟)'은 백성들 사이에 일어난 소송 사건을 판결하여 처리함을 뜻한다. 따라서 '황새결송'은 황새의 판결 이야기라는 뜻으로, 작품의 내부 이야기를 작품의 제목으로 삼은 것이다.

문제 158쪽

1 ④ **2** ④ **3** ② **4** ③ **5** ①

원리로 작품 독해 160쪽

1 뇌물, 부정부패, 황새 **2** 액자식, 대응
3 우회적, 설의적, 인용

빈출 어휘 짚고 가기 160쪽

1 물욕 **2** 소슬하다 **3** 청아하다

---

1 서술상 특징 파악 답 ④

이 글에는 초월적인 세계의 개입이 나타나 있지 않으며, 서사의 흐름이 반전되고 있지도 않다.

[오답 확인]

① 외부 이야기는 부자와 관원의 대화를 통해, 내부 이야기는 황새, 꾀꼬리, 뻐꾹새, 따오기의 대화를 통해 전개되고 있다.
② 우화인 '황새 이야기'를 통해 청탁을 받고 판결을 내리는 부패한 현실에 대한 문제의식을 드러내고 있다.
③ 중심 인물인 부자와 관련된 특정 사건, 즉 친척과의 송사 사건에 집중하여 사건이 서술되고 있다.
⑤ 이 글은 액자식 구성에 의한 소설로, '내화'(황새 이야기)와 '외화'(부자

이야기)가 각각 독립된 사건이 아니라 서로 긴밀한 관련을 맺으며 진행되고 있다. 즉 내화는 외화의 의미(부정적 현실에 대한 풍자)를 더욱 부각하기 위해 설정된 서사이다.

2 인물의 심리 및 태도 파악 　　　　　　　　　　답 ④

따오기가 황새의 처분만을 기다리는 것은 황새에게 뇌물을 바쳤으므로 자신이 유리한 판결을 받을 것임을 짐작하였기 때문이다. 따라서 따오기가 자기 소리를 자랑하지 않고 황새의 처분만 기다리는 것을 겸손한 자세로 이해하는 것은 적절하지 않다.

[오답 확인]

① 부자는 '관전 발악'을 이유로 처벌받을까 두려워 자신의 생각을 제대로 말하지 못하고 속으로만 분노를 느끼고 있다.

② 관원은 부자의 이야기를 듣고 싶지만, 그의 말을 들으면 남들이 보는 눈이 걱정되어 거짓으로 꾸짖고 있다.

③ 황새는 자신이 받은 뇌물 때문에 따오기의 소리를 '상성'이라고 판결하고 있다.

⑤ 꾀꼬리는 자신의 목소리를 누가 아름답다 여기지 않겠느냐고 말함으로써 자부심을 드러내고 있다.

3 작품의 의미 구조 이해 　　　　　　　　　　답 ②

(나)에 나타난 황새의 판결 이유는 (가)와 마찬가지로 부정한 뇌물 청탁 때문이다. 즉 (나)는 (가)의 판결이 부당함을 부각하기 위해 제시된 것이다. 따라서 (가)를 통해 (나)의 판결 이유가 밝혀진다는 진술은 적절하지 않다.

[오답 확인]

① (가)는 부자가 가진 재산의 절반을 나누어 달라는 친척의 요구에서 비롯된다.

③ (나)는 (가)의 송사 결과에 억울함을 느낀 부자에 의해 서술된다.

④ (가)에 나타난 송사의 원인은 부자의 돈이고, (나)에 나타난 송사의 원인은 '최고의 소리'이다.

⑤ (가)에서는 관원에게 준 친척의 뇌물이, (나)에서는 황새에게 준 따오기의 뇌물이 송사의 판결에 중요한 영향을 미친다.

4 발화의 의도 파악 　　　　　　　　　　답 ③

부자는 부당한 판결을 내린 관원들에게 무안함을 주기 위해 황새 이야기를 하고 있다. 즉 부자는 '이야기'를 통해 송사와 관련된 형조 관원들의 부패상을 우회적으로 비판하고 있는 것이다.

5 상황에 맞는 한자 성어의 이해 　　　　　　　　　　답 ①

[A]에서 황새는 따오기에게 받은 뇌물 때문에 억지 논리를 펴며 판결을 내리고 있다. 이러한 황새의 태도는 '가당치도 않은 말을 억지로 끌어다 대어 자기 주장을 합리화함.'을 뜻하는 '견강부회'로 표현하는 것이 적절하다.

[오답 확인]

② '경거망동'은 경솔하여 생각 없이 망령되게 행동함을 이르는 말이다.

③ '각주구검'은 융통성 없이 현실에 맞지 않는 낡은 생각을 고집하는 어리석음을 이르는 말이다.

④ '배은망덕'은 남에게 입은 은덕을 저버리고 배신함을 이르는 말이다.

⑤ '타산지석'은 본보기가 되지 않은 남의 말이나 행동도 자신의 지식과 인격을 수양하는 데에 도움이 될 수 있음을 이르는 말이다.

다른 작품 엮어 읽기　**서동지전** | 작자 미상 　　　　　161쪽

작품 해제

이 작품은 쥐들의 송사 사건을 제재로 하여 선악형 인물의 대립을 통해 권선징악(勸善懲惡)이라는 진리를 주제로 내세우고 있는 우화 소설이다. 이 작품에서 남편 다람쥐는 은혜를 모르는 인물이고, 가부장적인 권위를 내세우며 아내를 무시하는 인물이다. 반면 서대주는 현실에 능동적으로 대처하면서도, 송사에 이긴 뒤 다람쥐를 용서하는 너그러운 태도를 보여 주는 인물이다. 두 대조적인 인물을 통해 작가는 다람쥐로 형상화된 부류의 인간에 대해 비판하며 서대주로 형상화된 인물에 대해 긍정적인 인식을 드러내고 있다. 수록 부분에서는 뇌물을 기대하는 관리의 모습이 드러나는데, 작가는 이를 통해 당대의 모순된 현실에 대해서도 비판적인 인식을 드러내고 있다.

주제

권선징악(勸善懲惡), 당대의 모순된 현실 비판

등장인물

- **남편 다람쥐**: 서대주의 도움을 받고도 은혜를 모르며, 가부장적 권위 의식에 젖어 무위도식하면서 아내를 무시함. 탐욕스러우며 봉건적인 사고방식을 지닌 인물.
- **계집 다람쥐**: 남편 다람쥐에게 옳은 말을 했으나 모욕을 당하여 집을 나감. 사리를 분별할 줄 아는 인물.
- **서대주(쥐)**: 어려움에 처한 다람쥐를 도와주는 인정이 있는 인물이자, 자신이 궁지에 몰렸을 때는 뇌물을 쓰기도 하는 등 현실에 능동적으로 대처하는 인물.
- **백호산군(호랑이)**: 절대적 존재로, 바른 판결을 하여 정의를 실천하는 인물.

---

1 송사, 풍자(비판)　**2** 의인화, 평가

1 이 글은 『황새결송』과 같이 송사 사건을 서사의 중심축으로 하여 전개되는 소설로, 당대 사회가 지닌 문제점을 풍자하며 비판하고 있다.

2 이 글은 의인화된 동물들의 행동을 통해 인간 세상을 풍자하고 있다. 또한 '너구리는 본래 음흉한 짐승이라'와 같이 서술자가 사건에 직접 개입하여 너구리의 인물 됨됨이를 평가하고 있다.

13 호질 | 박지원

독해 포인트
이 작품은 북곽 선생과 동리자의 위선적인 모습을 통해 당대 양반들의 도덕 관념을 풍자한 소설이다. 작품에서 희화화된 인물의 행위에 주목하여 읽는다.

작품 해제
이 작품은 '범'을 풍자의 주체로 내세워 우의적인 수법으로 당대 사회의 위선을 비판하고 있는 연암 박지원의 한문 소설이다. 작가는 사람들에게 존경받는 '북곽 선생'과 수절 과부로 추앙받는 '동리자'의 위선적인 행동을 보여 주면서 사대부 계층의 부패한 도덕성을 신랄하게 비판하고 있다. 이 작품에서 북곽 선생으로 대표되는 유학자들의 위선을 꾸짖는 것은 의인화된 대상인 '범'이다. 범은 연암의 의식을 대변하는 존재로, 지배층의 위선, 인간 세상의 부도덕함과 인간의 탐욕 등에 대해 비판하며 작품의 주제의식을 드러내고 있다.

주제
양반의 위선적인 삶과 인간 사회의 부도덕성 비판

등장인물
- **북곽 선생**: 높은 학식과 고매한 인품을 가진 선비로 추앙받지만 실상은 부도덕하고 위선적인 인물로, 평소에는 위엄 있는 척하다가 위기 상황에서는 비굴함을 보이는 이중적인 인물.
- **동리자**: 열녀로 알려진 수절 과부지만 실상은 성이 다른 다섯 아들을 둔 표리부동한 인물.
- **다섯 아들**: 북곽 선생과 동리자의 위선적인 모습을 드러내는 역할을 하지만, 상황을 제대로 파악하지 못하는 어리석은 인물들.
- **범**: 비판적인 작가 의식을 대변하는 의인화된 대상으로, 위선적이고 이중적인 양반들을 꾸짖는 역할을 함.
- **농부**: 부지런히 노동하며 살아가는 서민.

제목의 의미
'호질(虎叱)'은 '호랑이가 꾸짖다'라는 뜻으로, 작가는 호랑이를 통해 부도덕한 인간 사회를 우회적으로 질책하고 있다.

문제 164쪽

1 ③ 2 ⑤ 3 ② 4 ⑤ 5 ①

원리로 작품 독해 166쪽

1 위선적 2 북곽 선생, 범, 어리석음
3 의인화 4 동음이의어, 희화화

---

1 서술상 특징 파악 답 ③

(다)에서 다섯 아들은 북곽 선생을 천년 묵은 여우로 오해하여 그를 잡으려 하고, 이로 인해 (라)에서 북곽 선생은 놀라 도망치다가 똥구덩이에 빠지게 된다.

[오답 확인]

① (가)에서는 북곽 선생과 동리자라는 인물을 소개하고 있고, (나)에는 그 두 인물의 부도덕한 모습이 나타나 있다. (가), (나) 모두 인물 간의 대립 관계는 나타나 있지 않다.

② (나), (다) 모두 인물의 대화를 중심으로 장면이 전개되고 있다.

④ (라), (마) 모두 갈등이 나타나 있을 뿐 갈등 해결의 장면은 나타나 있지 않다.

⑤ (가), (마)는 구조 면에서 유사한 점이 나타나 있지 않으므로 서로 호응을 이루고 있지 않다.

2 배경의 기능 파악 답 ⑤

북곽 선생이 들판에 대고 절을 하는 행동은 호랑이가 두려워 고개를 조아린 것으로, 자신에 대한 성찰과는 거리가 멀다.

[오답 확인]

①, ② 북곽 선생과 동리자는 겉으로는 도덕적인 선비와 열녀로 추앙받지만, 밤이 되면 서로 밀회를 즐기고 있다. 따라서 '밤'은 북곽 선생과 동리자의 본색이 드러나는 시간이고, '방'은 북곽 선생의 욕망이 표출되는 공간으로 볼 수 있다.

③ 북곽 선생이 크게 놀라 달아나다가 빠진 '구덩이'에는 똥이 가득 차 있었다. 이는 그의 위선을 풍자하기 위한 장치로, 북곽 선생의 타락을 상징하는 공간이다.

④ 북곽 선생은 범 앞에서 비굴한 태도를 보이다가 아침이 되어 범이 사라지자 농부 앞에서는 다시 위선적인 태도를 보이고 있다. 따라서 '아침'은 그의 위선을 재확인하는 시간이라고 할 수 있다.

3 외적 준거에 따른 작품 감상 답 ②

이 글에는 북곽 선생이 부(富)를 이용하여 벼슬을 얻었다는 내용은 나타나 있지 않다.

[오답 확인]

① '여우가 사람 시늉을 한다'는 것은 북곽 선생이 인성을 제대로 갖추고 있지 않다는 것을 의미한다.

③ '그림자를 감출 수 있다'는 것은 북곽 선생의 허위적인 모습과 관계가 있다.

④ '애교를 잘 부린다'는 것은 북곽 선생이 목숨을 구하기 위해 범에게 비굴하게 굴어 비위를 맞추는 태도와 연결된다.

⑤ 다섯 아들은 북곽 선생을 여우로 생각하여 '여우를 잡아 죽이자'고 하는데, 이를 통해 북곽 선생이 곤욕을 치를 것임을 추리할 수 있다.

4 작품의 비교 감상 답 ⑤

이 글에서 '동리자'는 '북곽 선생'과 함께 겉과 속이 다른 부정적인 인물이다. 반면, 〈보기〉의 '파리'는 탐관오리에 의해 수탈당하는 힘없는 백성을 가리킨다. 따라서 동리자와 파리는 서로 대응되는 대상으로 볼 수 없다.

[오답 확인]

① 이 글의 북곽 선생은 '구덩이'에 빠져 똥을 뒤집어 쓰게 되므로 '구덩이'는 북곽 선생을 희화화하는 기능을 하고 있다고 할 수 있다. 〈보기〉에서 두터비도 백송골을 보고 뛰어내리다가 '두엄' 아래로 떨어지며 희화화되고 있으므로 '두엄'도 대상을 희화화하는 기능을 하고 있다고 할 수 있다.

② 이 글의 '북곽 선생'은 표리부동하고 위선적인 선비이며, 〈보기〉의 '두터비'는 백성을 수탈하는 탐관오리로, 모두 비판의 대상이 되고 있다.

③ 이 글에서 '범'은 북곽 선생의 위선을 풍자하기 위해 의인화된 대상으로, 작가 의식을 대변하고 있다. 반면, 〈보기〉의 '백송골'은 지방의 탐관오리를 감시하는 중앙 상급 관리를 의미하는데, 작가 의식을 대변하고 있지는 않다.

④ 이 글의 '북곽 선생'은 (바)의 "내 일찍이 들으니 ~ 하였네그려."에서 자신의 비굴한 모습을 합리화하고 있다. 〈보기〉의 '두터비' 역시 종장에서 자신의 실수를 합리화하고 있다.

5 상황에 맞는 한자 성어의 이해
답 ①

'자화자찬'은 자기가 그린 그림을 스스로 칭찬한다는 뜻으로, 자기가 한 일을 스스로 자랑함을 이르는 말이다. (라)~(바)에서 북곽 선생은 범에게 아첨하며 비위를 맞추고 있으므로 '자화자찬'의 행위와는 거리가 멀다.

[오답 확인]
② '감언이설'은 귀가 솔깃하도록 남의 비위를 맞추거나 이로운 조건을 내세워 꾀는 말로, 이는 (마)에 나타난 북곽 선생의 태도와 연결된다.
③ '임기응변'은 그때그때 사태에 맞추어 일을 알맞게 처리함을 뜻하는 말로, (라)~(바)에 두루 나타나 있다.
④ '대경실색'은 몹시 놀라 얼굴빛이 하얗게 변하는 것을 이르는 말로, (라)에서 다섯 아들이 북곽 선생을 덮치는 장면과 (마)에서 북곽 선생이 범을 만난 장면에서 찾아볼 수 있다.
⑤ '전전긍긍'은 몹시 두려워서 벌벌 떨며 조심함을 이르는 말로, (마), (바)에서 범을 대하는 북곽 선생의 태도와 연결된다.

다른 작품 엮어 읽기 | **양반전** | 작자 미상
167쪽

작품 해제
이 작품은 조선 후기 양반들의 경제적 무능과 허례허식으로 가득 찬 생활 태도를 풍자한 박지원의 한문 소설로, 신분 질서가 혼란해진 당시의 사회상을 바탕으로 하고 있다. 작가는 양반 신분을 사고파는 과정이 드러난 이 작품을 통해 무능력하게 무위도식하면서 평민들에게 횡포를 부리는 양반을 통렬하게 비판·풍자하고 있다. 그리고 이와 더불어 양반의 특권 의식을 선망하여 신분 상승을 노리는 평민 계급에 대한 비판 의식도 드러내고 있다. 작가의 이러한 비판에는 양반 계층이 몰락하고 신분 질서가 흔들리던 당시 사회상을 적나라하게 보여 주고자 하는 실학 정신이 담겨 있다.

주제
양반들의 무능과 위선 및 허례허식 풍자

등장 인물
• **양반**: 학식과 인품을 지녔지만 현실에 대한 대응 능력이 없는 양반의 전형을 보여 주는 인물. 경제적 능력을 상실하여 결국 자신의 신분을 팔게 되는 무능력한 인물로, 풍자의 대상이 됨.
• **부자**: 조선 후기 신흥 부유층으로, 경제력을 바탕으로 신분 상승을 꾀하는 인물. 돈으로 양반 신분을 사려고 하지만 양반의 실상을 알고는 양반 되기를 포기함.
• **양반의 부인**: 현실적 생활 능력을 중시하는 인물로, 무능한 양반을 비판하는 작가 의식을 대변함.
• **군수**: 표면적으로 양반과 부자의 신분 매매를 조정하는 역할을 하나, 결국 부자로 하여금 양반 되기를 포기하도록 만듦.

---

1 양반 사회 **2** 횡포

---

1 이 글은 양반을 사고파는 당대의 실상을 보여 주고 있으며, 「호질」에서도 위선적인 북곽 선생의 모습을 보여 주고 있다. 이를 통해 조선 후기 양반 사회의 부도덕성을 풍자하며 당대의 현실에 대한 깊은 성찰을 드러내고 있다.

2 군수가 고쳐 쓴 증서를 보고 부자가 '도둑놈'이라고 한 것은 그 증서에 담긴 내용이 양반의 특권 의식과 횡포에 관한 것이었기 때문이다.

---

14 **흥부전** | 작자 미상
168쪽

독해 포인트
이 작품은 형제간의 우애와 권선징악의 주제를 해학적으로 표현한 판소리계 소설이다. 판소리계 소설의 특징과 흥부와 놀부라는 두 인물의 대조적인 성격과 행위에 주목하여 읽는다.

작품 해제
이 작품은 판소리 「흥보가」가 문자로 정착된 판소리계 소설로, 선량한 아우와 욕심 많은 형을 등장시켜 형제간의 우애라는 유교적 주제를 드러내고 있으며, 악행을 저지른 놀부가 벌을 받는 내용을 통해 권선징악이라는 교훈을 전달하고 있다. 이 작품은 판소리계 소설답게 서민적이고 해학적인 문체로 인물과 사건을 그려나가고 있는데, 이러한 특징은 비극인인 상황을 건강한 웃음으로 극복하려는 당시 서민들의 의식에서 나온 것으로 볼 수 있다. 또한 이 작품은 당대의 사회상과도 관련하여 이해할 수 있는데, 양반이어도 극심한 가난에 시달리는 흥부의 모습은 경제적 어려움을 겪는 몰락 양반층이 생겨난 것을 보여 준다. 그리고 조선 후기의 시대 상황을 고려할 때 흥부와 놀부의 갈등은 빈농과 부농의 경제적인 갈등 상황으로도 해석할 수 있다.

주제
형제간의 우애와 권선징악, 빈부 격차로 인한 갈등

등장인물
• **흥부**: 어질고 덕이 많으며 욕심이 없는 인물. 놀부가 부모의 재산을 모두 차지한 데다 생활 능력이 없어 가난하게 살아가다가 제비 다리를 고쳐 주고 복을 받음.
• **놀부**: 부모의 재산을 독차지한 탐욕적인 인물. 흥부가 복을 받은 것을 부러워하며 일부러 제비 다리를 부러뜨렸다가 벌을 받음. 이후 흥부의 극진한 섬김에 감동하여 개과천선함.
• **흥부 처**: 현실에 적극적으로 대응하며 살아가려는 현실적 인물. 현실 인식이 빠르고 고난을 이겨내려는 의지가 강함.
• **놀부 처**: 놀부와 같이 욕심이 많고 인정이 없음.

문제
170쪽
1 ⑤ **2** ③ **3** ④ **4** ②

원리로 작품 독해
172쪽
1 현실적 **2** 경제적 **3** 운문체(율문체), 극대화

빈출 어휘 짚고 가기
172쪽
1 대경 **2** 인후하다 **3** 저어하다 **4** 점고

1 작품의 내용 파악 답 ⑤

[C]에서 제비가 황제에게 놀부를 고발하는 근거는 [B]에 나타난 놀부의 언행이 아니라 ⓒ에 나타난 놀부의 행위를 통해 확인할 수 있다.

[오답 확인]

① [A]에서는 서술자의 서술을 통해 흥부의 성품이 드러나고 아내와 흥부의 대화를 통해 흥부가 매우 가난한 처지에 놓여 있다는 사실을 알 수 있다.

② '놈'이라는 단어는 남자를 낮잡아 이르는 말이다. 이를 통해 서술자가 놀부를 부정적으로 평가하고 있다는 사실을 알 수 있다.

③ '우화'는 인격화한 동식물이나 기타 사물을 주인공으로 하여 그들의 행동 속에서 풍자와 교훈의 뜻을 나타내는 이야기이다. [C]는 강남으로 돌아간 제비가 황제와 대화를 나누는 장면으로, 제비를 인격화하여 인간 사회에 대한 풍자와 교훈의 뜻을 나타내고 있으므로 강남의 황제가 있는 곳이 곧 우화적 공간에 해당된다.

④ [B]에서는 흥부가 놀부에게 구걸함으로써 흥부와 놀부가 갈등하는 상황을 맞고 있다. 흥부의 놀부네 방문이 [B]와 같은 갈등 상황에 직면할 것임을 [A]의 "형님이 음식 끝을 보면 ~ 맞는단 말이오?", "맞으나 아니 맞으나 ~ 건너가 봅소."에서 예고하고 있다.

2 서술상 특징 파악 답 ③

㉠에서는 머리에 두른 망건, 도포의 한 종류인 중치막, 흥부가 걸어가는 모습 등 외양을 열거하며 묘사하고 있는데, 이러한 외양이 매우 해학적으로 묘사되어 있다. 예컨대, 원래 있어야 할 편자가 없는 망건에, 보통 금·옥·뼈·뿔로 만드는 관자 대신에 박쪼가리로 만든 관자를 달고 있거나, 세살 부채를 쥐고 볼품없이 생긴 자루를 꽁무니에 찬 상태로 걸어가는 모습 등 인물의 외양을 해학적으로 묘사하고 있다.

[오답 확인]

① ㉠은 운문체를 사용하기는 했지만, 인물 사이의 갈등은 나타나 있지 않다.

② ㉠은 현재 상황을 드러내고 있기 때문에 현재와 과거가 교차한다고 볼 수 없다.

④ ㉠에서는 인물의 외양 묘사 외에 배경 묘사는 나타나 있지 않다.

⑤ ㉠은 서술자가 장면을 극대화하여 흥부의 외양을 묘사한 부분으로, 사건은 제시되어 있지 않다.

3 인물의 행동과 관용적 표현의 이해 답 ④

'병 주고 약 준다'라는 속담은 남을 해치고 나서 약을 주며 그를 구원하는 체한다는 뜻으로, 교활하고 음흉한 자의 행동을 비유적으로 이르는 말이다. 따라서 제비 다리를 일부러 부러뜨려 놓고 치료를 해 주며 구해 주는 척하는 놀부의 행동을 표현하는 데 적절하다.

[오답 확인]

① '지렁이도 밟으면 꿈틀한다'라는 속담은 아무리 눌러 지내는 미천한 사람이나 순하고 좋은 사람이라도 너무 업신여기면 가만있지 않는다는 뜻을 지니고 있다. 이 글에서 제비 다리를 부러뜨린 놀부는 평소 눌러 지내는 미천한 존재가 아니고, 아무 잘못 없는 제비에게 가해를 하였으므로 적절하지 않은 속담이다.

② 놀부는 실수로 제비 다리를 부러뜨린 것이 아니다. 또한 '방귀 뀐 놈이 성낸다'라는 속담은 잘못을 저지른 쪽에서 오히려 남에게 성냄을 비꼬는 말인데 놀부가 제비에게 성을 내지 않고 있으므로 적절하지

않다.

③ '고래 싸움에 새우 등 터진다'라는 속담은 강한 자들끼리 싸우는 통에 아무 상관도 없는 약한 자가 중간에 끼어 피해를 입게 됨을 비유적으로 이르는 말이다. 제비 다리를 부러뜨린 놀부는 '약한 자'에 해당하지 않으므로 이 상황에 적절하지 않은 속담이다.

⑤ '말 한마디에 천 냥 빚을 갚는다'라는 속담은 말만 잘하면 어려운 일이나 불가능해 보이는 일도 해결할 수 있다는 뜻을 지닌 말이다. "가련하다, 이 제비야."라는 말은 가식적으로 한 말로, 문제 해결에 도움이 되지 않고 있으므로 이 상황에 적절하지 않은 속담이다.

4 자료에 의한 감상의 적절성 평가 답 ②

놀부는 한 짐승이 떠서 들어오는 것을 보고 "제비 인제 온다."고 하면서 기대를 하지만 그것은 갈가마귀였고, 갈가마귀는 청천에 높이 떠서 울고 가 버린다. 놀부는 제비가 아닌 다른 새들에게 어떠한 행동을 하지 않았으므로 '제비가 아닌 다른 새들을 몰아내는'이라는 진술은 적절하지 않다.

[오답 확인]

① '동지섣달'은 겨울이기 때문에 올 리가 없는 제비를 기다리는 것은 그만큼 마음이 급하다는 것을 의미한다. 이러한 놀부의 조급성은 인위적으로 상황을 만들기 위한 것으로, 더 큰 부자에 대한 욕망 실현의 의지가 반영된 것이다.

③ '삼월 삼일'이 되어 제비가 돌아와 옛집을 찾으려 할 때 놀부가 사면에 제비집을 지어 놓고 제비를 들이모는 행위는 인위적으로 상황을 만들기 위한 행동에 속하며, 이는 흥부의 사례에 대한 악의적 모방으로 볼 수 있다.

④ '구월 구일'이 되어 제비가 강남으로 들어가는 상황은 놀부 입장에서는 제비가 박씨를 물고 오기를 기다리는 시간에 해당한다. 이는 놀부의 보상에 대한 기대에도 불구하고 상황에 개입할 수 없어서 기다려야만 하는 상황에 해당한다.

⑤ '보수표'는 '원수를 갚는 박'을 의미하며 원수를 갚아 달라는 제비의 말에 황제가 제비에게 새겨 준 것으로, 놀부가 개입할 수 없는 공간에서 벌어진 사건이다. 그리고 이 '보수표'가 제비에게 주어지는 상황은 더 큰 부자에 대한 놀부의 욕망이 좌절될 것임을 드러낸다.

다른 작품 엮어 읽기 **심청전** | 작자 미상 173쪽

작품 해제

이 작품은 전래 설화를 바탕으로 한 판소리계 소설로, 아버지의 눈을 뜨게 하기 위해 자신의 목숨을 바치는 내용을 통해 유교의 근본 사상인 효(孝)를 강조하고 있다. 이 작품은 현실 세계를 배경으로 전개되는 전반부와 환상의 세계가 중심이 되는 후반부로 구성되어 있다. 가난하고 눈먼 아버지에 대한 외동딸 심청의 헌신적 사랑이 부각되는 전반부에서는 '효(孝)'라는 사회 윤리적 가치가 교훈적으로 제시되고, 심청이 환생하면서 전개되는 후반부에서는 심청이 귀한 신분을 누리게 되고 심 봉사가 광명을 찾게 됨으로써 효에 대한 인과응보(因果應報)라는 주제 의식이 드러난다. 또한 가난한 심청이 황후가 된다는 설정에는 민중들의 신분 상승 욕구가 반영되어 있다고 볼 수 있다.

주제

부모에 대한 지극한 효심, 인과응보(因果應報)

등장인물

- **심청**: 신녀(神女) 서왕모의 딸로, 죄를 지어 인간 세상에 심학규의 딸로 태어남. 효성이 지극하여 눈먼 아비 심학규의 눈을 뜨게 하려고 인당수 제물이 된 이후 황후가 되어 행복하게 삶.
- **심학규**: 심청의 아버지. 눈이 먼 봉사로 곤궁한 삶을 살아가나 딸 심청의 효성으로 눈을 뜨고 행복한 삶을 영위하게 됨.
- **곽씨 부인**: 심청의 어머니. 심청을 낳고 7일 만에 죽은 뒤 천상의 옥진 부인이 되어 용궁에서 딸 심청과 재회함.

---

1 유교적   **2** 우연한

---

1 이 글은 '부모에 대한 효심', 「흥부전」은 '형제간의 우애'라는 유교적 이념에 바탕을 두고 서사를 전개함으로써 당대의 사람들에게 올바른 삶의 교훈을 제시하고 있다.

2 이 글에서 심 봉사는 몽운사 화주승과 우연히 만나게 되는데, 이러한 만남은 심 봉사가 공양미 삼백 석을 시주하기로 약속하면서 심청이 인당수 제물로 팔려 가는 사건으로 이어진다는 점에서 중심 사건의 시발점이 되고 있다.

---

15 배비장전 | 작자 미상

174쪽

독해 포인트

이 작품은 스스로 도덕적인 체하는 배 비장을 희화화하면서 지배 계층의 위선을 풍자한 판소리계 소설이다. 판소리계 소설의 특징과 작품의 풍자성에 주목하여 읽는다.

작품 해제

이 작품은 조선 후기의 판소리계 소설로, 위선적 인물인 배 비장을 통해 당대의 지배층을 풍자한 소설이다. 판소리가 기록되어 정착하면서 소설화된 작품이므로 판소리 창자의 말투와 리듬감 있는 문체의 특징이 잘 나타나 있다. 홀로 도덕군자인 척하는 배 비장이 기생 애랑에게 반해 망신을 낭하는 이야기를 통해 지배 계층의 허세에 대해 풍자하고 있다. 또한 양반으로서의 권위 의식을 버리지 못하고 반말을 하는 배 비장에게 핀잔을 주는 인물들의 모습에서 신분 질서가 무너져 가는 당대의 시대상을 엿볼 수 있다.

주제

위선적인 양반 계층에 대한 풍자와 조롱

등장인물

- **배 비장**: 제주 목사를 따라 제주로 내려온 비장. 여자를 가까이하지 않겠다는 약속을 하고 깨끗한 척하다 망신을 당함. 후에는 현감이 되어 사람들의 칭송을 받음.
- **애랑**: 제주 기생으로, 제주 목사의 지시로 배 비장을 놀림.
- **방자**: 배 비장의 약점과 위선을 적극적으로 폭로하는 역할을 함.

문제

176쪽

1 ④   **2** ④   **3** ③   **4** ④

원리로 작품 독해

178쪽

1 실수, 말공대, 희화화, 우월감   **2** 신분   **3** 판소리, 현재형

빈출 어휘 짚고 가기

178쪽

1 말공대   **2** 경향   **3** 춘몽   **4** 노형

---

1 세부 내용 파악

답 ④

사공이 배 비장을 배에 태울 수 없다고 말한 것은 그가 낯선 인물이어서가 아니라 그 배가 부인이 빌린 배이기에 자신이 마음대로 다른 행객을 태울 수 없기 때문이다. 또한 배 비장의 말을 듣고 그의 부탁을 들어주려 하는 것으로 볼 때, 사공이 배 비장에게 경계심을 드러내고 있다고 보기는 어렵다.

[오답 확인]

① 계집은 자신에게 반말을 하며 접근하는 배 비장에게 예의 없이 여인에게 와서 함부로 말을 걸고 초면에 반말을 한다는 이유로 품행이 좋지 못하다고 나무라고 있다.

② 앞에서 계집은 상대방이 당사자인 줄 모르고 배 비장이 궤 속에서 망신을 당했던 이야기를 하였다. 이에 배 비장은 자신의 정체가 드러날까 두려워 자신의 이름을 정확히 밝히지 않았다.

③ 배 비장이 계집에게 접근한 것은 서울로 가는 배편이 있는지 알아보기 위함이었다. 따라서 배편이 있을 수도 있다는 계집의 말은 배 비장이 궁금해하는 것에 대한 답으로 볼 수 있다.

⑤ 배 비장은 배에 타기 위해 '부모 병환'을 핑계 삼아 거짓말을 하고 있다. 이 말을 들은 사공은 배 비장에게 불쌍하다고 하면서 해 진 후에 다시 오라는 말을 하고 있다.

2 인물의 심리, 태도 파악

답 ④

ⓒ는 초면에 반말을 했다고 불쾌해하는 계집의 기분을 풀어주기 위해 사용한 높임 표현이며, ⓔ는 어정쩡한 말에 사공의 대답이 한층 더 올라가는 것을 보고 자신이 실수를 했음을 깨닫고 상대의 기분을 풀어 주기 위해 사용한 높임 표현이다.

[오답 확인]

ⓐ 배 비장이 처음 보는 계집에게 한 반말로, 계집은 이 말을 듣고 기분이 상하여 배 비장을 무시하고 있다. 따라서 ⓐ는 상대의 기분을 풀어 주기 위해 사용한 표현이라 할 수 없다.

ⓑ 계집이 자신의 말을 무시하자 배 비장이 상대에게 한 말로, 이 말을 들은 계집은 불쾌해하고 있다. 따라서 ⓑ는 상대의 기분을 풀어 주기 위해 사용한 표현이라 할 수 없다.

ⓓ 배 비장이 사공에게 한 반말로, 사공은 이 말에 비위가 틀려 배 비장에게 반말로 응대를 한다. 따라서 ⓓ는 상대의 기분을 풀어 주기 위해 사용한 표현이라고 할 수 없다.

3 소재의 기능 파악

답 ③

서울로 가는 배를 찾던 배 비장은 사오 일 이후에나 서울로 가는 배가 있을 것이라는 말에 걱정하다가 저녁에 떠난다는 '조그마한 돛대 세운 배'에 대한 정보를 얻는다. 그리고 사공에게 가서 자신의 딱한 처지를 말하며 그

배에 자신을 태워 줄 것을 부탁한다. 따라서 '조그마한 돛대 세운 배'는 주인공이 당일에 제주도를 떠나기 위해 타려는 대상이라 할 수 있다.

[오답 확인]

① 배 비장이 부모의 병환에 대해 이야기한 것은 배를 타기 위해 거짓말을 한 것으로, '조그마한 돛대 세운 배'에서 그 소식을 듣게 되는 것은 아니다.

② '조그마한 돛대 세운 배'는 배 비장을 위해 준비한 것이 아니라 부인이 해남으로 가기 위해 빌린 것이다.

④ 배 비장은 사공에게 배를 태워 달라고 부탁을 하지만 경제적 보상을 약속하지는 않았다.

⑤ 배 비장은 망신을 당하고 혼자서 제주도를 떠나려고 할 뿐, 행객들을 데리고 제주도를 떠나려 하는 것은 아니다.

4 감상의 적절성 평가　　　　　　　　　답 ④

서울로 가는 배를 타기 위해서는 사오 일을 기다려야 한다는 계집의 말에 배 비장은 '이 노릇을 어찌하여야' 좋겠냐고 묻는다. 이는 당장 서울로 떠나야 하는데 이에 대한 해결 방안이 없는 난처한 상황에서 어려움을 토로한 것이지, 사람을 존중하는 방법을 고민하고 있는 것은 아니다. 따라서 배 비장이 제주도 사람을 존중하는 방법을 고민하였다는 진술은 적절하지 않다.

[오답 확인]

① '양반이' 묻는데 '어찌하여 대답이' 없냐고 계집을 책망하는 말을 하는 데서 배 비장이 양반인 자신에게 평민이 당연히 공손하게 대해야 한다고 생각하는 신분의 우월감을 갖고 있음을 알 수 있다.

② '지방이라고 한 손 놓고 하대'를 했다는 내용으로 보아, 배 비장은 제주도 사람을 얕보면서 자신이 서울에서 온 양반이기 때문에 마땅한 대우를 받아야 한다고 생각하고 있음을 알 수 있다.

③ 배 비장은 계집에게 분한 마음이 들었으나 계집이 아니면 따로 배에 대한 소식을 물을 사람이 없기 때문에 어쩔 수 없이 말공대를 한 것이므로 그가 계집의 도움을 받기 위해 불가피한 선택을 했음을 알 수 있다.

⑤ 배 비장은 사공의 반응을 보면서 자신이 '춘몽을 못 깨고 또 실수'했다고 생각한다. 이는 양반으로서의 권위 의식과 우월감을 버리지 못하고 반말을 한 것을 가리킨다. 따라서 그가 우월감을 가지고 있던 자신의 태도를 돌아보고 있음을 알 수 있다.

다른 작품 엮어 읽기　**이춘풍전** | 작자 미상　　179쪽

작품 해제

이 작품은 무능하면서도 권위적인 남편 이춘풍이 현명한 아내의 활약으로 잘못을 깨닫게 된다는 내용을 통해 남성 중심적이며 부패한 당시 사회를 비판한 풍자 소설이다. 장사를 하겠다고 빌린 나랏돈을 기생에게 빠져 탕진한 이춘풍이 기생의 집에 머슴으로 살게 되는 내용이나 신분을 속인 아내의 도움으로 간신히 집으로 돌아온 뒤에도 허풍을 떠는 모습 등을 통해 당대 사회의 모순을 유쾌하게 고발하고 있다. 남장을 하고 평안 감사를 따라 평양에 간 춘풍의 아내는 회계 비장이 되어 추월을 징벌하고 춘풍이 빼앗긴 돈을 되찾아주는 등 적극적으로 문제를 해결한다. 이처럼 어려운 상황을 극복하며 사회 활동에 참여하는 등 현명하고 적극적으로 문제를 해결하는 주체적인 여성상을 보여 주고 있지만, '남장'을 통해 문제를 해결하고 있다는 점에서 여전히 여성의 지위가 제약되고 있음을 드러내기도 한다.

주제

무능력한 가장에 대한 비판과 적극적인 여성상의 제시

등장인물

• **이춘풍**: 무능하면서도 권위를 내세우고 방탕한 생활을 즐기는 인물. 장사를 하겠다고 빌린 나랏돈을 평양 기생에게 탕진하고 빈털터리가 됨. 아내의 도움으로 잃어버린 돈을 되찾지만, 고향에 돌아와서도 허세를 부리다가 내막을 알고 자신의 잘못을 인정함.

• **춘풍의 아내**: 현명하면서도 능동적인 여성. 이춘풍이 방탕한 생활을 하다가 나라에서 빌린 돈을 모두 잃었다는 것을 알고 비장으로 변장해 기생을 벌하고 빼앗긴 돈을 되찾음.

• **추월**: 평양의 기생. 물질적인 이익만을 추구하는 속물적인 인물.

---

1 희화화　　**2** 남장

1 「배비장전」은 혼자 도덕적인 척 하는 배 비장이 사람들 앞에서 망신을 당하는 내용을 통해 양반의 위선적인 면모를 비판하는 풍자 소설이다. 이 소설에서는 주인공인 배 비장을 우스꽝스럽게 표현함으로써 풍자의 효과를 높이고 있다. 한편 「이춘풍전」은 방탕한 생활을 하는 가부장적인 인물인 이춘풍이 현명한 아내의 활약으로 잘못을 깨닫는 과정을 해학적으로 표현하고 있다. 이 소설에서 이춘풍은 방탕한 생활을 하다가 망신을 당하는 우스꽝스러운 인물로 그려진다.

2 「이춘풍전」에서 춘풍의 아내는 남편 춘풍이 기생 추월에게 빠져 나랏돈을 탕진했음을 알고 남장을 하고 비장이 되어 문제를 해결한다. 이처럼 「이춘풍전」에서 춘풍의 아내는 수동적 여성이 아닌 적극적으로 문제를 해결하는 능동적 인물로 그려진다.

01 차마설 | 이옥설
184쪽

독해 포인트
(가)는 말을 빌려 탄 개인적 경험을 통해 얻은 깨달음을 밝히고 있는 수필이며, (나)는 퇴락한 행랑채를 수리한 경험에서 얻은 깨달음을 밝히고 있는 수필이다. 글쓴이가 경험을 통해 어떠한 깨달음을 얻고 있는지에 주목하여 읽는다.

(가) 차마설 | 이곡
작품 해제
이 작품은 말을 빌려 탄 구체적이고 일상적인 경험으로부터 얻은 소유에 대한 깨달음을 제시하고 있는 고전 수필이다. 글쓴이는 말의 상태에 따라 말을 다루는 자신의 심리가 변화하였음을 말하면서 빌린 것에도 이러한데 소유물에는 어떠하겠냐고 자문한다. 그리고 이러한 경험을 일반화하여 사람이 가졌다고 생각하는 힘, 권세 등도 모두 누군가에게 빌린 것이라는 깨달음을 이끌어 내며, 결론 부분에서는 맹자의 말을 인용하여 자신의 견해를 뒷받침하고 있다.

주제
소유에 대한 성찰과 깨달음

(나) 이옥설 | 이규보
작품 해제
이 작품은 퇴락한 행랑채를 수리한 경험을 통해 얻게 된 깨달음을 인간의 삶과 정치적 현실에 적용하여 삶의 올바른 자세를 제시하고 있는 고전 수필이다. 글쓴이는 행랑채를 수리한 경험을 바탕으로 사람도 잘못을 알았을 때 바로 고쳐야 한다는 깨달음을 이끌어 내며, 이를 확장하여 나라의 정치도 제때 개혁하지 않으면 안 된다는 깨달음에 도달함으로써 강한 설득력과 호소력을 얻고 있다.

주제
잘못을 제때 고쳐 나가는 자세의 중요성

문제 185쪽
1 ④ 2 ⑤ 3 ③

원리로 작품 독해 186쪽
1 깨달음, 소유, 잘못 2 유추, 대조

빈출 어휘 짚고 가기 186쪽
1 퇴락 2 도탄 3 방자하다

---

1 작품 간의 공통점 파악
답 ④

(가)는 세상의 부귀와 권세가 본래부터 소유한 것이 아니라 누군가에게 빌린 것임에 주목하면서 그릇된 소유 관념을 경계하고 소유욕에 얽매이지 말 것을 권고하고 있다. (나)는 잘못을 알면서도 이를 제때에 고치지 않는 태도를 경계하고, 잘못은 즉시 고쳐 나가야 한다는 점을 권고하고 있다. 이로 볼 때 (가)와 (나)는 모두 삶의 태도에 대한 경계와 권고의 의도를 드러내는 작품으로 이해할 수 있다.

[오답 확인]
① (가)에는 '아, 사람의 감정이라는 것이 ~ 있단 말인가.'라는 영탄적 표현이 나타나기는 하지만, 이를 통해 대상의 속성을 예찬하고 있지는 않다. 여기서 영탄적 표현은 무엇을 소유하느냐에 따라 마음이 심하게 바뀐다는 사실에 스스로 놀라는 모습을 보여 주기 위한 것이다. 한편, (나)에는 영탄적 표현이 쓰이지 않았다.
② (가)와 (나)에 바람직한 삶에 대한 가치관이 드러나 있지만 그와 상반된 세계관이 대구에 의해 구체화되고 있지는 않다.
③ (가)와 (나)에서 바람직하지 않은 인간의 행동이나 생각이 무엇인지는 알 수 있으나, 이에 대한 연민의 시선은 나타나지 않는다.
⑤ (가)와 (나)는 현실을 살아가는 바람직한 자세를 권고하는 작품으로, 이상향에 대한 의식은 나타나 있지 않으며, 역설적 표현을 통한 진술 또한 찾아보기 어렵다.

2 세부 정보의 파악
답 ⑤

(가)에 인용된 맹자의 말은 그릇된 소유 관념의 문제점을 지적한 것으로, 사람들이 소유한 것은 모두 빌린 것이며, 다만 사람들이 오랫동안 빌리고 반환하지 않았기 때문에 그 소유물이 사실은 빌린 것임을 미처 깨닫지 못한다는 것이다. 글쓴이는 이러한 맹자의 말을 통해 오래도록 빌리고서 그것이 자기의 소유가 아니라는 것을 모르는 사람들에 대한 문제의식을 떠올리고 있다.

[오답 확인]
① 1문단에서 '나'는 '노둔하고 야윈 말'을 빌린 경우 전전긍긍하면서 조심하게 되므로 말에서 떨어지는 위험을 겪지 않기 때문에 후회하는 일이 거의 없다고 하였다.
② 2문단의 '하물며 진짜로 자기가 가지고 있는 경우야 더 말해 무엇하겠는가.'를 통해 준마를 소유할 경우 의기양양한 감정이 더 심해질 것이라는 사실을 짐작할 수 있다.
③ 3문단에서 '나'는 사람들의 대부분이 자신의 소유물이 사실은 빌린 것이라는 사실을 깨닫지 못한다는 점에 대해 미혹하다고 말하고 있다.
④ 4문단에서 '독부'는 백성들의 따돌림을 받는 외로운 통치자를 이르는 말이다. 따라서 '나'가 임금이 독부가 된다고 말한 것은 빌린 권력을 자신의 소유로 알고 함부로 행사하다가 백성들의 노여움을 사고 따돌림을 받는 외로운 임금의 모습을 지적한 것이다. 따라서 권력이 빌린 것임을 돌아보고 통찰하는 임금의 모습과는 거리가 멀다.

3 내용 구조 파악
답 ③

(나)는 [A]에서 글쓴이가 직접 경험한 사실, 즉 퇴락한 행랑채를 수리한 일화를 근거로 [B]에서 잘못을 알면 제때에 고쳐 나가야 한다는 인간사의 깨달음을 이끌어 내고 있으며, 이러한 글쓴이의 의견과 주장은 [C]에서 나라를 어지럽히는 탐관오리를 척결해야 한다는 정치 개혁의 주장으로까지 확대되고 있다. [B]는 구체적 사실이 아니므로 ③의 진술은 적절하지 않다.

[오답 확인]
① [A]에 나타난 글쓴이의 일상적 체험, 즉 퇴락한 행랑채를 수리하면서 알게 된 새로운 사실을 바탕으로 [B]에서 잘못을 제때에 고쳐 나가야 한다는 깨달음에 도달하고 있다.
② [A]에는 글쓴이가 개인적 경험으로 인식한 새로운 사실이 나타나 있으며, [B]에는 [A]에 나타난 사실 인식을 바탕으로 모든 사람이 지켜야 할 일반적이고 보편적인 삶의 원리가 나타나 있다.
④ [B]에서 글쓴이가 느낀 올바른 삶의 이치, 즉 잘못을 제때에 고쳐 나가야 한다는 내용이 [C]에서 정치 개혁이라는 사회적 차원으로까지

확대 적용되고 있다.

⑤ [B]에 나타난 정신적 각성, 즉 잘못은 제때에 고쳐야 한다는 깨달음은 [C]의 '어찌 삼가지 않겠는가.'라는 진술에 이르게 된다. 이 표현에는 글쓴이 자신과 타인에 대한 경계의 태도가 드러나 있다.

---

02 일야구도하기 | 박지원

독해 포인트
이 작품은 연암 박지원이 청나라에 다녀온 경험을 쓴 『열하일기』에 실려 있는 기행 수필이다. 경험을 통해 진리를 발견하는 글쓴이의 사고 과정에 주목하여 읽는다.

작품 해제
이 작품은 여행의 체험을 통해 사색하고 깨달은 바를 표현한 기행 수필로, 강을 건너는 경험을 생생하게 묘사하고 그 과정에서 글쓴이가 깨달은 바가 나타나 있다. 글쓴이는 하룻밤 사이에 강을 아홉 번이나 건너는 경험을 통해 대상을 바르게 인식하는 것은 그것을 파악하는 주체의 마음가짐에 달려 있음을 깨닫는다. 눈과 귀에 얽매이지 않고 마음의 평정을 이루면 외부의 사물에 현혹되지 않고 대상을 올바르게 인식하게 된다는 것이다.

주제
외물(外物)에 현혹되지 않는 삶의 자세

문제
1 ④ 2 ③

원리로 작품 독해
1 마음가짐, 낮, 밤, 외물 2 마음 3 비유, 고사

빈출 어휘 짚고 가기
1 성정 2 가상

---

1 작품의 종합적 감상 답 ④

(라)는 우임금의 고사를 인용하여 글쓴이가 체험을 통해 깨달은 내용, 즉 마음을 다스려 평정을 이룸으로써 외물에 현혹되는 어리석음을 범하지 않는다는 사실을 강화하는 효과를 거두고 있다. 그러나 독자로 하여금

이러한 사실을 알고 실천하도록 하는 설득 의도를 직접적으로 전달하고 있지는 않다. 이러한 직접적인 설득 의도는 (마)의 마지막 문장에 나타나 있다.

[오답 확인]
① (가)에서는 마음가짐에 따라 다르게 들리는 계곡물 소리를 비유적 표현을 통해 생생하게 표현하고 있다.
② (나)에서 글쓴이는 큰 강에 시뻘건 물결이 산더미같이 일어나 끝이 보이지 않는 상황 속에서 사람들이 모두 고개를 쳐들고 하늘을 보는 모습을 보고 처음에는 하늘을 향해 기도를 드리는 것인가 하고 추측했지만, 치밀한 관찰과 추리를 통해 그 이유를 이해하게 된다.
③ (다)에서 글쓴이는 요동 벌판이 평평하고 드넓기 때문에 강물이 거세게 소리를 내지 않는 것이라는 사람들의 관점에 반론을 제기하면서 자신의 생각을 강조하고 있다.
⑤ (마)에서 글쓴이는 체험을 통해 발견한 의미를 '하물며 사람이 이 세상을 ~ 수시로 병폐가 됨에랴!'와 같이 인간 삶의 문제로 확장함으로써 외물에 현혹되지 않고 사물의 본질을 이해하는 삶의 자세가 필요하다는 교훈적 의도를 드러내고 있다.

2 외적 준거에 따른 내용의 이해 답 ③

〈보기〉에서는 감각 기관이 외부의 사물과 만나면 외부의 사물에 쉽게 지배당한다고 하였다. 그러나 ⓒ에서는 '강'이라는 외부의 사물을 '대지', '내 옷', '내 몸', '내 성정'으로 여기며 마음과 외부의 사물이 하나가 되는 경지를 보여 준다. 따라서 이는 감각 기관이 외부의 사물과 만날 때의 일반적인 상황에 해당한다고 볼 수 없다.

[오답 확인]
① ㉠은 귀와 눈, 즉 감각 기관이 누를 끼치지 못하는 사람이므로, 감각 기관이 외부의 사물에 지배당하지 않는 사람이라 할 수 있다.
② ㉡은 귀와 눈이라는 감각 기관에만 의지하는 사람이므로, 마음의 작용이 감각 작용에 압도된 사람이라 할 수 있다.
④ ㉣에서 글쓴이는 강물 소리, 즉 외물에 대한 두려움이 완전히 사라졌다고 하였는데 이는 마음의 작용이 우월한 힘을 발휘하여 감각 작용에 압도되지 않았기 때문에 가능한 것이라 할 수 있다.
⑤ ㉤은 황룡을 만나 위험한 상황에서도 자신의 마음을 다스려 황룡에게 압도되지 않았으므로 마음이 확고하게 세워져 외부의 사물에 압도되지 않는 사람이라 할 수 있다.

03 수궁가 | 작자 미상

독해 포인트
이 작품은 설화 「구토지설」을 바탕으로 만들어진 판소리 사설이다. 등장인물의 특성 및 판소리 사설로서의 표현적 특징에 주목하여 읽는다.

작품 해제
이 작품은 우화적 수법을 통해 인간 사회의 세태를 비판·풍자하고 있는 판소리 사설이다. 이 작품에서 용왕은 자신의 병을 치료하기 위해 토끼의 생명을 빼앗으려 하는 이기적인 인물이자, 토끼의 달변에 쉽게 넘어가는 어리석은 인물로, 비판의 대상이 되는 인물이다. 별주부와 토끼는 작품 속에서 계속 긍정적이거나 부정적으로 표현되지 않고, 상황에 따라 긍정적 속성을 드러내기도 하고, 부정적 속성을 드러내기도 한다. 별주부의 충성심은 긍정적인 것이지만, 충성의 대상이 부패하고 무능한 지배 계층이라는 점에서 그의 충성은 맹목적인 것으로 비춰지기도 한다. 또한 토끼는 꾀를 내어 위기를 극복한다는 점에서는 긍정적이지만, 허황된 욕망 때문에 별주부에게 속아 용궁으로 온다는 점에서는 부정적이다. 이렇듯 이 작품은 어떠한 인물에 초점을 맞추느냐, 인물의 어떠한 면모에 초점을 맞추느냐에 따라 작품의 주제가 달라진다.

주제
① 임금에 대한 충성
② 무능한 집권층에 대한 비판과 풍자
③ 위기 극복의 지혜, 허욕에 대한 경계

등장인물
• **용왕**: 집권층의 전형. 이기적이고 탐욕스러우며 어리석음.
• **별주부**: 관료층의 전형. 용왕에게 맹목적으로 충성함.
• **토끼**: 피지배층(서민)의 전형. 허황된 욕망을 가지고 있지만 위기 대처 능력이 뛰어남.

문제   192쪽
1 ③   **2** ⑤   **3** ①

원리로 작품 독해   193쪽
1 부패, 충성심   **2** 집권층   **3** 우화, 음성 상징어

빈출 어휘 짚고 가기   193쪽
1 천봉만학   **2** 환후   **3** 사은숙배   **4** 택호

---

1 표현상 특징 파악   답 ③
[A]는 '천하 명산 ∨ 승지 강산 ∨ 경개 보던 ∨ 눈 그리고,'와 같이 4음보가 규칙적으로 드러나 율문체(운문체)의 특성을 보이고 있으며(ㄴ), '펄펄', '쫑긋' 등의 음성 상징어를 사용하여 대상을 생생하게 묘사하고 있다(ㄷ).

[오답 확인]
ㄱ. 화공이 그리고 있는 토끼의 모습을 묘사한 부분으로, 토끼를 희화화하고 있지는 않다.
ㄹ. 중중모리 장단이 사용되었으므로 호흡이 빠른 문장을 구사했다고 보기 어려우며, 토끼의 외양을 묘사한 부분이므로 상황의 긴박감이 나타난다고 볼 수도 없다.

2 말하기 방식의 이해   답 ⑤

㉠에서 방게는 자신의 엄지발로 토끼를 집어 올 수 있다고 말하고 있으며, ㉡에서 별주부는 손발이 넷이고 물 위에 높이 떠 망보기를 잘한다고 말하고 있다. 따라서 ㉠과 ㉡은 모두 신체의 일부를 언급하며 임무 수행에 대한 의지를 드러내고 있다.

[오답 확인]
① ㉡에는 성공 가능성이 높다는 별주부의 주장이 나타나 있지 않다.
② ㉡에서 별주부는 자신의 연륜을 내세우며 상대방을 설득하고 있지 않다.
③ ㉠에서 방게는 겸손한 태도가 아닌, 자신감 있는 태도로 자신의 생각을 말하고 있다.
④ ㉡에서만 별주부가 토끼의 얼굴을 모르니 얼굴을 그려 달라고 조건을 내세우며 자신이 처한 상황을 해결하려 하고 있다.

3 외적 준거에 따른 작품 감상   답 ①
별주부가 자진해서 세상에 나가 토끼를 잡아 오겠다고 말한 것은 '충'에서 비롯된 것이다. 용왕이 이를 수용하는 것을 지배층의 무능력함과 연관 짓는 것은 적절하지 않다.

[오답 확인]
② 용왕을 위해 토끼를 잡아 바치겠다고 말하는 방게의 말에 용왕은 그의 충성을 무시하며 "어라, 저놈 보기 싫다! 두 엄지발만 뚝 떼여 내쫓아라!"라고 말하고 있는데, 이를 통해 용왕으로 상징되는 지배층의 횡포를 엿볼 수 있다.
③ 토끼를 잡기 위해 세상에 나가겠다는 별주부의 말에 별주부 마누라가 "당상의 백발 모친 어찌 잊고 가랴시오?"라고 말하고 있는데, 이를 통해 '효'라는 당대인의 윤리 의식을 확인할 수 있다.
④ 별주부는 자신의 아내에게 남생이를 조심하라고 단단히 단속한 뒤 집을 나서고 있는데, 이를 통해 여성에게 정절을 요구하는 당대의 분위기를 짐작할 수 있다.
⑤ 용왕을 위해 약을 구하러 세상에 나간다는 별주부의 말에 그의 모친이 기특하다고 말하고 있는데, 이를 통해 '충'을 중시하는 당대의 가치관을 엿볼 수 있다.

04 봉산 탈춤 | 작자 미상

독해 포인트
이 작품은 황해도 봉산 지방을 중심으로 전승된 민속극이다. 등장인물의 특성과 관계, 대상에 대한 풍자가 이루어지는 방식에 주목하여 읽는다.

작품 해제
이 작품은 황해도 봉산 지방을 중심으로 전승되어 황해도 전 지역에서 성행한 민속극이다. 사상좌춤·팔목중춤·사당춤·노장춤·사자춤·양반춤·미얄춤 등 7과장으로 구성되어 있으며, 각 과장이 옴니버스식으로 구성되어 독립적인 성격을 띤다. 각 과장에서 보여 주고 있는 내용은 주로 서민들의 가난한 삶과 양반에 대한 풍자, 여성에 대한 남성의 횡포 등이다. 수록 부분은 전체 7과장 중 제6과장 '양반춤'의 일부이다. '양반 찾기'를 소재로 한 말뚝이의 재담에서 언어유희를 통한 대상의 희화화가 이루어지고 있으며 나랏돈을 횡령한 취발이를 잡아와 돈을 받고 풀어 주는 모습은 당시의 부패한 사회상과 물질 만능주의에 대한 비판을 내포하고 있다.

주제
양반에 대한 풍자와 조롱

등장인물
• 말뚝이: 양반 계층에 대한 서민들의 비판 의식을 대변하는 인물로, 재치 있는 언행을 통해 양반을 조롱하고 비판하는 역할을 함.
• 양반 삼 형제: 양반 계층의 어리석음과 무능함을 상징하는 인물들로, 우스꽝스러운 외모와 언행을 통하여 자신들의 어리석음을 스스로 폭로함.
• 취발이: 경제적 능력을 갖춘 신흥 중산층 계급임. 나랏돈을 횡령하고 양반에게 잡혀 오지만 돈으로 양반과 타협하여 풀려남.

문제 195쪽

1 ⑤ **2** ③ **3** ③

원리로 작품 독해 196쪽

1 권위 의식, 비판 의식, 취발이 **2** 풍자
3 춤, 갈등 **4** 음(소리), 언어유희

---

1 표현상 특징 파악 답 ⑤
이 글은 민속극의 대본으로 민속극은 대화와 몸짓으로 사건을 표현한다. 음악도 활용되기는 하지만 그것을 주로 활용하여 사건을 전개하지는 않는다. 또한 이 글에서 해설은 사용되지 않았다.

[오답 확인]
① 이 글은 언어적 표현 위주로 극이 전개되고 있으나, '취발이 엉덩이를 양반 코앞에 내밀게 하며'에서처럼 비언어적 표현도 함께 사용되었다.
② 이 글에는 서민층에서 주로 사용하는 '놈, 상통, 밑구녕' 등의 비속어와 지배층의 언어인 한자어가 함께 사용됨으로써 언어의 이중성을 보여 주고 있다.
③ '바위 틈틈이, 모래 쨈쨈이, 참나무 결결이 다 찾아다녀도'와 같이 과장된 표현을 활용한 입담과 넉살로 양반을 조롱하고 있다.
④ '동은 여울이요, 서는 구월이라, 동여울 서구월 남드리 북향산 방방곡곡 면면촌촌이, 바위 틈틈이, 모래 쨈쨈이, 참나무 결결이'와 같은 대

사에서 대구와 유사 음운의 반복에 의해 리듬감을 드러냄으로써 탈춤이 지닌 놀이적 속성을 잘 살리고 있다.

2 인물의 발화 의도 파악 답 ③
ⓒ는 '취발이'가 힘이 세고 날랜 것을 표현한 것으로, 취발이를 익살스럽게 그리고 있지 않으며, 서민들 사이의 갈등을 해소한 부분도 아니다.

[오답 확인]
① ⓐ는 음의 유사성(노 생원님 – 노새 원님)을 활용한 언어유희로, 노새와 늙은 양반을 동일시함으로써 양반을 희화화하고 있다.
② ⓑ는 양반을 '놈'이라는 비속어를 사용하여 표현함으로써 의도적으로 비하하고 있다.
④ ⓓ는 의도적으로 모욕적인 행동을 함으로써 양반을 조롱하고 이를 통해 서민 관객의 웃음을 유발하고 있다.
⑤ ⓔ는 돈을 받고 취발이의 죄를 눈감아 주자는 제안으로, 이를 통해 당대의 부패한 사회를 고발, 풍자하고 있다.

3 감상의 적절성 판단 답 ③
이 글에서 말뚝이는 양반에게 순종하는 척하나, 실제로는 양반을 비하하고 조롱하고 있다. 말뚝이는 '다 찾아다녀도 샌님 비뚝한 놈도 없습디다.'와 같이 비속어를 사용하여 양반을 비하하고, 취발이 엉덩이를 양반 코앞에 내밀게 하는 행동을 통해 양반을 조롱하고 있다. 그러나 양반에게 '전령'을 받아들고 취발이에게 가는 말뚝이의 행동에는 이러한 태도가 나타나 있지 않다.

[오답 확인]
① '쉬이'는 춤과 장단을 멈추게 하고, 주의를 환기하며 시선을 집중시키는 역할을 한다. 또한 새로운 재담이 시작됨을 알린다.
② 나랏돈을 잘라먹었다는 생원의 대사를 통해 취발이가 부를 축적하는 과정에서 국고를 횡령한 죄를 저질렀음을 알 수 있다.
④ 이 글에서 양반의 권위를 상징하는 사물은 '전령'이다. 경제적 능력을 갖춘 취발이가 쉽게 끌려온 것은 양반의 권위가 여전히 건재하던 당대의 현실적 상황 때문이라고 할 수 있다.
⑤ '시대가 금전이면 그만인데'라는 말뚝이의 대사는 배금주의, 즉 돈을 최고의 가치로 여기고 숭배하여 삶의 목적을 돈 모으기에 두는 경향이나 태도가 만연한 당대의 상황을 잘 보여 주고 있다고 할 수 있다.

(가) 훈민가 | 정철

작품 해제

이 작품은 조선 시대의 문인인 정철이 백성을 계몽하고 교화하기 위해 지은 16수의 연시조이다. 제목인 '훈민가'는 '백성을 가르치는 노래'라는 뜻을 담고 있다. 이 시의 화자는 사대부이고, 청자는 일반 백성들이다. 화자는 청유형을 자주 사용하면서 친근감 있게 바람직한 행위의 실천을 권유하고 있다. 또한 한자어 사용을 최소화하고 일상적인 우리말을 주로 사용하여 한자를 모르는 평민들도 쉽게 시조를 익히고 이해할 수 있게 하였다. 이 작품은 유교적 윤리관의 실천을 강조하는 교훈적인 작품으로, '경민가(警民歌)' 또는 '권민가(勸民歌)'라고도 한다.

주제

유교적 윤리의 실천 권장

화자의 태도

제8수	올바른 일의 실천 권유
제9수	어른 공경의 실천
제13수	근면한 태도, 상부상조의 실천

↓

유교적 덕목을 지키며 상부상조하는 삶을 살 것을 권유함.

(나) 복선화음록 | 작자 미상

작품 해제

이 작품은 부녀자로서 지녀야 할 바람직한 자세에 대한 내용을 담은 교훈적 가사이다. 화자는 먼저 긍정적인 삶을 살았던 자신의 이야기를 하고, 이어서 부정적인 삶을 살았던 '괴똥어미'의 이야기를 하면서 두 가지 삶을 대비시킨다. 그리고 마지막 부분에서 청자인 딸에게 괴똥어미와 같은 삶을 멀리하고 자신과 같은 삶을 살 것을 당부한다. 제목의 '복선화음'이란 '착한 사람에게는 복을 주고, 악한 사람에게는 재앙을 줌.'이라는 뜻으로, 이 작품은 선한 행동을 권유하는 교훈적인 내용을 담고 있지만 여기에서 말하는 '선한 행동'이라는 것이 유교적 가치관을 위한 여성의 희생을 의미한다는 점은 현대적 가치로 수용하기 힘든 시대적 한계를 지닌다.

주제

부녀자가 지녀야 할 올바른 자세

화자의 태도

화자 자신의 긍정적인 삶		괴똥어미의 부정적인 삶
• 좋은 가문 출신이지만 가난한 집에 시집가 고생을 함. • 부지런히 일을 해 재산을 모으고 부귀공명을 누림.	대조	• 부유한 집에 시집을 가서 편안하게 삶. • 그릇된 행실을 해서 패가망신을 하고 비참하게 됨.

↓

딸에게 주는 가르침

• 화자 자신의 삶을 본받고 괴똥어미와 같은 삶을 경계해야 함.
• 부녀자로서 갖추어야 할 바람직한 태도에 대한 교훈을 줌.

> **1** ④ **2** ③ **3** ① **4** ②

1 표현상의 공통점 파악
답 ④

(가)의 '풀목 쥐시거든 두 손으로 바티리라 / 나갈 데 겨시거든 막대 들고 조초리라'와 (나)의 '문전옥답 큰 농장이 물난리에 내가 되고 / 안팎 기와 수백간이 불이 붓터 밧치 되고', '다 떠러진 베치마를 이웃집의 으더 입고 / 뒤축 읍년 흔 집신을 짝을 모와 으더 신고' 등에서 유사한 통사 구조를 반복하고 있다. 이와 같은 반복은 운율을 형성하는 효과를 준다.

[오답 확인]

① (가)의 'ㅎ쟈스라', '가쟈스라', '보쟈스라'에서는 청유형 종결 어미가 사용되었다. 하지만 이때 청유형은 청자에게 어떤 행위를 같이 할 것을 권유하기 위해 사용한 것이지 대상을 예찬하기 위해 사용한 것은 아니다. (나)에는 청유형 어미가 사용되지 않았다.

② '선경후정'은 전반부에 경치나 상황을 묘사하고 후반부에 이에 대한 화자의 정서를 드러내는 시 구성 방식이다. (가)와 (나)에는 선경후정의 방법이 사용되지 않았다.

③ (가)와 (나) 모두 고사성어를 활용하지 않았다.

⑤ (가)와 (나) 모두 계절의 순환이 드러나지 않는다.

2 시구의 의미 이해
답 ③

ⓒ은 이웃에 쌀을 꾸러 간 설매가 이웃집 주인에게 들은 말이며, 화자가 설매를 통해 전달받은 말이기도 하다. 따라서 화자가 설매에게 하소연하는 말이라는 진술은 적절하지 않다.

[오답 확인]

① ㉠에서 화자는 친정에 편지하여 서러운 이야기를 하는 것이 불가하다고 말하고 있다. ㉠ 뒤에 이어지는 '시원치 아닌 ~ 편지마다 ㅎ잔 말가'를 통해 화자가 어려울 때 친정의 도움을 자주 받았으며, 이에 대해 부끄럽게 생각하고 있음을 알 수 있다.

② ㉡에서 화자는 '빈궁'이 자신의 팔자니 누구를 탓하겠느냐고 말하고 있다.

④ ㉣ 바로 앞에서 화자는 '김장조 이부조가 제 근본 부조런가'라고 말하고 있다. 따라서 ㉣은 자신도 밤낮으로 힘써 벌면 '김장조'와 '이부조'처럼 부자가 될 수 있을 것이라는 의미이다.

⑤ ㉤에서 화자는 '길쌈'도 하고 '전답'을 얻어 '역농'하고 있다. 뒤에 이어지는 내용을 볼 때 화자가 이렇게 열심히 일하는 이유는 가업의 기반을 마련하기 위한 것임을 알 수 있다.

3 시어의 의미 파악
답 ①

(가)의 화자는 상대방이 '나갈 데'가 있으면 '막대 들고' 좇겠다고 하고, '향음쥬'가 다 끝난 후에 '뫼셔 가려' 한다고 하였다. 따라서 ⓐ는 타인을 위한 주체의 행위라 할 수 있다. (나)에서 '압집에 가 밥을' 빌리는 행위는 괴똥어미가 먹고살기 위해 한 행동이므로 ⓑ는 자신을 위한 주체의 행위라 할 수 있다.

4 외적 준거를 바탕으로 한 작품 감상
답 ②

(나)에서 '이질 않던 시아버지'를 상관하지 않는 것은 '괴똥어미'이다. 따라서 시아버지를 도와주지 않는 것이 '귀신'이라는 진술은 적절하지 않다. 또한 이 내용이 상부상조를 강조하는 내용도 아니다.

① '갓 곳갈'을 쓰고 '밥'을 먹는 '무쇼'는 옳은 일을 하지 않는 사람들을 비유한 것이다. 따라서 이를 통해 옳은 일의 실천을 강조한다는 진술은 적절하다.

③ (가)에서 '무울 사룸돌'에게 '올흔 일'을 하자고 훈계하고 있는 데서는 '무울 사룸돌'을, (나)에서 '딸'에게 '시집스리'를 조심하라고 가르치고 있는 데서는 '딸'을 구체적인 청자로 제시하고 있다고 볼 수 있다.

④ (가)에서 화자는 청자에게 어른이 '풀목'을 쥐시면 이를 두 손으로 받치라고 이야기하면서 어른 공경의 태도에 대해 강조하고 있다. (나)에서 '깨진 그릇 좋단 말'은 깨진 그릇을 사용할 정도로 가난한 시가를 흉보지 않는 말로, '시가를 존중'하는 부녀자의 덕목이 드러난 말이라고 볼 수 있다.

⑤ (가)의 '내 논 다 매여든 네 논 점 매여 주마'에서는 '내'가 '네 논'도 매어 준다고 하며 상부상조의 실천을 제시하고 있으며, (나)의 '수족이 건강ᄒ니 내 힘써 벌게 되면'에서는 노력의 실천을 제시하고 있다. 두 표현 모두 화자 스스로 실천하려는 행위를 제시한 것으로 볼 수 있다.

5~8
200쪽

유씨전 | 작자 미상

작품 해제

이 작품은 남편을 여읜 여인이 주체적이고 적극적인 행동으로 다시 부부의 정을 이어가게 된다는 내용을 통해 여자가 정절을 지키는 행위를 강조한 작자 미상의 국문 소설이다. 이본에 따라 '유부인전', '유씨 부인전', '유씨 열녀전', '유씨 열행록', '이춘매전', '춘매전' 등 다양한 제목으로 불린다. '염라국'이라는 비현실적 공간을 통해 현실적 윤리 의식인 '정절'을 강조하는 소설로, 정절에 대한 보상으로 환생이라는 선물을 제시함으로써 도덕적 행위를 권장하고 있다.

주제

열행(烈行)의 도덕적 가치와 보상

등장인물

• **유 씨**: 남편 춘매가 죽은 후에 자신을 겁탈하려는 태수로부터 목숨을 걸고 정절을 지킴. 남편의 혼백을 좇아 저승에 가서 염왕을 설득시켜 남편과 함께 이승으로 환생을 함. 그의 정절이 천자에게까지 전해져 정숙 부인으로 봉해짐.

• **이춘매**: 유 씨의 남편. 장원 급제를 하여 한림학사가 되었으나, 간신들의 참소로 귀양을 갔다가 병을 얻어 죽음. 아내인 유 씨의 도움으로 환생을 한 후에 좌승상의 직책을 받음.

• **정양옥**: 유배지에서 이춘매를 만나 친분을 쌓음. 이춘매가 죽은 후에 그의 시신을 수습하고 이춘매와 유 씨의 장사를 정성껏 지내는 등 여러모로 유씨 부부를 도움. 훗날 우승상의 직책을 받음.

• **염왕**: 남편의 혼백을 따라 저승에 온 유씨 부인의 정절에 감동받아 부부를 이승으로 돌려보냄.

---

5 ③   6 ④   7 ②   8 ②

---

5 서술상 특징 파악 답 ③

유 씨와 염왕의 대화를 통해 남편과 함께 저승에 남으려고 하는 유 씨와 원명에 따라 유 씨를 이승으로 돌려보내려는 염왕 사이의 갈등이 구체화되고 있다.

① 이 글은 시간 순서에 따라 내용을 전개하였으며, 시간의 역전이 나타나 있지 않다.

② 이 글에는 꿈에 해당하는 부분이 제시되어 있지 않다. 유 씨의 혼백이 남편을 따라 저승으로 가는 부분이 있으나, 이것은 비현실계에서 일어난 사건이지 꿈의 내용이 아니다.

④ 이 글의 서술자는 작품 밖에 위치하여 사건의 전개와 인물의 심리, 행동 등을 전달하고 있다. 사건 전개 과정에서 서술자가 바뀌고 있지는 않다.

⑤ 이 글은 동시에 벌어지는 두 사건을 함께 제시하지는 않는다.

---

6 작품의 세부 내용 이해 답 ④

유 씨는 양옥에게 "그간 중에도 위문하러 나오시다니 실로 미안하여이다."라고 말하며 미안한 감정을 표현하고 있다. 춘매를 죽음에 이르게 했다는 이유로 양옥을 원망했다는 내용은 나타나 있지 않다.

① 염왕이 "춘매는 인간에게 ~ 잡아들이라."라고 명하는 부분과 사신이 영을 받고 춘매를 만나 "그대를 잡아오라 하여 왔나니라."라고 염왕의 분부를 전하는 부분을 통해 확인할 수 있다.

② 한림이 구천을 급히 따라오는 유 씨에게 "그대는 어찌 오는가. 바삐 가옵소서."라고 말하는 부분을 통해 확인할 수 있다.

③ '청산이 먼저 들어가 정양옥께 유 씨 오심을 전하니 양옥이 놀라 칭찬하되 ~ 하고는, 십 리 밖에 나와 기다렸다.'를 통해 확인할 수 있다.

⑤ 춘매가 사신에게 "내 돌아오는 길에 아내의 혼백을 만나 다시 돌아가라 만류하다가 시한을 어기어 하는 수 없이 데리고 들어가노라."라고 말하는 부분을 통해 확인할 수 있다.

---

7 인물의 말하기 방식 파악 답 ②

[A]에서 유 씨는 죽은 남편의 관 앞에서 이승에 남겨질 '기댈 곳 없는' 자신과 '백발 노친'의 불행한 처지를 들면서 슬픔과 원망의 감정을 표현하고 있다. [B]에서는 유 씨가 염왕에게 '젊은 인생 배필 없이' 그리고 '의탁할 곳 없이' 살아야 하는 자신의 처지와 '부모 자식 간'의 사랑을 저버리게 된 춘매의 불행한 처지를 들면서 자신의 감정을 드러내고 있다.

① [A]에서는 원망과 슬픔의 감정을 드러낼 뿐, 상대방에게 사죄를 요구하지 않는다. 또한 [B]에서는 자신의 안타까운 처지를 이야기하며 남편의 혼백과 함께 있게 해달라고 요구할 뿐, 상대방에게 사죄를 요구하지 않는다.

③ [A]에서 유 씨는 자신과 '백발 노친'의 불행한 처지를 들면서 자신의 감정을 드러낼 뿐, 상대방의 약점을 공격하며 주장을 강조하고 있지는 않다.

④ [B]에서 유 씨는 자신과 남편 그리고 노모의 불행한 처지를 들면서 상대방에게 요청하고 있을 뿐, 자신의 직책을 언급하며 협조를 요청하고 있지는 않다.

⑤ [A]에서는 자신과 노친의 현재의 처지를 들면서 말하고 있을 뿐, 과거를 회상하지 않는다. 또한 상대방을 위로하는 말하기도 아니다. [B]에서는 남편과 이별하는 상황을 가정하여 이야기하고 있기는 하지만, 상대방을 위로하는 말을 하는 것이 아니다.

8 외적 준거를 바탕으로 한 작품 감상　　　　답 ②

염왕이 '춘매는 제 원명으로 잡아' 왔다고 하는 것은 현재의 상황에 대한 말로, 춘매가 본디 타고난 수명이 다해 데려왔음을 알 수 있게 하는 말이다. 춘매의 능력을 알아보기 위한 시험을 하기 위해서라고는 볼 수 없다.

[오답 확인]
① 염왕은 유 씨의 '정절과 절의에 탄복하여' 유 씨와 춘매를 저승에서 이승으로 돌려보내려고 하는 것이므로, 이는 현실계로 이어지는 염왕의 보상이라 이해할 수 있다.
③ 유 씨는 "부부 함께 있어야 봉양도 하옵고 영화도 볼 터인데 공방 독침 혼자 누워 무슨 봉양하며 ~ 부부지정은 끊지 못하겠습니다."라고 말하며 부모에 대한 봉양보다 춘매와의 정을 우선시하고 있다. 이는 '효'라는 가치보다 남편과의 사랑을 택한 것으로 이해할 수 있다.
④ 유 씨가 '불측한 일을 당하여 목숨을 겨우 부지하'며 '천 리 밖에' 둔 '낭군'을 찾아, 춘매의 '관 앞'에 당도한 것은 유 씨가 남편에 대한 사랑으로 현실 세계의 고난을 견뎌 내는 모습이라고 이해할 수 있다.
⑤ 다른 배필을 정하여 준다는 염왕의 말에 유 씨는 "대왕이 어찌 무류한 말씀으로 건곤재생의 여자로 더불어 희롱하십니까."라고 말하며 염왕을 책망한다. 이렇게 염왕을 책망하는 유 씨의 모습에서 초월적 존재 앞에서도 당당하게 자신의 의지를 굽히지 않는 주체적인 여인의 모습을 확인할 수 있다.

2회

1~4
202쪽

(가) 율리유곡 | 김광욱

작품 해제
이 작품은 전원생활의 여유와 풍류를 노래한 17수의 연시조이다. '율리(栗里)'는 '밤이 많은 마을'이라는 뜻으로 작가인 김광욱이 살았던 마을 이름이면서 중국의 시인인 도연명이 살던 마을 이름이기도 하다. 작가는 제1수에서 '도연명 죽은 후에 또 연명이 나다니 / 밤마을 옛 이름이 마초아 같으시고 / 돌아와 수졸전원이야 긔오 내오 다르랴'라고 노래하면서 도연명처럼 전원생활을 하는 것에 대한 만족감을 표현하고 있다. 시조 전반에 걸쳐 부귀공명을 멀리하면서 소박하게 자연을 즐기며 사는 삶을 지향하는 글쓴이의 태도가 잘 드러나 있다.

주제
전원에서 욕심 없이 사는 삶에 대한 만족감

화자의 정서와 태도

제2수	세속적 가치를 멀리하는 욕심 없는 삶에 대한 지향
제5수	소박한 삶에서 느끼는 만족감
제6수	욕심 없이 사는 삶에 대한 자긍심
제11수	세월의 흐름에 대한 인식

↓

전원 속에서 소박하게 살아가는 삶에 대한 자부심과 만족감

(나) 육우당기 | 윤휴

작품 해제
이 작품은 사촌 형의 집의 당명을 권유하게 된 배경과 이유를 통해서 글쓴이가 지향하는 삶의 가치를 드러낸 한문 수필이다. 여섯 벗을 의미하는 '육우(六友)'는 대나무, 국화, 진송, 노송, 동백, 창송을 가리키는데, 이들은 세한의 절개가 있으며 더위와 추위에도 지조를 변치 않는 덕목을 지니고 있다. 글쓴이는 자신에게 이익이 되는 것만을 좇고 쉽게 변하는 세태의 풍조와 육우를 대비하고, 육우와 벗하는 것이 세속의 가치를 멀리하고 취한의 멋을 추구하는 사촌 형의 정신에 부합된다고 본 것이다. 인간과 자연을 대비하면서 지향하는 삶의 가치를 효과적으로 드러낸 작품이다.

주제
세속적 가치를 멀리하고 지조를 지키는 선비의 삶

글쓴이의 삶의 태도

육우(자연)	세태의 풍조(인간)
• 지조와 절개가 있음. • 풍상과 우로를 견디며 항상 곁에 있음.	• 교우 관계가 쉽게 변함. • 떵떵거리는 자리를 추구하고 적막한 자리를 기피함.

↓

• 세태의 풍조를 멀리하고 육우를 가까이 할 것을 권함.
• 세속적 가치를 멀리하고 지조와 절개를 지키는 삶을 추구함.

---

1 ②　　**2** ②　　**3** ①　　**4** ③

---

1 작품 간의 공통점 파악　　　　답 ②

(가)는 '내 몸을 내마저 잊으니 남이 아니 잊으랴', '나같이 군마음 없이 잠만 들면 어떠리'에서 설의법을 활용하여 전원생활 속에서 느끼는 만족감을 강조하고 있다. (나)는 '그 취미나 기상이 또한 서로 가깝지 않겠습니까', '차라리 저것을 버리고 이것을 취하여 ~ 천진을 온전히 지키는 것이 낫지 않겠습니까' 등에서 설의법을 활용하여 천진을 지키는 삶의 태도를 강조하고 있다.

[오답 확인]
① (가)와 (나) 모두 연쇄법을 사용하지 않았다.
③ (가)와 (나) 모두 역설적 표현을 사용하지 않았다.
④ (가)와 (나) 모두 시선을 이동하여 계절감을 드러내고 있지는 않다.
⑤ (가)의 제11수에서는 의인화된 대상인 '대 막대'에게 말을 건네는 방식으로 자신의 감회를 드러내고 있으나, (나)에서는 여섯 사물을 '육우'로 표현하며 의인화하였을 뿐, 이들에게 말을 건네지는 않았다.

2 작품의 세부 내용 파악　　　　답 ②

제2수에서 화자는 세상을 멀리하면서 다른 사람이 자신을 잊었다고 말하고 있는데, 화자는 그러한 삶에 긍정적 가치를 부여하고 있다. 따라서 화자가 '남'으로부터 소외된 것에 대해 안타까움을 느끼고 있다는 진술은 적절하지 않다.

[오답 확인]
① 제2수에서는 '공명도 잊었노라 부귀도 잊었노라'라고 말을 하면서 '세상 번우한 일'을 모두 잊어버린 욕심 없는 삶에 긍정적인 가치를 부여

하고 있다.

③ 제5수의 '팥죽'과 '저리지'는 모두 소박한 삶을 의미하는 소재들이다. 화자는 자연 속에서 즐기는 소박한 삶에 대해 '세상에 이 두 맛이야 남이 알까 하노라'라고 하면서 만족감을 드러내고 있다.

④ 제11수에서는 '대 막대'를 의인화하여 유신하고 반갑다고 하며 대상에 대한 친밀감을 표현하고 있다.

⑤ 제11수에서는 '아이 적'에는 죽마로 사용하던 '대 막대'를 나이가 든 지금은 지팡이로 사용하는 상황을 제시하고 있으므로 세월의 흐름을 인식하고 있다고 할 수 있다.

3 소재의 의미 이해   답 ①

'갈 숲으로 서성이며 고기 엿보기'를 하는 ⓐ에게 화자가 '나같이 군마음 없이 잠만 들면 어떠리'라고 표현하는 것으로 보아 ⓐ는 화자가 비판적으로 보는 대상이다. ⓑ는 '지조를 변치 않는' 것들로, 글쓴이가 예찬하는 대상이다.

[오답 확인]

② ⓐ는 화자가 그리워하는 대상이 아니고, ⓑ로 인해 글쓴이가 외로움을 느끼지도 않는다.

③ ⓐ는 화자가 어울리고 싶어 하는 대상이 아니다.

④ ⓐ는 욕심을 가지고 고기를 엿보고 있으므로 군마음 없는 화자와 태도가 대비되는 대상이다. 그러나 (가)에서 ⓐ의 처지를 파악할 만한 내용은 없으므로 화자와 처지를 비교하기는 어렵다. ⓑ는 긍정적인 가치를 드러내는 대상이며, (나)에 글쓴이의 부정적 현실이 드러나 있지도 않다.

⑤ (가)의 화자는 자연 속에서 사는 삶에 대한 만족감을 드러내고 있으며 상실감을 느끼고 있지 않다. ⓑ는 글쓴이가 긍정적으로 보는 대상이기는 하지만, 글쓴이의 기대감을 고조시키고 있지는 않다.

4 외적 준거를 바탕으로 한 작품 감상   답 ③

"떵떵거리는 자리에는 서로 나가고 적막한 자리에는 서로 기피하는 것이 세태의 풍조입니다."에서 '적막한 자리'가 세상 사람들이 기피하는 것임은 알 수 있다. 하지만 이것들은 모두 글쓴이가 거리를 두고자 하는 세상 모습의 한 단면이므로, '적막한 자리'에 만족하는 것이 진정한 '한'에 가까워지는 길이라고 볼 수는 없다.

5~8   203쪽

태원지 | 작자 미상

작품 해제

이 작품은 임성이 자신을 따르는 호걸들과 함께 새로운 나라를 세운다는 내용의 고전 소설이다. '태원'은 임성이 새로운 나라를 세우는 미지의 대륙 이름으로, 사람들이 유교 윤리에 따라 행동하는 이상적인 땅이다. 하늘로부터 '전국옥새'를 받아 천명을 받은 인물임을 증명한 임성은 바다에서 풍랑을 만나 표류하던 중, 요괴가 사는 아홉 개의 섬을 지나 태원에 도착하여 새로운 나라를 세운다. 이 작품은 주인공이 조력자의 도움을 받아 어려움을 헤쳐 나가면서 결국 승리를 한다는 내용으로 볼 때 일반적인 영웅 소설과 흐름을 같이 한다. 하지만 임성의 영웅적 능력이 도술이나 무력과 같은 신이한 능력에서 나오는 것이 아니라 바른 품성과 위엄 있는 행동 등에서 나온다는 점에서 다른 영웅 소설과 구별된다.

주제

고난을 극복하고 이상적인 국가를 세움.

등장인물

• **임성**: 하늘의 뜻을 받고 태어난 인물. 어릴 때부터 총명하여 학문의 경지가 높았으며, 덕이 많아 따르는 사람들이 많음. 하늘로부터 '전국옥새'를 받아 황제가 될 천명임을 인정받은 후, 온갖 시련을 이겨 내고 태원에 새로운 나라를 세움.

• **종황**: 임성을 따르는 무리 중 일 인. 하늘의 천서를 얻어 도술을 사용할 줄 앎. 임성을 진심으로 존경하며 황제가 될 수 있도록 곁에서 보필함.

---

5 ③   **6** ③   **7** ⑤   **8** ⑤

---

5 작품의 세부 내용 파악   답 ③

종황은 서해 용왕에게 "주인은 나만 보고 우리 주공은 보지 못하였구려. 주인은 하늘이 정하신 진정한 인물을 보고 싶으십니까?"라고 말하며 자신의 주인인 임성이 보배의 진정한 주인이라고 말하고 있다. 따라서 종황이 보배의 주인이 자신이라고 믿었다는 진술은 적절하지 않다.

[오답 확인]

① 종황이 요괴를 물리친 것을 보고 임성이 "선생은 과연 하늘이 내신 신이한 사람입니다. 이 짐승이 여기 있는 줄 어떻게 알고 대비하였습니까?"라고 말한 부분에서 확인할 수 있다.

② 종황이 임성에게 "이전에 있었던 모든 요괴의 작변을 신이 약간 제어하기는 하였으나, 그 모든 것이 어찌 저 종황의 재주 때문이었겠습니까? 주공이 천명을 받았기 때문입니다."라고 말한 부분에서 확인할 수 있다.

④ 서해 용왕이 종황에게 "하지만 그대의 관상을 보니 재주는 비록 주나라 때의 강태공이나 한나라 때의 제갈공명과 겨룰 만하지만, 제왕이 될 모습은 아니오."라고 말한 부분에서 확인할 수 있다.

⑤ 서해 용왕이 산골짜기에 숨겨 둔 배에서 나온 임성을 보고 "소인이 알아 뵙지 못하고 하늘이 정한 일을 범하였으니 그 죄 만 번 죽어도 오히려 가볍다 할 것입니다."라고 말한 부분에서 확인할 수 있다.

6 소재의 기능 파악   답 ③

"궤 안에 들어 있던 것은 닭의 깃털입니다. ~ 반수에게 준비시킨 것인데"를 통해서 '닭의 깃털'은 종황이 요괴에 대비하기 위해 반수에게 준비시킨 것임을 알 수 있다.

[오답 확인]

① '닭의 깃털'을 준비한 것은 동해신이 아닌 종황이다. 그리고 종황은 '닭의 깃털'을 임성에게 주지도 않았다.

② '닭의 깃털'이 든 궤를 준비한 것은 임성이 아닌 종황이다. 또한 종황은 물결을 고요하게 만들기 위해서가 아니라, 요괴에 대비하기 위해 '닭의 깃털'을 배에 실어 놓은 것이다.

④ 붉은 안개와 독기를 없애기 위해 종황이 흔든 것은 '닭의 깃털'이 아니라 '부채'이다.

⑤ 조정은 누런 궤짝을 열었을 뿐이다.

7 인물의 말하기 방식 파악   답 ⑤

'하늘의 이치를 따르는 사람은 창성하고, 하늘의 이치를 거스르는 사람은 망한다.'는 옛사람의 말을 인용하여 보배를 내놓으라는 상대방의 요구가 잘못된 것임을 비판하고 있다.

[오답 확인]

① 상대방과의 관계 개선은 언급하고 있지 않다.

② 앞으로 일어날 상황에 대한 두려움은 나타나 있지 않으며, "주인이 비록 바다를 엎고 산을 뒤집는 재주가 있다고 한들, 저는 조금도 두렵지가 않습니다."에서 상대방에 대해서도 두려워하고 있지 않음을 알 수 있다.

③ 동정심을 자아내는 말은 하고 있지 않다.

④ 자신의 행동에 대한 변명은 하고 있지 않다.

8 외적 준거를 바탕으로 한 작품 감상　　　　답 ⑤

서해 용왕이 임성 일행을 섬에 이르게 한 것은 보배를 빼앗기 위함으로, 임성이 천명을 받은 인물임을 알지 못했기 때문에 한 행동이다. 따라서 서해 용왕이 임성 일행을 섬에 이르게 한 것을 임성이 황제가 갖추어야 할 내면적인 덕목을 가진 인물이라는 점과 관련지을 수는 없다.

[오답 확인]

① "주공이 천명을 받았기 때문입니다."와 "하늘이 우리 주공을 내셔서 이 보배를 주셨으니, 이것으로 하늘의 뜻을 알 것입니다."라는 종황의 말에서 임성이 '황제가 될 천명을 받은 인물'임을 확인할 수 있다.

② 서해 용왕이 임성에게 머리를 조아리며 소인이 알아 뵙지 못하고 하늘이 정한 일을 범하였다고 사죄하는 장면에서 임성이 '신적 존재인 용왕으로부터 천명을 인정'받은 인물임을 확인할 수 있다.

③ 종황이 닭의 깃털을 이용해 요괴를 몰아내고 임성을 지켜 준 장면에서 임성이 '조력자의 도움으로 시련을 극복'하는 모습을 확인할 수 있다.

④ 임성이 다른 사람들과 함께 배에 묶여 있는 장면에서 임성이 '일반적인 영웅 소설의 주인공과 달리 시련을 극복하는 과정에서 도술을 부리는 등의 신이한 능력을 보이'고 있지 않음을 확인할 수 있다.

3회

1~5 　　　　206쪽

(가) 십 년을 경영하여 | 송순

작품 해제

이 작품은 자연과 하나가 되는 물아일체의 경지와 안빈낙도의 삶을 노래한 평시조이다. 자연 속에서 살고자 마련한 세 칸짜리 조그만 초가집, 거기서 방 두 칸은 달과 청풍에게 내어 주고 나머지 강산은 집 가까이에 둘러 두고 보겠다는 화자의 태도에서 자연을 즐기는 여유와 멋을 느낄 수 있다. 근경에서 원경으로 시선을 이동하면서 시상을 전개하는 한편 달과 청풍을 의인화하여 친근감을 표현하였다. 강산을 병풍에 빗대어 표현한 기발한 상상력이 돋보이는 작품이다.

주제

자연과 하나되어 사는 삶에 대한 만족감

화자의 정서와 태도

초장	십 년을 계획하여 초가삼간을 지음.
중장	달, 청풍에게 방 한 칸씩을 내어 줌.
종장	강산은 둘러 두고 봄.

↓

> 자연에의 귀의, 안빈낙도

(나) 농가구장 | 위백규

작품 해제

이 작품은 농촌을 배경으로 하여 농민들의 실질적인 삶의 모습을 생동감 있게 표현한 9수의 연시조이다. 작가인 위백규는 과거에 대한 뜻을 단념하고 평생을 농촌에서 농민들과 함께 보낸 인물로, 그의 작품에서 그려지는 농촌의 모습은 현실적이고 생동감이 넘친다. 이는 전원을 풍류의 대상으로 삼고 멋을 추구하려는 일반적인 사대부 문학과 구별되는 특징이다. 제1수~제6수까지는 아침부터 저녁까지 시간의 흐름을 따르며 농촌의 일상을 그리고 있고, 제7수~제9수는 수확철을 맞아 풍요로운 결실을 맺은 농촌의 모습을 노래하고 있다. 이 작품에서 묘사되는 농민들의 삶은 소박하지만 건강한 삶이자 공동체의 삶으로, 작가는 상부상조하며 사는 농민들의 모습을 긍정적인 시각으로 그려 냈다.

주제

농촌의 건강하고 행복한 일상

화자의 정서와 태도

제1수	김을 맬 것을 생각함.
제3수	이웃들과 함께 김을 맴.
제4수	휴식을 취함.
제5수	소박하게 점심 식사를 함.
제6수	흥을 느끼며 돌아감.

↓

- 농촌의 일상적 삶에서 만족감을 느낌.
- 농촌의 공동체적 삶을 긍정적으로 바라봄.

(다) 접목설 | 한백겸

작품 해제

이 작품은 보잘것없는 복숭아나무에 홍도 가지를 접붙인 경험을 통해 얻은 깨달음을 쓴 설(說)이다. 전반부에서는 접을 붙인 글쓴이의 경험을 제시한 후, 후반부에 그 내용을 확장하여 얻은 삶의 태도에 대한 깨달음을 서술하고 있다. 글쓴이는 버려야 할 나무의 옛 가지를 '악한 생각'에 비유하고 새롭게 난 좋은 가지를 '착한 마음'에 비유하면서 사람도 악한 생각을 결연히 내버리고 착한 마음을 길러 좋게 변할 수 있다고 이야기하고 있다. 그리고 뜻을 불러일으키는 삶을 살아야 한다고 자기 자신을 경계하고 있다.

주제

나무 접붙이기를 통해 느낀 바와 수신(修身)의 다짐

글쓴이의 경험과 깨달음

경험
보잘것없는 복숭아나무에 홍도 가지를 접붙여 새로운 꽃과 잎을 얻음.

↓

깨달음
사람도 '악한 생각'을 버리고 '착한 마음'을 자라게 하는 변화가 가능함.

---

1 ④   **2** ①   **3** ②   **4** ①   **5** ③

---

1 표현상의 특징 파악 　　　　　　　　　　　 답 ④

(가)는 중장에서 '흔 간'이, (나)는 제3수에서 '둘러내자', 제6수에서 '돌아가자' 등이 반복되며 리듬감을 형성하고 있다.

[오답 확인]

① (가)에서 공간의 이동은 나타나지 않는다.

② (나)에는 색채어가 활용되지 않았다.

③ (다)에는 음성 상징어가 사용되지 않았다.

⑤ (가)에는 구체적인 묘사가 나타나지 않으며, 계절도 드러내고 있지 않다.

2 작품의 세부 내용 이해 　　　　　　　　　　 답 ①

제1수에서 화자는 '차례 정한 일이니 매는 대로 매리라'라며 김을 맬 일을 생각하고 있을 뿐이므로 농기구를 가지고 밭을 가는 농부의 모습을 제시하는 것은 적절하지 않다.

[오답 확인]

② 제3수의 '잡초 짙은 긴 사래 마주 잡아 둘러내자'를 바탕으로 농부들이 모여서 잡초를 뽑는 모습을 제시할 수 있다.

③ 제4수의 '청풍에 옷깃 열고 긴 휘파람 흘리 불 때'를 바탕으로 옷깃을 열고 시원한 바람을 쐬는 농부의 모습을 제시할 수 있다.

④ 제5수의 '내 밥 많을세라 네 반찬 적을세라'를 바탕으로 일을 하다가 모여 앉아 식사를 하는 농부들의 모습을 제시할 수 있다.

⑤ 제6수의 '해 지거든 돌아가자 ～ 호미 메고 돌아올 제'를 바탕으로 해질 무렵 일을 마치고 마을로 돌아오는 농부의 모습을 제시할 수 있다.

3 외적 준거를 바탕으로 한 작품 감상 　　　　　 답 ②

(가)의 종장의 '강산'을 '둘러 두고' 본다는 내용을 통해 화자가 '강산' 속에서 살고 싶어한다는 것을 알 수 있다. 따라서 화자가 '강산'에서 벗어나

고자 한다는 것은 적절하지 않다.

[오답 확인]

① (가)의 '초려삼간'은 화자가 오랜 기간 동안 준비하여 자연 속에 지은 소박한 집이므로 '초려삼간'을 화자가 안빈낙도하며 사는 공간으로 이해하는 것은 적절하다.

③ (나)의 화자는 비 온 뒤에 '묵은 풀'이 있는 '밭'을 떠올리며 김을 매어야겠다는 생각을 하고 있으므로 '밭'을 화자가 땀 흘리며 일해야 하는 공간으로 이해하는 것은 적절하다.

④ (나)의 '보리밥'과 '콩잎 나물'은 소박한 음식이다. 땀 흘리며 일한 농부들이 모여 먹는 음식이라는 것을 고려할 때, '보리밥'과 '콩잎 나물'을 노동의 현장에서 맛보는 소박한 음식으로 이해하는 것은 적절하다.

⑤ '우배초적'은 소의 등에 타고 가면서 부는 풀피리 소리로, 일과를 마치고 돌아오는 농부가 듣는 '우배초적'을 통해 농부들의 흥취를 느낄 수 있다고 이해하는 것은 적절하다.

4 인용구의 기능 파악 　　　　　　　　　　　 답 ①

(다)의 글쓴이는 복숭아나무를 접목한 경험을 통해 얻은 깨달음을 이야기한 후 ⊙을 인용하며 '이것을 보고 어찌 스스로 힘쓰지 아니하겠는가'라고 이야기하고 있다. 이를 통해 볼 때, ⊙ 즉 『주역』의 내용은 글쓴이가 자신이 얻은 깨달음을 뒷받침하기 위해 인용한 것임을 알 수 있다.

[오답 확인]

② 인용 내용은 글쓴이의 깨달음과 관계된 것이므로, 반어적으로 상황을 드러냈다는 설명은 적절하지 않다.

③ 글쓴이는 자신의 지식이 보잘것없다고 성찰하고 있지 않다.

④ 글쓴이가 ⊙에서 군자의 삶을 언급한 후, 그 뒤에 '이것을 보고 어찌 스스로 힘쓰지 아니하겠는가'라고 한 것으로 보아 ⊙을 인용한 것은 자신의 깨달음을 뒷받침하기 위한 것이지 자신과 군자의 삶이 다르지 않음을 강조하기 위한 것은 아니다.

⑤ 글쓴이는 자신이 살고 있는 세태와 과거의 삶을 비교하고 있지 않다.

5 감상의 적절성 판단 　　　　　　　　　　　 답 ③

2문단에서 '심은 땅의 흙도 바꾸지 않고 그 뿌리의 종자도 바꾸지 않았으며 단지 접붙인 한 줄기의 기운으로' 복숭아나무가 '자태가 돌연히 다른 모습'으로 바뀌었다고 하였다. 따라서 복숭아나무의 자태가 바뀐 것을 근본의 변화로 이해하는 것은 적절하지 않다.

[오답 확인]

① 1문단에서 '빛깔이 시원치 않'은 꽃과 '부스럼이 돋'은 가지가 달린 복숭아나무가 글의 소재임을 확인할 수 있다. 이 글은 보잘것없는 복숭아나무를 소재로 글쓴이의 경험과 깨달음을 밝히고 있다.

② 이웃에 사는 박 씨의 도움으로 상태가 좋지 않은 복숭아나무에 '홍도 가지'를 접붙여 꽃과 잎이 울창한 나무로 변모시킨 경험이 1문단에 제시되어 있다.

④ 3문단에서 '사물이 변화하고 바뀌어 개혁을 하게 되는 것'이 초목에 국한한 것이 아니고 사람에 적용해도 그런 것이라고 하며, 옛 가지를 자르듯 악한 생각을 내버리고 착한 마음이 움터 나오기를 새 가지를 접붙이듯 하여 뿌리를 북돋아 잘 기르듯 마음을 닦고 가지를 잘 자라게 하듯 깊은 진리에 이른다면 이것이 나무 접붙임과 다를 바 없다고 하였다.

⑤ 4문단에서 '늙는 것만 자랑하여 팔다리를 게을리 움직이'는 사람들에게 마음을 분발하여 뜻을 불러일으키기를 권한다고 하였다.

이대봉전 | 작자 미상

작품 해제

이 작품은 남성 주인공인 이대봉과 이대봉의 정혼자이자 여성 주인공인 장애황의 영웅적 활약상을 보여 주는 군담 소설이다. 여성 영웅으로서 장애황은 과거에 급제하여 벼슬길에 오르고, 외적이 난을 일으키자 출전하여 공을 세운다. 장애황은 이대봉과 협력하면서 큰 활약을 펼치고 있는데, 이러한 장애황의 모습을 통해 여성의 능력을 부각하고 있는 것이 특징이다. 장애황이 잉태한 몸임에도 불구하고 목숨을 걸고 전장으로 나가는 모습은 개인의 안위보다 국가의 안위를 중시하는 태도로, '충'을 중시하는 유교적 이념을 드러내는 것이라 할 수 있다. 장애황이 전장에 나가 적과 싸우는 장면에서는 과장된 표현을 사용하여 장애황의 활약을 묘사함으로써 인물의 영웅적 면모를 강조하고 있고, 잦은 장면 전환을 통해 사건을 속도감 있게 전개하고 있다.

주제

나라를 위기에서 구하고, 사랑을 이루는 남녀 주인공의 영웅적 활약상

등장인물

- **이대봉**: 이익의 아들. 간신 왕희로 인해 고난을 겪음. 도승에게 도술을 배워 북방 흉노의 대군을 격퇴하는 등의 활약을 하고, 애황과 혼인하고 초왕이 됨.
- **장애황**: 장 한림의 딸. 자신을 며느리로 삼으려고 하는 왕희를 피해 집을 나가 남장을 하고 지내며 무예를 공부함. 과거에 응시하여 장원 급제를 하고, 남방 선우의 군대를 격퇴한 뒤 천자에게 자신이 장 한림의 딸이라는 사실을 밝힘. 대봉과 혼인하고 충렬 왕후가 됨.
- **왕희**: 간신. 이익과 이대봉을 죽이려고 하고, 장애황을 납치하려 하는 등의 악행을 저지름. 장애황의 요구로 처형당함.

6 ④   7 ②   8 ①   9 ②

---

6 서술상 특징 파악   답 ④

이 글은 황제가 남북의 적병이 재침입한 사실을 확인하는 장면, 이대봉이 황제가 보낸 전교를 보고 황성으로 오는 장면, 이대봉과 장애황이 북방과 남방으로 출전하는 장면, 장애황이 전장에서 활약하는 장면 등 다양하게 장면이 전환되며 사건이 속도감 있게 전개되고 있다.

[오답 확인]

① 장애황이 전장에서 적장과 대결한다는 점에서 인물 간의 갈등은 나타나 있으나, 배경을 묘사한 부분은 찾을 수 없다.

② 이 글에는 초월적 공간이나 환상적 요소가 드러나 있지 않다.

③ 이 글에는 비극적 결말을 암시하는 서술자의 개입이 나타나 있지 않다.

⑤ 이 글에는 해학적 분위기가 나타나지 않는다.

7 상황에 맞는 한자 성어의 이해   답 ②

이대봉은 잉태한 지 일곱 달이 된 장애황에게 전장에서 무사히 돌아오기를 간절히 당부하고 있다. 이런 상황에는 '거듭하여 간곡히 하는 당부.'라는 뜻의 '신신당부'가 가장 적절하다.

[오답 확인]

① '경거망동'은 '경솔하여 생각 없이 망령되게 행동함. 또는 그런 행동.'이라는 뜻이다.

③ '애걸복걸'은 '소원 따위를 들어 달라고 애처롭게 사정하며 간절히 빎.'이라는 뜻이다.

④ '이실직고'는 '사실 그대로 고함.'이라는 뜻이다.

⑤ '횡설수설'은 '조리가 없이 말을 이러쿵저러쿵 지껄임.'이라는 뜻이다.

8 인물의 발화 이해   답 ①

[A]는 충렬 왕후인 장애황이 전장에 참여하기 전 황제에게 죽기를 각오하고 싸우겠다는 결의를 드러내는 말이며, [B]는 장애황이 전투에서 승리한 후 항복한 적군에게 다시 반역의 마음을 두지 않도록 경고하는 말이다. 따라서 [A]에 드러난 애황의 결의가 실행되어 전투에서 승리했음을 [B]에서 확인할 수 있다.

9 외적 준거에 따른 작품 감상   답 ②

남북의 적병이 재침입한 상황에서 황제가 이대봉을 불러들인 이유는 이대봉이 능력을 발휘하여 나라의 위기를 극복해 줄 것을 요청하기 위해서이다. 따라서 이를 황제가 자신의 잘못을 인정하는 모습으로 이해한 것은 적절하지 않다.

[오답 확인]

① 이대봉이 황제가 보낸 전교를 보고 즉시 황성으로 향하는 장면에서 군주에게 충성하는 모습을 확인할 수 있다.

③ 장애황이 규중을 벗어나 전장에 대원수로 참여해 뛰어난 능력으로 적병을 퇴치하는 장면에서 당대의 사회적 제약을 뛰어넘는 여성의 모습을 확인할 수 있다.

④ 장애황이 잉태를 한 상황에서 자신의 몸을 돌보지 않고 출전하는 장면에서 개인적 가치보다 집단적 가치를 우선시하는 모습을 확인할 수 있다.

⑤ 이대봉은 북방의 흉노를, 장애황은 남방의 선우를 치러 떠나는 장면에서 이대봉과 장애황이 역할을 분담하여 협력하는 모습을 확인할 수 있다.

4회

(가) 황계사 | 작자 미상

작품 해제

이 작품은 이별한 임이 돌아오지 않는 상황을 원망하며 임이 속히 돌아와 주기를 바라는 여인의 간절한 심정을 표현한 가사이다. 특정한 어구의 반복, 대구, 화자의 처지와 대비되는 인물(소설 「구운몽」 속 성진과 팔선녀)의 제시 등 다양한 방식으로 화자의 정서를 드러내고 있다. 화자는 임이 오지 않는 이유를 외부적 요인에서 찾으려 하기도 하고 불가능한 상황을 가정하기도 하면서 임이 오지 않는 것에 대한 원망을 드러내고 있다.

주제

이별한 임과의 재회에 대한 염원

화자의 정서와 태도

• 임과의 재회가 늦어지는 이유를 '개', '물', '산' 등과 같은 외부적 요인에서 찾으려 함.   • 병풍에 그린 황계 수탉이 울어야 오겠냐고 함. → 오지 않는 임에 대한 원망과 그리움, 재회에의 소망

(나) 봄의 단상 | 이규보

작품 해제

이 작품은 봄을 바라보는 사람들이 제각각 다르게 봄을 느끼는 것을 생각하고, 한 가지 법칙으로 세상을 규정할 수 없으니 다른 사람들과 더불어 살겠다는 달관의 경지를 드러내는 수필이다. 작가는 봄을 대하는 태도에 차이가 있음을 발견하고, 세상은 단순하지 않고 한 가지로 묶어서 설명할 수 없다고 이야기하고 있다. 또한 작가는 작가 자신이 바라보는 봄을 언급하며 자신을 둘러싼 상황과 변화를 순순히 따르며 살겠다는 의지와 깨달음을 드러내고 있다.

주제

봄날에 느끼는 다채로운 정서와 깨달음

작품의 짜임

'나'의 경험
봄을 맞이하는 사람들의 온화한 모습을 봄.

↓

'나'의 생각
천자, 왕족 및 귀족의 자제들, 남편과 이별한 부인, 고향을 떠난 군인과 귀양 간 나그네가 봄을 느끼는 태도와 감정을 추측하여 나열함.

↓

'나'의 깨달음
보이는 경치와 처한 상황에 따라 세상을 다르게 받아들일 수 있음. 세상은 한 가지 법칙으로 규정할 수 없음.

1 ③   2 ③   3 ⑤   4 ①

1 표현상 특징 파악   답 ③

(가)는 '물이 깊어 못 오던가', '산이 높아 못 오던가' 등 추측을 나타내는 표현을 통해 임이 오지 않는 이유에 대한 화자의 생각을 드러내고 있으며, (나)는 '부귀한 사람이 봄을 볼 때는 이러하리라.', '화려하고 사치스러운 사람이 봄을 볼 때는 이러하리라.' 등의 추측을 나타내는 표현을 통해 사람들이 처한 상황에 따라 봄을 받아들이는 태도가 달라질 수 있다는 '나'의 생각을 드러내고 있다.

[오답 확인]

① (가)와 (나) 모두 환상적 공간의 묘사를 통해 긴장된 분위기를 드러내고 있지 않다.

② (가)와 (나) 모두 부르는 말을 반복함으로써 고조된 감정을 드러내고 있는 것은 아니다. (가)의 '이 아해야 말 듣소'는 후렴구에 해당한다.

④ (가)와 (나) 모두 현실에 대한 태도를 간접적으로 드러내기 위해 언어유희를 사용하고 있지 않다.

⑤ (가)와 (나) 모두 대상에 대한 생각을 강조하기 위해 명령형 어조를 사용하고 있지 않다.

2 외적 준거에 따른 작품 감상   답 ③

화자가 임과 이별하게 된 이유는 (가)에 제시되어 있지 않다. 화자는 임과의 재회가 늦어지는 이유를 '물'이 깊고 '산'이 높다는 외부적 요인에서 찾고 있는 것이지, 임과 이별하게 된 이유를 외부적 요인에서 찾고 있는 것이 아니다.

[오답 확인]

① '일조 낭군 이별 후에 소식조차 돈절하야'를 보면, 화자가 하루아침에 임과 이별하여 소식이 끊긴 상황임을 알 수 있다.

② '무삼 일로 아니 오더냐'에서는 임이 오지 않는 이유를 알지 못하는 상황에서 화자가 느끼는 답답함이 드러나 있다.

④ '병풍에 그린 황계'가 우는 것은 불가능한 상황으로 이러한 가정을 통해 돌아오지 않는 임에 대한 원망과 그리움을 드러내고 있다.

⑤ 죽어서 '황화수'와 '도대선'이 되어 '떠서 노자'는 것은 죽어서라도 임과 재회하고 싶은 마음의 표현이라 할 수 있다.

3 작품의 구조적 이해   답 ⑤

(나)의 마지막 문장에서 글쓴이는 '닥쳐오는 상황을 마주하고 변화하는 조짐을 순순히 따르며 나를 둘러싼 세상과 더불어 움직여 가리니'라고 말하고 있다. 이는 변화하는 상황에 순응하며 살아야 한다는 깨달음을 드러낸 것이다. 그러므로 이러한 깨달음이 자신을 둘러싼 세상을 변화시키고자 하는 의지로 확장된다는 것은 적절하지 않다.

[오답 확인]

① A에서 봄을 즐기느라 온화한 표정인 사람들의 모습을 보면서도 '나'의 마음이 답답한 것은 B에서 '나'의 생각이 시작되는 계기가 되고 있다.

② B에서 '나'는 넓은 중국 땅의 아름다운 '경치'를 바라보며 흡족해하는 '천자'의 모습을 추측하면서 봄을 대하는 부귀한 사람의 태도를 생각하고 있다.

③ B에서 '왕족과 귀족의 자제들'은 '호탕한 벗들'과 더불어 꽃을 찾아다니며 봄을 즐기고 있지만, 집을 떠나간 '나그네'가 봄을 볼 때는 마음이 조급하고 한스러울 것이라고 한 것으로 보아 서로 입장이 대비되고 있음을 알 수 있다.

④ B에서 봄을 받아들이는 사람들의 태도에 대한 '나'의 생각들은 봄을

'보이는 경치와 처한 상황'에 따라 다르게 받아들일 수 있다는 C의 깨달음으로 이어지고 있다.

4 소재의 기능 파악   답 ①

㉠의 '달'은 '임 계신 데'를 밝게 비추어 주어 자신도 임을 보게 해 달라는 화자의 소망을 드러내고 있으며, ㉡의 '제비'는 쌍쌍이 날고 있다는 점에서 남편과 이별한 부인의 처지와 대비되는 소재로, 부인의 외로운 처지와 정서를 부각하고 있다.

[오답 확인]

② ㉡은 남편과 이별한 부인의 상황과 대비되는 소재이나, ㉠은 화자의 처지와 동일시되는 소재로 볼 수 없다.

③ ㉠은 화자의 행동을 유도하고 있지 않으며, ㉡도 인물의 정서를 부각할 뿐 외적 갈등과는 관련이 없다.

④ ㉠은 화자와 임을 연결해 주는 소재로 볼 수 있으나, ㉡은 인물과 대상을 단절시키는 소재로 볼 수 없다.

⑤ ㉠이 화자의 부정적 인식을 내포하고 있다고 볼 수 없으며, ㉡도 화자의 긍정적 인식을 투영하고 있다고 볼 수 없다.

5~7   212쪽

영영전 | 작자 미상

작품 해제

이 작품은 회산군의 시녀인 영영과 선비인 김생의 신분을 초월한 사랑을 그린 애정 소설이다. 일반적인 고전 소설과는 달리 전기적 요소 없이 상황을 사실적으로 그리고 있으며, 작품의 전개가 우연적이지 않고 필연성을 바탕으로 함으로써 개연성을 획득하고 있다. 또한 이 작품은 궁녀들의 폐쇄된 생활을 소재로 하여 그 생활상을 드러내었으며 생동감 있는 비유를 통해 절절한 애정을 표현하였다.

주제

신분적 제약을 극복한 사랑의 성취

등장인물

• **김생**: 영영을 보고 사랑에 빠진 선비. 영영이 회산군의 시녀임을 알고도 사랑의 마음을 주체하지 못하고 급기야 병에 걸리게 됨.

• **영영**: 회산군의 시녀. 신분 때문에 김생과의 사랑을 이루지 못하다가 회산군의 죽음 이후 이정자로부터 부탁을 받은 회산군 부인의 배려로 김생과 해로하게 됨.

• **노파**: 영영의 이모. 김생과 영영이 만날 수 있도록 주선해 줌.

• **이정자**: 김생의 친구이자, 회산군 부인의 조카. 김생의 사정을 듣고 고모인 회산군 부인에게 부탁하여 김생과 영영을 맺어 줌.

• **회산군 부인**: 조카 이정자로부터 김생과 영영의 이야기를 들은 이후 두 사람이 사랑을 이룰 수 있게 함.

---

5 ⑤   **6** ③   **7** ②

---

5 서술상 특징 파악   답 ⑤

'가슴을 졸이며 근심을 하고 이리저리 뒤척이며 잠 못 이룬들 무슨 소용이 있겠는가?'라는 문장에서 서술자의 주관적 논평이 나타나 있는데, 이를 통해 서술자는 영영을 그리워하는 김생의 애절한 심리를 드러내고 있다.

[오답 확인]

① 이 글에는 고전 소설의 일반적 특징인 전기적 요소가 나타나 있지 않다.

② '끊어진 거문고 줄', '깨어진 거울'에서 비유적 표현을 활용하고 있지만, 이를 통해 인물 간의 갈등을 심화하고 있지는 않다.

③ 인물의 외양 묘사를 통해 영웅적 면모를 드러내고 있지는 않다.

④ 이 글은 시간의 흐름에 따라 순행적 구성으로 사건이 전개되고 있다.

6 인물의 말하기 방식 파악   답 ③

[A]에서 김생의 친구인 정자는 김생에게 병문안을 와서 따뜻한 말로 위로하고 있으며, [B]에서 정자는 자신의 고모인 회산군 부인에게 영영을 김생에게 보내 줄 것을 부탁하고 있다.

[오답 확인]

① [A]에서 정자는 김생에게 도움이 되는 말을 해 주고 있으나, [B]에서 정자는 회산군 부인에게 거래를 제안하고 있지 않다.

② [A]에서 정자는 김생을 칭찬하고 있지 않으며, [B]에서 정자는 회산군 부인에게 서운함을 토로하고 있지 않다.

④ [A]에서 정자가 김생에게 하는 위로는 공감으로 볼 수 없고, [B]에서 정자는 회산군 부인에게 자신의 능력을 자랑하고 있지 않다.

⑤ [A]에서 정자는 김생에게 충고를 하고 있지 않다. [B]에서 정자는 회산군 부인에게 자신의 친구인 김생을 소개하고 있다.

7 외적 준거에 따른 작품 감상   답 ②

김생과 영영의 사랑이 이루어지기 어려운 것은 영영이 궁녀이기 때문이다. 즉 둘의 사랑을 가로막는 장애물로 작용하는 것은 영영의 신분이지, 회산군 부인의 투기가 아니다.

[오답 확인]

① 영영은 궁중에서 태어나고 자랐기 때문에 문밖으로 나가지 못한다는 부분에서 조선 시대 궁녀들의 폐쇄적인 생활상을 확인할 수 있다.

③ 노파가 회산군 부인에게 영영의 외출을 요청함으로써 김생이 영영을 만나도록 도와주려 하고 있다. 이를 통해 노파도 김생의 조력자 역할을 하고 있음을 확인할 수 있다.

④ 김생이 영영의 이모인 노파와 만나 대화하는 장면에서 영영을 밖으로 불러내어 만나기 위해 노력하는 김생의 모습을 확인할 수 있다.

⑤ 김생이 영영과 사랑을 성취하여 공명도 사양하고 영영과 더불어 평생을 함께함으로써 행복한 결말을 맞이했음을 확인할 수 있다.

1~4

214쪽

(가) 저곡전가팔곡 | 이휘일

작품 해제

이 작품은 건강한 땀과 노동에 대한 보상으로 풍요로운 결실을 맺는 농촌의 일상적 풍경을 사실적으로 그린 전 8수의 연시조이다. 이 작품은 내용상 세 부분으로 나눌 수 있다. 첫 부분은 '서사'의 역할을 하는 제1곡으로 화자는 세상에 뜻을 두지 않고 전원생활을 하는 자신의 처지를 밝히며 풍년을 기원한다. 제2곡부터 제5곡까지는 사계절의 흐름을 따라가며 농촌 생활을 묘사하고 있고, 제6곡부터 제8곡까지는 하루의 시간의 흐름을 따라가며 농촌 생활을 그리고 있다. 일상적인 언어를 주로 사용하였으며 설의법, 대구법 등의 표현 방법으로 정서를 드러내고 있는 작품이다.

주제

농사일의 즐거움과 풍요로운 결실에서 얻는 만족감

화자의 정서와 태도

제1수	시골에 묻혀 살며 나라를 걱정하고 풍년을 기원함.
제2수	봄을 맞아 서로 도우며 농사일을 함.
제3수	더운 여름에 땀 흘리며 농사일을 함.
제4수	가을에 곡식을 거둬들이고 만족함.
제5수	다음 해 농사를 준비함.

↓

건강한 농가의 일상에서 느끼는 만족감과 보람

(나) 용추유영가 | 정훈

작품 해제

이 작품은 작가가 살던 지리산의 용추동 일대의 아름다운 경관을 예찬한 가사이다. 정훈의 작품은 크게 두 가지 경향으로 나눌 수 있는데, 하나는 국가의 안위를 걱정하는 마음을 담은 작품이고, 다른 하나는 자연의 아름다운 경관을 노래한 작품이다. 「용추유영가」는 후자에 해당한다. 화자는 계절에 따라 변화하는 용추동 일대의 아름다운 경치를 예찬하며, 그 가운데에서 풍류를 즐기고 있다. 또한 속세와 동떨어져 단사표음하며 살아가고자 하는 삶의 태도를 보이고 있다. 내용과 표현 면에서 조선 시대 강호한정가의 전형적인 모습을 보여 준다.

주제

용추동의 아름다운 경치를 즐기는 풍류

화자의 정서와 태도

• 계절에 따라 다른 멋을 지닌 용추동의 아름다움을 예찬하며 풍류를 즐김.
• 단사표음하며 살아가고자 함.

↓

용추동의 아름다움 예찬, 자연에서 사는 삶에 대한 만족감

1 ① **2** ① **3** ⑤ **4** ⑤

1 표현상의 공통점 파악　　　　　　　　　　답 ①

(가)의 제2곡~제5곡은 계절에 따른 농사일에 대해 이야기하고 있다. 제2곡은 '봄', 제3곡은 '여름날', 제4곡은 '가을'이라는 계절을 직접적으로 제시하였으며, 제5곡은 새끼를 꼬는 것과 '내년에 봄 온다 하거든'을 통해 겨울임을 짐작할 수 있다. (나)는 계절에 따른 용추폭포의 아름다움과 이를 즐기는 풍류를 노래하고 있다. '봄바람', '더위', '단풍', '국화', '섣달그믐', '설경' 등이 계절감을 드러내는 소재들이다.

2 작품 이해의 적절성 판단　　　　　　　　　답 ①

제1곡의 '이 중의 우국성심은 풍년을 원하노라'를 통해 나라를 걱정하는 마음으로 풍년을 바라고 있음을 알 수 있다. 이를 정치 현실에 대한 미련으로 이해하는 것은 적절하지 않다.

[오답 확인]

② 제2곡의 '앞집의 쟁기 잡고 뒷집의 따비 내네 / 두어라 내 집부터 하랴 남하니 더욱 좋다'에는 상부상조하며 서로의 일을 도와주는 농촌 공동체의 긍정적인 모습이 드러난다.

③ 제3곡의 '밭고랑 매자 하니 땀 흘러 땅에 떨어지네'에는 땀을 흘리며 밭고랑을 매는 농부의 모습이 드러나는데, 이를 통해 농사일의 고단함을 느낄 수 있다.

④ 제4곡의 '내 힘으로 이룬 것이 먹어도 맛이로다'에는 제 힘으로 수확한 곡식에 대한 만족감이 드러난다.

⑤ 제5곡의 '밤에는 새끼를 꼬고 저녁엔 띠풀을 베어 / 초가집 잡아매고 농기 좀 손 보아라'에는 농한기인 겨울에 다음 해의 농사를 준비하는 농민들의 모습이 드러난다.

3 외적 준거를 바탕으로 한 작품 감상　　　　　답 ⑤

'단사표음'은 '대나무로 만든 밥그릇에 담은 밥과 표주박에 든 물'이라는 뜻으로, 청빈하고 소박한 생활을 비유적으로 이르는 말이다. 화자는 '단사표음'을 '내 분'으로 생각하면서 소박한 삶을 수용하고 만족하는 태도를 보이고 있다. 따라서 이를 화자가 삶의 단조로움을 느끼고 있다고 이해하는 것은 적절하지 않다.

[오답 확인]

① '이 작은 즐거움'은 자연 속에서 느끼는 소박한 즐거움으로, 화자는 이에 대해 '세상모를 일이로다'라고 말하면서 세상 사람들이 알지 못하는 즐거움을 누리는 것에 대한 만족감을 드러내고 있다. 〈보기〉와 연관 지어 볼 때, 이는 자연이 현실 소외에 대한 보상 공간으로서 의미가 있다고 볼 수 있다.

② 화자는 겨울날 용추폭포에 펼쳐진 '끝없는 설경'의 아름다움에 감동을 받고, 그 느낌을 '시'를 통해 표출해 내고자 한다. 화자가 자연을 통해 정신적 풍요로움을 얻고 있음을 알 수 있다.

③ 화자는 자연을 '벗으로 삼'고 경치를 만끽하면서 '생긴 대로' 논다고 말하고 있다. 이를 〈보기〉와 관련지어 이해하면 '정치·경제적으로 몰락한' 화자가 자연을 '안식처'로 삼고 이에 만족하는 삶을 살고 있다고 이해할 수 있다.

④ '공명'은 세속적 부귀영화이다. '공명을 생각하'지 않는다는 것은 세속적 욕심을 내지 않는다는 의미로 볼 수 있으며, '빈천을 설워'하지 않는다는 것 역시 물질적 풍요로움을 좇지 않겠다는 의미이다. 화자가 자연 속에서 안빈낙도하려는 태도를 엿볼 수 있는 내용이다.

4 시구의 내용 파악 답 ⑤

'사립문 닫아라'에는 명령형 어미가 사용되었다. 그리고 '세상 알까 하노라'를 통해 사립문을 닫은 것은 세상과 단절하기 위함임을 알 수 있다. 따라서 명령형 어미를 사용하여 세상과 단절하려는 화자의 의지를 드러낸다는 진술은 적절하다. 이는 아름다운 자연을 세상에 알리고 싶지 않은 마음을 드러낸다.

[오답 확인]

① '하는 일 무엇인고'에 의문형 어미를 사용하였지만 이는 속세와 단절된 전원에서 자신이 하는 일이 무엇인지를 스스로 묻는 것이지 과거의 삶을 자책하는 것은 아니다.

② '부러 무엇하리오'에 설의적 표현을 사용하였지만 이는 세속적인 부귀영화를 부러워하지 않겠다는 뜻으로 현재의 삶에 대한 만족감을 드러낸 것이다.

③ ⓒ은 후각을 시각화하여 골짜기 안의 그윽한 꽃향기를 감각적으로 생생하게 표현함으로써 자연의 아름다움을 말하고 있다. 성현의 삶을 지향하는 화자의 심리를 드러내는 것은 아니다.

④ '강 그림자'를 '푸른 유리'에 비유하고 있는 것은 맞다. 하지만 이는 단풍 숲이 비치는 맑고 잔잔한 강의 정적인 풍경을 표현한 것이므로 역동적인 모습이라 할 수 없다.

5~7 215쪽

민옹전 | 박지원

작품 해제

이 작품은 몰락한 무관으로서 평생 불우하게 살았지만 뛰어난 재치와 이야기 재주를 지녔던 민유신이라는 실존 인물을 바탕으로 조선 후기의 부조리한 사회 현실을 풍자한 한문 소설이다. 작가는 민옹과 다른 인물 간의 대화 장면들을 나열해 제시하면서, 달변가이면서 여유로움과 해학을 지닌 민옹의 면모를 입체적으로 보여 준다. 특히 민옹의 말 중에서 '황충'에 관한 말은 당시의 사회를 우의적으로 비판한 것으로, 백성을 수탈하는 지배층에 대한 부정적 인식을 드러내고 있다.

주제

시정 세태에 대한 비판

인물의 특징과 관계

민옹		손님들
• 상대방의 어려운 질문에도 재치 있게 대답함. • 세태에 대한 작가 의식을 대변하는 인물임.	문답	• 민옹을 시험하려고 어려운 질문을 함. • 민옹의 기발함을 드러내기 위해 의도적으로 설정한 인물임.

---

5 ① **6** ③ **7** ③

---

5 서술상 특징 파악 답 ①

이 글은 '두려운 것'에 관한 질문에 민옹이 답한 이야기, 민옹이 무능하고 탐욕스러운 양반층을 '황충'에 빗대어 풍자한 이야기, '나'가 언어유희로 던진 말을 민옹이 재치 있게 되받아친 이야기 등 민옹과 관련한 일화들을 나열하면서 민옹의 달변가로서의 면모를 드러내고 있다.

[오답 확인]

② 내적 독백은 나타나 있지 않으며 인물의 대화나 행동을 통해 인물의 심리를 짐작할 수 있다.

③ '수십 가지 어려운 문제를 물어보아도 모두 메아리처럼 재빨리 대답해 내니'에서 인물의 특성을 요약적으로 설명하고 있으나, 이를 통해 인물의 성격 변화를 서술하고 있지는 않다.

④ 전기적 요소를 활용하고 있지 않으며, 공간의 비현실성도 나타나 있지 않다.

⑤ 인물의 내적 갈등은 나타나 있지 않다.

---

6 대화의 의미 파악 답 ③

이 글에서 민옹이 이전에는 몰랐던 자신의 능력을 깨닫는 내용은 나타나지 않으며, '자신에 대해서는 추어올리고 칭찬하는'이라는 민옹에 관한 서술에서 그가 자긍심을 가지고 있음을 확인할 수 있다. 따라서 ⓒ이 민옹이 자신의 능력을 자각하는 계기가 되었다고 볼 수 없으며, ⓒ에 대한 민옹의 답변은 그의 능력을 다시 한번 확인하게 하는 계기로서 기능한다고 보는 것이 적절하다.

[오답 확인]

① '손님이 물을 말이 다하여 더 이상 따질 수 없게 되자 마침내 분이 올라'라는 표현에서 손님이 질문을 할 때 감정이 고조된 상태였음을 알 수 있다.

② ㉠에 대해 답할 때 민옹은 '용', '범', '도끼' 등의 비유적 표현을 사용해 세상에서 가장 두려운 것은 나 자신이라는 주장을 펴고 있다.

④ ⓒ은 한자를 사용한 언어유희로, 민옹은 자신의 한자 지식을 바탕으로 ⓒ에 담긴 의미를 해석하고 있다.

⑤ 처음에 민옹은 ⓒ을 자신을 욕하고 비꼰 것이라고 말하였으나, 마지막에는 이를 자신에 대한 칭송으로 재치 있게 재해석하고 있다.

---

7 외적 준거에 따른 작품 감상 답 ③

[A]의 '그 사람'은 황해도에 황충이 창궐했다는 소식을 전하고 있을 뿐, 황충에 대해 어떠한 태도를 드러내고 있지는 않다.

[오답 확인]

① [A]의 '황충'은 벼농사에 피해를 주는 작은 벌레인데, [B]에서는 백성을 수탈하는 탐욕스러운 존재를 '황충'에 빗대어 표현하고 있다. 〈보기〉에서 우의가 작가의 생각을 구체적 대상에 빗대어 간접적으로 제시하는 표현 방식이라고 하였으므로, [A]의 '황충'은 작가가 백성을 수탈하는 탐욕스러운 사람들에 대한 비판 의식을 빗대어 드러내기 위해 제시한 구체적 대상이라 할 수 있다.

② [A]의 '황충'은 '벼농사에 피해를 주는' 벌레로, [B]의 '황충'은 '곡식이란 곡식은 죄다 해치우는 것'으로 표현되고 있다. 따라서 [A]의 '황충'과 [B]의 '황충'은 모두 인간에게 피해를 주는 존재로 표현되고 있다.

④ [B]의 '황충'은 곡식이란 곡식은 죄다 해치우는 존재로 표현되어 있다. 이를 우의적 표현으로 이해할 때, 이는 백성을 수탈하는 존재를 빗댄 표현으로 이해할 수 있다.

⑤ [B]의 '황충'을 백성을 수탈하는 존재를 빗댄 우의적 표현으로 이해할 때, 큰 바가지가 있었다면 그 황충을 잡으려고 했다는 민옹의 말은 백성에 대한 수탈이 자행되는 당대의 사회 문제에 대한 그의 비판 의식을 표현한 것으로 볼 수 있다.

빠른시작

고등 국어 고전 문학